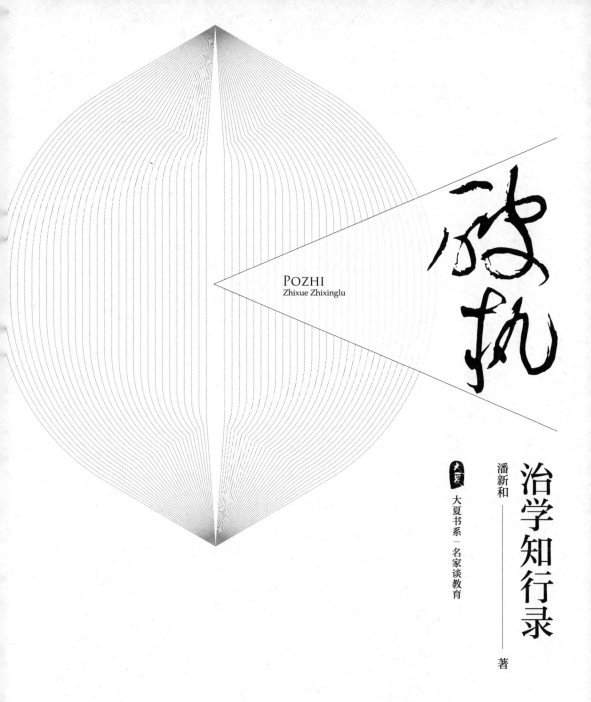

POZHI
Zhixue Zhixinglu

破执

潘新和 著

治学知行录

大夏书系 | 名家谈教育

华东师范大学出版社

·上海·

谨以此书献给我的父亲潘懋鼎、母亲陈云英

◆ ◆ ◆

自 序

◆ ◆ ◆

弘一法师书于圆寂前 3 日（1942年 10 月 10 日）：悲欣交集——道破世相、人生、生死。

年少时喜搜敛"火石"，一种白色晶体状石头，不知学名。敲击火石迸火星，越大块火星越亮，于是，我常漫山遍野找大火石，沉甸甸地抱回，在门后、卫生间黑暗处，炫宝给同学看，敲得噼啪作响，火花四溅。自得其乐，仿佛全世界都亮了。

我读的是乡下小学，课余没"学习"什么事，纯"撒野"，所以常做搜藏火石这类不靠谱的事，对捏泥枪、粘知了、捕蜻蜓、滚铁圈、踢毽子、画古代大将军……都很着迷，玩得昏天黑地。疯玩凭"兴趣"，随玩随丢，没一样玩"成"的。如今我对"兴趣"不感兴趣，大约是"玩"倒胃了——始悟"兴趣"并非"最好的老师"，"愿望""梦想"或"信念""信仰"才是。教育家追捧"兴趣"皆因没玩够，害人不浅。"兴趣"虽可助力成功，但没那么神，多是见异思迁的"半吊子"喜好。较之飘忽无常的"兴趣"，我更信天性、天资、天命，与基于禀赋的德性、良知、情怀——这些更具人本性、恒定性，能从一而终，至死不渝。

长大后，童年"兴趣"荡然无存，玩"火石"的替代品是写作。这便有赖于言语秉性、"立言"信念——可谓自性回归。弥足庆幸的是，我的原始言说欲在未被语文课"阉割"、应试作文"凌迟"前，因"文化大革命"（1966 年，我13 岁）失学，得以率性而为、野蛮生长。言语慧根——如果有的话——则因祸得福、侥幸苟存。我的写作欲源于本我，发乎言语情性，止于"立言"天命。

率性、天命写作，可概此生。写作令我开智解惑，发蒙求道，获益良多，故书名大言不惭："破执——治学知行录"。

由"率性"言说到萌生"立言"之志，乃"破执"首"悟"。志在立言而知天命："照着讲""接着讲""溯着讲"，循序渐进；数十年心无旁骛，不折不扣，沉迷于教学、治学，即知即行，知行递进，也算不忘初心，不负人己。

退休后无压力，不必纠结于课题、立项……稍感宽松、闲适，欲归天然，率性"涂鸦"。本书写作肇始，无特定目标，作无主题漫游。不承想，渐入佳境后，治学定势强大，理性重占上风，竟无可遁逃。既落研究窠臼，宗旨乃明：讲述言语人生故事，寻思学者如何练就。写法仍无一定之规，信马由缰，叙事、说理、抒情……博采兼容而折衷之，于是，便成此不伦不类模样。

尽管该书难以精确定位，权且勉强概略而言之。

这是另类科研方法论——人文社科学、方法论的书。反思言语人生经历、动机、因果、价值观，探寻精神生命成长、发展轨迹、规律。讲述学术研究"三通"（"古今贯通""内外贯通""中外贯通"）、"三讲"（"照着讲""接着讲""溯着讲"）、"三超越"（超越感性直观、超越经验认知、超越常识思维），涉学术师承、学者生态与学术"原创性"（整合的原创）等，称"治学心灵史""学术学"或"学者学"著作，也许更恰当。如须作"书体"界定，似应归入特殊科研、科普类。

以"学者学"定位，众星拱月，各章节便井然有序、次第"破执"，相得益彰。

——"述往事，思来者"，冀与智者、后人对话。

西哲谓"不是人说话，而是话说人"，信然此言。写作身不由己，总被语言带着走，想荒腔走板一回都不成。写惯论文八股，想撒野也束手束脚，甩不掉学究气。只能尽力而为，能甩多少是多少。

既潇洒不了只好将就，不过仍要声明：此非正经八百的学术著作，"另类科研方法论"云云，便为免除误解。尽可能叙、议交融，图、文互见，间以题记、诗词、寓言、名家轶事、虚拟情境等。叙事、议论散文化，随心所欲地旁逸斜出，兼顾哲思性与可读性，力求摆脱传记叙事套路，审智、审美并重，以期丰富多姿，雅俗共赏。因"四不像"，"横看成岭侧成峰"，称整合并蓄的"融写作"，算得其所哉。

此属书体实验，尝试学术理性与叙事文学、新媒体表现的融合。独孤求败，斗胆背水一试。老顽童回归幼稚，再凭兴趣玩一回。

这是我玩的最大的"火石",看铆足劲儿能敲出多大亮光。退休后仍在杂事中穷忙，忙里偷闲可劲敲。经五载，精诚所至，金石为开。在"火石"迸裂的绚烂中闻仙乐神曲，余音袅袅；彩雨纷扬，飘洒不辍。

循规蹈矩码字有年头，玩文体还是第一次，蛮有意思蛮开心。

拙著以生命历程为"经"，以其节点、拐点与相关人、事为"纬"，表达对精神生命、治学方法、言说智慧的思考。精神生命的养育，贵在"立言"志向奠基，知止而后有定，价值观决定一切。家学、师承并重，承传有序。在人生之树皱褶、枝丫中，探寻言语、文化基因的延续、交叉、重组。

在科研方法上，我看重"三通"。无不计功利的"三通"，积铢累寸的爬梳、融汇，就无"三讲"之珠联璧合。"三通"，最要是"古今贯通"。有"史识"，方具基本鉴别力、判断力；辅之以"内外贯通""中外贯通"，方具开阔视野、毒辣眼光。"三讲"，最要是"接着讲"。"接着讲"是言说智慧的集中体现，是在"照着讲"基础上的"整合的原创"。集资源、思想、阅历之大成，撒豆成兵，攻城略地，值得舍命一搏。

本书是"溯着讲"之作，是"照着讲""接着讲"的反思、延伸，是学术人生的回视、总结。

这是学者自我"活体"解剖，制作标本，示以褒贬、评断，解析内在机理，供围观、戳点。未必能规范路径，指点迷津，愿投石问路，试误纠错，鉴此得以少走弯路。

本书内容以"学者学"为主旨，其书体命名"溯着讲"，颇费踌躇。

我力避写自传（传记、回忆录），忌讳其"高大上"。多年前，我曾怂恿岳父高时良先生（教育史学界泰斗）：您经历那么多，著作等身，写本自传多好？他总摇头不语。他活到104岁，至生命尽头笔耕不辍，却始终对写自传不松口。我因此心生敬畏：自传不可妄作——学界大神尚拒写，鄙人岂敢造次？

既以为自传之类乃名人、伟人之禁脔，庸常难攀大雅。偶有写人生感悟的念头，常因此被扼杀。后见自传多成名利工具而坏了名声，便由敬畏转为轻蔑，欲别出心裁重命名，以区别或高雅或低俗的"自传"，力求与"照着讲""接着讲"对接。

因阴差阳错的偶然（见本书"跋"），我开始写此书，当时对书体定位尚不清晰。写得酣畅淋漓间惊觉踩雷，似误入"自传"禁区——已骑虎难下，只好自我排遣：所写非自传。究竟是什么却也茫然。苦思冥想也难觅合适体式。好不容易寻得自叙（自我说事）："自叙"属平民写作，谁皆可用，有别名家巨擘专属的"自传"。不求高雅、严谨，咋写都成；不用装，没规矩，适合自说自话；心灵实录，立此存照，便是目的——既"正名"，略微心安。

过一阵，又觉有掩耳盗铃之嫌。在"研究性写作"语境，"自传"或"自叙"都不妥帖。"自叙"虽比"自传"好，却普遍性有余，特殊性不足，泛而不切，未见学术人生反思。于是耿耿于怀，夜半醒来仍琢磨：悟着讲、叙着讲、忆着讲、合着讲、总着讲……走马灯似，逐一检视、淘汰，直至蹦出"溯着讲"才尘埃落定。这既表明对言语（学术）人生追溯、反思，与"照着讲""接着讲"也搭。"溯着讲"的"溯"字，表明其"根"性特征。既是纵向的追根溯源，也是横向的追因溯本。于是释然：先是"照着讲、接着讲"，再以"溯着讲"收煞，可谓功德圆满。

此"三讲"为言语人生三部曲，学术研究金字塔。治学知此三事，就不致找不着北。本书若别无可取，知学者使命也值当，记住"三讲"便不亏。

照着讲、接着讲，是冯友兰先生所言，不敢掠美。他在《贞元六书》"新理学"绪论中说："……因为我们是'接着'宋明以来底理学讲底，而不是'照着'宋明以来底理学讲底。因此我们自号我们的系统为新理学。"从此便有"照着讲""接着讲"的说法（其源头是孔子"述而不作"的"述、作"观）。今加上"溯着讲"，"两讲"变"三讲"，重构学术版图、学者使命。以"照着讲""接着讲""溯着讲"，循序渐进或循环往复，构建学术人生金字塔似更到位、合理。以"照着讲""接着讲"为基座，"溯着讲"为塔尖。有"照着讲""接着讲"的递进支撑，承先启后的"立言"；有"溯着讲"自我反思、升华的了然洞彻，格局遽改。

学者"自传"貌似"溯着讲"，实则形、神迥异。学者自传多写人生履历、术业行状，述要钩沉，属叙事性、年谱性的。林语堂《我这一生》、冯友兰《三松堂自序》等即是。溯着讲，是叙、论结合，叙事为说理，侧重悟、论。叙、理，悟、论皆与学者自身研究（旁涉他人）相关，是"对研究的研究"，即探讨研究方法、范式、本质等。此"溯着讲"旨趣，自传鲜见。"溯着讲"与"照着讲""接着讲"，同属治学范畴。

学者水平与时俱进，青壮年与晚年所见不尽相同。溯着讲，是学者晚年——学术巅峰期的回视性、修正性、集大成的认知呈现，因此弥足珍贵。

就"三讲"而言，"照着讲"是"必有"，多数人能做到；"接着讲"是"或有"，只少数人能做到；"溯着讲"是"可有"，是极少人的锦上添花。（此三者中人，能力有级差、落差）——能"照着讲""接着讲"，此生没白活，大致可交差。能"溯着讲"是福气，表明没英年早逝，"照着讲""接着讲"后尚有余裕。世上"必有"事不多，"或有"事甚少，"可有"事罕见。世事多可做可不做，人各有志，可各取所好、尽其所能而为。即使是"必有"的"照着讲"，也非人人愿做，且能做好的，何况"或有""可有"之事？

凡事皆有例外，天才便是。创造力超绝之人，振聋发聩，或可一步到位，不必循序渐进、按部就班。但天才极少，几可忽略不计——若自以为即"极少"者，大抵为臆想。天才能"照着讲"最好，不能也无大碍，因其可先验、超验。"溯着讲"亦可有可无。有，最好。无，可由他人替代："评传"即是。不过，毕竟隔一层，且作者与传主学养悬殊，恐力有不逮。

"照着讲""接着讲"，前者是学问积累、思维历练，后者是承前启后、学术创新，这已然不易，非竭尽心力不可。对许多人来说，"照着讲"已力不从心，见树不见林，无能提纲挈领，见微知著；"接着讲"更无能为力，缺乏想象力、整合力、原创力，未能革故鼎新，范式重构。对于学术生涯来说，即使做到这些，也还只是知其"然"而非知"所以然"，是"果"而非"因"。从事研究的质料因、形式因、动力因、目的因，言语人生、专业研究的本质……最终要回到对人——自身的叩问。小到一文、一书的写作动机，中到人生历练、际遇，言语、精神生命成长，大到人生观、价值观、世界观形成，对前世、今生、来世的终极思考，这些都与研究——你能看到、想到、写些什么，写得怎样等，息息相关。圆满的学术人生，与诸多学问外事物有因果关系。追根溯源地释疑解惑，回归对人——自体言语生命的检视，是"溯着讲"的目的。

若完成"照着讲""接着讲"，"溯着讲"便呼之欲出——体验、感悟日积月累，已胸有成竹，文字变现的举手之劳，何乐不为？将亲历之事、平生所想，治学得失、甘苦说出来，蛮舒心的。到人生收获季，五谷丰登、瓜果满园，可随心所欲地精挑细选。非不得已而为之的苦差，而是捎带手的活。

记得读小学二年级的一个周末，我去师院打乒乓球，打完后，球拍插后裤腰，满校园拈花惹草闲逛。那时师院凌乱、散漫，却比现在好玩。荒冢颓垣，瓜菜遍地；杂花生树，群莺乱飞。我一路玩耍，听声嘶力竭的蝉鸣，响一阵歇一阵，看漂亮的金龟子在头顶嗡嗡掠过，一路捡菜叶、拔兔草，瞧金乌西坠，用汗衫包捧着回家。是时食不果腹，养一笼兔疗饥，打兔草是我的活儿。

进屋撞见老爸，他见我满载而归，笑盈盈地夸我爱劳动，打乒乓球居然不忘顺手牵羊带兔草——父亲的教育也是"顺手牵羊"式的，从不耳提面命。这是他对我唯一的表扬，且初闻"顺手牵羊"，很新鲜，一并记牢。

我从小作文一般，但喜成语，情有独钟，见一个记一个用一个，作文使劲堆砌，一串串显摆，还真把老师给唬晕。——写"自叙"本没想给书体正名，却"顺手牵羊"正了名，便意识流到父亲，打乒乓球、拔兔草、写作文……

人许多事是"顺手牵羊"做的。捎带干没负担，不觉间竟做成了。能捎带的事，多自觉自愿，因此能做好。我写作常"顺手牵羊"，该写的，正经心不在焉，旁逸斜出却歪打正着。对"溯着讲"的思考，便是写"自叙"的副产品。本想说为啥写这书，却岔开去，给书体"正名"。所幸结果尚好，二合一，一起办了。

偶尔跑题无妨，能把"羊"拽回来就成。

写"自叙"时，始悟"溯着讲"之必要。书成，益觉"溯着讲"期期不可或缺。其重要不亚于"照着讲""接着讲"。今后若说代表作，要加上此书。尽管此非学术专著，但不无学术品位，其思想含量、深度，也许有过之而无不及。

"溯着讲"是言语人生反刍。不写此书，我对自己人生轨迹，节点、拐点，人物、事件，成败、得失、利弊、因果等，只会偶尔发发呆，回放些片段，不会刻意从头到尾冥思苦想。成天做学问也会变傻。将周遭鲜活的世界从生命中剥离、隔绝，人成科研机器，异化为非人，"照着讲""接着讲"便意义尽失。因此，溯着讲使迷失的自性回归，是返璞归真的精神护理、灵性保养。

"溯着讲"，主脉络是对学术研究生涯反思。学者许多经历似与治学无关，却是必要的铺陈，没前因，便无后果：我祖父、父母的身世、遭际等，是我国近现代知识分子的缩影，是我精神基因的来源，包含我对中国文人观念、命运、责任的初感，给我未来的人生定位奠基。父亲的书《中国语原及其文化》，童年温馨的家庭生活，一代知识分子的际遇，是苦难观、"立言"观的植入，影响终身。20世纪50年代教育的宽松、"不作为"，父母的"不言之教"，农村小学的野放童年，读书、分数、升学，都不是问题，全无"输在起跑线"的顾虑。自由放任、无拘无束，与大自然为友，对养护生命力、想象力歪打正着。……我的治学发端于迟到的大学生涯，凭初一学历报考，同届同学年龄差16岁。作为"老三届"之一，恢复高考后首届大学生，"七七级"的荣耀与自豪，不是佩戴大学校徽炫耀光环，学业优秀志得意满，而是寻获文化良知、作纯粹学者的精神洗礼。我的学术师承，恩师林可夫、孙绍振……为我精神、事业打底；众多师友、同仁相互砥砺、潜移默化，得以在学界安身立命……这些，随着时间推移而发酵，渗透进思维、思想，构成时空景深、人格塑形、文化底蕴。无此人生历练、人文熏陶、学识积淀，无以成"立言"志，知继往开来之天命。

本书提及许多人，我与其短暂聚首或擦肩而过，若非写时追思，唤醒沉睡记忆，或许永不知他们之重要。大家将读到的陈汉章校长，就是不该遗忘而遗忘的恩人之一。

1974年底，我回城，分在福州第23中学。在北峰分校带学生劳动一年后，返回主校正式工作。陈汉章校长让我搞教学，兼班主任，先教"农基"（当时，生物课改称"农业基础知识"，简称"农基"），后应我的要求，改教语文，这在入职福州教育系统知青中极为罕见。听说另有一人当体育教师，其他均为教辅人员，如图书管理员、总务处职员、器材保管员等。以前我没细思此事，虽也高兴，可不觉有啥了不得。置于言语人生审视，方知是我命运逆转的节点、弯道超车的起点。

我若无教学经历，就没"教然后知困"的求知欲，1977年恢复高考，我也许不会有报考冲动。没教过语文，没在工作中读书学习，仅凭初中一年级的底子，高考总分很难上线。没上大学，便无留校任教与学术生涯——说陈校长改变了我的命运并不为过。

没陈校长抬爱，一个低学历知青凭什么教书？福州中学看重学历，教师须有大学文凭。让我搞教学算破格，是天大的恩情。在23中三年多，我没送过他任何东西，我与他独处不超过5次，每次不超过5分钟，说来见笑，有一两次是专门提意见的，然而，他并不介意。他是我言语人生当之无愧的第一贵人。我后来的一切业绩，给学生之爱，写的每篇文章、每本书，追根溯源，都有他一份功劳。而我几乎忘了他，他或许也不记得我，可我不能忘了他。

即便长期相处、熟而又熟的人，我念他们的好，却也未曾想过对此生有何意义。当写作本书时，重临人生驿站，少长咸集，群贤毕至；景物依旧，荆棘丛生或鲜花盛开，凄风苦雨或惠风和畅，往事历历如昨，一一复活。若无他们提携、指引，何有今日之我？思前想后，感激涕零。他们的恩德、情谊，永志不忘。想到他们，就不会患得患失，纠结于势利得失，而能坦然面对坎坷、个公，义无反顾地欣然前行。

我的"溯着讲"，既是回顾、反思言语人生，也是向恩人鞠躬致敬。他们中很少人能读到此书，但万千读者将知他们的善行，记住其名字。如果我用李白《赠汪伦》作比（汪伦因李诗传世而扬名），那是亵渎他们。若论行善动机，雪中送炭、不求回报的他们，比附庸风雅的汪伦，理当给予更多敬意。他们活在我书中、心里。

因此，拙著也为回馈恩人。人生之旅谁无恩人，而感恩、报恩者寡，盖受惠却以为理所当然。世间人情凉薄与此有关。

"溯着讲"，专为学者量身定制。该命名精准与否尚需推敲，却是有诚意的学者所必须追求的。本书是我的"溯着讲"，学术人生收官之作。本书付梓，意味着我完成三部曲——"照着讲"的《中国现代写作教育史》《中国语文学史论》，"接着讲"的《语文：表现与存在》，"溯着讲"的《破执——治学知行录》。该做的做了，做得怎样，留待读者、后世评说。从理论上说，学者有此"三讲"足矣，有三部代表作可也。有人写几十、上百本，无此"三讲"亦徒劳。"三讲"得其一不易——"三讲"并具是我之幸。有"功德圆满"的欢喜，亦不无落寞；事毕心空，茫然无措。

可道非常道，可名非常名。道也道罢，名也名了，唯语言陷阱难逾越。即便竭尽所能，亦书不尽言，言不逮意，只能将就写，凑合读。"指穷于为薪，火传也，不知其尽也。"（《庄子·养生主》）薪燃有穷尽，火传无止境——留微弱薪火于世，吾愿已足。

朝花夕拾未必真实，记忆误差在所难免，提要钩玄终有障蔽，尚望诸位鉴谅、指教。

潘新和
于闽江之滨寓所
2020 年 2 月 15 日

写在前面

◆ ◆ ◆

言说者潘新和——以此生验证"人之所以为人者，言也"(《春秋谷梁传·僖公二十二年》)，"作为言说者的人是人"(海德格尔援引洪堡特的话)。

我睡眠不好，常做梦，主题多雷同：迷路、找家。

不知是否因儿时迷路而起：那时三四岁，保姆喜听戏、听评话，得空常带我去。一日她听戏入神，我不知不觉走远，找不着她，回不了家，害怕得大哭……还记得迷路地点在福州道山路，保姆家附近，离我家("三坊七巷"旁的安泰桥桂枝里)不远。怎么回家不记得，不过结果是清楚的——安全到家。也许的确受到惊吓，常做噩梦：后有野狗、怪兽、恶人追赶，慌不择路、惊恐万状，在怪异、陌生、险恶的街巷、荒野、悬崖峭壁……躲藏、疾跑，然而"鬼打墙"似的，转来转去转不出，找不着家，走投无路中惊醒，心跳不已。

后来对梦境来源犯疑，可能与读弗洛伊德有关，觉得梦境与迷路未必直接相关，那经历已演化成某象征性幻相。人生常处孤境、险境、逆境，茫然无措，困惑感、漂泊感、彷徨感、不安全感如影随形。生存困境未必是物质需求所致，或现世竞争的沦陷、挫败，更多倒是精神孤独、空虚、惶惑所致，归根结底是对人生意义、价值的迷惘：我是谁？为什么活？路在何方？何处是归宿？因疑惑而自省，歧路而踌躇，失家而求安顿，为灵魂寻找居所。

在困惑、迷茫中，尤其在困境、逆境、绝境中求悟、得悟，是人之常情、觉悟之道。存在主义哲学家亦作如是观：人在烦、畏、死之时，方知"此在"。

屈子"路漫漫其修远兮，吾将上下而求索"流传千古，便因说出人类寻路、归家的集体无意识，也是对我的梦境的智性、诗化描述：人生路既多且长，不知何去何从，何是何非。四顾茫然，求索无门，苦寻光明之途；身陷迷津而奋力探求，皆为解困与安适。

人最大的痛苦、惶恐不是劳碌一生不得温饱，也不是家财万贯断子绝孙，而是临终惊觉走错路、白忙活。来世上一遭，究竟为甚辛苦为甚忙，该留些什么？要是留下不该留，该留的没留下，或两手空空啥也没有，岂不白活白白受罪，何以归依、安息？即所谓"死不瞑目"吧。但觉悟已晚，懊悔莫及：人生不可重来，来世只是空无。

如此说来，噩梦竟有警醒的善意。它把临终拷问的恐惧，分批次预警，惊我、唤我、催逼我，怀远虑，早醒悟。我天性也愚，开窍晚，且笨鸟迟飞，若无提醒、逼迫，恐至死难悟，更不用说有所作为。我感谢噩梦。

仿佛神谕，在黑暗中开光，得以迈出门槛，沐风霜雨雪，览人生百态，对着陌生的路牌、路标、风景，发呆发愣瞎琢磨；瞭望地平线：远方是何方，那边是哪边，要往哪里去；怎么活好点、精彩点，像个人样。光阴如白驹过隙，在困顿、沉思中，老冉冉已至。虽无豁然彻悟，有星芥陋识，亦不蹉跎、虚掷此生。

看来惊吓、警醒没坏处。没有惊心动魄的逼迫、激活，难以灵光突现、脱胎换骨。身处困境浑然不觉，随遇而安、难得糊涂，浑浑噩噩、自我囚困，不问门在哪里，路在何方，成日绕磨盘转圈，虽生犹死。孟子曰"生于忧患，死于安乐"，诚哉斯言。

迷宫游戏这伟大的发明，是迷路、找家的替代品，是自我解困、抉择出路的隐喻与仿真，是对人生的提点与开释。有意趣的人生，便是一场尝试走出迷宫，从困境、忧患、迷茫中突围——破执、回向的游戏。你也可以选择绕道而行，以为是捷径，却劳而无功；或干脆裹足不前，安营扎寨，老死槽枥。——费心费力未必讨好，省心省力一定不讨好。

为了使人生精彩有趣，造物巧设迷宫——执念，让你无奈中求破解。人生常处迷宫，因执念而迷惘、困顿、碰壁。这一游戏永无止境，前一迷宫出，进下一迷宫；迷宫中有迷宫，无穷迷宫与生命相始终。每个迷宫都是对智慧与耐受力的挑战，闯关难度升级，成功回报水涨船高；由守执、破执，而创执，闯关夺隘不易。破执应含创执，否则，便无大意义。身处迷宫，解蔽、突围、蜕变，是艰辛人生之美好，是存在或寂灭之达道。

迷宫游戏终极赢家寥若晨星，此乃大自在之神人也。多数人终将铩羽而归，即便竭尽全力，所悟亦浅见陋识，我便属此类。然而，在迷宫屡屡碰壁、伤痕累累，仍百折不回，不论所悟多寡、深浅，皆为傲骄、庆幸。有憧憬、愿景，执迷不失通权达变，纵百思一解，千虑一得；清贫一世，身无长物，亦可额手称庆。

人皆有所迷，皆有所执，以至固执，但不能执迷不悟，当破执求悟。所悟则随性、随缘。"子绝四：毋意，毋必，毋固，毋我。"（《论语·子罕》）虽不能至，可为鞭策。佛家说："言回向者，回己善法有所趣向，故名回向。"即"回己善根，有所趋向"（《大乘义章》卷九）。释迷须破执，破执为求悟，觉悟即回向，即回归迷失的善本性。所谓"破执"，即破除"所知障""烦恼障"（贪嗔痴），得以"开智慧"。"迷则为凡，悟则为圣。"我乃庸人，无了悟神力，回向亦难。

于今仍做"迷路"梦，不过主题变了，不再找"家"，而是找"教室"。上课铃响，急醒一身汗。我已退休数年，在职时从未迟到，不解此梦何意。

一天在阳台看云，脑际冒一词：白云苍狗——"天上浮云似白衣，斯须改变如苍狗。古往今来共一时，人生万事无不有"，情动于中，难以释怀：人活一世，纷纷扰扰，变幻莫测；尽性穷理，格物致知，殚精竭虑——吾无言哉，有言哉，何言哉？

子曰"有德者必有言"。所谓"有德者"，即有学、有思、有悟者。破执求悟即有德，有德岂可无言？

人生过大半程，虽古稀将至，未能"从心所欲而不逾矩"，但集腋成裘、瓜熟蒂落，不妨说道说道，不说更待何时？死神足声渐近，谁也无法预知何时造访。

生命之路看着漫长，一望无际；临了，却很快，快得猝不及防。像长焦距镜头，瞬间远景便拉到眼前。原以为遥不可及的日子，倏忽便至。年轻时，伸长脖颈盼退休，似无望的等待，然而，转瞬间，老之已至。

2016年1月14日，是个值得纪念的日子：我获准退休（按规定博导可延聘至65岁，我63岁请求退休）。我做事不深思熟虑，无深谋远虑，常凭一时冲动，退休也如此。觉得是时候了，就递了申请。跟早起洗漱、吃饭一样自然。从16

岁到农村"插队"，到63岁退休，工龄48年，教龄40年，近半世纪的职业生涯翻篇了。

退休在我潜意识中蓄谋已久。

作为教师，我热爱教育，对教学工作从无倦怠：面对青葱的脸庞、求知的明眸，将学术沧桑说与他们听，我享受言语生命对接、承传的美好与愉悦。"投我以木瓜，报之以琼琚。匪报也，永以为好也。"我给予吉光片羽，他们报以稚果丰实……每次课，我都满怀快乐的期待。我对能以执教为业心存感恩。我无法想象，若不当教师将会怎样。如有来世，我愿还这么活。

科研对我没压力，总能超额完成。然而，科研环境颇抑郁。五年一聘的科研要求，我一年内完成还有余，可没觉开心，反觉不自在。高校同仁皆有同感。水怎样，鱼知道。

抑郁原因在科研体制行政化、官本位。身处其境，看着学术掺杂着虚假，纯洁异化为圆滑，周遭上演一幕幕新"儒林外史"，负能量日积月累，吞噬着我的教育挚爱，间离着与讲台、学生的亲密。好不容易捱到60岁——正常退休年龄，便萌退意。博导62岁不再招生，延聘便没意义，不如早退，多留时间于己，或写作，或讲学（旅游、吃喝玩乐享清福等对我无诱惑力），岂不更好？何况教授严重超编，争得头破血流，腾出岗位给后辈，于私于公皆大欢喜，何乐而不为？

提早退休，我确实无须权衡。退休于我，无失落感、不适感，反而如释重负，特舒心。这是当普通教师的好，习惯过简单、恬静的庸常日子。对"门前冷落车马稀""人情冷暖"无感。尽管退休也忙，但忙所当忙，乐在其中。不再申报这、那的，不用评估、开会，填无穷无尽的报表……彻底摆脱这一切，真是很开心。"久在樊笼里，复得返自然"，能活到退休，享受闲云野鹤般的自在，是上天恩宠、莫大福报。

走出阳台，向天三鞠躬，向地三鞠躬，向自己三鞠躬。默祷：仰，无愧于天；俯，无愧于地；中，无愧于人、己。天、地、人之事毕，该为自己做点事。今后我属于我，回归本我。

自我回归的一大好处是可写率性文字。将岁月染洗过的凌乱记忆，汇拢、编排成鲜活文字，是件美好、愉快的事，何不赶紧去做？

这些年尽写论文、论著，一篇篇、一本本，没完没了，无暇他顾。步入晚年，常有写人生甘苦的念头，治学经历、体会萦绕脑际，挥之不去。不是要给读者启示、借鉴，或扬名立万、流芳百世，只是蓄积太久一吐为快而已：纪念逝去的韶华、缥缈的人事，失落、零散的情思，审视治学生涯质量、轨迹、规律，抚慰无诗意漂泊的孤寂心灵，于是，便有了本书。

鄙人治学终身无大建树，不敢妄称"学术人生"，称"言语人生"较合适。言语人生类似于科学人生、数学人生、军旅人生、艺术人生、文学人生……以前似没人说言语人生，这词是否我原创不敢断言，但内涵肯定是我的。我在《语文：表现与存在》中将其充值得结实、丰满。

我此生最自豪的是以写作为业——写得不咋样也开心。开心在于有权给事物命名。我与萨特同感，世界尽在掌握的快乐妙不可言。我创生的词语分量最重的是"言语生命"——"言语人生"便源于此。

"言语"是人的物种特性，人的生命堪称"言语生命"；"言语人生"当是最具本质性的人生。"言语人生"即"写作人生"。人是符号动物、语言动物、言语动物——写作动物，因此，较真而论，"人"生，归根结底是"言语人生"。美国哲学家怀特海说："他（上帝——笔者）给他们（人类——笔者）言语，他们有了灵魂。"确实，造物主赋予人类"言语"机能，人类因言语创造，有了理性、思想——精神生命，从而超越其他动物。因此，我将"言语"置于"生命"之前，造了新词"言语生命"，衍生出"言语人生"。"言语生命"使人远离动物；"言语人生"，是彰显人的生命特质、使人得以超时空存在的人生，我为拥有"言语生命""言语人生"而骄傲。

将"言语人生"作为人类普遍性生存状态的称谓，并为之自豪，没有贬低各种有意义的"人生"的意思。其他各种"人生"，也可视为"言语人生"题内之义。"无名，天地之始；有名，万物之母。"对于人类来说，有了"名"："概念""语言"——"言语"，才有了万物，有了思维、思想。各种卓越的"人生"，不就是"万物"之一，思维、思想成果的呈现？"言语人生"是人类最具本质性的生命状态，却还不是最高的人生境界。最高的人生境界当属"诗意人生"，即超功利、超现世的人生，是为"人类"、为"万世"的，可称为"诗意的言语人生"，或迳称"诗意人生"——类似于冯友兰先生的"天地境界"。

"诗意人生"，我无能焉。虽心向往之，但毋庸讳言，此生无"诗意"。求之不得，深以为憾。回首平生，所幸"言语人生"存焉，尚叫一叙，否则冤死无地。

言语人生，说直白点，即以"码字"为生；学术点讲，以言语创造为生。我这辈子职业外别无所好，闲暇以"码字"——治学为主旋律的言说自乐。说来见笑，我码字慢，算不上勤奋，也没闲着。区区十来本书，与巨能写的没法比。质量还一般，忝列"言语人生"。此生乏善可陈，平淡、枯燥、孤独、清贫，毫无精彩之处。政商领袖、明星大腕、思想家、大作家，写点文字尚可显摆，我一庸辈，写些乏味透顶的，还不如搓麻将、跳广场舞——我也这么认为，雅俗两不搭，写个什么劲儿，敝帚自珍、孤芳自赏罢了。说来惭愧，除码字不会别的，闲也闲着，凑合写，凑合读。若没人读——亦无名山可藏，唯有堆阳台，自个儿瞧着舒坦。

目 录

上 卷

下 卷

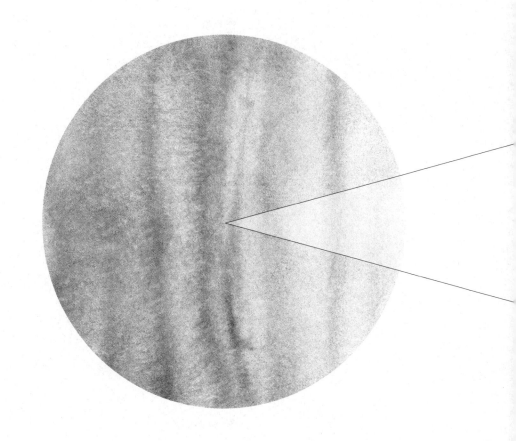

上

卷

挣扎于"官、学"的"士"人生

◆ ◆ ◆

人生如下棋，一着不慎，满盘皆输。——题记

清朝嘉庆末年，福建福州府长乐县江田三溪村，鞭炮声中，一位20多岁的年轻人拜别宗祠与父老乡亲，登上马车，车轮缓缓碾过石板路，向西北方向福州府城驶去。他一路端坐车厢中，目光如炬，神情凝重，腰杆挺拔，双手抱着"进士"匾额，如同抱着潘家的历史与未来。身旁是"探花"公婆龛（供奉祖宗牌位），后面车上，装载着高照、伞灯、明骨灯、铜器、锡器、古字画、书籍……这位年轻人叫潘年禧，他抛却故土逐梦而去。

从此，三溪潘氏一支血脉流向"有福之州"，在此落地生根、繁衍生息。

公元1952年12月3日，我，一个"忘祖"之人出生在福州。人到中年才知道祖籍长乐（长乐归福州管辖）三溪，才知先祖潘年禧公名讳。是他将长乐三溪潘氏一脉迁往福州，安家于"三坊七巷"（福州南后街，近代名人聚居地）之一的塔巷，于是有了我的曾祖父、祖父、父亲和我——到我第五代。

年禧公迁福州距今约200年，其后裔算道地福州人了。

过去填表必有"籍贯"一栏，我常犹豫写福州还是长乐，不知是指祖籍地还是出生地，如果是祖籍地，指哪一代"祖籍"，至今弄不明白。曾想过为什么要填"籍贯"——使你不忘本，衣锦还乡、光宗耀祖不会找错地方？显然不是，谁为你操这份闲心？不明白归不明白，任何人对家族先人不会没一点儿好奇，我也不例外。

以前隐约知道老家是长乐，具体方位不清楚。直到2006年2月，我年过半百了，通过一位堂兄联系，才举家（长乐三溪潘氏在福州的后人）回到阔别的祖居地认祖归宗，续上亲缘、族谱。这几十公里路，可谓近在咫尺，竟走了半

个多世纪。

来到依山傍水的长乐江田镇三溪村，在族人引领下走进古朴的潘氏宗祠，点起香烛，拜祭祖宗，与宗亲——陌生的潘家人济济一堂，融入浩荡蜿蜒的生命之河，颇觉激动与亲近。我感性地意识到：我与这些乡亲流着同样的血，留存着共同的体貌印记。与生俱来，无可消除。我感到生命潜流的裹挟，滔滔滚滚，身不由己。一种神秘力量赋予我才智、性格，影响我人生、命运……

始建于北宋初年的三溪潘氏宗祠——富贵子孙果能光宗耀祖？

续上家族血脉，体验生命长河之奔流不息：我身上有历代先人的基因，从远古到今世，绵延两千多年，九十几代人。我的相貌神情，留存着先人体征。我的精神记忆，载录着先人的坎坷与艰辛，沉浮与盛衰。"血亲"观在无意识中发酵。

随着时间的推移，求解"你是谁""你从哪来"的血缘意识随风飘逝，被学缘、文缘——人类意识融合、超越、取代，不知不觉间，"你到哪去""何处是归宿"的彼岸思维占了上风，开始思考人的生存意义与价值。我以为：对于人类个体来说，精神生命重于肉体生命；对于人类来说，重要的不是肉体传宗接代，而是精神传宗接代。族群繁衍、延续固然必要，但"使人之为人"更重要，即文化、文明的生产、光大更重要……诸如此类想法近年才有。四五十岁想，五六十岁悟，有点儿晚。"人何以为人""人为什么活"，学校没教，得靠自悟——悟否，听天由命。

有这点想法，便不太在意"籍贯"。了解家族渊源，不忘祖、不忘本是对的，更不能忘：个体是人类一员，要超越狭隘的家族、民族、国籍，结成人类生命、命运共同体，最终是要结成超人类、超物种的生命共同体；种族、族群融合，共建人类文明、文化，共谋世界大同，是人类存在、发展的缘由，也是终极愿景。这也许永难实现，但不清楚这些，人将不人。不但没有人类存在的理由，作为个体的人，也没有真"人"生、真追求可言。言语人生、诗意人生无从谈起，也没有写作本书的必要。从大处说，人类的一切纷争、困扰，以至暴力、战乱、屠戮，很大程度上源于自私、贪婪；皆因拘于一己、一群、一派、一物种之私，缺乏人类、世界、宇宙情怀与终极关怀所致。

这说得有点儿抽象有点儿泛，有假、大、空之嫌。说"我"，还得从"我是谁"的近处、实处、小处说起。我不是人类学家、社会学家，也不是哲学家，本书叙述、讨论的不是物种、人类起源或种族谱系、历史进程，也不是哲学意义上的存在价值、终极拷问，说说"我"的成长环境——"治学"语境，大约就够了。跟我之"所以然"有直接因果关系的，不得不说详细些。一个家族的兴衰，能折射人类、人生某些共性。

这涉及"潘"氏宗谱。细述远古至今血脉源流似无必要，从闽潘始祖——潘殷公说起吧，此前从略。

潘氏始祖季孙公世居河南荥阳县安仁乡崇仁里，因此，荥阳，算是我的原始籍贯。父亲留下一枚印章上刻着"荥阳潘氏"，他的一些藏书便盖这枚印章。因此，我从小对"荥阳"二字有很深印象。那时我读成"荣阳"，更不知道"荥阳"在何地，与我有什么关系。

父亲留下的印章。

翻阅族谱与相关资料，经多方了解得知：唐仪凤二年（公元 677 年），季孙公五十六世孙潘源，为唐东齐太守，随陈元光将军入闽平乱，两人同时殉难，葬于福建南安。潘源长子潘殷，曾任唐湖州、潮州别驾（刺史佐官，相当于州政府秘书长），定居于南安，后世尊其为闽潘始祖。

唐咸通二年（公元 861 年），潘殷第四世孙潘钢，曾任唐著作郎（主要负责掌撰碑志、祝文、祭文等事宜，从五品上），从南安迁往长乐江田三溪村，为三溪潘氏始祖。闽南南安（今泉州南安市）与我有亲缘关系。

三溪潘氏二世至五世共出五位中丞（"中丞"，唐宋时相当御史大夫，明清时是封疆大吏——巡抚，相当于现在的省委书记），故称"中丞潘"。福州潘氏我家这一脉，便是"中丞潘"之后。我最近籍贯是福建长乐。

我父亲的曾祖父，长乐三溪潘氏东头房三十世潘年禧——迁福州，是福州"长乐三溪东头房潘"始祖，距今已六世。年禧公哪年来福州，已无从考证。只能推测：我的祖父潘友闻卒年77岁（虚岁），1957年仙逝，当生于1881年。假设年禧公来福州那年是25岁，60岁左右生下儿子潘绪书，潘绪书25岁生下孙子潘友闻，那大约是1820年左右到福州的，是清代嘉庆年间。就是说，年禧公是将近200年前到福州的，"三溪东头房潘"扎根福州绵延近两世纪，算老福州人了。

"三坊七巷"之一的塔巷。深邃的石板路，年禧公身影恍惚、足音缥缈。

年禧公到福州后顺风顺水，事业有成，颇有资财。这可以他在南后街塔巷（福州"三坊七巷"之一，有"一个三坊七巷，半部中国近代史"之说）购置一座大宅为证。若非小有资财，不可能在此黄金地段安家。

据我的八姑潘锦贞说，塔巷祖屋门上挂着进士横匾，白底黑字，醒目、气派（祖屋后因我祖父背债，抵给人家）。进士横匾来自探花公。祖屋的"探花"公婆龛（用来供奉祖宗牌位），是朱漆二扇门长方形的。还有大官家里才有的高照、伞灯、明骨灯等，以及大量铜器、锡器、古代字画。——祖屋供奉的这位探花公是谁、官居何职（八姑说当过丞相，未经考证）不太清楚，想必探花公是较近的先祖，否则这些官家器具不会保存完好。

至于年禧公为何迁福州只能全凭想象。

一个月朗风清之夜，他沿着淙淙溪流，盘桓于三溪村径。远处山峦上是家族陵园，年代久远，墓碑倾颓，四野荒寂，萤火闪烁，蟋蟀啾鸣：一代代先人长眠于此，归化为尘埃。若干年后，他也将无声息地成一抔黄土，不甘之情油然而生，"走出去"的念头倏然而至。

他突然发觉三溪太偏、太小，天地逼仄，装不下勃郁、宽广的内心，他想要更大平台、更多机遇。或是受到父亲，父亲的父亲……那位探花公事迹的激励，想续上这份荣耀，创一份不朽功业，或是想给子孙更好的读书、科举、成才的环境……总之，他必须离去。

不论出于何种理由，有一点可肯定，他心怀大志、敢作敢为。若不是他，我们这些子孙仍生活在那个小乡村。

年禧公年近花甲无子，只一女。其原配去世得早，年禧公去问菩萨，到底是求官好（有钱可捐钱做官）还是求子好，菩萨说求子好，他于是再娶，生儿子潘绪书——我父亲的祖父，我的曾祖父。老年得子，自然欣喜若狂，百般宠爱。

年禧公自己不"求官"，仍放不下"求官"情结。年禧公之女嫁给陈敬铭（当为陈钦铭之误，福州话字音相近）。他自己不求官，拐了一个弯，全力培养女婿，让他替自己圆求官梦。陈敬铭不负所望，同治七年（1868年）得中进士，官授江苏镇江道台（相当于今地级市市长），后升任江苏按察使（正三品）。陈感念岳父之恩德，将岳父母接到镇江道台府内，与他们一道生活，好就近照顾二老，演绎出一段感人的恩恩相报的佳话。

小舅子潘绪书是姐夫陈敬铭看着长大的，陈敬铭觉得他人品不错，知书达理，将其妹嫁给他，亲上加亲（潘绪书是陈敬铭的小舅子，又成其妹夫）。陈敬铭很信任小舅子，将自己的钱财全部交他掌管。我的曾祖父潘绪书的长子潘友闻——我的祖父，便出生在镇江道台府内。

陈敬铭的家，即我的曾祖母陈氏（陈敬铭的妹妹）娘家，与海军有很深的渊源。国民革命军海军上将陈季良（民国初年任海军部次长，第一舰队司令。抗战时，著名的江阴保卫战是他指挥与日军作战）是曾祖母的侄儿，海军部长陈绍宽也是她的侄辈，还有好几位海军的舰长都是陈家人。陈家与林则徐、帝师陈宝琛、船政大臣沈葆桢都是姻亲。

陈敬铭告老还乡后，其钱财仍由我的曾祖父潘绪书掌管。陈敬铭在福州南街花巷买了一座六扇门的大宅院，里面有花园，书斋在花园里面。陈敬铭是重情义之人，为了继续照顾岳父母，就在他家宅院对面，为潘家也买了一座宅院，三进大屋，由花巷通到锦巷，边门朝向南街，可见其屋之大。

福州城区最古老、繁华的主干道——南街（与其平行的是南后街，著名的"三坊七巷"在此），我的曾祖父、祖父、父亲在这儿乘过黄包车，在太和堂茶庄买过茶叶，后来我也无数次从南街走过。

福州旧城区最繁华地段——南街，富贵云集的花巷，我的曾祖父、祖父就住这里：鎏金岁月滔滔逝，檐顶草荆瑟瑟寒。

　　两家在花巷对面住着，过从甚密，潘家人称陈家为"对面街"。我的祖父潘润生和弟弟潘光国、潘浩，小时就在"对面街"花园内书斋读书。每年七月潘家祭祀时，陈敬铭便差遣管家安安送纸衣、沙箱（纸褙的屋子）来，以示对潘家、对岳父母的敬意。我家后来在祖父手上败落，搬到东门，他们家仍在送。

　　八姑说，年禧公虽没做官，但很有学问，"当敌人侵犯朝廷时，大公（她的曾祖父）能向朝廷献策。后来按大公的策略打退了敌人，皇帝给曾祖父赐匾。这牌匾我看见过，以前挂在花巷住屋的二进堂屋的横案桌上面。这牌匾是朱漆金字写着'智勇有方'四个字，可见当时我们家有多么体面"。年禧公算"身在江湖，心存魏阙"吧。有此雄才大略，不求官，想必是他一生的遗憾，一生的痛。中国文人"恋官"情结与生俱来，最难割舍。

　　我对曾祖父绪书公所知甚少，只能根据点滴资料推测。年禧公能置下大宅院，并培养女婿考取功名，曾祖父又是在道台衙门里长大的，一定受过良好教育。陈敬铭能如此信赖、器重他，将妹妹嫁与他，请他代管自家家产，想必其学识、能力、秉性都不差。如此看来，曾祖父也许就是帮陈敬铭打理产业，当高级管家。据我大姑说曾祖父职业是医生，没确凿证据。至于他文化程度、兴趣爱好、生活经历详情，我一概不知。

　　祖父离我们较近，小时候我见过，隐约有点儿印象，他去世时我4岁；姐姐、哥哥与他相处时间长，对他较了解，可稍微多说点儿。

　　祖父潘友闻，字润生，生于1881年。兄弟姐妹六人，三男三女，祖父系长子。祖父潘友闻，名字大约出自《论语·季氏》"益者三友……友直，友谅，友多闻"中的"友多闻"（以见多识广的人为友）。二叔公潘友三，字光国，"友三"，大约也是出自"益者三友"，将"三友"尽收名中，可见曾祖父盼子成才心切。

祖父小时读过私塾，打下较好的国学功底，书法、诗文出众，为其工作奠定基础。祖父并未在新式学堂读过书，算是自学成才的。

祖父入职起点低，十六七岁时曾在福州南街二妙轩照相馆学修相，后来竟然爆红，他究竟如何从一个照相馆学徒踏入仕途，并身居要职，详情不得而知，只能归结为他的优异才能与勤奋、努力。祖父后来曾任福建省盐务局股长、财政厅科长。林则徐的孙子林慧庭任福建省财政厅厅长时，对他十分赏识，认为其有才，委任他做秘书，兼财政厅政务科科长。林慧庭是爱玩的人，自己不管事，将事务全盘交给祖父管。那时全省财权均由财政厅掌握，捐税也是由财政厅管理，捐税是由私人承包去收的，承包人每年固定交给国家一定的款项。承包捐税是个"肥缺"，谁要包捐税，就要求着祖父。祖父虽然官不大，但实权在握，因而"红极透顶"，什么人都来巴结他，很有钱，花钱如流水——"花天酒地，大肆挥霍"，这是父亲形容祖父奢华无度用语，足见他颇为反感。

若缺乏定力，踏入官场——名利场，便难敌诱惑，沉沦堕落，甚或万劫不复。

祖父有权势，名门望族争相与其结亲，女儿嫁的都是有身份的人家。我的大姑潘锦屏，嫁给南台鸭母洲源昌酒库老板的儿子黄锦涵；二姑潘锦芬嫁给官僚兼资本家叶子通的儿子叶幼通；三姑潘锦芝早夭；四姑潘锦云嫁给中医世家、杏坛巨擘孙石溪的儿子妇科名医孙朗川。——小姑潘锦芳的出嫁已在败家之后，仍嫁给邮政局局长的儿子。

祖父有钱，有人怂恿他开钱店，于是他开了"源泉""隆盛"两家钱店。在开业的鞭炮声中，祖父志得意满、心花怒放。这是他辉煌的顶点，也是衰败的起点。

"吹开红紫还吹落，一种东风两样心"，物极必反，幸运往往与厄运相随。由于祖父不谙经商之道，且无暇顾及，钱店请人代为经营。不料所托非人，经理贪污，卷款出逃，钱店倒闭了，存款人围门要钱，还不上要坐牢，多亏曾祖母发动全家帮助还债，抵押掉塔巷祖屋，卖掉花巷大宅院，变卖黄金首饰，好不容易才平息这场风波。这是 1928 年。

败家后，祖父三兄弟举家搬福州东门，租一座四进大宅院，地点在大营街，即现温泉宾馆的位置。租金每月 40 银元，二叔公、三叔公各出 20 元——可见祖父三兄弟关系相当好。那时一个人每月生活费只需 2 元，足见租金之贵、宅院之大；也可见祖父一家奢华惯了，倒驴不倒架，十分顾惜脸面。

八姑对东门的大宅院做这样的描述：

> 1928 年花巷屋子卖掉之后，即租了东门一座旧式的四进三间排的大堂屋，有花厅，花亭，好大好大，每进面积有 500 平方米，一进屋子，才两个房间，本来人家都有隔开前后房，但东门屋子就没有隔开，一个房间都有 100 平方米，天井、回廊都非常大，可以摆圆桌（大圆桌）六桌酒席，所以祖母做 70 大寿时，共办 50 余桌酒席请客。第四进有上下楼，也就是两层楼的屋子。

她还记得我的父亲和几个弟妹由奶妈带着，住在第四进楼下，另一边做老妈房（保姆房）。她自己一家（即我们的三叔公一家）住的是第四进的楼上。可见，尽管内囊已空，仍竭力维持着外表体面。

祖父从人生巅峰坠入谷底，从此风光不再、一蹶不振。我父亲说他："有工作的时候少，没工作的时候多。家庭经济时紧时松。紧时就卖字，或典当、变卖，靠亲戚帮助过日。""我的家庭曾一度暴发，后来一般是比较困难，有时也无米下锅。因曾暴发过，又要装门面，有时更困难。"这说的都是实情。由奢入俭难，过惯了奢华生活，摆谱，经济上更是捉襟见肘。

在失业的日子，贫困，使祖父不得不靠卖字为生，这是逼不得已的无奈之举。我的八姑说祖父国文很好，字又写得特别好，像乾隆皇帝的字体，所以人家都请他写寿屏。另据二姑父叶幼通说：爷爷书法极佳，工颜体，名闻遐迩，求字者络绎不绝。——如果像乾隆皇帝的字体，那大约是"赵体"，不过赵体与颜体可相通相融，人称明朝董其昌书法兼有"颜骨赵姿"之美，不知祖父是否得其遗风。

网络上偶见祖父一书法作品被陕西汉中博物馆收藏，一书法作品为拍卖品。还有哪些被私人收藏不得而知。遗憾的是，我们家族唯存祖父两幅遗墨。一是红底雨金笺的行书八言联，是 20 世纪 50 年代某日，父亲在书画店看到买回来的。上书：於心能安於理亦得，惟勤有益惟公乃明。也许是祖父的人生自省，或是对家族后人的期许。这一为人处世之道，确可作家训。这幅字现在我手上。二是小楷扇面，一面录秋瑾生平，另一面是仕女画。秋瑾壮怀激烈，颇具阳刚之气，是否祖父对其情有独钟？这扇子由我大姐收藏。看着祖父墨宝，眼前是他自得其乐地吟诗作画、抒怀写意，遥想他那风风雨雨的一生，盛极而衰，靠卖字画糊口的凄凉晚境，无尽酸楚与感慨涌上心头。

　　这沾满世纪烟尘的字画背后，曾有一个鲜活、灵慧的生命。他与我父亲，与我，血肉相连。我依稀记得他的面容，却不知他身世，更不知他内心的悲欢荣辱。他曾抱过我，携我蹒跚学步，我摔倒时他扶起过我，逗我开心。他看着有点儿木讷的小孙子，猜想过这小子有怎样的未来。他没见我长大，便匆匆离去，目光定格在那尚未升空的风筝，便去赴另一世界的约会。一代代人都如此，牵着过去、未来的手，存活在有限的当下，对无限的过去、未来永远是未知数；自以为明白，其实不明白，只是重复前人大同小异的错误生活，这是人的宿命。人世、人生真奇妙。

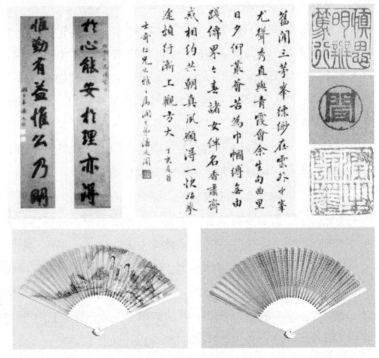

祖父部分诗、书、画、篆刻作品。琴棋诗书印画……中国文人的标配今安在？

我大姐潘小汀回忆：祖父兴趣广泛，多才多艺，会拉二胡，喜欢国画，他留下的画册、书画甚多。晚年，他常躺帆布椅，摩挲着田黄石讲故事，绘声绘色，眉飞色舞，听得我们笑得肚子疼。祖父写字时，我们便帮他磨墨，铺纸，看他一笔一画笔走龙蛇。与孙辈在一起，是祖父的幸福时光。

祖父1957年脑溢血逝世时77岁。晚景凄凉，身后仅"遗留下几件旧家具、旧衣服，别的什么动产不动产都没有"（我父亲原话）。应了那句老话"赤条条来，赤条条去"。所幸我的父母孝顺，他衣食无虞，但难免内心失意、凄寂。

灵柩摆放在前厅，香烛、纸钱、供品，天井的雨淅淅沥沥地下着，屋檐上雨声滴滴答答……守灵、做七、安葬的情景，依稀记得。那时我还小，不太知道悲伤，只觉得家里有点儿异常，前厅原来还能摆成这样（变成灵堂）？家中少了一位慈爱的亲人，虽有点儿难过，但对七天一次的祭奠仪式与葬礼，似乎更感兴趣。

我对祖父的了解仅限于此。从这些极有限的了解中，可感受他人生的强烈落差。他的一生是场悲剧，后半场是失落、抑郁、痛苦。他奋斗过，凭借个人努力，从底层跻身上流社会。他不甘寂寞，步入官场一帆风顺、平步青云，因而忘乎所以。时运垂青过他，家财万贯，极尽奢华，娶过一妻一妾，有过四女三男，儿女孝顺，然而终成南柯一梦，沦落到"房无一间、地无一垄"，不得不寄人篱下，晚年在我父亲的岳父家度过残生。应了孔尚任《桃花扇》中那句经典曲词："俺曾见，金陵玉树莺声晓，秦淮水榭花开早，谁知道容易冰消！眼看他起朱楼，眼看他宴宾客，眼看他楼塌了。……诌一套'哀江南'，放悲声唱到老。"祖父经历事业的大起大落：前半生是他扼住了命运的咽喉，后半生是命运扼住了他的咽喉。与命运博弈中，他是输家。

祖父算不上纯文人，浪迹官场，经商逐利，然而，他身上有着根深蒂固的传统文化因子，喜舞文弄墨、谈古论今，琴棋书画、风花雪月，有浓郁的"士大夫情调"，文人气较重，一个"落魄半文人"。

以祖父之聪明才智，假如没进官场，不曾在权、利旋涡中迷失，本可风流倜傥、安逸一生。他要是当教师，或当普通职员，都会干得不错。文才得以施展，诗、书、画、篆刻更为精进，将留更多艺术精品。即使顺着照相馆学徒路子走，也将成不错的摄影家……可是，没有假如。

垂暮之年的祖父常独坐一隅，拉着胡琴，在《病中吟》旋律中怅然发呆。

他一定想过这些"假如"，悲戚凄凉，暗自神伤，痛悔莫及：权、利、富、贵，是掺着蜜糖的毒药，让人沉迷其中，忘乎所以，在陶醉、昏厥中走向死亡……不觉泪湿长襟。

墙上牧牛图，跋录宋代黄庭坚的《牧童诗》：

> 骑牛远远过前村，短笛横吹隔陇闻。
>
> 多少长安名利客，机关用尽不如君。

画面斜阳斑驳，牧童骑牛缓步而行，笛声清亮悠扬，不绝如缕。

所幸祖父从他的父亲、父亲的父亲……承袭的文化气息，没完全丢失，不经意间将其作为生存之道，悄无声息地保存、传递下去。对传统"士"文化的亲和，文墨书香、闲情逸致，是流淌在家族血脉中的隐性基因。这或多或少对父亲、我，以及后代子孙有潜在影响。不论时代、环境如何变幻、是否允许，我们是否愿意，她都不断地绵延生长。古典文化的承传，经由个体生命的汲取、汇集、释放，而滔滔不绝。

旧中国一个衰败而不失尊贵的中产阶级家庭"全家福"——回光返照的体面。
第二排左四是祖父，祖父右边是奶奶，左边是二奶奶，后排左一是父亲。摄于1947年。

潘氏家族儒家思想根深蒂固，这是个氤氲着浓郁的中华文化气息，追求读书、仕进、仁义孝悌的文人世家，是中国"士"阶层的典型个案。打开族谱，代代无白丁，辈辈有官宦。从入闽平乱的闽潘始祖潘源公、潘殷公的官员身份，到迁居长乐三溪潘钢公之后的"四世五中丞"，迁居福州的潘年禧公培养女婿陈敬铭做官，自己不求官，但向皇帝进言献策，获赐"智勇有方"匾额，再到祖父潘友闻公任省财政厅科长，无一不是走"学而优则仕"之途，即便不当官，也脱不了庙堂情结。当官，是中国文人不二选择，一个打不开的死结。文人当官，固然包含入世、济世、造福苍生的积极面，但无疑，自古以来求取功名利禄的"官本位"观是主流。因此，文人一哄而上"当官去"。能像陶渊明那样"不为五斗米折腰"，洁身自好、穷而弥坚、怡然自乐的罕见。中国哪一部族谱、哪一个宗祠，不是将祖先官职摆在最显赫的位置？对此，我在《语文：表现与存在》中有过反思：

> "学而优"未必只有"入仕"这个选项。学者可以真正惠及天下苍生百姓的主要应是发挥自己的思想力、创造力，为社会、人生、世界、人类……奉献自己的精神产品，用今天的话说，就是为人类建造物质与精神家园。狭隘化到只有"入仕"一条路，不能不说是其局限。

> 古往今来，凡是学者做官的，必定会影响到其思想建树。多数学者为官从政去，其学术研究或文学创作基本上就废了，至少是深受影响。大多传世之作，都是科考落第、为官被贬谪或不当官时写的。当官还是做学问，无疑是一个两难选择。在官本位的社会中，这是对学者定力的重大考验。

在中国，不论是古代还是当代，读书人都受到官场的强烈诱惑。科举考试，是古人读书的唯一正当出路；读书做官，是世代相传的文化基因。历经数十代人，成了集体无意识。当官还是做学问，这一问题困扰着中国文人，堪称人生第一问。可以断言，绝大多数读书人在这个问题上都挣扎过，抉择在一念间，却决定一生成败。我的先祖挣扎过，祖父、父亲挣扎过，我们，我们的后代也无可回避。

父亲在厦门大学深得萨本栋校长赏识。他毕业后，先让他留校工作；半年后，又举荐他担任长汀县中教务主任（校长先由县长挂名，他主持校务，不久便正式任校长），父亲时年24岁。父亲后到名校赣南正气中学任教，业绩出色，担任教务主任、代理校务主任（校长），此后还担任过其他学校的校长，可见他不但能做学问，也有管理才能，似可在官场以求一逞。他若是投机取巧势利之人，甚至可凭借人脉往上爬，但是他没有。1947年，他33岁，正值年轻有为之时，毅然决定从此不走仕途，彻底断念，转到科研院所、高校治学，教书育人。这一人生转轨，他必思虑再三，与祖父有过交谈：

祖父：鼎儿（父亲名"懋鼎"），你精研小学（古文字学），知道"鼎"字象征权力。我们是簪缨氏族，给你起名懋鼎，就望你成国之栋梁，你没辜负我的期望，从小才华出众，会读书，能做事，从政前程无量。

父亲：爷（父亲称祖父"爷"），您还没看透官场？当了这些年校长，我算看透了当官的嘴脸，抗战还在走私，发国难财。现在内战又起，国家前途未卜，当官有什么前程。我只想清白教书、专心治学。

祖父：教书、做学问能挣几个钱，有什么出息？我失业，家底都吃光了，一贫如洗，连立锥之地都没有，借居亲家公家非长久之计，我这老脸往哪儿搁？一大家人靠你养，拿什么过日子？

父亲：您老放心，会好起来的，我好好工作，虽不会发财，但会过上好日子的。我主意已定，当官真的不适合我，爷，您不知当校长与官打交道我有多难受。

祖父：你以为学问好做吗？你过得了清贫日子、耐得住寂寞吗？

父亲：这些我都想清楚了，我能。再苦再难我也不怕，我心甘情愿。我的《中国语原及其文化》刚出版，我要全力研究"文化语言学"，请您成全我。不把这事做成，生于斯世何益？

祖父：你做学问我不反对，但你是长子，潘家靠你光耀门楣，你要负起这个责任。

父亲：爷——难道要我走您老路？鼎儿不孝，说句不该说的话，您贪，我迂，都不适合做官。官有什么好，您不记得我在赣州高级农校当校长，为了给学生要点儿生活费和教育经费，跑几十趟行署，钱没要到，倒是看尽"官"们臭脸，气得吐血，差点儿送命？

祖父：……

父亲动之以情、晓之以理，终获祖父首肯，事业从此翻篇。33岁，"悟已往之不谏，知来者之可追。实迷途其未远，觉今是而昨非"，恰当其时。如天遂人意，重新起步犹未晚。

父亲将名字改为"茂鼎"，表明与"当大官"之意的"懋鼎"，与自己的过去划清界限。后来干脆将"鼎"字下岗，改成"茂丁"，与"当官"彻底诀别。"茂丁"是他后半生最常用的名字，藏书签名即为"茂丁"。"丁"，"白丁也"，即平民百姓，以此明志。卸下枷锁，他一身轻松，呼吸都畅快了。

1947 年出版的《中国语原及其文化》，这部"文化语言学"开山之作，堪称父亲治学"投名状"。从此，他再不越"官场"一步。

摆脱庙堂情结需要勇气，非轻易可做到。祖父沦陷不可自拔，埋没天赋才情，断送锦绣人生，从辉煌荣耀巅峰，掉落谷底，犹耿耿于怀，念念不忘，只能抑郁终老。感谢父亲在困苦艰辛的年代，看清官场百态，毅然改弦易辙，走诚心治学之路，终身坎坷而痴心无悔，为我的人生选择树立榜样。30 多年后，我大学毕业面临从政或治学的选择，毫不犹豫地选择留校任教，拥有完整的"言语人生"。回首过往，我能静坐书斋，有资格著述《破执——治学知行录》，无愧无憾于自己与后人，这与父亲的影响不无关系。是他的"言语人生"转向，唤醒我的觉悟，引我走上治学之途。这大半生治学生涯，从精神创造中获得归属感、满足感，我得其珍贵，享其乐趣。此无与伦比的美好，天知、地知、我知，感恩莫名。父亲若知我不负天命，定会欣慰。灵魂安适与精神愉悦的幸福，是追求高官厚禄、荣华富贵者无法理解的。

毫无疑问，权力诱惑极大，尤其对于男人。精神分析学家弗洛伊德说，男人是权欲、性欲的动物。追求权力是男性本能，这也许不无道理。其实，追求权力、金钱没啥不对，关键是动机，即拥有权力、金钱的目的。中国传统对"官"的认知，固然有"治国平天下"、为百姓谋福祉的价值取向，但普度众生、舍生取义者少，多为"功名利禄"，"功名利禄"与"官位"（权力）绑定，"升官"意味着"发财"，以为此可光宗耀祖、福荫后辈。当然，也有"胸无大志"的，仅将其作为职业，养家糊口，这类人不多，可略而不计。不论持何动机，它与治学目的均相抵牾。学者心思若放求"官"上，其"求知""求真"就不"纯粹"；心思不专、不诚，学问必受损。

话说回来，官也不那么好当，不是做出牺牲就能当好官。学者能当好官的少。当官与治学是两种才能。当官需运筹帷幄、决胜千里，需领导力、策划力、执行力、协调力，等等，这恰是许多学者不具备或不擅长的。治学需自由意志，独立思考，需要质疑力、批判力、想象力，尤其需宁静、淡泊的心态，以此进入官场，定吃力不讨好。当官、治学是两回事，入行之前要掂量掂量自己是什么料。多数学者当官，一心两用，势必两败俱伤，既荒废了学问，也当不好官。当官、治学无优劣之分，适合就好。不论选择从政还是治学，都要心无旁骛，专心致志。

学者不妨称"读书人"，或书生、书蠹、书痴，多保留点儿书卷气没坏处。别成天尽想着"治国平天下""内圣外王""哲学王"之类，把读书、修身、学问、学历、学位等，作为待价而沽的砝码。古往今来"禄蠹"还少吗？读书人最要是安贫乐道，多点清高孤傲、遗世独立，迂点、傻点没关系，亏点、穷点是福气。斗室容得下书桌，工资买得起电脑，"倚南窗以寄傲，审容膝之易安"，何等惬意！诚心、专心治学，留下几篇文章，便是前世修来的福报，给子孙的恩泽、社会的回馈。

一日老知青聚会，来者皆年逾花甲。一"插友"（一道下乡"插队"的老朋友）曾当过不大不小的"官"，知我刚退休，问当过领导没，我说没。读书时当过班长，工作后当过教研室主任、学术团体的会长，不算吧。他说不算。原以为他问这是想找点儿昔日当官的优越感，不料，他知道我没当官，找不到心理平衡，失望之余不乏真诚地说了句"还是不当领导好"，向我投来羡慕的眼光，我错愕不已。他说："当领导在位是好，可人在人情在，人走茶凉，结下的都是怨，招惹的都是是非；哪像你，当普通教师，退下来清清爽爽，无愁无怨，写一堆书，桃李满天下，多好！"我心想：做什么都有得失，天下没稳赚不赔的事。当初劝你别当官你乐意？虽此老友觉悟有点儿晚，人生不可能重来，不过总比执迷不悟好。失之东隅，收之桑榆，退休后多做好事，广结善缘，赔点、亏点，说不定失去的就赚回来了。

这主要说的是"官员"，"领导"则另当别论。"领导"与"官员"有重合，"领导"的内涵大些，包括各行业、层级的"头"儿。相对来说，有些领导权力欲略低些，但同样有不同价值取向，人格、品位有高下。有道义感、责任感，惠民利他，有共情心、人类情怀的领导，值得崇敬。尤其那些不计个人得失、奉献人类的学者、科学家、企业家，作为各自领域的领军人物，乃民之脊梁、国之栋梁，这样的领导多多益善。

我自知与"官""领导"无缘，过读书、教书、写书"三书"人生，经营自己的"一亩三分薄田"，是唯一的也是最好的选择。"立言"传后，不敢奢望，录下浅薄感悟而已。生来"码字"命，我认命、知足——或许是重蹈大同小异的庸碌人生。

　　感谢先祖，给我不聪明但勉强够用的脑子，得以忝列读书人之末。感谢祖父、父亲，教我此生如何度过。祖父的失败、困顿给我以教训："官场"之路不通。父亲用勇气与行动，用生命之作，让我明白治学——人生的意义。祖辈、父辈给我的弥足珍贵，至于我治学能走多远，每一步只能靠自己。

　　用时髦的词来说，我属于"教二代"。与"富二代""官二代"的富贵、傲娇比，有点儿寒酸、卑微，却不失阿Q式自矜。刘禹锡说"斯是陋室，惟吾德馨""谈笑有鸿儒，往来无白丁"，不知诗豪作《陋室铭》是自得、自夸，抑或自慰、自嘲。不过，我无君子之德馨，有"立言"之志，不倚不傍，不卑不亢，内心确是安详。

　　人生棋局一盘定输赢，老天不给任何人悔棋机会。落子请三思。

　　◆ 破执者寓言 ◆

老 树

　　老树冠盖天日，名闻遐迩，被尊"树神"。信众建"树王庙"，香火鼎盛，树干枝柯挂满祈福许愿红布条，有求必应，甚灵验。于是，衍发无数分庙、支庙，及诸多分树神、支树神，供品引众猢狲拉家带口寄生觅食。

　　时光荏苒，老树矍铄，圈粉无数，自觉法力无边。

　　一日台风，"树神"瞬间倾倒，压毁树王庙。始见树心朽空，徒存外壳。

　　树倒庙塌，香火绝，断供，猢狲多饿毙，不散。翌年，废墟上再建"树王庙"，香火益盛，庙业更繁荣，残存猢狲复喜奔啸聚。

安贫乐道、悲悯和乐的濡染

心有明月老，何需黄金屋？——题记

说到我的童年，不能不从父母说起。父母的婚姻堪称完美，婚姻完美意味着家庭完美。我感谢父母给我美满的家庭。

美满家庭的孩子，即使人生不美满，内心也依然美满。

对父母的婚姻，我用"完美"这个极限表达，是形容其难能可贵。"完美"，即好到无可挑剔，这几乎不可能，婚姻——过日子，更是如此。然而"完美"是相对的。我说的"完美"纯属私人感觉：我的父母是最恩爱的夫妻，他们的婚姻是人间最美好的（不等于绝对圆满），他们给予我的家庭是美满的（同样不等于绝对圆满）。对此，我小时候无感，"身在福中不知福"。"完美"是成家后的感受。只有成家后，准确地说，是人到中年才体会到。

完美姻缘，并非完美人生。我父母的人生不完美，然而婚姻是完美的。他们将婚姻幸福演绎到极致，成为悲情人生中的华彩乐章。像反差鲜明的胶片重叠，像唱片被刻意划痕，原本优美的影像、音调，竟被糟践得怪异、走调。面对命运——恶作剧高手，徒叹奈何。

我父亲，1914年8月22日生于福州，长子长孙，祖父为他取名潘懋鼎（"懋"，古同"茂"，勤奋、努力、盛大之意；鼎，古代一种礼器，权力的象征），可见祖父对他寄予厚望。后来他也写作茂鼎、茂丁，号虎秋（大约是属"虎"，生于"秋"日）。父亲有四个姐姐、两个弟弟、一个妹妹。祖父在连生几个女儿之后，得一男孩，其欣喜可想而知。

父亲幼年正值祖父事业巅峰，家境甚好，备受呵护。他童年时代当是快乐的。

十三四岁时，祖父"钱店"破产，家道中落，父亲从家境优渥的小少爷，突然跌入贫困深渊，领略到生活艰辛与人生无常。他这样描述那时的情境："我在初中阶段，家庭特别困难，无法续学，高中只好报考师范，靠助学金维持。师范毕业后在小学任教一学期，因换了校长，失业。困居家中，对人生悲观，想自杀。有亲戚在厦门大学，帮我解决半工半读。1934年秋考入厦门大学。"父亲少年时就尝到人生的苦涩：没钱读书，读免费的师范，毕业后就业又失业，绝望到想自杀，上大学靠半工半读，生活、求学如此艰辛。

青少年时代的逆境，造就了他刻苦耐劳、乐于助人的品格。父亲一生不曾富裕，但尽己所能接济他人，这大约与曾经的贫困无助有关。在普遍缺钱的20世纪五六十年代，常听他与母亲说借给谁10元、20元，这在当时可不是小数目，是可帮助一个家庭渡过难关的——他明知有"借"无还，还是乐意解囊相助，他不忍心让求助者失望。只要父亲说的，母亲从没异议。我不知他俩谁管钱（大约是母亲，在家务上，父亲是十足的甩手掌柜），但他们没为钱财争执过——他们一生从没任何争执。

我的母亲陈云英是世上最明理、贤惠的妻子，我的父亲是世上最深情、温存的丈夫。他们是天造地设的夫妻，携手联袂书写婚姻神话。"在天愿作比翼鸟，在地愿为连理枝""常存抱柱信，岂上望夫台"——一切两情相悦、忠贞不渝的颂诗，无论多么夸张，都是他们婚姻的真实写照。

外祖父以传说中的仙女云英为爱女命名——不论是美貌还是聪慧，母亲都当之无愧。苏轼《南歌子·寓意》："蓝桥何处觅云英。只有多情流水，伴人行。"苏子哀叹"云英"无觅，视其为梦中情人，父亲有幸觅得"云英"，终成神仙眷侣。

父亲在厦门大学求学时，幸运眷顾了他——与福州师范的学妹再次相遇并相知相爱。这是上天给父亲的善果。他们究竟如何在异地萍水相逢，是一见钟情，还是日久生情，他们如何经营世间最美的婚姻，在我始终是谜。这本不难求得答案，可惜父母在世时我与兄姐错失良机，悔之莫及。

人一生读过他人的许多故事，往往错过读父母这部大书。当我写他们时，才感到我对他们的过往了解之少，有关记忆到处缺页损章。"子欲问而亲不待"，这种悔恨，与无能孝亲一样深及骨髓。

想起母亲，我总是满怀钦敬与感激。用今天的标准看，她未必是最好的母亲。她不善理家、做家务，烹饪只是凑合，对子女关照也并非无微不至，但无论用什么标准看，她都绝对是贤淑而温柔的妻子，宽厚而温暖的母亲，美丽、聪慧、大气的女人——这难道还不够？

母亲 1917 年 9 月 29 日生于福州一个小商人之家，外祖父陈勉生公，早年经营船运，家境还算殷实。抗战时，赖以谋生的船被日本鬼子拉走，从此家境衰落，一家人沦为贫民。母亲系长女，下有四个弟弟，生活重担过早压到她肩上。她从小很有志气，向往自立、男女平等，喜读书，天资聪颖，过目成诵，学业骄人。

也许出于"女子无才便是德"的成见，家里没让她读书，但她执意要上学，外祖父拗不过，只好让她读书。她没上小学直接读初中——福州文山女中，一所以严格著称的教会学校，可见傲娇的"学霸"本色。

福州私立文山女中校址初设于南台保福山一教堂内，因此又名保福山女书院。后来因为学生人数骤增，原校舍容纳不下，便迁到吉祥山，即现福州八中校址。八中原有几座西式建

福州私立文山女中西式红砖楼，母亲少女时代在此读书，中年在此任教（文山女中改名福州八中），常带我到学校玩。现旧楼已拆，校园面目全非，唯怀念与伤感长存。

筑就是文山女中旧址，后被拆除建新楼。我小时候，因为母亲在八中当老师，常带我到学校玩，所以对近一个世纪前有着石拱门、百叶窗的红砖楼很熟悉，只是那时不知母亲在此读过书，这里有她少女时代的踪影——不知母亲多年后回母校当教师是什么心情。

文山女中对学生极严苛，但母亲读得很轻松。教会学校重视英语，许多同学单词记不住，她读一两遍就背下来了。尤其让我惊讶的是她数学也好，玩一样就读完了初中——她的英语、数学的"学霸"基因要能传给我就好了。那时母亲家境尚可，为什么高中不继续读文山女中，而读了免费的福州师范，是喜欢当小学教师，还是命运的驱使，让她的人生轨迹与父亲交集，不得而知。从她后来报考厦门大学看，可排除想当小学教师的动机，这样看来，后者较可信。

母亲报考师范，恐因爱神捉弄而晕了头。

福州师范学校创办于清末，创办人陈宝琛（溥仪的师父）。该校原名全闽师范学堂，建于民国二年（1913年），为福建最早的中等师范学校。民国初年，改称福建师范学校。民国二十年（1931年）更名为福建省立福州师范学校。校址在福州乌石山。父亲、母亲都毕业于该校。父亲1930年入学，母亲1931年入学，比父亲低一届。学校每年级分甲、乙、丙、丁四组，甲、乙、丙组为男生，丁组为女生。父亲分在甲组。他们是上下届同学，也许相识。也许接触不多，不是很熟。他们在该校共度两年，定有许多见面的机会，也许已互有好感，但情窦未开，心照不宣。

　　从母亲后来也考厦门大学看，有欲双栖双飞的嫌疑。

　　父亲比母亲师范先毕业一年，本想考大学，因家贫，只好先教书，积攒学费。第二年，1934年，一亲戚说读厦门大学可为其介绍勤工俭学，于是他毫不迟疑地报考，终于一遂心愿——是爱神的蓄意成全，绊父亲一个趔趄，让母亲赶上来，使他们在厦门大学成了朝夕相处的同班同学。厦门大学是爱国侨领陈嘉庚先生1921年创办的，是中国近代教育史上第一所华侨创办的大学，享誉国内与东南亚。他们不约而同负笈如歌如诗的厦门大学，相别一年，他们都长大了，异地重逢，惊喜可想而知。

　　厦门大学是他们求知的沃土，也是爱的温床与精神圣地。

　　1934年秋到1939年1月（父亲"四下"在长汀因病休学半年，因此，在厦门大学学习时间延长为四年半），厦门大学的朝朝暮暮，孕育了他们的美好姻缘，谱写下终生不渝的爱的诗篇。回望他们人生之旅，这四年半恋爱是最温馨、幸福的时光。幸福如此短暂，日后如此艰辛，这是他们沐浴爱河、憧憬未来时想象不到的。

　　因其短暂，弥足珍贵："锦瑟无端五十弦，一弦一柱思华年。……此情可待成追忆，只是当时已惘然。"命运的不公，剥夺了他们天长地久的姻缘。甜蜜的欢愉，恍若隔世、犹如云烟，却刻骨铭心、终生难忘。

　　厦门大学白城海滩温柔的波涛、湖里山炮台壮美的夕阳、南普陀寺皎洁的明月，见证了他们的旷世情缘。这么说毫不夸张，他们的纯情与忠诚，世所罕见。后来常听他们说起"南普陀"——他们的"南普陀"，儿女们耳熟能详的"南普陀"，不就是陆游岁岁徘徊、至死不忘的"沈园"，徐志摩无法抛舍的永远的"康桥"？当他们后来经历人生磨难时，南普陀寺院那晶莹如玉的月华、燃烧绽放的木棉花，始终在心中圣洁而热烈地绽放。厦门大学与南普陀寺，那清幽、宁静的学术殿堂、世外净土，是他们一生魂牵梦萦的精神港湾。

在厦门大学，母亲主系教育，辅系生物；父亲主系教育，辅系中文（父亲毕业获教育、中文双学位，后又在厦门大学中文系进修两年，为日后中文专业的发展奠定坚实基础）。由于他们是从中等师范学校毕业，按当时规定，主系只能报考教育系。大学毕业后阴差阳错，父亲从事的是中文专业，母亲从事的是生物专业。他们恐怕不曾想到竟以辅修专业为毕生事业。

全面抗战爆发，1937 年底到 1938 年初，厦门大学内迁闽西长汀。"厦门大学于 1937 年 12 月 20 日停课，准备迁移之事。师生从 24 日起开始分批出发，进行迁移。从厦门到长汀，虽说是省内迁移，但其路途也有近千里，并且闽西多山，道路崎岖，图书仪器很难搬运。在师生齐心协力下，至 1938 年 1 月 12 日，人员都已安全抵达，剩下的难搬运的仪器也陆续抵达长汀。"（见杨宁：《厦门大学内迁长汀简史》）"从厦门到长汀行程 800 里，要渡过鹭江、九龙江，越过崇山峻岭。加上土匪出没、车辆罕见，300 多名师生肩扛手提行李和书籍，走了整整 23 天才到达长汀。"[1] 他们共同经历了那次翻山越岭的千里跋涉。当时厦门大学只有 239 名学生，他们是其中令人瞩目的两位。一路上，这对金童玉女携手并肩、形影不离，引来同行师生无数艳羡的目光，给艰辛旅途平添了浪漫与欢乐。

此后，在厦门大学的新校区——长汀县学大成殿，虎背山南麓，同安堂、嘉庚堂、仓颉庙一带，留下了他们深情的脚印。求学生活虽窘困，但快乐、充实、甜美。

父亲在厦门大学不但靠勤工俭学维持生计，还承担许多社会工作。他极活跃、能干，担任学生会干部、心理学会干事兼秘书等，书读得好，工作努力，人品出众，深受教授器重、同学钦敬。系里学术活动报道文章都是他写的，文采斐然。他智商、情商俱佳，在同学中颇有人气，知名度极高，让冰雪聪明、心高气傲的母亲无可救药地沉溺爱河，在情理之中。

父亲谈到，在厦门大学"半工半读至四年级，'四下'在长汀因病休学。暑假到南平，适省战时民教人员训练所招生，训练一个月可派工作。我想是抗战

---

[1] 吴尔芬：《厦门大学在长汀》，《福建日报》，2013 年 5 月 28 日。

工作，又能得些工资充作复学费用，便去投考。……训练一个月后到沙县分配工作，我被派往长乐战时民教训练班当事务主任。一个月后于 1938 年 11 月辞职回长汀复学"。这是父亲对半年"病休"的描述，病中仍心系抗战与学费，足见求学艰辛。

在抗战中的山城长汀，父亲毕业照中规中矩、一丝不苟。厦门大学校主陈嘉庚、校长萨本栋、导师余謇……给他打下精神底色，追求学术由兹发轫，终生无悔。

1939 年 1 月，风华正茂、英气勃勃的父亲从厦门大学毕业。甫一走上社会，即担起养家重任与不寻常的社会责任。父亲说："这年 7 月，长汀开办初中，厦门大学校长萨本栋介我前往。该校校长是由县长兼任（挂名）。我任教务主任。第二学期教育厅不准县长兼校长，派教务主任代理，我就当了校长。"父亲时年24 岁。在今天看来，父亲那时还是青涩的大孩子，却已是县立中学创校校长，似不可思议。

长汀县立初级中学历任校长一览表

姓　名	任职时间	备　注
黄恺元	1939.9—1940.10	潘懋鼎主持校务
潘懋鼎	1940.10—1941.4	
罗葆基	1941.4—1942 秋	
陈诗启	1942 秋—1944 春	
康 谅	1944 春—1945 冬	
赖芹芳	1946 春—1950 冬	
张 瑜	1950 冬—1951.2	（代）

（现长汀一中校史馆中"长汀县立初级中学历任校长一览表"，父亲是实际上的创校校长。）

杨宁的《厦门大学内迁长汀简史》，谈到厦门大学内迁长汀期间取得的成绩时，以父亲作为促进长汀教育发展的典型事例：

在厦门大学内迁以后，长汀教育出现朝气蓬勃的局面，1939 年建立了长汀县立初级中学，由厦门大学毕业生潘懋鼎任校长，也增设了多座小学，接受高等教育的人也逐年增多。

长汀一中校史《源远流长话沧桑》对父亲办学事迹也有记载：

1939 年夏，因全县高小毕业生增多，而中学仅省立汀中一所，新生招生名额又只 100 余名，无法满足人们升学需要。汀人谢雪堂、林钟鸣等 9 位乡绅倡议创设县立中学，经呈请陈世鸿县长核准开始筹备，以文庙为校舍。黄恺元县长接任后，力加促成。县中于 9 月中旬开办。当年招生，除初中一年级一个班外，还将县立工业职业学校（1938 年春创办）、县立农业职业学校（1938 年春创办）并入，合设工农班，1940 年 2 月，因为该班学生太少，亦改初中班。县长黄恺元兼任校长，教务主任潘懋鼎（厦门大学教育系毕业生）主持校务工作（1940 年 10 月开始任校长）。因办学经费紧张，县中只能聘少量专任教员，其余的课程则大部分由厦门大学品学兼优的高年级学生担任。厦门大学学子虽然课业繁重，但在县中任课一点不马虎，在教学上勤勤恳恳、认真负责，注重学生能力的培养，与学生打成一片。他们凭着扎实的专业知识，广博的见闻，灵活的教法，很快赢得县中师生的信任，经过他们辛勤努力，县中成为后起之秀。在全省初中毕业会考中，成绩多次名列前茅。由于县中上至校长，下至教师，多为厦门大学师生，且教学质量较高，当时人们称县中为"厦门大学附中"。

父亲求学厦门大学期间，甚得萨本栋校长（著名物理学家、电机工程专家、教育家，首任国立厦门大学校长，是该校历史上最杰出的校长之一）赏识、垂爱。他 1939 年春毕业时，萨校长让他留校图书馆工作，好就近在中文系深造，同时完成他的"文化语言学"研究。是年 7 月，长汀县中（现长汀一中前身校）创办，县里向厦门大学求人才支援，萨校长觉得父亲是最适合的人选，力荐他任教务主任，主持学校工作。第二学期，父亲便正式担任校长。他办学业绩显著，广受赞誉，使县中获"厦门大学附中"美誉，也算不负萨校长知遇之恩。

照片上书"欢迎陈校主纪念"，日期是 1940 年 11 月。前排中拄手杖者为陈嘉庚先生，他为中华民族撑起教育的脊梁。母亲第二排右一，父亲在其身后。母亲身怀六甲仍往相聚（我大姐出生于 1941 年 3 月），仍光彩照人。

父亲对萨校长极感激，在他写于长汀的专著《中国语原及其文化》"前记"中，萨校长是他第一位致谢的，表达了深切的感恩之情。

1940 年 11 月，厦门大学校主陈嘉庚先生到长汀视察，与师生、校友合影留念，参加合影的只有 30 多人，父亲与母亲也在其中。想必他们是作为校友代表被召回，与嘉庚先生相聚，这是不能错过的荣耀。在抗战最艰苦的时期，这些颠沛流离坚持办学、求知的精英，精神抖擞，共克时艰，其昂扬的意志、神采、风貌，令我骄傲。他们是民族的希望。

看这照片时我的心是烫的，血在沸腾。

2015 年 3 月，我特地循着父母足迹，探访他们学习、工作过的长汀、赣州。

我的学生赖滢涛、刘福江带我走进修葺一新的长汀文庙（厦门大学在长汀办学时的校部）与人文气息厚重的长汀一中（父亲担任校长的长汀县中原址）。参观该校校史馆，前身校——长汀县中首任校长由县长黄恺元兼任（挂名），潘懋鼎任教务主任主持校务……赫然在目。历史烟尘中，是父亲创办县中辛勤奔忙的年轻身影。

信步长汀一中校园，一棵千年古樟吸引了我的目光：树干巨大，冠大荫浓，不禁情动于中：阅尽人间沧桑的树神可记得我的父母？他俩曾在此漫步，一道张开双臂合抱树干，怎么伸长手臂也抱不拢……他们席地而坐，仰望从参天华盖透下的金色阳光，饱吸树叶散发出的樟脑油气味，惠风吹拂，芬芳沁人心脾……我站在古樟

县中的古樟可记得我的父母？我凝视着他们依傍、合抱过的树干，抚摸着他们的抚摸，倾听时光沙漏深处的温存絮语。

树下，轻抚树干，感觉着父母的感觉，念想着他们的美好时光，久久不舍离去。

在这抗战炮火中的一隅，他们靠勤工俭学完成学业，担起教育救国重任，培育山城的优秀学生。他们踏实履行人生之责、知识分子之责：读书、恋爱、结婚、生子、创业、教书、科研……我对这块洒过他们青春汗水的土地，这里的房舍、街巷、草木……备感亲切，这里到处洋溢着他们的气息。

长汀，是他们的人生福地。后来再无如此内心平静的生活。

在厦门大学读书时，母亲也极优秀，她 1938 年 7 月毕业，因学业优异受外教垂青，欲荐其留美深造，攻读硕士，她思虑再三后婉拒——因为爱，加之肩负养家、照顾四位弟弟的重任，羁绊住漂洋过海异国求学的脚步，令外教痛惜不已。我们常想，母亲当年要是留美会怎样？以她的聪慧、努力，定会成为事业有成的生物学家，可还有我们这个家吗？母亲选择留下，意味着选择苦难，选择与父亲、亲人、祖国同甘共苦。其后的日子无论多么艰难，她始终与父亲相依相伴，风雨同舟，至死无怨无悔，单凭这点就让我感念终身。

我的母亲是天下最美的女性，集小家碧玉与大家闺秀之美于一身：端庄而妩媚，温柔而沉静。含而不露，秀外慧中。她的美，不是用"惊艳""靓丽"可形容，是天生丽质加文化浸润的风采。妈妈的照片，我百看不厌，引以为豪。可惜没她小姑娘时的照片。

妈妈 19 岁（1936 年）、25 岁（1942 年）、38 岁（1955 年），惜未见其垂髫、总角模样。

1940 年初，在抗日战争的满目疮痍中，山城长汀，父亲与母亲幸福地结合。没有洁白婚纱、豪华婚车，也没有海誓山盟与庄严仪式，但有携手一生的默契。婚后岁月，他们情投意合、相濡以沫，同心共克时艰。

他们最当得起"琴瑟和鸣、心心相印"——"举案齐眉、相敬如宾"也一样适用。他们的婚姻堪称完美。在我记忆中他们从未争吵，从未闹过别扭，连大声说话都没有。父亲从未指责过母亲，母亲也从未唠叨过父亲，一次都没有。他们从无意见不一，却有说不完、道不尽的情话。小时候，我偶尔夜梦中醒来，听到他们绵绵细语、滔滔不绝，常心里嘀咕：哪来那么多悄悄话？他们不是外在的"夫唱妇随"，而是心有灵犀、两情相悦，既在长久，亦在朝朝暮暮。这种超和谐婚姻似不真实，不可思议，却千真万确、万确千真。

维持婚姻幸福的不是一纸证书，光有爱不够，还要有优良人格、性格。

他们不但从未相互争吵，也从未厉声责骂孩子，说话轻声低语、循循善诱，给我们以无尽的父慈母爱。这与他们个人修养有关，或许与大学主修教育也不无关系。不论在历次运动中受多少委屈、磨难，内心多么苦闷、纠结，从不迁怒于我们。回到家里，面对我们永远都是笑脸与温情。——在我们为人夫妻、为人父母，经过人生风雨，看过无数横眉立目的夫妻，才深感这是多么不易，多么可贵。

父亲遇见我的母亲，与知书达理、端庄贤惠的女人结为夫妻，有了温暖、安适的家，有了情感依靠与寄托，相爱、厮守终身——使我们有聪慧优雅脱俗的母亲——男人选妻子也是为孩子选母亲，后者的责任大于前者：妻子不适合可离异再娶，母亲不适合却无可替换，害孩子一生。因而要感谢父亲替我选择一位好母亲。

父母恩爱、慈爱，是子女的幸运。有温情呵护、有教养的孩子，社会环境再坏，他们也坏不到哪儿去。父母是孩子一生的榜样。

父母婚后第二年，1941年，我大姐呱呱坠地，为纪念在长汀的日子，取名"潘小汀"。后来是1942年、1943年、1945年、1946年，四个姐姐潘小峰、潘小行、潘小农（后过继罗家，名罗丽卿）、潘小榕（后过继林家，名林娟）接踵而至。给父母带来欢乐，也不堪重负。母亲说过，那时常逃难，一路都是步行，自己抱一个女儿，雇民工用箩筐一前一后挑着两个女儿，有时没钱付工钱，就用衣物、戒指抵……20世纪40年代战乱连连，颠沛流离，父母只好忍痛将三个女儿送人。三女儿潘小行送人后不久，听说养父母常打架，不放心，又把她要回来；五女儿林娟，养父赴台，养母瘫痪在床，生活无着，也让他们牵肠挂肚，时有接济她们；四女儿随养父母赴台后一去不返——杳无音讯的小农，是他们永远的伤痛与牵挂（直到1993年才找到，得以相聚）。父母这辈子，战祸、人祸，两种滋味都尝尽了。这代知识分子可谓生不逢时，赶上不幸的年代。

父亲对当年情况有简单记述：1941年1月参加了教育厅办的中学校长讲习会，3月结束回到福州家中，不意第二天福州沦陷，带着一家老小千方百计于一个月后逃出福州，经南平转长汀，一路奔波劳顿，到长汀后感到精神非常疲惫，遂辞去长汀县中校长职务，又回到厦门大学工作。"此次派在总务处，工作麻烦，应付不来，只得又辞职到长汀侨师任语文教员，一面在厦门大学中文系进修完毕。42（1942）年10月在侨师，该校校长周元吉从重庆回来，沿途带西药做投机生意发国难财，我那时缺乏社会经验，竟在开学式上讲了他。过两天就被解聘……"——父亲性情内向，清高、正直、率真，不擅事务性工作，更不会逢迎讨好，难免处处碰壁——他确实不宜从政、当官。

　　父亲被解聘后正愁生活无着，恰好母亲的外甥女林舜英（我称"宝姐"，始终与我家保持极好的关系）在筹建中的赣州正气中学工作，来信说该校办学条件甚好，介绍父亲去任教。

　　父亲从1938年1月随厦门大学内迁长汀，到1942年10月赴江西赣州正气中学任教，在长汀待了近五年。他在此完成了大学学业，成家，奠定了事业基础，但也相当动荡，先后在长乐战时民教训练班，厦门大学图书馆、总务处，长汀县中，长汀侨师等工作过，总觉不尽如人意。他向往更好的环境，只想当个国文教师，实现教育救国理想。其他工作，当教务主任、校长之类，是阴差阳错，勉为其难。他收到林舜英来信诚邀，便欣然前往。

　　1942年秋，正气中学开始招收第一届学生，全国各地学子纷纷前往求学，入学不易。

　　父亲10月到校，是创校初期的第一批教师。由于父亲教学工作优异，不久，校务主任（该校由校务主任主持学校工作，实即校长）吴寄萍即举荐他任教务主任。父亲到校的第二学期，1943年二三月开始，即兼任教务主任。1944年3月到7月，吴寄萍先生赴重庆，父亲代理校务主任，主持学校工作。父亲时年30岁，担起一所名校的重担。

　　2015年3月，我走访长汀的厦门大学、县中旧址后，乘一夜绿皮火车，转道江西赣州，想亲眼看看父亲工作过的正气中学。

　　汽车在荒僻的小路上弯来绕去，好不容易找到地处城郊的"虎岗"，原中华儿童村与正气中学旧址。写着"中华儿童村"的简陋门楼还在，当年如火如荼的景象不再，举目皆断壁残垣、衰草杂树，曾颇为气派的教室、宿舍破败不堪，遍地碎瓦破砖，周围杳无人迹。正气中学主楼是座两层红砖楼，呈马蹄形，外墙装修一新，里面仍然破旧。我在主楼上下走了个遍，驻足走廊徘徊良久，睹物思人，百感交集。

正气中学校舍主楼、教学楼，历经风雨苟且偷生。父亲28岁时在这办公、上课。昔日书声琅琅，如今杳无人迹。

半个多世纪前，这里人声鼎沸，书声琅琅，欢声笑语，师生潮水般进出。人流中，年轻俊朗的父亲，西装革履，手拿讲义，庄重地走进教室。他给学生讲文天祥《正气歌》、杜甫《春望》、岳飞《满江红》、辛弃疾《水龙吟·登建康赏心亭》、陶渊明《归去来兮辞》……抑扬顿挫的讲析，清脆悦耳的应答，穿墙破壁，余韵不绝。

窗外彩云朵朵凫游于树冠，凝神沉思；鸟儿呼朋引伴悄然止步屋檐，屏息静听："云无心以出岫，鸟倦飞而知还"，于鸟心戚戚焉，眷然有归欤之情；及闻"感时花溅泪，恨别鸟惊心"，鸟肠寸断，五内俱焚，伤心欲绝，从屋檐噗、噗掉落。

操场讲台前，父亲面对师生，作《正气语原解》讲座。他挥洒自如、侃侃而谈，对文天祥《正气歌》的"正气"，作语原学解读，渊博、深刻、生动，唤起民族文化自豪感，激发抗战必胜意志，赢得雷鸣般掌声。在大家强烈要求下，他在中华儿童村又讲一场，人山人海，听者无不动容。

1944年8月，父亲离开正气中学到赣南区高级农业学校任校长。我不知此间发生了什么，父亲离开正气中学，表明他在此并不开心。父亲不会趋迎、拍马，眼中不揉沙子，事事较真，久之，不招人待见理所当然。个中原委父亲没细说，只说三字："受排挤。"父亲到农校工作，正值赣州沦陷前夜，他带全校师生，历尽艰辛迁校往寻邬。农校学生为公费待遇，但久已经费无着，学校无法维持正常运转。为解决经费问题，从 1945 年 2 月到 7 月，父亲往返寻邬、安远（当时专署迁在安远）十余趟，行程二三千里，以致积劳成疾，"精疲力竭，疟病大发"，瘦弱、疲乏至极，没法坚持工作，不得已于 1945 年 8 月请假回福州休养。恰逢抗战胜利，举国欢庆，漂泊在外十多年的他，欣喜若狂，希望从此能在家乡安定下来，好好教书、研究，并一尽人伦孝道，便辞去赣南农校校长职务，将逃难到南平的爷爷、奶奶等接回福州，一大家人终于团聚了。

父亲先在福州市立中学任教一学期，1946 年春到林森师范学校任教务主任，1947 年秋再转国立福建省音专任国文科讲师，1948 年秋在福建省研究院任副研究员，专门从事汉字改革研究，后改任福建省教育厅新教育研究所研究员。时年 34 岁，已然正高职称。他从此告别中学教育与行政事务，转入高校与教育科研单位。

这是父亲的人生蜕变与转折。进高校、科研单位是父亲作出的重要抉择。他厌倦行政事务与官场周旋，只想专心教学与治学。他选对了路子，以他的德性、才情、学养，如果一帆风顺，本可成出色的学者。然而，天不遂人意，他尽心尽职，建构"文化语言学"却宏愿未果，是他此生最大的痛。

我不知父亲与祖父禀性相似否，只知父亲书法好，这大约得祖父亲炙。父亲来往信件、教案，常用毛笔写。我小时候家中残存不少砚台、笔墨等，墨很考究，古色古香，描龙画凤，造型各异，有用过的，有没用过的，是祖辈留下的。父亲的仁爱克己、谦恭勤谨、知书达理，便得益于家风熏陶。

父亲与祖父也有不同，父亲品格更胜一筹。偶尔听父亲与母亲谈论祖父沾染的官场习气，话语间流露出不屑与鄙夷。父亲从祖父失败中汲取教训，引以自省、自诫，更知如何修养、修为。

祖父是"半文人"，父亲算"纯文人"。不论精神还是品性，都是。在精神上，父亲是心无旁骛的教师、学者，对教育、学术有自己的理想、信念，为此不计功利，殚精竭虑；对社会、民众、学生，有深厚的关切、悲悯、慈爱。在品性上，有良好的德性、修养。为人仁义、正直、善良、厚道。严于律己，宽以待人；胸怀坦荡，光明磊落；善解人意，乐于助人……一切形容高尚之人的词语，给予他都是合适的。总之，仁义礼智信，温良恭俭让，他身上全有。

在儿女眼中，父亲除了不太管我们学习、不做家务外，几乎找不到缺点。

这绝不是对他的恭维。我没有必要贬低祖父，褒扬父亲。厚此薄彼，是对先辈大不敬。我已年逾花甲，阅人无数，相信可作理性、客观的判断。我不知身处不堪的年代，父亲的德性、修养，何以能达到如此境界。

父亲优良品格究竟是天性使然，或受传统文化、祖辈家风习染，或应困窘生活的磨炼、造就，我确实说不清。

父亲此生颇多遗憾，但俨然堪称"君子"，德行足可垂范。我不知他是否"吾日三省吾身"，但他确实身体力行"仁者爱人""安贫乐道""不迁怒，不贰过""无求生以害仁，有杀身以成仁"……道统，父亲谦恭、随和而又高贵、硬气。

我的好母亲，她在精神上给父亲以撑持，帮他渡过许多难关。在生活上给他无微不至的关心、体贴。

家里最好的食物总是留给父亲。（20世纪）50年代初中期，家境相对安逸、优裕。我们住城里外婆家，父亲住校，周末才回来。父亲回家就像过节似的，母亲会多买一些菜，其中一定有只小母鸡，香喷喷地炖好，是给父亲吃的，这是惯例。父亲上桌后，总是先分给爷爷、奶奶、母亲和我们几个孩子，分完后，差不多就剩个骨架了。名义上给父亲吃，其实他吃得不多。我们每人分一块，吃得满嘴油，一家人其乐融融。

在物质与精神双重贫困的时世，母亲让我们享受到充裕的母爱。

她忙于工作，全身心投入教学，是学校最好的、级别最高的教师。作为生物教师，她一直担任高三班主任，可见她多么努力，多么受重视。在学校忙一天，放学后，从八中乘汽车到仓山影院下车，步行20分钟到家。她拖着疲惫的步子，精打细算，顺路买些廉价的水果、食物、日用品，提着大包小包回来。

在"大跃进"后的"三年困难时期"，我们偶尔能吃到她买的烂苹果、烂香蕉，那是无比的享受，以至于今天闻到烂苹果、烂香蕉的气味，仍觉亲切、快乐，不由地想起母亲提着大包小包的疲惫身影，感受到她那温煦的爱。

她每月工资103元（那时寄宿生月伙食费、住宿费才七八元），在当年算是"高薪"。她撑持十几口人的生活，除了一家八口的开销外，还负担过继他人的女儿林娟，外婆，厦门的侄儿、侄女等人的生活费，还时不时借钱给熟人、朋友。美丽、端庄的她，曾十分注重容颜的她，省吃俭用，从不打扮自己，几乎没做过新衣服，穿着极朴素。印象中，夏天，她多少年就穿着那条黑裙子，没有第二条裙子；多少年就穿着那双磨得发白的黑皮凉鞋，没有第二双鞋子。我搜遍记忆的角落，竟没能找到她中年时一件像样衣物。她就这么从青春年华的天生丽质、美若天仙，越过本该依然灿烂、娇媚如花的中年，直接熬进枯藤老树般的蹒跚晚年。她默默地做自认为该做的，从不言说，毫无怨艾。连声轻叹都没有。

从不唠叨的女人寥若晨星，在艰难时世从不唠叨的女人举世罕见。母亲从不抱怨、诉说、迁怒，她贤惠、安详、恬静，堪称珍宝。

父亲去世时母亲才52岁，儿女已长大成人。在后来的30多年，她承受着怀念的痛楚与内心的寂寞，不舍不弃，忠贞不渝，伴着父亲之灵，照顾一家老小，走完艰辛人生。年岁渐长，愈发感念母亲——悔恨给她关爱太少。

母亲集现代知识女性与传统妇女美德于一身。以她的美貌、姿容，可成养尊处优的贵妇；以她的天资、才华，事业可登峰造极、璀璨耀眼。然而，她为父亲，为这个家，无怨无悔地放弃前程，付出宝贵一生。

想念与母亲相伴的日子，怀念她牵着我的手的温暖。

父母清贫一世，身无长物，最富裕的是"爱"，"爱"是他们取之不竭的无尽藏。

讲到父母、家庭，不能不说我的奶奶与外婆，她们也是我"家"不可或缺的记忆。

祖父的正室王氏——我们的亲祖母于1951年逝世，我还没出生，对她没印象，父亲这么说过："我母亲是不识字的家庭妇女，能勤俭持家，克己济人。困难的日子，多亏她支撑过去。"她这些良好品德，对父亲成长不无裨益。

与我长期共同生活的是祖父的姨太太——父亲要我们称其奶奶，我们都视她如亲祖母。她在这世上卑微地活过，除了我们家人，没人知道她，记得她——我郑重写下这些文字，就是要让她知道，让人知道：她是好奶奶，我想念她，永远记得她。

父母忙工作常不在家，奶奶克勤克俭地默默持家，给我们"家"的感觉。她照顾、陪伴着我们从童年、少年到成年，看着我们生儿育女。她善于讲故事，大约是从爷爷那儿袭来的吧。我们小时候，她给我们讲故事，我们的儿女小时候，她给我们的儿女讲故事。讲郑堂，讲"一国俭与天下绝"，讲"老虎姨"……幽默风趣，绘声绘色。

奶奶爱整洁，总把自己收拾得清清楚楚、干干净净。一年三百六十五天，她的头发总是纹丝不乱、光可鉴人，衣着总是整整齐齐、一尘不染。我从小到大，没见过她披头散发、衣装不整的样子。她承包几乎所有家务，从无怨言。唯一的奢侈是抽点儿劣质香烟；唯一的享受是我给她捶背、点烟。她爱我们，在"三年困难时期"，她忍饥挨饿，有一点儿好吃的，都做给父亲吃，父亲则匀给我们吃，她从不吃一口。我生病，她想方设法给我做好吃的。记得我出麻疹，胃口不好，她去捡食堂丢掉的烂地瓜，找出其中一点儿好的，煮给我吃。她一辈子与人为善，不争、不要，随和、忍让、知足地走完人生。

我怀念给予我们无限关爱的奶奶。我爱您，亲爱的奶奶！

我的外婆是天下最慈祥的外婆。我脑子里"慈祥"这个词，对应的便是外婆的面容。

外婆的家，是我童年的居所，也是我"文革"后的住处——外婆两度收留我们一家，单凭这，她就对我恩重如山。我最早关于家的记忆，梦中的家，就是福州"三坊七巷"旁安泰桥桂枝里 11 号。长大后读冰心《我的家在哪里》，她说做了个梦，梦里找家："只有住着我的父母和弟弟们的中剪子巷才是我灵魂深处永久的家。连北京的前圆恩寺，在梦中我也没有去找过，更不用说美国的娜安辟迦楼，北京的燕南园，云南的默庐，四川的潜庐，日本东京麻布区，以及伦敦、巴黎、柏林、开罗、莫斯科一切我住过的地方，偶然也会在我梦中出现，但都不是我的'家'！"——对此我特别有感。人一生到过许多地方，有无数住"家"，但梦中的"家"只一处，是小时候与父母、家人居住的地方。

这是伴我长大的母亲河——安泰河。河水每天涨涨落落，将一枚枚无依无靠的叶舟飘来泊去。榕树轻拂长髯，戏耍着水中的三五鱼虾。河边石壁上，小蜻蜓焦急忙慌地爬进爬出……河沿蹲着个傻小子出神发呆。

我家门前是安泰河，是闽江支流一条不起眼的小河汊，既不浩荡也不婀娜，却神气活现地穿街过巷，缓缓流过我的懵懂童年——小时候日子很长。

河里漂浮着树叶枯枝，岸壁石缝里爬行的小蟛蜞，水中小蝌蚪、小鱼……无数次撩拨着我的好奇心。小河连接闽江，河水随闽江潮涨涨落落，忙个不停。早年间，洪水季，河水张狂地漫进庭院，小船可直撑到天井、厅堂，小鱼虾、小蟛蜞满屋游爬，那是小孩最高兴的时候。后闽江筑堤坝，不再发洪水，再看不到如此神奇景观，很是扫兴。

大门里是局促的两进院落，房间不多，密密麻麻囤几十口人，拥挤如菜市场。狭小的一方天井，空中晾晒花花绿绿的衣物，万国旗般遮天蔽日。那时没冰箱，逢年过节，鸡鸭鱼肉靠风干保鲜，在晾衣竿上挂着，七上八下地在头顶晃荡。个儿高的，一不小心就与鱼尾巴、鸭屁股接吻……

外婆的奢侈与慈爱，是午睡后雷打不动、千篇一律的点心——拌面，葱花酱油拌面。只要我在家，她总将少得可怜的面匀给我吃，自己只象征性吃一小口。每当厨房飘香，我就开始咽口水，等捧着面碗的外婆出现。拌面的香味，就是外婆的气味。没有外婆的日子，再没闻到垂涎欲滴的香味，再没吃过好吃的拌面——我若开店，招牌就写"外婆拌面"。

外婆，您过得好吗？在天堂午睡后还吃拌面吗？

奶奶与外婆都长寿，几乎一生没上过医院，耄耋之年寿终正寝。

在许多人笔下，千好万好的奶奶、外婆都是无名氏——我要给她们留名。凡留下温情与爱的人，也要得到爱与敬重。

我奶奶、外婆：郑香纹、杨秀娥。此名讳深嵌记忆，得阿尔兹海默症也不会忘、不敢忘。

* 破执者寓言 *

树与鸟

树说：我见过你爷爷的爷爷的爷爷……从盘古开天地就有我。

鸟说：我们鸟类活不长，可我到过远方的远方的远方……想去的地方我都去过。

树说：我没法飞，也无须飞。也许天作被，地当床，不愁吃喝，健健康康，活得天长地久就是福分。

　　鸟说：我到处觅食，日晒雨淋，忍饥挨饿，看起来有点儿辛苦、可怜，但我能到处遨游，看你活多少万年也看不到的风景，我很开心。

　　树说：我与孔孟、老庄、左丘明、司马迁……聊过天，听他们谈论历史、哲学……你见过大圣贤，知道什么是历史、哲学？

　　鸟说：没有，不知道，您安然不动却比我见多识广，真了不起。我虽飞过千山万水、阅人无数，抵不上看一眼大圣贤。

　　树说：见识过他们的渊博，我觉得白当一回树。总想像他们一样，想得脑袋瓜疼。

　　鸟说：我啥都不想，人们说我没心没肺，就会叽叽喳喳。

　　树说：我想活成你，哪怕用长寿换自由，换没心没肺，叽叽喳喳。

　　鸟说：我也想活成您，用自由换长寿太值了。能见那么多大圣贤多好——不知见了他们脑袋瓜疼值不值？

　　人活着该像树还是像鸟，该活成时间还是空间，该静默还是聒噪，的确是个问题。

年逾古稀，精瘦，眉发须尚黑，眼角鱼尾纹，后脑勺头发老倔着，此照最神似。

"野放"的无为、不言之教

◆ ◆ ◆

有好童年无坏人生。——题记

我是七姐弟中最小的，前有5个姐姐，一个哥哥。两个姐姐因生在乱世，生活艰难，小时送人。我出生时，父亲38岁，母亲35岁，都还年轻。这是个父慈母爱的家庭。

我庆幸生在这个家庭——与作为"狗崽子"承受的噩运、羞辱对冲后，仍觉幸运。

我1952年12月3日出生，取名"新和"，时值抗美援朝，大约有期盼"和平"之意。哥哥1949年9月3日出生，恰逢福州被解放军攻占（1949年8月17日），中华人民共和国诞生（1949年10月1日），取名"新中"，表达对新中国的期待——不一定对，父亲没说，纯属臆测：父亲非常拥戴新政权。

年长后，我揣测父亲或另有寓意。我们哥俩名字合一起是"中和"，"中和"即"中庸"："喜、怒、哀、乐之未发，谓之中；发而皆中节，谓之和。中也者，天下之大本也。和也者，天下之达道也。"（《礼记·中庸》）这可能才是父亲的本意，或两种意思兼而有之。父亲是语言学家，文字学功底深厚，不会没想到"中和"的意蕴。父亲一辈子既积极进取，又与世无争。待人接物平和得体，不愠不火，深得中庸之道；"中和"当是他向往的境界，也是寄望儿子的人设。

一个幸福之家，母亲膝前是不到周岁的我。

我深信名字有塑造作用，与"和"字形影不离、相依相伴，久之，"中庸"便渗入我的性情。少年的我，性情平和，尽管不知"和"之本意"……发而皆中节"。可我本性未必"和"，"和"在表面沉静，内里则冲动，富有激情。做事未三思，常出格。人到中年，始知"中和"之难能。不过受"中庸"感召，事后常自责、自省。

1958 年，我家从"三坊七巷"旁安泰桥桂枝里——我外祖父家，搬到父亲任教的福建师范学院（现福建师大）家属区，成为该小区首批居民。小区有个好听的名字：华香园（后通俗为"花香园"），是一群二层小楼，有独立厨、卫，卫生间有抽水马桶、淋浴蓬头等，在当时算豪宅了。1982 年初，我大学毕业留校任教，随我岳父高时良先生（师大教育学院教授）再次入住花香园，1985 年迁居花圃新村。1999 年花香园集资重建，我又成首批住户，到 2010 年才从花香园搬出，时年 58 岁。从小到老，先后住花香园 20 多年，结下不解之缘，算该小区"三朝元老"。——要不是因其无电梯，年龄渐长，怕爬不动楼梯，我还不愿搬走。

工作上也如此，我大学毕业留校居然干到退休，30 多年没挪窝，连自己都觉不可思议。此间多少同学、同事进进出出，出国、从政、经商、跳槽，像我这般"骈死于槽枥之间"的，实不多见。

说这些不是自夸，倒有点儿难为情，而是表明我性格"苟安"，不思进取。世界且精彩，而我不折腾，能做学问足矣，别无所求。纵使此处百般不好、他处千般美妙，也不想动，坐书桌前便是心安。热闹是他们的，与我何干？

我满腔激情自有宣泄处，尽付言说波澜、笔底惊涛。生活则乏善可陈，一潭死水，微皱不兴。终日闭门谢客，宅居静处。小时候好像不这样，好动爱玩，撒野成性，成年后死蔫死蔫，个中缘由说不清，许是读书读傻了。

说到读书，得从小学说起。我对那所简陋的乡下小学情有独钟，回想起的尽是她的好。也许是因为在那"玩"了 6 年，完成我完整、漫长的启蒙教育，见证了我的童年幸福时光——读书读傻是之后的事，那时"玩"是主业，读书是副业，"玩"着读，不傻，乐呵。

花香园地处城乡结合部，原址是山野墓地，周围是农田，毗邻万里大队。我们刚搬来时，附近常挖出骸骨、破棺木的糟烂残片，其偏僻、荒凉可见。小区中不少孩子上师院附小，附小"远"，要走十几分钟，是该片区最好的小学。

我与哥哥就近上施程小学，这是典型的村小，不求教育质量，是该片区最差的小学——可见我父母多任性，多不讲究孩子教育。不过，正因任性、不讲究，因祸得福，可纵情放飞，故而念念不忘。

1982年我再度入住花香园（华香园已为花香园），第一件事就是找我的小学。不料遍寻不见，附近打听，说是已搬迁，不复旧模样，被兜头泼了盆冷水，大为扫兴。不过昔日老师同学、校园一草一木是搬迁不了的，记忆犹新。花香园与施程小学，犹如鲁迅的百草园与三味书屋，是我的乐园。

左图，20世纪60年代初，华香园，小哥俩与阳光争辉。右图，韶华五姐弟，幸结一世缘。二姐邃仙逝，大姐也走了，月缺再无圆。

摄于1965年，福州第十六中学学生证照片，钢印"十六"二字清晰可见。初一没上完便辍学。若无1977年恢复高考，小学毕业就是我的最后学历。

施程小学不到两亩地，名副其实的"小"学。一座青砖二层教学楼，坐北朝南，教学楼前面是主席台，下面是操场，操场两侧各种一排开着黄色喇叭花的夹竹桃树，花掉后结出果实，绿色，汤圆大小，我们常摘来在上面刻上人的五官，像戴头盔的人头。操场边有几棵桑树，有的挺高，我们养蚕，桑树刚吐芽，叶子没长大就被摘光了，得爬上树梢才能摘到大点儿的桑叶，能上树的孩子很神气，摘下愿给谁就给谁。

每年级一个班，十来个老师，大多没正规学历，初中或高中毕业，教学水平一般。好在我们不挑老师，不选班，也无老师、班级可选。我对老师很敬畏，也许是父母当教师的缘故。林珊老师是教我们语文兼班主任时间最长的，不苟言笑，严肃而不失温和、亲切，我们很喜欢她。听说她丈夫在台湾，她孤身带孩子，很可怜。放学后，有时我们陪她走回家，她家的样子至今记得。听说她已去世，很怀念。

学校设施简陋，教学还算正规，该有的都有：六一儿童节、国庆节照例开庆祝会，敲锣打鼓，表彰三好生，各班表演节目。清明节到林祥谦烈士陵园扫墓，春游去西湖公园；体育课教做体操、跑步，最喜欢让我们自由活动，丢个足球给我们乱踢一气。音乐课是校长教，一位又瘦又高的"烟鬼"，用被烟熏得蜡黄的干瘦手指弹风琴，音乐旋律伴随着浓浓烟味流淌出来，他用福州腔普通话带我们唱《社会主义好》《劳动最光荣》《让我们荡起双桨》……对淘气孩子，他用瘦长的"鹰爪"揪上来罚站，对班干部也毫不留情。他对我们这些华香园的孩子比较和气，不过我有点儿怕他，对他敬而远之。

学校桌椅、门窗破烂，体育器材不多，一张破乒乓球台，几个篮球、足球，就是全部家当。夏天没电风扇，冬天风从破门窗灌进来。老同学王斌感叹："厕所直接架在粪池上，当年的小孩怎么个个灵光，就没有人掉了下去。换如今，不知会掉下多少个。"同学多是乡下"野"孩子，满嘴脏话，呼爹骂娘，打赤脚，不刷牙，不洗澡，身上长虱子，指甲又长又黑，上树、打架、逃学……读书不咋的，手脚倒是"灵光"。

施程小学最大的好处是近，听到预备铃响，飞奔去上课还来得及。父母没觉得乡下小学有什么不好，我和哥哥也没觉得与师院附小有多大区别。我班有5位同学是我们小区的教师子弟。其中一位后来成了我太太，就住我对面。她父亲是教育史学界泰斗高时良先生，与我父亲是老同学，共读福州师范、厦门大学两校，关系不一般。她住1号楼一直，我住2号楼一直。我家朝南窗户，正对她家大门，不折不扣的"门当户对"。我家朝北对面的4号楼邻居女生王斌，其父为地矿学家、师院教务处处长王宠先生，后为福建省科协副主席、福州大学地矿系主任。她极聪明，真正的"学霸"，现为国内颇有名气的生物学家，曾任江南大学副校长、全国人大代表。我常在她家做作业，玩，在她门前葡萄架下纳凉、聊天。她书多，我常借她的书，《三毛流浪记》《三毛从军记》《十万个为什么》……与我住同一座楼西侧的男生，是体育运动学专家危转安先生的儿子，现经商颇有成就。还有一位女生是文字学家、古代文学家包树棠先生的女儿。同学中有些来自附近学校、单位的职工子弟，有福建省建筑工程学校校长（后升格为福建工程学院）、"老革命"黄友南先生的儿子，东南亚著名侨领黄乃裳的孙女等。六一儿童节演出课本剧《刘胡兰》，校长儿子穿着他老子的解放军呢军服，扮国民党军官，穷凶极恶杀害刘胡兰，颇为怪诞。他后来毕业于福州大学，功成名就，任某钢琴公司副总裁，业内知名专家。

那时家长多不看重学校怎样，在哪儿上学不是上学？学校、成绩似乎无所谓。学习没压力，没那么多考试，没发明按成绩排名。尽管鹑衣百结，身无分文，仍觉温馨、快乐。

老师大约看我来自"书香门第"，面善，老实听话，总让我当干部，到初中还当班长。我自觉不适任，既没权力欲、支配欲，也没组织力、领导力，不好拒绝，硬着头皮当。说实话，虚荣心不是一点没有，也会觉得当干部神气，戴着两杠、三杠臂章显摆。曾因年龄未到，没能第一批入队，当老师宣布名单时，我委屈得大哭——也就仅此而已。

我小时候个性软弱，爱哭，动不动就哭，常因小事哭得昏天黑地，连自己都觉难为情，可就是忍不住——不知爱哭是否一种病，大约不是，若是，当为一种先天性免疫缺陷。长大后仍多愁善感，属于性情中人。读小说常读得心酸、心痛，泪流满面，对悲剧特有感觉。连读《木兰辞》也因其行云流水的意蕴而感动。年逾花甲犹不改，看港澳回归，国庆阅兵，仍心潮澎湃、热泪盈眶；看前辈学人陈独秀、李大钊、蔡元培、胡适、张伯苓、陈梦家……电视片，感同身受，心有戚戚焉。见路边孩子无忧无虑玩耍，便想他不知等在人生路口不测的灾祸、病痛、创伤……替他难受、悲哀、可怜。进而觉得有人不生孩子无比正确，自己受苦受难就罢了，何必还要送小生命到世上一道受苦受难……顿时悲悯心爆棚。如此，顺理成章，我心理承受力差，是悲情、悲观主义者。也许因泪点低，所以我笑点高，高到让笑星失业——任何相声、喜剧难博一粲。

情感过剩，悲观，不适合当领导——领导需喜怒不形于色。得乐观、亢奋，谁也不愿跟苦瓜脸做事。

多愁善感则对写作不无助益。如果我没上大学，折腾几年，或许会成三流作家。小说、诗歌、散文我都曾写过，写得少，且一般。若下点功夫，散文会写得好点，却也不会登峰造极。因此，上大学，当学者，是我的运气、福气。比较而言，治学更适合我，才情比创作稍大，且觉治学作用也大——这话蹩脚一阵才斗胆写出，怕挨作家骂：吃不着葡萄说葡萄酸。这不怪我，中国历来视辞赋为"雕虫小技"，小说也不登大雅之堂。我没看起创作的意思，相反，我喜欢文学，喜欢读小说、诗词、剧本。

不是作家才要情感充沛，治学也要有激情。情感、激情是重要的言语动力，也是一种才情。我不信只有超冷静的人，雷打不动、坐怀不乱，才可著书立说，成就"立言者"。学问也是鲜活生命的结晶，应是有体温、心跳、脉搏的。我喜欢"笔端常带感情"的论著，讨厌不动声色、乏味平淡的"零度风格"。长期以来，我对父亲之外的语言学家冰冷、枯槁的"僵尸"论著抱有成见、敌意——文字不堪卒读还算语言学家？不是我偏心眼，读父亲的语言学著作，在客观论述中，能从字里行间读出他对研究饱含激情与渴望，对祖国文字的一往情深，为激发民族自信力贡献才智的拳拳之心。学者与作家一样，应是文字的舞者，最富言语智慧、浪漫情怀，语言学家更应如此，能写出最美妙文字的人才称得上语言学家。把活泼泼的文字掐死整残的人，是对语言学的亵渎。读老子、庄子，司马迁、刘勰；读苏格拉底、柏拉图，马克思、恩格斯，不但会感受到思想魅力，还会被其言说机智感染。孔子说得对："言之无文，行之不远。……非文辞不为功。慎辞也！"真正的好言辞，无不饱含情感。当然，不能滥情、矫情，"文胜质则史"。

随着时间推移，儿时那点虚荣心在降温，以至荡然无存。对"当官"失去兴趣是在成年后。我理解、赞成"学而优则仕"，以及内圣外王……我不是无政府主义者，明白国家、社会事务得有人管，让优秀的人管比让政客、恶人、势利之徒管要好，当官须德才兼备理所当然——不知怎的，我毫无从政念想，我这辈子最正确的就是选择治学，为此我心安理得、心满意足。即便默默无闻、一无所成，也心甘情愿。做纯学者是我的心愿。为此，我失去很多，但得到更多。失去的是名利，得到的是学问，是"立言"梦。失去非我珍视的，得到我所向往的，这就值。我远不够"安贫乐道"的境界，做不到对权力、荣辱不动心；我做自己愿做之事，自得其乐，其乐无比，即便须为此付代价也是公平的。鱼与熊掌不可得兼，天下无只得不失的好事。我不知何时萌生治学志向，何以看轻（尚未能勘破）名、权、利。或许是随遇而安的天性使然，或许是冷板凳坐久了，熬出淡泊心性，或许是渐悟"天命"，懂得最该做什么，能做什么。可能"知天命"作用大些，尤其是对语文教育哲学——"言语生命"的长考，促成人生觉悟。

在人生天平上，各种价值此消彼长。对自己想要什么，对自我认识、职业、事业选择，不可能一步到位。名利像牡丹花，千娇百媚，没人可无视其诱惑。人毕生都在与名利博弈。权力诱惑甚至比名利还大，权力是精神鸦片，上瘾便不可自拔。我对"天命"的认知是在中年以后——确是"五十而知天命"。可能多数人和我一样，年轻时率性，跟着感觉走，走一步看一步；时光流逝，风霜染鬓，在自省、反思中沉淀，才意识到适合做什么——应该做什么，才开始卸载，减持名、利、权分量。不再沉湎于肤浅的喜欢、兴趣，而是加大责任、使命砝码，思考怎么活才有意义。这意义是对自己、家人、当下，更是对人类、世界、未来。"使命"高于"责任"，"责任"偏于个人道德、法律义务，"使命"偏于人类、利他情怀。我说的"天命"，便属"使命"。"使命"——"天命"感加剧，意识到去日已多，来日渐少，在潜意识中，对该交的人生试卷感到紧张、焦虑。

谁也不知准确的交卷时间，这天往往猝不及防、倏然而至。年少时总以为来日方长，一切可从头再来：亡羊补牢，犹未为晚。这多是自我安慰、逃避责任。"黄泉路上无长幼"，许多机会只给一次，不可重复，错过便无可挽回，终归越早觉悟越好，否则，当末日审判来临，罪责累累或两手空空，如何是好？我不信教，我说末日审判，指自我临终省思：活了一世，留给世界、人类什么，难道只是酒囊饭袋？

知天命，明白什么最该做，踏实做好最值得做的事，太重要了。守望初心、持之以恒，将禀赋、才情发挥到极致，给上天、人类交好答卷。韩愈说："行之乎仁义之途，游之乎诗书之源，无迷其途，无绝其源，终吾身而已矣。"治学须专心致志，矢志不渝、滴水穿石；诱于势利，心有旁骛，迷途绝源，便无缘真学问。不但"立言"如此，从事任何职业、事业皆如是。《礼记·大学》："……知止而后有定，定而后能静，静而后能安，安而后能虑，虑而后能得。"所谓"知止"可推而广之，即人生先要立志，方能坚定不移，义无反顾，有始有终、善始善终。不"知止"，目标、志向不明，必三心二意，见异思迁，就会望其速成、诱于"势利"，狗苟蝇营、唯利是图。心不"定""静""安"，岂能"虑"而有"得"？必蹉跎岁月，一事无成。

"三岁看老"似有点儿夸张，但确实你成什么样的人，是由遗传基因与童年生活决定。前者是内因，后者是外因。年龄越大越觉前者重要。处同一时代、环境中，多数人发展与成就不一，这表明内因起决定性作用，在内因中先天因素是根本，即所谓天性、自性、本我，性格、潜能、才具等，你将成怎样的人，的确小时候就可看出，即便儿童期个体差异性表现微弱，愈往后，差异愈明显。就跟植物幼苗很难区别，长大后差别一目了然一样。关键是见微知著，顺应天性，促其自由、健康地成长。

我开窍晚，属于晚慧型，小时无过人之处。这不是说我现在多了不起，只是说我非异禀出众、光彩夺目的孩子。我很平常，属于"输在起跑线上"的自卑感很深的那种。可在那时，在乡下小学，我则如鱼得水，过得挺欢实。

生活在乡下孩子中，我很快便被"野"化了，以与他们"同流合污"为荣：穿济公似的补丁摞补丁的破衣衫，戴破成布条子的红领巾；吃同学偷挖来沾满泥巴的红薯，随便在脏衣服上擦两下，啃得满嘴泥；冬天光脚丫在田野疯跑，脚上长满冻疮，开裂流血也不肯穿鞋；毛衣爬满从同学身上成建制漂移过来的虱子军团……奇怪的是，我学会"野"孩子的一切，唯独没学会用脏话骂人，从不吵架、打架。脏话到嘴边就是说不出口。我不记得父母教导过，他们没要求我该这样那样，没告诫我不说脏话不打架。与其说是家庭环境作用，不如说是天性使然。环境、岁月可改变一切，可内心总有侵蚀不到的地方。这也许就是王阳明说的"良知"。"良知"普遍存在，也还是有优劣、高下。"良知"是生命的底色，决定能在上面画什么。

跟所有孩子一样，我也爱玩。在今天的孩子做作业、上补习班时，那时的我在玩。去田里取黏土捏泥枪，捏一把又一把，一捏就是半天、一天。做弹弓打鸟，漫山找鸟，一打又是半天、一天。我也爱看鸟，喜爱鸟好看的羽毛，羡慕鸟可以到处飞，想住哪棵树就在哪棵树上做窝，它们不愁吃喝，一天到晚叽叽喳喳唱歌、聊天，不用背书、做作业多好。我喜欢打乒乓球、篮球，踢足球，但没运动天赋，水平很次，单是喜欢。星期六下午放假，一定是在师院打乒乓球。遇大学生来打，就与他们一块打。去迟了，占不到乒乓桌，就在校园小石桌上打。我是师院学生运动会、篮球赛、足球赛的忠实看客，只要有空，场场不落。大操场上翻过无数筋斗，留下车载斗量的欢声笑语。师院每座楼房、膳厅、教室，所有田径场、篮球场、乒乓球室，在哪儿，啥样，我门儿清，至今历历在目。我是光脚丫在乡野、校园玩大的。我熟悉半世纪前师院犄角旮旯的一砖一石、一草一木，万里大队地界上的一羊一牛、一只蚂蚱一只青蛙，它们也认得我。

我不喜欢正经读书，尤其讨厌做作业，但爱看小人书。那时家家都不宽裕，没钱给小孩买玩具，小孩的"个人资产"就是拥有几本小人书。有十几二十本就算富有。我那位邻家女孩有好几十本，算顶级富豪。我有十几本作资本，跟别人交换，总有小人书看。我深谙此道，觊觎他人好看的。花香园外野地里有间孤零零的破败小屋，比老杜的茅屋还不济，东倒西歪，风不吹也破，四周要用木棍支住。里面住着疯女人和她儿子，相依为命。那衣衫褴褛、可怜兮兮的小孩叫依民，居然也有几本小人书，还不错。我跟他混熟了，换来《草上飞》《回民支队》《战上海》……不知母子俩后来怎样，我的小人书也不知所终。

寒暑假总玩，作业到开学时不让办理交学费手续才着急，边哭边赶工，敷衍交差。那时老师总说解放前穷孩子没钱上学，怎么怎么爱读书，甚不可思议。我宁愿东游西逛，用蜘蛛网粘金龟子、蜻蜓、蝴蝶，用泥巴捏枪，玩跳跳棋，看小人书……今天孩子人精似的，满腹经纶，身怀绝技，说实话，我不羡慕，相反，我可怜他们。我庆幸没受这罪，就冲这点，感谢父母将我"野放"，没给任何压力。我没觉教授家孩子与众不同，我没大志向、成才欲，除了想当空军飞行员，没想成教师、学者、医生，更不想从政当官，经商发财。我父母大约不曾想到我会因此感谢他们——那时虽大环境宽松，却也不是高知家长都这么放手。我那位邻家女孩的父亲，地理系教授，便望女成凤，培养出很棒的才女——可惜生不逢时赶上"文革"。后得知在严父面前她也挺压抑。或许还有因材施教问题，她适合圈养，我适合牧养。还有文科、理科人才的差异性，文科可自学，像地瓜苗，踩泥里就能长；理科须靠导师，得有设备、条件。教育并非"自古华山一条路"，而是"条条大路通罗马"，关键是顺应人之本性，因势利导。

我不聪明，贪玩，学习成绩一般，与"学霸"不沾边，"语文学霸"也不沾。我不爱学习，语文、数学，各方面都不如我哥。特佩服他六年级时的一篇作文，一次"野营"写17页，我曾偷偷拿在同学中显摆。我对作文无所谓，没太想写得好或不好，不过，在乡下孩子中还算可以。毕竟我多看过几本小人书，还有《小朋友》《儿童文学》《少年文艺》什么的，写作文词语多点。记得五年级有次作文被老师读给大家听，同学对我会用"啥名堂"不解，老师替我解释半天，说这是北方方言，意思是"什么东西"，不知呆头呆脑们听懂没有。记得老师将"啥名堂"读作"杀蜜糖"（福州口音，"杀""密"读入声），怪怪的。也许因我会用点儿新鲜词语，老师看走眼，让我参加作文比赛，还来不及高兴，第一轮就被刷下来，有点儿沮丧，觉得对不起老师。花香园发小聚会，一当年低班同学说老师曾将我的作文当范文，给他们传阅，猛吃一惊。小时候没觉自己能写，有时还害怕写，为写不出急得直哭——一旦作文变成任务，便很无趣，甚至讨厌。

作文首务须想写——须有动力、激情。而今应试写作恰反其道而行之，类同于杀鸡取卵、吃饭砸锅。

有读者说我文字耐读、思辨深刻，如硬要从童年挖掘，我除了会整点儿新鲜辞藻，善于堆砌成语外，也许——还较会概括。我上小学时语文课要归纳中心思想、段落大意，同学多束手无策，我不太费劲就概括出来，往往八九不离十。因此老师总提问我，难得神气了一把。现在回想，这大约是理性、逻辑思维的萌芽。

现今语文界反对讲中心思想、段落大意，其实问题不在此，而是该不该有标准答案。练概括没啥错，如从不同角度提要钩玄，见仁见智，对提高抽象力、思辨力、思想力大有裨益，值得提倡。

那时我没想这是一种才能，现在反思才觉其重要。听、说、读、写，都离不开概括力。不少人不会概括，读书、说话、为文总东拉西扯、不得要领。北齐颜之推《颜氏家训·勉学》："问一言辄酬数百，责其指归，或无要会。邺下谚云：'博士买驴，书券三纸，未有驴字。'"说的就是这种人。如今报刊、网络上"博士买驴"式文章还少吗？

从理论上说，概括是人们形成或掌握概念的直接前提，是思维的智力品质基础；是一切科学研究出发点，是掌握规律的基础，任何科学研究的结论都来自概括。从教学实践上说，学习、运用知识的过程就是概括的过程，知识获取、迁移的实质是概括。没有概括，就不能掌握、运用、学到知识，难以形成概念，就无法形成认知或智能结构，也很难形成学科能力。[1] 由此可见概括力之重要。不会概括，就无高品质逻辑思维。

---

① 林崇德：《从智力到学科能力》，《课程·教材·教法》，2015 年第 1 期。

概括力是种基础能力，与理解力、认知力、洞察力、判断力、领悟力等水平息息相关，也是文章思想内容、逻辑思路形成的前提。小到写一个标题、一句话、一段话、一篇文章，大到评论一个人、一种社会现象、一个时代，以至宏观的历史发展等，都离不开概括。

当初概括中心思想、段落大意，不过让我有点小得意，没料到概括力竟是教学、治学核心竞争力，长大后由此获益良多。

我凭借概括力，看一遍学生课堂作文，可即刻归纳，当场讲评，言简意赅，一语中的，让学生印象深刻，历久不忘。我常给教师评课，课刚上完，即可评判优劣，井然有序、条分缕析，不说虚头巴脑的套话，只说一针见血的真话，引听众掌声不断。评课内容，稍加整理就是条理清晰的文章——可惜没时间做，白丢了几本书。评课精辟、到位，固然跟学识背景、教育理念、视角有关，但追根溯源也离不开概括力。

概括力关系到治学水平。"只见树木不见森林"，从微观，上升不到中观、宏观，就是缺乏概括力。一地鸡毛、一堆散钱、一团乱麻，是诸多学者的通病。不少人陷进资料堆爬不出来，明明身边是琳琅满目的奇珍异宝，却不知其价值。无法作逻辑梳理，使之体系化，皆因无力概括。论文、专著处处须概括，舍此寸步难行。

语文课若把培养概括力作教学目标，让学生常说、写提要、主题、论点、文脉、提纲、目录、中心句、主题词、推介语、广告词、格言、警句、哲理……相互竞争、论辩、评判，旷之以时日，或将造就伟大的哲学家、思想家。

概括与比较是一体两面。

我从小善概括，也善比较，喜欢同中求异、异中求同。若干年后，我看到亚里士多德对此作理论阐释：相似之物求相异，相异之物求相似，如逢知音、相识恨晚。万物皆可比较，因比较而感知、显露、存在——此观念仿佛我从娘胎里就有。去伪存真，发人未见，归纳、分析、判断……无不得益于此。

比较力，是被忽视的思维基本能力。

大家对"比较"一词耳熟能详；若说"比较力"，就鲜有所闻了。我未见语文专家、名师谈"比较力"培养，课标、教材，大多未将其作为语文能力、教学目标——窃以为其重要性丝毫不亚于概括。不会比较就不会概括，二者难解难分。若缺乏比较力，也难言思维、思想之严密、精致。

概括基于比较（隐含着比较，没比较就无从概括事物的异同点，难以将事物区分开来），"有比较才有鉴别"，一切思维最终都是为了作出判断，判断无不具有"鉴别"属性，因此须建立在比较上。

推而广之，甚至可这么说：善比较者得天下——得科研、教学、读写……之天下。

比较既是思维方法，也是做学问常规。如朱熹谈读"四书"："大学一篇有等级次第，总作一处，易晓，宜先看。论语却实，但言语散见，初看亦难。孟子有感激兴发人处。中庸亦难读，看三书后，方宜读之。"①"看《孟子》与《论语》不同，《论语》要冷看，《孟子》要熟读。《论语》逐文逐意各是一义，故用仔细静观。《孟子》成大段，首尾通贯，熟读文义自见，不可逐一句一字上理会也。"②通过比较辨别异同，显露特点。先读什么后读什么，或静观或熟读——对"四书"读法的认知、判断，便靠比较得出。

比较力优劣，得见才智高下。差异愈大，能求其同；相似益甚，能求其异。懂得或求同存异或求异存同；能见他人未见之异、同，是了不得的能耐。

比较无穷尽。如文章分类，经比较，可分为文学与实用文体（还有介于二者之间的两栖文体，如杂文、报告文学等）。文学可分为小说、散文、诗歌、戏剧。各文学文体还可细分——若视角独特、言之有据，就可推陈出新。创新，可求异，也可求同。有人就认为文学文与实用文并无不可逾越之界限，赞美诗、歌词（如国歌、军歌、校歌等）、讽刺小说……皆有鲜明的实用性，从而否定文学的存在。

比较是一种智慧，不善比较，无缘好学者——也成不了好教师。

单元教学、群文阅读、文本细读、作文讲评……均须建立在比较上。不比较，或比较不得当，便无效或低效。善于比较，是教师的基本功。课堂教学要是将"比较法"发挥到极致，学生势必受用终身。

所谓思辨力，最基础的就是比较、概括力，会比较、概括，常会有洞见。似可断言：会比较、概括就会搞研究，就会写论文（甚至一切文章，包括文学作品）、论著，就会教好语文——不过是比较对象、方法不同罢了。

---

① 黎靖德编，王星贤点校：《朱子语类》（卷14），中华书局，2015年版，第249页。
② 黎靖德编，王星贤点校：《朱子语类》（卷19），中华书局，2015年版，第432页。

感谢老天爷厚待，给我比较、概括力，得以成全"立言"之志。此似大言不惭——实话实说，聊供一哂。

老天爷公平也吝啬，给你打开一扇窗就会关上一扇窗，让我会用词、会概括、比较，给我想象力、创造力，已够慷慨、奢侈，因此，以剥夺我记忆力找补回去。我羡慕孙绍振先生过目不忘，青少年时读过的80多岁还能脱口而出。这就是天才与凡人的差异，你不可不承认这种差异。先生说他小时听他哥背书，听一两遍就背下来，他哥边背，他边提词。我属他哥一类，刻意背诵也吃力，还健忘。好不容易磕巴背下来，第二天就忘得差不多，又得重来——所幸老天爷没赶尽杀绝，还留一鳞半爪，让我有迹可循。既然不论是否认真记诵，结果都差不多，这使我干脆破罐破摔，读书囫囵吞枣、不求甚解。今天大家批评"浅阅读"，我基本都是浅阅读，似没妨害。浅阅读也有浅印象，用时多能找到，只是花点儿时间而已。感谢互联网搜索引擎，使我得以复原记忆残缺。

感谢上天仁慈，只少给我点儿记忆力，若不给想象力，那才没活路了。记忆力差点儿不要紧，想象力可以弥补。或许正由于记忆力不好，更能强化想象力，此为"代偿机能"。如果从记忆力、想象力二选一，我宁要后者。记忆力稍弱，非失忆。多数人二者不平衡，二者都强的，便可谓天纵奇才。

我耿耿于怀的不是没好记性，而是没数学天分。这没啥大不了，数学天分本于我无关紧要。我也知道，这无非是计算、统计吃点亏，不会理财、炒股，报销算错单据款额，见数字便头大如斗……在分配才智时，仁慈的老天爷如知道缺数学天分会给我带来诸多损失，说不定手一抖，多给我匀点，我就成了华罗庚、陈景润。我可以数学课打瞌睡，醒后出两道奥赛题考数学老师提神解闷。

我的数学成绩一向平平——父母不过问就不在乎。偶然作业全对，便很得意。好歹是班干部，成绩太差没面子。后来小升初没考上师大附中，去了十六中，就是让数学害的。若干年后高考仍深受其扰，若非数学拖后腿，考不上北大，考个南大、复旦当不是奢望。好在有自知之明，没往这些学校报。不承想，这殃及我女儿。女儿受遗传基因连累，一代不如一代，退化到一道数学题个把小时做不出，边做边哭，惨不忍睹——这我特别能理解，不怪她，只能怪我。晚上我得哄她做完数学作业才开始做自己的事。我想初一就这样，高三、高考咋办？照这样下去，女儿毁了，全家别过安生日子，干脆退学吧。

好不容易挺到读完初二，毕业考没参加，便下决心不读高中，让她读"白考"（设立"自考"育人通道，是教改最值得称道的）。此事当时没人支持与赞赏，还招来许多不解与非议。后来反思，确有风险，要是此路不通，她只有小学学历，前途堪忧，想想都后怕，可这也比死要面子活受罪强。我之所以敢下这决心，潜意识里也许跟我初一辍学，十几年后考上大学有关。幸好有惊无险，父亲遗传给我的中文基因，也帮了我女儿，她喜欢中文，愿意自考汉语言文学专业。从此如鱼得水、一帆风顺：专科、本科毕业，接着读硕、读博，现在福建师大文学院任教，教"大学语文""创意写作""基础写作"。父亲、我、女儿，祖孙三代在福建师大文学院执教过，延续"中文"血统，院史上独一无二，在全国高校也罕见。塞翁失马，焉知非福。数学差害我们也成全我们。不过，这终究是野路子，不可复制，不宜提倡，非万般无奈别冒险。

"自考"出身的女儿。图一，读硕士；图二，读博士；图三，获评"我最喜爱的好老师"，在文学院新生入学式上代表教师致辞；图四，于英国兰卡斯特大学访学（在该校图书馆）。

女儿读"自考"那些年，我全然不管，彻底"野放"。她书堆里打滚，阴阳颠倒，开心、散漫得一塌糊涂。书读得博且杂，见多识广；当教师后，上课左右逢源、妙语连珠，深受学生欢迎，有外校、外县市的学生慕名而来。校督导组老师听罢也赞不绝口。她参加院青年教师教学竞赛获一等奖；院领导、校督导组推荐她参加校青年教师教学竞赛，她一举夺魁；获全校文科第一名，继而又获省赛一等奖、校十佳青年教师、文学院"我最喜爱的好老师"等。她开的全校公选课——"先秦穿越手册"选修者爆棚。媒体疯狂报道《福建师范大学"先秦穿越手册"选修课受学生追捧》《先秦穿越手册，这样的课不妨多些》《福师大老师开设"先秦穿越课"期末考写穿越小说》……"不少学生直呼'太长见识了，听课的时候都忍不住鼓掌'。""还没开始选择自己想要听的公选课之前，我就来蹭过潘老师的课，因为学长学姐对这门课都是一致好评。"清明节，她为祭拜英烈策划的漫画文案，也引起广泛关注：《追缅先烈　福师大 80 后教师再推上古穿越新作》（东南网），《"青年之声"为英雄引吭咏唱　青春在缅怀英烈中砥砺前行》（中国青年网）："福建共青团制作的《清明专号·神剧之祖》H5 图文，以别出心裁的方式邀请网友欣赏了一出历史'神剧'，让人们记住那些为国战死的英魂。"各网站大量转载，颇为轰动。之后便有许多讲座邀约，应接不暇。她业余喜创作，写着写着，竟写出华东师范大学"中融杯"全国小说原创作品大赛一等奖（第一名）——这并非题外话，追根探源，皆由缺数学基因所赐——要是当年强制她读高中、参加高考会怎样，这不是能否上大学或上什么大学的问题，而是有没有心理健康、美丽人生的问题。她的人生在我一念间决定，想想都后怕。我后来提出"言语生命"论，"牧养言语生命的野性"等观点，便与此有关，由此可证——特例不足为凭，意义却不可小觑。

人才都是"偏才"，人才不拘一格，这是常识；教育最高原则是"因材施教"，每个人都有优长，有短板，有的人长于文科，有的人长于理科，有的人长于文艺、体育……应扬长避短。

有人科学逻辑思维强，未必表明文学逻辑思维强。著名数学家华罗庚对唐代诗人卢纶《塞下曲》（月黑雁飞高，单于夜遁逃。欲将轻骑逐，大雪满弓刀）质疑说："北方大雪时，群雁早南归，月黑天高处，怎能见雁飞？"就是用科学逻辑来看诗歌的想象——意象逻辑。诗人写"月黑雁飞高"，不过是为了渲染北地边疆肃杀苍凉的艰苦情境，或是用孤雁（卢纶诗中的"雁飞高"的"雁"，未必是华罗庚先生笔下的"群雁"）象征凄惶逃窜的单于，与究竟有没有、是否看得见"雁"没关系，诗人觉得此时此地应该有就可以有。华先生错在误用科学逻辑理解诗歌的想象逻辑。世界上没有普遍适用的万能逻辑，即便是形式逻辑、辩证逻辑也如此，都有其适用性，用之不当就无效或反效，数学逻辑也不例外。

李希贵说："有一次我跟一个到我们学校访问的意大利著名钢琴家交流这个想法（李希贵认为'有些孩子是永远也学不好数学的'——笔者），他说你千万不要叫这些宝贝孩子学数学，他说学数学对于我们这些有艺术细胞的孩子杀伤力太大了。他认为，逻辑思维在孩子头脑里横行的时候，他的艺术修养就会大大减弱。"[1]这同样表明音乐逻辑与数学逻辑是相抵牾的。开明如李先生，他所能

---

[1]　李希贵：《为每一位学生的学习而设计》，《课程·教材·教法》，2015 年第 1 期。

做到的是将学生分成若干个数学程度不同的班级（由学生自主选择），不少有音乐天赋的孩子——"乐团的首席，是了不起的学生"——在程度最低的"数学一"班级学习，"数学一"每班最多不超过12个学生，大部分是5个学生或8个学生，这些学生不是教师集体授课，而是分别辅导、布置作业、谈心鼓励。李先生明知有些孩子没法学好数学，明知道意大利钢琴家不是瞎说，但他碍于教育制度，没法擅自取消数学课，只能降低难度、培养兴趣。在中国，其改革力度之大，恐怕是独一无二的，其改革方向是正确的。

全民学外语"为害"更烈，致使多少优秀的大学生因过不了英语"四级""六级"拿不到学位，找不到好工作；因外语不好，考不上硕士、博士的比比皆是。所有大学都成"外国语大学"，学生学外语花的时间比学专业还要多。学者评职称也要考外语，评讲师、副教授、教授，每上一个台阶，都要考一次外语，这次评不上，再评得重考。在下被折腾过五六次，累计花了好几年时间，考后一无所用，现在基本是个外语盲，记得的单词没几个，听得懂的更少，可是，这并不妨碍我的教学与科研，我的专业能力并没因此削弱。不少教师教学、科研都强，就因外语不好，评不上职称，到退休还是个讲师。

喜欢或想用外语的人可选修，也可自学，没必要一哄而上，一锅端——要用外语，也未必要亲自学，可请人翻译，这道理小孩都懂。图书馆那么多译著，就是给不懂外语的人读的。如果真要国际化，单学一种英语，或日语、法语、德语什么的远远不够，全世界几十万种语言，即便是语言天才，辜鸿铭、赵元任、陈寅恪、朱光潜……也学不过来。啥事不干专学外语也"国际化"不来。

我不是反对读数学、外语，我是反对"一刀切"。因为这违背人的差异性，人才多样性，违背辩证法，违背"因材施教""多元智能"。为什么要让所有的树长成白杨树，所有的花开成玫瑰花？"一刀切"岂不是与人的天性、才情对着干？在人的最佳学习期，用十几年时间学一辈子也用不上的东西，最该学、想学的反而没法学，其得与失划算吗？这道简单的数学题不识数也猜得出。更重要的是，有些学的不但无益，而且有害。许多人既学不好数学，也学不好外语，却有不同寻常的其他才能。数学、外语缺陷，并不影响其天赋发挥。哪能用同一把尺子量所有人？

要改就要从高考改起，该改考哪些学科，各科分数权重，试卷检测内容及其难度、信度，如何评价等，这是直接影响教学实践的。

时下流行"不能让孩子输在起跑线上"的口号，其实关键不是起跑线，而是终点线。过来人都知道，中小学，甚至大学，成绩好未必有出息。很多时候有大出息的，恰是不太看重成绩，或成绩不怎么样，或偏科偏得厉害，或某些方面能力特别强的。"不输在终点线"才是王道。人的一生说长也长，成才相关因素甚多，学习成绩是因素之一。人才拼的是综合实力，最终总是体现为"专才"，须顺应其优长，而不是所谓的均衡发展，更不应拔苗助长。谁也不是"全才""通才"。人与人天生不一样，怎能站在同一起跑线上？勉强站一起也没意义。当今许多人怕输，为拼"起跑"而抢跑，不是因"犯规"被罚下，就是跑得太猛，体力、精力透支，没到终点就累趴了。越怕输越输，越输不起；越不怕输，越不会输。人各有长、短，要认识、正视自己；人生有许多节点、拐点、机遇，看准、抓住了，发挥长处，实现弯道或变道超越。我与女儿都没受过完整的基础教育，数学都不好，用今天的标准看都"输在起跑线上"，如果说现在略有作为，均拜拽住机遇，弯道、变道超车所赐。教育应鼓励、激发、培养专才、偏才，使之充分发挥潜能，各得其所，才符合成才规律。

　　文科学者成才尤如此。大器早成是特例，只极少天才能做到；大器晚成是通则——早成的往往是小器。对于绝大多数人来说，治学是一辈子的事，靠长期学养积累，不争一日之短长，须悠游渐积、集腋成裘。学者是在"终点线"论输赢的。

　　关于教育想说的太多，一不小心就说岔了，言归正传吧。

　　我读小学、初中作业不多，一般在学校就做完了。放学回家就是玩，偶尔白天玩多了，作业剩下点儿晚上做，从没有超过 8 点，晚饭后晃悠一会儿就睡觉。父亲常出差，母亲工作忙，责任心强，当班主任，住校，家里只有奶奶与我们哥儿俩（姐姐住校），一个月用不上一度电。日出而作，日落而息。父母不管我们学习，父亲是语言学家，从不过问语文学得怎样，没看过我的作业，包括作文。当时没觉不正常，读书关父母什么事。现在琢磨这事，也许他一方面忙，另一方面有意这么做：顺其自然、无为而治。父亲是学教育的，教过教育心理学，深知个中堂奥。我赞成创设顺应、释放孩子天性的宽松环境；若天性拙劣，不受教化，自生自灭，也咎由自取。严管孩子作用不太大，强扭的瓜不甜。人不能违背自性，只有顺从本性，率性发展，因势利导，才可达成极致人生。教育孩子重在发现、顺应与引领、影响。

同样的良好环境，未必能培养出同等优秀的人才，但我们必须为所有孩子提供向善、向上的最优环境。至于能成什么人，取决于自己。

　　儿女成长，耳濡目染的作用大于耳提面命。父亲是最忙也是最好的父亲，他的行为便是孩子的表率。父母对儿女不必说太多，重在身教。父母在做，儿女在看、在学。"桃李不言，下自成蹊"。说得越多越无效，偶尔说两句才有分量。

　　父亲温文尔雅、和蔼可亲，说话和颜悦色、轻声细语，从没要求我们要这样那样，从没大声呵斥过我们，更没打骂，连句重话也没有。我们长大了，便不会吼、骂，也听不得吼、骂。偶尔气极，控制不住嘟哝一句国骂，别人没觉怎样，自己倒脸红到耳根。

　　父亲出差多，在家就是伏案工作：读书、备课、写作。他与我们很少交流，没有促膝交谈，聊天都少，因为忙，没时间。尽管如此，我们仍会从日常言行中感受到父爱。父亲即便不言不语，在慈爱目光照拂下，儿女也会觉得他在乎自己、爱自己，长大后便也会关心、善待他人。

学者风范。

　　厦门大学同安楼（成智类楼）上，鲁迅先生的旧居。

　　1956年于厦大物理研究室时摄。茂明记

父亲题照。

　　父亲与"民"同乐，偶尔会带我们去福州西湖公园玩。暮春三月，江南草长。游人如织，湖水清且涟漪；荡舟水上，虽无"纵一苇之所如，凌万顷之茫然……桂棹兮兰桨，击空明兮溯流光"之空阔、高雅，也和美、开心，过节似的。

　　父亲带我去洗温泉，是不可多得的奢侈。福州东门温泉澡堂多，父亲带我去过百合、新泉、福隆泉澡堂。洗普通池，即大池，很便宜，五分钱一张票，已算高端享受。每人一张竹躺椅、一件浴衣、一条毛巾、一双木屐、一小块肥皂。一排三口大水池，一口比一口热，我怕烫，只敢下最不热的，父亲敢下最烫的。父亲教我要慢慢泡，慢慢往前挪。我尝试下中等热度那口，待不了一秒钟即逃出。待泡得全身通红，坐池边，用毛巾包着手掌互相搓背。泡好、洗好，出一身汗，浑身松软无力，躺竹椅上喝茶、聊天、打盹。饿了，买五分钱"软糕"（莆仙人卖的粳米糕）吃，算很爽的口福。

后来我工作、成家了，住仓山（福州的南面），家里有热水淋浴，有时还花半天时间，骑着自行车，由南向东，穿过整个市区，去温泉澡堂泡澡，只为重温儿时的美好。现在那些老澡堂多倒闭了，剩下的也已面目全非，心里便似缺了一块。

最高兴的是父亲带我们兄弟姐妹去拜年。

春节的重头戏是拜年，父亲很看重礼节，再忙，也要带我们去亲戚家拜年。拜年，在父亲是恪守礼仪，让我们感受家族亲情；对我们孩子来说，最有诱惑力的自然是压岁钱与吃灶糖灶饼、橘子。压岁钱不多，五分、一角，小孩贪吃，更垂涎于点心。去大姑妈家，表姐会去福州最有名的味中味餐馆买肉馅元宵请我们吃，那是难得的美味。我们给大姑妈拜年，一边吃福橘聊天，一边盼表姐快点买元宵回来。拜年回家经过南后街（"三坊七巷"）灯市，挨家挨户看灯，挑喜欢的买一两盏，欢喜地提着回家。拜年等于走亲戚，就是"三年困难时期"也没间断，仍有橘子、灶糖灶饼吃。有哪些亲戚，家在哪里，都是拜年留下的印象。后来，父亲走了，兄弟姐妹天各一方……从此不再拜年。不拜年，亲戚就疏淡了，以致断了来往。回忆父亲带一家子拜年的场景，温馨中掺着伤感。

父亲与我同去游泳只一次，让我记一生。

那是1967年夏，那天不知怎的他居然要随我去游泳。他不会游，从没游过。我们一起到江边，刚下几天雨，江水比平时大许多，从龙潭角看对面江心岛"三县洲"，被淹"瘦"一大圈，水浪滔滔，岛上用浮标圈起的游泳场，只零零落落十来人。既来了，我们决定还是游吧。我们乘小渡船过江到游泳场。我刚下水没走几步，便觉水深且急，脚下站不住，身子被激流往下冲。父亲见状赶紧抓住我的手，我见父亲被我带得也站不住了。水流冲得我们身不由己地往深处去，水没过胸部，人几乎浮起来了，我怕父亲也会被冲走，叫他快撒手，他反而抓得更紧，死不撒手，回头大叫附近的人快来帮忙。幸好有人看到游过来，好不容易把我们拽回来。那天要是父亲没来，我的小命恐怕就没了。

后来常忆这唯一的父子同游，忆生死瞬间父亲紧紧抓住我的手……舍命救儿子，这就是我父亲。

父亲离去40多年，他的儒雅、温和的身影常在。虽与父亲相处时间少，但那至纯亲爱是岁月带不走的。

而今在父母无微不至照拂下的孩子，作文中的父母，不是写自己病重，父母背去看病，夜以继日陪护，就是写父母得癌症去世，强忍悲痛，坚持温书迎考。此外，别无可写——心灵干枯、贫瘠至此，殊感悲哀。

我父母的完美婚姻，虽没相敬如宾、举案齐眉，但心有灵犀、琴瑟和鸣。他们是最融洽和美的夫妻——和美融洽得让老天爷忌妒。

父母在家的日子，他俩各自静静地备课，时而低声聊工作、家事。这是父母予我最好的性情滋养，至今羡慕不已。他们是夫妻，也是情人、亲人、知己，真正的灵魂伴侣。他们相知相爱，是不幸人生之大幸。对学者来说，婚姻和美太重要了。写作、研究，极需安适、平静的心境，母亲给予父亲所要的一切，对他体贴备至。母亲是父亲的精神支柱，父亲太需要她的支撑了。

从记事起，我没听到父母谈论钱财、名利，这在如今不可思议。他们用行动教导我们奉养长辈是责任，接济亲友是人情，体恤他人是关爱。

父母对物质享受看得很淡，吃喝、穿着没嗜好。父亲气质斯文，一套年轻时做的西装穿到老，年节才穿，平时多穿汉装、中山装。不论穿什么衣服，不论新旧，穿他身上都显得他文质彬彬、儒雅得体。他不喝酒，唯抽点儿烟，不太多，平时抽大前门、飞马、大光荣、海堤之类，偶尔也抽牡丹、凤凰、双喜、中华，算稍有档次，须用高知特供烟票买——烟盒纸归我，是我的宝物，也是显摆资本，所以我精通香烟品牌。我将烟盒纸折成"纸拍子"，在地上摔，玩输赢，高端烟的包装纸质好，赢率高，因此盼父亲抽好烟，才有高级烟"纸拍子"。父亲有时喝点儿羊奶，将羊奶装小保温瓶带去课间喝，除此特殊待遇外就没别的了。

母亲对自己十分节俭，她在八中是工资最高的，却多年没添置服饰。她从不化妆，没用任何化妆品：干净整洁，美丽端庄，素颜朝天。上班用的塑料包，带子断了，缝好再用。一双黑色皮凉鞋，穿了好多年，起毛、发白还在穿。20世纪50年代买的一块苏联手表，表盘上有个会转动的卫星，用到她2003年去世。省下来的钱，她毫不吝惜地接济贫困生。

父母一生与世无争、与人无争，谦和待人、扶危济困，自律自省，不怨天尤人，这些美德自然会影响我们看淡物质、钱财与享受，使我们知道该如何为人处世，如何处理名利与事业的关系。父母的婚姻、家庭生活状况，他们的行为举止，不但给孩子以情感、价值观，也给做人做事以启迪。

这样的父母、家庭太少了，即便文人中也微乎其微——竟让我遇上，此乃大福气。

我这辈子刨掉"插队"六年，基本在校园度过，在知识分子堆里混，对他们再了解、熟悉不过。朝夕相处的父母，周围邻居，后来的师友、同事，都是知识分子，我对他们的生存状况、学识水平、个性特点，乃至家庭成员关系等，了如指掌。他们说上句，我能想到下句。与其交流10分钟，便能判断是怎样的人。从宏观上我有个粗浅感觉：当今的知识分子不一样。他们在学识素养、个人修养、精神气质上明显不同。

回想小时候（20世纪50年代后期，60年代前期）住在花香园，接触到那些教授、讲师，多是我父母同辈人，多少读过些古书、国学，受过"士文化"熏陶，有些还留过洋，学贯中西，温柔敦厚，一副谦恭、优雅的"文人范"。即便在物质贫困的年代，不少人也还是发光面净、西装革履、器宇不凡——固然是年轻时穿过的"老古董"，可西装依然笔挺，革履依然锃亮。他们学问再大也平和、谦虚，不显山露水、锋芒毕露，渊博不在外表、举止。"君子坦荡荡""君子喻于义""文质彬彬，然后君子"……儒家遗风尚存，名利没看太重，权位没甚兴趣。

我的岳父高时良先生，岳母方碧璋女士。雪景中，气质不凡。

虽"文人相轻，自古而然"，但知分寸，识礼数，对轻狂之辈不屑，看在眼里、放在心里。

高雅与俗气，与穿着打扮没大关系，与学问、成就大小也没大关系，与职称、地位、权势更没关系。根在明白何以为人，为什么治学，那是骨血中焕发出的精、气、神。经历多了，看一眼，听两句话，就能察觉出。

雅驯家风的熏陶，我受惠终身。在家中，对我影响最直接的是满屋的书——她让我明白什么是"书香门第"，古人为什么看重"书香门第"。

我家不贫穷，也不富有，父母没什么物质资产。钱财、珍宝，不是我家的话题。

我家别的没有，唯有书多，我从小生活在书架包围中，与书们抬头不见低头见，难免日久生情。我说过我不是从小爱读书的孩子，父母从没逼我读书，但我相信，与书朝夕相伴，在"书城"长大的孩子，很难不受诱惑。父亲写的《中国语原及其文化》，这本他一生最重要的书，就是我小时无意间在书橱中寻获的。我看到书脊上写着父亲名字，感到惊奇，抽出来看，因看不懂，了无兴趣——然而，恰是这惊鸿一瞥，父亲的书——写书的欲望，像蒲公英飘飞过少年郎的无知、迷茫，悄然植入心田，注定此生与书结缘，成就读书、教书、写书的"三书"人生。

花香园哺育我们两代人，女儿也感受儒雅、嗅着芬芳长大。

童年最不可或缺的是书，看着满屋的书与埋头读写的父母，在书房长大的孩子，不爱读写是不可能的。苏东坡说："无肉令人瘦，无竹令人俗"，是否可添上一句："无书令人愚"？人可缺食少穿，不可无书。世无书，万古如长夜；人无书，终身如禽兽——这就是书香门第宝贵的精神遗产。

我感谢我的父母、兄姐，感谢伴我一生的花香园，感谢我的小学与玩伴。在我的一生中有许多阴郁的日子，心，总是充满阳光，总有一方净土，一个桃花源。我曾写首歌词，表达怀念与感恩。为了引发共鸣，我力求"正点"、雅俗共赏。

永远的花香园

岁月如梦，青葱如诗，我们是花香园的孩子。

莺飞草长相逢，鸿蒙未启相识。

大榕树下捉迷藏，六号楼前过家家。

捡煤渣，拔兔草，种菜忙浇水。

芒果飘香，葡萄串串，琴声悠扬，鸟鸣叽啾，笑语哗啦啦。

手牵手，上学去，围桌写作业，亲如一家，如一家。

伟岸如山，娇柔似水，我们是福师院的子弟。

才华卓越父辈，聪慧勤奋儿女。

海阔天空任鸟飞，志存高远九万里。

久别离，常相思，手足恋情谊。

相遇是缘，重聚是幸，歌声曼妙，舞步翩跹，欢快华尔兹。

心连心，童真在，无论身何处，最忆故里，忆故里。

不料，发小多觉我不说人话，于是各说各话，怎么也说不到一起。我如梦方醒，故人已远。相遇是缘，有缘无分，随走随散，大家活在不同世界，再聚首物是人非。

也许，遗忘是个好东西，且娱乐且遗忘，活得不累。恋旧、恋乡是自讨苦吃。"怀旧空吟闻笛赋，到乡翻似烂柯人"。时过境迁，陶醉童年幻梦，纯属自我忽悠。你记得他们，他们未必认你，各走各路，好自为之。

欲望适可而止，治学拾级而上，磨难面壁而破。

承传有序，立言者不死

◆ ◆ ◆

兴灭继绝，文明薪火永续。——题记

父亲对学术有天然的热情与才智，然而，在学术盛年生命戛然而止，令人叹惋。所幸他留下了《中国语原及其文化》一书。该书完成时父亲27岁，其成就显示出的才华，已达优秀学者水平。在这个年纪，我还在读大学，不知何谓"研究"。

《中国语原及其文化》一书。

父亲堪称文化语言学开创者之一，代表作是完成于厦门大学——长汀时期（抗日战争中）的专著《中国语原及其文化》。该书"本论"10篇完成于1942年6月，全书于1947年7月由致知书店出版。

父亲在该书"前记"中说："父亲为我题署封面。""中国语原及其文化"与"润生署检"这些字，是祖父亲笔题署，祖父不但题写书名，也为该书审阅。

祖父潘公讳友闻（字润生），书法大家，国学修养深厚。该书凝聚了祖父和父亲——两代人的才智。可以想象，祖父审阅父亲的书稿并题写封面时的欣慰。该书代表着家族文化与精神延续。

封面上还有父亲恩师的手书题字。在"前记"中，父亲对恩师余謇教授与厦门大学校长萨本栋博士表达了深切感激，讲述了写作缘由、目的与后续研究的构想等。该书凝聚着他的治学智慧与报国情怀，也表明了恩师、校长对先父的器重。

该书在当时与今世均获极高评价。语言学界公认该书为"语原学"承先启后之作，是文化语言学开山之作，是后学绕不过去的力著。

父亲与其著述，对我的治学有重要关系，甚至是决定性关系。父亲才华出众，乱世中辗转多地艰难谋生，终以教学与研究为归宿——做纯粹知识分子，是父亲给我的精神基因。父亲对我直接教导不多，他对我的影响，当时没感觉，中年后才有所悟。也许一个人将会怎样，冥冥中已有定数。我的先祖、祖父、父亲赋予我血肉之躯，也赋予我性格、命运、人生观，赋予我精神基因。

父亲此生极尽坎坷、历尽磨难，弥足庆幸的是他将学术传给学生，有著作传世。如韩愈所言：君子"……用则施诸人，舍则传诸其徒，垂诸文而为后世法"（韩愈《答李翊书》）。教书、做学问，是知识分子本分。据守本分，知天命，尽人事，立德、立功、立言，是中国"士文化"的精髓。

人不只活在当下、现世，而是活在未来、历史中。父亲在现世中失去的，历史将还以公道。他的精神不死：学校会记住这样的教师，学生会怀念这样的先生，后学会景仰这样的先贤。他的书在，他就不死。

父亲去世30年后，他教过的1960届学生、福建省作协副主席季秉义先生写了《余音缭绕的怀念》（孙绍振主编：《不老的长安山——福建师大中文系系友散文集》，福建教育出版社1998年版），深情缅怀老师：

为我们讲授语音的是潘懋鼎教授。潘先生40多岁，中等个儿，鼻梁上架着一副细边眼镜；即使在那个封闭而单调的年代，他的穿着仍是颇讲究的，夏天大多是雪白的衬衫，锃亮的皮鞋，冬天有时是古典的汉装，有时是西装。总之，潘先生斯斯文文的气质加上衣着不俗的装束，一副文质彬彬的学者风度，给我们留下了深刻的印象。

潘先生不愧为汉语教授，说一口漂亮的普通话，堪与广播电台的播音员相媲美。后来我才知道他是福州人，但他的普通话带着明显的京味京韵，字正腔圆，标准得无可挑剔，而且极好地掌握节奏感，抑扬顿挫，委婉动听，有很强的音乐性。古人听歌，有"余音绕梁，三日不绝"的赞叹；我听潘先生授课也有如此感觉。……听了潘先生一年的汉语课，他的京片子普通话，就是"余音绕梁，一年不绝"。

潘先生为人极和蔼可亲，下了课我们还常常把他围在走廊上问这问那，他总是有问必答，说话慢条斯理的。……直到开饭铃声响起，同学们像羊群奔向草原那样急慌慌地奔向膳厅，潘先生才夹起皮包离开教学大楼，脚步依然不慌不忙，永远一副斯文的学者风度。

……

一整年的语音课学下来，我那一届同学的南腔北调，渐渐规范而统一，"林子"里不同的"鸟音"和谐动听多了；多少年后，有好几位还成了高校的汉语教授。这一切，不能不感激潘懋鼎教授！

父亲能永远活在学生、后学心中，是他在艰难困苦中作出正确抉择的明证。

父亲25岁当县中校长，有管理才能、条件，却毅然放弃仕途，选择以教师为职业，以治学为归宿，从此呕心沥血，矢志不移。以教师为职业，有了衣钵传人；以学问为归宿，在学术史留痕。教书育人、立言传世，是造福人类的最佳选择。择偶、择业均可遇也可求，说到底都是"三观"所决定。父亲的人生虽不完美，但因能正确择取而俯仰无愧——抛弃仕途，专注于教育、治学，为所爱而死，"求仁而得仁，又何怨？"

人要想清此生要什么，什么最重要。是为安身立命第一问。

抉择正确便是得。有得必有失，是得大于失，还是失大于得，不必计较，也无从计较。得所当得，即便不尽如人意，亦此生无悔。人生不可能没遗憾，似乎失总是大于得，其实，失便是得，得便是失；关键在你怎么看。能做想做之事便是最大的得，付出再多也值。想开了便可释然。"千金难买我愿意"，诚哉斯言。还有比做想做之事更开心、有意思的吗？至于做得怎样，失了什么，失多少，这不是自己能掌控的。人所能掌控的，唯有尽己所能去圆梦。

让"生命留痕、精神不灭"的开心、有意思之"得"，比"名利"之"失"重得多——自然，你非要认定拥有"名利"最开心、有意思，就没啥可说的。

人生半命运，半自决。所谓命运，一是遗传，一是环境。确实，人强不过命。但是，不论什么命运，都有自决空间。遗传无法改变，环境则不断变化，可以调适、掌控。如果能抓住环境变化的机会，顺势而为，便可望有所作为。这也许就是黑格尔所谓的"自由能动性"。抓住时机，尽力而为：尽人事，知天命。能把握好自我，充分发挥自由能动性，便无歧路亡羊之憾。

个人，在人类文化长河中是微不足道的匆匆过客，能做文化承传者，就完成了人生使命。文化承传有两种形态：一是将自己的思想授予学生、子孙，即现世的传播、教导；一是将自己精神创造物留下，为后人继承、效法。如此，便可在文化延续、繁衍中得以永生。二者都难，也许功业至死未显，垂范后世者寥若晨星，却是人生不二选择。

人生是在无涯的黑暗中摸索，"三不朽"是唯一照亮前路之光。

父亲大约怎么也不会想到，在他的书房闻着书香，看着他熬夜备课、写作长大的儿子，刚读到初中一年级竟与文化滋养失之交臂、当了六年农民的儿子，若干年后，竟接续他的精神香火，旺旺地燃起，并将其传给他的孙女。父亲精神生命的接力棒，将由我们——他的子孙与学生，传给今世与后代的学人。他的缺憾由子孙、学生来弥补，相信这一定是父亲最为期待与欣慰的。

1994 年，父亲 80 诞辰，我写《书魂》以纪念。

书 魂①

书是有灵魂的，你信不？

我过去也不信，直到不久前的一天清晨……

那天，我照例到操场散步，在宿舍区碰到了系里的林海权教授，他向我招手，很喜悦地告诉我，他刚买了一本邢福义主编的《文化语言学》，书中对先父著的《中国语原及其文化》评价甚高，称它是中国"五四"以后文化语言学方面承先启后的第一部专著，问我想不想看。我略一沉吟，回了一句"算了吧"便走了。

我不知道事后林教授是否对我的失礼感到不快，想必不会，因为他是一个性情温厚的长者。倒是我自己那份淡漠渐次变得沉重起来，心里老是搁着件事儿，眼前老是浮现着一脉发黄的书脊。

我也算是出生在一个"书香门第"，家中别的没有，唯有书多。从小我与父母同居一室，当中隔开的便是一排大书橱。我可以说是在这堵"书墙"里长大的。我对书的最初的认识，只觉得那无非是印着铅字的纸罢了。

---

① 该文首载《福建日报》，1994 年 10 月 1 日，获该报读书征文一等奖。多种书、刊转载。

跟所有好奇的小孩一样，小时候我也绝不会放弃在家里"寻宝"的乐趣。那排大书橱自然是我搜寻的重点目标。我曾将书橱里的《史记》《汉书》《艺文类聚》《康熙字典》《辞海》什么的，一本本搬下来，翻搜个遍，再不露痕迹地"上架"复原。至今我还记得它们是摆在书橱的第几层，是靠左还是靠右。

　　一天，在书橱的一个不起眼的角落，看到在一脉发黄的书脊上印着一个熟悉的名字——潘懋鼎，我无法形容我那时的惊喜，是父亲写的书！抽出一看《中国语原及其文化》，翻开来，却读不下去，勉强溜了几页，感到十分无味，于是插回去，让它继续在那个不起眼的角落待着。父亲回家时我向他问起过这本书，他好像说了什么，又好像什么也没说，奇怪的是我的记忆一片空白，怎么也想不起当时的情形。

　　后来是"文化大革命"，父亲蒙冤自尽……当我们一家不得不从大学的宿舍里搬出去时，悲愤中的母亲以少有的决然，把书橱里的书全部卖掉，包括那本令我惊喜又令我失望的父亲写的《中国语原及其文化》。

　　我永远记得那天。废品站的板车来了，一瞬间便拆除了那堵温暖的"书墙"。我含着泪，看着伴我长大、我无比熟悉的"书们"，被硬塞进麻袋，摔到板车上，一车一车地拉走。我那少年的心陡然间升起了"永失我爱"的悲凉，仿佛一下子苍老了100岁。——在往后的岁月里，不论我在哪里看到收购废品的板车，便无来由地没了好心绪。

　　大学毕业后，我留校任教。有一天在学校图书馆找书，不经意间，我看到了曾"梦里寻它千百度"的那一脉发黄的书脊，我心跳得厉害！我曾无数次地自责和悔恨，骂自己为什么那么傻，不留下父亲的那本书。这时，它就在我眼前举手可及，而且，我确信已能够读懂它。可是，我终于没有伸手。是不想看，抑或是不忍看，我说不清楚。

　　但此后那一脉发黄的书脊时时出现在我的脑子里，挥之不去。我常常自我排遣：父亲不在了，那书在不在，那书写得怎样，已经没有任何意义了，忘了它吧！我故意显出超脱的宁静。每每有人告诉我，在某本语言学家词典里看到了关于先父的词条，我一句也不多问，顶多说声"谢谢"——那天我漠然地回报林教授的关切，也正是这种心态在作祟吧！

　　没想到这种漠然转眼间便荡然无存，想看一看《文化语言学》的愿望弄得我心绪不宁。

在愈来愈强烈的愿望的催逼下，我匆匆地从林教授那里借来了书，匆匆翻开他早就为我夹好的那一页，匆匆地读：

……如果就专著而言，潘懋鼎《中国语原及其文化》（1947年致知书店出版）是上承梁启超语原之学，下启文化语言学的第一部论文集。……《本论》收有《初民"生"之想象与中国"姓"之导源〈释姓〉》等论文十篇。作者在《前记》里还表示打算写《中国词语及其文化》等。

我忽然彻悟：父亲从未离去，父亲因他的书而活着；那书是不死的，父亲也就不死，那书里有父亲的灵魂！每一部不朽的书里，都有一个不死的灵魂。

从此，我对书有了一种异样的感觉。当我走进图书馆书库的时候，我觉得我的周围不再是"印着铅字的纸"，而是簇拥着无数睿智的灵魂，他们的音容笑貌历历如在目前。他们是不死的！

因为要写书，那天我从图书馆借了一大堆的书，从抽出的借书卡里，我发现其中一张有父亲的签名，我怔住了：30年或40年前，父亲借过这本书，他曾经翻过的每一页，读过的每一字，我也将重新翻过、读过！当我也在借书卡上签上我自己的名字的时候，心里闪过这样的念头：若干年后，当我也已作古，我的女儿是否也会在借书时看到她祖父、父亲的签名呢？一定会的！

读书的人也是不死的。

意犹未尽，时隔20多年，父亲百岁诞辰后，我想再写点儿什么，于是作《书痕》：

书　痕①

一

我20多年前的散文《书魂》，是以先父的书《中国语原及其文化》（潘懋

---

① 该文首发于《海峡导报》，于2016年2月2日、2016年2月23日、2016年3月8日、2016年3月22日、2016年4月19日连载。后台北《国文天地》2016年第5期刊发全文。

鼎，1947年致知书店）贯穿的。今《书痕》为其续篇。

《书魂》从学界推崇父亲的书我却"漠然处之"说起，讲述童年时父亲的书的发现、费解，父亲"文革"蒙冤自尽，书作为"废品"卖掉；我"插队"、回城、考上大学，毕业留校，在图书馆与此书相逢，能读懂但不忍读——表明我"漠然处之"的心结。从中悟到：父亲虽然离去，他的书始终不曾离去，父亲因他的书不死。"每一部不朽的书里，都有一个不死的灵魂。"

结尾讲我因写书在图书馆寻找资料，发现一本书的借书卡上有父亲的签名，突发奇想，若干年后我已经作古，我女儿或许还将读到这本书，借书卡上将留下我们三代人的签名。读书人也是不死的。

我以父亲的书为线索，以祖孙三代人在历史、现实、未来不同时空中的出场，试图揭示人类写作、阅读——精神创造、文化传承的生生不息；人类、历史、文化不会遗忘，言语、精神生命不朽。

我曾给学生读这篇散文，多年后，我常听他们说起聆教时的心灵震撼。

一次我在安溪县作讲座，结束时，一位听课教师找我，说是我十几年前的学生，我可能不记得他了，但他从来没忘记我，没忘记我读《书魂》的那节课。这些年，他给每一届学生印发并朗读这篇散文，从他这里听到的至少几千人，他们与他一样惊心动魄、刻骨铭心。这让我莫名惊诧与感动。我感谢我的学生、我的学生的学生对《书魂》的理解、厚爱。

大家也许记得选入中学教材的名作《散步》（作者莫怀戚）。说母亲、"我"、妻子、儿子祖孙三代人散步，孙子突然发现"前面也是妈妈和儿子，后面也是妈妈和儿子"。作者以"童言"入题很妙，结尾点题更精彩："到了一处，我蹲下来，背起了母亲，妻子也蹲下来，背起了儿子。我的母亲虽然高大，然而很瘦，自然不算重；儿子虽然很胖，毕竟幼小，自然也轻。但我和妻子都是慢慢地，稳稳地，走得很仔细，好像我背上的同她背上的加起来，就是整个世界。"讲的是生命的延续、轮回，人的责任、担当，是对人生的哲思。

《散步》与《书魂》都涉及祖孙三代人、生命等，二者不无相似。我以为，人类固然需要血缘上传宗接代，然而，这动物也会；言语、精神生命的薪火相传，学缘、文缘的传宗接代，才是真正人之为人的本分与责任。这是我从父亲的书的遭际中读到的，是《书魂》要昭示的。

二

父亲的《中国语原及其文化》完成于抗战时期的 1942 年，出版于内战时期的 1947 年。此间他辗转于长汀、赣州、福州等地，曾任多所学校校长，勤勉操持，积劳成疾……其做学问的艰辛、定力令人感佩。

身处乱世，求职谋生不易，养家糊口都难，父亲何以念念不忘学问，而且做出一流的学问？父亲在该书"前记"中说：

本书意在介绍一种用"语原"研究社会文化发展的新方法……读者阅毕全书，对于中国文化如何从荒古之生生之谜的冥索而至于生之现象的了解，进而有生活技术，产生了社会组织，再进乃作文化的上层建筑——道德与法律的过程，可略体认出一脉相承的线索，似此逐步进化的迹象，今天为社会科学的原则，其实吾先民在最初造字之时，即已完全反映无遗了！此书如果能对吾先哲灵智的卓绝，创造的伟大，品性的优强，同时得到若干的发皇，民族自信力且因此油然而生，那也就是全赖此种方法本身独具的优点所获致的效果的。

在艰苦抗战之时，父亲试图通过语原文化学研究，弘扬中华民族智慧与文明，以增强民族自信力，是为良苦用心。以此为动力，他一边应付繁忙校务，一边在母校厦门大学继续深造，一边偷空呕心沥血地写作……竭尽学者爱国之本分。

该书不论在当时还是今世均获极高评价。时贤陈遵统（曾任北京大学教授，时任福建协和大学中文系主任）："……观其折衷众说，剖析深微，于古代文化之推求，良多裨补。兹学尚在萌芽，方兴未艾。潘君其纠合同志，因是而益宏之，荜路蓝缕之功非异人任也。"高时良（教育史学界泰斗，曾任职中央教科所，福建师范大学教授）："搜罗渊博，考据详确，华夏文化探其本源，洵开'语原学之端绪'，有功'小学'之作也。"今人华中师范大学邢福义《文化语言学》（湖北教育出版社 1990 年版）："……如果就专著而言，潘懋鼎《中国语原及其文化》是上承梁启超语原之学，下启文化语言学的第一部论文集。"学界公认该书开"文化语言学"之先河，为传世之作，父亲弥足告慰。

然而，父亲在百般艰难中也不放弃学问，不图名利，赔钱出书，就为了"对吾先哲灵智的卓绝，创造的伟大，品性的优强，同时得到若干的发皇，民族自信力且因此油然而生"，此乃何等博大之襟怀——今世学者扪心自问：有吗？

我为父亲骄傲，也为无父亲之襟怀愧怍。

三

家学与师承，是中国文人治学极看重的。这在父亲《中国语原及其文化》中也有所体现。

父亲的书，封面书名是我爷爷亲笔题写的，落款"潘润生署检"。爷爷讳友闻（字润生），国学修养深厚，系书法、篆刻名家。喜诗词歌赋、琴棋书画，有着根深蒂固的传统文化癖好。父亲继承了家学，该书凝聚了两代人的才智，体现了家族的文化承传与精神寄托。

封面上还有父亲的恩师余謇先生的手书题字。父亲对恩师余謇先生与厦门大学校长萨本栋先生表示感谢："本书写作的动机，是余夫子仲詹（余謇，字仲詹——笔者）先生引起的；写作的机会，则是萨校长亚栋（萨本栋，字亚栋——笔者）先生给予的。"父亲求学时常到余先生处求教，先生对其关怀备至，父亲的研究得到先生的启示。他之所以说写作的机会是萨校长给予的，是因为他毕业时萨校长喜其才华，特将他留在校图书馆工作，使他有查阅资料便利。父亲还说："本书'本论'十篇于三十一年六月间成稿，当蒙仲詹师详阅一过，出版之日并蒙病中泐（读 lè，书写——笔者）书更予题端。"余謇师不但为高足启发选题，审阅新著，还抱病亲笔题写"潘懋鼎著、余謇校"于封面，足见其拳拳之心，殷殷之情。该书凝聚了师生的智慧与情谊，表明恩师对先父的垂爱与先父著作的师承。

对于学者来说，家学极重要，但家学未必人皆有之，父辈未必都能担起"传道、授业、解惑"之责，因此，尊师、师承不可或缺。孔子："三人行，必有我师焉；择其善者而从之，其不善者而改之。"（《论语·述而》）谦虚求学，包含着对师教的敬重、采纳、甄别，也包含着对其缺点的自我反思、修正。荀子："言而不称师谓之畔，教而不称师谓之倍。"（《荀子·大略》）说的是言论不遵循先生的教导是背叛，教育不遵循先生的教导是背离。唐代文坛领袖韩愈对时人不尊师重道特作《师说》以期扭转世风："道之所存，师之所存也。""师道之不传也久矣！欲人之无惑也难矣。"（韩愈《师说》）"师"是传道者，从"师"意味着从"道"，不从师无以解惑。注重从师、师承是求知、做学问的基本态度。

"一日为师，终身为父"，这么说并不过分。这也是"师承"的题内之义。

教师之为"父"，不是血缘之父，而是学业、精神之父，学缘、文缘之父。"师承"所承传的是：学业——学问文章，精神——道德文章。承传的是言语、精神生命。

四

没有良好的外部环境，再优秀的学者，其成就也要大打折扣。无数前辈学者便因缺乏安定的环境，以致壮志难酬。

父亲27岁时完成《中国语原及其文化》，因战乱，该书五年后才得以出版，没有安定的社会环境，连出书都难，更遑论治学了。

父亲书中曾对后续研究作了展望，称其为"憧憬中的远景"："这书只是中国语原学研究的开始，继此所要努力的还有下面的几个主题：'中国象形字及其文化'，'中国指事字及其文化'，'中国形声字及其文化'，'中国转注字及其文化'，'中国假借字及其文化'，'中国连绵字及其文化'，'中国词语及其文化'，要通过这些主题之后，'中国语原学'的基础才能建立。但是这份工作在我个人的各种情形看来，要完成它，是相当的不容易的，写到这里，周围一看，百虑纷集，使我不禁愀然了。""鼎草是书时，正是民族生命绝续的关头，而付印时则抗战已告胜利，国共和谈，召开国民大会之日，出版时国民大会闭幕，制宪完成，诚为中国整个历史发一异彩，岂特近代史然哉！但此大堪庆祝之事，恨任公先生未及见耳！不过目前我们的民族又临到最重要的转捩点，那就是和谈破裂，战争的重新开始。"父亲多么希望能完成这一宏伟蓝图，但他的心情由喜而悲，抗战结束，国共和谈，制宪成功，他的欣喜之情溢于言表，然而，内战烽烟又起，中国的前途尚不可知，他为能否实现学术抱负而忧心忡忡，惶惶不安。

尽管疑虑重重，父亲为了实现"憧憬中的远景"，为了专心治学，他不再担任校长，告别中学教育，先后担任国立福建省音专国文科讲师，福建省研究院副研究员，福建省教育厅新教育研究所研究员。34岁，已是正高职称。就在这时，迎来新中国诞生。他欣喜若狂，以为可以实现学术梦想了，然而，他所憧憬的并没有成为现实。

解放后他任教于福建师范学院，治学之路并不顺畅。他不能从事心仪的"文化语言学"研究，应推广、普及普通话需要，转而研究方言。在这个陌生的学术领域，他兢兢业业、全力以赴，奔波于各地搞方言调查，出差比在家的时间还多，其研究成果亦属出类拔萃，论文发表在最高学术刊物《中国语文》上，为闽方言研究作出了贡献；即使成果不署名，他也毫不在乎。

父亲有那么多书想写，要是能活到改革开放后该多好。对学者来说，学问高于一切，没有什么比安定的治学环境更重要了。

历代学者为人类奉献思想，呕心沥血、死而后已。对这些献身于人类的人，精神家园的建设者，难道不应为他们创造更好的圆梦环境？

五

不论是家学还是师承，都是为了文化、学术绵延不绝，后继有人。文化、学术承传，使人类德性永续，文明辉煌。

家学承传主要是耳濡目染，是文化气息的熏陶，"士"人格的浸润。亲子间直接的学问传授倒在其次。文化、学术承传主要是通过"师承"——学校教育实现的。学校肩负着这一神圣的社会责任。学校固然也培养普通劳动者，但本质上是培养精神贵族、文化传人的，是给人以灵魂的。

2016年3月4日，我应厦门大学中文系、图书馆之邀，作《表现与存在：写作再出发》的演讲。这对我有特殊的意义：厦门大学是我父母的母校，中文系是父亲读过书的地方，图书馆是父亲工作过的地方，他的研究从这里起步。替父母报恩是我的夙愿，我珍视这一"反哺"之旅。

在图书馆"厦门大学文化讲堂"，我踯躅而言：写作要回到原点、原典；写作是文化、学术的传承、弘扬；成就"立言者"，是人的天命、宿命；我写故我在……学生在倾听，我的父母在倾听，往圣前贤睿智的灵魂在倾听。

演讲会主持人，厦门大学语言文学研究所所长林丹娅教授的评点，言得其要，切中肯綮：

潘教授的父母亲原来都是厦门大学校友，其父潘懋鼎教授曾师承中国传统语文学大家余謇教授，在中文系毕业后还曾在校图书馆工作过，而他27岁时所著力作《中国语原及其文化》，被行家称为"上承梁启超语原之学，下启文化语言学的第一部论文集"。今天，潘新和教授来到厦门大学中文系和校图书馆联办的讲座里开讲语文与写作，在厦门大学迎来建校95周年的日子里，别有意味，堪称一则书香门第传承有序的校园佳话。

"传承有序"，即人类良性的文化、学术生态：父亲在恩师余謇先生启发下做学问，他写《中国语原及其文化》，是对母校、恩师的回报，他的贡献包含着前辈的才智；父亲继承了梁启超先生的"语原学"，开创了"文化语言学"，给后学开拓了新领域，使学术得以光大；厦门大学哺育了我的父母，我的父母、母校哺育了我，我以思想回馈社会，哺育莘莘学子，他们将给人类、后世，奉献更丰厚的精神财富，这就是人类兴灭继绝、薪火相传之"序"。

建南大礼堂、图书馆、博学楼、同安楼……留下我父母不倦求知的足迹；南普陀明月，白城海滩波涛，见证了代代学人的前赴后继、川流不息。人类的精神生命，便是在校园的时空穿梭中得以永生、永恒。

拙作既是儿子对慈父的深切思念，也是后学对言语、诗意人生、人类文化生态的思考。

父亲一生也是悲剧，但与祖父的悲剧不同。祖父沉迷官场，为名、利所困，求名、利不得，穷愁潦倒、一蹶不振。父亲则远离名利场，立志向学，嘉惠人类；虽志向未抒，亦死得其所。他们价值观、人生观有别。

学者人生不是自己能掌控的，常有坎坷、挫折，乃至不幸、牺牲。只要有文化创构梦想，有"万世"情怀，能安贫乐道，纵然历尽艰辛、受尽磨难，心也是充盈、幸福的。学者在文化创构中超越现世，得以永生。

有所承传，殒身不枉。能后继有人、薪火永续，是父亲最大幸运吧。

1960 年 8 月 28 日，父母合影于母校厦门大学建南大礼堂前。父亲在照片背面题写：廿载悲欢一瞬进，双双重话鹭江滨。从今一派坦途日，一寸光阴一寸金——足见感喟良多仍满腔赤诚。

“插队”，任教，与言说初结缘

青春是那只叮在牛屁股上的牛虻。——题记

· 破执者寓言 ·

“鸟”会

在“鸟”会上，众鸟声讨人类语言霸凌。

A 鸟：“人为财死，鸟为食亡”，这是以人类之心度鸟类之腹，是为人类谋不义之财找垫背，咱可没这么蠢。

B 鸟：“天下乌鸦一般黑”，乌鸦毛黑心不黑，可人类皮不黑心黑，能一样吗？还说“乌鸦站猪背上，光看见猪黑”——怎就跟乌鸦过不去？乌鸦黑不黑干人类鸟事？

C 鸟：“鸟”事？咱堂堂“鸟类”到人嘴里就没句好听的，“鸟人”“鸟窝”“鸟蛋”“菜鸟”“鸟不拉屎的地方”“不是什么好鸟”……

决议：人类最会胡说八道，最不可信。

一

1968 年 12 月 22 日，《人民日报》传达“最高指示”：“知识青年到农村去接受贫下中农的再教育，很有必要。要说服城里干部和其他人，把自己初中、高中、大学毕业的子女，送到乡下去，来一个动员。各地农村的同志应当欢迎他们去。"到 1979 年"上山下乡"画上句号，前后 11 年。我是"老三届"
（1966、1967、1968 届）知青中年龄最小的。我 13 岁失学，16 岁"插队"，22
岁回城，25 岁上大学，29 岁大学毕业，这是我的青春履历表。

我初一没读完，荣幸地成为 1968 届初中"毕业生"。当初挺开心，不读书，
没考试，"玩"两年竟"毕业"了，以为得着便宜，后来才觉不对，怎就不明不
白地毕了业？

1969 年 2 月 9 日，我 16 岁零 3 个月 6 天，与哥哥到闽北建西县岚下公社夏
墩大队（现归入顺昌县）"插队"。那时，我以为将永别学校、城市，当一辈子
农民。

去闽北"插队"前，我与哥哥的一伙同学畅游母亲河——闽江，作为与故
乡的告别式。

从仓前桥旁下水，游到鼓山下的魁岐村（属马尾区）。离码头还差数百米，
江水开始涨潮，从顺流变逆流，潮水"哗哗"扑面而来，我们拼尽全力才游到
岸边。上岸喘息片刻，简单吃点儿东西，再游回福州，往返大约 30 里水路，是
一次创纪录的长游。别过闽江，等于与童年、少年诀别，从此幼稚、疯狂不再，
要独自去面对生活了。此后，我再没游过闽江。在滔滔江水中奋不顾身，游到
精疲力竭，将生命力的坚强、美好释放到极致，这值得纪念的青春壮举，回想
起来难以置信又莫名感动；那劈波斩浪的矫健身影早已远去，韶华流逝，激情
不再，留下"逝者如斯夫"的万千感慨。

数十年后，一位老人常在闽江滨散步，倚栏远眺，看江中三县洲（当年天
天游泳的江心岛），碧波中的弄潮儿，滔滔奔流的江水，远处的闽江大桥，江面
霓虹灯闪烁的豪华游轮……心潮江鸥般起伏翻飞："把吴钩看了，栏杆拍遍"的
愤郁不再，"无人会、登临意"，感伤犹存……人生打个旋又回到起点，这个我
已非 16 岁的我。

1969 年 2 月 9 日是我们下乡"插队"的日子，很多纪念日我都忘了，可这
一天永生难忘。从此，我从学生成为知青，从城市落户农村。

我们是晚上乘火车离开福州的，在黑暗中抵达目的地——建西（建西县后
来撤销，大部分并入顺昌县，少部分并入建瓯县）火车站。时间是第二天凌晨，
天漆黑混沌着，人头攒动，人声鼎沸。来接我们的大队干部已在车站等候。先
带我们步行到建西县城，后转乘森林小火车到"插队"的地方（若干年后游台

湾阿里山，对森林小火车、林区景物无新鲜感，我在建西时早已经历）。小火车颠颠簸簸、晃晃荡荡、哐哐当当地在山间穿行，两旁是稻田、溪流与错落的村庄，远处是长着毛竹、杉木的水墨画般的山峦；小火车一站站把知青撒下去，车上人越来越少，我的心情越来越沉重，好像穿越整个地球。一个多小时后，小火车停在终点站夏墩——我们的落户地。村子离车站不远，村民帮忙提着行李，簇拥着我们走过村口摇摇欲坠、哎哟呻唤的破木桥，我有点晕眩、恍惚：这就是我未来生活的地方？

进村最令我吃惊的是村道与房基用鹅卵石砌成，到处是成群结队的鹅卵石。看惯水泥、砖头的我，哪见过如此阵容强大的鹅卵石家族，嚣张跋扈地显摆圆滑而粗粝的原始的怪异。后来才清楚，这现成建材大约来自村旁小溪，溪边是各种型号鹅卵石的聚居地。可又不明白，难道是造物主的巧安排：让小溪涓涓细流打磨大鹅卵石，而海江惊涛骇浪负责生产焦岩与细沙？它们知道是为人类加工建材？——我的新生活始于对鹅卵石的思考。结论：这是与钢筋水泥不同的另一个神秘世界。

原以为我们最倒霉，被扔得最远，心里堵得慌。后来知青间串门才知道夏墩不是最偏远的，同公社的还有新源、阳墩、东坑大队，他们下了小火车，背着沉重行李，还要忍饥挨饿、翻山越岭走几十里崎岖小道。尤其阳墩、东坑一路上坡，不亚于"难以上青天"的"蜀道"，没"一失足成千古恨"算命大。相形之下，我们该谢天谢地了。

夏墩知青分两拨，我们四位（三男一女）分在第一生产队。我、哥哥与另一男知青同住原大队长黄铨忠家，厨房与饭厅则借用隔壁的"大队革命领导小组组长"钱有生家。这两位房东似势不两立，其实不然，两人都很善良，两家关系不错，对我们都很好。房子白住，房租分文不取，房东、房客都没觉这有什么不妥，这就是当时的觉悟——领导带头给我们腾房子，腾好房子，此处应点赞。

这里是林区，建房一概用杉木，一棵长几十上百年、高十几米的参天大杉树，只需交5角钱"山本费"就可砍倒抬回去，等于白送。随便砍，只怕你抬不动。盖房子主要是给木匠点儿工钱，给帮忙的邻里乡亲吃点儿粮食，因此有钱没钱都盖得起房——他们盖房子，我也曾被叫去扛木头、搬砖、盖瓦。

村民贫富差距不大，差别只在房子新旧，劳力多少。劳力多也富不到哪儿去，多挣几个工分，不过多分仨瓜俩枣。

此地农民住房很奇怪，占地大，使用面积小。房子多是木结构两层，楼下两三间房住人，楼上空荡荡，只用来堆放谷子与杂物。楼下没铺木地板或地砖，直接是黑黑的泥地，暗且潮湿。楼上木地板，干燥，敞亮，偏不住人。逢阴雨天，湿气重，房间墙湿漉漉，棉被潮粘粘，墙角长蘑菇，床板长霉斑，弄得我们浑身湿疹，加之跳蚤、臭虫叮咬，奇痒难耐。夜里，老鼠成群结队在床尾蹦迪，常夜不成寐——可这是老黄头最好的屋子，他们夫妇、女儿挤住另一小屋，没窗户，白天也暗无天日，更潮湿，我们能有什么怨言？

当猛吃狂造刚收成的单季稻大米饭后，绵软、喷香，口舌生津，就不但没怨言，还添了几分快感：原来这才叫"饭"，十几年白活了。这对吃惯陈年旧米长大的城市孩子来说，是颇有诱惑力的。看到农民自己吃饭渣，将煮出的米汤——浓稠的饭油喂猪，猪们流着一尺长口水，吧唧吧唧，吃得津津有味、乐不可支，恨不得变猪。

这里不缺粮，这对饿鬼般的小伙子来说是个福音。每人一年可分六七百斤稻谷，好的年份可分 800 斤（大约可以碾出 600 斤大米），比福州每月 27 斤大米的定量宽裕多了，尽可以敞开肚皮吃。女同学吃不完，卖掉换钱花，这种天上掉馅饼的好事哪里找？此地物产丰富，木材、毛竹、笋、香菇……应有尽有。

我们进村没几天就是除夕，至今记得是 2 月 16 日。这是我们第一次在异乡、在农村过年，很有点新鲜感。队里杀了猪，我们也分到一份猪肉（此地过年过节才能吃上猪肉）。各家各户给我们送来冬笋、年糕（福州叫白粿。用粳米蒸熟、捣烂做成。福州是扁条状，此地是圆条状）、豆腐、香菇等年货，多得吃不完。除夕夜，知青点同学一起包冬笋、猪肉、香菇饺子吃，吃得酒足饭饱，人仰马翻，土豪般滋润的日子很惬意——要是天天如此就好了。

自然这是不可能的，正月初二，我们便尝到下水田的苦滋味。

那天一早，我们戴着斗笠，穿着蓑衣，笨拙地扛着铁耙，随着队里农民、跟在水牛屁股后面穿村而过。在这一队列中走着的我，前面是晃着牛角、甩着尾巴、愁容满面的大水牛，牛屁股上是跳着踢踏舞的目空一切的小牛虻……新鲜而滑稽。初次看到貌似大苍蝇的真实的牛虻，总算对上号了。当年读爱尔兰女作家艾捷尔·丽莲·伏尼契的《牛虻》，爱不释手，对主人公意大利革命党人亚瑟崇拜之至，但始终不知牛虻长什么样。亚瑟被女友——美丽的琼玛误会为叛徒，被生父——慈爱的蒙太尼里神甫签字送上刑场，爱情、亲情与信念、信仰的博弈，父子皆坚持各自的信仰，最终同归于尽，起伏跌宕、惊心动魄的情节记忆犹新。永难忘怀亚瑟狱中写给琼玛的那首唤起童年记忆的小诗：不管我活着，还是我死去，我都是一只牛虻，快乐地飞来飞去！……遐想间，一只快乐的牛虻落在我手背上，待发现针扎似的疼，它已扑打着翅膀飞了，掠过我鼻尖时笑着回头瞥我一眼。

人的身份、心理、心态的转变，往往发生在穿戴改变这一刻。你扮演什么角色，是由走在什么队列中决定的。人要明白自己走在什么队列，扮演什么角色，方知该做什么。

——打住，干活吧，别想那没用的。

第一次劳动干的活儿，专业术语叫"平田"：用一个半圆形铁耙，把牛犁过的地耙平，做成平整光滑的秧床，供播撒稻种、育秧用。我们只管耙田，犁田、撒稻种等是技术活，一般由有经验的老农干。此刻，我该崇拜老农，而不是亚瑟。

闽北比福州冷，天寒地冻，水田结着白茫茫冰霜。我们看农民挽起裤脚下田，虽然胆怯，浑身起鸡皮疙瘩，但也得硬着头皮，咬紧牙关，鼓起上刀山、下火海的勇气，脱掉鞋袜，赤脚踩进水田。泥水漫过小腿，冰冷刺骨，我边瑟瑟发抖，边为能"广阔天地炼红心"而骄傲，一脸天真的单纯。

干什么都有诀窍，劳动也一样，关键要善于总结。刚下田脚踩冰水别偷懒，愈不动愈冷。使劲猛干一阵，身子便渐渐暖和起来，10多分钟后，便不觉得冷了——这是我悟出的第一个诀窍。身体暖和之后，便见贫下中农撂下工具，掏出烟盒，取出用报纸裁成的卷烟纸，铺手掌上，抓一撮自种的土烟丝放上，将烟丝捏放均匀，熟练地卷成喇叭状，纸边用舌头舔粘上，点上火，悠悠然吸了起来，边吞云吐雾边神聊……慢悠悠地抽完烟再接着干活。干活时抽烟不是为了提神，也不是解闷，而是给偷懒以正当理由，想歇就抽烟吧——这是我悟出的第二个诀窍。

我学会了卷烟、抽烟，抽烟恶习延续了20多年，直到40多岁才彻底戒除。现在闻到烟味就厌恶，就会联想到第一次吸烟时那呛喉辣味。

第一年国家给知青每月发7元钱，供应33斤粮食，第二年不发了，须自食其力。我每天下地干活，跟农民完成同样多的工作量，出大力流大汗，靠挣工分养活自己。全劳力一天挣8~10分，一段时间集中队部一次，给每个劳力评工分。一个工分五六分钱，好年成也有七八分钱的。我很快学会几乎所有农活，基本不输于土生土长的农民，有些活甚至比他们干得更漂亮。比如插秧，我比他们插得快而直；有点儿难度的做田埂，我也相当熟练。我的工分一般比农民少两三分，也没觉得不公平。

那时没"吃亏是福"之类的想法，也不是修养或境界高。忍让、不争，是性格使然。心平气和，才能做好该做的事。尤其是后来的治学，最不能患得患失、心浮气躁。

不唯利是图，无往而不利；无利便为利，利莫大于无利。能守住这条，就可达人生至境。什么也阻止不了你，"两岸猿声啼不住，轻舟已过万重山"——放下利魔业障，心"明"舟自"轻"。

撇开精神、文化需求不说，此地农民苦，主要是穷，拿不到钱，买不了外来商品，日用轻工业品缺乏，但食物大致能满足最低限度的水准，在吃上比当时的城里人不差，粮食、蔬菜、鸡鸭、猪……基本自给自足。知青的苦尤甚于农民，主要是干活辛苦、劳累，要学会独立生活。从小没干过农活，没受过累，繁重体力活难适应；更难的是一切须自力更生，独自承担所有生活的琐碎，挑水、煮饭、种菜、洗衣、缝被子……便觉疲于支应。

万事开头难，只要能承受，久而久之，苦累是浮云，习惯成自然，一切不过如此。

我们与房东老钱共用厨房，在一起煮饭、吃饭，有时的确很羡慕他们：收工回来，从锅里舀出热水，洗洗手脚，换上干爽衣服，饭菜已上桌，不精致丰盛，但热腾腾、香喷喷摆满桌，就等着他们坐下享用。有时还杀只鸡鸭，炒点儿田螺、鸡蛋、花生米，喝点儿小酒，那是怎样的惬意、幸福啊。当他们饭菜飘香，一家子筷子、调羹奏起欢快的交响乐时，我们满身臭汗、泥水没顾上洗，先要为填饱肚子作准备：边吸着他们的饭菜香味、咽着口水，听着腹中饥肠"咕咕"哀鸣，边往冷灶里添柴生火，淘米洗菜——好不容易煮好，没油没味，便风卷残云，一扫而光。能有一碗青菜下饭就不错了。一年四季常吃的是小白菜、芥菜、白萝卜，一荤一素就是过节了。除了精疲力竭地出工干活，收工后还要砍柴、挑水、做饭、种菜、浇菜、洗衣服……这是难以想象的劳碌、辛苦。——有些知青熬不过去，匆忙找个农村姑娘成家。幸好我年龄小，没动这心思。

最苦的是盛夏的“双抢”：抢收抢种。水稻一年种两季，山区无霜期短，日照少，必须尽快将早稻收起来，将晚稻插下去，才来得及熟。为赶工期，天没亮就起床下地，干到天黑收工。骄阳似火，大汗淋漓，一整天衣服粘身上没干过。晚上收工回来，满身泥水，衣服结了一层白白的汗渍斑，有时实在没力气洗，臭烘烘的，挂在外面晾干第二天再穿。晚上常加班或上夜校学习，回到家恨不得倒头就睡。——在田里极限劳作的人，才能体会到陶渊明“勤靡余劳，心有常闲”之不易，“登东皋以舒啸，临清流而赋诗”是何等超拔境界。

“双抢”收稻子与插秧都是重体力活，经历过，才明白什么叫“筋疲力尽”，什么是“脱胎换骨”。

收稻子是按照收的谷子重量计算工分，大家都很珍惜，为多得点儿工分玩命干。割稻子、打谷子、挑回去，全力以赴、马不停蹄，以最快速度完成。收完稻子，十几天连续高强度劳动已令人身困体乏，紧接着是“抢种”：成天泡在晒得滚烫的田里拔秧、插秧，上晒下蒸，大汗淋漓，衣服能拧出水、晒出盐。弯腰拔秧，腰酸痛得直不起来，只好降低高度，干脆跪在水田拔，热得、累得大口大口喘气。插秧又得弯腰，插秧要边插边后退，没法跪着，不论腰多酸也只能强撑着。一季下来，累得浑身散架，晒脱几层皮。

身体疲乏还不算什么，“双抢”，以至整个夏天、秋天，都在疟疾煎熬下度过。疟疾，俗称“打摆子”，大约在闽北“插队”的知青都深受其害，苦不堪言，都不会忘记发病时大冷大热的惨状。——屠呦呦先生发明青蒿素就是治这病，可惜晚了点，我们没吃上这药。作为资深疟疾病人，我特赞成给屠先生评院士、颁诺奖。

打摆子的痛苦终生难忘：隔天下午疟原虫准点打卡上班，先把患者扔冰柜，冷得彻骨，盖几床厚被子还冷，握紧拳头，浑身缩团仍瑟瑟发抖，上下牙“格格”响，连床铺都跟着摇晃。发冷后，再搁烤炉烘焙，发烧甚至41℃，大汗淋漓，浑身湿透，待汗发透，烧退，人才复活过来。严格执行完这套程序，疟原虫按时下班，打道回府。隔日重演一遍，一周期十天半月，如受刑般。待刑满释放——病愈，整个人虚弱得脱形，面无血色，手脚乏力，连锄头都扛不动。

那时恰巧我大姐、姐夫下放临近的连墩大队，离夏墩大约10里路，我打摆子后身体疲弱，便到大姐那儿蹭饭吃，歇几天。大姐、姐夫尽其所能、倾其所有，杀鸡、鸭给我进补，才慢慢缓过来。

"双抢"与打摆子，大约可算"苦中苦"。吃了"苦中苦"未必能成"人上人"，但有这苦垫底，确实什么苦、什么罪都能受。深刻领会"艰难困苦，玉汝以成"这句格言，是"插队"给我的唯一正资产。今天一些富家子，居豪宅，乘豪车，锦衣玉食，娇生惯养，要成才也难。这么说，似不无"九斤老太"（鲁迅笔下老是悲叹"一代不如一代"的人物）之嫌——苦难未必是成功的必备条件，但成功须吃苦耐劳没错。娇惯而能吃苦的人不多。

那时年轻，十几二十岁，生机勃勃、身强力壮，是肌体敏捷性、耐受力、可塑性的最佳年纪，再苦再累也能忍受，疲劳易恢复，且学什么都快。

二

在乡下也有趣事，想起便觉年轻真好。仿佛玫瑰绽苞，馨香流蜜。

有回我正干活，夕阳金灿灿地斜抹在田垄，一群"耕山队"（由中年妇女和未婚女孩组成，干山地上的轻活，以示照顾女性）女孩收工，扛着锄头，挑着空箩筐，叽叽喳喳从地边走过。那是梯田，坡度落差大，田埂高，又小又滑，她们走近我这块田边时，只听"扑通通"一阵响，几个女孩接二连三从田埂上摔落水田里，个个滚一身泥水，湿漉漉的，锄头、扁担、箩筐飞出老远。与我一起干活的小伙子见状"哈哈哈"哄笑，用本地话对女孩调侃："别只顾看小潘，摔下来洗凉水澡舒服吧。"说得女孩面红耳赤手捂脸，赶忙拾捡起农具，爬上田埂，一溜烟仓惶逃窜。

后来我听此歌常想起那幕，尽管歌词有点儿不搭。

可爱的一朵玫瑰花

赛帝玛利亚

那天我在山上打猎骑着马

正当你在山下唱歌

婉转如云霞

歌声使我迷了路

我从山坡滚下

哎呀呀

你的歌声婉转如云霞

经受泥水、汗水洗礼的 18 岁知青小弟——小潘。

后来我当教师，女生称我"潘帅"；老了，晋级"男神"，颇觉名不副实，别扭——知道她们讨好老师，和我开玩笑，可听她们叫时，便不禁想起那遥远的浪漫时光——从田埂上"扑通通"滑落的女孩，水花四溅，开心的欢呼声……忍不住窃笑——不知村姑妹子背地里叫我什么。

那夏日黄昏的夕阳余晖，水田飞溅起的金色水花，滴洒在青春花蕊，晶莹璀璨地美好着。岁月镜头缓缓摇过，青春光影在沧桑的额头晕散，化为甜美的惆怅。

说过好玩开心，再说心惊胆战。此事神秘而诡异，估计神探李昌钰也难破解。

此迷案可称"睡谷楼"事件。

"谷楼"，是队里粮食仓库，极大，一座二层吊脚楼。二楼堆放谷子，仓门连接外面一大片吊脚晒谷坪。收来的稻谷先放在晒谷坪晒干，再挑进堆放谷仓里。二楼除了稻谷就是一些箩筐、筛子、耙子之类的农具。一楼楼下右边接地的前后两间是生产队队部。为防备盗贼，队里每晚安排男劳力值班，一班两人，在队部睡觉，照看粮仓。队部里外两间，里屋放张大床，床上有一套铺盖，供值班人用。外屋是会议室，中间摆一张乒乓球桌（当会议桌），四周是条凳，供开会时坐。平时年轻人晚上没事干，常聚此聊天、打牌。

第一次轮到我与哥哥值夜，等玩闹的人走后，我们到里屋床上睡觉。被褥长时间没洗，潮漉漉的，散发着霉味、油汗味、脚臭味，盖不是，不盖也不是。心想，既是来受"再教育"的，熏臭被子也是题内之义——"入鲍鱼之肆久而不闻其臭"，心一横、憋口气盖上。待嗅觉麻木后，迷迷糊糊间觉不对劲，浑身奇痒难耐，打开手电，翻开衣服，浑身红疙瘩。血肉之躯成跳蚤的盛宴。这比臭味更难招架，辗转反侧，无法入眠。只好暂时顾不上"再教育"，先解决现实的睡觉问题。看来此床没法睡，只有将自己被褥搬来，睡乒乓球桌。

好不容易摸黑搬来被褥，在乒乓球桌上铺好被褥，舒舒服服躺下，盖上被子，总算可高枕无忧了。刚蒙蒙眬眬要睡着，忽然头顶上谷仓地板"轰隆隆""咣啷啷"巨响，像有人在蹦跳、滚动——坏了，进贼了？我们大吃一惊，赶紧起来，壮起胆子，打着手电，开门出去。绕谷仓前后转一圈，一切完好无损，没发现撬门扭锁迹象，便战兢兢地回来，躺下继续睡。还没睡着，又听到楼上蹦跳、打斗般巨响，不得不再次出去察看，仍没发现被盗的蛛丝马迹，又回来躺下。头顶一夜响声不断，我们躺下、起来，再躺下……反复折腾，总算度过了漫长的不眠之夜。

第二天查看谷仓，没发现丢失稻谷与其他异常，无打斗痕迹。

我们惊魂未定，一早照常出工，见到队里农民，迫不及待地诉说晚上遭遇，他们听罢神情古怪地相视颔首不答，似乎心领神会尽在不言中，我们愈加惊悚，百思不得其解：狐仙与情人相会、缠绵，猫怪、硕鼠竞逐、打斗，抑或谷神、山鬼、树精、土地公派对狂欢……这是"插队"时的悬案，永远的谜。有时想起，诡谲而惊悚，给单调、辛苦的日子平添几分神秘色彩、想象空间。

每次值夜都如此，头顶谷楼总有莫名其妙的响动，惊恐难眠。直到离开夏墩仍不知咋回事。现在想来：莫非是外星人、暗物质、折叠时空……

三

知青中我年龄最小、学历最浅，"插队"头两三年，没人认为我能做什么，如当民办教师，开会搞会务、写材料等——我也不认为自己能当老师、会写作。

"插队"第二年起，知青便开始被招工、招干，后来也开始推荐"工农兵学员"上大学，我眼睁睁地看着走了一批又一批，只有眼馋的份儿。被招工、招干走的，我羡慕他们。调离农村的，个个兴高采烈、神气活现，像中头彩、撞大运。临走前照例要聚聚，喝点儿小酒，叙叙友情，尽管我不无灰溜溜、酸溜溜，还是为他们高兴。毕竟同甘苦、共命运，相处如兄弟，离开农村，有个好工作，我祝福他们。我知道自己是垫底的命，他们比我大，论资排辈，先走也理所当然，因此内心还算平静。那时我傻，不太想将来，抑或不愿想。天生不计较，得过且过，否则，早抑郁了。那时未闻"难得糊涂"，算无师自通。

说不想是假的，说平静是装的，连做梦都想被招工，哪怕当个修路工、伐木工、采煤工……有同学被煤矿招走我也羡慕死了。我可以做做梦，但那不可能是我，想也白想，不如别想。

在那阴晦的日子，我曾无数次默念《假如生活欺骗了你》——感谢俄国诗人普希金：

假如生活欺骗了你
不要悲伤，不要心急
忧郁的日子里须要镇静
相信吧，快乐的日子将会来临
心儿永远向往着未来
现在却常是忧郁
一切都是瞬息
一切都将会过去
而那过去了的
就会成为亲切的怀恋

这是当时我最喜欢的诗。经历人生至暗，才懂诗"持人性情"的力量，懂得诗意何以能入心、暖心，给人精神慰藉。此诗读过便不忘，可谓"万世之诗"，一代代人将从中汲取诗性智慧。

"文革"期间，我曾读普希金——"俄罗斯文学之父"的全部作品（凡能借到的），为他的诗歌、小说着迷。他的天才作品，不但使我感受浸润心智、拨动心弦的力量，而且使我悟到优雅与高贵才是天才之作。我为他死于决斗痛惜。

丹特士杀的不是情敌，而是美的精灵。他只活到37岁，多少伟大作品没写出来，惜哉。

我曾珍藏一本《普希金短篇小说选》，在知青中传阅，后不知被谁"顺"走了。

四

我的死穴还不是招工、招干，看同学一个个走了，还算比较超脱。锥心之痛是求学无门，上大学无望。

1972 年大学复办（有些大学可能早点），招收"工农兵大学生"，这自然没我什么事——不敢存非分之想，不等于内心不渴望。

我们知青点一位哥们儿被推荐，能写、能画，十足读书坯子。他有家学渊源，外祖父是原福建师范学院副院长，母亲是生物系教师；厦门大学复办后，他们调厦门大学，父女均为中国科学院院士。说实在的，我与他公平竞争，恐怕也会是他；我诚心诚意祝福他。

他动身那早，我帮他搬行李到小火车站，大小行李上贴着"往厦门大学经济系"的标签，摞在货运车上。我清楚记得，那是个风和日丽的晴天，阳光卖力地绚烂在白纸黑字标签上，那么的刺眼。汽笛呜咽声中，我目送小火车疲惫地缓缓驶离站台，消失在远方。

明天，他将戴着厦门大学的校徽，容光焕发地走进整洁的教室，成为光荣的大学生，开始新生活。而我没有明天，送走他后又回到昨天——我得赶紧回去拿锄头出工去。狠命抢几千下锄头，翻好五分地，完成一天工作量，记 8 或 9 个工分，这是我的生活。要是抽签走运，抽到块平地，或小点的地块，能早点翻完土收工，回家洗洗、吃饭，谢天谢地偷着乐——想到这别提多崩溃。

那时若有"羡慕嫉妒恨"这类生猛的词，不惜用一千遍——自然是夸张，这词并不妥帖，"羡慕"有，"嫉妒""恨"确实没有。

幸好我傻，消沉几天便恢复正常。

随着知青"荣调"的"荣调"，"病退"的"病退"，知青点萧条起来。1973

年，我哥调县富文钢铁厂当炉前工，他走后更冷清，大队知青所剩无几。我那知青点从全盛期的7人，变成只剩2人。加上另一知青点的，总共也就五六人（后陆续来了些新知青，队伍壮大些，他们是小晚辈、接班人，但跟我们这些"老三届"有"代沟"）。凡事都有两面性，我们这些"剩货"的机会多了些。

先是公社糖厂要工人，叫我们去。只要不下田，做什么大家都愿意。这不是正规工厂招工，是甘蔗收获时季节性临时工。尽管只干一两个月，甘蔗加工完就散伙，但我觉得能过把"工人"瘾蛮开心的。因为"工人阶级领导一切"。我第一次体验到什么是"上班"，什么是"三班倒"，连上夜班都觉新鲜、带劲，还不无骄傲，因为农民是不上夜班的。农民干活叫"出工"，不叫"上班"，自然没"三班倒"，也不上夜班。能"上班"，还上"大夜班"，便觉特了不起。在那里我学会了制造红糖，懂得了从甘蔗榨汁到熬制、碾压、装袋的全流程。这跟耙田、插秧一样，不是什么了不起的技术活，都是卖体力挣钱，没啥可显摆的。

值得一提的是，糖厂一应文字工作，包括招牌、标语口号、规章、公约等都是我写的，这给我点儿小得意。"文革"期间，我曾从师院图书馆借过几本字帖，曹全碑隶书字帖、柳公权书法字帖之类，有一搭没一搭地描过，喜欢隶书，写过楷书、魏体、篆体，写得不三不四的。糖厂刚开张，招牌是我写的隶书"岚下糖厂"，厂长满意，工友称道。后来回大队，受命在村里墙上用魏体、黑体写满"农业学大寨""计划生育好"等，到大队小学代课，"臭字"便涂抹在校墙房柱……掷笔四顾，"庖丁解牛"般踌躇满志。那时年轻，恬不知耻——不是谦虚，确实字丑——没洗出"墨池"能好到哪儿去？不过，在糖厂着实神气了一把，虚荣心得到小满足，穿着工作服到处显摆，可见那时我多幼稚。

还没过足"工人"瘾，"糖季"就过了，糖厂散伙，我又回生产队劳动。

不久，公社开知青代表大会找不到写手，不知谁的主意，指派我去整会议材料：写公社知青工作总结，修改代表的发言稿。我没写过这些，叫去不能不去。去了才知道其实不难，上手就会，仿佛轻车熟路。看了别人写的稿，才发现自己能写。不但知青工作总结初稿就通过，代表的发言稿都经我修改、润色，甚至被我改得面目全非。在会上读罢获一致好评，这是我与文字初结缘，感受由此带来的尊严。

有一次公社"学大寨"（"大寨大队"是当时树的农业典型），举全社之力，在阳墩大队搞水利工程，各大队组织青年突击队参加，大队领导派我随队搞宣传，采访、写稿、播音，由我一人承担。此外，我还要协助搬运、安装播音器材，上树架设喇叭等。我只能服从指派，俨然把自己当作记者兼播音员，屁颠屁颠地在工地找人采访，采访完蹲地上写报道稿，写好，立马开机广播，忙得不亦乐乎。兴之所至，还写了一两首"诗"。对着麦克风朗诵，自我感觉超好。

这期间写的一首诗发表在县文化馆刊物上，我激动得不得了，于是有了创作冲动，买一摞稿纸，煞有介事地写起小说，像模像样地叠桌上，炫"文艺范"。终觉不咋样，没敢投稿，后不知扔哪儿去了，创作无疾而终。这是我最早的作品，那时没"文物"意识，处女作已杳无踪迹。若干年后，悔之莫及，写再差毕竟是青春划痕，丢失蛮可惜。不仅这些，我的大学毕业论文，以及留校后早期的论文，包括发《教育研究》上的，也因各种原因丢失殆尽。但与"插队"丢失的那些感觉不同：这些粗糙文字丢就丢了呗，并不太可惜。图书馆找得到，可以复印——不过懒得去找，怕看那差劲儿样接受不了。

五

许多知青上调走了，公社缺民办教师让我去。工资每月20元，公社给14元，当地补6元。我曾犹豫过，不嫌钱少，就怕误人子弟，后来见不少知青都在代课，就也怯怯地去了。我的"孩子王"初体验是在一个叫"罗常"的小山村开始的。罗常属于阳墩大队，是深山里的小自然村。我怎么也不会想到，这条从夏墩到罗常蜿蜒的小路，竟成自己从教生涯的起点。

这小村我只待了半年，但记忆清晰如昨。

从我所在的夏墩大队到罗常要走1小时。出村，穿过村口小火车站，便是一条运木头小路，盘山越岭而上。路旁杂草丛生，四周是茂林修竹与层层叠叠的梯田，几无人迹。除了梯田"哗哗"流水声与不时传来的几声鸟鸣，一片寂静。整座大山只我一人，偶有鹧鸪、山鸡"扑腾腾"蹿飞，吓我一跳。那时穷，谁都没啥值钱物件，所以安全，未闻剪径强人。怕的是野猪、老蛇，独自于深山中有点儿忐忑。

我一般两周往返一次，周六下午回夏墩洗澡、洗衣，写信、寄信，休整休整，星期天下午背点儿米和换洗衣物，返回罗常。晴天还好，雨天路滑，山路沟坎多，常连爬带滚，一身泥泞，重归一身的疲劳、邋遢。

有时周末要到中心校开会，中心校是阳墩大队小学。从罗常到阳墩，要继续往上爬。罗常在半山腰，阳墩在高耸入云的山顶。还要走 1 小时左右，同样荒无人烟——要不是伐木场工人采木头，连羊肠小路都没有。

第一次去阳墩不识路，学生自告奋勇带我去，一路上叽叽喳喳，前呼后拥。到了阳墩，他们在学校玩，等我开完会再簇拥着送我回村，让我颇有"孩子王"的荣耀。习习山风，关关雎鸠，唧唧虫鸣，嘻嘻童声，天籁、地籁、人籁合一，在云雾缭绕的空寂中荡漾、回响，仿佛置身世外桃源——这种纯粹、干净的时光一去不还了。

罗常是个有二十来户人家的小村，教室在一栋吊脚楼上，楼下是村民出工派活、闲坐聊天的场所，孩子做操、上体育课也在这里（没操场），主村道从吊脚楼下穿膛而过。上课要爬楼梯上楼，楼上的教室隔成里外两间，20 多个年龄不一的孩子，分别读一年级到四年级，全部课程，语文、算术、体育、音乐、美术我全包。孩子们走马灯似的轮流上课，准确地说，是我绕着他们转圈地教。语文、算术得分别上，偷点懒，体、音、美合班上。四种程度的教材要安排好时间差，须用统筹法，刚开始时没这个概念，常手忙脚乱，这对初为人师的我是个考验。好在那时村民朴实，孩子听话，让做什么就做什么，我不怎么犯难就把课上了。

那是与村民零距离接触的日子。我住队部，礼堂楼上的一间木板屋，办公桌、床铺一应俱全。做饭在楼下大门旁的生产队厨房。刚见到礼堂时我吃了一惊，没想到弹丸小村居然盖了座颇具规模的大礼堂，全村倾巢出动也填不满座位，实在太夸张。每天晚上，小伙子都聚队部玩，打牌、喧闹到 10 点钟才走，他们走后我才能备课、改作业，睡得很晚。那时年轻，精力充沛，没觉得怎样。

在罗常印象最深的是吃宵夜。不知谁肚子饿提议煮点心吃，吃上瘾，就隔三岔五地吃。这里不缺粮，菜自家种的，随便到地里割。年轻人不小气，谁家有什么贡献什么。此地每天有小贩来卖粉干（湿米粉），可以用大米换，因此大家最常吃韭菜煮粉干，韭菜各家菜地现割。头天晚上筹划好，第二天晚上他们带着粉干、时鲜蔬菜来，我提供佐料；打完牌，就在我做饭的地方——队里公共厨房的大灶煮，煮好，站在灶旁，稀里呼噜猛吃。吃到肚皮滚圆，一路打着饱嗝归去。

那时我哥在富文钢铁厂当司务长，托关系买了一大包猪油渣（熬油后剩下的肉渣）给我捎来，当时这算稀罕物，我悉数贡献出来，煮了一大锅油汪汪的猪油渣韭菜、白菜粉干，香味扑鼻。众人垂涎欲滴，没熟便等不及了，每人盛一大碗，胡塞海造，吃得满嘴流油。香气四溢，轰动全村，老幼循味而来者盈门，成就罗常夜宵史一段佳话。

一学期后我回夏墩大队小学任教，独自住一间房，没了喧闹，也没韭菜粉干可吃，便觉冷冷清清、凄凄惨惨，过了好一阵子才适应过来。

我在夏墩小学教四年级的珠算与全校的体育，这两门课都是我不愿教的，但没法子，缺什么就得教什么。这是中心校，比较规范，有操场，有一些乒乓球、篮球，还有一些尺子、三角板、大算盘之类的教具，不像罗常啥都没有，由你乱教。

体育我不擅长，但还喜欢。暑假期间，县里安排我到顺昌一中培训，这在当时可谓奢侈。接到通知别提多高兴了。多年未跨进中学大门，未见正经教学，没听教师讲课，走进顺昌一中，新鲜而陌生，先是莫名兴奋，过后不无悲哀与失落：比福州中学差多了，自己怎就成刘姥姥了？培训就一两天，学做体操，测百米跑、跳远、跳高之类，打篮球，游泳……开学便给学生上体育课，俨然是正经体育教师。

教珠算就比较麻烦，我也不喜欢。以前未碰过算盘，只好课前翻书，照课本图示拨拉几下算盘，"现买现卖"，上课时照样演示给学生看，不熟练，偶尔拨错算珠也没人知道。好歹把课对付下来，这对厌恶数学的我是奇迹。课堂上，不少学生很认真，扑闪着大眼睛专注地看着我，学会珠算能帮家里算账。他们越认真，越让我这个不称职的教师羞愧心虚。

如今这已很遥远，恍若隔世。罗常陡峭的山路、梯田，衣衫褴褛、天真可爱的孩子，夏墩与我喝同一条溪水、看着他们长大的孩子，与他们朝夕相处的情形历历在目。不知他们可好，还记得那个笨笨的知青老师吗？

1974年12月，我母亲从福州八中退休，按政策规定，我"补员"到福州市教育系统。母亲多年为我上调奔走无果，此事竟由她的退休打上句号。得此消息，似无欣喜若狂之感——那时也许有的，谁不渴望新生活？不过喜悦容易被岁月冲淡，挥之不去的是心酸。想到饱受丧夫之痛的母亲，为儿子能回身边，放下清高与尊严，以病弱之躯请托求告，屡屡碰壁遭白眼，泪水便漫上眼眶。

12月23日，我要乘小火车走了，告别夏墩，也许永不再来。当走过熟悉的鹅卵石村道，我睁大眼睛如饥似渴地看，仿佛要将她摄入脑海。作别生活六年的夏墩，我的第二故乡——工蜂一样朴拙、勤劳、贫穷的乡亲，那贯村而过的清澈小溪，"双抢"时在这里濯足、冲澡，我无数遍走过的村口木桥，仍摇摇欲坠地晃悠着，在村旁伐木场，我们与工人赛过篮球，还有水碓房"吱呀"转动的水车，迈着蹒跚八字步、与世无争的苦命大水牛，牛粪、青草、稻秸秆交融的乡野气味，我的青春血汗浇灌过的田垄、菜畦，我涂鸦在村墙、校舍引以为豪、不堪入目的"墨宝"……陌生与亲近，艰辛与欢乐，舒心与不舍，向往与迷茫……百味杂陈、百感交集，在我走出村子那一刻，仿佛丢失了什么，心空了，泪水模糊了视线。

并不甘醇的过往将终结，却有无尽的怀念与牵挂——毕竟那里有我亲近过的山水、树木、蓝天、彩虹，这已融入我青春期年轮，怎可"轻轻地挥手，不带走一片云彩"？我不是潇洒的人，凡事走心活得累。

前面人生十字路口，不知等待着我的是什么，未来的路该怎么走，我将成怎样的人……是一个又一个谜，而谜底，唯有天知道。

2005年底，阔别30多年后，我与哥哥重返夏墩看望乡亲。左图：我们兄弟与住过的寝室的女房东（站于中间者，男主人已作古），背景是寝室的木板墙。右图：我们兄弟与厨房、饭厅的房东一家——那时与他们共用一个厨房，常吃他们的菜，饱吸他们饭菜的香味，觊觎他们灶台上挂的腊肉……

六

回福州后，我在福州师范学校培训半个月。学校的大喇叭天天不厌其烦地播放电影《闪闪的红星》插曲："小小竹排江中游，巍巍青山两岸走……"我不厌其烦地听，歌曲恰与我开始新生活的神清气爽的心情吻合，那悠扬、欢快的旋律，常在耳畔响起。教室传出阵阵读书声、琴房练琴声，学生随着课间操音乐做操……置身此间，我感到如鱼得水般安适、惬意。

培训结束分配工作单位，大家都竖起耳朵听——不知别人怎样，我很无所谓：到什么学校都好，能在福州当在编的中学教师还有什么不满意？听到宣布：潘新和，福州第二十三中学……如梦幻般，有一步登天般的眩晕感。

报到那天发校徽，回家赶紧别上，在镜前左看右看，惴惴怯怯的，难以置信：半月前还是知青，转眼成正式的中学教师。以前那罗常、夏墩村小代课教师，与现在这福州市中学教师，是同一个"我"吗？

同分在二十三中的有三人，报到后一道去见校长。校长是陈汉章先生——命运的垂青，让我遇上人生路上第一位贵人。

陈校长是"文革"前福州八中校长，很有魄力与才能。八中是在他手上振兴，成为重点中学。这时他刚到二十三中上任不久，仿佛专为我而来。

在校长室见到陈校长，我有点儿忐忑、敬畏，也感到幸运。陈校长年富力强却显得沧桑，头发已花白。他神情严肃而不失和蔼，笑容可掬，一副笑起来便没了眼睛的慈祥模样，他亲切地招呼我们坐下，似乎没觉知青当教师有什么不正常，这使我悬着的心放下了。陈校长对我们的工作安排是：一位在总务处当出纳，我与另一位去福州远郊北峰分校带学生"学农"，时间半年。

那时福州所有中学都办分校——学农基地，学生轮流去那里劳动锻炼，为毕业后"上山下乡"预热。校领导大约认为我们"插队"多年，擅长农活，算知人善任吧——实际上三人中只有我一个人在分校带学生劳动，与我一道去分校的另一位是女性，负责工具保管。对此安排我没觉得不公，诚心、踊跃地服从决定：在农村六年，农活不在话下，经历过"双抢"还怕劳动？从知青、代课民办教师，到成为教学生学农的教师，感觉自不同以往，干啥都愿意。别说去半年，就是扎根分校也没啥。这是当时的真实心态。因此，当半年分校工作结束后，我知道分校缺人，主动要求再干一学期。除了分校领导，我是在分校工作时间最长的。教师去分校，一般是一月一换。

我把在分校当作在农村"插队"，分校自然条件比农村好许多，我的身份也不一样了，这么一想，还有啥好计较的？分校生活还是蛮快乐的。白天带学生劳动，俨然农活老手，学生称我"小潘老师"，乖乖听命于我，没什么重活，怎么干也不觉累。晚饭后翻山越岭去村里给农民夜校上课，无非是读报、读文件之类。回来已晚，饥肠辘辘，天又冷，几个年轻教师凑一块，向食堂司务长要点儿佐料，下地割把韭菜，用煤油炉煮面条当夜宵。风卷残云，一扫而空，热乎乎倒头便睡，一觉到天明（能干、能吃、能睡的"三能"幸福时光已逝，如今是"三不能"，学者多如此吧）。

北峰的韭菜叶很宽，与黄花菜叶极像，两块地毗连，夜里辨认不清。有一次我摸黑下地，错把黄花菜当韭菜割回来煮面，吃时大家觉纤维粗硬，味道苦涩，难以下咽，还不知为什么。第二天农技员下地才"破了案"，众皆捧腹，传为笑料。

我从分校回来后学校要重新给我安排工作。陈校长找我，说是打算让我教"农基"课（"文革"中将"生物"课改为"农业基础知识"课），我喜出望外，喜的是做教学工作，成名副其实的教师——之前只是尊称。也不免有些担心，连"农基"课本也没摸过，心里没底——看来只好跟以前教珠算一样，"现买现卖"。

这搞教学的安排很特殊，我们这批"补员"教育系统的知青，由于学历低，多是当职员，做事务性工作。另两位与我同分在二十三中的就是，他们学历比我高，一位当出纳，一位当资料室管理员。不知陈校长是被我主动请缨留分校的工作态度感动；还是缺"农基"教师，觉得我或可胜任，不妨一试；或看我母亲面上对我特别关照；抑或几者都有——在安排工作上，我与母亲没向他提任何要求。陈校长人好，但原则性强，都是教育系统的子女，想必他不会厚此薄彼。因此亟须"农基"教师可能性较大。他看过档案，知道我当过代课教师，且知道我母亲是最好的生物科教师，有不懂处可请教我母亲，陈校长定深思熟虑过。

就这样，我从头自学起，好在有我母亲当"高参"，认认真真、顺顺利利教了一年"农基"。期末虽得校领导认可，但总觉不得劲，不满足。人大约都如此，得陇望蜀：我喜欢语文，我希望改教语文。语文与农基不同，是主科。一个只上过初一的知青让你教农基就不错了，还想教语文，这实在很过分，难以启齿。可犹豫再三后，我还是厚着脸皮找陈校长表明心愿。可能他想我父亲是语言学家，我的语文功底应不差。他将我的请求提交"校革委会"研究后，居然同意了——几位校领导曾轮流到过分校，相处过一段时间，对我的工作很满意，因此都很关照。我如愿以偿当上语文教师，从此与"语文"结缘终身。

有时机会本没有，努力争取就有了。偶然争取来的机会，有时将改变人生。我那时只是喜欢语文，没想那么多，那么远，能教语文已心满意足。此事过去数十年，早已淡忘，不曾细想就淹没在记忆沙漠中。当时只觉心想事成挺幸运，写到这，忽恍然大悟，一个前所未有的念头闯进脑海：获准当语文教师是我言语人生的起点，也是我一生的重大转折——从小到大兴之所至的读写都不算什么，当上语文教师这一刻，才标志着我的言语人生揭幕。

教语文，是我人生下半程弯道超车的前奏，预示着极重要的拐点到来。

这是历史性转折：与语文教育结缘是言语人生关键一步。其直接效应：不仅促成我参加高考——要当好语文教师必须上大学，这是我考大学的直接动因。教语文这一年多泡在语文上，对我参加高考不无裨益。该效应进一步发酵：考上大学，毕业后留校，得以走上治学之路……有这起点，才有后来的一切。

这皆拜陈校长所赐。除童年时父亲对我的言语志向的影响外，陈校长是我言语人生第一贵人，我以前没想到，陈校长更不会想到。从某种意义上说，是他改变了我的命运。

他让我当教师，再从教农基转教语文，在他不是什么大事、难事，也许不过是一句话：都是工作嘛——分工不同而已；都是教书嘛——只是改变教的科目。然而，于我，连锁反应源源不断，对终身事业的影响不可估量。可以这么说，是陈校长为我敞开通向理想之门。

如果不是遇到陈校长，我也许会在总务处打杂，或当图书管理员、实验室保管员……让我教农基已是破格，一辈子翻来覆去地讲我不感兴趣的：细胞质、细胞膜、细胞核、叶绿素、光合作用、草履虫……即便如此，我也会竭力做好本职工作，会为年终评为"先进工作者""先进教师"沾沾自喜；我将习惯成自然，安于现状，失去目标、方向，再没前进动力，在勤勤恳恳中沉沦、荒废——想想都后怕!

我为遗忘陈校长的仁爱而愧怍，心生崇敬与感恩。他悄无声息地改变了一个年轻人的命运，使之过上有追求的幸福生活。他未必知道"当语文教师"对我多重要，他只觉得该给年轻人最合适的岗位，这就够了，是莫大恩德。——不知陈校长还好吗? 他如健在，已年近期颐，祈望他福体康健——但愿拙著能敬献于他，当面向他道声谢、鞠个躬。

在后来几十年从教生涯中，我尽力帮我的学生。哪怕素不相识，我也愿伸出援手，尽管所做的微不足道，也算不负陈校长待我之心。

对陈校长的重新认识与感恩，是我写作本书的收获之一。若无"溯着讲"的反思，我终不知他对我之重要。常驻足回望来路，十步九回头，时时用理性观照、检讨，才能保持头脑清醒，做明白人。

当初我接受教学工作，初一文化程度教初中，也感心虚胆怯，但不能打退堂鼓，边干边学呗，便大着胆子教下来，回想起来不无自豪，也有所歉疚——毕竟学养不足。那会儿应试教育还没影儿，初、高中毕业生出路还是下乡"插队"，使我得以"滥竽充数"。现在回想起来，真是对我教过的学生心存歉意。

话说回来，与别的教师比，农基我不敢说教得好，教语文真心不差。为了上好课，我听过不少课，也虚心请教过，大多照本宣科满堂灌，罕见令我茅塞顿开、自愧不如的。于是我才有点儿底气，教起来理直气壮。说这些不是自大、狂傲，作为刚入职的新人，既无学历也无资历，没自满、自夸的资本，自卑还来不及，只是事关"溯着讲"，有讨究价值。

为什么我初中一年级的经历，"插队"时几乎没读书，却能把语文课上下来? 后来参加高考，语文也考得不错; 上大学后，能成通过"免修"与"留校"考试的幸运儿……这些皆与教语文有关，以前没往这里琢磨，现觉此事蛮有意思，该说道说道。

在乡下，我比一般同学写得好，甚至比高中知青还能写; 回城教初中语文，不比别人教得差，大学毕业的正牌教师未必比我强，思来想去，答案恐怕只能从"文革"我读的一大堆书中找。他们不如我或不比我强，在过往经历上，我唯一优势是读的书多点——天赋可能是更重要的因素，但言之无据。我不敢断定才情比别人高，暂且不表。在读书量上，也许我读得比一般人稍多些。尽管所读也有限，面窄，且丢三落四、心不在焉，离"博学"差十万八千里。

学校停课后那一两年，我几乎读遍师院图书馆的文学名著。我一摞摞往家里搬，一本本翻开读。除了中国"红色小说"外，也包括鲁迅、郭沫若、茅盾、巴金、老舍、曹禺等的作品、文集。不过我读得最多的却是译著，其中包括托尔斯泰、普希金、屠格涅夫、高尔基、契诃夫、法捷耶夫、莎士比亚、欧·亨利、巴尔扎克、雨果、大仲马、小仲马、乔治·桑、凡尔纳、笛福、塞万提斯的作品……渐渐地，我没看过的文学名著越来越少。师院图书馆藏书之多，在省内是有名的，我所读的囊括当时馆藏中外文学名著。遗憾的是，中国古代文学部分没什么涉猎。那时不懂什么读法之类，只图小说好看，外国文学译笔优美。

王小波对王道乾、查良铮（穆旦）等的赞美，我深有同感。他们的文字确实妙不可言（比许多当代作家好多了），典雅、生动、传神，唯美得令人着迷；我十分认同胡适对自己从读小说中受益、提倡学生多读小说的观点，因为我最初的语感习染就来自小说（包括诗、散文、戏剧等文学作品），特别是读翻译的外国小说。我是在不求甚解的海量阅读中，在睿智、美妙的作品交相辉映中，不知不觉地爱上写作，打下文字基础，滋养精神生命，照亮未来的言语人生。

那时读书无企图心，没丝毫学阅读、写作动机，纯消遣——何以解忧，唯有读书。成天蜷在阳台藤椅上，晒着太阳，眯着眼，抱着书，沉浸在迷人的故事情节中，将烦恼抛却。读书是避风港。

那时不能称读书，只能算看书。速度奇快，常一天看一部长篇小说。不是我有超能力，可一目十行、过目不忘，而是囫囵吞枣，过目就忘。看得快，忘得快，我至今没觉这样不好，没觉得非要记住不可，没觉得能复述细节多了不起。从心理学观点看，遗忘与记忆同时发生，记得再牢，遗忘在所难免。记忆不是目的，再创造才是目的。看过就能留下印象，印象叠印象，文字叠文字，词语叠词语，互文互渗，往还吐纳，就能内化为文字感觉与能力——自然那时不会去想"记忆与遗忘""内化、外化"之类，或将来当语文教师有用，这是现在的体会。那时只图好看，看过故事情节、结局就扔，反正图书馆书多得是。

我对"求甚解"的咬文嚼字阅读观不可思议，就因我几乎没这么读过（求甚解的读法，只在为研究而查资料，自然而然地成为必须）——我反对抠字眼，但我不反对记诵，尽管我很少刻意记诵过，除小时候老师布置的除外。我之所以赞成背诵，是因为我认为背诵恰是不咬文嚼字、不求甚解，甚至可以毫不理解。背诵只为抵抗、延迟遗忘，加深、留下印象，这就够了。人的大脑有反刍功能，记诵后会慢慢消化、吸收、融汇、释放，源源不断地为精神创造提供营养、能量。像西药"缓释片"，慢慢释放药效。

裴松之说："书读百遍，其义自见。"程端礼说得更具体，要求更高："……古人诵书，亦记遍数。乃知横渠（张载）教人读书必须成诵，真道学第一义。遍数已足，而未成诵，必欲成诵。遍数未足，虽已成诵，必满遍数。但百遍时，自是强五十遍时；二百遍时，自是强一百遍时。"既要熟读成诵，又要看重遍数，二者缺一不可，且更看重遍数——能这么做自然好，可是要求实在高，很难做到。没必要都这么读，要看读什么。须是经典妙文方可下力气，"百遍"不必一次性完成，最好慢慢读，分阶段读。若要一次性完成，篇幅大点的，岂不累死？可以在一生中反复读，即"学而时习之""温故而知新"，即"悠游渐积""集腋成裘"，每读一遍都有新收获，久而久之必受益无穷。

读书的受益在领悟。领悟多少，与人的学识、阅历相关，是水涨船高。因此，一口气读百遍，不如一生读百遍，且行且读且领悟。

更多情况下，读一般的书，目的是悟点儿东西、留点儿印象。留点儿模糊的印象、记忆的痕迹就够了。用时想起有迹可循，得查阅之便利。这不是靠记忆力，而是得益于言语本能——文字的消化、转化、创化机能——灵性、悟性。求甚解的，理性、分析的咬文嚼字，未必就能增强语感，相反，不求甚解的浏览，感性、体验的，诸多印象的交织、叠加、互渗、外溢，有利于沉淀、磨砺语感。语感的获得与提高是无意识的，是大量文字印记积累、涵养而成，从渐悟到顿悟，从感觉到灵感，即"无心插柳柳成荫"。我就是凭一知半解、漫不经心阅读，歪打正着，不知不觉提高了言语素养。

读书要讲究方法，读书法最要是自"悟"。"悟"可以是即时性的，但即时之"悟"往往较浅，更多的是历时性的，随着时间推移，学养、阅历增长，慢慢发酵，得以深悟。

更重要的是"悟"的目的。如仅是"占有"，放记忆仓库存着，或显示博学多才，此"悟"基本是浪费。所"悟"要投入消费、再生产，转化为精神创造物，通过发表，进入人类知、情、意产业链，方为"悟"之真功效。

我很庆幸，不论是"插队"，还是回福州当教师，都不时写点儿东西。上大学、工作后更不用说，几乎没一天不写。每次写作，都是对所读的再开发，写作过程，便是对积累的重新调度与思考，写作，是加深领悟的催化剂。——阅读要指向写，要为写而读（悟），要在写中读（悟）；要说读得怎样，就看写得怎样。写的水平是读书质量的金标准，就这么简单。明此，语文教育理念、实践将彻底改变。

上大学，留校，精神、治学师承

◆　◆　◆

人生节点或成拐点。——题记

感朱子语义，做真读书人。"人生识字糊涂始"，愿始终"糊涂"着。

我的命运转折，始于上大学；转入治学模式，始于留校任教。

至今回想上大学经历，仍恍如梦中。

回城当教师，教语文，是我命运的重要转折——真正翻盘则是上大学、留校，走治学之路。对我来说，这转折太意外，是毫无准备地到来，想起便不禁偷着乐。

好牌会打烂，烂牌也会赢，就看你怎么打。有时，各种动机纠缠，偶然巧合，作何选择，如何行事，身不由己，输赢早注定——天、人、命、缘……究竟谁注定，却也说不清。

我参加高考、上大学，与"高考改变命运"的励志口号无关。当时没这一说法，我也没强烈的"改变命运"的动机。我已有不错的工作，还陶醉在返城当教师的喜悦中。尽管本心觉得我属于大学，了却夙愿是天经地义；不上大学便缺了什么，好似人生美景无端被剪去一角，心有不甘——可又有何用？个人无力对抗环境。后来反思，方觉高考确实改变了命运，使我成为我自己——与其说改变命运，不如说是活成本我。要是不上大学，不治学，不知我还追求什么，我会成怎样的人。我无法想象活成别的模样——我非我，将抑郁而终。

"条条大路通罗马，何必一棵树上吊死？"这道理懂，但做不到。有些事我很执拗，"有悟"却仍"执迷"。

我参加高考的动机，除了却夙愿，找回自己，还来自几载教师经历。一是要当好教师，不误人子弟，就要多读书，大学可专心、系统读书。二是中学教师多为大学毕业，虽不少是"老五届"大学生（上大学赶上"文革"停课），"文革"后期毕业的工农兵大学生与中专生，说"毕业"名不副实，但毕竟有文凭，在中学立足需有大学文凭，这是"潜规则"。否则书教再好，别人也未必瞧得起你，总不尴不尬低人一头，这是无形压力。除非天才，可视文凭如废纸——可我是王国维、陈寅恪吗？

我知道上大学是一厢情愿的奢望，愿望再强烈也没着落处。那时仍是推荐上大学。然而有些不可能在瞬间变为可能，即所谓"山重水复疑无路，柳暗花明又一村"。高考、上大学就是如此。政策改变之突然出乎预料，我终于等来最后一搏的机会：恢复高考。尽管这机会于我仍很渺茫，渺茫到接近于无。

在停止高考11年后，1977年10月21日，《人民日报》以头条新闻发布恢复高考及其招生条件的消息。高考将于一个多月后进行，适龄青年都可报名，统一考试，择优录取。这是1977年邓小平复出后作出的重大决策。据说是在教育部召开的1977年高等学校招生工作座谈会上，邓小平简化了招生条件，主要抓两条：一是本人表现好，一是择优录取。不再靠"推荐"上大学，"不再根据政治表现和家庭成分限定考生资格"，卸去"出身不好"的政治枷锁，这喜讯闪电般传遍全中国，是莫大福音。

要说恢复高考最应感恩谁，非邓公莫属。恢复高考的意义超出其本身，还百万知青做人尊严。单这点就应永志不忘。

时不我待，先干再说，唯邓公才有此大气魄、大格局。"白猫黑猫能抓老鼠就是好猫"，话糙理不糙，是无理至理。

恢复高考，推翻"成分论"，回归人无贵贱的人道主义，开思想解放之先声。我欣喜若狂——"烹羊宰牛且为乐，会须一饮三百杯"不足表达这份喜悦。我第一反应是要报名，立刻，马上。

我根本没考虑自己学历低，十多年前读初一残存的可怜家底，早忘得一干二净，连高中教材长什么样都不知道。我不考虑能否考得上——能否考上不重要，重要的是去考！跟其他考生一道上考场，就心满意足。

我要的是平等竞争权，是心理补偿。

"插队"时推荐上大学，我只有眼馋、心痛的份儿，总算机会来了，能轻易放过吗？从小在"书堆"中浸泡，在大学生中"厮混"，师院校园像自家庭院，潜意识中读大学理所当然。我的竞争对手是累积 12 年的人才：前是"老三届"高班前辈，后是"复课"后新鲜出炉的应届生，而我那点初一的文化底子，经多年"修理地球"早荡然无存。前狼后虎，稍微冷静想想，就不敢贸然一试。

事后知道当年考生 570 多万，录取 27 万，录取率约 4.8%，一身冷汗。——我当时只想着报考，别的一概置之不顾。

不自信的我能作出这大胆决定，除了自身因素，定是父亲在背后推我一把。这一把至关重要，我迈出的每一步，都有父亲的无形扶助。这隐性力量，可称家族文化，流淌在血液、渗透于亲情。

这是我此生最重大决策，是在理智缺位情况下作出的。看来人有时不能太理性，不能照常规思维，不能谨小慎微、三思而行。在考大学这事儿上，我被激情与冲动挟制——完全"昏"了头，作出的决定绝对不"正常"。在 570 多万考生中，初一学历报考的大约万分之一都不到。我何尝不知考上的概率接近于零，但只为完成一份夙愿，将来不后悔，为了对得起自己。至于能否考上倒不十分看重——好歹经历过，从此死心。

有些事不可过分计较结果会怎样，成败、得失、利弊如何。这些，说重要就重要，说不重要就不重要。要是左思右想，深思熟虑，算盘珠拨来拨去，论证来论证去，"一叶障目、不见泰山"，黄花菜都凉了。任何事要找负面理由轻而易举，畏难心理易将负面理由放大，那啥事都别做了。一切取决于你要什么，如果你只想："完成心愿，就是目的。经历一回，便可无悔"，便义无反顾、勇往直前。负面因素再多也不必考虑。

在一个多月的备考期，我白天照常上班，晚上备课、改作业后，熬夜温书。在那寒冷的冬夜，母亲怕我肚子饿，为我煮碗面，热在煤灶上，读罢、吃完，大约午夜两点，全身暖和，倒头就睡。融进浓浓母爱的面香，伴我走过追梦时光。

仿佛一夜间，所有中学都办起高考辅导班，我所在的二十三中也不例外。我时间大都花数学上，去听过一两次数学课：大教室盛况空前，听者爆棚，里三层外三层，叠桌架椅坐不下，有人从头到尾站着听课。我这25岁的"老青年"跟十五六岁的应届生挤一起，熟悉的学生与我打招呼，我感到脸发烧，有点儿不好意思。听得一头雾水，干脆回家自学，能学多少是多少。

"开夜车"将初、高中教材草草看一遍都来不及，便硬着头皮上考场。

福建1977年高考在12月17、18日，我的考场在福州第十四中学。我按要求考前看考场，找到考室，在自己位置坐下，一介"老考生"，心涌万千感慨与酸楚。眼前一切陌生而遥远，整整12年没考试，遥远的少年记忆已淡忘，像毛玻璃后模糊、发黄的老照片。韶华已逝，年近而立，与稚气未消小鸡雏般的应届生同考，且未必考得过他们，这太荒谬、残忍，唯暗自伤感。

考试还顺利，大约是持平常心的缘故。估算着，除数学上不了50分，别的差强人意。由于作好充分的落榜准备，考后没把这事儿搁心上，照常上课。一天校办通知说我上了本科线，准备体检、政审，把我狠吓一跳，太出乎意料，兴奋得就差没成"范进"。此后一帆风顺：顺利通过体检、政审，被福建师范大学中文系录取。这是我唯一志愿，算如愿以偿。

我能进4.8%，平心而论，不是我太强。在我，是背水一战，置之死地而后生。我跨出关键一步，成败一念间；挑战不可能，人生从此改观。

在福州二十三中整整三年，离开熟悉的师生，颇为不舍。我当过两个班的班主任，与学生朝夕相处，很有感情。他们在"文革"中读小学、初中，基础不好，很少考上高中、大学，多数初中毕业便"上山下乡"，后回城当工人、下岗。如今他们也已年近花甲，不知过得可好？

我与教研组、年段教师告别，与仁慈的陈校长告别，感谢关照与栽培。考上大学，也算不负陈校长知遇之恩，这使我稍感心安。办好离校手续，临别时，学校送我笔记本留念，扉页写着"攻城不怕坚，攻书莫畏难。科学有险阻，苦战能过关——敬书叶副主席诗《攻关》送潘新和同志升大学深造"，我至今珍藏。恢复高考后这诗脍炙人口，被四处张贴，皆因它说出了当时有志青年的心声。

这是我第一次"弯道超车"，从知青一跃进入"天骄"方阵（称"七七级"为"天骄"并不过分）。我如没有抓住机遇登上这个台阶，就没有后来的人生、事业。上大学，是我最重要的人生拐点。

我若错过 1977 年高考，将错过一生。这是我乘人不备的成功逆袭。要是犹疑、畏缩，等到 1978 年、1979 年，大家都已回过神来认真备考，我必败无疑。在我系"七七级"中没人与我同龄，不但没"文革"前的初一学生，连初二、初三的也少，多是高中的，"老高三"居多。在这场选拔赛中，初中生处明显劣势，初一的，基本考前就淘汰出局了。一次知青聚会，有老同学说我是十六中 1968 届（初中一年级）唯一的"七七级"大学生，我才意识到也许确实如此。我们那届 10 个班总共 500 多人，这样说来，录取率不到 0.2%。

送我升大学深造留念的笔记本扉页，落款：福州二十三中革委会赠，1978 年 2 月 25 日。这是我在该校工作三年的唯一物证，记忆中全是美好。

命运之神仁慈而残酷，慷慨而吝啬。她免费派送机会，往往只给一次，若失之交臂将永不再给。人一生中，有时要发愤也要发疯，不顾一切挑战不可能。"三思而行"的谨小慎微，可规避风险，也会断送前程。

怀揣录取通知书去报到是无比美好的体验。我自行车载着行李，满面春风、一路偷笑，尽情挥洒玫瑰花香般阳光，恨不得让全世界分享上大学的喜悦。在失学 12 年后戴上"福建师大"校徽，住进学生宿舍楼，在教室上课、听课、记笔记，到学生食堂用饭票领餐、用餐……大学新生活像看电影。——大家无法想象疯飙的自豪感，每天处于"甲亢"（甲级亢奋）状态：自豪、激动、感激、感恩、新鲜、刺激、快乐……这纷乱、复杂的情感，是应届高中生难以体会到的。

用"苦尽甘来""枯木逢春""否极泰来""时来运转"……将此类形容词都用上，也无法表达我的兴奋与满足。雪藏 12 年复活，恍若隔世。

经历死心塌地的绝望，才能体会"七七级"意味着什么。

不敢说"七七级"群贤毕至，但确实"少长咸集"。学力有高下，但大多很优秀，毕竟是集聚 12 年的优秀考生——考生中不到 5% 的佼佼者。有的当过多年教师、干部、秘书、新闻工作者，有的发表过作品，诗歌、散文、小说……

小有名气。年龄差距10多岁（全年级130人，我的岁数居中偏上，不少比我还大，"老高三"有10多人），多数是"老三届"，有的已过而立之年，儿女绕膝。少数是应届高中毕业生，小弟弟、小妹妹，朝气蓬勃，意气风发——他们才是被馅饼砸中的幸运儿。

为了因材施教，系里推出"免修"教改举措，考"写作""现代文选"，通过的可不修这两门课，腾出时间，自主读书、研究。得知这消息，个个摩拳擦掌、蠢蠢欲动。这是入学后首次实力比拼。

报不报名我颇费踌躇，论高考成绩，我因数学拖累，分数肯定不算高（我们那年没公布高考分数），也许还不如小我一秩的毛孩子；论实践，没法跟长期舞文弄墨的"老高三"前辈比。没傲视群雄的资本，我想放弃，怕自找没趣。初一学历的阴影潜伏在暗处伺机使绊子，使我常有自愧不如的心虚胆怯。小弟妹崇敬"老三届"的目光，使我更添名不副实的惶恐。

可将机会拱手相让又有所不甘：去见识下也好，通不过也不亏——能通过的毕竟极少。被识破庐山真面目是迟早的事。初一程度藏也藏不住——以后考试多得很，终归要露馅儿的。不如硬着头皮试试，知道差距，好努力追赶。经一番挣扎，终以不论成败自慰，悄悄报了名。

不想考试结果公布，跟考大学一样，再次出乎意料：我竟是通过两门考试的六七位之一（参加考试的不少，通过一门的大约10个左右）。我简直不相信这是真的。能通过一门就算瞎猫撞见死耗子，怎可能通过两门？

这回还是勇气战胜懦弱，获入学后初战大捷。这两门课还没怎么上，考什么一无所知，事先没任何准备，也无从准备。"现代文选"好像是考文学知识与鉴赏，知识是瞎答，鉴赏是瞎写，竟通过了。通过"写作"更让我惊愕。"插队"时在公社、大队胡写，是山中无老虎猴子称霸王，居然秒杀诸多"笔杆子"，不可思议。

经历这场血拼，自此扬眉吐气，低学历心理阴霾，如影随形的自卑尽消，获得大学四年，甚或一辈子的自信。

其后续效应是为留校任教奠定基础——只是"基础"，给老师、同学留个印象，四年后临毕业时还有一次考试，这才最终决定留校人选，决定我一生从教、治学的命运。

1981年底在厦门双十中学实习，多蒙名师教诲（图为执教闻一多的《最后一次演讲》）。多年后，我两次到双十中学讲学，算是回馈"母校"。

实习闲暇游鼓浪屿，耳畔涛声阵阵，钢琴声幽雅、浪漫。

我始终觉得学习成绩不说明问题。不是学业优异，将来就出类拔萃；优生成才率未必高。门门成绩优秀，很可能是没特点、特长，很可能全面平庸。我看到不少优生，庸庸碌碌、一事无成。不排除有无可匹敌者，毕竟极少。

大学期间我不是所有功课都名列前茅，成绩分布大致成橄榄型：两头小中间大。中间大：多数成绩是中上。两头小：很差的，如"现代汉语""语法"，我考过60分；很好的，刚入学就通过两门课免修：写作、现代文选。"外国文学"期考（交论文）90多分。

我最不喜欢乃至鄙视"语法"课，只觉得这课很别扭，直觉告诉我，如此划分句子成分，话将不话、文将不文。

所谓的"现代汉语"是语言学视角的研究，不是言语学（语用学）视角的研究，更不是写作学（言语创造）视角的研究。形式主义猖獗，基本不说人话，严重脱离语用——说、写实践。而且基本是"外国汉语"：语法、修辞、逻辑，都是舶来品，既没体现汉语特点，也没体现语境要求、言语创造特点，只求符合死的语言规范，不求认识规范与反规范的矛盾，考死记硬背的语言知识与机械的词汇、语法分析，这样的"外国汉语"，只会愈教愈不懂汉语，愈不会表达。

连语法学家张志公面对怨声载道的语法教学都一个头两个大，一筹莫展。

后来我当写作教师，积点学养，取得对话权，曾与某"现代汉语"教师谈"语法"，我说无法应用的语法规则有研究价值吗？他对我的鄙视嗤之以鼻，认为"纯理论"的"语法"研究很必要，理论不一定都要能应用。对这貌似正确的浅薄我无语：哀其不幸，怒其不争。汉语语法研究就是这样，把鲜活的语言研究成僵尸。汉语套袭英语语法，白糟蹋这门学问。——文学理论研究也类似，观念化、概念化，说出来一套一套，但与文学创作实践脱钩，不能指导创作，就走进死胡同，即所谓你不说还明白，愈说愈糊涂。

这种偏颇很有代表性，且由来已久。从索绪尔《普通语言学教程》始，语言学界便走进重"语言"轻"言语"的死胡同。不明白语言规则离开具体语境便一钱不值。不明白言语是规范与反规范的统一，没有二者统一，就没有言语创造。不能只讲规范，不讲反规范。在应用语境中，矛盾的主要方面不是"规范"，而是"反规范"。"反规范"比"规范"重要——这与"纯理论"研究无关。纯理论研究也要在正确方法论指导下，辩证认识事物内外矛盾才有意义。理论的终极目的都是应用。

汉语语言学研究致命伤是剥离"语境"，无视说、写实践，目中无人、目中无文，基本不管语言学如何转化到言语实践中——这种理论与实践脱钩的"成果"，竟成语文教育知识来源，难怪中学生越学越不会读写，越不喜欢语文。

有一种理论"研究"是把人弄傻。先弄傻自己，摆出高深莫测状，再去弄傻别人。

我"外国文学"得高分，是因执教的李万钧教授很有个性，期末考试不考知识，只让交篇论文，以独立见解取胜，考查研究素养、能力，我便如鱼得水。考教材、笔记，考僵死的知识、记忆，制造"优生平庸"——这是另一种"致傻"术。高校研究课题、成果汗牛充栋，可教学、考试没长进，岂不滑稽？

"七七级"大学毕业生由国家统一分配，供不应求，特别抢手。

当时毕业生首选留校，而不是去党政机关。留校竞争激烈，要经严格考试来决定。留校落选，才心不甘情不愿地去党政、新闻、出版等部门，或去其他大学、中学。不像后来，报考公务员成时尚。

我决定留校也曾有过踌躇。在大学期间，我有很长一段时间想考研。那时研究生教育刚起步，大学生还没强烈的考研意愿，多数同学因年龄偏大，想毕业后直接就业。我想考研事出有因。

我父亲的老朋友，北京大学中文系王福堂教授希望我报考他的研究生。王教授是研究方言的，想招一位懂福州方言的研究生。他很热情，联系我母亲，也写信给我，希望我报考。我本有深造愿望，在王教授召唤下动了考研念头，花不少时间备考。不承想，越准备越没兴致。我颇费解，父亲是语言学家，1949年后主要研究方言，他竟没给我这方面的基因，我读语言学概论、方言学、音韵学之类，兴味索然，无法进入状态。有两三年时间，我试图爱上方言，没能如愿，只好选择放弃——怕辜负王教授关爱，是我难以决断的原因。想到若勉强报考，考上后让他失望，更是罪过，才鼓起勇气告知王教授。——后来是福州师专的陈泽平老师考上，他毕业后来我院工作，成为我的同事。他很有方言研究天赋，成果丰硕，比我强多了。

经过长时间纠结、犹疑，在考研与留校任教间，我最终选择留校，与方言学擦肩而过。这决定没掺杂任何功利因素，纯属个人喜好。我明知去北大读研比留校前程远大，考上料没问题，硕士毕业还可读博，之后会留在北大或其他高校，以研究方言为专业，学问不会惊天动地，但会一帆风顺。语言学是显学，方言是显学中的显学，我的学术事业会比较顺畅。但问题是我不喜欢搞方言研究，没天赋不可能登峰造极，勉强为之很憋屈。不论地位多高、名声多大，如没治学乐趣，我无法接受，我不能为虚名骗自己。

我喜欢写作，喜欢研究写作，我知道写作学科处境尴尬，在中国语言文学学科中最边缘化，姥姥不疼舅舅不爱，学问做再好也不讨好（当时确实如此）。在别人蔑视下做学问，要自我感觉良好不易，不做阿Q只能当鸵鸟。但重要的是喜欢，一辈子的事业必须真心喜欢；我相信自己有写作研究才能，会做得比多数人好；这是很有意义的事，世上比写作更重要的事不多，这便是信念，是坚不可摧的执念。有这便够了，足可面对挑战、不公而义无反顾。

"天命之谓性，率性之谓道，修道之谓教。"自然禀赋即人的本性、天性，喜欢做的事情，便是"天命"所在。听从本性、天性驱使，"率性"为之，便符合"道"——规律、原则。按照"道"的要求修养身心，就是"教"——教育、教化。"道也者，不可须臾离也；可离，非道也。"顺天命而为之，便是治学正道。正道不可离，不可违，再多外部负面因素抵不上发自本性的热爱，做适合你的，做得舒心、痛快，事业才可长久。持之以恒而孜孜不倦，便能做好学问，边缘化的专业也会做出大学问。何况写作学本来就不缺丰厚的学术资源。

多年后，事实证明我当时的选择是对的。我不敢说有多成功，学问做多好，但在写作学、语文学（二者相互包孕）领域，大约都不差。有一两本书，一两篇文章、一两个观点，也许立得住、留得下。对此，我多少有点自信——我若搞方言研究，便无自信可言——这是个人自比，可自说自话。若要他比，还是免开拙口，会被骂个狗血淋头——终归得由后人说了算。

听从本性的呼唤，初衷不改，坚执信念，从一而终，是成功的关键。我虽算不上成功，但至少俯仰无愧。

反思当年的选择，尽管因种种原因，一路走来屡屡受挫，可我毫无悔意，而且开心、满足。成就大小，不是看得多少奖、多大奖，也不是看人们、社会、现世是否接受、认可，而是由历史、未来裁决。历代欺世盗名者不乏其人，但无法长久。时间不会被蒙蔽——"尔曹身与名俱灭，不废江河万古流"。

蔡元培任北大校长，在就职典礼上说："大学学生，当以研究学术为天职，不当以大学为升官发财之阶梯。"此言从未过时。

当语文教师、上大学是我第一次"弯道超车"；留校，治学，则是我第二次"弯道超车"的起点——离终点不远，毕竟还没到。前者在发展上超越多数知青伙伴，后者在治学上超越多数其他从教者——也可能将超越多数圈内学者。

留校任教，决定我的治学道路、人生轨迹，其重要不言而喻。这使我有可能超越一些在其他行业、在中学任教的同学。这有主观臆断之嫌——我只是从治学角度表达自我感觉：我的成果、认知，大约高于平均水平线。绝非认为我的贡献比别人大，职业不同，贡献大小不可比，因此，对我所说的，尽可不以为然，或以其他标准另行评价。如果我高估自己——这种可能性不是没有，尚望纠正。

机会由自己把握，人生由自己负责。在某些人生节点，成、败只一步之遥：错过一步，就错过一生；走对一步，就走对一世。自然也有身不由己、难以抉择的，对、错也各有标准、莫衷一是。但是，在人生十字路口何去何从，取舍务必慎重。

如果你觉得还不够优秀，弯道或变道超车的机会有的是，而且很公平，关键要抓住机遇、选对赛道。人生最大的悲哀不是起跑慢，而是跑得飞快，到终点才觉跑岔道了。得失荣辱不在当下，而在当世——更在后世、万世。

我以为治学是知识分子最佳选择，即便在价值多元化的今天，我仍作如是观。当高校教师与当中学教师，就职业、事业上看，对社会贡献上看，无尊卑之别，但从治学环境上说，则有高下之分。高校最大好处是有较多自由支配的时间，科研氛围、图书资料等条件较好，收获自然比中学教师大些，学术水平相对高些。因此，留校任教、治学，在相当程度上决定学术建树——条件好却做不好学问，只怪你自己不争气。

文科学者治学主要靠自己。尽管高校制约教师科研的负面因素不少，但仍有较大自我成就空间。考上大学、留高校任教，跨进治学门槛，别的因素就不是太重要。就人的长远、终身发展来说，本质上是靠"自学"成才。从这个意义上说，教育是为"自学"铺路。

须靠名衔粉饰者，必缺乏自信。拉大旗作虎皮，是自卑或自我膨胀所致。

今天某些学生拼命往"双一流"高校考硕、考博，是为挣一纸文凭——敲门砖。一旦敲开了职场、官场大门，这就是废纸。平台再好，修行得靠自己。我不反对读硕、读博，我也不是说好学校、好导师不重要。但是，名牌院校也有末流教师，普通院校也有一流教师。治学说到底是靠悟性与努力，靠的是底子、里子，不是面子、牌子。只有不自信，没底气，才靠外在的权势、名位唬人。做出实实在在的成绩，迟早会被认可的。诺奖得主屠呦呦先生就是最好的证明——我不能与屠先生比，但我不后悔没读硕、读博。对我这个"中才"来说，上大学，留校任教是必需的——如果是高才、天才，上不上大学不很重要，职称、头衔更非必要。

治学心思要专一，不要无端干扰、骚扰，使之分心。

一刀切的评价体制害死人，没博士学位、没留学经历、没国家级课题、没巨额科研经费……不能评教授、博导，没科研项目、经费，博导不能招生……各种稀奇古怪规定之多，匪夷所思。我不知为什么课题申报表要填学历、职称、职务，这与研究水平有关系吗？前期成果与课题论证在那儿，不就能说明一切问题？甚至本科生学位论文开题报告表也要填写导师学历、职称、职务，这是否意味着学历、职称、职务越高的导师，对学生论文指导越负责，水平越高——或者正相反？否则有必要填这些吗？更可笑的是"名流"名片上密密麻麻的头衔。教学、著述，不就是学者最好的名片？

话说回来，成才不可一概而论；对不适合的人来说，在高校任教、治学并非最好选择。任教、治学需要天赋，世上任何成就都要天赋——连做乞丐都要天赋。别以为读硕、读博，做博士后，便可治学。许多博士写的文章、著作，还不如本科生。没哲学头脑的，顶着哲学博士帽仍没哲学。特级教师读个教育哲学博士，写文章仍是蜻蜓点水，没半丁点哲学味。其他博士也一样，若没天赋，既糟蹋教育资源，也糟蹋自己。看到这些"博士"头衔，我不会肃然起敬，相反，我感到悲哀、可怜。难道头顶"瓦片"帽就变得渊博？某画家说过，梵高、齐白石连老师、学历都没有。确实如此，有天赋无师自通，无天赋有名师也不通。遑论不少"名师"本就徒有虚名。

如非要有博士学位不可，招生以学术成果申请，谁水平高谁上。有突出成果，表明有治学天赋，鉴定为可造之材。如已达博士水平，便授予学位。博士申请上了，如要进一步提升，再随真名师做博士后研究。跟培养作家一样，得先用作品证明是作家的料，才有望培养成好作家——是否可造之材不难判断。

我留校任教要感谢两位恩师：林可夫、孙绍振先生。他们是福建师范大学中文系写作教研室正副主任，本专业一流教师，这为写作学界公认。

林先生是中国写作学会创会元老之一，中国写作学会副会长，学术部主任。在20世纪八九十年代名噪一时，是圈内的旗帜。他身患癌症，肺切掉大半，被化疗折磨得奄奄一息，靠制氧机维持呼吸，仍笔耕不辍，为写作学殚精竭虑。2001年春寒料峭，他拖着病体，抱着氧气袋，到冰雪未消的武汉大学参加中国写作学会会长办公会议，拼力气在会上发言，讲讲停停，话不成句，闻者无不动容。由于发言劳碌加之旅途劳顿，回上海家中病情恶化，送医不治，生命定格在2001年5月21日。

他明知是在"赌命"，行前权衡过利弊？——也许没有。在他，写作学事业大如天，无须权衡，没有犹豫，必须去，堪称现实版"舍命陪君子"。为一帮写作学哥们儿，他真"舍"得出命。现如今，谁能理解这种"死心眼"——振兴写作学的赤胆忠心？

师母说："他对写作学的虔诚和热爱甚至超越了对家庭、亲情和自己生命的爱！""他是为写作学而活，我们是为他而活。""他为了学术研究，把生命的最后一滴能源都燃尽了。"诚哉斯言。

先生视写作学高于一切，包括生命在内。先生如什么也不做，好好在家养病，不冒着严寒到武汉大学参会，不竭尽全力在会上发言，一定会多活几年。他癌症术后十多年，已进入安全期，好好保养，不出意外，身体未必越来越好，但笃定可以保平安。然而，这不是他想要的活法，没写作学事业，生命就失去存在价值，活再长也没意义。

先生"学术事业至高无上"的品质是我的精神师承。当我疲惫、迷茫时，恩师赤诚、执着的目光，便给我以勇气、力量。

从1978年我上大学，到2001年先生走了，跟随先生23年。我走过的每一步都离不开先生扶持。我们是平常、自然、纯净的师生之交。他对我的好，我对他的好，都是理所当然，从未牵扯到物质、利益的回报、交换。

大学四年，先生一直关心、护持我，使我爱上写作与写作教学。是他看中我，使我得以成为写作教师。我留校后，他不但在教学上给我切实的指导，还带我走进学术圈、走上治学之路。他是我职业、事业的引路人。

先生带我参加中国写作学会、福建省写作学会的许多会议，认识诸多师友，不少人成为我一生的挚友。对学者来说，走进学术圈并非不可或缺，闭门做学问也未尝不可。但是同行间的相互启发、交流、切磋，也很有必要，使我受益良多。

我们有多次合作，他主编的《基础写作概论》《高等师范写作教程》，他当副主编的《写作学高级教程》，我都承担了写作任务。我们是不分彼此的合作伙伴，一般是我写初稿，他逐字逐句推敲，增删改定。时过境迁，有些地方我已分不清是我写的还是他改的。我最初的研究成果，凝结着恩师的苦心与期待。

恩师1987年得癌症，动了手术，身体大不如前，来学校较少，每次来学校都特地拐到我家坐坐，与我聊天，谈教学与科研。我的书、文章他几乎都看过。他以无比的毅力与病魔抗争14年，退休后住在上海，我们从未中断联系，直至他生命最后一息。

我在《语文：表现与存在》（2004年初版）的"后记"中说：

在拙著即将出版之际，我非常想念先师林可夫教授。大学毕业时，他看中了我，留下了我，引我走上学术之路。我的每一本书的后面都刻录着恩师热切的凝视。当我第一本专著《中国现代写作教育史》出版时，先生已癌症在身，多次的化疗使他感到非常疲惫。但是他从我的手中接过书那一刻，的确很高兴，也显得特别精神。后来，他特地捧着我的书拍了一张"读书"的照片送我。照得很好，先生潇洒地倚坐在藤椅上，一脸陶醉的满足，手上的书封面字迹很清晰。——看到照片时的温馨得让人心碎的感觉，成为抹不去的记忆，刻骨铭心地伴随着我。1999年当我编写《高等师范写作三能教程》时，先生寓居上海，在养病中他还常通过电话与我交谈心得，切磋学问，经常一谈就是20分钟、半小时。书出版时，已是先生生命的最后时光。拿到书，我寄出的第一本就是给先生的。他收到时病情已十分危重，仍勉力翻阅，打电话给我谈了自己的看法，话没有说完就虚弱得说不下去，然欣喜和勉励之情溢于言表。这是我们最后一次通话，先生说等他好点儿再接着说，可等到的竟是师母泣不成声的噩耗。而今先生已作古，写作时也就少了一种精神上的依靠，心里常觉空虚了一片，念及往昔，不禁唏嘘。先生仙逝已四周年，拙著权作学生的一份祭礼吧。

这就是言语生命的亲情，师生间超越功利的护持与守望。先生走得匆忙，他自己没想到，我更没想到。这么多年他始终坚强而乐观，相信自己会好起来，从没见他悲悲切切、愁眉苦脸。我也相信他会跟以往多次大难不死一样，突然又打电话给我。我等着、盼着，希望还能听到电话那头先生的声音，再听他的教诲。他说等身体好点再接着聊，就一定会的，他从不爽约。然而，先生这次真的走了，永远地走了，带着与我没说完的话走了，再不会与我聊学会工作、学科建设、教材编写……

得知噩耗，我赶赴上海为恩师送行。行前做两件事：一是写悼词，到校档案馆查阅先生生平履历，结合我对先生的了解，为福建师范大学拟一份悼词；一是写挽联，寄托学生对恩师的敬爱与怀念。这两种文字我都是第一次写，以前为先生写过不少东西，没想到竟会为先生写悼词、挽联。

写时想到先生一生的坎坷与不易，想到我们数十年不了情，边忆边写边流泪：他带教研室全班人马去平潭岛疯玩，在海滨游泳，跟我们一道穿着泳裤，在海潮中嬉戏；我们合作的书稿，他改稿比我写稿累，他写作一丝不苟，字斟句酌，常写着写着写病了；我们一道去武夷山、漳州、上海、烟台、南京、郑州……参加许多学术会议，一路走一路聊，他的发言总是会议焦点；手术后我陪护他，他说我陪护最细心，高知家庭出生就是不一样，这是他难得夸我；他常骑电动车来我家谈天说地，不觉聊到中午，留他吃饭，他不吃，饿肚子走了，他怕给我们添麻烦……这么多年，我没请他吃过一餐饭。

这是我写的悼词、挽联，最后为他做的事：

悼　词

尊敬的各位亲属、各位来宾：

我们怀着极其沉痛的心情，深切悼念为文化教育事业辛劳一生、功绩卓著的林可夫教授！

林可夫同志，中共党员。原籍福建省福州市。1935年11月27日出生于上海。2001年5月21日病逝于上海，享年67岁。

林可夫同志1950年3月考入华东军政大学，1951年1月在福建军区机训队任学员，1951年8月至1956年2月，先后在新兵22团、工程兵13团任文化教员，1956年考入北京大学中文系新闻专业，1958年转入中国人民大学学习，1960年毕业，在黑龙江省合江日报社任记者、编辑。1975年调入福建师范大学中文系写作教研室任教。历任讲师、副教授、教授，享受政府特殊津贴。曾担任写作教研室主任、硕士研究生导师。兼任中国写作学会副会长、学术委员会主任，中国现代写作学研究会会长，福建省写作学会会长，福建省社会科学联合会理事。1998年11月离休。

林可夫同志的一生是追求进步的一生。林可夫同志早在1949年9月，在上海新沪中学就参加了进步学生组织新生社，参加了解放初期的民主改革活动。随即参加了中国人民解放军。在工程兵13团工作期间，因在文化教育中成绩卓著，荣立二等功，并出席了华东军区直属部队首届功模代表大会。在合江日报社工作期间，曾两度被评为先进工作者。他从1950年代开始就积极要求加入中国共产党，数十年如一日，忠贞不渝，虽在"文革"中历经磨难，仍痴心不改，1981年，终于如愿以偿，加入了中国共产党。在此后的20年中，他无怨无悔地用全部的才智与心血践履了自己的入党誓言。

林可夫同志的一生是敬业奉献的一生。他忠诚教育事业，勤勤恳恳、兢兢业业，一身正气、两袖清风，克己奉公、师德高尚。

他是一位教育改革家，对教育事业倾注了满腔热忱。他的课生动活泼、声情并茂，理论与实践相结合，是学生最喜欢的课之一。他所从事的"高师写作"课程改革，在国内写作学界享有盛誉，被评为福建省首批重点课程、优秀课程，并获福建省优秀教学成果一等奖。他领导的写作教研室，成为当时国内高校写作界最强大的教学、科研群体，被评为福建省优秀集体。他1987年身患癌症，仍然以顽强的毅力，乐观、奋发、昂扬的精神坚持在教书育人的第一线。为了扶持新人、嘉惠后学，他忍受着病痛的煎熬，孜孜不倦地精心培养青年教师和研究生。他抱病筹办了写作助教进修班，不但亲自为来自全国各地的青年写作教师授课，还担任班主任，对他们的生活、思想关怀备至。凡是领受过他的教诲的学生，无不为之动容，为他的人格力量所折服。他把大爱奉献给了莘莘学子：丹青难写是精神！

林可夫同志长期担任中国写作学会领导，是我国写作学科的学术带头人，为我国写作学科理论建设呕心沥血，鞠躬尽瘁。他视写作学科建设更甚于生命，同时，也正是他所执着追求和热爱的事业，成了他的精神支柱，使生命焕发出耀眼的光彩。他创建的写作能力训练体系，改变了写作教学的旧观念；他创编的高师写作学著作，被誉为"高师写作学的奠基作"。他主编的《基础写作概论》《高等师范写作教程》，分别获得福建省第一届、第二届优秀科研成果二等奖，中国写作学会第一届、第二届优秀科研成果一等奖。他担任副主编的《写作学高级教程》，获国家教委优秀教学成果一等奖。他在心脏极度衰竭、身体十分虚弱的情况下，仍为写作"中国写作学科大事记"殚精竭虑，仍在为写作学科 21 世纪的发展奔波劳碌、出谋划策。他为我国写作学科建设和写作教育作出了杰出的贡献。他堪称我国当代写作教育界里程碑式人物。他将名垂写作学史。

林可夫同志是一位好老师，一位好学者，一位优秀的学术、学科带头人。他把自己的一生都奉献给了我国的文化教育事业。

其德可铭，其志可嘉，其情可缅；先生之风，山高水长。

安息吧，林可夫同志！

福建师范大学

2001 年 5 月 22 日

挽 联

林荫长安嘉言懿行厚泽被兰蕙

柯拊文心敷理举统直笔铸春秋

学生潘新和泣挽恩师林可夫教授

是联为藏头联。恩师林可夫教授，笔名林柯。先生道德学问，泽被长安学子。1987年身患癌症，仍教书育人、著书立说。直至病重，笔耕不辍。呕心沥血，撰毕煌煌信史：《写作学科建设大事记》（即挽联中"直笔铸春秋"所指）。垂危，赶著二文，辄插氧搦管至凌晨，然终未竟。弥留，惟遗一言："我还没有写完……"——呜呼吾师！弘愿未了，悲甚至哉；死得其所，亦幸甚至哉！

师母将先师的头发制成毛笔，将我的挽联镌刻笔盒上，留作永久纪念。感谢师母，让学生的文字与先师英魂长相厮守。

先生一生不图名利，清清白白，为写作学事业鞠躬尽瘁、死而后已，堪称学者精神风范之楷模。

师母说："'春蚕到死丝方尽，蜡炬成灰泪始干。'可夫在吐完最后一根丝后，溘然长逝。而这根莹洁无瑕的丝线却成为他精神生命的延续，连接着写作学的过去与未来。"说得太对了，先生将写作学"过去"与"现在"交到我们手上，是让我们再交给学生，学生的学生……去创造写作学的"未来"。

林可夫先生是我的精神师承，孙绍振先生则在治学上，对我的影响最大、获益最多。——不知我是否可算是从孙先生直接受教时间最长的学生？

孙先生堪称奇才，名副其实的"神人"。他名满天下，学界尽人皆知，不论是写作学界、文学界、文艺学界还是语文界，没听说孙先生的学术建树，可谓孤陋寡闻，我为能得其亲炙而自豪。这40多年，我一直在他身边受教。如今我退休了，依然如是，仍常与先生聊天，聆听先生教诲，这是多大的恩惠与福气！

若没孙先生在观念、方法上的引导，我很可能还处于蒙昧状态。有无良好的学术师承，对治学有决定性意义。当面对聪慧的同行与中小学语文教师时，我不由地为他们惋惜，为自己庆幸——我与他们间的认知距离，就差一位孙先生。

孙先生对我治学的影响是全方位的，特别是他的怀疑与批判精神。先生从不因循守旧、人云亦云，对任何事物的第一反应便是质疑，作出自己独特的分析、评判。

先生"发迹"就因了怀疑与批判。他的成名作《新的美学原则在崛起》（《诗刊》1981 年 3 月号），堪称新时期文学理论变革的号角，文学理论界"思想解放"之新声。该文以极大的学术道德勇气，对"权威和传统的神圣性"发起挑战。那时我还在读大四，同学们都是他的"铁粉"，对先生之胆识、才华钦佩之至，争相传阅的盛况记忆犹新。

孙先生认为一些年轻诗人的诗歌体现一种新的美学原则，与传统美学原则存在"人的价值标准的分歧"，"在年轻的革新者看来，个人在社会中应该有一种更高的地位，……当社会、阶级、时代逐渐不再成为个人的统治力量的时候，在诗歌中所谓个人的情感、个人的悲欢、个人的心灵世界便自然会提高其存在的价值。社会战胜野蛮，使人性复归，自然会导致艺术中的人性复归"。他概括了"朦胧诗"的三个美学原则："不屑于作时代精神的传声筒""不屑于表现自我情感世界以外的丰功伟绩""回避写那些我们习惯了的人物的经历、英勇的斗争和忘我的劳动场面"。他的文章和北京大学谢冕的《在新的崛起面前》、吉林大学徐敬亚的《崛起的诗群》并称"三个崛起"，轰动文学界。然而，毕竟"文革"已结束，对其批判，反为"新的崛起"推波助澜、加大影响。全中国的中文系学生从此记住先生，多年后聚首，还津津乐道读其雄文之激动。

现在，这篇闪射着犀利的思想锋芒和充满生命激情的新美学宣言，已载入中国当代文学史、诗歌史和当代文艺思潮史，其手稿为现代文学馆收藏。

真正奠定先生学术地位的是 65 万字的《文学创作论》（春风文艺出版社1987 年版）。这本令学者、作家赞佩的著作也基于质疑与批判。

他说年轻时热爱文学，热衷创作，原以为"文艺理论"这门课会讲出许多有趣的艺术奥秘，使人的感觉精致起来，学会欣赏艺术，甚至提高创作水平，然而结果是失望。他不满于传统的"文艺理论"课一上来就讲艺术的起源——不是起源于游戏，是起源于劳动，讲来讲去，始终没有讲到形象究竟是怎么回事。接着讲文学是生活的反映，这更令他感到丧气。他希望文学理论有一点操作性，不但是解读的操作性，而且是创作的操作性。文学理论的最高任务应该是培养进行文学创作的人——这就是他的理论的逻辑起点。他认为其与以往的理论主要有两点不同：一是根本理念不一样。以往的理论关注的是认识价值，或狭隘的功利价值，而他关注的是超越功利的审美价值。突破了认识价值的真，确立了艺术假定的审美价值，以假定论取代传统的真实论。一是方法论的不同。传统的方法论要求研究形象和对象的一致性，而他恰恰相反，要研究事物对象和艺术形象之间的矛盾，要把矛盾揭示出来，把原来的与想象出来的艺术形象之间的差异抓住不放，进行分析。由此建构起了以真、善、美价值错位理论与形象的生活、情感、形式三维结构为核心的文学审美和创作理论体系，并进而将审美判断深化到"审智"的范畴。他为文本细读、文学创作敞开堂奥。

从经验出发的反思、证伪，是先生无往而不胜的利器。没有怀疑、否定，就没有超越、重构。始于怀疑、否定，终于创新。否定，不是为否定而否定，目的是创新。这是我从先生那儿学来，并恪守一生的研究规范。

先生的质疑、批判精神，背后是思维方法的支撑。先生在思维方法上对我影响最大、印象最深的是炉火纯青的辩证法。先生擅长从封闭、孤立的事物中联系、寻找对立面，揭示事物的矛盾性、差异性，在具体问题具体分析中，形成、深化认知。然而，他又超越二维对立统一思维，走向多维辩证分析。先生的思维是法力无边的利刃、巨网，不论多坚固的成见，他都能撕开缺口，一刃封喉。不论多聪明的论述，他都能从中发现问题与局限，找到问题症结，形成他的观点与认知、说理系统。他思维的自由、洒脱、灵活，是常人难以企及的。

他的真、善、美价值错位理论，生活、情感、形式三维结构为核心的文学审美和创作理论体系的建构，就是他多维、辩证、具体分析的思维方法的表征。

他说，美学上有过长期争论，美是主观的还是客观的，还是主观和客观的统一。观念虽然不同，但究其思想方法来说，基本是一样的，那就是执着于主观与客观之间。这叫二维思维。要解决形象的奥秘，必须从思维方法上突破：不能只在二维之间徘徊，要向第三维寻求突破。黑格尔的方法的局限在于矛盾的统一，超越不了二维。

实际上，对立统一，一分为二，非命中注定的唯一。思想模式可多维，如老子的方法的精华："道生一，一生二，二生三，三生万物。"

老子也承认一分为二，也承认主客观的矛盾统一，但同时提出一个方法，即"二生三"，从三个角度考虑世界的奥秘。这使我们得到一个启发，思维有无限的可能性，但无限的世界和无限的主体感知，就是接触了，也只能是混沌一片，不能成为思想方法。对立统一，不完全，太简约，但有一个好处，作为思想方法的诱导，比较方便。从正到反，从肯定到否定，从优越到局限，从积极到消极，二分法很好用，但有缺点，就是很片面，因为事物和思维不仅只有正反两面。事物和思维中的不同的要素，不是对立的就是统一的，这太粗暴了。全面的办法不是一分为二，而是多分法，越多越全面。①

孙先生的贡献是不但注意到审美主体情感的作用，或者说他更看重的是主体，是艺术的内部因素。因为他觉得文学理论的目的，是要知道生活——平常的普通的生活——是怎样变成动人的艺术形象的。说美是生活，艺术就是生活，等于说艺术和原料没有区别。要找到区别，不能只在文学作品的外部找，要在审美主体和作品内部结构——审美形式中去找。如前所述，审美主体主要是情感和智性。而审美形式在对客体和主体的规范上，它的力量是很大的。

他认为有了观察，有了感受，有了深沉的智慧，有了很强的想象力，有了很不错的表达力，但还不够，这一切还要受到形式的规范。语言最后要跟着形式转，由形式来最后定型。作家要找到自己，不但要找到自己的情感世界的主要特征，而且要找到恰当的表现形式。而要找到最适合自己个性或特长的那种形式，必须有丰富的艺术修养，有形式感。

孙先生以证伪、假说为前导，以多维、辩证、具体分析为方法，由抽象到具体，层层推进，抽丝剥茧，不断丰富、深化自己的观点，使论述精彩纷呈，理论深刻厚实，说理系统自洽。

两位恩师在研究内容、认知方法上恰为互补，孙先生长于"务虚"，使我悟到理性思维、理论探究的方法；林先生较为"务实"，让我懂得理论与实践结合，关注教学内容、方法。在写作学界，恐怕比他们优秀的教师难觅。我从他们那获得的精神、学术师承，远胜过读多少个博士。遇上他们，我三生有幸。

两位先生都不看重钱财，这是我的精神师承。

治学与求财，犹如鱼和熊掌不可得兼。从治学中求财，必会伤及心态。林先生走得早，治学没给他带来财富，他也不希冀从中获得什么，为写作学牺牲生命则在所不惜。在他的天平上，孰为轻重，泾渭分明。在当今时代，不计功

---

① 孙绍振：《文学性讲演录》，广西师范大学出版社，2006 年版，第 211 页。

利者甚少。看到有些学者锱铢必较、狗苟蝇营，我便想起清贫一生、矢志不渝的恩师。

比起林先生，孙先生经济状况好些。社会富裕了，孙先生名气大，收入水涨船高，这很正常。但他不以钱财为念，相反，常扶危济困、仗义疏财。

不贪财，不小气，有慈悲心，是学者美质。

与先生一道出行，每到一地，先生喜购"纪念品"：工艺粗糙的"工艺品"，假古董之类。他从不问价，喜欢就买，净是粗且贵的骗钱玩意，连我都看不过去，他被师母数落犹不改。先生说："我不抽烟不喝酒不赌博，就这点儿嗜好……把时间花讨价还价上也划不来。"我落井下石嘲讽道："您美学家的审美眼光也就这样？"他尴尬地辩解："真古董、好工艺品买得起吗？"先生不还价出于悲悯，觉得摆个小摊、弄个小店不容易，挣不了几个钱，也得让他们养家糊口。师母知道劝也白劝，干脆办张银联卡让他随兴花，于是先生便开心地充当冤大头。

孙先生没钱也任性，"文革"下放德化农村，买菜买出了"风头"。那时大家都穷，买菜一分钱也讨价还价，他工资不高，却以不还价名闻遐迩，颇有"扰乱市场，哄抬菜价"之嫌。见他来，卖菜的一哄而上，争相兜售；买菜的一哄而散："孙老师来了，我们走吧，等他买完再来。"

有次与先生一道吃饭，他接老同学电话："我快死了，孙绍振，快来救我！"老同学病重住院，缺钱，向他求援——先生从大学时代起便令誉在外，因而老同学窘迫时便毫不客气向他要钱。先生问明地址，马上打电话叫北京的朋友先帮他送两万块钱到医院。先生恋旧，对亲朋故旧重情义。他的小学老师生活拮据，他每年寄钱让她安享晚年。外出讲学，常抽空与老同学相聚。聊天时，常说起大学同窗，一往情深……他母亲与岳母都住他家，他极尽孝道，请两个保姆照料，直至为她们养老送终。

先生成大器，与其心胸开阔、悲悯疾苦、不计较利益得失分不开。先生教我，学者贪财难成大器。猥琐小气之人，学术格局也局促、狭小。胸怀治学之念，便要放下权力、物质欲，不为"势利"所动，以治学为"乐"，才能潜心、专心于学问。对学者来说，治学便是目的，有此精神寄托，因而局气、快乐。这背后是知足、知天命，是万世情怀。

有人说西方是罪感文化，中国是乐感文化，印度是苦感文化，有一定道理。别的暂且不论，单说中国的乐感文化。中国人"人生苦短，及时行乐"的观念确实有，如"人生得意须尽欢，莫使金樽空对月。天生我材必有用，千金散尽还复来。烹羊宰牛且为乐，会须一饮三百杯"。（李白《将进酒》）"浮生长恨欢娱少，肯爱千金轻一笑。为君持酒劝斜阳，且向花间留晚照。"（宋祁《木兰花》）诸如此类不一而足。但此乐感是"俗文化"，真正的乐感应是"孔颜之乐""孔颜乐处"。"子曰：'贤哉回也，一箪食，一瓢饮，在陋巷，人不堪其忧，回也不改其乐。贤哉回也。'"（《论语·雍也》）孔子称道颜回不以贫穷为念，以修己、求知为乐。《论语》开篇："子曰：'学而时习之，不亦说乎？有朋自远方来，不亦乐乎？……'子贡曰：'贫而无谄，富而无骄。何如？'子曰：'可也。未若贫而乐，富而好礼者也。'"刘禹锡《陋室铭》便贯穿着此乐感文化，鄙视"俗乐"："谈笑有鸿儒，往来无白丁。可以调素琴，阅金经。无丝竹之乱耳，无案牍之劳形。"这种"乐"，是安贫乐道之"乐"，是内心安适、自在的宁静、高雅之"乐"，是追求境界、学问之"乐"。若前者是"俗乐"，此即"雅乐"。儒家追求"雅乐"，读书人应追求"雅乐"，其极境是求知、悟道、治学、承先启后、垂范千古之乐，为"人类""万世"奉献、牺牲之乐。

孙先生这代人比我父亲幸运些，在生命后半程赶上改革开放，经济状况、生活条件得以改善，最重要的是可名正言顺做学问，堂而皇之追求"雅乐"。但他们大多底子薄，做不了大学问，即便拼上命也无济于事。留给他们的时间太少，罗马不可能一天建成。我亲睹他们的最后一搏，然后，一个个淡出、消逝，学术生命昙花一现，在短暂燃烧后油尽灯枯。他们用生命的绝唱，力图在学术史刻下自己的划痕，然而，在岁月风霜的无情剥蚀下，他们的贡献大多荡然无存。他们精神创造力不足，水平不高，是不争的事实。这是时代造成的学术之殇，那佝偻的背影让我肃然仰视。

好在上天没赶尽杀绝，还留下些治学种子，孙先生就是。这代人中，像他这样天资聪颖、学识渊博、境界超拔的，凤毛麟角。他思维敏捷、才气逼人，耄耋之年仍精神矍铄、宝刀不老。他超常的言语智慧与精彩的学术生涯，令我神往。80多岁，仍是文学界耀眼的北极星。

孙先生能出类拔萃，首先靠天资加勤奋，即便受"文革"冲击，也没虚度年华。他是北京大学高材生，资质高于常人。"文革"中，他作为批判对象下放农村，仍不放弃学习。他用英文版《毛泽东选集》学英文，读《资本论》，读马克思、恩格斯著作……因此，大学复办后他很快进入治学状态。由于外语好，他被公派到德国访学，美国讲学，拓展了国际视野。

他在 20 世纪 80 年代中期开始，就有火山爆发般成果问世。这得益于学养准备，归根结底是眼光与信念。这些年来，他创造力长盛不衰，著述源源不断，研究领域横跨写作学、文艺学、比较文学、古代文学、现当代文学、幽默学、语文学，散文创作也颇有建树。如此鸿儒硕学，在中文专业屈指可数。

我信天才，无天资、天赋不成大事。天才没亲见，所幸得遇先生。

先生处喧嚣时代，而能专心治学，心无旁鹜，这是学者难得的品质。这些年我到过许多大学，见过不少博导、教授，高校的校长、院长、处长、所长、主任，功利心太重，无心治学；成果没多少，吹得比天大。会"做材料"，会"包装""营销"，比出成果重要。治学目的是升官发财，患得患失：评上飘飘然忘乎所以，以为便是大师、泰斗；没评上则心灰意冷、破罐破摔，得过且过混日子。诚心治学者着实不多。

我并非对伪学者名利双收心有不忿，他们是受酱缸浸染，有不得已之苦衷，但有一点我难以释怀：毁自己就算了，把学生裹挟进来，作名利工具，给自己"打工"，本该是读书、思考、写论文的时间，都用在给导师——课题"老板"帮佣上，我替学生惋惜、不平。现在学生大多悟性不错，有些确是虔诚求知、问学，可刚入行，耳濡目染就是"关系学"——学界人脉，与无穷的名利、权力纠葛，佛家言："染缘易就，道业难成。不了目前，万缘差别。只见境风浩浩，凋残功德之林，心火炎炎，烧尽菩提之种。"心不定、不静、不一，利欲熏心，如何保菩提种子、成就道业？坏了人心道业，罪莫大焉。

让我担任语文教师，与语文教育结缘，从而参加高考、上大学，陈汉章校长是我第一个人生拐点的贵人；留校任教、治学，林先生、孙先生是我第二个人生拐点的贵人。他们迎候在我言语人生路口，接引、扶助我，为我指示方向、路径，使我得以"独上高楼，望尽天涯路"——须望尽"天涯路"，懂得路在何方，"为伊消得人憔悴"才有意义。有诚心治学的明师，方得师承衣钵，有所了悟。

在茫茫人海得遇林先生、孙先生，获其感召、熏陶，是莫大运气、福气。

1997年7月与林可夫先生游南京中山陵。 2007年12月与孙绍振先生游龙门石窟。

要是我没遇见林先生、孙先生会怎样？可能性无穷多，但可肯定，无论做什么都难能自在、安适。我是适应性较差的人。

我也许无法留校，只好从政，或去新闻、出版、文化等企事业单位，每天准点上下班，遵照领导指令，应付各种事务性工作，我尽责、卖力，然而身心俱疲，百无聊赖，很可能没到退休就呜呼哀哉——跟契诃夫《一个小公务员之死》中切尔维亚科夫一样，被权势异化得唯唯诺诺、谨小慎微，仍难逃吓死之噩运。我没丝毫贬低这些职业的意思，纯粹不喜欢、不适合。

我可能去不入流高校，虽是我喜欢的工作，但未必会遇到良师，没良好的师承与学术氛围，治学之路走得艰辛、笨拙，成果乏善可陈。然而，"山中无老虎，猴子称霸王"，我会评上教授，甚至当上主任、院长，身兼无数委员、评委，在晚辈面前颐指气使。我从不适应到自我感觉超好。我丝毫没贬低同行的意思，纯属自卑、自怜。

没有比自我膨胀更可怕的锈蚀，这是一种精神癌症。

要是去不了高校，当中学语文教师去。我将随应试之舟晃荡、昏厥、沉没。即便众人皆醉我独醒，"大厦将倾，非一木可支"，侥幸不死于应试，也迷失在"生活语文""语用"陷阱，理直气壮悠悠然滋润着——这与死于应试同样可悲。我丝毫没有瞧不起中小学教师的意思，迷失或傲娇不是他们的错。有人试图突围，但势单力薄，终难逃应试血盆大口。

如某明白人所言：在错误的环境中不可能有正确的生活。其可怕、可悲在于：在错误环境中，久而不知错误之错误，以错误为正确，以正确为错误，终成错误捍卫者，与真理为敌而不自知。温水煮青蛙，不知好歹地慢慢熬到死。

如此当大学、中学教师，不如教幼儿园、小学。

不受应试约束，自在地读书、写作，每天有进益，"苟日新，日日新，又日新"，将点滴收获投注于孩子，让精神之光照耀童真。让他们浸淫于经典、美文，以往圣前贤为偶像，江汉秋阳，金声玉振，弦歌不绝。带他们吟诵《诗经》《离骚》《论语》《老子》《金刚经》和唐诗宋词，给他们讲《三毛流浪记》《大林和小林》《渔夫和金鱼的故事》《白雪公主》《小王子》……讲老子、孔子、庄子、屈原、司马迁、陶渊明、杜甫、李白、苏东坡……苏格拉底、柏拉图、亚里士多德……将"立言"信仰，悄然植入孩子心灵，给他们播撒人类情怀与思想自由的种子，让他们从小远离、拒绝势利诱惑，才有真正的健康成长。

然此未必无憾：夕阳残照，蹒跚落木小径；秋风悲凉，撩动稀疏华发，一缕酸楚溢上心头——无学术建树，"文采不表于后"，未能"垂诸文而为后世法"，生于斯世何益？

能遇到恩师，做一介教书匠，种瓜得瓜、种豆得豆，躬耕终老，幸甚至哉。做乐为之事，尽人事，知天命，"瓜、豆"歉收亦无妨，诸事不可奢求。

治学有成者总是少数。大学者所需条件太多，良好师承尤其重要。即便自学成才也概莫能外。所谓"无师自通"，不是"无师"，而是"隐师"，即隐性师承。自学者读书、求知，耳濡目染，都在受教，受教必有师承。从某种意义上说，没人可无师自通，天才也不行。

师承有显性与隐性，二者均不可或缺。显性的不难理解，就是直接跟老师学，得其亲炙，继承其衣钵。隐性的，指崇拜某名师，欲跟随而不得，心向往之，精研其精神、思想、方法，得其精髓，即"私淑弟子"是也。还有第三种，不专门跟随某老师学习，不特别看重某位老师，不拘一时一地，向众多老师学习，更多的是通过读他们的书，领悟他们的学识与治学方法，集众家之长，即杜甫所谓"转益多师是汝师"。这些皆可取，以显隐并重、转益多师为佳。

我国有重"师承"传统，荀子说："言而不称师谓之畔，教而不称师谓之倍。"（《荀子·大略》）言论不遵循先生的教导是背叛，教育不遵循先生的教导是背离。这与亚里士多德的"吾爱吾师，吾更爱真理"并不矛盾，各有侧重罢了。注重"师承"是基本、共同的。没有"爱吾师"，便不知何谓"道"——真理，谈何"更爱真理"？诚如孔子所言："三人行，必有我师焉；择其善者而从之，其不善者而改之。"(《论语·述而》)遵循师教，便包含着对师教的敬重、采纳、甄别，也包含着对其缺点的反思、修正——对真理的追求。"爱真理"，是"爱吾师"题内之义。"爱吾师，就是爱真理"。试想：不爱"道之所存"的吾师，能爱真理吗？谈何"更爱真理"？看重从师、师承，是治学基本态度。

良好的师承，包括对师承作辩证分析，审慎择取、反思、探究、升华。

古语说"一日为师，终身为父"，也是对"师承"的褒扬。

教师之为"父"，有别于血缘之父。教师是学业、精神之父，学问、道德之父。教师之为父与生身父亲之为父，其内涵有重合，也有差异。有些父亲，既是血缘之父，也是精神之父，我父亲即如此。他给我血肉，也给我灵魂。他以德性、学问与文质彬彬影响我。他给我不是黄金屋，没留下物质遗产，可他给我更珍贵的无形资产——自己的著作。世间这类父亲不多，当今之世更少。有些父亲只是血缘之父，也许他们应有尽有、家财万贯，精神上却荒芜、贫瘠，一贫如洗。"子不教，父之过。教不严，师之惰"，父亲（父母）与教师对孩子的教育共同负有责任。养而不教之父，是失职；不养、不教之父，借孟子所言：禽兽也。父亲养育子女责无旁贷，然"学业、精神"之教，难当全责，须由教师分担，教师的责任比父母更大。对于孩子的成长，"师教""师承"不可或缺。"师承"的是：学业——学问文章，精神——道德文章。承传的是言语、精神生命。教师给人以第二生命，恩同再造。对此，无论父母或教师，都要意识到。

生一千个孩子，不如教好三五个孩子，教比生重要。怎么生无须教，有想生的，就有不想生的，扯平了，这不是问题。生出来怎么教才是问题，教不好，祸国殃民，不如不生。——先要自问能教好否，没想明白千万别生。这问题并不深奥——若生个坏蛋父母要追责，大约便没人敢乱生。

学生渴望获良好的师承，教师亦渴望毕生所学、所悟得以承传，看似两厢情愿，却并非易事。

历来有"经师易得，人师难求"之说。当一辈子教师后，才真正认识到这一点。"经师"即"业师"，知识、学业的传授，这只是教师职责的一个方面，是比较容易的；"人师"，即精神导师，为学生做品德、思想、行为的表率、引领，使之懂得做人道理与人生意义，这是较难的。显然，后者更重要。

我很幸运，能得到良好的"父承"与"师承"。我的青春受"文革"摧残，几近枯萎，但父亲赋予的言语、精神基因未泯，对未来始终怀有热望，经历"文革"后，得以浴火重生。我庆幸能逮住恢复高考的机遇，在荒疏学业12年后，拽住命运之神衣襟，侥幸地搭上末班车。同样值得庆幸的是，我遇到恩师林可夫、孙绍振先生。他们犹如赫尔墨斯，预知我的到来，将我带往治学之路。29岁大学毕业，我成为福建师范大学中文系（现为文学院）的写作教师，迎来言语人生拐点，算是"三十而立"。父恩、师恩难忘。

前辈有提点后辈之责，后辈有继承前辈之责。学者一生，兼有承前、启后之责。这就是人类文化生态的传承有序，人类精神生命生生不息的原委。进入这一序列，肩负精神、学术继往开来的使命，义不容辞、责无旁贷，应专心致志、心无旁骛。否则，便脱序、脱轨，为后学所不齿。

守护文化创生之序，继往开来，将接力棒交给后学，就是对恩师最好的报答。

与本科生在一起。他们一茬茬从我生命中走过。与他们同行真好。

左图：2019年10月19日，我与平颖——我的博士生开门弟子，摄于武夷山福建省写作年会；
右图：2016年7月19日，与我的博士生汲安庆、黄云姬参加东北师大会议后同游长白山。

师道，德、才、学、识并进

◆ ◆ ◆

思想孕育思想，言说催生言说。——题记

从 1982 年留校工作，转眼间我当了 30 多年大学教师。教大半辈子写作，见到圈内林林总总、奇奇怪怪，反思该专业、课程教育、教学，反思过往，有无尽感慨。

读大学时，因先前初中没上完，对高中教学不甚了了，对大学更是一无所知。刚开始"饥不择食"，每课都新鲜，分不出优劣高下。待兴趣退潮，听课才有点感觉：有的平淡，有的生动；有的信息量小，有的信息量大；有的照本宣科，有的思维灵动。随之而来的不满足，纯属温饱后的"贪得无厌"。

系里给我们上课的多是优秀教师，40 多年过去，往事如烟飘散，然而恩师未远，他们讲台上的身影从未从记忆中淡出。

大学四年真快，没读几本书就毕业了。

著述丰赡的林新樵先生讲先秦文学，一身汉装，熟练、标准的福州普通话，《论语》《孟子》《左传》……一丝不苟、慢条斯理地娓娓道来，其老派学究风度令我肃然起敬。

近与 1979 级学弟陈曦聊起林先生，他清晰记得先生抑扬顿挫地吟诵"掐辚辚（车辚辚），马休休（马萧萧），新棱弓箭各（'各'读入声）在优（行人弓箭各在腰）……"的情景，他学给我听，惟妙惟肖，我们大笑不止。福州话保存古音韵，也许这才是古人的正确读法，倒是我们少见多怪了。

据说林先生的先生是前清秀才，如此说来，我们便是秀才弟子的弟子，也沾了点儿科举的余荫。联想到鲁迅《从百草园到三味书屋》中的大声朗读着"铁如意，指挥倜傥，一坐皆惊呢；金叵罗，颠倒淋漓噫，千杯未醉嗬……"的先生，感受传统私学的古风遗响，接续上久违的文脉道统，颇有几分怪异的庆幸。

穆克宏先生十足的学者做派，底蕴深厚、自视甚高。课前必理发、更衣。腰板挺直、仪容整洁、器宇不凡。昂首挺胸走进教室，上课就像参加庄严的祭祀盛典。

《文心雕龙》是他的最爱，讲述诗文，每每摇头晃脑地引用刘勰、钟嵘等的诗评文论。婉转、柔滑的南京口音，歌吟般飘逸着六朝文坛的神采气韵；举手投足，散发着高雅、孤傲气息。

我毕业留校后每遇见他，他必问有何新著，劝勉说要好好用功，总让我有高山仰止，愧对学问、恩师之感。

近日见他，人已88岁，依然矍铄，气场爆棚。他见我侃侃而谈：今年发表三篇文章，在《文学遗产》《中国典籍与文化》《文史知识》上，《文学遗产》他的论文排第一篇……我说，先生歇歇吧，注意保重身体。他说，不写对不起5000多本藏书。他专攻六朝文学，出版10多部专著，其中3部是中华书局出版的，还有四卷本文集即将面世。他说："中华书局可不是给钱就能出书的，现在那些出版社出的是什么书？！"接着又谆谆教导："做学问只能在一个点上深耕，文章要发在重要的学术刊物上。"他在《文学遗产》上已发了10篇，是该刊年龄最大的作者……

他对自己过早退休、壮志未酬而耿耿于怀，至今雄心勃勃，笔耕不辍，让提前退休懒散的我愧怍无地。

教比较文学的李万钧先生，中等身材，气势如虹。上课居高临下、霸气十足。他气定神闲地在讲台前一坐，从黑皮包里掏出烟盒、打火机，端端正正地摆好，点上烟猛吸一口，再把烟盒、打火机放回讲台，摆正。目光环顾，不怒而威，"蛙声一片"顿时噤若寒蝉。

他上课第一程序是提问，借此拉开令我们提心吊胆的序幕。笔记从头记到尾，他一边在讲台前来回踱步，一边口授笔记内容：……另起一段……逗号、句号、感叹号……一号不拉、滴水不漏，交代得清清楚楚。一堂课下来，绷断神经累断笔头。

期末宣布交一篇论文当作考试，厚厚的笔记未派上用场，我长舒一口气。

我写读莱辛的《拉奥孔》，96分，大喜过望。

2002年春节，我们"七七级"毕业20周年同学聚会，他在一番勉励的话后说"好聚好散"，让我们万分惊愕。不想一语成谶，他当晚心脏病突发，魂归道山，时年69岁。

在那不久前他刚送我一份《雪泥鸿爪》，他的学术成果清单，心血之作的目录洋洋洒洒；还送我一部他主编的三卷本《中国古今戏剧史》。也许他有不祥预感，留作纪念。先生著述垒造的豪华"纸屋"——灵魂安居之所落成，可以乔迁了。

先生之前住的学校康山里宿舍，没电梯的两间半小单元房，没客厅，家具破旧。他在转不过身的小书斋，坐一把摇摇欲坠的破藤椅，悠然抽着廉价的薄荷烟，吞云吐雾，思考、写作，脸上是"倚南窗以寄傲，审容膝之易安"的满满快意。

先生一生不当官，不趋炎附势，一心一意做学问、教书，过两点一线平淡、孤寂的生活。骑一部嘎嘎响的破自行车，摇摇晃晃，从书斋到教室，从教室回书斋。——他走了，书斋空了，剩下一屋子书与渗透到墙砖内的劣质薄荷烟味。

先生"是当代中国比较文学的'元老'之一，……以一个中国人的灵魂研究外国文学，并取得实绩的人"（北京大学乐黛云教授评价）。他从助教到讲师走了21年，终于走上学术坦途，然而，在精神创造的巅峰阒然长逝。

先生从未优裕、舒适过，苦行僧般。没有周游世界，没有别墅、私人游艇、豪车，连高级宾馆都没住过，美味佳肴没品尝过……蜗居斗室，教书、治学不辍，但为维护师道与学问的尊严——写到此我不禁泪奔。

王维燊先生，教我现代文学。身材单薄若纸，文质彬彬。治学严谨，讲义条分缕析、严丝合缝。性情温和、恬静，说话笑眯眯的，和颜悦色。他的慈祥、羸弱与严谨、勤奋，让人不禁想到"春蚕""蜡炬"。

他退休后不久打电话叫我去他家，说是挑了10多本我用得上的书送我。打开书，扉页端正的签名，一如他端正的人品。我沉甸甸地提回家，小心翼翼地归置于我的书架上。后来他送我一部他刚出版的书，《中国现代文学管窥》，我读着，读着，仿佛回到了当年的课堂。

他将读过的书与自己写的书送我之后，前年，匆匆走了，将那些书与无尽的念想留给我。

他读中师时曾是我父母的学生，上大学时又是我父亲的学生，所以很亲近。后来我考上师大成了他的学生，仿佛亲上加亲。

许多年前我曾到过他那鼓楼大杂院的破旧斗室，他刚动手术不久，躺在床上，面黄肌瘦，形容枯槁。我与母亲去看他，第一印象是特别和蔼可亲，一脸温柔、恭敬的笑意。后他搬到师大阳光新村鸽子笼似的小单元，还是顶楼。病恹恹的他，得爬六七层上上下下，一住10多年。直至他不幸患胃癌，仍撑着病体爬上爬下，大约实在爬不动，才咬牙买下一小套带电梯的江景房。得知他乔迁，春节我去拜年，他开心地带我到阳台看江，指着下面江滨公园的小径，波光粼粼的江流，说每天可到江边散步，眼里尽是满足的惬意。

不觉他离我而去已数年，每见书架上他送我的书，便想起他的文雅、谦和，永不消逝的笑容——穷尽记忆，上课、聊天、病榻上……竟无他一帧无笑的容颜。

记者出身的林可夫先生，一副实践家的务实风格。一边倒的头发，半遮住斜睨着的眼睛，仿佛冷眼窥视世态人生。宽宽的嘴，薄薄的嘴唇，嘴角带一缕高深莫测、似笑非笑的笑。双手撑着讲台，眉飞色舞地讲述新闻采写的无尽机窍："心相近，语相通，善应变，不离宗……"滔滔不绝，连讲四节课不挪窝。听者沉迷，忘却时间流逝、饥肠辘辘。

"两句三年得，一吟双泪流"说的是写诗，林先生说话、写文章也如此，能把人熬病、把命搭上。他病了，是熬夜写文章累的。编一部教材，一个字一个字地磨，磨了几年才交稿。他生命的最后十几年在癌症手术、化疗中度过。他强撑着疲惫的躯体，抱着氧气袋还在写作，还要外出参加学术会议。会上，上气不接下气，大口地喘着、咳着，吸着氧，歇会儿，好不容易缓过来，仍拼了命地说。肌体的痛苦，思考、表达的痛苦，时时折磨着他，他与病痛做殊死搏斗，直至精疲力竭，他要的就是死得其所。

他父亲是国民党空军飞行员，飞过驼峰航线，抗战中牺牲，英名镌刻在南京抗日航空烈士纪念碑上。

这是一个悲情浓郁的压抑而亢奋的灵魂，为写作学而生而活而死的人。

风流倜傥、才高八斗的孙绍振先生，西便装、贝雷帽是他的标配。硕大的眼镜，架在并不硕大的鼻子上，眼镜片与聪明绝顶的脑袋，交相辉映，闪耀着智性光芒。

胸有文学鉴赏、创作的万千沟壑、朗朗乾坤；口若悬河，一泻千里，赶不上思想的惊涛骇浪排江倒海般奔腾而至。

他是上天的宠儿，口才、文才比翼双飞，理论、创作并驾齐驱，让学生、晚辈惊羡不已。

孙先生的课与讲座十分诱人，不早早占位只能坐地板、站后排。谁在他附近教室上课就惨了，听课的学生不知不觉地被他吸引走，直至剩下空教室。

如此旷世奇才罕见，三言两语说不尽、道不完，暂且打住，容下文再细细道来。

三位女先生：教明清文学的张文潜、教当代文选的陈纾、教现代汉语语音的梁玉璋，一位古典而优雅，一位端庄而平正，一位雍容而热情，尽显知性的风采与魅力。

恩师授课之音容神态历历在目，无法遍举。有的虽已作古，仍鲜活在记忆与时间中。愿学生笨拙的怀念文字，慰藉并永安他们的灵魂。

教过我们的老师比较多，可能是因为恢复高考，刚开始收正规大学生，系里觉得有压力，想多让一些教师得到锻炼，因此，有的一门课由多位教师轮流上，水平参差不齐在所难免。不管教得怎样，大家都学得认真、欢畅，对老师是极尊敬、包容、感恩的。

有这么多好老师该知足了，有些课一般，也情有可原。这么多先生给我留下好印象已属不易，像孙先生这样的凤毛麟角，岂能以他为标准要求所有老师？

他们四五十岁了，仍多是助教、讲师。北京大学著名学者吴小如教授也曾当30多年讲师，真不可思议。

福建师大中文系教师阵容原本不错，叶圣陶、郭绍虞、董作宾、章靳以、胡山源、严叔夏等先生在此任教过。与我父亲同时或先后的，有黄曾樾、钱履周、包树棠、谢石麟、程世本、洪心衡、黄寿祺、俞元桂、陈祥耀等先生，学养深厚、卓有建树，皆因"文革"元气大伤——要续上学缘谈何容易。

好学者未必是好教师，学问水平与教学能力相称的不多。

孙绍振先生说北大中文系也没几个课上得好的，教学往往与学术水平成反比。在诸多教师中，他顶佩服语言学家朱德熙先生，朱先生以原创的概括、缜密的推理和雄辩的逻辑获得爆棚效应。二百人的课堂，去晚了就没有座位，只好靠在墙边暖气管上站着。先生最佩服他俯视苏联汉学家，放眼世界语言学，深入浅出，在学术上开宗立派的大气魄。还有就是后来去了历史系的吴小如先生，那时吴先生还是讲师，但已是才华出众，他的学养与口才，艺术分析的明快、果断，给孙先生留下了很深的印象。听先生这么说后也就释怀了，北大不过如此，大学教师上好课不易。

孙先生是北大"五五级"的。群星璀璨的北大中文系开始式微，不过还有游国恩、王力、王瑶、吴组缃、何其芳、高名凯、魏建功、林庚、朱德熙、杨晦等名师，他们的课孙先生大都听过，结论是名师未必有好课。

孙先生曾对当年北大的老师作过点评：

北大泰斗甚众，……然学富五车者众，善于讲授者寡，加之北大学生眼高，哪怕学术泰斗，讲授不得法，公然打瞌睡者有之，默默自习者有之，递纸条，画漫画者有之。古代汉语本来是魏建功先生开设，但公务繁忙，往往从课堂上被叫出去开会，且到比较关键地方，有茶壶煮饺子，学生替他着急的时候。此课后来，改由王力先生开设，先生取西欧人学拉丁文之长，构造了中国古代汉语课程体系，举国传承至今。创汉语史课程，于音韵词汇皆成体系，堪称一代宗师，我听过他的《汉语史》《汉语诗律学》，但是，语调往往由高到低，余音袅袅，杳不可辨。……王瑶先生自然是公认的博闻强记，博古通今，才华横溢，然一口山西腔，不知为何给人以口中含有热豆腐，口头赶不上思想之感。系主任杨晦先生德高望重，讲中国文艺思想史，出入经史、小学、钟鼎艺术，其广度深度非同小可，常有思想灵光，一语惊人，令人终生难忘。……他讲授《中国文艺批评史》讲了半学期，装着讲义的皮包还没有打开，学生也无法记笔记，两个多月过去了，还未讲到孔夫子，在学生的抗议下，不得不草草停课。宋元文学权威浦江清先生英年早逝，乃请中山大学王季思教授讲宋元戏曲，王先生舍长用短，以毛泽东《矛盾论》中之主要矛盾、次要矛盾分析《墙头马上》《陈州放粮》，心高气傲的北大学生，保持着对客人的礼貌，纷纷抢占最后数排以便自由阅读。

自然，以孙先生的才气、学问与口才，他是有资格挑剔的。他曾对文艺理论严重脱离创作实践深恶痛绝，以致因此对北大求学深感失望。而今，"昔人已乘黄鹤去，此地空余黄鹤楼"，北大中文系还有几位举世公认的大家，还有多少好课，我很好奇。孙先生作如是观："北大中文系不但丧失了五十年代学术上那种显赫的优势，而在许多方面呈现衰微的危机，北大中文系这块招牌的含金量已经到了历史的最低点。"尽管我知道名师未必有好课，好课未必出于名家，仍盼北大中文系大师林立、好课纷呈。

后来读梁实秋先生《记梁任公先生的一次演讲》，大开眼界、相见恨晚，当然，更遗憾的是没赶上亲耳聆听梁任公先生的演讲。从该文我终于明白名家好课是什么样，最好的演讲，最好的教师就应该这样：

我记得清清楚楚，在一个风和日丽的下午，高等科楼上大教堂里坐满了听众，随后走进了一位短小精悍秃头顶宽下巴的人物，穿着肥大的长袍，步履稳健，风神潇洒，左右顾盼，光芒四射，这就是梁任公先生。

他走上讲台，打开他的讲稿，眼光向下面一扫，然后是他的极简短的开场白，一共只有两句，头一句是："启超没有什么学问——，"眼睛向上一翻，轻轻点一下头："可是也有一点喽！"这样谦逊同时又这样自负的话是很难得听到的。他的广东官话是很够标准的，距离国语甚远，但是他的声音沉着而有力，有时又是洪亮而激亢，所以我们还是能听懂他的每一字，我们甚至想如果他说标准国语其效果可能反要差一些。

我记得他开头讲一首古诗，箜篌引：

公无渡河，

公竟渡河！

渡河而死；

其奈公何！

这四句十六字，经他一朗诵，再经他一解释，活画出一出悲剧，其中有起承转合，有情节，有背景，有人物，有情感。我在听先生这篇讲演后约二十余年，偶然获得机缘在茅津渡候船渡河。但见黄沙弥漫，黄流滚滚，景象苍茫，不禁哀从中来，顿时忆起先生讲的这首古诗。

先生博闻强记，在笔写的讲稿之外，随时引证许多作品，大部分他都能背诵得出。有时候，他背诵到酣畅处，忽然记不起下文，他便用手指敲打他的秃头，敲几下之后，记忆力便又畅通，成本大套地背诵下去了。他敲头的时候，我们屏息以待，他记起来的时候，我们也跟着他欢喜。

先生的讲演，到紧张处，便成为表演。他真是手之舞之足之蹈之，有时掩面，有时顿足，有时狂笑，有时叹息。听他讲到他最喜爱的《桃花扇》，讲到"高皇帝，在九天，不管……"那一段，他悲从中来，竟痛哭流涕而不能自已。他掏出手巾拭泪，听讲的人不知有几多也泪下沾襟了！又听他讲杜氏讲到"剑外忽传收蓟北，初闻涕泪满衣裳……"，先生又真是于涕泗交流之中张口大笑了。

这一篇讲演分三次讲完，每次讲过，先生大汗淋漓，状极愉快。听过这讲演的人，除了当时所受的感动之外，不少人从此对于中国文学发生了强烈的爱好。先生尝自谓"笔锋常带情感"，其实先生在言谈讲演之中所带的情感不知要更强烈多少倍！

梁实秋先生在结尾处说："有学问，有文采，有热心肠的学者，求之当世能有几人？"他说出了好的演讲对学者的要求：有学问、有文采，有热心肠——激情澎湃，情感丰富细腻，性情中人——也许还可以再加上举止气度不凡，谦虚而自负，幽默感，声音沉着而有力、洪亮而激亢，博闻强记，神采飞扬等。他说"求之当世能有几人？"可见这样的演说家极罕见，在教师中可遇不可求。这燃烧生命激情的"大汗淋漓"的演讲，感染力不言而喻。作为演讲，偶一为之尚可。要是教师每课如此，恐怕不久便气竭而亡。梁先生只活56岁，其短命大约是激情演说太耗元气。——用数年寿命换得永世感动与铭记，激起听众对中国文学的强烈爱好，换得梁实秋传世佳作的赞颂，以及垂范后学，引万千粉丝五体投地的崇拜，也值了——如此激情自焚，亦不负此生。

梁先生演讲之动人、感人，因素甚多，最要有二：一是学问，二是激情。其根本是学问。尽管他说一口广东官话，大家还是听得懂，听进去了。套用王国维名言：有学问（原话是"有境界"）则自成高格，自有名句。——若没学问，再有激情，语音再标准、生动、幽默，也无济于事，甚至产生哗众取宠的反效果。有学问，即便说话不带感情，语音不标准，朴实无华，仍是好课。有学问，有激情，再有些技巧，是锦上添花，是上上好课。既没学问，也没激情，只求助教法、教学技术，那是师道的末流。今此类教师甚多。

演讲与上课也有不一样之处，演讲倚重激情、技巧、现场感，上课有赖学问、思想。演讲须有现场冲击力、感染力，即时性共鸣；上课需学识广博、思想深刻、独到，信息量适中，表述清晰、严谨。不一定要马上理解，立刻有反应，可咀嚼回味。自然，二者兼备尤佳。

把几十年耳闻目睹地筛一遍，兼具学问、思想、激情、技巧的课实不多见。

面对人工智能的挑战，有多少教师堪与机器人一争高下？如果机器人也有智慧、激情与随机应变能力，我不敢想象。围棋大师尚且不敌"阿尔法狗"，有多少教师敢说能在讲台上屹立不倒？最近我赴台湾交流，在高雄师大，我说今天我知道谁坐身旁，几年后，就不知身边是人还是机器人，举座哗然。

未来的教师光有知识、技能是不够的，要有更高的教育素养，尤其是学问、思想。学问、思想，是经验、知识、智慧、价值观等的总和，高于知识、技能，是承先启后的领悟力、创造力。如果仅仅拥有知识、技能，一定比不上机器人，机器人的知识、技能千万倍于人——现在量子计算机都出来了，太可怕了。人要有思想创生力，才有望在人、机博弈中胜出。但是，尽管如此，很可能胜算并不大，也许有朝一日，机器人也会深度学习，自我发展，有思想，有创造力。人工智能不会总在人身后亦步亦趋，趁人不备时，或将一举蹿越到人前头。那么，人、机还有一拼的就剩情商——感情、激情，可延伸到人性、个性、境界，把人类所有家底押上，达到竞争力极致，也许才有望站稳讲台。这无疑只极少人可做到，除了像王国维、陈寅恪、梁启超、黄侃、刘文典、胡适、闻一多、朱自清之类的翘楚，未来机器人将恣意妄为、横行无忌，多数教师将被推搡下讲台，逐出校园。

是否机器人也有情商尚难断言，若有，有了人性、个性、境界，未来世界会怎样，不可想象。

先将这烦扰搁置，回到当下现实。

中国语言文学专业的教学，一般以传授知识为主。从以往来看，越是名教授越目中无人。"满堂灌"居多，类似于蹩脚演讲、讲座，基本不考虑听众——学生的接受状况，想怎么教就怎么教，不讲究教法、技巧，这也许是高校与中小学的一个显著不同。往好处说，彰显学术个性、自由，凭学问、名望赢得学生青睐；往坏处说，率性就任性，不顾学情，不接地气，自以为是，一厢情愿，教学效果未必佳。若能学问与教法兼顾甚好，二者不可得兼，我赞成以个性、学问、思想取胜。学生听不听、听进多少，自便。教学的前提是教师有学问、思想，这是铁门槛。有学问怎么教都是好课，没学问怎么教都是坏课。有学问的课，哪怕基本听不进去，听进一两句也够了。就跟一部高深玄妙的著作，读进一两句便终身受用一样。我最见不得只在教法上打转：先学后教、以学定教、学习共同体、小组合作学习……这些机器人全会，而且会比人做得更好。

孙绍振先生上课也大多"满堂灌"，只要有学问，有才情，就不愁没听众。自然，先生的课是考虑到听众的，他的课不但有学问，而且幽默、好听，长知识，开脑筋，还有可操作性、可应用性。他的课没东拉西扯，他的"文学创作论"课，不但"生瓜蛋子"——大学生喜欢听，连作家也服气，赞不绝口。

莫言 1984 年在解放军艺术学院听过孙先生的课，至今不忘。2013 年 12 月 26 日，他获诺贝尔奖后在福建福清一次活动中说："孙老师在课堂上跟我们讲唐诗、宋词，我虽然是写小说的，但是，他的讲授，对我文学语言的改善、对我小说意境的营造，起到了非常大的作用。在我们班的同学里边（这里有当时已经名满天下的李存葆、钱钢等），大家对孙绍振老师的课至今记忆犹新。在每个学期结束的时候，学校会做调查问卷'本学期，你对哪位老师讲的课印象最深刻？哪位老师给你的教益最深'，孙老师的得票率是最高的。"在军艺文学系授课的都是北京的一流名家，他是唯一"京外"的，当时还是鲜为人知的讲师。

2017 年 5 月，在莫言这届同学毕业 30 周年座谈会上，当年的文学系徐怀中主任讲了授课教师的名单后，莫言说："刚才我们老主任列举了这么多名字，听到这些名字的时候，他们讲课的形象生动地在我脑海里浮现出来。我觉得我可以列出很多个名字，他们的讲课直接对我的创作产生了影响。比如说孙绍振，来自福建师范大学，我记不清他给我们讲了四课还是五课，其中有一课里面讲到五官通感的问题。他讲诗歌，比如说我们写诗，湖上飘来一缕清风，清风里有缕缕花香，仿佛高楼上飘来的歌声。清香是闻到的，歌声是听到的，但是他把荷花的清香比喻成从高楼飘来的歌声。还讲一个人曼妙的歌声余音绕梁三日不绝。绕梁是能够看的一个现象，也就是把视觉和听觉打通了。讲一个人的歌声甜美，甜实际上是味觉，美是视觉，他用味觉词来形容声音。他给我们讲诗歌创作中的通感现象，这样一种非常高级的修辞手法，我在写作《透明的红萝卜》这一篇小说的时候用上了，这个小说里的主人公是小黑孩，他就具有这样一种超常的能力，他可以看到声音在远处飘荡，他可以听到别人听不到的声音，甚至可以听到气味，这样一种超出了常规、打破了常规的写法是受到了孙先生这一课的启发……"（《不忘初心，期许可待——三十年后重回军艺文学系座谈实录》）在诸多授课名家中，莫言只提到三位名家的课对他的影响；在这三位名家中，孙先生是他首先提到的。莫言的同学，全国短篇小说一等奖得主宋学武，干脆直接用孙先生讲的"心口误差"为题，写了一篇小说，说是照孙先生的理论写的——孙先生讲课就这么神奇，将学问与实践融合得如此天衣无缝，实不多见。——大约像孙先生这样让人一辈子不忘的课，才能让机器人甘拜下风。

醍醐灌顶、触动心灵与创作激情被点燃，是听他的课的普遍感觉。我的学长、曾经的同事王光明教授，是孙先生的高足，他认为大家喜欢听先生的课，主要原因是先生将自己定位为"文学教练"，可谓一语中的。确实，先生始终认为理论要经受实践的检验，并服务于实践。再好的文学理论，如果不能给创作实践以切实有用的帮助，那也一钱不值。这一认知指明了长期以来文学理论与文学批评脱离创作实践的弊端与困境，击中了文学理论学者的软肋。

光明兄认为孙先生课的鲜明特点是"锋利"："孙先生的课，则以横溢的才情和锐利夺人。他当然也认真备课，但一上讲台，左手把西服下摆往后一拢，头微微向前一倾开始演讲时，不知有多少奇思妙想从他的口中前呼后拥。孙先生的课是学生们的节日，其他老师的课好，是让人觉得句句重要，埋头记笔记；孙先生的课则是常常让听者得意忘形，忘了笔记。"在对孙先生课的形象、感性的描述之后，光明兄强调孙先生课的魅力是"锐利"："他不喜欢人云亦云的东西，他向我们这些试讲的年轻助教传授上课经验，最重要的一条就是每节课的观点都要'磨得像针尖一样锐利'。他的演说与文章都是快人快语，一针见血，无所顾忌，常常让人们觉得痛快无比。所谓'痛快'，当然既有摘除郁结的快感，也有被刺的疼痛，因此在文坛学界惹是生非，也是题中之意。你看他的《新的美学原则在崛起》《评陈涌的〈文艺学方法论问题〉》等文章，写得何等得意气风发、酣畅淋漓，一泻千里，以至于常常忘了正常分段；再看看他演说和行文过程中兴之所至、信手拈来的比喻和材料，是如此得生动与广博，它们可能引述得不大准确，出处有误，甚至张冠李戴，但你可以发现他许多毛病，指出他的硬伤，却不能不佩服他的洞察力和分析能力，以及横溢泛滥的才华。"——可见，这"锐利"，本质上是思想锋芒，思想背后还是学问，是出神入化的认识论、辩证法、思想力，没学问也就没思想，没奔放、自由、畅快的创造性言说。

我对光明兄将孙先生的成就归因于敬畏学问的书生本色，是极表赞同的，这也特别符合我行文至此的语境。光明兄说："孙绍振先生的思想风格和始终秉持审美立场，最根本的还是源于他的书生本色，他是当代学界经历了政治高压和市场利诱两个时代后，仍然葆有书生意气的少数学者之一。因为书生意气，所以蔑视威权，敬畏学问；因为无私无畏，除了思想与表达别无所求，所以心无旁骛，独享研究与说话的快乐。"①这确实是说到根本，若不能胸怀"立言"志向，抵御外界压迫、诱惑，专心于学问，就不可能有真正的学术成就，也就不可能享有"研究与说话的快乐"。

光明兄不愧为孙先生嫡传弟子，感觉精准、深刻、周全，他说的我都认同，感同身受。不过，就"一个'文学教练'的底气"这个话题，似可说点我的浅见。

我以为孙先生"文学教练"的底气与他的创作经验是分不开的。孙先生不但是文学理论家，也是出色的作家，这是他高于纯理论家的优势。好比运动员出身的教练，不但有实践技能，且有运动理论，见识自是与光说不练的"纯理论家"不同。

孙先生本身是诗人、散文家，其散文作品集《愧对书斋》《面对陌生人》《灵魂的喜剧》《美女危险论》等，广受欢迎。其"追求审美的反面——审丑，也就是幽默"的风格，从自己生活经历入手，世态人情，信手拈来，皆成佳作；自我调侃、妙趣横生。在散文界独树一帜。无疑，他自身的创作经验，使他比从理论到理论的学者，更知道作品是怎么创作出来的，更贴近创作的真相，更明白如何"教练"作家。

如果说他自己是作家，有创作经验，是相对优势，那么，他还拥有他人的创作经验，将自己的与他人的创作经验相互融通，相得益彰，就构成了他的绝对优势。文学理论家兼作家的不多，但还有。然而，通过经典解读了解他人的创作经验，在文本解读的量与质上，超过孙先生，集理论家、作家、解读家三者于一身的，就极其罕见了。

孙先生是作品细读、赏析的高手，光明兄曾提及先生在阅读作品时常做旁批，对其精妙的旁批赞赏有加，其实旁批只是先生的初级产品，先生的高级产

---

① 王光明：《一个"文学教练"的底气——孙绍振和他的理论批评》，《南方文坛》，2017 年第 2 期，

品是对数百篇经典的解读，解读数量之大、水平之高，可谓首屈一指。更重要的是，先生还从解读经验中提炼出"比较还原法"，这既具有义本解读功能、鉴赏价值，且由于追求"还原"到作者的创作意图、背景、行为、情意等，其解读的终极目的不是止步于理解文本，而是为读者指示创作门道、路径，因而还具有创作心理、行为的建构功能、学写价值。就是说，作为教练员的孙先生的底气，倚重于双重创作经验——自己的与经典文本作者的，这在文学理论界便无可匹敌。

在文学理论界，兼有文学理论家、作家身份的极少，能从自身的创作经验与从大量的文学文本的鉴赏、评论中获取的他人的创作经验中，抽象归纳出创作理论与解读方法，写出可操作的《文学创作论》《文学文本解读法》，更是独一无二。他的"创作论"与"解读法"是相辅相成的。一次与先生一道散步，我与他聊起他的文本解读之妙悟纷呈，是得益于他的创作论，先生极表赞同。是因为他的文学创作论研究，才有了比较还原解读法的产生，他的文本解读实践才能揭示出作者的机心与作品的灵魂。也正因此，他作为"文学教练"才游刃有余、得心应手，一举超越了同行。我以为这是先生真正的底气。

也许还有第三方面的底气：深厚的理论修养。

请不要将此误解为书读得多。在这一点上，他同样与众不同。他不像现今许多得"失语症"的人那样，读书是一种占有式攫取，将现成、流行的理论作为认知大前提，进行演绎式、论证式运用。他是借助对大量文学文本的个案分析，以此作为经验直观、思维资源，挑战、证伪、发展、整合既有的理论的。他没有"言必称希腊"的习惯，他很少引经据典，他思想资源运用较多的是作品本身，他擅长对作品作第一手分析、归纳。他的理论修养是解构式、建构式的，以致是重构式的。"经验批判"与"证伪"，是他对现成理论决定弃取的利器。

孙先生学识广博自不待言，光明兄在该文中也谈到："在文学研究界，很少人有他那么高的哲学、心理学方面的修养，马恩、黑格尔、康德之外，还特别熟悉普列汉诺夫，尤其是他的《论一元论世界观之发展》，而对皮亚杰心理学说的熟悉，肯定超过一些专门研究皮亚杰的专家。"——外围学养如此丰厚，其文艺理论修养自不待言。但我想指出的是，这种广博与深厚并非先生的底气所在，这并不能构成他的绝对优势，在文学理论界好读书的人太多了，学识修养丰厚的不乏其人。先生的底气既来自理论修养，更来自对理论审慎择取，他从不迷信权威与现成理论，总是将理论放在实践——大量的个案分析的天平上审视、检验，或扬弃，或证伪，或发展、完善。能对理论审慎择取的也不乏其人，先生的优势在于文本个案分析才能无与伦比，所掌握的个案分析资源无与伦比，因此，在挑战权威、理论上，不论是实证还是说理，他势必左右逢源、有恃无恐，比同行底气更足，更有勇气与力量。

诚如他在《名作细读》"自序"中所言："从做学问来说，有两种方法，一种以宏观的理论建构为基础，把握了普遍的原理，然后高屋建瓴，在必要的时候，再做有限的个案的具体分析；另一种方法则是，在对宏观理论有了一定程度上的、普遍性的、规律性的把握以后，进行广泛的、大量的个案分析。在个案分析的基础上，发展理论，甚至颠覆权威理论。"他认为走这条路的人似乎比较少，在中国几乎是绝无仅有，因为这种办法比较艰苦，其优越性是基础比较雄厚，在此基础上概括出来的理论，其可靠性和可行性都比较可观。孙先生显然就是绝无仅有中的一位佼佼者，他的文学理论认知，更倚重广泛、大量的文本分析，他一般不把现成理论拿来就用，他采用演绎法是极审慎的，他的方法论主要是归纳主义、证伪主义。有了广泛、大量的个案分析的背景，他就有了发展、颠覆原有理论，以致创构新理论的底气。他的文学文本解读学、文学创作论，主要便是以这种个案分析、归纳为基础的。

基于矛盾分析、具体分析的个案分析，是先生的拿手好戏，在文本个案分析上，神出鬼没、出神入化的辩证法的运用，还很少有人比他玩得更得心应手。这是他百试不爽、战无不胜的法宝。

文本个案分析是先生最重要的资源、资本，他的理论、方法，他的雄辩、才情、勇气、信念，在很大程度上就是建立在这上面的。他因此有理由、有实力挑战、俯视权威，他不轻易为他人折服，却可以轻易地令人折服。正由于此，他可以做到真正理论上的折衷整合、高屋建瓴，可以从容、自由地标新立异，而且所向披靡。

文本个案分析的才能与丰富的文本解读实践，可以视为他在个人创作经验、创作论、解读法独到研究之外的另一与众不同的特质。在文学理论界，兼具这多方面才具的极为罕见。因此，孙先生在理论与实践的融通上，成为让学生、教师、作家信从的"文学教练"，就不足为奇了。

要说什么才是这一切的根本，我喜欢孟子的"我知言，我善养吾浩然之气"。孙先生身上就有这种"至大至刚"的浩然之气。一般人认为"我知言，我善养吾浩然之气"，这两个分句是并列的，意为：我善于分析别人的言语，我善于培养自己的浩然之气。其实不然，二者是因果关系：因为"我善养吾浩然之气"，所以"我知言"，即因"养气"而"知言"。先生之"知言"，是由于"以直养而无害""配义与道""集义所生者"。先生天资聪颖，悟性极高；不谋势利，悲天悯人，心安理得；心无旁骛、专心致志、日思夜想于治学，"知言"便是水到渠成的事。

先生一辈子不当官（退休前当过最大的"官"是教研室副主任，退休后任文学院教授委员会主席，这不是什么官，是一种荣衔），也许觉得当官有碍"养气"吧，难以"直养而无害"，"行慊于心"。他不反对他的学生当官，可对那些"一阔脸就变"的官，不论以前师生关系多好，也毫不掩饰他的厌恶。他多次说起他学生中某高官的丑行，言语间充满鄙夷与不屑。先生不轻易骂人，但对于那些忘乎所以的官迷，气极时，也会一顿痛贬，就差没说："非吾徒也。小子鸣鼓而攻之可也。"先生是爱憎分明的。

在学术上，先生浩然之气表现为充满激情的不平之鸣，贯注于言说中的批判精神与智慧优越感，是光明正大、成一家之言的豪情与激情。"删繁就简三秋树，领异标新二月花"，用以形容先生的言说风格再贴切不过。先生不趋时媚世，人云亦云，总是意气风发地一扫陈言旧说。先生站在讲台，就能听到新说；发表论著，就能读到新见。从先生的言说最能感受到"养气知言"的境界与气象。

作为几十年追随孙先生的学生，唯一窥其门墙。他的才气、底气、大气是学不来的，他天赋、才情极高，难以企及。先生不讳言自己聪明，他说他是兄弟姐妹中天资最高的，父亲把所有聪明都遗传给了他。先生不属于悬梁刺股、焚膏继晷一类人，他是细水长流、水滴石穿的一类。他喜聊天，家中常高朋满座，丝毫不妨碍他做学问。我惊异于他的高产，像母鸡下蛋似的，不觉得下了一筐。我忝列"中才"（也许是高估了），再卖力也望尘莫及，何况我还没他那份精神头，先生精力旺盛几无人可及。这与他随时"充电"有关。与他一道外出，上车要是不聊天，他立马呼呼酣睡，下车已睡饱，精神抖擞。他常马不停蹄地各地奔忙，没见说累过。

先生不攀援权贵，诚心诚意做学问，是给予我最宝贵的精神财富。能沾到他"养气知言"的边就知足了。我仰慕先生在讲台上唯我独尊、横扫千军之豪气，辩才无碍的言说智慧与机敏。而今粉丝称道我的学术勇气与自信，皆拜先生所赐。与先生比，不如远甚。师父领进门，修行在个人。先生的才气、底气、大气没法学，顶多学点儿皮毛，最要是发挥自己的才气，寻求自己的底气。大气，则关乎方方面面的天赋、修养、历练，那只能听天由命了。

先生对学生、对我是极好的，始终不忘教导的责任。"诲人不倦"用于先生，再恰当不过。说来难以置信，时至今日，先生对我仍常教诲。从第一次上先生的课距今已40多年。

孙先生发给我一帧老照片，大约是二三十年前的，先生（左）"地中海"尚有"植被"，我（右）也略带青涩——"青涩"，是我一学生的观感。

不久前，先生看了我名为《养护想象力：通能教育之首务——当下认知误区与对策》（《中国教育报》2019年1月10日）的文章，知我研究想象，连发三条微信：

"新和，对于想象的研究，有学术化的余地。（1）语词形成就是用声音符号想象。（2）按马克思政治经济学批判导言，人把握世界有三种方式，一是理性的，二是艺术的，三是宗教的。建议读一本自然科学史。数学史，天文学史，化学史，物理学史，都可。太深，可读趣味天文学等。"

意犹未尽："关键在于，什么事物都是对立的统一，科学、宗教、艺术的想象有不同的规律，想象与理性，与艺术，与宗教，有不可忽略的特点。"

再补充道："要学术化。还要有系统的学术资源、文献。我想这可以写一本大书。难度挺不小，不要太急，有两个办法：一是从小处做起，如论儿童的想象，在英语里想象和幻想是两个范畴，这样的小题目，做成一个系统，再做大题……"

他得知我刚作演讲：《为人格养成、精神建构立本——中国传统诗教文化之精义》，以为我讲中国古典诗歌精神，又发三条微信：

"你的演讲中国古典诗歌精神，题目太大，讲不清楚的，很难有深度。现在从自然科学到MBA，大多从个案为基础，推而广之，在证明与证伪的历史过程中螺旋式上升，你讲中国诗学精神，不知有没有考虑到其中的矛盾和历史发展，危机等。"

我回复："我讲中国古代诗教，不是讲古典诗歌精神，题目没那么大。我是您的学生，怎会不考虑矛盾分析与历史考察相结合这个您送我的法宝？放心，这已融化进我的血液中了。"

先生顾自往下说："要建立一个学科，首先要有个基本范畴，其次在其内部矛盾中作层次分析，再次在其外部关系中分析，再再次，对天经地义的共识（常识）进行批判。最后对相关现象、经验，重新阐释。"再深化："一切，自然、社会、思想，都在运动，其动力在内部矛盾，转化，马克思用这个方法，确立以商品为范畴，以其内部矛盾，转化，以逻辑的螺旋式上升，写出了历史的必然发展。我说的外部关系是罗格的关系主义，南帆的理论生命所在。……要回到文本、经验，与西方文论飞跃向形而上的哲学，是两种路子。"

现在即使有这样热心的教师，也未必有如此水平。做孙先生学生乃大确幸。84岁的先生，仍关怀年近古稀的学生，耳提面命，谆谆教诲，普天下有几位？跟先生一样，我也喜欢科研方法论，一脉相承，同气相求。

左：与恩师、师母台岛行。右：师泽绵延数十载，惠及小女苇杭，对其创作才能极尽奖掖、扶持。

我心目中的教师，应兼具责任感与高智慧，一生与学生共成长、共发展。

在教师的内在涵养与外在表现上，我看重前者。内涵自会外溢成风采。

不论是站在"养气知言"还是"重学问"的立场，我都不太看重对教学形式的过度要求，尤其是模式化、概念化的条条框框。除了我一向反对教法主义、形式主义，反对搞花架子，我也不赞成上课非要讲义、教案不可。讲义、教案无非是学步车，是拐杖。精神卓越、学养深厚的教师，有无量妙悟，一切烂熟于心，教学内容、教法是可以根据教学情境随机调度的。只要有德性、学问、思想，有独特的见解，有没有讲义、教案便无所谓。没德性、学问、思想、精见，才不得不靠教法、设计、多媒体以博取眼球。能学识、技巧兼备最好，但于技巧不必苛求，更不可喧宾夺主。

民国时那些大师上课没几个讲究教学计划、教法的，大多靠学养、创见、名望，乃至个性魅力取胜。作家汪曾祺在《西南联大中文系》中说："刘文典先生讲了一年庄子，我只记住开头一句：'《庄子》嘿，我是不懂的喽，也没有人懂。'他讲课是东拉西扯，有时扯到和庄子毫不相干的事。倒是有些骂人的话，留给我的印象颇深。""沈先生（沈从文）不长于讲课，而善于谈天。谈天的范围很广，时局、物价……谈的较多的是风景和人物。"他们东拉西扯、谈天说地地跑题，照样对学生有吸引力——这恐怕机器人做不到。学生因为知道他们的学问、创作的成就，景仰他们；他们对眼前这人的兴趣，超过了对他教学内容的兴趣。这些教师正因为知道这一点，有恃无恐，才敢肆意跑题。一般人跑题试试，即便你正经八百地讲课，也抵挡不住"手游"的诱惑。

我刚开始教写作那年是认认真真写教案的，其实那时没硬性规定，完全是自讨苦吃，从根本上说是不自信，没底气，怕没教案教不了。第二年上课，便发现先前的教案基本无用，已换了想法，要大幅改动、更新。那时没电脑，难以修改增删，重写工作量大，灵机一动，改成用卡片补充、代替教案。卡片灵活、好用，可随时增减、调整、编排。上课带一叠卡片就行。这方法用了多年，直到 1999 年我用上电脑，卡片被 PPT 取代。若干年后，随着学识增长，觉得有没 PPT 已不太重要，用了反受拘束；不用更易发挥。从电脑又回归人脑，干脆 PPT 也淘汰了，教学内容全装脑子里，U 盘也不用带，带脑袋就行。外出讲座也这样，不用 PPT 讲得更自如、尽兴。有听众觉得奇怪：老师您一口气讲三个钟头，既没讲稿，也没 PPT ？他不知我上一整年课也如此，都装脑子里了。脑子装着几十年研究，十几部专著与多部教材，还对付不了一场讲座？花时间写教案，还不如去写书。教学，不是靠设计，而是靠学识滋养，从不自由到自由。悟性、学问、思想，是获取自由的通行证。

汉语言文学专业，相对而言，文学类课程最多，课时既多，也最好上。资料浩如烟海，唾手可得。再不济的，介绍作品情节，讲点儿作家逸事、明星八卦，口味越重，学生越听得津津有味，越觉得这老师好；口才好比学问好的教师好混，会讲故事的比不会讲故事的好混。学者大多学问好口才不济，不太会讲故事。口才、学问兼而有之的，便口吐莲花、倾倒一片。因此，总体上说，文学教师最讨喜，想不好都难。要是教不好，就无药可救了。——文学类中文艺学的课，在故事中勾兑点儿理论，学生就不是很喜欢。教师讲完故事，刚开始说几句理论，学生就迫不及待地玩手机。今天有些大学生的智商已退化为幼儿园小朋友，好听纯故事，对理论高度反感，将来不被机器人甩出几条街才怪。

写作课，既要理论知识，又要实践练习，且不能靠故事感众，作业没统一要求与标准答案，学生文章一篇一个样，因此最难上，写作教师最难当。既要学问好，文章好，又要口才好，反应敏捷，点评到学生心坎上。最好的写作课是理论与实践对接天衣无缝，学生作文，瞄一眼就能评得头头是道，叹为观止。林可夫、孙绍振先生便达这境界，中文系四大"铁嘴"，当仁不让地占据二席。

当年刘文典对沈从文便嗤之以鼻，极尽轻蔑嘲讽之能事。会写小说算什么，教"各体文习作""创作实习"有何学问？哪能当教授？连作家兼学者、勤勉至极的朱自清也不入法眼。他认为论工资，陈寅恪值400块，他自己值40块，朱自清值4块，沈从文连"四毛钱"也不给。在这样的鄙视氛围下，朱自清自然百般难受。他奋发努力，终致积劳成疾、英年早逝。"讲课毫无系统"、学生"往往觉得不知道听了一些什么"的不善讲课的沈从文，更加压抑而谦卑——我们这些沈先生"习作"课的后辈，更是"不学无术"，从落草教写作起，便脸颊烙金印："四分钱"不值——压力山大，难有出头之日。连沈先生都备受鄙视，我们这些小毛毛能怎的？

写作教师（还有语文教学法教师）在高校中文系最没地位，这是我入行后慢慢感受到的。一方面是文人相轻，一方面是体制问题。

一千多年前，一位治国理政不怎么样、写文章挺像样的皇帝——魏文帝曹丕，曾英明地指出"文人相轻，自古而然"。相互看不起，是文人骨髓里的劣根性，不足为奇。当今中文系，语言与文学是两大主干课程，属积淀深厚的"传统学科"，其他便是非嫡系杂牌军，姥姥不疼舅舅不爱。如果我是古代文学专家，也许看教写作的沈从文也不顺眼。不正常的是，官方认定的二级学科居然将"写作"排除在外，这就相当的滑稽。据说是听从某名牌大学某先生的一句信口开河的话，据说这是位语言学家，大约他与刘文典一样，认为"写作"是"技能"，不是"学问"，从而一锤定音，决定了写作学科的命运，断送了写作教师的前程，也断送了写作学事业。——写作学不是学问，那研究"为文之用心"的理论巨著《文心雕龙》是不是学问？《文心雕龙》是正宗写作学论著（或称文章写作学论著），是研究写作运思、构思，教人学写作的书。历代语言学、文学理论著作有几部超过《文心雕龙》？

对中文系学生来说，写作能力是其看家本领。写作不说是最重要的课程，也应是"之一"吧。遗憾的是，写作不但非二级学科，连三级学科都不知该挂靠哪里。各校只好各行其便，有的挂在"文艺学"或"现代文学"，有的挂在"语言学"或"现代汉语"。这种学科歧视，既不合理，也显失公平。这几十年，写作教师在教育部学科分类中没"户口"，作为"黑户"中的"黑人""黑"到今天，孤苦无依地"漂"着。想报课题都不知往哪儿报，"课题指南"中找不到"写作学"选题。发文章没官方认可的权威"核心刊物"，中国写作学会的《写作》杂志，连北大核心期刊目录都没进入，只好自封写作学科"核心"刊物以求心理平衡。各级政府奖评审，各学科专家都参与，唯独没写作学专家什么事。写作教师成了找不到"组织"的学术流浪汉，意味着难以获得课题，评职称，评奖——没有前途。在万般无奈下，许多人只好忍痛抛弃热衷的写作学事业，自谋生路、各奔前程。这个优秀群体生生被傲慢、偏见和不合理的体制给毁了，在学术研究上作鸟兽散。许多院校写作教研室不复存在，写作教师按自己科研兴趣，发配到相关教研室，成寄人篱下的"二等公民"，苟延残喘，夹缝求生。

高校写作教师本是高智慧群体，这不是因为我教写作自卖自夸。与一些中小学语文教师"光说不练"不同，高校写作教师大多能说会写。会写，表明有才气，有灵性、悟性，许多人转到其他专业都很出色。写作是人的综合素养的体现，我们老祖宗很聪明，科举考试专考写作，文章强，别的大致也不差。几篇文章一写，什么智慧、才华体现不出来？写作是人的元素养、元能力，研究写作居然不是学问，岂不荒谬？

制度设计重要性可见一斑。一分钟拍脑袋决定，要了写作学界几十年的命。其破坏、伤害之大，再几十年也难修复。

学科歧视，是我入行后受到的重创。由于我们教研室小环境好，部分抵消制度不公的困扰，得以坚守下来。最终持续地给我支撑的则是意识到其价值，是有了"立言"信念，无此定难坚持。这信念来自研究所获，来自先贤精神血脉，因而，要感谢我自己，先要感谢先贤。

在当年写作学界，福建师范大学中文系写作教研室名闻遐迩，为各校写作教师向往，取经的络绎不绝。林可夫、孙绍振先生的声名自不待言，来自中学的叶素青老师也相当棒，深受学生欢迎，是我的榜样。先我留校的颜纯钧、王光明前辈，也堪称学界精英。颜纯钧后任福建师范大学传播学院建院院长，博士生导师，写作学、影视学、传播学研究卓有建树。王光明调首都师范大学文学院，任中文系主任、博士生导师，还是著名的诗论、诗评家。还有林茂生、陈恬、范希建、林祁、王世彦……都是风头正健的青年作家。连我们的晚辈谢宗贵、萨支山都很优秀，谢宗贵是我校现任传播学院院长，萨支山后读北大博士，任职中国社科院文学研究所。孙先生常得意地说，颜纯钧、王光明、潘新和，你们都帮我改过作业——似乎我们就因给先生打下手当上博导。先生爱咋说咋说。

说这不是显摆，而是表明团队之重要。我们都是林先生、孙先生带出来的。

在这个群体中我是学生、晚辈，从恩师那儿受教颇丰，从颜纯钧、王光明那儿也受益匪浅，未必有正式的切磋、交流，耳濡目染就够了，一两句话就受用不尽。光明兄的成才，让我看到要占有资源，读原著，做第一手研究——他是靠抄书、查资料起家的。从纯钧兄的开阔、敏锐、深刻，我悟到要超越现象、经验，理论背景决定眼光、判断……他们也受惠于这个群体。

写作教研室鼎盛期 14 人，兵强马壮。该"全家福"是送林茂生（前排中）出国。孙绍振（前排左二），林可夫（前排右二），叶素青（后排左一），颜纯钧（前排右一），王光明（后排右二），范希健（前排左一），谢宗贵（后排左三），萨支山（后排右一），林祁（后排左二），缪继奋（后排右三）。此后各奔前程，盛况不再。

治史：治学第一桶金

◆ ◆ ◆

史识，向先贤借一副眼光，为治学格局、境界奠基。——题记

治学不治史（哭脸）……治学先治史（笑脸）……开始时，也许正相反。对此，你可不以为然或嗤之以鼻。

这感喟得从头说起，即使白说也得说，因为这太重要了。学者不明此理，光阴虚掷，一事无成。至少在可将芯片植入大脑的时代到来之前是如此。

写作学科、教师没学问、没地位，被瞧不起，由来已久。某些人觉得写作是实践、应用，靠的是经验，写作学没理论、没学问，即便有理论也无用——甚至圈内人也作如是观。这自是愚蠢——世上什么没学问、不需要学问？只有没学问的人，不存在没学问的领域。且学问本身并无高低贵贱。

倒回来冷静想，某些人也不全错，他们固然学问没大到睥睨侪辈的地步，当时写作学界确实没多少令人敬畏的大学者，搬出老祖宗的《文心雕龙》也未必能唬住他们，还是得看你自身的实力。

写作教师在学科歧视下做学问，艰难不言而喻，可无论如何还得靠自救。像孙绍振先生那样，拿出《文学创作论》《美的结构》《论变异》《文学文本解读学》《孙绍振如是说》《挑剔文坛》《演说经典之美》……谁敢小觑？对付白眼，只能靠厚重的治学成果，让他把白眼翻回去。如今，孙先生年逾八秩，学术地位仍难撼动。

我虽意识到学问重要，但对治学仍一头雾水。没人告诉我该怎样选题，研究的方法、步骤，只能摸着石头过河。先是凭有限的知识、经验，针对教学中遇到的问题，有感而发，随兴写文章，东一篇西一篇地发表，渐觉不对劲。我寻思，这么胡乱写有意义吗？拍脑袋能拍出思想？

这样写"论文"像学生写作文，只应付功课，有话几百字，没话字几百。凭什么你说的对，别人说的不对？我将"论文"加引号，表明我写的不是论文——我的积累还不足写出高水平论文。就跟某些中小学教师一样，写了不少文章，自认为是"论文"，实际上是教育随笔、经验总结、教学设计之类，没一篇论文。写"论文"却不知何谓论文，以为拍脑袋可以拍出论文。

我想不知怎么写论文、怎样治学，也许跟我没读硕士、博士有关。在导师指导下写学位论文，自然就知道论文是怎样、该怎么治学。后来我当硕导、博导，审阅各院校硕、博论文，才发现这不是事实。并非硕士、博士就会写论文，不少人跟我当初差不多，只是写得貌似论文，懂点儿规范，有的连规范也没做到，错别字、病句连篇。重要的是，他们多是做无"根"的学问——大约其导师亦如是——有其师必有其生。这并非危言耸听，至少在写作学、语文学专业内如此，我对这太熟悉了。

随着年龄增长，我越发相信治学首要是天赋。学历、学位、勤奋、忍耐等，不能说不重要，可远比不上天赋。不论做什么，最终拼的都是才气、悟性。在很大程度上，才气、悟性由上天决定。

治学与写作一样，不可教会。可教的是皮毛，精髓得靠自悟。

不知才气、悟性比我高的人怎样，我比较笨，有段治学彷徨期，苦于不知从何下手。

治学的要义，并非许多大师所言：找到自己的领域、选题，有自己的"根据地"，或了解学术界的前沿研究动态、热点选题与争议，以及当下存在的问题状况，或是从现实中发现、提出、解决问题，诸如此类。——这些或许没错，我也曾经这么想过、做过、说过，硕、博导师能这么告诉学生算不错的了。不过，我发觉还是不着调，依然身处迷宫，不得其门而出，没找到正路，未说到点上。

你怎知什么有价值或没价值，什么是真问题或伪问题？——想到语文界热火朝天的"真语文"大讨论，人人都说别人是"伪语文"，自己是"真语文"，不禁哑然失笑：凭什么呀？

学界这类"公说公有理，婆说婆有理"的无厘头闹剧，每天都在上演。当你缺乏值得信赖的眼光、判断力时，最好免开尊口，否则一切皆枉然。我琢磨的重点不是研究什么，而是眼光、判断力从何而来。

直觉告诉我，并非了解自己、现状就够了，还要了解在该专业、领域中的他人、历史。他人、历史的重要性大于自己、现状。这个他人，指的是历史参照系、学术共同体中的他人，不是个人、孤立的某人。缺乏他人、历史作参照，无学科学术纵深，就没宏观视野——眼光，也就无从对自己、现状作出正确判断。当然，只研究本学科的他人、历史，还不足以产生敏锐的眼光、判断力，只是打基础。高水平的眼光、判断力，还要凭借学科外参照系。

我意识到研究"现实问题"的命题虚假性。所有"现实问题"都不是孤立、偶然的，都有其发生的渊源，因果性与必然性。因此，要破解现实问题，光了解现实是不够的。不能头痛医头、脚痛医脚。学问得从根本做起，知根知底，才有说话的资本、底气。

什么是治学的根本？我以为当是了解本领域研究的源流，即该学问的本原、起点，后续演变、发展，即了解学术思想进化、累积、迭代过程。无他，非研究学科史，研究各时期代表人物、著述与典型案例不可。不知学科的缘起，不了解他人——先贤曾经的思考，没有接触、消化他们的智慧、思想，可能所有研究都白做。研究，意味着继承与超越，连前人做什么都不知道，谈何继承、超越？个中道理并不费解、神秘，隔层窗户纸罢了：治学先治史。

圣明如孔子都要从史中学习、借鉴："周监于二代，郁郁乎文哉！吾从周。"（《论语·八佾》）何况我辈庸众？

爱因斯坦说："大多数科学家深受其时代偏见之苦，而历史、哲学方面的知识可以赋予他们那种摆脱偏见的独立性。在我看来，这种由哲学洞见带来的独立性，正是一个单纯的工匠或专家和真正追求真理之人的显著差别所在。"[1]哲学思维来自史识，拥有历史、哲学的眼光，才能摆脱偏见，获得洞见。学者与科学家一样，对当下认知要拥有"史""哲"背景。想当"某某学家"，须先当"某某史家"，治学先治史。

对于年轻学者来说，最要是给终身发展奠基，可谁也不说该如何奠基，如何"入门"，什么是学问之"根"，普遍的学识"根据地"是什么，这让我大费周章，折腾好几年，走了不少弯路，才找到"治学先治史"这一起点，才明白"昨夜西风凋碧树，独上高楼，望尽天涯路"的含义："独上高楼"难，"望尽天

---

[1] 徐韬：《科学的限度：社会科学是科学吗？》，《新京报》，2018 年 8 月 18 日。

涯路"更难，但须"独上""望尽"，始知该何去何从，不致误入歧途。这是漫长的孤独而艰辛之旅。

与其重复别人说过的，或说得还不如别人，宁可不说，我丢不起这人——此可谓学术廉耻。

治学天赋应含学术廉耻心，有学术廉耻心，不自以为是，老老实实刨根问底，才有真知灼见，才对得起"学者"的称谓。

我与学问之间，隔着学科史这堵墙，不逾越无以治学。有人视而不见，欣欣然绕道而行。选择的不同，结果、意义也不同。我宁愿舍近求远、舍易求难，走自己的路。

人生最大荒谬是"梯子搭错地方"。有人貌似努力，使尽浑身解数，好不容易登顶，志得意满、风光无限之际，才发现梯子搭错地方了——什么时候开始爬、爬得快慢很重要，不过，总得先弄清梯子该放哪里。

不按规则抢跑、乱跑，迟早要被罚下场。治学"首场即终场"，人生不可重启。

治学得心安，梯子搭对才心安——"于心能安于理亦得"是我的祖训。

不知这是否"死心眼"，抑或事关学术良知、诚信？我没法确定，我不敢说不"治史"便"缺心眼"，或缺乏学术良知、诚信，这打击面太大，且有道德绑架之嫌，冒天下之大不韪。

也许降格以论，把这归为学术价值观或研究方法观稳妥点，价值取向或研究方法可多元并存。我私下偏执地认定：治学必得从"治史"开始。"治学先治史，无古不成今""论从史出"是常识，学界尽人皆知，唯独写作学界例外（后得知语文学界亦如是，再后得知文学界也如此——多因急功近利而浮躁），好像"治史"是傻事。他人怎样我管不着，我治史，他们治今——解决"现实问题"，大路朝天各走一边吧。

可我无法抹掉现实的尴尬。不可否认，趋易避难、趋利避害是人性使然，可我偏偏没法屈从此本能。明知治史是陡峭小路，且难言走得通否，也义无反顾地前行，哪怕付出百倍代价，也权当付学费。否则，我不安心、不快乐。——向先贤请益，何苦之有，何乐不为？

也许有人并非存心偷懒，只因不解读史、用史与治史之别。只有治过"史"，方知了解其区别之重要。有人会说我未必不知"史"，我读过不少史料，很重视史料，写论文时，我会去查阅史料，引经据典，这不就结了？这不是"治史"，充其量叫"用史料"。"用史料"与"治史"迥异。实用主义地零敲碎打，史料堆砌再多，也用不出眼光与判断力，遑论格局、境界。"治史者"与"用史料者"，就像设计师与打杂工，前者运筹帷幄、居高临下、洞彻全局；后者和泥挑沙，搬砖砌墙——只见树木，不见森林。

高瞻远瞩，自然是指理想的"治史者"——治学者，"治史"未必都有深邃的眼光与判断力，能承前启后。这眼光、判断力是从对第一手史料的微观、中观到宏观的系统研究中，由点及线及面，不断延伸、拓展，在长期、反复的揣摩、思考中形成的。不但要懂得研究史料、史实的方法，还要有想象力、悟性。否则，皓首穷经、胸罗万卷也枉然。

"用史料者"掌握史料甚多，基本上当成砖头、水泥甚至垃圾。望孔子门墙不得其门而入，弥足悲哀。

我对自己萌生"治史"愿望曾感困惑：当时写作学界，及我后来介入的语文界，极少有人"治史"，没人给我指示过"治史"路径，我为什么要自讨苦吃，把冷板凳坐穿？答案很简单：只为不人云亦云。开初也许有偶然性，只为避免"炒冷饭"，做无用功，并不知"治史"与"治学"关系，更不了解其真价值——治学先治史，无古不成今；由述而不作，到述中有作，再到以作为主；先要"照着讲"，才能"接着讲"……诸如此类研究格言、法则，我先是从"治史"实践中隐约悟到，后渐次明晰，知"治学"本该如此，历来如此，唯老老实实从"照着讲"做起，才能真正拥有学术话语权，这是治学铁门槛。

从"治学心灵史"探究看，这是必须搞清楚的，尽管也许无解。在排除各种内外因素后，我推测或许来自先父基因，他的语言学研究便从"语原"发轫，关注其起始语境、文化意涵，莫非这"源头"意识也流淌在我的血液中，给我悟性、想象力？——我始察觉治学才气、悟性之重要，它决定治学方向、路径，以致成就。才气、悟性比勤奋、努力更重要。我没丝毫自夸之意，只想表明做事要"适合"。一般人都不缺才气、悟性，差别只在拥有何种才气、悟性，是否找到"适合"自己的事。

对"治史"的忽视，其他学科领域学者也一样。关注"治史"的人，即想通过"治史"获得良好的眼光与判断力的人，总是少之又少，因为这实在太难，耗体伤神，吃力未必讨好。能从"照着讲"到"接着讲"的人寥若晨星。自然科学研究我无能评价，人文社会科学，尤其是汉语言文学学科下的各专业研究状况我还是有所了解的，学问越做越小、越窄，是不争的事实。各管一个小领域，一辈子研究一本书、一个人物、一个流派，是普遍现象。眼界、格局太小，学识太狭隘，名副其实的"专"家。这与缺乏治学天赋、才气有关，与教学、科研精细分段（古代文学分为先秦两汉、魏晋南北朝、唐宋、元明清，实际上分得还更细）有关。

有无"史"的背景与眼光，认知便不在一个层次。若无"史"的观照，不说与古人超时空对话，与前辈、同辈对话也没资格，如"鸡对鸭讲"。

20世纪40年代初，闻一多先生在《唐诗杂谈》的《宫体诗的自赎》中，谈到张若虚的《春江花月夜》，赞赏有加，称之为"诗中的诗，顶峰上的顶峰"，称颂道："在这种诗面前，一切的赞叹是饶舌，几乎是亵渎。"……便是基于"诗史"的眼光与情怀："这里一番神秘而又亲切的、如梦境的晤谈，有的是强烈的宇宙意识、被宇宙意识升华过的纯洁的爱情，又由爱情辐射出来的同情心，这是诗中的诗，顶峰上的顶峰。从这边回头一望，连刘希夷都是过程了，不用说卢照邻和他的配角骆宾王，更是过程的过程。至于那一百年间梁、陈、隋、唐四代宫廷所遗下了那份最黑暗的罪孽，有了《春江花月夜》这样一首宫体诗，不也就洗净了吗？向前替宫体诗赎清了百年的罪，因此，向后也就和另一个顶峰陈子昂分工合作，清除了盛唐的路，——张若虚的功绩是无从估计的。"他的评论引发了后代诸多质疑。如，是"自赎"还是"超越"，《春江花月夜》的意义与价值是否被高估了，《春江花月夜》是否宫体诗，非宫体诗的超越能否称"宫体诗的自赎"……要说清这些问题，哪一个不需要对宫体诗史、诗史、文学史的"史识"？没有"史识"如何与闻一多对话？

闻一多不但向前看，而且向后看，他是站在"诗史"宏观上立论，因此不存在是"自赎"还是"他赎"的问题。我以为，在他看来，站在"诗史"发展的立场，所谓"自赎"与"他赎"并无严格界限，"自赎"包括"他赎"，"他赎"也是"自赎"，张若虚的《春江花月夜》，既可以看作是"宫体诗的自赎"，也是"诗的自赎"。该诗可谓是"物极必反"之"反"，是"宫体诗"的终结者，"诗"风的开创者；其"宇宙意识"，与陈子昂合流，开盛唐一代诗风，如此，她是否是"宫体诗"就不重要了。何况该诗《春江花月夜》题目就是沿用前人宫体诗的，说其是宫体诗之余绪也说得通。闻一多所论既是针对宫体诗，又超越宫体诗，该诗与陈子昂的诗殊途同归，为"盛唐"诗的勃兴清障开路，他之前的那些作者都是"过程"，或"过程的过程"，只有他是"洗净""赎清"，是最后的终结，因而其贡献之大无可置疑。不论哪一类诗，都是在诗的体式范畴内承传、轮回、超越、发展，浅薄者看不到"诗史"源流嬗变，只见一隅得失、计一偏优劣，难免失察、遗珠之憾，"史识"之重要可见一斑。

缺乏"史识"之人，半碗水淌得很，往往拘执于枝节问题，死钻牛角尖，自以为是，妄论是非——偏执，就是这么产生的。在"史"上没下功夫，即便读不少书，持之有故、言之成理也枉然，还是雾里看花、一知半解。等而下之的故意抬杠、抹黑，以"碰瓷"吸引眼球，居心叵测的自我炒作与胡乱批判，这比浅薄、无知、愚蠢还可怕。称这些小人为学界"害虫"并不为过。

对某些人非议，闻一多不会系怀，他们与他不在同一智慧量级。

站在清华园闻一多塑像前，我感受到凛然、磅礴，充溢天地的浩然之气，折服于思接千载、视通万里的诗性想象力，不由深深鞠上一躬。斯人已逝，难觅真诗人。

应窦桂梅邀请赴清华附小讲学，小住清华园，亲近闻一多。

闻一多，胡子拉碴，沉思默想，目光犀利如电。他吸口烟，缓缓吐出，起身，走进时间，留下永远的伟岸身影——除了他，谁能把诗论写得如此灵动深邃？他的《唐诗杂谈》，是诗论中的诗论，其见识庸众难以领会，鲜活文字令人心醉神往。读他的诗论，才知何谓"文质彬彬，然后君子"——余光中也算学贯中西的饱学之士，诗论诗意盎然，堪称一时之选，但较之闻一多，则显豪迈、傲逸不足，力道稍逊一筹。

学界诸多困惑、质疑、批判、反驳，皆缺乏"史识"所致。浅狭昏聩之人，无缘领略"史识"眼光之大气。"史识"得之不易，有无"史识"，所见大相径庭。所谓"史识"，就是掌握历史逻辑，穿越时空，得以高瞻远瞩，才有洞见。

眼高超绝者，曲高和寡，知音难觅，世人不解是常态，天才必是孤独的。"前无古人，后无来者"，能不孤独？纵使粉丝无数，还是孤独。现世孤独，身后还是孤独。老子、庄子、孔子、司马迁、曹雪芹、鲁迅……谁懂？他们哪个不是孤独者？"把吴钩看了，栏杆拍遍，无人会，登临意"，是豪杰、天才特立独行的代价。

天才与天才间，也未必能相互理解，史识相异，甚至更隔膜。

胡适"最低限度"的国学书目曾饱受诟病，同为著名文史学家的梁启超对其完全不理解，批评极尖锐："胡君这书目，我是不赞成的，因为他文不对题。"① "总而言之，胡君这篇书目，从一方面看，嫌他挂漏太多；从别方面看，嫌他博而寡要，我认为是不合用的。"② "不顾客观的事实，专凭自己主观为立脚点。"③ 还指出"把史部书一概屏绝"，有《三侠五义》和《九命奇冤》等市井小说，居然没有《史记》《汉书》《资治通鉴》等重要的史书。——初看梁任公所言，颇觉在理。

后来我不自觉地采用"历史的线索"治史，才明白胡先生编订书目良苦用心："用历史的线索做我们的天然系统，用这个天然继续演进的顺序做我们治国学的历程。这个书目便是依着这个观念做的。这个书目的顺序便是下手的法门。"④ "国学的使命是要使大家懂得中国过去的文化史；国学的方法是要用历史的眼光来整理一切过去文化的历史；国学的目的是要做成中国文化史。"⑤ 胡先生开的国学书目，意在培养学生历史感，了解文化史概貌，与其中有没"史书"没太大关系。他称"这虽是一个书目，却也是一个法门。这个法门可以叫做'历史的国学研究法'"⑥。了解他的意图，有了"历史的线索"治学观，知道"研究历史"与"读史书"的差别，便可释怀。如要选边站，我选胡适——批评者大约多不解其理念。

治史与读史、用史料是两码事。窃以为对学者而言，史书可读可不读，"史"

---

① 胡适：《胡适文存》（二集），黄山书社，1996年版，第109页。

② 同①：第112页。

③ 同①：第110页。

④ 同①：第78页。

⑤ 同①：第10页。

⑥ 同④。

则非"治"不可。治史靠史料，不靠史书（可资参考）。史料是一手的，史书是二手的。对于治史，史料比史书金贵。史书是写给外行看的。

胡适说："我们研究无论什么书籍，都宜要寻出它的脉络，研究它的系统，所以我们无论研究什么东西，就须从历史方面着手。要研究文学和哲学，就得先研究文学史和哲学史。政治亦然。研究社会制度，亦宜先研究其制度沿革史，寻出因果的关系，前后的关键，要从没有系统的文学、哲学、政治等等里边，去寻出系统来。"[1]这就是研究的历史观。研究对象不是孤立存在的，是存在于历史中，只有在历史脉络、系统中，才明了史料的意义、价值，才能对其作正确判断。

治史不是了解史料，而是掌握历史，形成宏观、系统认知，获得无中生有的视野、眼光，获得无为而治之大道。避免坐井观天、瞎子摸象，靠一己感官、经验或道听途说产生鄙陋偏见。

为了求"系统"，涉及面就广，书目有点儿大；一般人读不了，的确不必读那么多，这另当别论。这一点，梁启超批评得对："把应读书和应备书混为一谈。结果不是个人读书最低限度，却是私人及公共机关小图书馆之最低限度。"[2]胡适接受了，将188部精简到38部。这不是他方法不对，而是未考虑现实可能性。

要区分是治学还是泛览，治学，自然要多读些，要成系统。显然，胡适的"历史的国学研究法"，是定位于治学，但的确书目太庞大，与"最低限度"不符。人的精力、时间有限，选最具代表性的即可。

我遗憾的不是胡适书目过大，而是众人皆不解其苦心——而今尤甚，即便知道"治学先治史"，治史才有眼光，也无人愿为此"下死功夫"，这便无可救药了。

治学本寂寞（须坐冷板凳），加之治史的寂寞（未能立见成效），寂寞便是双重的——当倾心投入时，不曾想双份寂寞应换来双份回报，治学不是做生意。"治史"的付出，多年后才受益——也可能毫无裨益，甚至无益而有害——取决于能否入乎其内，出乎其外，能否不为史料淹没，洞幽索隐。一旦获益，则红

---

① 胡适：《研究国故的方法》，《民国日报》副刊，1921年8月4日。
② 胡适：《胡适文存》（二集），黄山书社，1996年版，第110页。

利源源不断，利滚利，无限增值。如此高回报、高附加值，与"数钱数得手抽筋"感觉相似，然而，此快感生意人无福受用，这自是后话。

应"千课万人"张伯阳兄之邀，听课、评课，全神贯注状。

进入"治史"才领会其艰难，方知何以让人望而却步。

首先是鲜有可借鉴的现成研究成果（写作学科没有，其他学科有，而且还很多），这出乎我的意料。寻遍图书馆也找不到一部中国写作学史或中国写作教育史之类的书，这使我颓丧。不过，现在反思则感庆幸，因为坏事变好事。没有现成研究成果，逼我丢掉走捷径的幻想，不得不白手起家，做第一手研究，给写作学科写史。阴差阳错走上正确的科研之路，找到安身立命之所——当时我没料到治史使我得以再次"弯道超车"。

算是机缘巧合，如有现成研究成果，人都有惰性，我也许会误入歧途，失去钻研的动力——既然别人已说各时期写作教育是怎样的，有哪些主要研究成果，名家持什么观点……照葫芦画瓢就成，何必徒费心力？那时我对"治史"一头雾水，对研究方法一无所知，极易受已有成果的诱惑与影响。幸亏没现成成果，不得不丢掉幻想，死心塌地地从零开始。不是有句老话：一张白纸好画最新最美的图画！

后来才明白读别人写的"史"有小用无大用。治学要读第一手资料，不是他人写的"史"。就"史"书作者说，那是心得的记录，你读了，记住了，只是占有作者的"史观"，并非做学问。第二手资料与成果，代替不了第一手研究。别人的眼光与判断，不会变成你自己的——要是变成你的就坏了，说明你被套牢，成了传声筒。

接着的困难是怎么研究。两千多年中国写作教育史从何入手？这是最感头疼的事，可用"望洋兴叹"来形容。这是"治史"的头号难题。

面对浩瀚的史料，可选择的研究路径、角度很多，不可能全覆盖。同样是治史，因目的不同，路径、角度也不同。自然可以率性而为，饥不择食随便读，捡到筐里就是菜，捡多少是多少。现实生活中，这类人潇洒、呆萌，在学术上，却是白痴。

同样治史，学者与史家目的不同，研究方法就不同。

一般学者的治史，不是要成为专门的史家，一辈子就做这事。史家要尽量全覆盖，巨细不遗，求得博与专的统一，尤注重考据、实证。一般学者的治史，是要从"史"中获得深邃的眼光与敏锐的判断力：完善自身的知识结构，形成良好的前理解，获取必要的参照系与史料。这是要严格区分的。

史家的治史，"照着讲"是其全部学术使命。而一般学者的治史，"照着讲"不是目的，"接着讲"才是目的。"承前"是为"启后"作准备。"治史"是获得"踏板"，给之后的"接着讲"腾空一跃以助力。因而无须面面俱到，一览无遗；或过于专门化，搜罗剔抉、精雕细刻。——我更看重宏观、整体的感受、把握，战略性、体系性的融会贯通。

"照着讲"是解决从无到有的问题，"接着讲"是解决从有到通的问题。

学者治史是为了统揽史料，形成史识。史家治史是为了考订史实，撰写信史。目的不同，方法有异。相对而言，似乎学者治史门槛略低。其实未必，当我进入"治史"才领会其同样不易："照着讲"难在无从下手，尤其是能否古今贯通，形成宏观认知；后续的"接着讲"更难，难在集大成之原创性。若无"接着讲"，基本上是前功尽弃，如此"照着讲"就没什么意义了。

再难也得从微观做起，须掌握大量第一手资料，尤其是经典性、代表性资料。获得第一手的轮廓性、观念性认知是关键。这有赖于思维洞透力，需强大的感受力、抽象力、想象力。较少人具备这样的能力，多数人则被浩如烟海的资料淹没，不是随波逐流不知所终，就是被滔滔洪流窒息而亡。

语文界"治史"不乏其人，多见树不见林，介绍性的，如随意对某些古代、民国大家的著作、教材做点儿述评，这不是不可以，但用处不大。弄不好还造成误解、误导。这类"治史"不可能形成良好"史识"，对"接着讲"无益。清代史学家章学诚区分"功力"与"学问"不无道理。"功力"长"知识"，"学问"长"见识"（史识），有"知识"无"见识"，不乏其人。

为"接着讲"作准备的"照着讲"，是为了获得对"史"的基本认知，以期有超乎常人的眼光、史识，这不能一步到位。"照着讲"之始，往往很幼稚，先解决从无到有的资源问题。从占有史料，到深思熟虑、高瞻远瞩，前路漫漫，须付出毕生之功——且前途未卜，到头来可能竹篮打水一场空。

学者治史未必都能获得深邃的眼光与判断力。眼光、判断力是从对第一手史料的微观、中观到宏观的系统研究中，由点及线及面，不断延伸、拓展，在长期、反复的揣摩、思考中累积形成的。不但要懂得研究史料、史实的方法，还要有想象力、悟性。否则，即便著作等身，也依然是"门外汉"。

望孔子门墙不得其门而入，是学者的悲哀。

学者治史从何入手是头号难题。初入门者，面对史料，可用望洋兴叹、束手无策来形容。"照着讲"，面对几千年源流，资料汗牛充栋，谁都无法面面俱到，因而，从何入手最考验学者智慧。

刚开始我也茫然，但我想从历代代表性人物入手，研究其代表作，探讨其写作观、写作教育观，可能较符合我的目的，也是切实可行的。按照"历史的线索"，找到代表人物相对容易，人物可多可少，有主有次，不必求全。可根据时间与能力选点，逐步拓展、推进。代表人物的思想、观念，决定写作与写作教育方向，最需要把握。由人物进入，旁涉相关的时代、制度、著作、教材、教法等，择要阅读就够了。

抓住代表人物主要著述，便能由此及彼了解方方面面，从中悟到其写作观、写作教育观。

以"历史的线索"将人物思想串起来，加以抽象、比较，分析、综合，将形成宏观认知。如果从分散、孤立的论著、教材、教法入手，因过于庞杂，菁芜并存，难以驾驭。例如，民国时期，光语文教材就数以百计，即便搜集得全，也看不尽研究不完，进去就出不来了，泥足深陷，且挂一漏万，歧路亡羊，哭都来不及——传统语文教育研究从教材入手，便是前车之鉴。若连极重要的《昭明文选》《文心雕龙》《四书章句集注》《文章轨范》《文章正宗》《古文辞类纂》《经史百家杂钞》等教材，都没专门深入研究过，如何形成清晰史识？如从代表性人物入手，重要教材便不会遗漏。不是不可以从教材入手，但把握其教育思想不易，一不小心就跑偏了——小心也没辙，不是谁都火眼金睛。

还有个研究顺序的安排问题，这似乎有点儿难，不过没费什么心思。我分别从古代的先秦到清代，现代的清末民初到当代，向先贤请益。

古代时间跨度大，两千多年，我从"源头"与"流尾"两个方向分进合击。"源头"，从儒家文化祖师爷孔子始，读《论语》，然后《孟子》《荀子》《老子》《庄子》《墨子》《韩非子》《论衡》……一路读下去，古代写作教育思想的源流脉络、承传嬗变渐次清晰。"流尾"，则从清代唐彪始，读他的《读书作文谱》，可以反观、回溯历代写作教育观，因为《读书作文谱》可谓集古代读写观之大成——我从该书获益之多始料未及。唐彪生于清初顺治、康熙年间，金华名宿，尝问学于黄梨洲（宗羲）、毛西河（奇龄）之门，乃胸罗万卷的饱学之士。他就读写中诸多问题进行阐述，有较大覆盖面，更重要的是，他对每一问题论述，均兼容并蓄历代名家观点，仿佛敞开古代写作教育大门，得窥其轮廓；如获研究路线图，可按图索骥查找历代名家言论，丰富我对先贤思想的认知。

说来见笑，这些原典、经典我是初读，算是"补课"。我已过 35 岁，年近中年才读国学经典，相见恨晚，一见如故。能向先贤请益，亲聆教诲，见识人类最伟大的思想，是莫大福气。与以往凭经验摸索，读浅薄之作比，始觉天壤之别。

读古代经典，特有新鲜感、获得感，为自己曾经错过懊悔，为他人仍执迷不悟惋惜——读现代，此感觉淡薄许多。即便同是名家，也相形见绌。

研究现代写作教育史，时间跨度小，百多年，相对容易，重点是民国时期。清末民初是现代语文教育草创期、成型期，也是当时文化精英集体参与的年代。不少大师加入白话文创构与白话文教育的建设工作，因此，其重要性不可小觑。我最先研究的是胡适，然后是梁启超、陈望道、朱光潜、黎锦熙、朱自清、叶圣陶、夏丏尊、鲁迅、阮真……读他们的语文教育著述，包括教材及相关资料。1949 年后虽局部有所不同，总体上与前一脉相承，仍以实用主义为主导。要说变化，是离"旧教育"（汉语母语教育精髓）更远，"西化"（加上"苏化"）、"二语化"更严重。

窃以为，史的研究，古代比现代重要，原因有二。

其一，现代白话文教育有悖于汉语母语教育正途，变质为外语、"二语"教育。现代白话文教育与传统汉语母语教育形成断裂，分道扬镳，导致异化为外语、"二语"教育，从理论到实践，基本是复制、移植，致使研究价值削弱。

清末民初以降，废科举、兴新学，"废止读经科"，学界精英急不可耐地与"旧文化""旧教育"切割，抛弃所谓知识本位的古典主义，重起炉灶另开张。严格说来，是砸掉自家旧炉灶，安上外国新炉灶，"中餐"改"西餐"，从指导思想到教材、教法，全盘"西化"。如以杜威实用主义、工具主义为指导思想，以儿童本位、生活本位编教材，运用克伯屈的设计教学法等。致使现代语文教育背弃汉语母语教育正轨，尊崇、膜拜异质教育文化，这有一定作用，但与传统教育文化对冲，弱化汉语母语教育应有之义，阻碍其理论思考——对其经验教训的总结，可深化汉语母语教育认知，以期拨乱反正。

其二，古代、现代时间跨度悬殊，导致人才、思想积淀的差异。古代三千多年，现代一百多年，时间跨度对比悬殊，思想成果有天壤之别（其他学科情况可能有所不同）。古代，特别是先秦时期，是源头性、奠基性的，很多思想影响至今，诸如"有德者必有言""述而不作""修辞立其诚""辞达而已矣""言之有物，言之有序""我知言，我善养吾浩然之气""道可道，非常道；名可名，非常名""道之出口，淡乎其无味""古之善者则述之，今之善者则作之"……精彩至极的认知举不胜举，跨越时空，仍然风采不减，其经典性、深刻性不容置疑。

千年与百年间出现的伟人，源头性、原创性与后继性、复制性思想，分量不可同日而语，更何况现代白话文教育从一开始就误入歧途。现代白话文教育固然也有其起源，多为照葫芦画瓢的引进，毕竟大不一样——待经过深入研究，较清晰地建立起古、今参照系，得以两相比较，感觉更是不同。

有些话让人终身思考不尽，受益无穷；有些话则味同嚼蜡，一钱不值。读古今相关论著，其认知水平反差强烈，这种情况并不鲜见。

尽管治学成就有高下之别，学者仍须力求古今贯通。"贯"易"通"难。"贯"只需通读，熟悉、占有史料，厘清因果。若要"通"，述学——"照着讲"的方法，除了修史（学科发展史、学术思想史等）外，往往还可以通过讲论、集注等，使认知得以深化。此三者并无先后、轻重，相互交融，则相得益彰。多数人难以三者兼顾，能做好一件就很了不起。

修史，难度大，故罕见问津者。如能将长期累积的述学成果编撰成史书，效果最佳。这表明你大致古今贯通了。修史须思考如何恰当地分期，理清史料的内在联系、特点、要点等，宏观、中观、微观认知精辟、缜密，各得其所，相互支撑。史书不宜合作完成，将一己洞见贯穿其中，才能保持内在整一性。修史过程，即史识深化过程。

儒学集大成之"通人"首推朱熹，其"贯通"法主要是讲论、集注。

讲论，就是讲学、论辩，朱熹对与师友、学生间切磋学问的看重，甚至超过著述："学者要学得不偏，如所谓无过不及之类，只要讲明学问。"[①] "圣人说：学之不讲，是吾忧也！若只恁地死守得这个心便了，圣人又须要人讲学何故？若只守这心，据自家所见做将去，稍间错处都不知。"[②] "持守可以自勉，惟穷理须讲论，此尤当勉。"[③] "看文字，且自用工夫，先已切至，方可举所疑，与朋友讲论。"[④] "学要大纲涵养，仔细讲论。"[⑤] "若致知之事，则正须友朋讲学之助，庶有发明。"[⑥] 讲论，"自用功夫"和"与朋友讲论"合一，是为了"学得不偏""庶有发明"，即不主观自是（这有反对"心学"意味），得其精微，达成中庸——《朱子语类》是对朱熹讲论原汁原味的还原，如此博大、深刻而又率性、鲜活，也只能出自朱熹。可以想见，其讲论时宏论滔滔、神采飞扬，学子如醉如痴、心驰神往——未读此书，难体会其穷理尽性之高绝，游刃有余、挥洒自如之气度。

讲论不是讲课、讲座，必须以系统、深入的治史为背景。

口吐莲花的底气来自学养、才智。学识之深化、涵养之深厚，既有赖于史料爬梳、讲论砥砺，也与"集注"的博采、扬弃、折衷有关，说、辩、写交互，可得相辅相成之效。集注也是学问贯通的最好方式之一，即对某经典研究史之研究。朱熹《四书章句集注》《楚辞集注》等即是，堪称教科书级别，为后学仰望。撰写集注所下功夫及其效用，与一般望文生义的译注，随便抓几本参考书，拼凑成文，不可同日而语。兼容并蓄、消化众说，成一家言，对"史识"提升有绝大好处——集注与修史一样，可作为一生的事业。朱熹临终前一天还在修改《大学章句》。其《四书章句集注》能成为后世钦定教科书和科举考试标准，不是没道理的。百炼钢才能化为绕指柔，须对经典从微观到宏观逐一审视、梳理，对历代著名学人的注疏加以辨析、综合，对见识不断打磨、修正、增益，方得真知灼见。其涉猎之广、难度之大、过程之艰辛，可想而知。

① 黎靖德编，王星贤点校：《朱子语类》(卷13)，中华书局，2015年版，第229页。
② 黎靖德编，王星贤点校：《朱子语类》(卷139)，中华书局，2015年版，第3318页。
③ 黎靖德编，王星贤点校：《朱子语类》(卷119)，中华书局，2015年版，第2866页。
④⑤ 黎靖德编，王星贤点校：《朱子语类》(卷11)，中华书局，2015年版，第186页。
⑥ 朱熹：《答刘子澄》之二，《晦庵先生朱文公文集》(卷35)，《朱子全书》，上海古籍出版社，2002年版，第1534页。

修史、讲论、集注（包括集释、集解）等，多管齐下，自然"贯通"效果最好。朱熹虽未著史，但其异禀奇才，另当别论。他通过讲论、集注及其他专书，替代著史，认知更透辟。他几乎把学问做尽，因而通透。他不但以此法"照着讲"，甚至一步到位"接着讲"——理学（新儒学）体系建构，也蕴含其中。

上述获取史识的方法，大约概莫能外。我岳父高时良先生，身处逆境（被打成"右派"）仍将三事做全，殊为不易。讲论，他长期教授"中国教育史"系列课程，带研究生，相互切磋；修史，撰写《中国古代教育史纲》；集注，出版《学记评注》《学记研究》《学记》（译注）。《学记》一篇，1200余字，历代注疏无数，所涉典籍汗牛充栋，他研究数十载，几易其稿，穷毕生之功。该著作出类拔萃，获学界公认，亦奠定其教育史学界地位。他担任《中国大百科全书》（教育卷）教育史学科组成员，《教育与心理辞典·中国教育史》主编……便是对其学术影响的认可，而今如此治学有几人？

并非皓首穷经即可"通"，要在某领域做到登峰造极、无与伦比，方为"通"。"通"，即通透，指超乎寻常的史识、眼光——统揽全局的洞察力、判断力。这不但要勤奋、有毅力，尚须才气，以至机缘，因此"通人"罕见。治学，是使命；能走多远，是宿命。

述学，反复读经典，时有豁然开朗之感。别小看原典有的仅只言片语，却是后世思想源泉。其逼真度之高，超乎想象。称"字字珠玑"并不为过。有些话乍看没道理，随着时间推移，越琢磨越有道理，确乎"百家腾跃，尽入环中"，常有"眼前有景道不得，崔颢题诗在上头"之感喟。

就拿众所周知的"有德者必有言"来说——"有德者"怎会"必有言"？

浅尝辄止的自作聪明：二者没必然因果关系，以常识也能证伪。

其实不然，这话没错，深得为文之道。是常识错了，不解其深层语义。孔子的"有德者"，并非现在所谓道德高尚之人。

"有德者"即"君子"："文质彬彬，然后君子。"所谓"文质彬彬"的"文"，指的是"礼乐教化之迹"——彰显于外者，"礼乐教化之迹"是"质"，彰显于外的就是"文"，因而，有"质"，必有"文"；"有德"亦即"有质"，"质"必外化为"文"，同理，"德"必外化为"言"，岂不是"有德者必有言"？

《论语》的"德"，所指不是抽象的，有其丰富内涵。"修德"，与"学""思"

"悟"联系在一起，就是说，"有德者"，即有道德、学养、思想、涵养之人，道德、学养、思想、涵养充盈，自然会形之为美好的言语，即"必有言"。此言强调写作须在根本上着力，"立人以立言"，不必在言辞上徒费功夫。

孔子"三达德"："子曰：知者不惑，仁者不忧，勇者不惧。"（《论语·子罕》）智、仁、勇，是儒家道德三范畴。不惑、不忧、不惧，也表明"有德者"具有深厚内涵与优秀品质。《礼记·中庸》："知、仁、勇三者，天下之达德也。"朱熹："谓之达德者，天下古今所同得之理也。"（《四书章句集注》）可见"有德者"不那么好当。

"君子尊德性而道问学，致广大而尽精微，极高明而道中庸。"修炼到"尽精微""道中庸"，方为"至德"。如此"有德者"，怎没"美好的言辞"？

"德"与"言"之间的距离，隔着"学""思""悟""养"，从而孕育"精微"与"中庸"的"理""道"。

有德者，亦即明理者、有道者。诚如宋代理学家程颐所言："古之学者修德而已，有德者言可不学而能。"修德过程的明理悟道，包含着"养言"。朱熹说："大意主乎学问以明理，则自然发为好文章，诗亦然。""道者文之根本，文者道之枝叶。惟其根本乎道，所以发之于文皆道也。三代圣贤文章，皆从此心写出，文便是道。"这把理与文、道与文的关系，说得再清楚不过。

"有德者必有言"，开"言"本于"修德"，写"道之文""学问之文"之先河，形成了儒家主流写作观，表明是"德"决定"言"，"道"决定"文"，"德""气""道""理"这些内在修养的是本，"言""文""技""术"这些外在表达形式、技能是末，反对言之无物、华而不实的"辞章之文"。

后来我读韩愈《答李翊书》："道德之归也有日矣，况其外之文乎？""仁义之人，其言蔼如也。"便想其典出"有德者必有言"——"文"是"德"的"外"化。道德修养到家，自会外化为好文章。"仁义之人"即"有德者"，其"言"必和顺、中庸。

再读苏轼《答张文潜书》，亦会心一笑。从孔夫子"有德者必有言"，到韩愈"仁义之人，其言蔼如也"，再到苏轼"其文如其为人"，"立人以立言"思想，一脉相承。

今天许多人不明于此，撇开"德"（学）练"言"，撇开"质"求"文"，写无"德"（学）之"言"、无"质"之"文"。好好读《论语》，读韩愈、欧阳修、苏轼、程朱……弄懂何谓"有德者必有言"、道体文用，就不至于干舍本逐末、吃力不讨好的蠢事。

从经典中辨识道统文脉之传承，从"痕迹之痕迹"中察觉思想流变，与作者颔首神会，是件开心事。修炼心性、追根溯源，怀"起底"念头，发他人未见，乃"治史"乐趣。

再说孔子的"述而不作"。字面不难理解，证伪也不难，其实大有深意，深得为文之道。

"述而不作，信而好古，窃比于我老彭"，"周鉴于二代，郁郁乎文哉，吾从周"……表面看是厚古薄今，开历史倒车，或曰自谦之辞，实为给研究"立法"。夫子之道，皆源于"述而不作，信而好古"——这是冯友兰"照着讲"的源头。

所谓"述而不作"并非"不作"，是包含并走向"述而有作"的，"不作"是为了更好地"作"。诚如朱熹所言："孔子删《诗》《书》，定《礼》《乐》，赞《周易》，修《春秋》，皆传先王之旧，而未尝有所作也。……夫子盖集群圣之大成而折衷之，其事虽述，而功则倍于作矣。"——"集群圣之大成而折衷之"，表明孔子于述旧中加以"折衷"，便是有所发展、创新，是一种创造性继承与弘扬，即"整合的原创"，是高级形态的"作"，抓住了根本。

两千多年前，孔夫子就知道文化承传的重要，明白何为"本""末"，太了不起了。无古不成今，治学先治史，学问始于"述学"，折衷旧说以阐明新见，"阐旧邦以辅新命"，等等，是后学遵循的治学正道。虽然也许墨家观点更辩证："古之善者则述之，今之善者则作之"，是对"述而不作"的深化、丰富，但万变不离其宗，都离不开"述旧""析旧""传旧"这个源头、根本。没有对"古之善者""述之"，就不知何谓"今之善者"，又谈何"作之"？——明白于此，就知道为什么先贤多好古，为什么总念念不忘源头性经典，就知道写作、科研功夫要从"述学""传旧"做起；懂得追根溯源，就不会信口开河、胡说八道了。

要当"明白人"，从"述而不作"始。

了解源头性经典言论、观点，才明白后世沿革、发展。不了解这些，便不懂后世思想之原委，可能以错为对，以对为错。从某种意义上说，后世错误的观点、行为，大都与不了解、背离源头性经典有关。缺乏"史"的背景与眼光，浅薄、偏执、自以为是，是必然的。

读源头性经典，常有相见恨晚、话被说尽之感，由衷敬佩先贤的智慧，恨生不逢时，不能与其同游，当面聆教。这种敬意、憾意常伴。

"三不朽"，大家耳熟能详："大上有立德，其次有立功，其次有立言。虽久不废，此之谓不朽。"（《左传·襄公二十四年》）——然而，我读此还是感到震撼与钦佩。两千多年前，先贤已在思考"人为什么活"，这让我直面生死终极命题。

"三不朽"说的是人生意义，揭示人的存在价值，后世伟人皆为"三不朽"而活、而死。细思之，人生就立德、立功、立言最有价值，最具普适性，除此，还真想不出还有其他什么。三者得一可永恒，死而无憾。

"三不朽"，说穿就是"一不朽"：立言。立德、立功尚须立言，方不朽。无立言，后世如何得知前人的德与功？立言，须"言得其要，理足可传"，能做到此，本身就是德与功，便意味立德、立功。因此，魏文帝曹丕称文章为"经国之大业，不朽之盛事"，极力褒扬文章对国家、个人之意义，"立言不朽"观得以世代沿袭，源源不绝，以致对立言之重视，大有超越立德、立功之势。

我读"三不朽"，琢磨"立言"含义、作用，颇多心得，但在很长时间里，并未意识到"立言"是历代文人安身立命的志向，普遍的为学目的、精神支撑，更没想到这与写作、语文课程有什么关系。

待读韩愈《答李翊书》始恍然大悟，此即"众里寻他千百度"的言语价值观，应成学生言语学习动力指向，欣喜、激动难以言喻。

韩愈先问李翊追求什么，才肯教诲："抑不知生之志：蕲胜于人而取于人邪？将蕲至于古之立言者邪？"——学习写作，首先要明确是为生存还是为存在。这让我豁然开朗，意识到培育"立言者"，是写作、语文课程高标。

在这封信里，韩愈的主题是如何成为"古之立言者"，他详细描述自己追求"立言"的经验与体会，对此的深思熟虑，他对后学谆谆教导使我顿悟：人类精英千辛万苦、舍生忘死求知、写作，就是奔成就"立言者"去。唐代孔颖达认为："立言，谓言得其要，理足可传。其身既没，其言尚存。"（《春秋左传正义》）"其言尚存"便意味着"其人尚存"，其精神永生。因"立言"而灵魂不死，是人类最强大的存在性动机，也是学习写作、语文最正当、崇高的理由。写作、语文课程精神高标非此莫属。古人早已设定为学目标，我不过是为其加注现代意涵而已。

读此文茅塞顿开，寻着宝似的，爱不释手。我常请语文教师读《答李翊书》，读罢就知语文课所为何事，如何达成"立言"目标。此信远比"课程标准"更清楚语文是什么，语文该教什么，怎么教。若将此收进教材，让师生仔细读读，认真想想，照此实践，语文教育必不会误尽苍生。

将"立言"之志承传下去，使学生向成就"立言者"努力，使语文成为"为己"（而后为人）之学，是我的使命，也是语文学者、教师的使命。整天嚷嚷着"语用""生活语文""学言语形式""双基"，学生还不会"语用"，就因"语用"可用可不用没大用——现在，人工智能已比常人用得更好，未来，人与人工智能比拼的唯有"立言"。殊不知，超越生活之用、语用之用，才有大用。培育"立言"素养，在高层次上立本，才是真写作、真语文。

更让我惊喜、叹服的是，老祖宗不但告知人生意义、存在价值，还谈及"人之何以为人"，揭示人的言语生命本性。"立言"即本性使然。

当读到"人之所以为人者，言也。人而不能言，何以为人？"（《春秋穀梁传·僖公二十二年》），我欣喜、激动益甚，几"手之舞之，足之蹈之"，比抱个金娃娃还高兴。——这说到人的生物学特性、物种特性，亦即"立言"价值观本原。能"言"，善"言"，是人的标志，人与非人的界标。

更让我惊喜、赞叹的是，这"言"不是指一般说话、写作之言："言之所以为言者，信也。言而不信，何以为言？信之所以为信者，道也。信而不道，何以为道？道之贵者时，其行势也。"而是指"信"言、"道"言，须是"时"言、"势"言，是极高要求的"立言"之"言"。若无"立言"之言，便无人类。若不"立言"，人即非人——太睿智、深刻了，一剑封喉。几达认知极限，真不知还能说什么。语塞非不为，是无能超越。

此精辟"人论"一语中的，直击"人之所以为人"之命门。人类"立言"追求，基于人的"言语"特性，内在于生命基因，是与生俱来的原欲。亚里士多德说"……而在各种动物中，独有人类具备言语的机能"[1]与其不谋而合。两千年后，海德格尔转述洪特堡的话："唯有言说使人成为人的生命存在。作为言

---

[1] 亚里士多德著，吴寿彭译：《政治学》，商务印书馆，1963年版，第8页。

说者的人是人。"① 意思也大致相同，内涵的具体、深刻，尚难企及，怎不令人赞佩。

言语，是人区别于动物的机能、本能、天赋；立言，是人类的天命：不言说、立言，枉为人。换言之，生之为人，那就言说、立言吧，别无选择。相形之下，别的定性皆为蛇足。

我的人本论写作、语文本体观，言语生命动力学语文学，以及以唤醒言语生命意识为首务，语文是人的确证、自证，我写故我在等观点，皆与此有关。我的《语文：表现与存在》核心概念就是"言语生命"，"表现与存在"理论系统由此衍生。此言对我影响之大无与伦比。

如不读这些源头性经典，或读了没电击火燎般体验，不做学术思想史思考，我会像他人那样盲信"语文是一种工具"，或者，语文课程性质是"学习语言文字的运用""工具性与人文性统一"之类浅薄之论。永远不知人是符号、言语、写作动物，"立言"是人类的宿命，成就"立言者"是人的生命冲动。——死抱着"工具论""语用论"（技能训练论），榆木脑袋，盲人摸象，就因不读经典，缺乏大视野，缺失最重要参照系——当然，读了无感，横竖不来电，不开窍，那就无药可治了。

有语文学者谈写作学研究时说："……从古代我也没找到可以让我自信的太多东西，只有靠我们创造了。"似乎传统文化、语文学史、写作学史没价值，汉语母语教育史几无可取，这让我吃惊不小。我从中看到奇珍异宝，他竟觉一钱不值。——"不知有汉，无论魏晋"的桃花源中人，不知哪来建构语文学"舍我其谁"的"创世纪"底气。

也许，与古人为友也讲缘分。无缘对面不相逢，有缘千年来相会。原典、经典有待知音，但识其真价值、相见恨晚者不多，多数人视而不见、见而不悟，弃之如敝屣，耸耸肩，扬长而去。目空一切、妄自尊大者便如是。这些人一是懒，二是蠢。不是不肯下力气，不用心，就是悟性差，没读进去。

人类认知总体上是不断进步的，但具体到某方面认知，也许未必。中国思想智慧高峰在先秦，汉赋唐诗宋词元曲明清小说等，几无可逾越。古人说"文必秦汉，诗必盛唐"有其道理。老子《道德经》令后世哲学家汗颜，望尘莫及。

---

① 海德格尔著，彭富春，戴晖校：《诗·语言·思》，文化艺术出版社，1991年版，第165页。

今人散文有谁超过《庄子》？刘勰《文心雕龙》也无比肩者，能步其踵武便不虚此生。要在本学科领域登峰造极，如连先贤的巅峰之作都不知道，没读进去，岂不是笑话。

人类是健忘的，走得太远忘记为什么出发是常事。不知或悖离源头性经典，无视前人智慧的精髓，这类事常发生。加之今世学者懒而贪，总想以最少代价获最大效益。这效益未必是学术的，而是权力、名利。一心在升官发财，难以立竿见影兑现、须"板凳坐得十年冷"的"治史"，被普遍冷落便在情理之中。权力不加制约，必然导致腐败，同样，治学心不正、不专，缺乏定力，学问势必沦为功名利禄敲门砖。

在"造导弹不如卖茶叶蛋"的20世纪80年代，高校教师待遇不如国企工人时代，我尚能平心静气地在"治史"之路踽踽独行，回想起来心里暖暖的，为自己感动，庆幸没为图功利而抄近路，作出后悔一生的选择。

我走得很慢，且走且驻且思量——既不想与谁赛跑，拿第一，也不想靠治学换取位子、票子、房子……从知青一路走来所得不菲，当回蜗牛又何妨？此生能宁静治学便心满意足，这许是从父辈坎坷经历中获得的教益。

我从小特同情、敬佩平和、淡定的残疾人，尤其是最不幸的盲人。我住的师院宿舍隔壁是盲人福利院，常见来往进出此间的盲人，几乎认得每个人长相。我常去福利院玩，有时到里面拔兔草，看盲童上课、表演，读盲文、刺绣、弹钢琴、奏管弦乐……他们面容安详，举止沉静，让我感动而悲悯。成年盲人很努力地做工，坐车间工作台前，熟练地加工包装袋、塑料鞋、箱包等，忙碌而平静。星期天，他们穿着干净、整洁，后边的手搭着前边的肩，排成长蛇阵，说说笑笑、乐融融地上街……他们很了不起：活在黑暗中，从未见七彩云霓、鱼跃鸢飞的赏心悦目，未体验春花绚烂、孤雁南飞的雀跃、哀伤，默默承受命运的不公与生活的磨难，心平气和、乐天知命，勤劳、善良，无怨艾地活着，这要多大的勇气、坚强。生为健全人，衣食无虞，做自己热爱的事，追寻"立言"梦想，付出些耐性与辛苦，失去些名利与享乐，有得有失，公平合理，有啥可抱怨的呢？——他们连父母和自己的相貌都没看到，我得见大千世界之美丽，得享人类文明福祉，蒙上苍眷顾甚多，该感恩、庆幸才是。

有不顺心的事，心情郁闷，或欲望未能满足，便想想这些苦人，不说烦恼尽消，也略微平心静气。

那时高校环境嘈杂，下海经商、捞金热，从政当官、升官热，出国留学、打工热……校内科研氛围尚可，学术圈还算干净。我得以心安理得地浸淫故纸堆，优哉游哉。

孟子说"我四十不动心"，我未至"不动心"境界，也没修炼不动心的勇毅，只是对经商、当官、留学之类挤破头的事没兴趣，直截了当地说便是：我无能焉。我适应环境能力差，烦应付各种人际关系，只适合做喜欢的事。留校工作几十年不挪窝，充分说明这一点。

外部环境我无能为力，能管的唯有自己的一亩三分地。

我的想法很简单：课少上，书多看。治史须心静，要排除一切干扰、诱惑。

20世纪80年代初，办学办班热急剧升温，各种课潮水似的涌来，这对于经济状况窘迫的教师不啻是久旱逢甘霖，于是许多人如鱼得水，干劲十足，马不停蹄地四处兼课赚外快，也算实现自我价值，无可厚非。尽管课酬低得可怜，一节课不过5~10元，还是有很多教师愿意上。那时月工资不足百元，高考评卷，每天报酬也不到10元，因此，上课还是划得来的。我除了完成系里要求的教学工作量外，尽量不上各种以挣钱为目的的课；不得已上过几次自考辅导课，感到没意思，烦，后来一概推掉。

我要的不是钱而是时间，别的不重要。面包会有的，够吃就行。时间用掉不再有，不可再生，要用所当用，省着花。谁给你时间，只有自己与老天爷。他人用金钱购买你的时间，价格与价值必定不成比例。其真实价值如何，只有你知道。他人用时间换面包，恰是时间升值的时候。我拒绝一切购买时间的诱惑，哪怕出高价。

看护时间就是看护生命。别受名利所诱，让时间——生命贬值。为捍卫时间，我坚辞为"创收"上课，迂腐到不近人情。

某系领导曾登门请我上"创收"课，他平素与我关系还好，他即将调某省级机关任职，走前想把教学任务安排好，恳请我支持。这是他最后的"请求"，情词恳切，好话说尽，他想我不会驳他面子。

对教师"荣调"当官，我本能地反感。即便原先崇敬的师长，顿觉面目可憎、俗不可耐：为当处长、厅长……为房子、车子、票子……将教职、学问弃之如敝屣，岂不是对学术崇高感的羞辱？我未必多清高，但确实很迂腐，自认恪守良知底线，始终难接受"为五斗米折腰"。我曾扪心自问，面对如此诱惑会

"动心"否，回答是不会。我不会背叛师道、背叛立言信仰。——也许他们本就没把教职、学问当事业，是我自作多情，以己度人而苛责于人。

该领导能站好最后一班岗，屈尊好言劝说，也算难得。不过那时我年轻，不会玩太极——至今也没学会。我断然拒绝他，任说啥也不答应，内心的鄙视怂恿着我。他无功而返，尴尬、憋屈，乃至气愤可想而知，却分明是面带微笑走了。看着阴晦暮色中的背影，我的心虫咬似的痛：我们从此形同陌路——尽管非我所愿。

两个班的写作课已超工作量，改作业花的时间比上课多得多，如再加一个班，要改三个班的作业，我还有时间看书、写文章？但愿他能理解，实在不理解也没办法——我也不理解他，扯平了。

不少人当官，是为了发财、权力、地位，用时间换权、利、名；我要的是传道授业解惑，为的是明理、立言、文化承传，用时间换学问、思想、精神，各取所需罢了。他们为今生、现世，我为永生、后世，很难说谁是谁非。——现在我们都已退休，将到人生终点，对当初的选择，我不后悔，不知他们后悔吗？

20世纪80年代中期到90年代中后期，是我的一段寂寞而宁静的幸福时光。心情已有寄托，写本"照着讲"的书——写作教育史，可那是海市蜃楼，该领域我完全陌生，脑子空空，感性、理性全无，也没师长、同道可请教、交流，因而寂寞、孤独。别无所系，念兹在兹，安适、平静。静而能安，安而能虑，虑而能得，不觉间积累丰厚了。一摞摞卡片是每日的斩获，思想仓廪日益殷实，有葛朗台似的满足。

"春有百花秋有月，夏有凉风冬有雪。若无闲事挂心头，便是人间好时节。"（宋·释绍昙《颂古五十五首·其一》）若把功名利禄之"闲事"看"空"，自有好风光、好心情，就能享受自然的美好。做学问、治史，确需"板凳坐得十年冷"，若把权、名、利看淡，非但不觉孤苦、寒酸、冷寂，且能清赏他人未见学问之"风花雪月"，其乐无穷。

那时我是图书馆常客，与管理员一道按时上下班。馆内古籍库整洁、空寂，书不外借，只能边读边抄录、做卡片。民国旧书库不敢恭维，尽管犹如阿里巴巴藏宝窟，巨量财富目不暇接，可未归置好，乱七八糟堆放，书上积满厚厚灰尘，看了心疼。好不容易掏捡一本，先要拍掉灰尘，才看清封面书名，腾起的尘烟，呛得我直打喷嚏。我最难过的是，借的书一旦归还，便泥牛入海杳无踪迹，想再借，任怎么翻搜也找不着，后悔死了，早知如此罚款也不还。翻挑一上午，背一摞书回家，灰头土脸浑身脏，颇像"满面尘灰烟火色，两鬓苍苍十指黑"的卖炭翁——想着发现的好书，边洗刷边偷着乐。

小心翼翼地打开发黄、酥脆的书页，透过文字编织的轻纱薄雾，感受遥远时空的言语生命气息，向先贤虚心请教，与其娓娓交谈、切磋，远比看穿越剧更真实、亲近。这些书，是曾经鲜活的生命一笔一画、一字一句精心结撰的。在明灭闪烁的灯光下，先贤正襟危坐，面容憔悴、形销骨立，伏案冥思苦想，奋笔疾书……呕心沥血直至——油尽灯枯。

以历代智者为师、为友，为忘世交，不亦说乎？体验他们的言语生命状态，领悟其言语智慧，一位一位请益，一篇一篇倾吐，惊喜潮水般席地涌来，冷板凳的清寂一扫而空；内心的皎洁、安宁、欢畅，有如"明月松间照，清泉石上流"之秋瞑高致。

"治史"之始，我不知怎把资料、感悟变现，不知写作教育史著作长何模样，只是想当然地率性而为。所见失之毫厘、谬之千里，却无自知之明。后读到陈寅恪先生《冯友兰中国哲学史上册审查报告》才恍然大悟，才有方法论自觉："对于古人之学说，应具了解之同情，方可下笔。……所谓真了解者，必神游冥想，与立说之古人，处于同一境界，而对于其持论所以不得不如是者之苦心孤诣，表一种之同情，始能批评其学说之是非得失，而无隔阂肤廓之论。"——陈先生为"治史"立法："应具了解之同情，方可下笔"，尽管多数人无法做到，即便天才也未必能，但是，取法乎上，要治史必得有此追求。要能真正做到与立说之古人处于同一境界，表一种之同情，需经长期修炼。

你也许永远也达不到与立说之古人"处于同一境界"，对其持论之苦心孤诣也难做到"表一种之同情"，但只要细心体验，你会由陌生到亲近，受其熏陶、感染，从而产生不同程度的"了解之同情"，达成常人难以企及的领悟，以致最终占据学科制高点，这是个漫长而艰辛的过程。

我一边读先贤论著，一边赞叹、思考。

往往古代经典中愈难理喻的道理，愈有永恒价值，愈须"了解之同情"。这种隔膜、费解，半是时空距离造成；半是才情、学识差距所致。

乍读孔子的"不学《诗》，无以言"，会被惊到，或莫名其妙，或不以为然，甚或嗤之以鼻：学《诗》有这么重要，重要到不学《诗》无以言说、没法交流？多少人不学《诗》照样"有以言"，且大言不惭？还可能想：夫子是吓唬小孩，逼儿子读《诗》，不必较真——误解皆因浅尝辄止，缺乏"了解之同情"。

其实夫子说的是大实话，没丝毫夸张。知人论世，读读《左传》《国语》就知道，这些古书谈"赋《诗》言志""引《诗》说理"的事例很多，不学《诗》，的确连与人交流的资格也没有，不善用《诗》会遭人耻笑，把事情办砸。因此夫子才说："诵《诗》三百，授之以政，不达；使于四方，不能专对；虽多，亦奚以为？"这表明《诗》有重要的实用价值，可用于处理内政、外交。读《诗》的交际、应对、言志、说理功能，到汉代仍然不变，如《春秋繁露》《列女传》《淮南子》《说苑》《新语》等，都大量引用《诗》中的句子，说明伦理、道德、政治，以致天文、地理风俗、古今得失等，应用之多、之广，不亚于春秋战国时期，足见夫子此言不妄。

这么理解，夫子仍摇头：知其一不知其二。

在孔子时代，《诗》教，不但有很强的实用功能，还负有教化重任，这才是关键。例如："《诗》三百，一言以蔽之，曰：思无邪。""小子何莫学乎《诗》？《诗》，可以兴，可以观，可以群，可以怨；迩之事父，远之事君；多识于鸟兽草木之名。""温柔敦厚，《诗》教也……温柔敦厚而不愚，则深于《诗》者也。"可见《诗》关教化，善用《诗》是有文化、有教养、有素质的表现。《诗》能改变人格、性情的认知，在我国教育文化中一以贯之。

对《诗》全方位重塑人的巨大作用，先贤笃信不移，以致形成源远流长的《诗》教传统。《毛诗·关雎序》："故正得失，动天地，感鬼神，莫近于《诗》。先王以是经夫妇，成孝敬，厚人伦，美教化，移风俗。"把《诗》教作用阐发得淋漓尽致。显然，其教化功能远大于实用功能。

夫子还摇头：知其二不知其三。

《诗》教，在夫子的教育体系中作用虽大，还只是初阶，是启蒙、基础，并非全部。在"不学《诗》，无以言"后紧接着是"不学礼，无以立"，这还不够，夫子教化体系是"兴于《诗》，立于礼，成于乐"，《诗》、礼、乐三位一体。学《诗》是给人精神奠基，学"礼"是遵守人伦规范，长幼尊卑有序，始可安身立命，学"乐"是进一步陶冶情操，和谐身心、社会，升华人生境界："八音克谐，无相夺伦，神人以和"——其最高境界是"中庸""中和"。

这三者看似简单，其实很难达到，须毕其一生去追求。所谓"成于乐"的"成"，指的是"成人"。《论语·宪问》："子路问成人。子曰：'若臧武仲之知，公绰之不欲，卞庄子之勇，冉求之艺，文之以礼乐，亦可以为成人矣。'曰：'今之成人者何必然？见利思义，见危授命，久要不忘平生之言，亦可以为成人矣。'""成人"，是孔子理想化的育人目标。因此，要在教育目标、体系视角，看《诗》教作用，看"不学《诗》，无以言""兴于《诗》"的含义。

夫子也许还不认同：知其三不知其四。

以上只是在实用、教化维度的"了解的同情"，读到"不学《诗》，无以言"，考虑其实用与教化作用不够，进而想到《诗》教于"成人"的关系仍不够，还须和"有德者必有言，有言者不必有德"联系起来，落在"言"上，从"言语"维度达成"了解之同情"。

"不学《诗》，无以言"与"有德者必有言"，表明"学《诗》"而"有以言"仅仅是获得言说的资格，是很低的标准，离"有德者"的"必有言"还有很长的距离——"必有言"之"言"，指的是美好的言说，须是"有德者"才有的道德、学问文章，这才是终极要求。言说主体修德、养气、悟道、明理，自然发为高妙之文。言语是由德性"滋养"出来的，不是"训练"出来的，"德""道"是根本，"文""技"是"枝叶"，言语素养的培育，须在根本上下功夫，这是我对"不学《诗》，无以言"的"了解之同情"。尽管是管窥蠡测，但我深信不疑，以致以此为执守不贰的信念。

面对如此"诗教"观，细思、深思之，谁都会感到羞愧。在蛮荒年代，食不果腹、衣不蔽体，先贤尚且追求教化、修身、进德，倡导学《诗》、礼、乐，塑造成人、君子人格，注重言说者的内在品格——在文明、富裕的今世，却重言轻人，重技轻道，急功近利，漠视人格、精神建构，不能不说是社会、教育的悲哀。

闻此，夫子依然"呵呵……"高深莫测，不置可否。

以愚钝之心度圣明之腹，唯望洋兴叹——且行且思且领悟吧。要完全"了解之同情"，不说绝无可能，也殊为不易；只能竭尽所能、力求不辍。

初读"不学《诗》，无以言"只见"学"对"言"之功效，诗教于言说之重要，这自然是"隔阂肤廓"，不得要领。读原典是个渐悟过程，从孤立的了解，到联系的了解，再到体系化、网络化的了解。对此有较深的"了解之同情"，对读《诗》的实用、超实用认识，对人格、精神建构于言说的决定性作用的认识就不一样了，对培育言语素养以致对人的教育的看法，是脱胎换骨的蜕变。

当今沉迷于语文"工具性""语用"认知的学者、教师，对上述认知必难以置信。缺乏"了解之同情"的实利主义者观念改变万般艰难，即便夫子耳提面命、当头棒喝，也未必开窍——为后代计总得做点儿什么，比如把《论语·季氏》选进小学教材。

陈亢问于伯鱼："子有异闻乎？"对曰："未也。尝独立，鲤趋而过庭。曰：'学《诗》乎？'对曰：'未也。''不学《诗》，无以言。'鲤退而学《诗》。他日，又独立，鲤趋而过庭。曰：'学《礼》乎？'对曰：'未也。''不学《礼》，无以立。'鲤退而学《礼》。闻斯二者。"陈亢退而喜曰："问一得三，闻《诗》，闻《礼》，又闻君子之远其子也。"

把韩愈《答李翊书》《进学解》编入初中教材，司马迁《报任安书》、曹丕《典论·论文》、刘勰《文心雕龙·原道》编入高中教材，精读原典，用一生慢慢体悟，增进"了解之同情"，才懂得学语文、学写作所为何事，人何以为人，文章之功用，如何成就"立言者"。

改变观念要从娃娃抓起，让孩子从小知道"兴于《诗》，立于礼，成于乐"的进德修身的道理，知道"不学《诗》，无以言"，要想成为"古之立言者"，须"无望其速成，无诱于势利"，才不会成为无教养、修养、文化的野蛮人、机器人，才不会像没受过《诗》教的前辈，在"势利"上锱铢必较，狗苟蝇营；不会像他们的老师，连"有德者必有言""仁义之人，其言蔼如也"都不懂，只顾埋头传授知识、训练技能——才会超乎实用、功利价值，受先贤"立言"信念感召，将才智奉献给人类、未来。

治史过程中此类领悟比比皆是，触目惊心的感觉，冲击、刷新已有的思维定式，经一生不断反思、破执、自我否定，抽丝剥茧，触类旁通，得以深悟、进益。每一发现、颖悟，都给我带来慰藉与动力，使我心满意足、乐此不疲。

这种发现、颖悟，是灵魂的默契，时空无阻。前贤有些书、有些话，是写给、说给后世某些人的。后世某些人是为读此书、听此言而生。

在这十几年中，我发表了 20 多篇论文，出版《中国现代写作教育史》(福建人民出版社 1997 年初版，济南出版社 2017 年再版)和《中国写作教育思想论纲》

（人民教育出版社1998年版）两部专著，可谓"照着讲"的阶段性成果。中国写作学会会长裴显生教授将《中国现代写作教育史》列为写作学界四部必读书之一，向同仁推介。那时学术氛围尚好，该书获福建省政府优秀社科成果二等奖，《中国写作教育思想论纲》获中国写作学会优秀科研成果一等奖。我自知这些成果并不成熟，远未做到"了解之同情"。现在看来毛病甚多，许多认识较浅薄，但只能将就。20多年过去，尚无替代性著作，大家还喜读此书（济南出版社2017年精装再版），这使我惊讶，也不无自豪。

我至今仍觉这是我最重要的书之一，可谓标志性成果。是我为自己开具的第一份"人"证——人之为人的"自证""物证"。不负先贤"立言"之劝勉，也不负自己"治史"之心血。尽管尚感粗糙、肤浅，毕竟是"菜鸟"之作。

我的"照着讲"，学术蒙昧期的蹒跚学步，幼稚、笨拙的涂鸦之作。

林可夫先生病榻上读拙著《中国现代写作教育史》，拍照赠我留念。

至此，我初步完成原始积累，将写作教育史粗粗贯通，收获"照着讲"赋予的视野与眼光——这是"治史"目的。深邃的视野、眼光，不是当时就有，而是后来逐渐形成的。至今还在消化、消费这些资源，还在不断拓展、深化原有的认知。

那时写作学研究总体水平不高，有这两部书垫底，便一扫先前的心虚与自卑，胆气壮了许多。举目四顾，心旷神怡，一览众山小，不期然而然登上学术制高点，跻身写作学研究前列。对本学科发展、沿革的历程有了整体印象与把握，虽然认知尚浮浅，但眼光迥异，判断力不同以往。初尝"独上高楼，望尽天涯路"的欣喜，视野、眼光焕然一新，自成机杼。对现实问题、同仁观点，有高屋建瓴的裁量，所见与众不同。

如果说当初"治史"尚属误打误撞，是给自己言说的底气，此时开始有"述学"自觉。我称这种研究方法、认知方法为"回到原点、原典"。这是一种"磨刀"——磨砺思想的功夫。磨刀不误砍柴工，太对了。"述学"似是资料的搜集、梳理，实是积累学养，更为磨炼思想，拓展视野，获得眼光，这对治学太重要了。没有这些基本学养，不具备穿越时空的眼光，毫不夸张地说，要有所洞见与超越，绝无可能。西谚"锤子眼中的世界只有钉子"，视野决定见解。

《中国现代写作教育史》出版，我长舒一口气，仿佛卸下千斤重担，浑身轻松。后来我在《最不怕死的时候》中说到当时的生命体验。

1993年秋，我已有一定前期准备，正打算写《中国现代写作教育史》，感到身体不适，头晕，乏力，身体状态很差，校医院体检有肝癌嫌疑。转协和医院住院复检，幸无大碍，虚惊一场，不过也动了个不大不小的手术。这是我第一次住院、手术，第一次听到死神逼近的脚步声。住院是一个不寻常的人生体验。邻近病室常有病人死去，有的白天还好好的，在走廊走来走去，晚上突然就走了，亲人哀嚎声震天，搅得一夜无眠。我躺在病床，门外惨白的灯光照在床头，慌乱的心脏急骤跳动，连续服三片安定还睡不着，在翻来覆去中，我第一次认真思考"死亡"。以前觉得来日方长，学问要悠游渐积，慢慢做，不争朝夕，现在看来不成：要是这次真得了肝癌，生命戛然而止，岂不前功尽弃、这辈子白活？我突然明白，活着，就为了写一部重要的书，这是底线，是生之证明——至少得留下一部较重要的著作。时不我待，我得赶紧，得赶在死神这不速之客遽然敲门之前写好——这是我最怕死的时候。为此生写一部重要的书，一切准备就绪，将要写成而还没写成，是最怕死的时候。忙活几十年啥也没留下就走了，实在太冤。我庆幸这场病让我及早觉悟——许多人并无我这样的幸运。

后来我读到《生命的留言》一书，更添"时不我待"的紧迫感。

该书作者陆幼青，30多岁得癌症，大学毕业先当教师，后"下海"做生意挣钱，得病后，边治病，仍然忙于做生意挣钱，直至生命即将走到尽头时，才突然想到，来世上一遭究竟该留下点儿什么比较好，才领悟到还是留"白纸黑字"比较可靠，于是决定写"死亡日记"，与出版社签了"百篇之约"：写一百篇日记结集成书。日记写好先发到网上，广受好评，然而，他已来日无多，不禁悲从中来，为当初虚度年华悔之莫及：坐在家里老实写，不也是佳话一段？他拼命写，还是没能履行百篇之约，好在出版社还是赶在他临终前出了书。——陆幼青不无遗憾，确实，早知如此，何必当初，如果及早觉悟就好了。人生没有如果，他能留下一本书，已算幸运。要是连这本没完成的书也没留下，岂不白活？

存在主义哲学家说得对，人未死到临头是难以觉悟的，没有濒临困境、绝境，便不知何谓"此在"。的确如此，不知"此在"，谈何"存在"？法国哲学家、文学家、存在主义思想家萨特，之所以玩命地抢时间写作，服兴奋剂写作，即使把身体搞垮也在所不惜，就为建造话语的大教堂，为生命的永恒存在。为此，他与有限的时间做竭尽全力的赛跑。我未必赞成冲刺般消耗生命，但我敬服为写作而奋不顾身。

这次生病，让我真悟萨特何以"与生命赛跑"。

我出院后身体还虚弱，整天昏沉沉，困倦疲乏，也得强打精神抓紧写。我要尽快完成，至少要留下《中国现代写作教育史》，给自己、给世界（先贤、后学）一个交代。

因前期准备较充分，写得还算顺畅。动笔时只列个大框架，尽情挥洒，一气呵成。二级标题下不少内容是临时加上的。将书稿送出版社途中，突然想到最好加上三级标题，会更加明晰些，于是到出版社后临时找张办公桌，在书稿上用钢笔添上（那时还没用电脑）100多个小标题，匆匆一挥而就——现在看还算妥帖。

写书过程中我心里默祷：让我写完。书是写不完的，所谓写完，是指最重要的书写完，死神何时造访请便吧。务必高抬贵手，至少让我把第一部书写完，否则死不瞑目。后来我落下了"后遗症"，开写每本书，都情不自禁地祝祷：苍天仁慈，让我写完！一次又一次，总觉最好的是下一本，贪得无厌像《渔夫与金鱼》里的老太婆——直到《语文：表现与存在》写完，自以为完成"接着讲"使命，是我此生最好的书，再无法超越自己写得更好，便不再有"最好的是下一本"的念头——我已完成"天命"，此生可以交差了，我到了最不怕死的时候。

事实上我并无准头，不断自食其言，屡改"最不怕死"之时。

我先觉得《中国现代写作教育史》是最重要的书，后来觉得是《语文：表现与存在》，有些读者却说《语文：回望与沉思》更好，现在，我又觉《破执——治学知行录》不错，率性、尽兴，也是"知天命"之作，究竟哪部书最好、最重要，怕是要等到写不动时才见分晓——或许还未必说得清，人算不如天算，果真是唯有"天晓得"。

我的《中国现代语文教育史》出版，快乐不亚于第一个娃出生。就其意义而言，也许比肉身的传宗接代更重要，这是精神生命的传宗接代。生儿育女，是人的生物本能，是物种延续所必须。不但人会，一切动植物、生命体皆会——猪狗、花草、菌藻……著书立说是思想承前启后，是人的物种品质的优化，其他生命体都不会，唯人会，这是其可贵处。生之为人，没能与先贤、后学说话、对话，未能享有言语、精神承传的天伦之乐，是莫大缺憾。

我不看重传宗接代——你不生自有人要生，人类不会断子绝孙。谁生都一样，都是人类子孙，为什么非得传你的"宗"接你的"代"？为人类做点、留点什么，延续人类精神香火，使人之成其为人，才是最该操心的。

有一部自己的书，在图书馆放着，给子孙后代，一茬茬学人看，这感觉真好。在图书馆占有一席之地，不但免费，而且永久，比买块墓地强多了，这好事哪里找？这就是司马迁说的"藏之名山，传之其人"。至于能否"历千万祀，与天壤而同久，共三光而永光"，自然只能听天由命，多数人有这念想，没这才气、福分。可有念想总比没念想——活成行尸走肉好。

收到样书，我最想送给父亲。在秋天风和日丽的午后，父亲喝着茶，看窗外飞过的雁阵，我轻轻地唤他，将书捧交他手上……可父亲不在了，他在天国，可安心治学之处。他看到我的书该多高兴，定爱不释手、百读不厌——父亲要能为我题写书名多好，就像祖父当年为您颢写书名一样，没有比这更珍贵的嘉勉。

儿子不才，44 岁才出第一部书，父亲出第一部书时是 34 岁，我愧对父亲。不过儿子与您一样，写的都是当之无愧的"开山之作"。父亲是创学科之作，我是创学科史之作，当可告慰。

1947 年，父亲第一部书出版，50 年后的 1997 年，我的第一部书出版，莫非冥冥中的约定？万物皆有因果，若无父亲的《中国语原及其文化》——我儿时惊鸿一瞥留下的精神记忆，也许就没《中国现代写作教育史》及我后来的所有著作。

◆ 破执者寓言 ◆

龟兔赛跑

赛前，大象裁判长宣布：赛会名为"无赛道无止境终极赛"。赛道自选，速度自设，终点自定。分站奖由组委会裁定，终极奖由公众评判。

兔子汲取教训，决心不中途犯困，不拈花惹草，全力以赴，以百米冲刺速度到终点。为保证充沛体力，赛前每天打鸡血，服"鹿茸强力宝"，以强身健体。招募万人粉丝团、美兔啦啦队助阵。信心满满，志在必胜。

乌龟闭门不出苦思冥想：上回不是自己胜了，而是兔子败了，这种情况不会再发生。自己笨手笨脚，爬再快也赶不上兔子，唯修炼内功，扬长避短，以韧性取胜——看谁熬得过谁。

比赛开始，兔子选跑舒适的标准马拉松赛道，速度惊人，成绩亮眼，鲜花、掌声、荣誉、奖金、地位……滔滔滚滚而来。他得意扬扬，风光无限，享尽荣华富贵。不料乐极生悲，骄奢淫逸过度，突发心脏病不治。

乌龟自选崎岖的山地马拉松赛道，跌跌撞撞、磕磕滚滚，沿途一片嘘声，拍砖掷瓦扔石块，乌龟头也不缩，昂扬奋力向前。胜负已没意义，只为体验龟生真谛，守护龟类尊严，为后龟做表率，粉身碎甲在所不辞。乌龟发誓要用兔子的百倍力气，爬到生命终点。

乌龟不知翻过多少座山，爬了多少年，一路上摔了多少跤。龟壳支离破碎，头破肢瘸，皮开肉绽，疲惫、虚弱至极，他终见赛道尽头。当年的大象裁判长、赛会组委会成员、观众早已作古，他们的子孙高举"终极奖"奖杯，夹道欢呼迎候。乌龟用尽最后力气爬过终点，安详地闭上双眼。

乌龟用一生爬过全程，只图为龟一世的心安理得。

治学先治史，平添百倍艰辛，此非外在要求，也不为现世名利，乃德性、良知驱使，学者"天命"所在。学者功业，绝非由课题、经费、名衔决定，甚至也不是著述多寡，而是看研究成果能否成为学科绕不过去的精神存在。

参加省写作学会 2019 年学术年会，巧遇武夷山五夫镇村官、我的"基地班"学生张秀珍（左一），带我与她的同学田军（右二，福州大学副教授）、鹿苗苗（右一，福建工程学院副教授、人文学院副院长）游朱子故里，在兴贤书院前师生合影，颇合门额"洙泗心源"（孔、朱一脉相承）之意。

治学，向死、孤独的夸父逐日

◆ ◆ ◆

夸父逐日渴死，留下一片桃林给后人。——题记

学者犹如夸父，为追光而死。

我的第一部书《中国现代写作教育史》的意义，既在对生命有所交代，也在确定人生方向：这是踏上一条以死亡为终点的"逐日"不归路。

写作——语文教育史研究，是我科研的第一桶金，一切研究的基础，这么说并不过分。在这基础上，我的写作学、语文学认知产生了质的飞跃。可以断言，我所有研究业绩均应归功于"治史"，皆此"源头活水"孳乳的。写作、语文教育史资源，是我思想的沃土。我跟诸多同仁最本质的差别就在"治史"上。

在20世纪80年代，我的同辈没意识到"治史"重要，许多人起点比我高，然而，他们"饥不择食"，捡到篮子里就是菜；慌不择路，不小心便走上岔路。于是我与他们分道扬镳、渐行渐远。

他们大约也迷茫过，也经历过科研彷徨期，但是，很快便身不由己地被前辈、同行裹挟着往前走。我始终在研究方法上纠结，不愿随波逐流。我觉得研究方法不对，便可能竹篮打水一场空。这在几十年后得到验证，我目睹许多人做一辈子学问，到老还不知该怎么做学问，什么是学问；不知走错了道，或知错太晚，悔之莫及。

在研究方法上纠结是值得的，"磨刀不误砍柴工"。我对研究方法的兴趣至今不减。不想清楚怎么研究就没法做学问。自然这不是光想就能想明白的，得在研究过程中慢慢悟。

说到研究方法的觉悟，要从我与写作学界师友结缘说起。认识诸师友多在参加学会活动中。

1980 年 12 月 24 日至 27 日，中国写作学研究会（中国写作学会前身）第一次代表大会暨学术年会在武汉召开，那时我大学还没毕业，无缘参加，恩师林可夫先生见证了研究会酝酿、筹划、创建的全过程。他跟我说起这事儿念念不忘一个人：周姬昌。这名字好记——不就是"演周易"的周文王？

周姬昌，1947 年参加中共地下党组织，曾任新四军三十五支队温溪联络站联络员、解放军温州市地区军代表。1952 年后历任东北工业部、国家重工业部、冶金部记者，武钢教育处英语教师，武汉大学中文系教师、讲师，中国写作学会第一、二、三届副会长及秘书长，《写作》杂志副主编，武汉大学企业文化研究所所长，教授。1948 年开始发表作品。1986 年加入中国作家协会。1995 年去世。

果然厉害。这履历颇具传奇色彩：地下党员、联络员、军代表、记者、英语教师、中文教师、杂志副主编、研究所所长、教授、作协会员，他的不寻常当时已有耳闻，让我神往，加之林先生的极力推崇，说他是创建中国写作学会第一功臣，更使我仰慕。

周先生没辜负他的非凡名字与传奇履历，在写作学科建设上，担得起"筚路蓝缕，以启山林"之赞誉。20 世纪 70 年代末，大家都穷得叮当响，他为办理报批成立中国写作研究会手续，自带铺盖卷，多次去北京，想尽办法，历尽艰辛，把这事儿办妥，写作学界第一次有了国家级的学术组织，这是多大的功劳！为筹办成立大会，他把家里唯一值钱的电视机卖了，把省吃俭用抠出来的钱用在会务上。他亲自联络写作学知名专家：裴显生、刘孟宇、李保均、林可夫、于成鲲、朱伯石、刘家骥、高潮、马作楫、刘锡庆、吴伯威、李景隆等，召开多次学术交流会，为成立学会作准备；为使研究会有较高的学术品位，他多方奔走，聘请叶圣陶、吴组缃、吴伯箫、臧克家等担任研究会顾问、会长；他主持创办学会刊物《写作》，为学科理论奠基。在写作学科处低潮之时，又是他前往北京，请当时的全国政协主席邓颖超同志为《写作》杂志题词："振兴写作学科，为四化建设服务。"以此鼓舞同仁士气。在学科理论建设上，他召集写作学界精英编撰《写作学高级教程》，获国家教委普通高校优秀教材一等奖；举办写作学专业助教进修班，被称为"黄埔一期"，为写作学科培养大批教学骨干，后来又办了第二期……他以一人之力，把这么多几乎不可能的事都给办了。

1985 年 7 月，在上海的"写作学科现代化、科学化讲习班"上，我初见久仰大名的周姬昌先生：他身材矮小，其貌不扬，肤色黝黑，衣着朴素，不像高校教师，更不像传奇英雄，毫无英武果敢之气，倒像极普通的农民。他不善言辞，说话带浓重的温州口音，我没听懂几句，但对他崇敬之情不减。在我心里，他是牺牲、敬业、坚忍的象征，这难道还不够？在写作学界，不计个人得失、将生死付之的除了林可夫先生，就数周先生了。

林先生之所以念念不忘周先生，既因为他为创建学会发挥了不可替代的作用，也因为他们同声相应，同气相求，惺惺相惜。如今他们均已作古，随着周先生 1995 年、林先生 2001 年仙逝，写作学界恐怕再无为振兴写作学科拼命、舍命的人。迫于外部压力与自身利益诉求，当年的写作学精英多作鸟兽散。中国写作学会与《写作》杂志经 40 多年风雨，辉煌不再。周先生、林先生后，再无为其抛家舍业、肝脑涂地之人。这对经历过那个时代、为之奋斗过的学人来说是锥心之痛。

周先生之可贵在不计个人得失，甘于奉献、甘当人梯。以他的资历以及对写作学科的贡献而言，当个会长并无不妥，可谓众望所归，可他没这么做，而是从学会长远发展着想，想方设法请来更具声望的作家吴伯箫、诗人臧克家当会长，自己任劳任怨地承担起秘书长之杂务，很少抛头露面……

周先生有自知之明，他知道自己的斤两：不是大作家，也不是大学者；他知道行为的分寸：能做什么，不能做什么。他把自己安放在最合适的位置：为他人作嫁衣。他竭尽心智为写作学界搭建一个平台，乐见他人在上面尽情展示风采。他默默无闻、为所当为、功成身殒，但后人会记住他、怀念他。他的生命，已融进写作学界每一成员的学术与精神记忆中。

在文化史、学术史上，从某种意义上说，每一个体都是过渡性的，都是为了继往开来。林先生、周先生这代人尤其特殊。由于特殊的历史年代，他们学养有所欠缺，学术生命短暂。这注定了他们绝大多数人难有学术建树，其作用仅仅是当铺路石，搭台让后人唱戏。对此，周先生是最清楚不过的。

现在，已轮到我们这些当年的年轻学者谢幕、退场了，大家回首往事不会忘记周姬昌、林可夫先生们的功绩，没有他们的奉献，就没有我们微薄的贡献。我不会忘记中国写作学会、现代写作学专业委员会、福建省写作学会等曾经养育我成长的土地，不会忘记扶持过我成长的前辈、同辈师友。

我不是爱开会的人，后来发现自己竟参加了不少会：在上海、武夷山、烟台、乐山、漳州、福州、牡丹江、厦门、南京、郑州、湛江、湖州、武汉、台州、包头、乌鲁木齐、香港……我认识了写作学界的不少前辈：裴显生、吴伯威、林柏麟、王光祖、凌焕新、陈家生、沈世豪、王凯符、程福宁、霍唤民、金长民、于成鲲、余国瑞、王志彬、高原、刘朏朏、曾祥芹、尹相如……也认识了不少同侪：刘新华、邵良棋、陈天然、张帆、尉天骄、刘海涛、洪威雷、孟建伟、李白坚、马正平、王正、万奇、任遂虎、周淼龙、程民、金振邦、杜福磊、陈果安、高朝俊、舒咏平、唐代兴、王东成、张明、马学东、柳宏、刘凯、於可训、谢锡金、岑绍基、林丹娅、董小玉、沈国芳、詹珊、施文青、陈亚丽、王小风……这大约堪称写作学界半壁江山，我与其中不少人结下深厚情谊，成为终身挚友。

当我写下这些名字时，百味杂陈，相遇相交相知的情景在复活，一幕幕仿佛就在眼前，一个个如初见模样。那时，前辈宝刀不老、意气风发，同侪呼风唤雨、指点江山。而今，前辈半凋零，同侪多沉寂。流年似水，不知不觉间我们已是"雨中黄叶树，灯下白头人"。

我与学会师友的交往，有的是一面一时，有的是一生一世。缘分深浅，天意使然，不可强求。能在学术之旅相遇，不论交谊长短、厚薄，都是福气，值得怀念。"文字缘同骨肉亲"，此言不谬。

学界挚友平时天各一方，没有交集，外出讲学偶然相遇，竟比相处几十年的同事更亲近。人心真奇妙，有的离得近却远，经常碰面却老死不相往来；有的离得远却近，一条短信立马来了，有说不完的话。这种亲近，是由于萍水相逢，无功利心、戒备心；以文会友，相敬、相交以德性、才学；加之有共同美好的青春记忆，因而特别珍贵、珍惜。享受学术江湖同游之乐，是人生一大幸事。

与师友一路走过的经历，滋养我成长，给艰辛人生之旅添一抹暖色。

我参与较多的学会活动首推福建省写作学会，其次是现代写作学专业委员会，最后才是中国写作学会。

福建省写作学会于1985年正式成立，先是林可夫先生任会长，继而是孙绍振先生，2001年至今是我。谨遵师命与同仁厚爱，不得已一干十几年。一开始就不想干，不承想至今没法卸下，成为沉重负担。听说别的学会会长争着当，我们竟没人愿当，谁都不想让我过安生日子——不愿当"官"之人，偏就阴差阳错、别别扭扭摊上（尽管这算不得什么"官"），而且被死死套牢，这副枷锁像孙悟空头上的紧箍，套上了竟脱不下来。好在这么多年有秘书长邵良棋鼎力帮衬，诸事皆由他操办，同仁勠力同心、积极相助，我当甩手掌柜，还算逍遥自在。良棋兄勤勤恳恳、惨淡经营，每年总想方设法开次年会，老友相聚，谈文论艺，喝酒聊天，其乐融融。

福建省写作学会老哥们儿聚首莆田年会：左一邵良棋，
左二刘新华、中沈世豪、右一张帆、右二潘新和。

不料两年前一向身体强壮的良棋兄查出肺癌晚期，让我们山崩地裂般惊讶。他得病后一如既往地坚强乐观，一边化疗，一边骑单车、游泳，但终究没能阻止病魔肆虐，他终究还是走了。送走了他，哀痛之余，我本就微弱的操持学会的热情降到冰点。

省写作学会成立时我们相识于武夷山。他那时任教南平师专，后担任中文系主任，遇到学会召开年会，不论在哪里，他都会专程跑来帮忙筹备、协助搞会务，热情如火。后他调我校，成为我的同事。我任会长，他是我最得力的助手，一应事务无须我操心，他会料理得清清楚楚，连省社科联的会都是他替我去开。30多年君子之交，天人两隔情何以堪。他走了，学会天塌了。往后，再接不到他一个接一个的电话，谈年会筹办得怎样怎样；再不见他骑着单车，满头大汗，拿一摞"年检"表格敲门要我签字，签好，再"吭哧吭哧"骑去民政厅……

20世纪80年代末，是写作学界最兴盛的黄金年华。我的一批学界挚友大多聚集在现代写作学研究会麾下。

现代写作学研究会在漳州东山岛成立，右三为林可夫先生，左一为笔者。右侧"铜山风动石"是该岛地标。

1988年7月，中国写作学会副会长林可夫先生打出"现代写作学"的旗帜，登高一呼，应者云集，他与一帮中青年学者，在福建漳州成立现代写作学研究会，1991年后改为中国写作学会现代写作学专业委员会。林可夫先生2001年仙逝，河海大学尉天骄兄接任会长。漳州会议我认识了许多朋友，与不少人结下了终身情谊。

当年老友相聚，对由漳州到东山岛吃的第一餐晚饭津津乐道。车到东山已晚，首先上桌的是一大盆"猫饭"：用鱼肉、虾仁、小鱿鱼、海蛎、芹菜等煮的咸稀饭，香气四溢，饿极了的我们狼吞虎咽，一扫而空，觉得世上没有比"猫饭"更鲜美的。漳州会议第二年，我们在牡丹江大学开年会，由体壮如牛、豪气冲天的东北汉子马学东操办。会后，他率领我们去中苏边境兴凯湖玩，不巧路上洪水滔滔，大巴被冲得晃晃悠悠、跌跌撞撞，险些翻激流中，我们大惊失色，学东兄气定神闲、谈笑自若；蓝天白云下兴凯湖澄澈如镜，我们心旷神怡，在湖畔引吭高歌。学东兄用俄语唱《三套车》《莫斯科郊外的晚上》，浑亮、粗犷的歌声在蔚蓝的湖面翩跹起舞。我们一路走，一路游，一路纵情欢歌，一路品尝大白鱼、白虾、胖头鱼、甲鱼……2007年4月26日，天骄兄在南京河海大学举办学术年会，只见学东兄由太太搀扶着来到会场，举步维艰，口齿不清。他太太说他不久前中风，尚未康复，得知大家在南京，定要来与哥们儿聚聚。见状，举座愀然，感动莫名。

时光荏苒，大浪淘沙，不少学会销声匿迹了，现代写作学专业委员会仍活跃。只是熟面孔渐少，新面孔渐多。在学问上，我们也许还能说点儿，看着风华正茂、洗耳恭听的他们，不由平添世代更迭的落寞。如火如荼的"青椒"岁月，已是晨雾缥缈中的海市蜃楼。

初识马正平是1986年暑假的烟台会议。他在座谈会上发言，说来自四川南充教育学院，具体说什么没印象，隐约觉得有点儿"玄"，听不懂。1988年暑假，他邀我参加全国写作学界青年学者学术研讨会和首届全国写作理论与写作学前沿信息研修班，于是我在漳州会议后，赴四川乐山参加马正平的会。初识他那帮不可一世的哥们儿，个个学富五车、满腹经纶、趾高气扬的"拽"样。

我第一次见识西方话语超饱和狂轰滥炸，目瞪口呆、惊恐万分。

翌年7月，正平兄在西安竖起"中国青年写作理论家协会"的大旗，自任会长。后来青年成了中年、老年，便更名为无年龄色彩的"中国写作学会文化写作学专业委员会"。20世纪90年代是正平兄最显赫、辉煌的时期。初入道的年轻教师"趋之若鹜"，唯"马"首是瞻。

现代写作学研究会与中国青年写作理论家协会是写作学界两个实力派学术团体，这两帮人风格迥然不同，主要跟年龄、阅历有关。现代写作学研究会由中年人牵头，老成持重；马正平这帮哥们儿正年轻，先锋新锐。正平兄原想成立"中国当代写作学会"，未果，后成立中国青年写作理论家协会，其另立山头不论初衷如何，客观上都有叫板意味。正平兄从此登上写作学研究大舞台，上演一台台精彩大戏，给写作学科注入勃勃生机——那个年代，要没马正平会多么寂寞与荒凉。

我用"叫板"并无贬义，只要是学术争鸣、碰撞，对思想繁荣有好处，是我乐见的。我参加现代写作学研究会去听会而已。正平兄"封"我理事，入乡随俗由他去，反正我不"理事"。一边是恩师，一边是朋友，兼听则明、左右逢源，没什么不好——我不解，学术观点不同何必搞得仇人似的。几十年来，我与师友毫无芥蒂，观点不一不足为奇，不妨碍交往。我与天骄、正平兄私交甚笃，保持了几十年情谊。他们到福州或我到他们那儿，常欣然相聚。前年我去南京讲学，天骄兄得知，他人在美国，未能亲尽地主之谊，特嘱南师大老友高朝俊与我一聚，情意铭记在心。

20世纪80年代中后期到90年代初，我学识上还相当懵懂、稚嫩，与比我稍微年长的天骄、正平兄比，学养差距甚远。后来稍懂怎样做学问，主要精力则放在写作教育史故纸堆中，无暇他顾。是参加中国写作学会各专业委员会的交流，打开了视野，使我感受到学识的八面来风，汲取多方面营养，这种身临其境的冲击，是封闭书斋做学问不可替代的。我怀念那风云际会的年代，那些共同成长的朋友。

那时改革开放大潮汹涌，西方学术思想译介进来，大批哲学社会科学类著作进入国人视野，可视为中国现代第二次"西学东渐"。尉天骄、马正平等一众哥们儿都绝顶聪明，个个意气风发，领风气之先，在西学吸收上极狂热，见"舶来品"扑上去就啃，"老三论""新三论""新新三论"之类，说出来一套套的，令我眼花缭乱、目不暇接，但不知所云。我望尘莫及、惶恐至极，压力陡增。

我对他们掌握的资源所知甚少，对西方学术著作尚未涉猎，与马正平及其追随者对话感到吃力，底气不足，连术语都不懂如何对话？这让我惭愧、心虚。压力产生动力，我在写作教育史巡弋之时，适时抽身出来，开始将目光投向西方学术著作，并产生浓厚兴趣。上海译文出版社出版的"二十世纪西方哲学译丛"，四川人民出版社的"走向未来丛书"等，为我打开最初的西学之窗，受益匪浅，影响至今。

尽管后来我紧追慢赶，自以为可与其平等对话，甚至还可审视、批评，但不可否认，马正平们的研究给我颇多启示，使我明白一个合理、完善的认知结构，凭古今贯通不够，视野仍狭隘。拥有内部学养，可以说说话，发表些意见，但难以做到高屋建瓴，有所超越。要"入乎其内、出乎其外"，跳出学科窠臼，兼收并蓄，除了古今贯通，尚需内外贯通，中外贯通。要建立学科外部与国外学识参照系，才可望拥有超视距、大视野，眼光才深刻、独到、犀利，有望超越前贤、同侪，推陈出新，占据学科制高点。当时我对"三通"认知还不很清晰，只觉得别人懂的我也要懂点，要补上短板，免得与他们对话时尴尬。

外部学养，包括中外哲学、社会科学、自然科学诸多领域知识，尤其是哲学——科学哲学素养，也包括本专业领域的国外相关研究。外部学养不可或缺，但要有所选择，这对研究者来说太重要了，是"接着说"的充分必要条件。因此，我感谢马正平们理论创新的勇气，通过对西学一知半解的生吞活剥，火急火燎地消化、创新，便对传统文章学、写作学发起挑战，在一定程度上给写作学科注入新的思想信息与精神能量。

如饥似渴的填鸭式阅读，对西方学术不可能有真了解。我后来反对实用主义的断章取义、寻章摘句的读书，便源于那时潦草做学问的反思。时过境迁，想当年"急用先学""学以致用"说的胡话，写的"急就章"，恨不得钻地缝。随便读几本书便大发宏论，实在没多大意义。读就要认真、系统地读，有所思考、研究。特别是重要的理论著作。

对理论、重要著作的消化需要时间。开始与后来的理解往往不一样。时间、阅历、学识的增长，会不断地淘汰、修正原来的肤浅。这个反刍过程与生命相始终。

参加学术交流活动，其作用未必是使你立马得到新知识，可如法炮制、学以致用；主要是了解他人关注什么，知道自己的缺陷，产生危机感、压迫感，懂得自己要做什么，读什么。不可自我封闭，坐井观天，更不能读点儿书，便自以为是，目空一切。思想是在交流、读书、思考中，激活、鲜活、存活的，即便自己珍视的观点，被碰撞得头破血流也值。那便意味着凤凰涅槃般重生。

学养积淀不能知足常乐、故步自封，而是"知耻而后勇"。要有学术廉耻、恐惧，懂得敬畏，有所追求。书读得越多，始知书读得太少。

当我恶补他们看的那些书，有点儿"三通"积淀，情况发生了逆转：他们不再可怕，甚至我还能看到其局限。他们知道的我大略知道，他们不知道的我也知道——当你看到他人踮起脚尖也看不到的学术地平线下的风景，便觉得功夫没白费，自己长高、强大了，为之窃喜。自卑一扫而空，有了自信。对"无知者无畏"之说，"与虽正而不至焉者"，一目了然，"昭昭然白黑分矣"。这种居高临下、尽在掌握的感觉很美、很受用，平添"看庭前花开花落，望天空云卷云舒"的悠然闲适、自在从容。我后来将这心理变化过程讲给学生听，希望他们知道让自己高大、强大起来的唯一途径便是"三通"，有学问垫底，有独到、深刻的眼光、见解，便有安详、淡定的好心情，便能享受到常人享受不到的学识优越感带来的无与伦比的高峰体验，以及由此产生的精神愉悦——这是最正当不过的可持续生长的求知动力。

内心强大才是真正的强大，这除了需要志向、坚毅、恒心等之外，尚需深厚的学养与敏锐的思想。学养积淀，思想砥砺，须毕生之功。

这个过程漫长而艰辛。在我的学识成长之途，感恩学界师友给我的启迪，也感恩"三通"学识滋养。当时也许没多大感觉，没能立竿见影派上用场，但她在悄无声息地发酵、滋长，在未来某一刻，在思考某一问题时，犹如电光石火般给你以灵感与精见。

我不止一次说过，我颠覆、重构语文学之作《语文：表现与存在》（乃至我所有的著作），便得益于早期的"治史"，得益于写《中国现代写作教育史》《中国写作教育思想论纲》时的资料积累与思考——以致后来仍持续不懈地在语文学史的深耕，因为这是我的"根"。也得益于许多看来无用的外部学养，如美国科学哲学家库恩的《科学革命的结构》，美国犹太哲学家弗洛姆的《在幻想锁链的彼岸》，美国心理学家马斯洛的《动机与人格》（与此相关的戈布尔《第三思潮：马斯洛心理学》），英国科学哲学家拉卡托斯的《科学研究纲领方法论》《证明与反驳》，英国科学哲学家波普尔的《猜想与反驳》《科学知识进化论》，英国历史学家汤因比的《历史研究》……恰是这些似乎无关的书，这些科学哲学、认知方法论、学术史、文明史著作，对我后来研究方法的形成，论题的提出、论点的产生、说理的思路等产生了重要作用——读时何曾想到其实用价值。

写作学界、语文学界对这些专业之外的"无用"的书，感兴趣的人不多，因此，他们永远爬不出感性、经验的陷阱，挣脱不出成见的枷锁。朱光潜先生说：世间绝没有一科孤立绝缘的学问。比如政治学须牵涉历史、经济、法律、哲学、心理学以至于外交、军事等。如果一个人对这些相关学问未曾问津，入手就要专门习政治学，愈前进必愈感困难，如老鼠钻牛角，愈钻愈窄，寻不着出路。其他学问也大抵如此，不能通就不能专，不能博就不能约。先博学而后守约，这是治任何学问所必守的程序。[①] 由此可见"通"与"博"的重要，若没有"三通"素养，无论如何都是走不远的。

在同辈中，让我获益最大的当推颜纯钧学长，他是较早让我开窍的人。他定然没想到我竟从他那儿偷师学艺。都是闲聊，他不经意地说，我不经意地听；

---

① 朱光潜：《谈读书》，见《艺文杂谈》，安徽人民出版社，1981 年版，第 48 页。

说者无意，听者有心。不论是只言片语，还是长篇大论，常使我豁然开朗。

纯钧兄比我大不了几岁，是工农兵学员，但绝对是才子。我入学他已毕业任教，后来我留校，与他成为写作教研室的同事。由于他的睿智、宽厚，博学多才，且长得比较老态，显得比孙先生年龄更大（他俩年龄相差一轮）——他不倚老卖老，我则将错就错，将他归入先生辈，以师长视之，称他"老颜"。老颜是个杂家，创作、学术研究都很棒，写散文、小说、电影剧本，研究写作、文学、电影、传播学……想做什么就做什么，没一定之规，随性、随缘，我羡慕他潇洒，喜欢他的散淡、自在。正因为散淡、自在，见识不凡，常有惊人语。

当写作学界从"八大块"知识体系转向写作能力训练时，培养"观察力""写生活"受到普遍关注，他却不以为然。有一次好像是尉天骄来，聚一块儿聊天，老颜说"观察是无效的"，看到什么不是取决于感官——观察力，而是知识结构、认知背景，是特定理论。尉天骄在一旁附和，搬出朱光潜说的"深人所见于物者亦深，浅人所见于物者亦浅"，发一通议论——我愣住了，他们不知道这云淡风轻的几句话竟给我巨大的震撼与长久的影响，彻底颠覆、改变了传统的——我的写作观，甚至改变了我的认识论。

这不只是对"观察力"——一种写作能力重要性的否定，而是导致了我的写作观、认识论版图的重构。至今我还在琢磨"观察"的"官感"与"知、情、意"的关系，与"生活"、与"写作""语文"的关系，还在思考究竟什么才是写作的源泉，写作、语文教学重心是放在观察生活还是心灵建构上。我后来的"读书源泉论""心灵源泉论""多元源泉论"等灵感的萌生，皆可归因于 30 年前老颜的话。可谓一句千金。

窃以为须建构生活、书本、心灵多元源泉观，以丰富心灵为要。

历来重视"观察"是和重视"生活"联系在一起的，因为大家都相信"生活是写作的唯一源泉"，写作，似乎便是写"生活"。因此，有没有生活，是否通过观察拥有生活素材，便成为决定写作成败的关键。这观念约定俗成、根深蒂固，衍生出了"写生活""生活写作""生活语文""语文生活""写作学习的外延与生活的外延相等"等一系列写作观、语文观，涉及写作本体论认知。

在语文、写作教学中，对观察的重视，强调"观察生活""贴近生活""设置情境"，以为通过"观察"拥有"生活"这个源泉，便能解决"无米之炊"问题，写好文章。如果"观察"是由认知背景、心灵结构决定的，就表明观察并不客观，而是主观的。观察是否有所得，不是取决于客体对象，也不是取决于人的感官，而是取决于人的准备状态。因此，写作，表现的不是外在的生活，而是人的内心世界。严谨一点也可以如皮亚杰所言，是主客体的统一。但是对此说我不太认同。主客体统一不是二者相加，还有主次关系问题。主体心灵不丰富、自由，再怎么认真观察，客体生活再缤纷多彩，也无济于事。心灵结构是决定因素，重观察，轻心灵养育，是舍本逐末。

否定"观察"的客观性，否定通过观察获取写作素材，便是否定"生活写作"的机械反映论写作观。如果说写作不是"观察"的结果，不是对生活作客观、机械的再现，而是主体心灵世界的折射，生活对写作的重要性便大打折扣，强调"观察生活"就没有太大意义，"生活写作""生活语文"就成为伪命题。

我从此不再有"生活"——感官崇拜，坚信对写作来说，缺的不是生活，而是主体言语动机、价值观，知情意素养等。最需要关注的不是"生活"，而是"心灵"的充实丰盈。人最不缺的就是生活，只要活着，便生活着。但是，若不读书、思考，心灵便干涸如荒漠。读书、思考，比起观察、体验生活重要百倍。古人将"读万卷书"放在"行万里路"之前是有道理的。

因此，写作、语文教学，让学生观察生活变得不重要，说学生没有生活是无稽之谈。不是由生活而是由心灵决定写作的优劣，没有丰富、自由的心灵世界，缺乏想象力，缺乏充分心灵化、言语形式化的生活一钱不值，原始状态的日常生活连写作素材都称不上。

诚如许多作家所言，与其说写生活，不如说写记忆，这较为接近写作行为的真相。记忆来自心灵，是心灵化的生活。生活是客观存在，记忆是主观反映。只有经过心灵同化、审视过的生活，经过时间淘洗、蚀刻，经过形式化、艺术化处理，才能成为写作素材，才能进入有意义的写作运思过程。

严格说来，即便是心灵化的生活，也只是写作素材的一小部分，大部分写作素材并不是来源于个人的生活经历，而是来源于书本，来源于他人的阅历、思想、著作，来源于无中生有的想象、猜测。

多年后我写了《写作教育更应"贴近心灵"——走出"贴近生活""写生活"的迷津》《写作的源泉是什么》《是贴近生活，还是贴近自我》《丰富心灵是根本》《让心灵欢唱》《从"写生活"到"写思想"》……这些大大小小的文章，也许都与几十年前老颜的那些话有关。人的言行皆有踪迹可寻，何时埋下种子，何时瓜熟蒂落，却不得而知。

对"观察生活""生活写作"的质疑，对人的心灵、思维的关注，让我想到许多，如写实、虚构、想象，具象、抽象，感性、理性，心、物关系，主观、客观，唯物论、唯心论，归纳、演绎，经验、先验、超验，物质、暗物质，人与人工智能……这些几乎都与对感觉的认识有关。人类靠感官感知、认知、发现、判断，远不如猜测、想象、幻想重要，大千世界多数事物是不可感的，可感的事物，本质上也是主观的，存在个体误差。如果感官的感觉靠不住，表象、经验靠不住，什么才可靠？渐渐地，好像感官、经验世界离我越来越远，或者说，我有意识地与斑驳陆离的七彩阳光、人头攒动的车水马龙、寒来暑往的四季轮回、山林沃野的鹿鸣鹤唳……保持距离，让思维挣脱具象、成见的牢笼，插上万丈鹰翅，在浩渺无垠的太空，自由自在地飞升、盘旋、俯冲、捕获。

要是感官不可信任的话，要相信什么？逻辑世界中的归纳、实证、用事实说话、实事求是等牢不可破的信条，左支右绌，摇摇欲坠。开始抛弃培根的经验实证主义，拥抱波普尔的证伪主义，亲近猜测与假说。

有时不经意的一句话会让你沉思默想一辈子，导致一系列成见的颠覆与重构。从一个牢笼出来，不由自主地走进另一个牢笼。被自己拘禁、煎熬，时时不得安宁。你不断地自我折磨、否定、超越，也饱受他人的证伪、挑战、贬损、诋毁，但觉得充实、快乐，心甘情愿承受思想的"苦难"历程，"苦"并乐受着。

当写作学界将目光从写作能力转向写作过程时，"双重转化说""三级飞跃说"颇受瞩目，又被老颜轻松地一语破功，写作界得以重构认知范式。

先是北京师范大学刘锡庆先生在《基础写作学》（中央广播电视大学出版社1985年版）中，借鉴我国古代写作理论与苏联学者科瓦廖夫的"双重变换说"，提出"双重转化说"，认为任何一篇文章或一部作品的诞生，都要完成这样一种"双重转化"。首先，是现实生活、客观事物向认识主体即作者头脑的转化。……这是由事物到认识的第一重转化；然后，是作者观念、情感向文字表现的转化。……这是由认识到表现的第二重转化。后来华中师范大学朱伯石主编的《现代写作学》（人民日报出版社1986年版），从传统写作学中开掘出"感知""内蕴""外化"的过程性特质，将这三个不同阶段的联系和转化描述为"三级飞跃"。一时间，"双重转化说""三级飞跃说"成为写作学界耳熟能详的热词，以为这就是对写作行为的科学描述。

写作学进入到 20 世纪 90 年代，颜纯钧的《对物意文理论模型的质疑》(《写作》1990 年第 1 期)、《写作学的宏观研究》(《中国写作》1990 年第 1 期)、《写作实践论》(《写作》1990 年第 8 期)，这组文章像集束炸弹，一举轰毁"双重转化说""三级飞跃说"的城堡，导致研究范式转型。

颜纯钧在《写作实践论》中说："近年来，写作学研究的更多成果还是表现在描述实践过程（如'二重转化''三级飞跃'），而不是这一过程的本质特征上。这是个由表及里的问题。更严重的还表现在，写作实践的过程和这一过程的本质特征从某种角度看还是对立的。表面上看，实践过程是线性的、稳态的，实质上却都是非线性、非稳态的。"他认为上述对写作行为的研究是一种表层现象的描述，而且是一种错误的描述，写作实践过程并非线性、稳态的，而是一个复杂的随机过程。他注重的不是对行为过程的描述与复制，而是凭借写作经验做合目的性的控制。

这对我来说又是一个超极强震。这个强震，不但是对写作行为过程认知的颠覆，更是看到了人的思辨力能达到怎样的水平。可以断言，在我所涉及的写作学、语文学，乃至文学、教育学领域，迄今为止，罕见哪个人、哪篇文章的思辨力，超越纯钧兄的《写作实践论》，让我感受到极度思维刺激。

这三篇文章不但改变了大家对写作行为的线性、稳态认知，而且改变了写作学界的思维方式与致思方向。他为那个时代提供了一个新的思想范式与研究框架。以马正平为代表的写作学界新锐虽然众说纷纭，但都是在颜纯钧的理论范畴中思考，都接受他的写作是一个非线性、非稳态的随机过程的基本观点，接受他的写作行为内外条件说、经验控制说，是以此为大前提的思考，是对他的基本观点、理论框架的论证、填充。从这个意义上说，颜纯钧是写作学科不该被遗忘的人。

各学科都有不该遗忘而被遗忘的人，但他们的光辉终将留照后学。

纯钧兄先后从事写作学、文艺学、现当代文学、比较文学、影视学、传播学等方面的教学和研究工作，可谓杂家。他为写作学另辟蹊径，但没陶醉其中，也没顺势而为扩大战果。他看着浩浩荡荡步其后尘推波助澜的写作学大军，将巍峨的背影留给他们，漫不经心地转身，把目光投向影视学、传播学，义无反顾地绝尘而去。今天写作学新人已不知谁是颜纯钧，而在影视学、传播学者中，他的大名则如雷贯耳。

每年到重庆师大给我的博士生刘中黎教授的学生讲课，学缘亲情（前排左一刘中黎）得以延续，其乐融融。

今天的写作学者淡忘颜纯钧，聪慧的后学会记住颜纯钧。他将成为一个写作学符号，代表一种颠覆性思想范式。记住打开阿里巴巴宝库的暗语，珍宝尽在其中。学术史逻辑就这么吊诡，开启新思维、新范式高于一切。只有第一，没有第二。这就是颜纯钧们的可贵处。

大家还没忘曾风光无两的马正平。那时的写作界，正平兄堪称风云人物。其风头之健无可匹敌。他勤奋、敏锐，不断将西方学术概念引进写作学中，攻城略地、领异标新，目不暇接、眼花缭乱，以致不知所云、如坠五里雾中。这不怪他，怪我孤陋寡闻。他的五卷本《写的智慧》（西南师范大学出版社1995年版），记录下他与同仁的艰辛思考。

他的思考像芝麻开花，每天要让自己拔节。

马正平们的长处是我的局限；我的长处也是他们的局限。从最表层意义上看，我与马正平们的不同是学养类别。

我更关注内部学养，就是写作教育史以致语文（母语）教育史的研究。而他们更关注西方学术思想，关注20世纪80年代国门打开后蜂拥而入的"西学东渐"，我称这些"西学"为"外部学养"。我明白自己的差距，后来一直在补外部学养的课。我是由内到外，再由外到内地将内、外学养初步打通、融合，以求获得较开阔的眼光与参照系。想必马正平们后来也在努力补上内部学养，即核心学养不足的课，以使外部学养能得到良好的消化、同化，避免广受批评的"贴标签""概念轰炸""高空作业"等弊端。这实际上也可以看作是如何正确处理"体""用"关系的问题。

我们所谓的写作学是母语写作学，要是对母语教育特点这个本体模糊不清，在核心学养——母语写作教育史上没下足功夫，以为凭一己写作与写作教学经验就游刃有余，先贤的智慧与思考没得到梳理，外部的学术、方法再"精彩"也无济于事，不可能获得学科认知的进展与升华，反使母语写作贬值为"二语"写作而不自知。只有在母语写作——语文，乃至文化、教化（语文、文化、教化比写作更综合）教育本体认知明晰的前提下，才有可能在当代学识、方法论视野下，融会贯通、锦上添花，才可能有真正的洞见。否则，那些琳琅满目的舶来品，只能是看起来很美的肥皂泡。

从思维方法上看，我与马正平们的区别主要是我重归纳（实践归纳与猜想），他们重演绎（理论移植与应用）。

他们将国外其他学科的某些现成学说，概念、术语、方法等，直接拿来作为写作学研究大前提，或进行类比、借代，以为能解决写作学的问题，似有消化不良之感。比如，文学主体性研究兴起，就有了写作主体论研究；文化学、文化热兴起，就有了写作文化学；接触了"新新三论"中的分形论、混沌学，就有了写作分形论、写作混沌学、写作生长论……最终以"非构思写作学"（运思性生长论写作学）总其成。这一切开始是沿着颜纯钧开辟的路径前进，为了解决写作行为的控制问题。沿着这条路径，马正平以对西学理论的演绎破局，不断地修正、丰富自我，逐渐落实在写作心智培育与技能训练上。也许他没想到，由于受实用性、功利性所诱，最终会与颜纯钧"条件论"制约下的"经验控制论"观点相背离，注重写作思维模型的建构，落入"以训练为中心"的技能主义窠臼，从而走上科学主义、训练主义路径。

归纳与演绎是思维的基本方法，这一点毋庸置疑，二者互补，且难解难分，似无高下之别。一般以为只是不同的人，有所偏好、侧重罢了。但是，认真讨究，我以为二者还是有所差别的，而且这差别是带根本性的。归纳法与演绎法都能产生结论——见解，但是，归纳可以产生原创性思想，演绎则不能。演绎是二度创造，没太大想象力。是在别人屋檐下讨生活，从原创中分一杯羹。

靠演绎不能成为一流思想家，甚至连思想家都不是，只算是知识搬运工。

思想家定是归纳大师。归纳可分为两种：一种是实证的，讲求完全归纳，这往往是平庸的；一种是先验、想象的，不过分依赖事实、经验，即使无米之炊，也能无中生有，烹调出思想饕餮盛宴。后者我称为"隐性归纳"，智慧层级高于前者，我喜欢后者。

此外，无归纳便难以批判、证伪。归纳是偏见的天敌，批判性思维的利器。

批判、证伪，基于归纳。归纳才能发现反例，通过反例证伪、反驳。

归纳优于演绎，不等于不要演绎。在思维过程，倚重归纳，演绎也不可或缺。并非所有认知皆须归纳，但是，演绎先要归纳。未经归纳的检验，演绎将徒劳无功。

归纳生产思想，靠概括力、抽象力，尤需要想象力。我曾说过，我从小引以为豪的语文天赋是概括中心思想、段落大意，这大约是我后来倚重归纳的缘由之一。我喜欢胡思乱想，天马行空的想象，在唯物与唯心、归纳与演绎的边界穿梭。

归纳法也有局限。显性的完全归纳几乎不可能，因此，我赞同波普尔"反归纳"的证伪主义；隐性的无中生有也可能失范，非庸才、中才可及。因此，靠归纳法生产思想，非常人可为，常人非"过"即"不及"。须老子、庄子……柏拉图、亚里士多德……那样的极少数大智慧者，他们主要仰仗先验、超验的悟性想象力，堪担原创思想之重任。

2007级研究生毕业合影。转眼他们已成家立业，常带儿女来我家聚会，满屋欢声笑语。

这不表明归纳法对常人无效，而是表明其重要，难驾驭，天赋不足者应慎用。

演绎法虽不能出思想、一流思想家，但与归纳法交互为用，可各得其所。在整合的原创中，归纳为主，演绎可发挥助力，扶助想象力。

正平兄前期重写作文化、心灵建构，后期突然改弦易辙，看重能力训练，甚为突兀，让我惊愕不已。他从"玄学"回归"实学"，"实"得有点儿过。大约他觉得纯钧兄的"经验控制"是主观、感性的，"模型控制"才是客观、理性的，二者泾渭分明，后者"科学性"高于前者。其实不然，虽然二者殊途同归，均为培养体式感，但是，模型控制的作用是模式化，形成的体式感是死的；经验控制的效能是个性化，形成的体式感是活的。显然，就写作能力的形成而言，经验控制更为接近常人学习写作的常识与真实。

这有个如何建模的问题：是靠自悟得之，还是靠模式训练。经验控制靠写中自悟，模型控制靠机械训练，其效能大相径庭。窃以为学生自我经验建模优于教师强制模式训练。当然，在教学情境，学生建模应在教师指导下，教师主要工作是激发言语动机，使学生乐读、乐写，读、写多了，自然便有所悟。

只要学生喜欢写，常写，久之，"体式感"水到渠成，自悟得之，这就是经验建模，即欧阳修所言："惟勤读书而多为之，自工。"

在教学情境下借助模型训练，以累积经验，形成体式感，这似乎没错。但一般人学写作的实际情况并非如此，不是先有模型，再照此实践，产生经验；而是先有实践，从经验中悟到模型（形成文章图式感），是自悟得之的理法，并还之以指导实践，进一步完善自我图式认知，如此不断循环跃升。

教师给要求强制训练与学生从乐写中自悟，这两种建模方式不同在于，前者是被动接受、满足教师要求而获得写作认知，后者是从主动的写作体验中自我领悟其规律。这两者形成的思维模型有质的不同，前者是死的，是照葫芦画瓢，是知其然不知其所以然；后者是活的，是知其所以然与所以不然，是生命化的、灵动的，可以随机应变。如此，才能写出不一样的每一篇文章，即所谓为文有大法，而无定法，文成法立。只有基于大量写作实践经验基础上的自悟之法，才可望变法、创法。靠模型训练出来的"法"，因不知其所以然，且缺乏积极的感性体验经历，脑中的文章图式是死的，得之容易，求变则难。

其实，模型——模式训练不是最重要的，最重要的不是行文能力，也不是马正平所谓的"三大步"或"三大块"（这实际上还是颜纯钧所批判的线性、稳态思维）："立意""行文""完善"，以获得行为技能，而是言语德性、动力、价值观，是求知、悟道、明理等，写作实践——写作行为过程能力，包括"体式感"等，是含蕴其中无可剥离的。"有德者必有言"，文是从道中流出来的，文便是道，即所谓"功夫在诗外"。朱熹说得再清楚不过："大意主乎学问以明理，则自然发为好文章，诗亦然。"（《朱子语类·论文上》）

从这个意义上说，马正平试图将写作行为技能，从主体论、从心灵建构中剥离出来，倚重于习作训练、纯技能训练，以此作为写作教学的归宿，恐怕是走错了路，是舍本逐末。试图通过模型控制训练，提高写作素养、能力，是不知写作素养、能力靠"养"，不靠"练"。"养"的功夫做足，"技"便在其中。

借助模型的写作训练，大多为应试，最典型、成功的莫过于八股文教学。

通过写作自悟其模型虽稍胜一筹，在自然情境下学写的话不无可取，前提是习作者写什么可自行择取，但在讲求统一的教学情境下窒碍难行。但无论如何，离开有感而发的纯粹练笔，言非所欲，言不由衷，言之无物，只是文字游戏，效果有限。

个体写作经验建模优于集体写作训练建模，因此，让学生喜欢写，经常自发自觉地写起来，比什么都重要。即便学生喜欢胡乱写，写不好，读多、写多了，形式感自然就有了，慢慢就会写好。

说到写作技能"训练"，尤其是应试训练，教师便来劲儿。几乎没人质疑其功用，写作能力不练怎么提高？很少人知道这基本是无用之功——至少无大用（对应试有点儿用）。这是写作教学又一理论节点，须作深究。

写作可"练"的唯文章形式，如立意选材、谋篇布局、遣词造句之类的"技术"，并不能解决文章写作的目的意图、情意内蕴等问题。衣服有了，人没有，精气神没有，魂没有，衣服再漂亮，再怎么花枝招展，有什么用？我并不绝对地排斥"练"，古人的"属对""仿写"训练就是一种良好的语感能力的培养，但是再"有效"的文字训练，也解决不了朱熹说的"学问以明理"的知、情、意素养的培育。"昨夜江边春水生，艨艟巨舰一毛轻。向来枉费推移力，此日中流自在行。"（朱熹《活水亭观书有感二首·其二》）这表明要想写作"中流自在行"，只有靠水涨船高、厚积而薄发。"学问以明理"的方法是"虚心涵泳，切己体察"，养根加膏，浸淫日久，自然就会"实遂""光晔"，写出美好的文章。

可训练、可速成的，不是培育写作素养、培育"立言者"的。今天语文、写作教学，若韩愈、朱熹在世，定会活活气死：不是告诉你们"无望其速成"，要"养根加膏"，要修德明理，靠源头活水，水涨船高，怎就听不进？

正平兄前期注重的主体论、文化论、心灵背景论、文章图式论等，虽有食洋不化之嫌，但从动力学、源泉论层面看大方向是对的，与我所说的言语生命的"养"（养护、涵养、修养）较接近，其中不失精辟、精彩之论，使我受益匪浅。他后期大力宣导的"非构思写作学"，在对写作行为认知上，将"选材""构思"整合进"行文"中，也有其合理性，问题出在将写作理论知识转变为写作素养、能力上，他依赖于掌握三对"写作思维操作模型"（重复与对比、分析与综合、协调与对抗）来达成，过分注重"操作性"与技能训练，必定会弱化动机、学养、悟性、个性的涵养、积淀等"立本"的功夫，淡化对大量文本读写经验的反思、积累以悟道、明理，堕入了文、道分离，写"技之文、辞章之文"一途。

这种偏颇，在 20 世纪初，现代写作教育发轫之初就开始了，走的就是"作文法"的技术主义路径。

所谓"作文法"，就是"作文技术"。代表作有：高语罕的《国文作法》、陈望道的《作文法讲义》，夏丏尊、刘薰宇的《文章作法》、梁启超的《中学以上作文教学法》等。说的、教的都是"法"——作文技术。

写作学界前辈认为，写作的"巧"重于"规矩"，可是，所能教的只有"规矩"，"巧"是教不出来的，因此，只好退而求其次。文字形式、技能训练实属不得已，而非正途。前辈对此是清楚的，可一不小心，却把糊涂的后学带沟里去。

高语罕在《国文作法》"自序"中说："夫为文本无成法，文成而法立。今兹所言，其亦不免'代大匠斫'之讥乎？然青年男女或由是而与文字组织与研究，得知所从入焉，是亦作者半年劳作之成功矣。"陈望道直言不讳地说他的"作文法"是涵盖"文章技术所在的全领域"：构造、体制、美质。夏丏尊、刘薰宇主张"法则加练习"："技术要达到巧妙的地步，不能只靠规矩，非自己努力锻炼不可。学游泳的人不是只读几本书就能成，学木工的人不是只听别人讲几次便会；作文也是如此，单知道作文法也不能就作得出好文章。"[1]梁启超先生则强调"规矩"的重要："文章好不好，以及能感人与否，在乎修辞。不过修辞是要有天才，教员只能教学生做文章，不能教学生做好文章。孟子说得好'大匠能予人以规矩，不能使人巧'。世间懂规矩而不能巧者有之，万万没有离规矩而能巧者。"[2]"现在教中文的最大底毛病便是不言规矩而专言巧。从前先生改文只顾改词句不好的地方，这是去规矩而言巧，所以中国旧法教文，没有什么效果。"[3]"所讲的只是规矩，间有涉及巧的方面，不过作为附带。"[4]他们不是不知道写作"巧"之重要，但因为"巧"是难以言说、教会的，更是不可速成的，所能教的只有"规矩"，"规矩"是可教可学、立竿见影的，从实用主义教育思

---

① 夏丏尊、刘薰宇：《文章作法》，浙江文艺出版社，1983 年版，第 1–2 页。

②③ 梁启超：《中学以上作文教学法》，上海中华书局，1936 年版，第 3 页。

④ 梁启超：《作文教学法》，《饮冰室合集》（专集第 15 册 70 卷），上海中华书局，1936 年版，第 3 页。

想出发，学校教学就是要立见成效、学以致用，从而走上与古典主义写作教学"悠游渐积""神而明之"背道而驰的"技术主义""科学主义"路径。

倚重于写作技法、技能训练，从教育哲学看是实用主义、实利主义，从心理学看是行为主义。是杜威、华生思想之践履，亦属病急乱投医的无奈之举。

在这一点上，夏丏尊先生最清醒，他曾直截了当地批评实用主义："中国人在全世界是被推为最重实用的民族的，凡事都怀一个极近视的目标：娶妻是为了生子，养儿是为了防老，行善是为了福报，读书是为了做官，……在中国，什么都只是吃饭的工具，什么都实用，因之，就什么都浅薄。……在真正的教育面前，总之都免不掉浅薄粗疏。效率原是要顾的，但只顾效率，究竟是蠢事。青年为国家社会的生力军，如果不从根本上培养能力，凡事近视，贪浮浅的近利，一味袭蹈时下陋习，结果纵不至于'一蟹不如一蟹'，亦止是一蟹仍如一蟹而已。国家社会还有什么希望可说。"[1] 他指明了为文之根本不是作文法："文章真要动人，非有好人格、好学问做根据不可，仅从方法上着想总是末技。因为所可讲得出的不过是文章的规矩，而不是文章的巧。"[2] 他反对、批评实用主义、工具主义，也深知作文法局限与为文重在"好人格、好学问"，这需要终身修炼。——夏先生是这代学者中罕见的明白人。

当时中国物质贫困、文盲充斥，接受并讲求"生活本位"、实利主义也是可以理解的。夏先生则深刻地指出实用主义生活哲学的弊端，其危害巨大且深远。他清楚地知道"仅从方法上着想总是末技"，文章之"本"，是"好人格、好学问"。明白为文根本的缺失，是写不出好文章的。只因"巧"——写作奥妙说不出，出于无奈，只好退而求其次，做"法"的训练。他怕因此造成误导，特向读者指出其矛盾与尴尬——写作，讲得出的、可教的无用，是末技；讲不出的、不可教的最有用，是根本。

可惜像夏先生这样清醒的太少，他大半个世纪前批评的这些，就像对今人说的，国人依然不开窍。有些学者、教师至今糊涂，将错就错、以讹传讹，仍以为写作技法训练就是一切，堂而皇之地打出"写作系技能""训练为主线"大旗，谁敢动"技能训练"的奶酪，就敢跟他玩命——夏先生泉下有知将作

---

① 朱光潜：《给青年的十二封信》，广西师范大学出版社，2004年版，"序"第2页。
② 夏丏尊、刘薰宇：《文章作法》，浙江文艺出版社，1983年版，第67页。

何感喟？

杜威"生活本位"的实利主义哲学危害深远，他恐怕没想到中国有这么多再传弟子、衣钵传人。至今"教法主义"阴魂不散，"先学后教""以学定教"……尤其是佐藤学"学习共同体"受到热捧，就是明证。教师心思不放在言语德性、人格、学识的修炼上，只想靠教学技术、教学法的花架子吸引眼球，以为只要学生先预习，围桌而坐，各抒己见，便万事大吉，这明显舍本逐末。教学技术、教学法使劲玩，也救不了教师素养低下，弥补不了教育思想、方向的错误。

其实"巧"也不是绝对不可教。

不能说正平兄对传统文章学、写作学，写作教育史无知，从他的研究看，他对包括《文心雕龙》《人间词话》在内的传统写作学、文章学理论也是下过力气的，问题在于未对其进行系统、全面、深入的"照着讲"，缺乏从微观到宏观的洞察，不了解传统写作教育之精髓，"史"的"内核学养"不足，雾里看花、水中观月，认知便大打折扣，所言便觉得"隔"，似是而非。他的"玄"与"实"，因本体缺位，两头不搭。

借助外部概念进行演绎推理，对教学的科学化追求等，固然必要，但如果没有丰厚的内部学养的支撑、交互，缺乏第一手归纳与反思，演绎出的道理、观点就难免隔靴搔痒，难以奏效。正平兄意识到这一点，在"接地气"上作出了极大的努力，这主要体现在他主编的"高等写作学教程系列"（中国人民大学出版社2002年版）上，注意到古代写作理论的当代转换，归纳与经验的重要，强化操作性、训练性，四大本教程在同类教材上达到极致。尽管如此，仍未把握精髓、抓住要害，将简单问题复杂化、琐细化。恐怕没人学写作可这么学，也没人教写作可这么教，读下来都够呛，遑论"教"和"练"了。

我国是以文章、写作立国的，千百年来写作教材无数，走的大都是由读悟写、以简御繁的路子，看重的是通过阅读积淀学养，由学中修德、养气、明理、悟道，读、思、悟、记（札记）并举，追求的是"养"而不是"练"，是"神而明之""言可不学而能"……所谓"养"，就是孟子所说："我知言，我善养吾浩然之气。"（《孟子·告子上》）韩愈所说："养其根而俟其实，加其膏而希其光。根之茂者其实遂，膏之沃者其光晔。仁义之人，其言蔼如也，……虽然，不可以不养也，行之乎仁义之途，游之乎诗书之源，无迷其途，无绝其源，终吾身而已矣。"（《答李翊书》）"养"，这一写作修炼本质，马正平们没意识到，是其宏大、精致、繁琐的写作学训练体系致命伤。

尽管如此，马正平仍为写作学研究鞠躬尽瘁第一人，是当代为写作学科建设作出最大贡献与牺牲的学者。诚如他自己所言，"我不论做什么学问都是一流的"，这我信。确实，他在人文社会科学诸多领域都能成为一流专家，可他没移情别恋，咬住青山不放松，为捍卫他的"初恋"——写作学科尊严，奉献了毕生精力与才华，弥足敬佩、仰视！常有人问我有什么最好的写作学著作，我一定告诉他们读一读《写的智慧》与"高等写作学教程系列"。这是为写作学科扬眉吐气的泣血之作。

作为学者，忠诚、忠贞于自己热衷的学术领域，是人格底线。不论外部世界多么精彩诱人或多么严酷肃杀，体制的、非体制的牵制力多么强大，务必保持一份淡定与坚持。马正平做到了，我也竭力去做。我们在写作这一学科，坚守至今。直到该退休的年龄，我们还在上写作课，还在研究写作学。面对无数朋辈的"溃逃"与另寻高枝后的辉煌、显耀，我们不动心，秉持先辈的学术信仰：学问即目的。将生命与智慧，无保留地奉献给一生的挚爱。

我丝毫没贬低或责怪写作学界同行的意思，改行不是他们的错。船之将倾，弃船逃命，是求生本能，我对他们的选择，不但理解，而且充分尊重。

选择坚守，不过是履行承诺与信念，没什么值得夸耀，但能不见异思迁，弥足自豪。

我没有辜负写作学科，没有辜负先师林可夫先生，在回首人生时感到踏实、欣慰。先生把生命无保留地献给写作学，为之奋斗到最后一息，堪称写作学者之楷模。当年他看中、留下我，将写作教研室的责任交给我，我没当逃兵，没失落振兴写作学科的信念，没失守他嘱托的学术阵地，而且，将写作学研究疆域拓展到语文学，创立"表现—存在论"语文学，我竭尽绵薄，问心无愧。

尽管如此，客观地说，我不如马正平。不论是才情，还是对写作学的忠诚度、痴迷度，都不如他，这是真心话。今天我还这么认为。马正平最大的优势是搞理论。如果研究纯理论的文学、美学或语言学，相信他相当出色，将人尽其才。传统学科有深厚的历史积淀，谁都没法绕道而行，他若置身其中，自然也不例外。拼资料一类的研究，他会如鱼得水，他研究《人间词话》就是证明。不幸的是他痴恋上写作学，一往情深。现代写作学历来与实践能力的培养紧密相连，他没能逃出技能"训练"陷阱。

如果一定要说我有什么长处的话，那仍然是从母语写作学、语文学"史"了解中获得的眼光与智慧，做的是有"根"的学问。

在20世纪80年代，写作学者，包括本人在内，都走过弯路、付过学费。以为写作学是新兴学科，是我们开创的，个个热血沸腾，迫不及待地建设"现代"写作学——也许说"当代"写作学更准确。所以如此原因很多：写作学的前身，积淀相当深厚的文章学，从一开始就为多数写作学者所不屑，觉得认知过时、简陋，即便原先搞文章学的，也顺应潮流，或被写作学"招安"，或来个折衷，忙于建构非驴非马的"现代文章学"。同时，出于历史的原因，像沈从文一类的作家在大学教写作，凭的是经验，难免给那些"学问家"们"写作无理论"的口实。加之写作学研究式微，老祖宗攒下的殷实家底，《文心雕龙》等写作学著作被文学理论学科盗采，写作学家底被掏空，造成"史"的虚无。自家财富被洗劫，写作学者麻木不仁，基本无感，也就没能正本清源、拨乱反正；没人去追究，伸张主权，稀里糊涂地承认了既成事实。实际上，我国传统"文论"真正的"文学理论"甚少，纯"文学理论"只是些诗话、词话，小说评点，零星随感，算不上理论。"体大而虑周"的《文心雕龙》是正宗写作学理论。在20世纪80年代"西学东渐"新潮下，古代写作理论被遮蔽，写作学科竟成无根浮萍，大家欣欣然以为在创学科，要创出一个最前卫、科学的写作学科，以为靠蜂拥而入的各种西方文化、文学理论话语的演绎，就可以建设一个现代写作学理论话语体系，这是一代人的集体迷失与昏聩。相信随着"西学东渐"大潮平复，写作学者冷静下来，经过认识论、方法论反思，会更加注重传统写作学的开掘与对接，写作学史、写作教育史将成为所倚重的思维逻辑起点，母语写作教育经验将得到继承与弘扬，古代写作学原典，将重新回归写作学版图，成为学术创新之"本"。

我没有先见之明，许多事是拉开时间距离才看分明的，当事后诸葛亮就不错了。

继承传统难在对传统的深刻认知，这需要学贯古今、中外的眼光、洞透力。无此便难免掉坑。人往往身不由己地掉入前人的"坑"里，也努力为其后辈挖"坑"。

写作学研究历来有两个"坑"，是20世纪上半叶的学者挖的。他们在前人的"坑"里挖"坑"。

一是叶圣陶们从清代桐城派大家继承下来的传统文章学、文选学的"坑"，虽然他们极力在填"坑"，想抛弃传统，但依然走不出文章学、文选学的阴影。《文章讲话》《国文百八课》《开明国文讲义》等，其骨架、灵魂仍是文章学、文选学的。这个"坑"是他们曾经打过滚的，因此，难免沾上泥水，受到有形或无形的影响。其哲学背景是"知识本位"。

一是美国、日本等传过来的写作训练——生活本位的"坑"。叶圣陶的《作文论》，夏丏尊、叶圣陶的《文心》，梁启超的《作文教学法》，陈望道的《作文法讲义》，夏丏尊、刘薰宇的《文章作法》等，20世纪二三十年代一大批写作教材，其教育哲学背景皆为杜威实用主义的"生活本位"。叶圣陶《作文论》对"生活是写作的源头"的强调，对此表现得尤其明显。有些是直接从日本同类书中拷贝过来的教学文体分类训练法，如夏丏尊在《文章作法》中所言："本书内容取材于日本同性质的书籍者殊不少。"

他们好不容易爬出"知识本位"的前"坑"，却滑进"生活本位"的后"坑"，究其原因，大约是因为西方"新学"观念，尤其是杜威"生活本位""儿童本位"的"工具主义""实利主义"教育思想，与当时我国政治体制、教育体制的转型相契合，与从古典主义的贵族教育到现代大众化的普及教育，从文言教育向白话文教育转型的现实需求相契合所致。——他们彻底抛弃的是"古典主义"，即儒家原道、征圣、宗经，写"道德、学问文章"的写作教育传统。生于清末的叶圣陶们对传统之"坑"较为隔膜，他们早年所受的私塾教育，继承的是科举"八股"教育的功利写作传统，对儒家正统教育思想与实践并无深刻的了解与洞察，及至辛亥革命、五四新文化运动反封建、反"八股"教育，"打倒孔家店"，把儒家母语、写作教育传统的精华一并扫地出门，深耕细作的是白话文读、写，重视"普通文"、应用文读、写。什么有"用"教什么，是当时的信条。

到我们这代人，"古典主义"教育荡然无存，"知识本位"也被叶圣陶们批判得底儿掉（叶圣陶认为"知识本位"是"生活本位"的对立面，是旧教育之弊病。以致觉得与夏丏尊合编的《国文百八课》的"文话"不妥，有"知识本位"之嫌，在之后的教材中除去之），执着深挖"生活本位"——写作实用、应用技能训练之"坑"。不了解两千多年母语教育之因果缘由，不知"古典主义""知识本位"写作教育之合理性、深刻性，不能辩证视之，掉入技能训练之

"坑"在所难免。

好笑的是，后来持"语感论"的王尚文、李海林先生，竟也指责现代语文教育的"知识本位"，力主"能力本位"。殊不知，他们与叶圣陶先生同路，都是杜威实用主义教育观信徒，工具、技能主义信徒。

王尚文、李海林以及马正平，步叶圣陶们之后尘，成为"工具主义""技术主义""坑"中人，皆因缺乏"史识"所致。他们不了解源远流长的儒家母语教育之道：从经典浸润中提要钩玄、悟道明理，自然发之为文。他们接续的是科举教育与西方实用主义、工具主义教育思想的糟粕——技能训练传统。

改革开放后的学者与"五四"时期知识界相似，都是在慌不择路、饥不择食之时，受到西方学术的撞击与蛊惑，迫不及待地割断本民族、母语文化的历史、精神血脉，着急忙慌地与封建主义、古典主义切割，给自己贴上西方文化标识，以维新派、改革派自居。不是全盘西化，也"言必称希腊"。这两代学人都错在对"古典主义"缺乏反思、扬弃、承传，对西方学术未作具体分析，照单全收；挥舞"批判的武器"，不作"武器的批判"；缺乏高屋建瓴、整合原创之气魄、智慧，学识视野狭窄，境界、格局太小。

当春风得意、高歌猛进时，不妨驻足小憩，作一回望与反思。

20世纪末、21世纪初，我也主编过高校写作、语文教学论教材：《写作：指向自我实现的人生》（科学出版社1999年版）、《高等师范写作三能教程》（人民教育出版社2000年版）、《新课程语文教学论》（人民教育出版社2005年版），虽学界评价不低，但自忖比马氏教材好不了多少。有所觉悟，却也朦胧。唯篇幅最小的第一本还差强人意。区区22万字，着重在"写作心智素养"上打基础，每一体式只讲最重要的一个问题，攻其一点，兼及其余。

写作教材无须面面俱到、无微不至，能提纲挈领，简明扼要，给学生以价值观引领，指示自我修养、修炼的方法、路径足矣。只要有言语生命意识、基本学养，懂得如何自我修炼，率性而为就好。诚如古人所言："无他术，惟勤读书而多为之，自工"，"汝果欲学诗，工夫在诗外"；叶圣陶先生所言，须靠"自悟其理法""自求得之"。写作素养、能力的提高，靠教材、教学包办不了，得靠学生在内、外学养上下功夫，在长期、大量的读、写实践中，去摸索、领悟，才有望得其活"法"——"巧"。

我主编的几部教材，最简单的《写作：指向自我实现的人生》最好。

写作教学理论与实践关系——怎么教，至今仍是一个谜。其死穴是以为写作可教会、练会，可速成。始终爬不出叶圣陶们"写作系技能""训练为主线"的"坑"。

一千多年前，文坛泰斗韩愈为我们备下最好的准"语文课程标准""写作教材"——"语文教材"，可谓语文教学纲领性文献：《答李翊书》。此为他给诚心求教的学子——李翊写的回信，集中体现了传统母语教育精髓。将此读透，就知如何成就"立言者"，语文怎样自我修炼。信中开宗明义指出"无望其速成，无诱于势利"，一语中的。不可速成，不求势利，这是成就"立言者"的先决条件。应试写作功利性的"训练主义"模式化教学，恰反其道而行之。

如果说韩愈为我们提供一种写作理念，修养、修为的路径、方法，宋代谢枋得则奉献了一部真正意义上的写作、语文教材：《文章轨范》。该教材精选汉、晋、唐、宋15位大家69篇文章，逐一评点，告诉学子如何从放胆文到小心文再到个性文，循序渐进学习读、写，以写为本，读以悟写、仿写，写出自我个性。

写作不是手把手教出来的，或照葫芦画瓢练出来的。写作教材最重要的是给人以写作价值观、方法论的引领，写作得靠坚如磐石的信念、信仰，坚持不懈地读、写、悟。从这个意义上说，韩愈《答李翊书》这篇千字文，以"无望其速成，无诱于势利""养根加膏""气盛言宜"立纲，绝杀以"器"与"技"立意的写作、语文教材；《文章轨范》则给文选类教材具体要如何读、写、悟，树立了感性的样榜。没有任何复杂、艰深的理论知识，也没有思维模型与训练要求，就靠一些简单的点评，启发学生自己慢慢去领悟。我们好好读读《答李翊书》《文章轨范》，就知道该怎么编写作、语文教材，就不会煞费苦心而吃力不讨好。

《答李翊书》《文章轨范》告诉我们同一个道理，要跳出写作教写作。写作要是离开阅读，离开经典的涵养，就成了无源之水、无本之木，是成长不起来的。进一步的思考是虽然写作可作为独立学科，却不能离开阅读研究写作，就写作教写作。它必须涵盖，或者说须仰仗读经典，从经典阅读中修德、养气、悟道、明理，才能成其为写作学科，才能从根本上提高学生写作能力。从这个意义上看，以往的写作教材，包括我所编写的，都少了经典涵养的"魂"，背离道德、学问文章的古训，如此，写作学科与写作教材、教学也就徒有其名。——这是我从研究写作转向更具综合性的语文学研究的原因之一。

当年梁启超向清华校长曹云祥举荐陈寅恪时说："我也算是著作等身了，却没有陈先生寥寥数百字有价值。"梁先生是值得敬佩的，这么说不无自谦之意，但不妨借此发挥一下：迄今为止，高校几千部写作教材、中小学无数套语文教材，其价值也比不上韩愈这封寥寥千字短信，谢枋得那本薄薄的《文章轨范》。遗憾的是，人们继承的只是百年来"西化"教材、教学观，习染太深，惰性太强，做何改变都百般艰难。

这印证治史之必要。在几千年历史长河中，先辈对写作学、语文学几乎所有问题都有过艰辛思考，得出精辟答案。先贤的智商、学识、才华远在吾侪之上，不知古焉知今，更不可能高瞻远瞩、把握未来。不站在先贤肩膀上，想有所超越与发展，那是痴心妄想。

一定有人会质疑说这是复古，开倒车，要与时俱进。首先，应肯定有些事物——"道"是亘古不变的，有些认知是难以逾越的。其次，向先贤请益，不等于如法炮制、一成不变，如果照单全收不就是复制、抄袭？而是在洞悉、继承其精髓基础上的再出发。

母语教育与其他学科不同，其悠久的教育文化积淀深厚，不是外语、"二语"教育理论、经验可取而代之，二者有质的不同。因此，治史、传承，尤显重要。

"井蛙不可以语于海者，拘于虚也；夏虫不可以语于冰者，笃于时也；曲士不可以语于道者，束于教也。"（《庄子·秋水》）不了解本学科的思想积淀，不拥有学科内、外的广阔视野，不就是自以为是的井蛙、夏虫、曲士？就没有对话、发言、立言的权利。——古今贯通、内外贯通、中外贯通，这当是常识，遗憾的是今日学者置治学常识于不顾，求速成，走捷径，或人云亦云，或自以为是，或东抄西凑，聪明反被聪明误。核心学养、基本学养不足，学问、实践必劳而无功。

上述我与写作学师友的切磋互动，以及我在写作研究生涯中的思考与认知嬗变，在《写作》杂志宋时磊先生促成下，做了学术化处理，并加以删改，归纳成八部分：从观察生活论到心灵建构论（须建构生活、书本、心灵多元源泉观，以丰富心灵为要）；复杂、随机过程观具有范式重构价值；教学应以人格、精神、学问涵养为重；自我经验建模优于教师训练建模；重技法、教法的本质是实用主义；以内部学养——写作学史研修为本；归纳法原创性思维优于演绎法；继承与创新仰仗眼光、洞透力。以《写作学观念的回视与反思》为题，发表在《写作》2020 年第 3 期，算是这一经历留下的记录。

论文结尾："智者一言，庸人终生求索难致。从读到尽人皆知的'有德者必有言''功夫在诗外''文如其人'，到悟其深意几耗费一生，足见皓首穷经不易。以几十年生命代价，一窥堂奥，也算值当。"以此表明辨伪求真之难，囿于才疏学浅，所见一鳞半爪，难臻胜境，甚或镜花水月，多为肤浅皮相，然而，在写作界已然惊世骇俗。

刊出后反响热烈，河南新乡学院金树培教授作如是观：

潘老师的这篇文章横空出世，将具有划时代的意义！我的初步感觉，她是结晶性的，您一辈子研究写作学和语文学的终结性概括；她是颠覆性的，她毫不客气地批评、否定了许多似是而非，却颇为权威的理论观点；她是震撼性的，我相信振聋发聩的感觉，绝不会是我一个人才有。……这篇文章一经问世，便注定了她在写作史、语文史研究上无法撼动的地位。

金教授怕是言过，"终结性概括"还谈不上，本文所论有较大随机性，来自与写作学师友的互动有感。拙作是有观念颠覆意味，但没这么厉害，难言"划时代意义"，一篇文章翻不了天，这我有数。此振聋发聩感不止他才有，倒毋庸置疑，有热评为证：甫一发表就被争相转发，不少名师工作室组织学习，广州黄埔区原教研室主任、正高级教师周国强在转朋友圈时附言："每每细阅先生之高论，真有醍醐灌顶、茅塞顿开之感。其中的文胆、文识、文理、文辞会时时荡击到你的心灵深处。因此，我劝教育界尤其是语文同行再忙也要读读，你与我一样会感同身受的。"类似赞赏、推介不乏其人——恐怕也有人沮丧、失落，乃至崩溃，为信条的烟灭。此文发表前，我作好受批判、谩骂的思想准备，可这回期待落空——这表明读者在进步。

拙作收入《当代写作学 40 年（1980—2020）》（方长安、萧映、宋时磊主编，社会科学文献出版社 2021 年版），读者亦评价甚高，如前辈四川大学李保均教授说："川大一位写作教师买了你们（指三位主编）编的《当代写作学 40 年》，她对我说，自己在探索怎么教效果才好，她说比较倾向潘新和文章中所阐述的理念和方法。我忙把潘新和论文看了，果然很专业，写得有心得，有理念，有经验，实践性强。怪不得这位老师突然提到潘文。这也说明本书的教学指导作用。顺便说一下，这位康老师是北大才女，北大本、硕、博（陈平原弟子），川大博士后，已在《文学评论》发表论文，她并不知潘系何人，只觉得潘文使她很受益，没有教写作多年，没有很高研究水平是写不出此长（文）的。"（"中国写作学会群"2021 年 12 月 31 日）。上述观感附议者众，不少人找我私聊。

康老师加我微信，她说："其实写作怎么教，您的大思路我很同意。只是技术的话，并不能写成好文章，技术好学，最后看的还是'养气'和人格。"

我说："本末、主次要分清。道是根本，文是枝叶。朱子说的。"

她说："是的！中国传统的文章和心性的关系不能忽略，我也认为，只是靠'养'的写作，不太能大规模生产，就现在来说，但还是很重要的一条路（指靠养气）。"

我说："大规模生产，人工智能更行。"

她说："是啊。所以您这篇我很看好。"

我说："人的写作应是人工智能不行的（即写不出来的）。"

她说："对，人有心，AI 没有心，这是区别。"

是的，无论过去、现在、将来，古人、今人、后人，写作都是相通的，是心灵的创造、表现；"养"心性，都重于"练"技能。

她年轻，我已老，于写作学，没代沟，投缘，颇感欣慰。

年近古稀，人生终点站隐约可见。若无成熟之思、巅峰之作，更待何时？

此生难得乘机傲娇一回：从"照着讲"到"接着讲"，在思想八卦炉烟熏火燎，练就火眼金睛，目光如炬；修德养气，悟道明理，随兴挥洒，想写不好文章都难。

尚未得意扬扬，立马被打脸。"山近月远觉月小，便道此山大于月。若有人眼大如天，当见山高月更阔。"（王阳明《蔽月山房》）能见到什么，取决于"眼睛"多大。诗人12岁便悟视野、视角、眼光决定认知、格局——，我老死方悟，有啥可显摆，与先贤比，岂不悲哉？

讲学，激情、投入，讲了数小时，喉干舌燥竟忘了喝水。

语文学转向，一窥庐山真面目

◆ ◆ ◆

治学，不妨做个开疆拓土的王者梦。——题记

这世上有人发光，有人发霉；有人生长，有人生锈。学界也如此，取决于能否拓展、盘活、整合学术资源。发光、生长的前提有二：一是具备较可观的"三通"（古今贯通、内外贯通、中外贯通）基础，能融会贯通、触类旁通；二是剔除非学术因素，诸如资历、官职、名衔等自欺欺人假象，有自知之明。

学术转向亦属发光、生长之事，必基于此。

"语文学转向"改变了我的科研版图与人生轨迹，得以释放潜能、才情之高致。如果我没跨入语文学，未必发霉、生锈，但肯定不会发光、生长——这不意味着我已发光、生长，而是说兹事体大。

旧事重提非炫耀，为一探学术生态演变之道。

20世纪90年代末到21世纪初，我的研究领域发生转变：由写作学拓展到了语文学。这是学术生涯值得纪念的事，那时，我已近知天命之年。我惊诧于恰在此重要的时间节点，作出使人生无悔的重要决定。

50岁，是人生成熟期，学术才华、学养积淀巅峰期，对多数人来说，是最后一个时间窗口，人生最后一搏，错过便再无机会。

人一辈子，小目标是活50岁。活不到这年纪，不知天命，大目标便落空。三十而立、四十而不惑，是为五十而知天命作准备。即便三四十岁崭露头角，德行、功业、文章，成就斐然，也许仍不足以"知天命"，还有大目标未领悟、实现。人一生的艰辛、求索，皆为"知天命"——尽人事，知天命，才没白活，没白受苦受罪。

我的语文学转向恰在"知天命"之年。此非刻意，人生难以规划，身不由

己，唯顺其自然。我的转向，不是剑走偏锋或偶然歪打正着，而是时势使然，"三通"水到渠成——此前研究的自然延伸，也许还有其他因素、动因的合力。如人生价值定位、学者责任驱动、心智成熟、阅历增长……共同促成。一些同仁，迫于写作学科不受重视，或兴趣转移，而转到文艺学、文学、影视学、传播学等，我与他们动机大相径庭。他们多是被动"出走""逃亡"，我的语文学转向是自觉拓展整合，是自家庭院溜达，抬抬腿的事，写作学与语文学本就一家——说"转向"是迁就习惯说法，以往是人为画地为牢，我只是拆掉其间篱笆而已。我是写作学忠仆，写作课上到退休。写作学忠仆就是语文学忠仆，写作学与语文学难分彼此。——于今而论，二者"分家"约定俗成，只好从众称作"转向"。于我而言，不过是从写作学大院逛进语文学后花园。

回视语文学转向动机，似无功利诉求。那时我已评上教授，只想安静教书、做学问，再无他求。

在写作学圈内，我不敢说学问做得好，只大约过得去。说实话，奖项、课题、五花八门的名衔，这些"浮云"我不在乎，只觉是负担，不刻意求取，更没求人——自然，想求也求不到。教学之余写几篇文章、几本书，不是什么难事，平平顺顺混到退休，何乐而不为？没必要跟自己、他人较劲，更不必费心自我炒作。压根没想另辟领域、再创辉煌之类。——我的转向，只是对语文学有话要说。

无须讳言，随着《语文：表现与存在》出版的广受欢迎，诱惑与日俱增，无时不在，但我的第一考量仍是读书、写作。与此有冲突，尽量婉拒。留下文字——生命证物，比啥都强。对此我始终清醒。在名利下守住底线，心安理得。

我不是与金钱、名利、权力有仇，谁都不会觉得住茅草棚比五星级酒店舒服，人难以视"阿堵物"如粪土，占有欲、支配欲、权力欲，人皆有之。然而，凡事总有个比较、取舍，不能啥都要，也要不起。

"千尺丝纶直下垂，一波才动万波随。夜静水寒鱼不食，满船空载月明归。"（唐·德诚：《船子和尚偈》）——人是欲望动物，欲望是无止境的。想要的，"一波才动万波随"，如此，人便成欲望奴隶。名利适可而止。若能节欲，则别有一番趣味："满船空载月明归"。"鱼"空船"满"，"月明"心怡。

空便是满，失便是得，无便是有，悲便是喜，禅机妙趣无穷。

我也"贪"，贪贵重、恒久之物——无价、无时限精神存在——这不就是

"满船空载月明归"？长远看，名利是虚，文字是实。文字来自内心，长存身外，内外合一，传之久远。世上可长存的唯文字，因此，文字比名、利、权都值钱。文字未必能留得下，能留下的少之又少，可毕竟有留下的可能。钱财用得其所，可造福人类，不过乐善好施者少，造福范围也有限。追名逐利者，生前满足虚荣、享受，身后多是祸害。

回首人生，我庆幸不是"官二代""富二代"，没生在钟鸣鼎食之家，否则，难能抵御权力、财富之诱惑，能否甘于坐冷板凳，把精力放治学上，我没把握，至今没充分自信。生于显赫、富有之家未必是好事，对我这种意志薄弱的人来说绝对是坏事。我偏执地认为：养尊处优，会腐蚀人的意志力与事业心。我不相信从小含着金汤匙，住豪宅、玩豪车，一掷千金，长大能有大作为，即便有反例也是小概率。玩物丧志，逆境成才，不无道理。感谢上苍让我生于不富不贵之家，终身与财富、权势绝缘，得以免遭灵、肉，义、利博弈之苦，却也无衣食之虞、横祸之患，我心存感恩——此为肺腑之言。

在人生之途，任何人都逃不脱灵、肉，义、利，荣、枯，显、隐，生、死……矛盾的困扰，必有"形"（肉体）与"心"（心灵）的交战。"心"为"形"役，是多数人的选项，能"形"为"心"役的有几人？——"富贵非吾愿，帝乡不可期。怀良辰以孤往，或植杖而耘耔。登东皋以舒啸，临清流而赋诗。"把荣华富贵、权力虚名放下，回归自然、自我，有一颗自由灵动之心，才成就不朽的陶渊明。陶渊明若瓶有储粟、美酒盈樽，他不会想当官以养家糊口、弄点儿酒钱；也不会当官没几天，"眷然有归欤之情"，借故辞职开溜，如此，便不可能留下《归去来兮辞》《归园田居》等不朽之作。"余家贫，耕植不足以自给"与"质性自然""违己交病"，加之"勤靡余劳，心有常闲"，成全他的诗意人生。

没当官是我此生至幸。神经科学研究表明："掌握权力会导致脑损伤"，会丧失共情能力——设身处地理解他人的心理能力。这我信，我看到太多权力的傲慢与贪婪。任何获取都要付出代价。获取越多、地位越高，权力越大，付出的代价也水涨船高。我要有权在手，也会嚣张跋扈、不可一世。变成那样太可怕——可怕在可怕者没觉可怕，于是越来越可怕。这是慢性中毒、自杀。不可否认或有例外，对此免疫。然而，我没有免疫的自信。

于我，不足即足，不幸即幸，乐天知命即大幸。

下乡前读过《归去来兮辞》《归园田居》《五柳先生传》等，那时十几岁，阅历浅，不明白辞官回乡，缺吃少喝，开荒南野际，种豆南山下，有啥可乐。咋还"含欢谷汲，行歌负薪"？后"插队"劳动，起早贪黑，累死累活，一身烂泥、臭汗，不说恨死农活，也没到能吃苦耐劳、以苦为乐的境界，楞没读出陶诗"勤靡余劳，心有常闲"的悠然自得。顶多觉朗朗上口、口齿生香，对其迷恋自然、率性而为之乐，基本无感。中年再读，才从朴拙、平易中品出深邃、醇厚。

精神萎靡，心灵贫瘠，万物无美感。精神活泼，心灵丰腴，众生皆感通。

言语，须从本性、本心流淌才美。我的语文学转向，便是遵从内心驱使，是船到桥头、江流入海；是言语人生的"本我"回归。我经历近20年摸索，才找准学术位置。

作为写作教师，我忠于职守，觉得写作不可教，却傻傻教了一辈子，这很悲哀。写得好，皆由天纵；教师可引路，没法包办，即所谓"师父领进门，修行靠个人"。若缺悟性，怎么教、怎么练，也枉然。写作人才靠顺应、成全，是不期然而然：有意栽花花不发，无心插柳柳成荫，高手皆无师自通、自学成才。

我深感"教"写作的局限，愈觉"语用派""训练派"浅薄，是在浪费师生生命。陆游"功夫在诗外"一语道破天机：没诗外功夫就没诗内功夫，诗外功夫重于诗内功夫。此源头可上溯孔、孟修德、养气说，他们深刻、含蓄，绕弯说，没陆游直白。

30年前，我初读《论语》《孟子》《老子》……说来惭愧，这启蒙读物，我人到中年才补课，还囫囵吞枣、一知半解。然而，读到"有德者必有言，有言者不必有德""我知言，我善养吾浩然之气""道可道，非常道；名可名，非常名"……如聆神谕，任、督顿通，天眼开窍，始悟言语之道：修德、养气；诗外功夫决定诗内功夫；须内外兼修，以内为本；虚实相宜，虚胜于实。

读书也须缘分，虽然我读得晚，但此话似专为我说，说在我心坎上。我研究写作，就等此醍醐灌顶，获益远超"寻章摘句老雕虫"。

系统研究汉语母语教育史后，更悟修德、养气即育君子人格，"以内为本"须以"立志为先"。所立之志，如司马迁、曹丕、刘勰、张载等所言，为成就万世不朽之功业。清人陈谵然在《寤言》卷二《迁都建藩议》中说："不谋万世者不足谋一时；不谋全局者不足谋一域。"说的虽是政治战略，为人处世也如此。鼠目寸光，人将不人，一事无成。语文教育也不例外，不从本体论、价值观入手，不立足于精神建构、信念培育，只满足生存之需，顾一时、一域之语用，谈何"经国之大业，不朽之盛事"？

立言先立人，以格局、胸襟为上。

从此，我在语文、写作认知上，一扫"语用""练技"迷雾，跨越重峦叠嶂，直上玉皇顶，眼前云蒸霞蔚，金光万丈，登泰山而览天下，告别蒙昧，了悟人之本性、自然之"道"：立人以立言，从而泾渭分明，与曾经的同仁话不投机、分道扬镳。

道不同不相与谋。

据说白石大师欲以画的白菜换白菜，卖菜的很生气："想得倒美！拿画的假白菜换我真白菜！"一顿劈头盖脸怒吼，骂得老先生灰溜溜的——卖菜汉心里只有实用（食用）价值。他眼中的画，无非是纸张加墨水，哪抵得一车白菜价。这百多年，语文界、写作界始终停留在卖菜汉层次。与他们说修德、养气，培育"立言"价值观，比学"语用""练技"贵重，如同拿假白菜换真白菜，异想天开。

老祖宗早悟到"文如其人"，写作是人的综合素养的体现，写作是"养"（修养、学养、涵养）出来的，不是"练"出来的。德行、学问、悟性有了，综合素养提高，写作能力就有了。由"人学"认知出发，对写作学习而言，写作学有局限，语文学也只将就。写作、语文观，须超越"技术主义"（迷信技能训练，揠苗助长，是当今之大患），打破写作学藩篱，跨出语文学门槛，走向言语生命论、存在论人学——成人、君子、立言者之学，是迟早的事。

然而，受教育现实所限，我只能在语文学范畴思考写作，将"人"的教育植入其中——当今没"人学"或"哲学"课程，是重大缺憾。教授"人之何以为人"任务，只好由语文课程承担。——我从"人是什么"的视角，思考"语文是什么""写作是什么"，不无弥补缺憾之动机。

写作学与语文学本就相互包容、难解难分，写作学要以语文学为背景，语文学要以写作学为归宿——指向写作、立言，培育立言者。因此，我进入语文学研究，与其说是"转向"，不如说是拓展、延伸、整合。像在自家庭院溜达，进出，来去，登堂入室，终在自家庭院。语文课不就是教言语表现——说、写——立人以立言，以言语创造达成"人"的自证与存在？这与写作课有多大差别？

我从写作学者到语文学者的身份转变，是理顺写作与语文内在关系。我的言语思维到达的边界，即是我事业追求的边界。这个边界无限广大，不断拓展，我愿意也有能力追随这无涯之边界，只是让惰性精力羁绊住脚步。

恰在我语文学转向临界点，一场轰轰烈烈的语文教育大讨论，在我背后击以猛掌，这偶然的外力促我作出决断。1998 年、1999 年那场讨论，是我转向的契机与事业拐点。

这也可视为我的"不得已"。面对语文教育的迷失、溃败，我没法装傻充愣、视而不见。既视而见之，便不能隔岸观火，不伸手做点儿什么，这不符合我的冲动型性格。从这点上说，我是被"推"下水的。

亲历这场讨论的也许记忆犹新，但未必知其来龙去脉。

我国现代语文教育萎靡不振，教育质量低下的状况，由来已久。远的不说，从"文革"后说起，吕叔湘先生 1978 年在《人民日报》撰文："中小学语文教学效果很差，中学毕业生语文水平低，大家都知道，但是对于少、慢、差、费的严重程度，恐怕还认识不足。……十年的时间，2700 多课时，用来学本国语文，却是大多数不过关，岂非咄咄怪事！"由于发问的不是普通学者、教师，而是著名语言学家，因而引起广泛关注，成为类似"钱学森之问"的"吕叔湘之问"。然而 40 多年过去，该问题仍无解，语文界依然故我。

吕叔湘是语文界敬仰的"三老"（另二老是叶圣陶、张志公）之一，大咖中的大咖，不知他发问是何心情、动机，他对语文教育成效不彰，不知所以然，另二老也回答不了，那恐怕没什么人回答得了。这难道是明知故问的黑色幽默，想必这让叶圣陶、张志公伤透脑筋，倍感压力。为解此谜，语文界中了魔咒般不得安宁、折腾不休。在"吕叔湘之问"10 年后，叶老仙逝。这位把毕生献给语文的教育家，没看到"吕叔湘之问"破局是最大憾恨。病榻上的叶老，想起"2700 多课时，用来学本国语文，却是大多数不过关"，情何以堪？——他没看到语文教育"世纪末的尴尬"，人神共愤、千夫所指，已是万幸。

在这魔咒下，叶老继任者张志公同样食不甘味、坐卧不宁。张先生，无论资历、学养，均无法与叶老相提并论。张老的眼界、眼光与前辈黎锦熙、吕叔湘先生一样，受限于语言学思维，势必也回天乏术，徒叹奈何，只能勉力在教材编写、教学内容、教法上，做修残补缺的"诗内功夫"——除了将语文界往语法学、辞章学、教法主义、技能主义上领，别无高招，劳而无功在情理之中。

张先生非不为，是不能。他已竭尽全力，心力交瘁，然而力不从心。他不顾年迈体衰，奔波调研，致力实验教材编写，语法系统改革、教法改革，历尽艰辛，却无果身殒。张先生 1997 年仙逝，他主编的实验教材随之无疾而终，让我既感动又心酸。

人跳不出自挖的陷阱，也难逃他挖的陷阱。从陷阱到坟墓只一步之遥，从陷阱到金顶却隔千山万水。

从 1978 年到 1998 年这 20 年语文教育，可谓病急乱投医：阅读、写作分别设教，知识本位向能力本位转向，语感中心论，抓双基技能的"训练为主线"教学，语文知识的"辞章学""语言学"转向，倡导不争论语文教学目的、任务的"教法主义"，大语文、生活语文教育，课程性质"语用"定位，教材内容一改再改，教参愈编愈厚……不能说改革一无是处，但成效甚微是不争的事实。

语文高考瞎猫捉死耗子的文字游戏，把学生当应试机器的模式化伪语文教学，终于激起天怒人怨，各界精英群情激奋，口诛笔伐，力陈其弊。《北京文学》《南方周末》和中央电视台等参与讨论，洪禹平《误尽苍生——也谈语文教育》中的"误尽苍生是语文"，是当时最给力的吐槽。

"三老"无力回天，黯然退场，民间积极性则空前高涨，踊跃上场。然而，学术领域搞"群众运动"，成效可想而知。没学问根底便没真知灼见，见仁见智的各说各话，是吃力不讨好瞎折腾。反观这一时期的讨论，专家、学者与民众的建言献策并无实质不同，大多属拍脑袋随感式思维。对沸沸扬扬的众声喧哗，我深感悲哀、忧虑。既为母语教育一败涂地，更为来自专家、学者，尤其是语文界非理性争议。

圈外学者也许在各自学科都是翘楚，名头吓人，但对语文学所知甚少，更遑论系统、专门的研究。意见大多是信口开河，乏善可陈。各界精英热情可嘉，但不谙此道，难免管窥蠡测、隔靴搔痒、盲人摸象，缺乏必要的理据、论证，更缺乏高屋建瓴的洞见，水平比普通教师高不到哪儿去——语文课改是学术性很强的系统工程，不是谁都可说一嘴的。

这场大讨论，一方面是各界学者自发参与："群众运动""大批判""大字报"中成长的这代人，不知谨言慎行，"话痨"禀性难移，这见怪不怪。另一方面是报纸杂志、出版社推波助澜，与学界自我成名欲、炒作欲联手，为吸金与吸睛；醉翁之意不在酒，在发财与扬名，这也无须计较。

这场讨论已过去 20 多年，拉开时间距离看得更清楚，"舞榭歌台，风流总被雨打风吹去"，人们早忘了他们说过什么。非学术话语除了炒作价值，没有精神生命力。

圈外学者说点儿外行话不足为奇，无须在意。语文圈内人无知且盲目、固执，就匪夷所思，必须计较一番，否则将影响语文课改，带来灾难性后果。

这时期不论圈外、圈内，正方、反方，所言多逞一时之快，情感宣泄、相互吐槽，有价值的不多；连头痛医头、脚痛医脚都算不上。反观当时灌水言论，不解决任何理论、实际问题——掂掂当年畅销书《中国语文教育忧思录》《教育：我们有话要说》《审视中学语文教育》，有多少学术分量？正方（改革派）大多停留于现象、局部、细节批评，感性、琐碎而肤浅；反方（保守派）则打死不认账，风雨不动安如山，歌功颂德，捍卫既有观念。能系统、深入地作学理研究的，少之又少。

宽容点评价，能促使各界关注母语教育危机，使主管部门不得不启动课改模式，亦属功不可没吧。意识到危机存在，总比自我愚弄强。

然而，课改模式未启动便败局已定。"课标"指导思想、基本理念，照搬国外教育思想、母语教育经验，与汉语母语教育优良传统脱轨，势必重蹈 20 世纪初"西化"之覆辙。本轮课改启动 12 年后——2012 年教育部官方调查表明，在中小学所有 17 个学科中，学生对语文课评价倒数第一。学生语文水平亦无改观，甚至继续下滑。如果课改方向正确，12 年时间，恰够孩子读到高中毕业，本可初见成效的。

语文界错失翻盘机遇，课改死水微澜。

作为"旁观者"的我，决意不再旁观。我决意造一门"大炮"，以前半生集聚的才智为炮弹，以余生长度为射程半径，对病入膏肓仍执迷不悟宣战。此炮即《语文：表现与存在》——我的"知天命"之作。

圈外人不专业，说三道四，司空见惯；专业人士、领军人物不专业，说不过去。当瘦死的"骆驼"倒下，圈内人或束手无策，或瞎嚷嚷，或视若无睹，我这边缘人，却感锥心之痛：有话没处说，说也白说，没人理你、懂你；想帮帮不上手，没有话语权，只能干着急，这是当时窘况。时过境迁，当我从圈外走进圈内，走遍全国，作数百场讲座，而窘况未变，也不可能变。

这本没什么，问题在决策者不专业；凭主观臆断，做似是而非无用功，扮武功盖世、欣欣向荣状。如此，风平浪静后势必依然故我。

圈内人，尤其是决策者，对以下问题应清醒，似不算苛求：

一是了解语文教育失效不是暂时、局部、偶然的，是长期、全局、必然的。不仅仅能看到眼前，至少要看到现代白话文教育的历史与现实，还要有前瞻性，看到未来。

国人以为语文教育溃败是20世纪七八十年代或90年代的事，其实并非如此。近一个世纪始终没好过，改革不断，批评声不绝，这一点圈外人不知，圈内人不可不知。其病症是白话文教育与生俱来的，是从娘胎里带出的基因缺陷，这同样不可不知。20世纪末的溃败，是矛盾累积到峰值的爆发。有这种全局观，就不至抱残守缺。

二是意识到长期性、全局性、必然性的溃败，必是课程主导性教育思想——本体论、教育范式偏颇，即方向性错误所致，是走错了路。价值观决定一切。

长期衰败表明，一定不是局部、枝节上的失误，而是本体论、教育范式出问题造成的，对此，局部性改革无济于事，纠缠于局部、细节的讨论与改进，是没意义的。须知根本症结所在，才能对症下药，药到病除。否则，"误尽苍生"的灾难将延续。要破解现代语文教育本体论之谜，致力于指导思想纠偏。

始于清末民初的我国现代语文教育，从其由科举向平民教育、由文言向白话教育转型迄今，从整体上看始终没好过，始终萎靡不振——其原因很多，语用性、工具性等是表象，实利化是本质——原因是圈内学者的认知局限：从新教育转型以来，从未对我国语文（母语）教育史作过深入的梳理、反思、总结，只笼统地将科举教育归咎于"知识本位""利禄主义""古典主义"。在未对语文教育史作系统研究的情况下，便对旧教育全盘否定，抛弃古典、文言文教育，割断母语教育传统，照抄西方、苏联，另起炉灶，在实践中屡屡碰壁，却不反思、悔过。殷鉴未远，要认真汲取教训，才不会重蹈覆辙，做吃力不讨好的傻事。

走老路，必将继续沦落、溃败。不在大方向上纠偏，各执一词，同样于事无补。得了重症，瞅哪儿不顺眼，就一刀下去，只会越治越坏。

"三通"学养不足，尤其是科学哲学、方法论学养不足的专业人士，未必能意识到：全局性、长期性溃败，势必是教育哲学观、本体论，即指导思想出问题，其他问题皆由此产生。正由于指导思想错了，致使语文学科长期沉沦，要改变现状，别无良策，最要是指导思想革故鼎新。

我一圈外人凭直觉尚能作出判断，圈内人、高端学者却看不出来。语文教师、学者看不出来，只缘身在陷阱，心不在焉，习焉不察，难得糊涂，或心有余而力不足，憋足劲也跳不出来。客观地说，此非他们之职责。他们操心、热心，那是事业心、敬业心，值得赞佩。把握、引领方向，是领军者的事——若不懂装懂或无能为力，将面临翻船的灭顶之灾。

须知全局性溃败是本体论偏颇所致，才有参与讨论的发言权，有望推陈出新。

认识到这两点是提出问题、产生新观点的前提条件，关键还在弄清造成百年衰败的具体观念是什么，何以能持续至今，这更难。这对我来说也如此，不但需要史识与眼光，还要能洞透海量资料，抓住病因，直击要害。

这要搞清贯穿现代语文教育的主导思想，即教育目的，本体论定位，然后才是批判、颠覆与重构。对此，我的前期准备，20年"三通"内功修炼，写作、语文教育史研究，给我以自信，这是我半路出家的底气。另一方面，我作为"旁观者"，无语文圈内人成见，不迷信，看问题也许更客观、中肯。

胡适先生在《中学国文的教授》中说："'内行'的教育家，因为专做这一项事业，眼光总注射在他的'本行'，跳不出习惯法的范围。他们筹划的改革，总不免被成见拘束住了，很不容易有根本的改革。门外旁观的人，因为思想比较自由些，也许有时还能供给一点新鲜的意见，意外的参考材料。"此话有一定道理，即所谓"当局者迷，旁观者清"。靠"当局者"自我反思，恐怕是缘木求鱼。

堡垒是被自己攻破的，这没错。可是，自我破功皆因自我蒙蔽。在圈内浸淫愈久愈麻木迟钝。圈内人所短，恰是我之所长。这20年学术积淀、历练，给我眼光与自信，看到语文界自蔽之深，便跃跃欲试。

能 耐

八戒对悟空不服："我是天蓬元帅，你不过是不入流的弼马温。"

悟空："级别啥用，你有啥能耐？"

八戒："再怎么说我也在仙界混了半辈子，你不就是只凡界野猴吗？"

悟空："在仙界调戏嫦娥耍流氓有啥可吹嘘的，俺老孙在花果山当王多自在。"

八戒："你有如意金箍棒，俺老猪上宝逊金钯也不是吃素的。"

悟空："我就凭老君炉七七四十九天炼就的火眼金睛，你行吗？且不说还有七十二变，筋斗云十万八千里……只知'食''色'的夯货，猪眼看人低！"

八戒语塞。

说到底，学者拼的是德性、境界——眼光。有双慧眼，其他皆小道。

那时，我有激情、信念，没强烈使命感——天命意识。我的转向始于对语文界的悲悯，哀其不幸、怒其不争，萌生恨铁不成钢的言说冲动。长期从事研究产生的自信，使冲动变为持久的热忱。我想为语文教育、为孩子做点儿事：走出象牙塔，让思想进入实践，转化为实在的生产力，助推语文学科脱困。

重构语文学的使命感、天命意识，是在《语文：表现与存在》写作中逐渐明晰、强化起来的。写作，是言语生命的载体，是心灵世界的创造性表达，也是言语、精神生命升华的催化剂。写作中的我，生命才有质量与高度。

写作改变生命的贫瘠，使之丰腴而欢悦。

写作过程中，脑细胞被激活，"踢踏舞"般极速蹦跶。信息元相互链接、触发、合成，思维、思辨飞快运转，正思、反思，否定、否定之否定……其速率、效度，是正常思考的 n 倍。言语生命状态卓越，欢快无比。未获此美好体验，是人生憾事。

成就思想者、创造者，升华生命品质的最好方式是写作。

在一般人看来，重构语文学没啥了不得，不就是弄懂教育目的，改弦易辙，推倒重来，编套新课标、新教材，换个法子教吗？似乎这使命一点不重大，不过是改造一个学科——课程改革。这些年都搞过多少次"课改"了？其实不然，窃以为大莫大焉：母语、阅读、写作、文章，是一个民族的命根子。老祖宗早就意识到"作（写作）有益于化（教化），化有补于正（通'政'）""载国德于传书之上，宣昭名于万世之后""盖文章，经国之大业，不朽之盛事"，这表明母语教育关乎文化、精神承传，国运、民族兴衰，还有什么比之更重大？这是可将生命交付的大事业，是我的天命、宿命。

母语教育不但事关学生言语素养，而且关乎民族精神的光大。今天语文教育，说得肤浅点，耽误几代人的学业，造成多数高中、大学毕业生听、说、读、写不过关；说得深刻点，断送无数国人的言语、精神生命，给中华民族文化软实力造成不可估量的损伤。没有哪一学科的教育，对人、对民族精神塑造作用，对思想、文化建设的贡献率，可跟语文学科相提并论。

母语教育溃败，对任何民族都是大灾祸，是输不起的文化重创。这内伤，三年五年、十年八年未必见得，几十年、百年、千年后回看，必见分晓。就跟千年老树年轮一样，何时灾害、益损、盈亏，一清二楚。语文学者应有高瞻远瞩的眼光与情怀。

"国家兴亡，匹夫有责"，基于中文教师的责任感，面对语文教育的溃败，我不能视而不见，坐视其沦落。那段时间，听到诸多对语文教育的批评与争论，所言多不靠谱，没人知道语文教育沦落总根源是什么，只纠结于现象、局部、细节，喋喋不休。以一隅之见、逞一时之愤。

这一口水仗，我没参与，但忧心忡忡。这自然是"皇上不急太监急"。

我之"多管闲事"，皆由于对语文教育的荒谬早就积郁于衷。稍有点读写经验的人，都会看出语文哪能这么教、这么学，所谓专家居然看不出。我多年参加高考语文评卷，主持过福建高考作文大组评卷工作，对语文命题的"伪语文""低信度"问题，学生语文水平低下状况再清楚不过。每年拿到高考试卷，看着花里胡哨、琳琅满目的荒唐试题，既惊讶于命题者居然能想出那么多折磨人的稀奇古怪的题目，也为莘莘学子十年寒窗只为完成滑稽的文字游戏感到悲哀。

郁闷一点一点累积、发酵，折磨着我的神经，终到忍无可忍。

1999 年夏天，"中语会"将在天津召开，我想看看"台风眼"，便给语文界前辈顾振彪先生去信。我忘了怎么认识顾先生的，可能是此前我的《中国写作教育思想论纲》在人教社出版，因此与中语室主任顾先生有过联系。顾先生很快就给我回信，并寄来会议通知。我正好要去人教社见拙著的责编谭桂声先生，可由北京转道天津开会。我到人教社后，打电话给顾先生致谢，他说社里有车去天津，可跟他一道走。于是第二天中午我便搭顾先生的顺风车去天津。顾先生比我年长 10 岁，有长者风范，一接触便觉是可以信赖之厚道人。他话不多，质朴而谦和，待人诚恳、热情，是我第一印象。

此后我们交往并不多，属于"君子之交淡如水"那种：我去北京时偶尔与他通电话，给他寄过几本我的书，有几封书信往来（顾先生不太用手机、电脑，联系多用书信）。但是，感到与他很熟悉、亲近，是可交心的朋友。我在《语文：表现与存在》"再版自序"中谈道：

德高望重的顾振彪先生（人教社原中学语文教材编辑室主任）多次亲笔来信，对本书以及后续研究极表赞赏，热情地为我出谋划策，给予春风甘霖般的关爱："惠赠的尊著，我放在案头时时拜读，每读一次都有新的收获。我有时突发奇想，要是我国有十来位学者，能像您这样潜心研究语文教育，并把研究成果写成这样的尊著出版，那我国语文教育定为大大改观。……建议福师大或其他单位为您的著作、您的语文教育思想召开全国性的研讨会、推介会、普及会，以便形成一个群体，团结在您的周围。让您的著作、您的教育思想，在全国放出光辉。"他一次次在信中不厌其烦地教我各种方法：办一个研究所、主编一套教材、建立若干实验基地、组织志愿者团队、培训教师、写专书为教师释疑解惑等，对如何推广、运作的细节，说得极为具体、周详，唯恐不谙世故、愚钝笨拙的我，因不知怎么实施、操作，耽误了"在全国放出光辉"。其诚挚护持之情令我难忘。

由此可见顾先生待人、做事之风范，这么周正、诚恳的先生如今很少了。顾先生是我进入语文界的引路人，其关爱与鼓励，令我如沐春风、难以忘怀。

参加 1999 年中语会年会，可作为我的语文学转向的时间节点。

这是我第一次跨进语文圈的门槛。以前我的语文界朋友寥寥无几，除了顾振彪、谭桂声，《语文学习》老主编范守纲算一个，我在该刊发过一两篇文章。

还有福州的学长陈日亮、王立根、洪胜生等。此次会上认识的也不多，有读过我的书的，与我说过几句话，是谁记不清了。好像与程翔、韩军、高万祥、李镇西老师等有过一面之缘，会后请过李镇西到我系里讲座。《中学语文教学》的张蕾也是会上认识的，那时她是小编，现在是主编了。

那时没人知道我是谁，热闹是他们的。虽一道开会，我并未融入此群体，与他们照个面，听听，看看，聊聊，表面像"入圈"了，其实对他们很陌生，存在很大的隔膜。感觉很诡异，似乎哪哪都不对。中学语文界是我"熟悉的陌生人"。

我与语文熟，与语文教师不熟。他们教的不是语文，语文本不该这么教。

会议10月26日在天津教工大厦召开，这是中语会成立20周年年会，主题为："21世纪的语文教育"。我属圈外人，独坐会场右侧，"台风眼"中的语文界风平浪静、莺歌燕舞。我期待听听对这20年，尤其当下语文教育大讨论的反思，几位领导、嘉宾发言，楞没听出来。都在评功摆好，自我表扬，我很失望。

失望中眼睛一亮，我看到魏书生进场——语文界无人不识的大神。他淡定地走到我前两排安静地坐下，等待上台发言。近距离见这位风云人物，更多的是好奇、期待，不知他将说些什么。

他近在咫尺，我与他心理距离却很远，敬而远之。总觉他做的事似是而非。

他中等身材，瘦小。脸瘦，胸塌，腰瘪。往好里说，其貌平平。鱼肚白旧衬衫，束根旧皮带，神情谦和、文静。从外表看，平常得不能再平常。没名人架子，让我对他平添了好感。轮到他发言，他步履敏捷地上台，笑笑地，口若悬河，侃侃而谈。有智慧、见识，接地气，颇受欢迎，赚足眼球与掌声。他的教育神话，足可印证"人不可貌相"。

时势造英雄，魏先生那些年如日中天，被誉为"教育改革家"而家喻户晓。初中学历脱颖而出，叱咤风云，一夜爆红。他的书与介绍他的书，铺天盖地，介绍他的教学经验与班主任工作，我大多读过。开初我曾仰视，惊为天人。

参加这会时，我虽说不上博学多闻，但多少有点儿阅历、学养，不再迷惑于各种宣传，不人云亦云随大流，我有自己的判断，这大约仍是眼光起作用。魏先生演讲，没多少新鲜感，大多以前书中看过。演讲不足征服崇尚学养、学术的我，我不会照单全收，像吃瓜群众般着迷，狂热地鼓掌。

不可否认，讲座贴近应试教育文化，有很强的可操作性、可复制性，对应试可收立竿见影之效，加之其表达力强，能抓住听众，说到经验型教师心坎上，这就不难理解为什么能风靡语文界、教育界。

我理性地平视，笑着听，心里随机点评。对他的教育教学观，我后来在《语文：表现与存在》中谈及，以我一贯风格，语含褒贬，直抒胸臆。

在应试教育背景下，魏先生堪称翘楚，说他是"奇人""神人"不为过。他的有些做法我是认同的，比如培养学生读书、写日记与每天动笔的习惯，授之以学习方法、阅读方法、作文评改方法，以学生为本位的学会学习、自我管理等，这些理念、教法有一定普适性，大致符合教育规律——不过用错地方。我欣赏他的聪明才智与德性修养，也为他感到遗憾。他的管理才能，远胜教育才能。他较适合担任教育局长，却不是思想型、学者型教师。他能给予学生应试知识、技能，却不能给予学生言语信念、信仰。

我对魏先生的批评较尖锐，是站在"人"的言语生命异化的高度来认识的。也许有人会觉得指责太严苛，"上纲上线"，但我确实不赞成应试式"圈养"，被动的外在异化的学习，对言语生命的摧残，我不相信在高压管制下，能培养出言语之爱，造就有想象力、精神能动性的思想者、立言者。

不知魏先生读我的书否，若读过，不知作何感想。在鲜花簇拥的红地毯上，在一片由衷赞美声中，被万千粉丝捧上神坛后，他能听进逆耳之言吗？

不料 2015 年暑假，我们竟不期而遇于长沙。

《中国教育报》举办纪念抗战胜利 70 周年征文活动，我们应邀作为终审评委，在湘麓山庄评征文。见面时，因我书中批评过他，难免有点儿尴尬，他似乎并不在意，毫无芥蒂。几天近距离相处、交谈，我对他有了进一步了解。

他就像邻家老王，没架子，随和，仍然纤瘦得麻秆似的，20 世纪 80 年代的着装，朴素得掉渣。言谈沉稳、谦和。他说已退休，常住北京，与儿子一起。平时练点儿功，睡眠好；素食，体健；外出演讲频繁，3 个钟头演讲，"金鸡独立"一站到底。他任浙江台州书生中学校长，有要事才去……像邻家大爷、兄长，一下拉近了心理距离。鉴于之前批评过他，时过境迁，生怕说错话，特地翻书重看，自觉虽言辞犀利，并无大不妥，都是实话。尽管心里踏实，却仿佛仍亏欠他似的。在应试大环境下，他尽展才智，想让更多学生上名校、上大学，出发点是善的，虽方法值得商榷，也没大错。也许倒是我吹毛求疵，不由地愧疚，脸颊发烧——他谦和得让人不忍心说他，似乎批评再对也是错，理得也心不安。

他朴实、坦诚，平易近人，被众星捧月般崇拜，还能有如此修为不易。

如果重新一言以蔽之，我想说：魏书生不失为天才式教育大神——没谁能像他那样将应试教育演绎成超级神话。

与魏书生（左一）聚首风景如画的长沙湘麓山庄，如见故人，言谈甚洽。

如果说会上魏书生的报告是个高潮，第二次高潮则出乎组织者、与会者意料，石破天惊般倏然而至。后来这称为"抢话筒"事件。恰是这使会议一扫阴霾，有了波澜与亮色，以致在一定程度上改变了会议方向，在云遮雾罩中看到些许希望之光。

事件主角是上海复旦大学附中的黄玉峰老师，他堪称反应试典型，一位勇敢的"逆行者"。

面对"语文教改的成绩是主要的，看得见摸得着，辉煌成就是谁也无法抹杀的"的"主旋律"，黄玉峰坐不住了，递纸条要求发言5分钟，遭拒绝。他等教师代表发言后，在会议即将结束时，大步冲上讲台，抢过话筒，将憋在心里的郁闷一吐为快：面对社会上轰轰烈烈的语文大讨论，我们居然还坐得住？面对语文教育如此众多问题，我们居然还有脸说"辉煌成就"？不，我们每天都在坑害我们的学生！我们……他掷地有声的话语，获得大家赞许与响应，报之以雷鸣般掌声，迫使会议组织者不得不在晚上临时安排一场青年教师座谈会，探讨对语文教育困境的对策。

怀有年轻的心的理想主义者黄玉峰，"语文教学的叛徒"，时年54岁。李镇西谑称其"五四"青年。这是语文界的光荣，也是悲哀——不知敢于挑战语文教育现状，有思想、有理想的青年教师在哪里，语文界的未来在哪里，这比教育衰败更让我揪心。如果青年教师未老先衰，安于现状，忙名利、忙官，却让老将冲锋陷阵，那就真没希望了。

在会上我与黄玉峰没什么交流，但他给我留下深刻印象。后来我们怎么联系上的记不清了，好像是互相赠书，他邀请我参加他从教50周年庆典。每年年底，他会按时寄给我贺年书法作品……能结识这样的前辈、朋友，我感到温馨——这是参会的意外收获。

十多年后，我们成为心意相通的挚友。他邀我去复旦附中讲学，亲睹他与他的团队的丰采，与他们进行一次深度交流。玉峰兄请我为他的大著《上课的学问》写序，尽管我最烦写序，曾推脱许多名师的请求，却没法拒绝他。在我眼中他是了不起的高中语文教师，他是培育思想者、立言者的，堪称理想的语文教师，我要为语文界树一面旗帜，所以我必须写。

我的"序"为《师魂：尊德性而道问学》，13000多字，是我写的序中最长的，也是写得最用心的之一。对他的教学，我有说不完的话，不知不觉就写长了。写好后一遍遍改，觉得要是没写好，愧对他的优秀。我写得很辛苦，前后花10多天时间，很心疼，但心甘情愿。

我这样评价玉峰兄：

读玉峰先生书稿是师魂的熬逼与荡涤。他的课，是培育"立言者"的课，是有德性魅力与思想张力的课，是有言语生命意识与言语信念、信仰的课。这样的课，可使学者、教师得以自我反思、拷问与升华。我真诚祈盼所有的语文学者、教师，语文专业的本科生、硕士生、博士生，都能读读这部书。不读黄玉峰，就不知道什么是有境界、襟怀的语文课，当今最好的语文课。

我不敢说他的课完美无瑕、已臻化境，但可以断言，这是有境界、襟怀的课。王国维说："词以境界为最上。有境界则自成高格，自有名句。""东坡之词旷，稼轩之词豪。无二人之胸襟而学其词，犹东施之效捧心也。"他说的是词家，教师亦如是。玉峰先生之课，其境界、胸襟是学不到的，只能景仰、追随——能一瞻丰采，树精神之高标，足矣。

其境界、胸襟不可学，其修养、修为、修持之精神、路径、方法可学。课如其人，读其课，知其人。我以为，玉峰先生境界、胸襟之精神内核，用"尊德性而道问学"以概之，最为恰当。只要读了他的书，与他有所交往，定会感受到他本真、良善、敦厚之德性，深厚、精微、中庸之学问。他称得上仁义、通达之人。

......

玉峰先生用他的课，诠释什么是"尊德性而道问学"，诠释如何培育"立言者"。

玉峰先生的课表明：教师深层次的职业自豪感、幸福感，与德性、学问修炼的投入量是成正比的。付出与回报对等，但收获不在眼前，而是在长远。眼前，往往是艰辛与煎熬，无止境的投入，不为人知的困苦、磨难。长远，是遥不可及的未来，人生永远的希冀，彼岸的召唤与后世的评说。深厚者孤独，曲高和寡、知音无觅——因高贵而孤独，因孤独而深厚、而幸福。浅陋者闹腾，无知无畏、没心没肺——因卑怯而闹腾，因闹腾而空虚、而不幸。人生的利弊得失、因缘果报，眼前也许难以计较，长远却锱铢必较，是很公平的。

韩愈说"（气）不可以不养也，行之乎仁义之途，游之乎诗、书之源，无迷其途，无绝其源，终吾身而已矣"。玉峰先生的课之所以令人叹服，就是因为他"无望其速成，无诱于势利"，一辈子行走在"仁义之途"，浸润于"诗、书之源"，为学生树起"立言者"之风范，为教师立起师魂、师道之楷模。

人是活在历史中，是为人类、后代而活。教师是活在课中、学生的心中，滔滔不绝的言语、精神生命长河中。

收到我的序，他回复说：

潘教授新和兄！

收到您的序言，一口气读完！此时此刻玉峰如何表达对您的感激之情呢？玉峰真是感到自己拙于文辞，无法表达心中的感受！有意思的是，最近玉峰特别喜欢《中庸》中的这段话，曾书赠送许多朋友，并以此鞭策自己。然深深感到不足。新和兄如此品评玉峰，玉峰一面是有愧，一面也感到无限的幸福！新和兄长达一万三千余字的超长序言，几乎字字珠玑，句句惊雷，洪钟大吕，醍醐灌顶，敲击玉峰内心。其中关于"平等对话"与"不平等对话"的论述，关于课标的论述，等等，不但是对当今教育界的警示，也是对玉峰的重重一记鞭策！——序言与其说是对玉峰的奖励，不如说对玉峰的鼓励！玉峰突然想起，一月八日那天聚会上播放的歌曲："有您的鼓励，我将攀上高山；有您的鼓励，我将横渡狂风暴雨的大海。您的鼓励，让我超越了自己！"这是冥冥之中的契合！知我者，新和兄也！

　　谢谢！谢谢新和兄！真的谢谢您！在百忙中优先为玉峰的拙作辛劳！谢谢！祝新和兄身体更健康，继续引领华夏语文教育界，走向正道！玉峰拜

　　能读懂玉峰兄，获认可，我很高兴。能为"语文教育的叛徒"鼓与呼，为语文教师树立"思想者"典范，这时间花得值。

　　他偶有要事与我商量，极诚恳地要我拿主意，虚心听取我的意见。我们想法有所不同，他思虑再三后，竟迁就我，照我说的办。一位有主见的长者，年龄、学问都比我大，能不耻下问，听进逆耳之言，从善如流，这就是君子之风吧。

　　我读过他的书，看过他的课例，现场多次听过他的课与讲座，他的教学实践，与我的"表现—存在论"语文学理念吻合。他有独特思想力的课，代表语文课改方向，可惜语文界这样有思想、懂教育的教师太少。

　　出乎我意料，连小组长都没当过的他，退休后竟受聘复旦五浦汇实验学校校长，年逾古稀，精力充沛，干得挺欢实。他亲自撰写《校礼三字经》发我："旦复旦，光华被。五浦汇，灵秀集。五浦人，尊校礼。循规矩，懂道理。济天下，先律己。成功日，同欢喜……"他推动"君子养成"教育，作《当代君子养成赋》："巍巍五岳，滔滔江河，赞天地之化育，穷宇宙之精微，有圣人出，示我以文明教化之美，导我以君子养成之道……"多次开会探讨什么是君子，这个时代为什么要培养君子，当代教育如何培养君子，邀请各界专家、学者演讲、座谈与教学展示。他邀请过我，皆因有事未能成行。可惜这样有国学涵养、

"立人"情怀的校长太少。

与黄玉峰结缘，是我参加中语会年会的意外收获。

经历20世纪90年代末语文教育大讨论，参加让我失望又燃起希望的中语会年会，我开始挨近语文门墙，徘徊在前辈打造的城堡下，先是"俨乎其若思，茫乎其若迷"，愈往深处想，愈见其百孔千疮、病入膏肓，觉如芒在背，不得安宁。

在这场语文大讨论中，大家看到某局部、枝节或某时段的问题，主要是"文革"后近二三十年，顶多是1949年后的四五十年，知道20世纪前期语文教育的极少。不少老教师谆谆教导年轻教师的，无非是了解、记住前辈——主要是他自己的贡献，将其教学经验发扬光大——岂不是鼠目寸光、自欺欺人？以百年现代语文教育，以至三千多年汉语母语教育、国外母语教育……背景看当下，才能发现症结所在。

对我国现代语文教育，首先是了解、反思、批判，不必忙于继承。连前人说过、做过什么都不清楚，继承什么？只有拉开时间距离，在历史进程中比较、衡量，才知好不好，什么可沉淀下来、发扬光大。

在历史长河中，有的人曾深刻影响其进程，这类巨人很稀罕。更多的人很渺小，如微尘毫末，几可忽略不计。这百年语文教育史也如此，留下痕迹的少之又少，说屈指可数都言过其实。多数人是蝼蚁虫豸、朝露晨曦。因而，见到某某某语文教育思想研讨会，某某某名师工作室，"卓越教师培养计划"……我便忍俊不禁。语文界哪有"教育思想"，哪有那么多"名师""正高级教师""教育家"，难道会应试就是"名师""正高级"，教一辈子书就成"教育家"？"卓越教师"怎能批量生产，当今有几人堪称"卓越教师"，靠"应试教师"能培养出"卓越教师"？

总而言之，若教育本体论认知错误，便难出优秀教师。没思想贡献，便难称卓越教师、教育家。

"思想""思想者"自有准星、称量，靠吹捧、炒作无效。气球吹越大越接近爆炸。泡沫堆越高越接近崩盘。果真有那么多厚重的"思想"，有那么多名副其实的名师，语文教育怎会一败涂地？恕我直言，语文界基本上是有经验，没思想。语文就败在没思想，缺乏对汉语母语教育的深度思考。

现代语文教育溃败不是多数人所说的工具性、人文性的偏颇、缺失，或教材选文中的政治、道德说教，重质轻文、重读轻写，以致教师中心、满堂灌……问题的根本是教育本体论、范式偏差。对古代语文教育未深入研究便全盘否定，走上西化、苏（苏联）化之路，是现代语文教育与生俱来的"原罪"。不把本质性偏颇扳回去，继往开来，谈何思想，谈何改革、振兴？

只有本体论、范式的走偏，才会导致全局性、持续性的低迷，以致改来改去，枉费心机，劳而无功。问题出在缺乏宏观思考。白话文教育转型以来100多年，鲜见深入、系统地梳理、反思过传统，虽有几本中国语文教育史、现代语文教育史著作，大都是合编，属大杂烩式资料汇编，是名不副实的"史"。多数人对"史"一无所知。遇到问题，如江湖庸医，不问病因是什么，脉象、病理、药性一概糊涂，却"当仁不让"，胸有成竹，埋头开药方。治死人不偿命，不越治越坏才怪。

语文教育纷纷扰扰，问题层出不穷，剪不断理还乱。许多人纠结于一头一绪，作茧自缚，自以为是，他以为非。殊不知，千头万绪归拢起来就是三个问题：语文是什么，教什么，怎么教。三个问题归根结底就是一个问题：语文是什么。"是什么"，决定了教什么、怎么教。搞清楚"是什么"，便一知百知、一了百了。遗憾的是，这一个世纪的语文界恰恰最不关心的就是"是什么"，专门在"教什么"，特别是在"怎么教"上纠缠不清，至今仍然如此。以为"是什么"不是问题，或是说不清楚讲不明白的，既如此，干脆别想。"教什么"也有教学大纲、教学标准、教材在那里，可想可不想。唯有教法要由自己决定，自己设计，因此，语文教学的优劣似乎就是取决于教法，以致今天所谓"同课异构"，基本上是"教法"——教学技术、课件的"异构"——不知语文是什么，教的内容基本一致，这是失魂落魄的"异构"，没啥大作用。

"教法主义"始作俑者是语文界泰斗张志公先生，这是语文界的不幸与悲哀，这一点我在《语文：表现与存在》的"自序"中谈到。普通教师认识有误很正常，作为领军者加以倡导，就把语文界带进死胡同，最终带上悬崖。

说实话，在前辈学者中，张志公是做点学问的，尤其在语文教育史研究上，堪称开创者。他的《传统语文教育初探》《传统语文教育教材论》（前书的修订版），开传统语文教育研究之先河，对语文界是大贡献。我最早对传统语文教育的认识，便受益于此。按理说，张先生应该是有眼光的。然而，现在回过头看，其局限显而易见。张先生只关注古代教材，以蒙学教材为主，基本未涉及语文教育思想史，未了解历代先贤的语文教育观。即便是教材，主要研究的是版本、体例，极少涉及文选类、写作知识类教材，更遑论理论性论著。没看到教材背后的教育思想，归纳的东西便粗浅，大多是教法，这不能不说是个遗憾。他的研究缺陷，导致了眼光短浅，只看到教材表层的教法，未看到深层的儒家教育思想精髓，一以贯之地注重德性、学问修养。他的"教法主义"的产生，与此不无关系。

打开百年语文教育历史长卷，这类触目惊心的误导还少吗？不知到哪年哪月是个头。每当想到这些，我心里都很沉重，像坠着块化不开的冰坨子。随着时间推移，冰坨子变成不断加重的责任砝码。终于压力累积到峰值，神经不胜负荷，转化为拨乱反正的动力。

我最要先弄清现代语文教育本体论定位——不论是什么，它一定是错的，这一点板上钉钉，因为这是被语文教育失败证明了的。任何修残补缺都无效，唯有彻底颠覆，重构本体论、教育范式，其他问题才会迎刃而解。

这是无比艰巨的任务，我相信我能完成。事成，此生不枉。

不敢说此事非我莫属、舍我其谁——愿赌上后半生。

我很理性，有时也很感性，易受激情左右。语文学转向既是深思熟虑的结果，凭我的前期准备，料能胜任；也源于为莘莘学子言语生命计，愿破釜沉舟的生命激情。我的一生事业都出自生命冲动，激情是重要的动力因子。感性、理性共同加持，是双保险。

如此，我改变科研航标——语文学转向便成定局。"十年磨一剑，霜刃未曾试。今日把示君，谁有不平事。"（唐·贾岛《剑客》）我的剑已磨20年，不妨小试锋芒，一扫语文学沉疴积郁，还其朗朗乾坤？

我的转向看似有点儿晚，其实未必。因为从写作学到语文学是顺理成章的事，所以我有信心。转向成功与否和转向时间迟早无直接对应性，其相关状况很复杂，因人而异。

在专业学术水平面前，人人平等，与从业时间长短、职务高低等无关。不是从业时间越长或官越大，水平就越高，很可能正相反。是否"圈内人"——学术共同体认可的"自己人"，与职务、职业、工作年限关系不大；与出多少著作，发表多少文章，发在什么级别刊物上，关系也不大；关键看其学养深浅、成果分量，有否为学科理论建设作出创造性贡献。其高标是看其原创性理论建树是否具颠覆性，有范式重构价值，能否汇入学科史。这主要取决其"三通"水平。

有些人在某领域干一辈子，著作等身，项目、奖励、衔头无数，乃至被奉为泰斗，声名显赫，铁粉无数，也未必是真专家。

没有谁是天然"圈内人"。不论是"内行"还是"旁观者"，若想有所建树，成为真专家，均须沉潜修炼、脱胎换骨，须长期以致终身学习与研究。谁也不是孙悟空，说变就变。

谁入"圈"都得交学费。拿语文圈说，连"三老"也没法减免，也需付出艰辛修炼的高昂代价——成功与否还很难说。若语文教育始终搞不好，作为领军者，能称实至名归的专家？

术业、事业、职业从一而终的人不多，人一生大都经若干次转向。"三老"也不例外，他们均转向多次，语文学转向尤其艰难。

叶圣陶当教师时间不长，主业是作家、编辑、官员（曾任人民教育出版社社长、教育部副部长）等。张志公是学外语的，学英语、俄语，转而研究汉语语法，教过翻译学、语言学概论、古代汉语、现代汉语，当过教材编辑。吕叔湘学的也是外语（是张志公的老师），在国外修的是人类学，后来成为语言学家，主要研究方向是汉语语法学。他们都存在语文学转向问题。要是没转好，照样难称语文专家。就是学与做属于同一专业，也要努力"三通""三讲"，不断自我深化、提升。教师学养不足无大碍，只影响个人与部分学生；领军者、学者没学问，转向不到位，不但影响语文教育实践，还影响全民族文化素养。

语文学转向任重道远，修炼无止境，我愿将后半生交付。

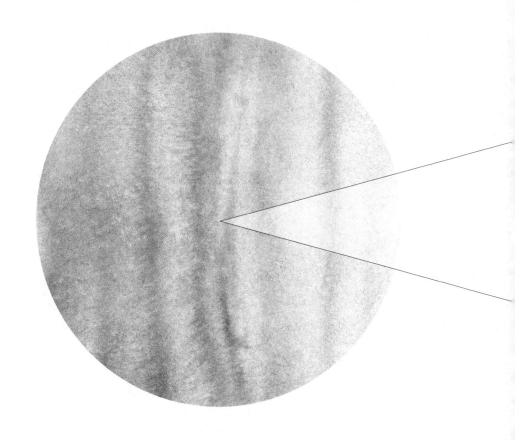

下

卷

转益多师，问学圈内外前贤

（上）

◆ ◆ ◆

前贤皆吾师，臧否皆敬重。——题记

当我走近语文圈，走近学界，我曾求教过的前辈纷至沓来，为我引路。这就是"三通"的好处，历代中外圣贤都是我的接引者，我感谢他们。久而久之，他们成了我熟悉的陌生人、忘世交。

我的语文学转向，是虚心向前人讨教，也是与他们切磋交谈。他们是我的先生，是我的语文学师承、学术精神师承。我们可以掏心掏肺、说长道短、直言不讳。语文圈内外之种种生态，是我转向的参照系。他们的成败得失、悲欢荣辱，是我取之不竭的思想滋养。

当我研究写作、语文教育史，向先贤请益时，我曾对他们一一检视，把他们放在时间、时代天平上，用放大镜、显微镜，甚或手术刀，反复审验、剖析。许多错误，除时代、环境因素，也因未尽术业转向、精益求精之责。这是多数人难以意识到的，学者能自我反思者甚少，因而自以为是者众，谦恭清醒者寡。

人之自蔽无处不在，学界也不例外。学者地位、知名度愈高，可能其蔽愈深、愈自以为是。不但自蔽，而且他蔽。自蔽、他蔽相辅相成、相得益彰。后人因迷信权威，以假为真、笃信不移。解蔽之难，在人云亦云、以讹传讹、习以为常。宁信其假，以假当真，不愿究其真伪。因而，学界之蔽久矣。

始于 20 世纪初的白话文教育，有不少著名学者投身其中，我从他们那儿受益良多，也见识其各种自蔽、他蔽，盼能引以为鉴。我非天才，不能敏锐了然、洞察事理，常受传统观念、前辈认知的蔽障，难逃柏拉图"洞穴"（人在封闭环境中被"教化",习惯于被给定的东西)效应。经反复琢磨、比较,反思、质疑,我才得以挣脱、解蔽、破执。

不少著名学者热衷国文教育,投入时间、精力不可谓不多,成果也不少,但多属"客串"。因处新旧教育转型期,他们大多仓促上阵,无瑕于学问,只能急功近利走捷径。不是凭一己经验谈点感悟,就是现买现卖,移植西方、日本的教育实践。不少观念、教材、教法直接从国外复制,或在他人框架下,做点儿移花接木——堂而皇之,以此为荣,以为领风气之先。

古语有言"眼前有佛不去拜,跑到西方拜罗汉",是时国文界,迷失自我,数典忘祖,拾人余唾,邯郸学步,裹足爬行,已司空见惯、见怪不怪。连累之后的几代人,也陈陈相因、因陋就简,蜗居在西化"洞穴",轻松快乐地"成长"。不必殚精竭虑,直接"拿来",何乐不为?

白话文教育西化转型,国文教育"二语化",是其百年萎靡不振的症结所在。

将几千年汉语母语教育彻底否定,重起炉灶另开张,国文变质为外语、"二语"(第二语言)教育,其结果是兵荒马乱走麦城,导致世纪性溃败。这状况至今有增无已,西化戏码变本加厉。从语文课标到教材、教法,从阅读到写作,均如此。

不从根上施肥,只在叶上敷彩,金玉其外,败絮其中,终究好不了。著作、教材不少,大同小异;时过境迁,大多成无用之功。民国时期的语文学著作、教材,原创性、高质量的不太多。如今民国热,别的学科不敢说,语文科是热过头了。民国时期国文教育是一路"糟得很"过来的,如同过街老鼠、灶台蟑螂。即便比现在好,也好不到哪儿去。因为二者一脉相承,本自同根生,都是实利主义教育学产物。

如果语文教育实践始终一蹶不振,其指导思想、理论背景能有多好可想而知。在废科举、兴新学,"打倒孔家店",与西方实用主义思潮大背景下,传统母语教育遭灭顶之灾,旧学——国学弃之如敝屣,被彻底否定,移花接木、张冠李戴的新学也就残了。白话文教育萎靡不振,其过在无"根",悖离汉语母语教育之根。民国时代教育界大咖,是在反科举教育、反对旧文化、全盘"西化"语境下的专家、学者,包括蔡元培、鲁迅、胡适、黎锦熙、叶圣陶等在内,都曾不同程度迷失,以为可割断历史脐带,旧教育、古典主义教育一无是处,白话文优于文言文，旧教育、文言文、旧文学，恶迹斑斑，必须以白话文教育取代文言文教育，国文教育可另起炉灶，作为完全独立的存在。1912年1月，蔡元培甫一上任教育总长即令废止中小学"读经科"就很典型。

今日学者，大多对民国至今的国文教育不甚了解，对学者的研究状况、教育观念不甚了解，我也曾两眼一抹黑，以为名家说的都对，待从"旁观者""局外人"熬成"圈内人"，见识多了，始知真相。尽管经20多年努力，在语文学转向上"媳妇熬成婆"，但与主流观念始终格格不入，眼光、视角迥然不同。我对前辈语文观、学术个性尤感兴趣，属个人观感，故称"另一只眼"看圈内外。

胡适曾谈"旁观者"好处，我也曾是"旁观者"，但与胡先生略有不同。我既是"旁观者"，又是"内行者"——半"内行"半"旁观"，也许比纯内行、纯旁观好点。纯内行者，身在其中，不识庐山真面目；纯旁观者，雾里看花、水中捞月，见一鳞半爪，难精辟、透彻，尤其缺宏观之见。须兼具二者优长，若即若离，另辟蹊径，广采深掘，方识其真谛。

我作为语文学"洞穴"逃亡者、异议者，阅尽圈内外学者众生相，视野比蜷缩"洞穴"者稍大，因而想将粗浅观感分享，既谈前辈名家贡献，也谈局

外出讲学常与恩师不期而遇，图为与孙先生（右）一道在深圳讲学。

限——名家之蔽并不比常人少——我非名家，自蔽、他蔽同样在所难免，因此，所言浅见陋识，菁芜并存，聊供参考、批判。

先从"圈外"说起吧，说说胡适、朱光潜、朱自清。

一、胡适：杂而不精，心有旁骛

在民国诸先生中，我喜欢胡适的敏锐、深刻。在"西化"大潮中，他仍尊

重国学，难能可贵。他是杜威的学生，坦承"受杜威先生实验主义哲学的绝大影响"，实用主义是他"生活和思想的一个向导""自己的哲学基础"，最该继承其衣钵，但我以为，他表面"西化"，骨子里仍是国粹的底子，中国文化根深蒂固、刻骨铭心，可谓"中体西用"（涵养为体，练技为用）——至少他的国文观如此，这是值得敬服的，也是母语教育外语化、"二语化"泛滥之时价值所在。

年轻时读胡适，有些观点迄今记忆犹新，仍有冲击力。

◆ 目的论：用国语自由发表思想

胡适国文学观最耀眼的当属"人人能用国语自由发表思想"——"表现本位"——培育思想者、立言者。这是他的国文教育目的论。

胡适 1920 年发表了《中学国文的教授》，1922 年修订为《再论中学国文的教学》，1923 年代拟《新学制课程标准纲要》高中部分——就此搁笔，不再掺和国文教育。能说的已说，便以为尽责。作为一代名家，其思考自有价值。他不是中学教师，也不是专业的国文学学者，可他是白话文重要倡导者、实践者，学贯中西，因此，在转型期他有资格说话，也确实说出了不少圈内学者说不出的话。

在夏丏尊、叶圣陶等力倡"阅读本位论""阅读独立能力、目的论""学习国文形式论"之时，他将"人人能用国语自由发表思想——作文，演说——都能明白晓畅，没有文法上的错误"列为中学国文教学三条理想标准中的第一条，也是国语（指白话文）教学唯一的一条标准（其他两条均是针对古文教学而言）。

在"表现本位"下，有诸多相关论述，如"四到"——在传统"三到"基础上加上"手到"，"手到才有所得"。对演说、辩论的极度重视："用演说，辩论，作国语的实用教授法。国语文既是一种活的文字，就应当用活的语言作活的教授法。演说，辩论……都是活的教授法，都能帮助国语教学的。"[①] 这一是"演说和辩论都是国语与国语文的实习"。二是可进行逻辑思维训练，"凡能演说能辩论的人，没有不会做国语文的。做文章的第一个条件只是思想有条理有层

---

① 胡适：《再论中学的国文教学》，见《胡适文存》（二集），上海亚东图书馆，1924 年版，第 250 页。

次。演说辩论最能帮助学生养成有条理系统的思想能力"[①]。三是能形成说写一体、说写互动的教学形态，将达成由说到写、由写到说的高效转化、生成。

这些观点，曾雷击火烫般让我震撼。他说出国文界衮衮诸公百思不逮的话：国文教育目的是"自由发表思想"，阅读要落实到"手到"——写作上，是为演说、辩论——说、写素养同步推进作准备，这表明阅读不是目的，而是手段，目的是"言语表现"。国文要学表现形式，更要学思想内容。若没"思想"谈何"自由发表"？

由此检视我的"表现—存在论"语文学，不无胡先生指向"自由发表思想"："手到"，"演说、辩论"的"表现本位"因子，初读时我未识其"范式"重构价值——胡先生大约也没意识到其重要性，他未必存心与夏丏尊、叶圣陶等的"阅读本位"对垒，想要颠覆、重构什么。可他似不经意的寥寥数语，于我不啻惊鸿一瞥，振聋发聩。可惜他也许连想带写不到一两小时，所有观点都只三言两语草草掠过，此后再未作任何阐释、发挥；于明昧恍惚间，他错失了"立言"良机。

我与胡先生国文本体观在指向言语"表现"上不谋而合。对胡先生"表现本位"思想的发掘，是在我写《语文：表现与存在》后，那时我已形成了"表现—存在本位"本体论。在这背景下，反观胡先生以"发表思想"为课程目的的见解，以及一系列注重"发表、表达"的观点，才意识到其具"表现本位"意识。即便如此，仍不可否认他发"表现本位"先声，虽也是对传统"立言"观传承，但毕竟是在"阅读本位""工具性"甚嚣尘上时，表明与众不同的主张。因此，不论其"表现本位"观多简陋，并带有实用主义色彩，不论我在"表现—存在本位"语文学上走多远，有多大理论建树，都应将其视为先行者。

◆ 治学论：历史的国学研究法

培育思想者、立言者，不能不重精神、学识涵养。这集中体现在他的治学观上。

要说胡先生观点最国粹的，则是对国学、治学的重视。这对跳出实用泥沼

---

① 胡适：《中学国文的教授》，见《胡适文存》（卷一），上海亚东图书馆，1921年版，第312页。

具反拨作用——尽管他是杜威的忠实信徒，不过，有些观点深植骨髓，兴之所至，便一吐为快。他自幼耳濡目染，国学修养、治学方法的积淀，已然成为潜意识。

作为国学学者，胡适给清华学子拟定国学书目，目的在系统地治学指导。从他书目选择标准与国学研究方法中，可提炼关键词：引起兴趣，历史线索，下死功夫。这大约是他自己的治学经验总结。

胡适拟定书目的出发点是引起研究兴趣。他指出对初学者而言，首先要引起其真兴趣，有兴趣才能下死功夫。初学者在没门径的前提下，"用历史的线索做我们的天然系统，用这个天然继续演进的顺序做我们治国学的历程。这个书目便是依着这个观念做的。这个书目的顺序便是下手的法门"①。"这虽是一个书目，却也是一个法门。这个法门可以叫做'历史的国学研究法'。"②——书目以历史为线索，"书目的顺序便是下手的法门"，这是胡适的高明处，体现"古今贯通"法。

胡适国学书目分三部分：一是工具之部，14 部；二是思想史之部，96 部；三是文学史之部，78 部，总共 188 部。书后有版本或内容简介或评说，这有助于学子挑选、阅读。胡先生的庞大书目遭诸多质疑，如梁启超就说这是为图书馆开具的，他听取意见后将书目缩减为 38 部。尽管大幅缩小书目，但仍是为治学开具，是为"立言"奠基的，可惜人们未必理解其良苦用心，一味计较书目多寡，是否切合实际。

胡先生的阅读观也体现在他起草的"新学制课程标准纲要"《高级中学公共必修的国语课程纲要》中，高中生应读的名著有 28 种，表面看不多，还规定只要从中自选精读 8 种，略读 9 种，实际上可谓洋洋大观。因为这 28 种中大多内含无数著作、作品，如：诸子文粹、四书（节本）、古史家文粹（《国策》《左传》《史记》《汉书》《后汉书》《晋书》）、王充、史通、韩愈、欧阳修、王安石、苏轼、朱熹、王守仁、清代经学大师文选、崔述、姚鼐、曾国藩、严复的译文选录、诗经（节本）、唐以前的诗、唐诗（选本，注重李白、杜甫、张籍、韩愈、白居易、杜牧诸大家）、唐以后的诗（选本，注重苏轼、陆游、范成大、杨万里、李

---

① 胡适：《胡适文存》（二集），黄山书社，1996 年版，第 78 页。
② 同①。

东阳、吴伟业、黄景仁诸大家），这不仅是阅读书目，而且不少是人物专题研究，单一部"古史家文粹"所含的史书，那些诗文家中随便哪一位，都可以读上三年五载，要是精读，须费毕生之功，其内容之宏富，可与其给清华学子的"国学书目"媲美。

可见胡先生"表现本位"观是建立在学养积淀上的。无治史的眼光、深厚的学养，谈何"发表思想"，谈何说、写，谈何治学？——这就是他注重治史、读经典的原因。注重治史、读经典，必然走向写作本位。进一步说，即我所谓的表现—存在本位。

其实胡适治学观并无高深学理、奇谈怪论，多凭读写——国学研究经验，因而切实可行。若觉得高不可攀，无法达成，那他只能闭嘴——那渊博无比的"书目"，是给清华毕业生的，为其指方向、资参考。给中学生书目虽大，是"选读"，读什么，怎么读，可因人而异、量力而行——给学生治学梦、立言梦，有何不可？

◆ **教学论：国语的实用教授法**

培育思想、涵养学养，均需落在教学上。胡适国文教学法简明、实用，要点如下。

（1）质疑问难，大家讨论。

对于课堂教学，胡适说："没有逐篇逐句讲解的必要，只有质疑问难，大家讨论两件事可做。"[①]大道至简，他用"质疑问难，大家讨论"八个字，取代令人眼花缭乱、层出不穷的各种时尚教法，尤其是连篇累牍的灌水讲读，鹦鹉学舌式咬文嚼字，以此诠释"学生本位"下的"表现本位"。由"质疑问难，大家讨论"练出思想力、思辨力，才有"表现本位"可言，才能培育思想者、立言者。

胡先生的"质疑问难，大家讨论"，比今天课标力推的"批判性思维"好得多，更贴近教学实践——学生应会质疑问难、讨论探究，以寻求答案，却不必着急"批判"——他们还没能力批判。只要修养、学养到了，水到渠成，自然就懂得批判，才能作真正的批判。腹中空空，灌输"批判性思维"，弄不好适得

---

① 胡适：《中学国文的教授》，见《胡适文集》（卷三），北京大学出版社，1998年版，第605页。

其反，将助长乱打棍子、乱扣帽子的文痞心态。

（2）手到是心到的法门。

胡先生的"手到"，是对朱子"三到"（眼到、口到、心到）的完善：眼到、口到、心到外，加上"手到"，即注重通过"发表"来"治学"："发表是吸收智识和思想的绝妙方法。吸收进来的智识思想，无论是看书来的，或是听讲来的，都只是模糊零碎，都算不得我们自己的东西。自己必须做一番手脚，或做提要，或做说明，或做讨论，自己重新组织过，申叙过，用自己的语言记述过——那种智识思想方可算是你自己的了。"[1] "我们相信，文字的记录，可以帮助思想学问：可以使思想渐成条理，可以使智识循序渐进。例如我们几个人在江滨闲谈《商书·盘庚》的文法，我们都读过'盘庚'，都可以加入讨论。但说过就算了，不会有什么好结果。假使有一位朋友把我们的讨论记载出来，加上编次，再翻开原文，细细参证，作成一篇《'盘庚'的文法的研究》，——这么一来，这位朋友不但把自己研究这个问题的结果变成有条理的思想，并且使我们曾参加讨论的人都可以拿他的文字做底本，再继续讨论下去。"[2]他确实说到了点子上，"手"不到，"心"是不会到的，"发表"是"吸收"（以致创造）的最好方式。

胡先生强调"四到"的"手到"，比急功近利的"任务驱动写作""创意写作"之类，更具涵养性；"手到"就是韩愈的"提要钩玄"法、章学诚的"札录"法的继承。写读书札记，属积学明理之事。黎锦熙也说过"日札优于作文"，可见其重要性。这无疑比教材中繁杂纷乱的国文要素、思考练习题，更精准、给力，可集腋成裘，收求知明理、能言善写之效。

（3）用演说、辩论，作国语的实用教授法。

在言语实践上，胡先生最看重演说、辩论，这两种言语方式，融听、说、读、写于一体，以简御繁，以精胜多，是承载"表现本位"、培育思想者的言语生命活动的最佳方式。

固然演说、辩论在西方源远流长，深具实用性，但同时也是国粹：发轫于先秦纵横家、名辩家，他们是演说、辩论高手。胡先生写过中国哲学史（先

---

[1] 胡适：《读书》，见《胡适文存》（三集），上海亚东图书馆，1930年版，第229页。

[2] 胡适：《吴淞月刊发刊词》，见《胡适文存》（三集），上海亚东图书馆，1930年版，第975–976页。

秦部分），自然知道齐国稷下学宫"百家争鸣"的盛况，著名学者孟子、淳于髡、邹子、田骈、荀子等在此讲学、论辩。大力倡导"君子必辩"、能言善辩的荀子，曾三为学宫"祭酒"（学宫之长），被称"最为老师"。胡先生是精于国学，也不会不知儒家后学仍以讲论（讲学、论辩，切磋学问）为重要的学习方式。如朱熹看重"讲论"甚至超过写作："为要修德，故去讲学。"[①]"德须著修于己，讲学便是更进其德。"[②]"而今不欲穷理则已，若欲穷理，如何不在读书讲论？"[③]"持守可以自勉，惟穷理须讲论，此尤当勉。"[④]"学要大纲涵养，仔细讲论。"[⑤]"若致知之事，则正须友朋讲学之助，庶有发明。"[⑥]"学者要学得不偏，如所谓无过不及之类，只要讲明学问。"[⑦]修德、穷理、致知、学问的提升，均需借助讲论，在相互交流、思想碰撞中增益理解、思考。后世私学、书院教育大抵继承"讲论法"——"质疑问难，大家讨论"，亦"讲论法"题中之意。

此三法实践并不难，交织互动，效能更佳。

胡适可谓才高八斗、绝顶聪明，尽管他于国文学属越界言说，所言亦陈义甚高，影响深远，得见触类旁通之才学。就学者而言，尤其是才子型学者，治学观念、态度、方法等，不无可汲取、检讨处。

透析一：才学见精华。

胡先生超然国文圈外，属"无党派"人士。偶尔露峥嵘，孤芳自赏，自视甚高，玩票，自得其乐——估计他没料到竟遭吐槽——外界不忿。这自然于他无所谓，名气在那儿，奈我何？

一般而言，有才气，有学术根基者，认知不太会失焦，失分寸；无才气、不学无术者，才故弄玄虚、虚张声势。他们不承认浅薄，擅长唱反调。

胡先生属才子型学者，学养基础不错，观点自然不乏精见，振聋发聩——比叶圣陶、王森然、阮真、朱自清等更胜一筹。然而，也许正因此，其观点被认为超前，与教学实际有所扞格，颇受批评，阮真批评其不切实际，代表当时

① 黎靖德编，王星贤点校：《朱子语类》（卷34），中华书局，2015年版，第858页。

② 同①：第860页。

③ 同①：（卷124），第2982页。

④⑤ 同①：（卷119），第2866页。

⑥ 朱熹：《答刘子澄》之二，见《晦庵先生朱文公文集》（卷35），上海古籍出版社，2002年版，第1534页。

⑦ 同①：（卷13），中华书局，2015年版，第229页。

"平民教育"共识，是"工具性""语用"认知。这类"取法乎下""宁低勿高"的论调，至今还很有市场。胡先生的观点迄今窒碍难行，是目光短浅的语文人的悲哀。

了解胡适国文观以培育思想者为目标，为此增益学养、磨炼思维，便豁然开朗，一通百通。他比巨细不遗、面面俱到却不得要领者，更能把握事物精髓，一语道破——"才学"产生慧眼。将靶子外围打成筛子，不如靶心一枪。

只要对汉语母语学科史有所了解，有学术传承意识、深邃的眼光，终将会在核心认知上有所共识，就能发现并抓住要害，不会盲目跟风，被所谓的权威或时尚观点带沟里去。"表现本位"（自由发表思想）、"治学先治史"（读历代经典）、"讲论法"（演说、辩论）等，堪称传统教学大法。胡先生不说，他人也要说。他人不说，我也会说。母语根脉、精髓是不会断的。

历来语文学者有几派：一是注重价值引领，理论探究，眼界开阔、深邃，可称"学理派"；二是"头痛医头，脚痛医脚"，凭浅陋经验、知识诊治眼前症状，可称"实用派"；三是不劳而获，热衷移植他人成果，特别是移植外语教法，可称"引进派"或"西化派"。"学理派"致力理论建构，革故鼎新，往往非但没人气，还常挨骂遭批。"实用派"眼睛盯着鼻尖，似能解决些表层操作问题，美其名曰实践家，颇受中小学教师青睐。"引进派"多懒汉或外行，阴差阳错入圈，没能潜心做学问，只好抄袭、走捷径，或靠"吃天水"，坐拥话语权，奈何腹中空空，唯"拿来主义"，乜"洋货"撑门面，不懂装懂，美其名曰与"全球化"接轨，靠转手批发"闷声发大财"。因身居要职、高位，虽是"皮包公司"，无本买卖，却能叫出天价，即便如此，也不乏趋迎喝彩的跟屁虫——当今语文界"学理派"甚少，且不得志；"实用派"甚多，一地鸡毛；"引进派"风光，货烂声量大，权柄在握，一言九鼎、应者如云，导致汉语母语教育外语化、"二语化"——背弃汉语母语教育根脉，是语文教育长期萎靡、低效之症结。

时尚未必持久，传统不会断流。"烟销日出不见人，欸乃一声山水绿。回看天际下中流，岩上无心云相逐。"学者是文化薪火天然传承人。你以为某些传统已消亡，也许会在某历史瞬间重现。她的沉寂，不是湮灭，而是蛰伏，是"为道日损，损之又损"后的"无为"，必将自然而然地倏忽而至。

母语教育文化精髓，通过历代经典传承，融进学者血液中，具有超强韧性。

几千年汉语母语文化薪火，终不会被外国文化浇灭。

透析二：治学须淡定。

胡适"客串"国文学两头不讨好，上被梁启超批，下受阮真怼，灰头土脸、曲高和寡，想必有点儿郁闷。大凡锐见多不招人待见，为标新立异付代价很正常。尽管我赞成甚至推崇胡先生的观点，可我并不同情他：有始无终，做半截子学问，不会有真正的学术建树，不是真学者所当为，因而也不会赢得尊重。

胡先生的局限，称"性格悲剧"也许更准确。问题不在他观点超前或"取法乎上"，而是心不在焉、志不在此：治学无长情。早慧多才，兴趣广泛，摊子铺太大，便力不从心。"烂尾楼"盖多了，虎头蛇尾，习惯成自然，谈何深化、升华？

学者要"舍得"。大学者诱惑更多，尤要知进退，要有治学定力。

胡先生谈国文，跟做许多事一样，属"客串"性质，敲敲边鼓，见机行事，速战速决。他觉得白话文教学不尽如人意，学界闹腾得很，一时兴起，放马遛遛，吼几嗓子，耍个花枪，随即偃旗息鼓、鸣金收兵，对国文教育成败得失其实并不上心。那时学界"公知"多如此，啥都想说两嘴，说说白话文教育，在草创期蔚为风气。胡先生是文学革命大将，对白话文读写颇有心得，自不甘人后，憋不住要说，这没毛病，问题在做要真做，不为沽名钓誉。

胡先生清楚得很，若要负起国文教育责任，做事业、功业，便没那么简单。不能兴之所至，扔几块石头，听到响声，扭头走人。入行非易事，至少须十年八载沉潜、浸淫。国文教育也不例外，要了解母语教育史、教育学，才挣得真正发言权。旁观者说几句，说得好，众皆称道；说不对也没关系，无人苛责。若要入国文圈就难了，时间成本太高，说话得字斟句酌，还未必讨好。所以一般人不愿改行，以免两败俱伤、里外不是人。这就是随口议论者众、有大建树者寡的原因所在。胡先生是大忙人，也是聪明人，不愿沦陷其中——大约也怕遇上难缠的主，因而见好就收——见坏也收。

这与胡先生缺乏治学定力与个性有关，性格决定命运。无可否认，他可在学术史留痕，问题在痕迹深浅。若无定力，要深究国文学也难，蜻蜓点水，浮光掠影，便难言大功业。从大学者角度看胡适，哲学、史学、文学、红学、考据学、社会学、政治学、国文学……大都做半截，他的《中国哲学史大纲》只完成上卷，写了先秦部分，便再无下文。《白话文学史》如法炮制，也只写上卷。

"大胆地假设、小心地求证"治学法，自由主义思想、实验主义哲学观等，皆是舶来品，亦无学理深究，成体系化论著。他聪明有余，韧性不足，做事无恒心。说不好听点，是打一枪换一个地方。说好听点，不在一棵树上吊死。窃以为要么不做，要么善始善终，此道理他该比我懂。

治学"难得淡定"。欲低投入，高回报，世上没这般好事。读书人不宜处处精算，四方出击，八面讨好。从这点上说，"人生识字糊涂始"不无道理。欲当明白人，须是糊涂人。学问明白，名利糊涂。学者守初心，无旁骛，知舍得，才是正道。

透析三：心乱则思迁。

凭胡先生才智，本应有更大学术贡献。有大才智无大成就，多因心乱。心乱，学问就驳杂不精。尤其是从政，一旦走仕途，就做不了学问。这是中国文人的两难选择。理学家强调求知、学问、悟道、明理之"静字工夫"，不无道理。心不"静"，成不了大事业、大学问。

看看胡先生一生做多少事，从白话诗写作、倡导白话文、鼓吹文学革命，到翻译外国文学作品，研究文学、哲学、史学、考据学、红学、教育学、国文学，编各种报刊，在上面写无数各类文章，加之，他与政治结下不解之缘，从争取当驻日大使未果，后担任驻美大使，继而任北京大学校长……身在学术，心在庙堂；心猿意马，心慌意乱可见一斑。

我一介平庸学者对胡先生作为无权置喙。他要从政，为救国救民抑或利国利民，亦是好事。抗战时任驻美大使或许值得夸赞，毕竟"国家兴亡，匹夫有责"。可是抗战未胜利，又转去搞学术——1942年9月8日辞职，旅居纽约从事学术研究，就有点儿费解了。

担任北大校长还算靠谱，学者多有当校长的——他学问是否够大另说。而同意竞选总统——伪总统，此举不敢恭维——尽管他日记中称之"流言"，然旁证甚多，料非空穴来风。连崇敬其为人并引为知己的季羡林先生亦称："……往日'总统候选人'的迷梦，也只留下了一个话柄，日子过得并不顺心。""他一生处于一个矛盾中，一个怪圈中：一方面是学术研究，一方面是政治活动和社会活动。他一生忙忙碌碌、倥偬奔波，作为一个'过河卒子'，勇往直前。我不知道，他自己是否意识到身陷怪圈。当局者迷，旁观者清，这个怪圈确实存在，而且十分严重。"①

学者难敌权、名腐蚀，一沾便上瘾。胡先生誓言出自肺腑否颇可疑，在学术、政治、社会活动中左右逢源，便难称表里如一真君子。即使在学术上亦属玩家，不无沽名钓誉之嫌。才学于他，标新立异于他，竟成官场敲门砖。故而他卷入政治，名欲无极限，便顺理成章，难言被动介入，不得已为之。

胡适是多面人：文化精英、社会名流、精神领袖、政治公知、政府官员……心乱如麻理所当然。

同为身心二用，胡适与王国维也有所不同。胡适是身在学术，心在庙堂；王国维是身在庙堂，心在学术。王国维与其说是身在庙堂，不如说是身心皆在中华文化。他把传统文化看得比天大，以为清廷是道统维护者，所以拥戴清廷。与其说他效忠清廷，不如说是中华文化死忠粉。他自尽于昆明湖，殉的是中华文化，而不是清廷，更不是溥仪。文化重于生命。若仅为清廷、溥仪，他当死于辛亥革命，而非 1927 年。他悲愤文化根脉断流，恐惧痴爱的传统学术毁灭。

王国维一生学问心不乱，有厚重学术成就可证——他的才气，胡适恐难比肩。王国维学问是"博大"，但始终在传统文化中开拓深耕，雪球越滚越大，才智深不可测。胡适是"杂多"，东一榔头西一棒子，时而旧学，时而新学；时而文学，时而哲学、教育学、社会学、政治学……心思在领异标新，兴趣随心所欲。

胡适始终心乱，"乱"在不知所为何事，何为终身事业。不"知止"，面对诱惑，歧路亡羊，不可能淡定静安。即便做学问，心也乱，意在出语惊人，而不是深潜追索其堂奥。或许此为大才子的困顿：多才反被多才误，盛名反遭盛名损。为才、名所累者并不鲜见。

透析四：名利失机缘。

多才者名利诱惑大、机缘多。胡先生可谓功成名就，却也错过许多机缘。培育思想者的"表现本位论"国文学，是最不该错过的。他本可把国文教育带向光明，使亿万学子不再无端牺牲于昏聩，而在国文学史上留下永久辉煌。如果他抓住机缘，为国文学另辟蹊径，也许就没我辈什么事了。以他才学论，谅鲜能出其右。

---

① 李泽林：《站在胡适之先生墓前》，《中国青年报》，2009 年 7 月 15 日。

作为语文人，我惜胡适一念之差，与振兴国文、造福中华子孙失之交臂，与本可入囊之伟大失之交臂，错过爆表幸运。睿智与糊涂是孪生兄弟，才华出众的他，许是机遇太多，应接不暇，以为可任性挥霍，不料，命运之神再未眷顾，终无缘大功业，辜负大才分——众皆称赞他德行高、涵养好、风度佳、学问大，脸上总带着"我的朋友"般的亲切微笑……若失学者"立言"本分，心不定不静，修为、人缘再好也枉然。成就国文学功业，善莫大焉——胜过倡导白话文、鼓吹文学革命，新文化运动旗手、中国文艺复兴之父，哲学史创构、国文学"客串"，《红楼梦》考证、《水经注》考证……也许其开风气之功不可没，然而，病在急功近利。

文学、哲学、红学、史学、政治学……皆属小众化，国文学属全民化；汉语母语教育，事关国本、根脉，中华民族未来，影响人最多、最深远。在国文学上，胡先生慧眼独具，如追本溯源、深思熟虑，持之以恒，定功德无量，勋业卓著。文学及其他研究，未必非他莫属。国文学较文学影响更深远，也烦难得多。文学革命非学术事业，而国文学革命却可以是，也应当是。他起了个大早，却忘了该干什么。

大约胡先生不是忘了，而是未必瞧得上国文学。论轰动效应，倡导文学革命暴得大名，靠《文学改良刍议》一两篇文章即可。国文学革命则未能立竿见影，靠《中学国文的教授》等，远远不够，须全力以赴、专心致志。国文学虽是千秋功业，却是边缘化学科，不被学界看重，亦无轰动效应。黎锦熙辛劳大半生，筚路蓝缕，殚精竭虑，著作等身，尚且默默无闻，胡先生怎会为此赌命？

学术事业选择，事关精神生命存废，重要性不言而喻。若率尔决断或患得患失，人生便成悲剧。人常在阴差阳错的遗憾与歪打正着的幸运间徘徊，自以为得计，终了却是误判——待发现为时已晚。胡先生晚年懊悔否，曾反思错失良机否？大约不会，他得到太多，早就名满天下，错过也无所谓——殊不知，后世则有所谓。谁也难逃历史的审视、挑剔。

话说回来，或许胡先生错过恰是不智之智，亦国文学之幸。他作为"旁观者"，在"西化"大潮裹挟下，基于有限的国文学知识、经验，才高学不富，看不深也走不远，只适合"客串"：有感而发，能说则说，不硬说，不多说，言多必失；他学术个性特立不群，所见与世相违在情理中。然而，他师从杜威，服膺实用主义、实验主义哲学，且治学不专精，从长远看，难免随波逐流，被"西化"是大概率事件。如此，其国粹理念恐难持久，终将自废武功。

胡先生与国文学不辞而别，自然还有其他猜测。

胡先生1923年草拟《新学制课程标准纲要》后不久，看到黎锦熙1924年出版《新著国语文法》《新著国语教学法》，白话文教育规模初具。三心二意的胡适遭遇全情投入的黎锦熙，若再随便说说，便觉压力山大，不跟自己过不去的最好办法是赶紧走人。黎锦熙在"表现本位"上已甩他几条街：既生瑜，何生亮？再"玩票"是自讨没趣。

再容我瞎猜，胡先生《中国哲学史大纲》只写完先秦诸子，大约看到冯友兰《中国哲学史》《中国哲学简史》与《贞元六书》，"照着讲""接着讲"一气呵成，气势如虹，学界对冯著高度赞赏，胡先生未竟的哲学史研究戛然而止，更无"接着讲"的企图，是否因担心步冯氏后尘"接着讲"亦难超越？——吃力不讨好他是不会干的。《红楼梦考证》未有后续深入，恐怕跟其"新红学"麾下的顾颉刚、俞平伯崛起有关。顾颉刚认为胡适写了《红楼梦考证》不到三个月"已觉得各项推断援据打得七穿八洞"。俞平伯也说："适之所做的《考证》现在看来的确是'七穿八洞'了！这就是进步底证据。"俞平伯在《红楼梦辨》后还有：《脂砚斋红楼梦辑评》《红楼梦八十回校本》《读〈红楼梦〉随笔》《脂砚斋红楼梦辑评》等成果，青出于蓝而胜于蓝。胡先生的《白话文学史》亦只有上卷，难道亦棋逢对手、畏而却步，或诸事繁忙，分身乏术？

要做成事业没天赋不行。天赋高，难免懒惰。天赋多，则犹豫不决，无所适从，左顾右盼，坐失良机，此人之常情。成也萧何，败也萧何。天赋中上之人，珍惜机遇，全力以赴，或许成才率反而高。

碌碌无为者是悲剧；著作等身的碌碌无为者更悲剧；天资平平，自我感觉

多次应好友胡亨康（右）邀请到连江黄岐兴海学校讲学。野花香，风车转，涛声阵阵；海天边际，马祖岛依稀可见……

超赞，是悲剧中的悲剧；天资才气一流，心猿意马，未能居敬守一成大事业者，最悲剧。

人生快乐、悲哀，相生相克，既随心所欲，又身不由己。我理解胡适的无奈与懊恼。才气胳膊扳不过性格、时势大腿，遑论身处乱世，诱惑、干扰、烦恼如影随形，心不乱也难。——善始易，善终难，才高心乱者当自诫。

"人心惟危，道心惟微，惟精惟一，允执厥中。"超势利，尽精微，坚守信念，知行中庸，学者应自警。

钱穆说胡适"是个社会名流式的人物，骨子里不是个读书人"，或许不失中肯。如果胡适连读书人都算不上，以大学者、纯学者衡量，恐怕更不够格。盛名之下，其实难副。历代伪读书人、伪学者不乏其人。

二、朱光潜：以美育给语文赋魂

由胡适不禁想到另一语文学"旁观者"——朱光潜（1897—1986）。

我敬仰气定神闲的朱光潜，常将其与心慌意乱的胡适比较。同是名家，治学有天壤之别：胡适思维敏捷，机锋毕露，趾高气扬，领风气之先，但有头无尾，心猿意马；驳杂不一，不知所终。朱光潜则博而能约，厚积薄发；专心致志，知止而行；无为而无不为，不言而无不言。

于语文学，朱先生深知扬长补短，适可而止，是"旁观者"价值所在。他有专业本体感，驾轻就熟，言所当言。他一般不讲国文，不制定课程标准、阅读书目之类，只游刃有余地谈文学、美学、诗学，然而，在与国文相关，所涉文学教育内容尤为丰富。说者"无心"，听者有意；能悟多少，看你造化。

他只说烂熟于心的本色当行——全人教育下的诗学语文学。不哗众取宠、沽名钓誉。他深知尺有所短、寸有所长，懂得越界的利害；圈外人说圈内事，只能旁敲侧击、迂回包抄。兴之所至，也"越界"说几句，点到为止，神不知鬼不觉。他尊重学科、学术尊严，恪守谦卑、自律底线，体现中庸、虚静、内敛的学术品格。

他浩瀚而雅致的著述中显现的诗学语文观，与主流的实利主义工具语文观相悖。他传承"立人""诗教"传统，哲学观是人本主义，方法论是古典主义、唯美主义，以诗意、美感，浸润、陶冶人的心灵，意在人格、心性重塑，诗心、趣味、精神涵养，可谓语文教育的理想境界。

朱光潜以美育对冲功利教育。其诗学语文学秉承"立人"传统，倡导"全人"价值观，以尽兴、免俗，反"畸形人"教育。阅读观重"趣味"，以培养高尚纯正的趣味为首务，以此贯穿读写活动，读以致写。写作观重"修养"，认为写作是人的精神生活的本色流露，关注培育真诚、苦思、想象与情感。这与强调"语用"的工具语文学反差鲜明。

朱光潜不是聪颖，也不仅是智慧，而是圣明——修养、学问、言语境界俱佳，吾侪难以企及。遗憾的是，大半个世纪，语文界基本忽视，更像选择性遗忘。不论为世界公认的"三老"（叶圣陶、吕叔湘、张志公）或"五老"（"三老"加上夏丏尊、朱自清），都没有朱光潜；语文教育史著作多未论及其贡献，对其观点引用、践行之少，几可忽略不计——曲高和寡、高不可攀，恐未必非得敬而远之不可。哪怕略微了解诗学语文学，或作工具语文学参照系，对增进学识，开阔视野，释疑解惑，走出百年困局，也将受益匪浅。

举其诗学语文学最有代表性观点与诸位分享。

◆ 育"全人"价值观：尽性、解放、自由、免俗

高扬"全人"价值观，以美育成全"人"，引领言语、诗意人生，是朱光潜诗学语文学之魂。

朱光潜秉承儒家诗教传统，以"全人"教育立纲，尽性、解放、自由、免俗并举：超实用，"尽性"，真、善、美本能的调和发展；超现实，"解放""自由"，以审美、想象、移情、创造，获得心灵自由；超功利，"免俗"，"无所为而为"，以出世精神做入世事业……境界之高远深邃可见一斑。其"全人"观至今仍振聋发聩：

理想的教育不是摧残一部分天性而去培养另一部分天性，以致造成畸形的发展；理想的教育是让天性中所有的潜蓄力量都得到尽量发挥，所有的本能都能得到调和发展，以造成一个全人。所谓"全人"，除体格强壮以外，心理方面真善美的需要必都得到满足。只顾求知而不顾其他的人是书虫，只

讲道德不顾其他的人是枯燥迂腐的清教徒，只顾爱美而不顾其他的人是颓废的享乐主义者。这三种人都不是全人而是畸形人，精神方面的驼子跛子。[①]

朱先生之"全人"，即培养人的全部而不是部分天性，使所有本能均调和发展。所谓"畸形发展"，指的是重身体、轻心理——重物质方面、轻精神方面——成为残废的"半人"。他注重人"真善美的需要"得到满足的"全人"。长期以来，受实用主义"半人"教育遮蔽，无视人本主义"全人"教育，是教育界的悲哀。朱先生"全人"观，是对"畸形人"教育的反拨。

从造就"全人"出发，他以美育弥补工具语文学缺陷。"全人"价值观四支点：尽性、解放、自由、免俗。

（1）育"全人"须"尽性"。

教育的功用就在顺应人类求知、想好、爱美的天性，使一个人在这三方面得到最大限度的调和的发展，以达到完美的生活。"教育"一词在西方为education，是从拉丁动词educarc来的，原义是"抽出"。所谓"抽出"就是"启发"。教育的目的在启发人性中固有的求知、想好、爱美的本能，使它们尽量生展。中国儒家的最高的人生理想是"尽性"。他们说："能尽人之性则能尽物之性，能尽物之性则可参天地之化育。"教育的目的可以说就是使人"尽性"，"发挥性之所固有"。

所谓"尽性"——"尽人之性"，源自儒家思想——《礼记·中庸》，就是最大限度地顺应、启发人类各种天性，使之和谐发展，以实现完美人生。"尽性"不是面面俱到的所谓全面发展，而是成全人的"求知、想好、爱美"的真善美、知情意天性，这对应于智育、德育、美育。他认为历来人们最看重智育，德育理论上的重要性也没人否认，美育则很少顾及。三者只知其一，便是未"尽性"的"畸形人"。

"尽性"就是人的天性、潜能的充分发挥。

（2）"尽性"的前提是"解放"。

朱先生认为美育是德育的基础（在我看来也是智育的基础），美育即情感教

---

① 朱光潜：《谈美感教育》，见《朱光潜美学文集》（第二卷），上海文艺出版社，1982年版，第505页。

育，其功用是怡情养性。美育终极目的是"解放的，给人自由的"——这回答到了根本：培育人的精神世界，他称其为三个"解放"。

首先是本能冲动和情感解放。人的欲望和情感，在现实中常常被压抑，以致造成精神上的种种病态。而这种潜力可以借用文艺发泄，而且文艺还把带有野蛮性的本能冲动和情感提到一个较纯洁的境界去活动，所以有升华的作用，有寄托、解放情感的作用。

其次是眼界的解放。一般人对于本来在那里的新鲜有趣的东西不容易"见"着，是因为有所"蔽"，使我们对它以外的世界都视而不见，听而不闻。诗人和艺术家之所以超过我们一般人，就在于他们感情比较真挚，感觉比较敏锐，观察比较深刻，想象比较丰富。我们"见"不着的他们"见"得着，并且他们"见"得到就说得出，就使我们也可以见得着。美感教育不是替有闲阶级增加一件奢侈品，而是使人在丰富华严的世界中随处吸收支持生命和推展生命的活力。

最后是自然限制的解放。自然世界是有限的，受因果律支配的，其中毫末细故都有它的必然性，人在自然中是极不自由的。但是在精神方面，人可以跳开自然的圈套而征服自然，他可以在自然世界之外另在想象中造出较能合理慰情的世界。这就是艺术的创造。在艺术创造中人可以把自然拿在手里来玩弄，剪裁它，锤炼它，重新给予生命与形式。多受些美感教育，就是多学会如何从自然限制中解放出来，由奴隶变成上帝，充分感觉人的尊严。①

对于"人"来说，"三大解放"之重要不言而喻。

（3）"解放"可以获得创造的"自由"。

本能冲动和情感的解放（释放、宣泄）；眼界的解放（解蔽，见他人所未见）；自然限制的解放（从有限中获得无限，以创造成为自然的主宰），有了这"三大解放"，情感有寄托，人生有意义，做人有尊严，这才有望成为"全人"。这表明美育——文学艺术，具有心理、精神的升华作用。若缺美感——心灵的解放，谈何德、智发展？谈何精神自由、创造？

窃以为这"三个解放"，一是动力，二是学养，三是思想（精神创造），有此三者，才有丰富的内心世界与精神自由，才有高质量的读写活动：自我表现

---

① 朱光潜：《谈美感教育》，见《朱光潜美学文集》（第二卷），上海文艺出版社，1982年版，第507–511页。

冲动、内在情感抒发，是言语生命动力源；去除遮蔽，开阔视野，有所发现，厚积薄发，这是言语创造基础；以活跃的想象打破自然限制，获得以言语创造新事物、新世界的能力。这就是诗学语文学的心理学基础。以"全人"——知情意、真善美的心性建构，由美育催化的"三个解放"、心灵自由，才有读写想象力、创造力，从而走出片面、封闭、功利的语用训练、应试教育迷津。

解放、自由的反面，是怠惰，是"套板反应"。他认为一个人的心理习惯如果老是倾向"套板反应"，他就根本与文艺无缘，因为就作者说，"套板反应"和创造的动机是仇敌；就读者说，它引不起新鲜而真切的情趣。"熟路抵抗力最低，引诱性最大，一人走过，人人就都跟着走，愈走也就愈平滑俗滥，没有一点新奇的意味。"①可见"解放的，给人自由的"诗学语文学之重要，如此才有独特发现与个性化表现，才不会有抄袭、套路化、雷同化。这是高水平读写对言语主体的要求，恰为工具语文学所欠缺。

（4）欲"自由"须"免俗"。

"俗"，是成就"全人"，获得美感，得以解放、自由——尽性，务必扫除的障碍，其基于美育的"免俗"观，直击人心：高雅为美，低俗为丑。

> 人要有出世的精神才可以做入世的事业……只求满足理想和情趣，不斤斤于利害得失，才可以有一番真正的成就。伟大的事业都出于宏远的眼界和豁达的胸襟……
>
> 人心之坏，由于"未能免俗"。什么叫做"俗"？这无非是象蛆钻粪似的求温饱，不能以"无所为而为"的精神作高尚纯洁的企求；总而言之，"俗"无非是缺乏美感的修养。②

此言之"金刚怒目"是我所罕见。朱先生以极大的道德勇气斥责"借党忙官的政治学者和经济学者以及冒牌的哲学家和科学家……俗不可耐"，称"象蛆钻粪似的求温饱"（只为满足生物本能）为"俗"，一竿子打翻几船人；他在价值观上不含糊，风骨可敬。

朱先生认为能否"尽性"，能否解放、自由，以致有所成就，是由精神境界

---

① 朱光潜：《谈文学》，见《朱光潜美学文集》（第二卷），上海文艺出版社，1982年版，第299页。
② 朱光潜：《谈美》，见《朱光潜美学文集》（第一卷），上海文艺出版社，1982年版，第446页。

决定，须"无所为而为"，不"斤斤于利害得失"，有"宏远的眼界和豁达的胸襟"，不"象蛆钻粪似的求温饱"，他历数种种人的"俗不可耐"，指出"人心之坏，由于'未能免俗'"，"俗"的根源是缺乏美感修养，故美育可"免俗"。

他倡导"全人"教育，尽性、解放、自由、免俗，否定的就是片面的实利主义教育，值得笃信"为生活""语用"的语文界深思。价值观错了，满盘皆输。

诗学价值观体现为培育美感、丰富心灵、发挥潜能，以"无所为而为"治学，工具价值观体现为培养"语用"技能，实为应试技能。工具价值观与诗学价值观虽有互补性，但后者站位更高，更具民族性、文化性、崇高性。满足精神需求，体现汉语母语教育"立人"——《诗》教（诗、礼、乐三位一体）、经典教育（经、史、子、集）传统，立足于中华文化承传、人的精神建构，应是主导性的。而工具价值观，注重实用性、功利性、技能性，满足物质需求，片面追求，畸形发展，将导致人性异化。应试教育风行、利己主义滋长，便是其负面效应。

工具语文学"为生活"，追求实利、应用，以西方实用主义哲学为背景。在功利教育甚嚣尘上的时代，学界废止读经，反对古典主义教育，增加教材白话时文，主张"当前受用"，力倡读写"实用文""应用文"——现今强调语用、技能训练、有效性教学等，与此一脉相承。而朱先生则背道而驰，反对为"求温饱"、升官发财（直指"为生活"），提倡"无所为而为"，培育人格、美感、趣味，读一流佳作，读诗……回归古典主义教育精神。说到底，是价值观差异。

我国现代语文教育走实利主义之路，一百多年没变过，要么继续，要么重新洗牌，改弦易辙。实利的工具价值观与超功利的诗学价值观怎么融合？所谓统一，不是辩证法，是二元论。若二者并驾齐驱，不是相辅相成，而是相互抵消、两败俱伤。

在道、义理、太极、绝对理念，在终极认知——"第一义"上，难以合二（合众）为一的。某些具体问题、细节认知，有可能趋同或互补。辩证法不是"和稀泥"，矛盾统一是有条件的。且二者统一，未必是五五开，不等于不辨矛盾主次，转化条件，不辨是非、正误、本末的凑合，须有主导的方面。

不同价值观难以兼容，工具价值观追求实利，诗意价值观超越功利，怎么调和？价值观只可定于一尊。此"一尊"，只能是高品位的精神追求。

玫瑰（精神、诗意）与面包（物质、实利）二选一，是人生博弈的永恒主题。玫瑰美丽而扎手，费而不惠，"可远观不可亵玩焉"，舍玫瑰取面包人之常情，选玫瑰弃面包则"不正常"。要使"不正常"为正常谈何容易？周敦颐复活必嗟叹道："玫瑰之爱，同予者何人？"周夫子身后千年，世人仍"盛爱牡丹"，"牡丹，花之富贵者也"，"牡丹之爱，宜乎众矣！"只要有趋利性、虚荣心，舍实利取诗意便遥遥无期——语文界汲汲于"语用"可证。

◆ 养"趣味"阅读观：绕路、品蕴、再创、致写

基于浸润的诗学语文学阅读观（求知观、治学观），立足点是"养"（精神滋养）不是"练"（技能训练），朱光潜称养"趣味"是"第一件要事"："真正的文学教育不在读过多少书和知道一些文学上的理论和史实，而在培养出纯正的趣味。"①培养纯正趣味，靠多玩味杰作之"妙蕴"："我认为文学教育第一件要事是养成高尚纯正的趣味，这没有捷径，唯一的办法是多多玩味第一流文艺杰作，在这些作品中把第一眼看去是平淡无奇的东西玩味出隐藏的妙蕴来，然后拿'通俗'的作品来比较，自然会见出优劣。"②玩出妙蕴，再比较普通作品，见出"优劣"，便得其纯正趣味。此"趣味"非"兴趣""有趣"，而是深藏作品中之"妙蕴"。养"趣味"，即培养对"妙蕴"的感受力、判断力——这就是阅读的任务、能力。

养趣味首选是读"诗"："要养成纯正的文学趣味，我们最好从读诗入手。能欣赏诗。自然能欣赏小说、戏剧及其他种类文学。"③"我相信文学到了最高境界都必定是诗……"④"诗是培养趣味的最好的媒介，能欣赏诗的人们不但对于其他种类的文学可有真确的了解，而且也决不会感到人生是一件干枯的东西。"⑤他认为一切纯文学都要有诗的特质。一部好小说或是一部好戏剧都要当作一首诗看。诗比别类文学较谨严，较纯粹，较精微。如果对诗没有兴趣，对于小说、戏剧、散文等的佳妙处也终不免有些隔膜。

---

① 朱光潜：《谈读诗与趣味的培养》，见《朱光潜美学文集》（第二卷），上海文艺出版社，1982 年版，第 490 页。
② 朱光潜：《谈文学》，见《朱光潜美学文集》（第二卷），上海文艺出版社，1982 年版，第 275 页。
③ 同①：第 489 页。
④ 朱光潜：《给一位写新诗的青年朋友》，见《朱光潜美学文集》（第二卷），上海文艺出版社，1982 年版，第 226 页。
⑤ 同①：第 493 页。

人的天资不同，但趣味可以培养。趣味很少生来就广博，好比开疆辟土，要不厌弃荒原瘠壤，一分一寸地逐渐向外伸张。趣味是对于生命的彻悟和留恋。生命时时刻刻在进展和变化。水停蓄不流便腐化，趣味也是如此——趣味的变化基于"生命化"，才有生长性、发展性。纯正趣味与言语生命同步生长，常读常新，在绕弯路、品妙蕴、再创造、自表现中不断生成，这为语文教学指明了路径。

（1）绕弯路：做足"诗外功夫"。

趣味靠养（熏陶、浸润），不靠练，不可能立竿见影、立见成效。当今所谓"有效性"教学，多是工具价值观的产物。诗学价值观下，高雅地说是"曲径通幽""无为而无不为"；通俗地说是无心插柳柳成荫，放长线钓大鱼。

朱光潜谈求学经历时说：并不如自己先前想的那样，作几首诗，发表几篇文章，甚至翻译过几篇伊索寓言或是安徒生童话，就算是"研究文学"，真正学起来竟没个完，要绕许多弯路，要做许多干燥辛苦的工作，所学的还几乎都不是"文学"。他说做了30年的学生，才弄懂什么叫作"研究文学"，即"功夫在诗外"，做足貌似"无用"的"诗外"功夫，才获得"诗内"功夫的长进。这是成就学者的不二法门。

他的"美学家"也是"绕"出来的："从前我决没有梦想到我有一天会走到美学的路上去。我前后在几个大学里做过十四年的学生，学过许多不相干的功课，……可是我从来没有上过一次美学课。我原来的兴趣中心第一是文学，其次是心理学，第三是哲学。因为喜欢文学，我被逼到研究批评的标准、艺术与人生、艺术与自然、内容与形式、语文与思想诸问题；因为喜欢心理学，我被逼到研究想象与情感的关系、欣赏和创造的心理活动以及趣味上的个别的差异；因为喜欢哲学，我被逼到研究康德、黑格尔和克罗齐诸人讨论美学的著作。这么一来，美学便成为我所欢喜的几种学问的联络线索了。我现在相信：研究文学、艺术、心理学和哲学的人们如果忽略美学，那是一个很大的欠缺。"[①] 学问是相通的，没有"博"就没有"专"。

"绕弯路"要得法，须懂得"中心"（目的）是什么："读书必须有一个中心

---

① 朱光潜：《文艺心理学》，见《朱光潜美学文集》（第一卷），上海文艺出版社，1982年版，第6页。

去维持兴趣，或是科目，或是问题，以科目为中心时，就要精选那一科的要籍，一步一步地从头到尾读，以求对于该科得到一个概括的了解，作进一步高深研究的准备，读文学作品以作家为中心，读史学作品以时代为中心，也属于这一类。以问题为中心时，心中先须有一个待研究的问题，然后采关于这问题的书籍去读，用意在搜集材料和诸家对于这问题的意见，以供自己权衡去取，推求结论。"① 围绕"中心"或"问题"，才读有成效。

"绕"弯路貌似舍近求远，实则博而后能约，拓展视野，修炼眼光，发他人所未见。反之，直奔目的走捷径，似乎可"当前受用"，其实是表面功夫，走不远。工具语文学追求"有效性"教学，往往就是求速成。

（2）品妙蕴：读出故事背后的情趣。

"绕弯路"拓展视野，炼就眼光，从"诗外"回到"诗内"，内外合一，才能发他人未见，玩出"趣味"：情趣、妙蕴。"趣味"来自对作品佳妙——"妙蕴"的品味，他严格区分"故事"与其背后的"情趣"：只见到故事而没有见到它的诗，就像看到花架而忘记架上的花。

他举贾岛《寻隐者不遇》、崔颢《长干行》为例："两首诗之所以为诗，并不在这两个故事，而在故事后面的情趣，以及抓住这种简朴而隽永的情趣，用一种恰如其分的简朴而隽永的语言表现出来的艺术本领。这两段故事你和我都会说，这两首诗却非你和我都做得出，虽然从表面看起来，它们是那么容易。读诗就是要从此种看起来虽似容易而实在不容易做出的地方下功夫，就要学会了解此种地方的佳妙。对于这种佳妙的了解和爱好就是所谓'趣味'。"② ——看到故事背后的情趣，从貌似容易实不容易处入手，是"品妙蕴"诀窍。

整本书的"品妙蕴"，可用"一书作几遍看，每一遍只着重某一方面"读法。他举看小说为例：第一次但求故事结构，第二次但注意人物描写，第三次但求人物与故事的穿插，以至于对话、辞藻、社会背景、人生态度等都可如此逐次研求——从不同目的、视角出发，化整为零、逐一品味，或各取所需、专精探究，可免囫囵吞枣或无从下手之弊。此分解法可举一反三，推及各类著作阅读。

---

① 朱光潜：《谈读书》，见《艺文杂谈》，安徽人民出版社，1981 年版，第 49 页。
② 朱光潜：《谈读诗与趣味的培养》，见《朱光潜美学文集》（第二卷），上海文艺出版社，1982 年版，第 490 页。

（3）再创造：没创造就没欣赏。

诗文佳妙处，固然是文本的客观存在，就读者而言，却并非一成不变。不同的读者所见未必相同，主要是前理解、创造力差异所致。在不同时空条件下，同一读者所见也不同。

朱光潜"欣赏也是创造"观，须给予特殊关注："各人在对象（object）中取得（take）多少，就看他在自我（subject–ego）中能够付与（give）多少，无所付与便不能有所取得。不但如此，同是一首诗，你今天读它所得的和你明天读它所得的也不能完全相同，因为性格、情趣和经验是生生不息的。欣赏一首诗就是再造（recreate）一首诗；每次再造时，都要凭当时当境的整个的情趣和经验做基础，所以每时每境所再造的都必定是一首新鲜的诗。"① "没有创造就不能有欣赏。"② 读诗就是再作诗，同理，读一切作品都是再创造，欣赏即创造，没有再创造，便无高水平欣赏。这为多元解读、解构误读提供理论依据。用想象和情趣交接它——创造性欣赏，就将读、写打通了。

欣赏与写作的创造也有所不同。欣赏的创造，是在他人创造基础上的再创造；写作的创造是追求原创，后者难度更高，所需创造力更强。朱光潜指出，从写作这一面来说，创造之中都寓有欣赏，但是创造却不全是欣赏。欣赏只要能见出一种意境，而创造却须再前进一步，把这种意境外射出来，成为具体的作品（更重要的是要成为自己的作品——笔者）。可见在"创造"上，欣赏与写作是相通的，又有区别。

（4）为写作：从评判、欣赏到表现。

欣赏是再创造，欣赏与写作相通，这跟以往将读、写孤立、割裂有"质"的不同："辨别一种作品的趣味就是评判，玩索一种作品的趣味就是欣赏，把自己在人生自然或艺术中所领略得的趣味表现出就是创造。趣味对于文学的重要于此可知。文学的修养可以说就是趣味的修养。"③ 基于趣味养成与表现的诗学阅读，聚焦于"趣味"的评判、欣赏、表现，一气呵成，为写而读，读写相连，读以致写，颠覆"读懂""理解""为读而读"的工具阅读：诗学阅读是再创造，

---

① 朱光潜：《诗论》，见《朱光潜美学文集》（第二卷），上海文艺出版社，1982 年版，第 56 页。
② 朱光潜：《谈美》，见《朱光潜美学文集》（第一卷），上海文艺出版社，1982 年版，第 496–497 页。
③ 朱光潜：《谈文学》，见《朱光潜美学文集》（第二卷），上海文艺出版社，1982 年版，第 253 页。

有所付出才有所取得，取得不是目的，而是为了满足自我表现欲求——写作；阅读须向写作转化，指向自我情意表达；诗学阅读观以写作为旨归。

他这么想也这么做："在英法留学八年之中，听课、预备考试只是我的一小部分的工作，大部分的时间都花在大英博物馆和学校的图书馆里，一边阅读，一边写作。……我也发现边阅读、边写作是一个很好的学习方法。这样学习比较容易消化，容易深入些。我的大部分解放前的主要著作都是在学生时代写出的。"[①]边读边写，阅读不就为了创造？为读而读，只是浮光掠影、过眼云烟；为写而读，才能更好地消化、深入，以致转化为情意表达。他最好的著作都是这么写出来的。

培养高尚纯正的趣味，贯穿朱先生的"读以致写"观：品一流杰作之妙蕴，久之，积累丰沛，自会表现。圣贤书不能白读，读是为了继承、弘扬。读书是借债，写作是还债，要连本带息还。借债还钱，天经地义：读而不写，天打雷劈（戏仿柏杨"借书不还，天打雷劈"）。经济债要还，精神债怎能赖账？读书不能当"两脚书橱""人形鹦鹉"，而是成就思想者、创造者。读而不写，谈何人类文明、社会进步？

◆ 重"修养"写作观：真诚、苦思、想象、情感

欣赏——阅读要能从"付出"中"取得"，即与写作在"再创造"上对接，这取决于"人"的内在修养——德行、情意状况。修养不足，无所"付出"便无所"取得"，也就无所"表现"。写作，是人的修养、学识、精神生活的自然流露，如此，就形成个人写作风格。"人品即文品"，是诗学写作观要义。

朱光潜认为，文人先须是"人"，须有学问和经验所逐渐铸就的丰富的精神生活。有了这个基础，他让所见所闻所感所触藉文字很本色地流露出来，不装腔，不作势，水到渠成，他就成就了他的独到的风格，世间也只有这种文字才算是上品文字。除了这个基点之外，如果还另有什么资禀使文人成为文人的话，那就只有两种敏感。一种是对于人生世相的敏感。事事物物的哀乐可以变成自己的哀乐，事事物物的奥妙可以变成自己的奥妙。"一花一世界，一草一精

---

① 朱光潜：《作者自传》，见《朱光潜美学文集》（第一卷），上海文艺出版社，1982年版，第8页。

神。"有了这种境界，自然也就有同情，就有想象，就有彻悟。另一种是对于语言文字的敏感。语言文字是流通到光滑污滥的货币，可是每一个字在每一个地位有它的特殊价值，丝毫增损不得，丝毫搬动不得。许多人在这上面苟且敷衍，得过且过，对于语言文字有敏感的人便觉得这是一种罪过，发生嫌憎。只有这种人才能有所谓"艺术上的良心"，也只有这种人才能真正创造文学，欣赏文学。[①]朱光潜以"艺术的良心"表明对作者言语人格的关注，这关系到：一是丰富的精神生活、本色的流露和独到的风格；一是两种敏感：对事物和对语言的敏感。可见，写作要讲求"艺术上的良心"，其根本是通过经典鉴赏、品味，以滋养心灵、陶铸精神。归根结底是孔夫子说的："有德者必有言，有言者不必有德。""德"决定"言"，"人品"决定"文品"。离开言语德性修养，谈何写作？

（1）真诚：深心秘蕴的诚恳交付。

"修辞立其诚"——"立诚"是德性修养之首务。重"应试""技能"的工具写作观，追求功利性，势必"修辞立其伪"：伪写作泛滥。

朱光潜认为言语人格核心是"真诚"：一是表现方面，作者必须有不得已要宣泄的思想感情，如无绝对的必要，最好守缄默；勉强找话说，动机就不纯正，源头就不充实，态度就不诚恳，作品也就不会有大的价值。二是传达方面，作者肯以深心的秘蕴交付给读者，就显得他对读者有极深的同情。如果作者内心上并无这种同情，只是要博取一点版税或是虚声，不惜择不很光明的手段，逢迎读者，欺骗读者，那也就决说不上文艺。"作者对自己不忠实，对读者不忠实，如何能对艺术忠实呢？这是作者态度上的基本错误，许多低级趣味的表现都从此起。"[②]工具写作观也讲"真"：所谓写"真情实感"，往往是肤浅的感官临摹，但不讲比"真"更重要的"诚"：情动于中而形之于言，以深心的秘蕴诚恳交付给读者的同情——情意宣泄、相通，写"真情实感"与其不在一个频道。如有"真"无"诚"，无秘蕴、同情之交付，必"真"于口头，"伪"于笔头。"真"是官能、技能；"诚"是态度、修养。孰为主次，不言而喻。

朱光潜称"真诚"是写作练习的"最重要的原则"："有话必说，无话不说，

---

① 朱光潜：《从我怎样学国文说起》，见《我与文学及其他》，广西师范大学出版社，2004 年版，第 106 页。
② 朱光潜：《谈文学》，见《朱光潜美学文集》（第二卷），上海文艺出版社，1982 年版，第 268 页。

说须心口如一，不能说谎。……如果是存心说谎，那么入手就走错了路，他愈写就愈入迷，离文学愈远。许多人在文学上不能有成就，大半都误在入手就养成说谎的习惯。"[1]表现在写作态度上：每个作者必须是自己的严正的批评者，他在命意布局遣词造句上都须辨析锱铢，审慎抉择，不肯有一丝一毫含糊敷衍。他的风格就是他的人格，而造成他的特殊风格的就是他的特殊趣味。一个作家的趣味在他的修改锻炼的功夫上最容易见出。可见，"真诚"不只是简单地写"真"，主要是诚恳、同情——人格修养的外化。

"深心秘蕴"与"真情实感"，前者是后者的升华，是诗学写作观与工具写作观的认知差。

（2）苦思：养成谨严的思想习惯。

有真诚之心，必认真对待写作，朱先生强调"苦思"。

他认为写作趣味不正，推究习作者心理方面的原因，主要是疏于思考、苟且敷衍。写作的问题主要是思想（思维）而不是技巧。因为一件作品如果有毛病，无论是在命意布局或是在造句用字，仔细穷究，病源都在思想。思想不清楚的人作出来的文章决不会清楚。而思想的毛病除了精神失常以外，都起于懒惰，遇着应该斟酌时不仔细斟酌，只图模糊敷衍，囫囵吞枣混将过去。所以他指出："练习写作第一件要事就是克服这种心理的懒怠，随时彻底认真，一字不苟，肯朝深处想，肯向难处做。如果他养成了这种谨严的思想习惯，始终不懈，他决不会做不出好的文章。"[2]为此他提倡"苦思"，反对一味地模仿，流于俗滥。苦思，才有"深心的秘蕴"及其完美地表达。

他谈到写作时人们常常会思路蔽塞，这时，不应轻易放弃，而要知难而进，苦思可得三种好处：一是能剥茧抽丝，鞭辟入里，处处从深一层着想，才能沉着委婉。二是尽管当时也许无所得，但是在潜意识中它的工作仍在酝酿，到成熟时，可"一旦豁然贯通"。三是难关可以打通，且经过这种训练，手腕便逐渐娴熟，思路便不易落平凡，纵遇极难驾驭的情境也可以手挥目送，行所无事。而这种经过艰苦经营所写出的平易畅适的文章，往往要比入手便平易畅适的文

---

① 朱光潜：《谈文学》，见《朱光潜美学文集》（第二卷），上海文艺出版社，1982年版，第277–278页。

② 同①：第288页。

章更耐人寻味，更能达到写作的胜境。可见，苦思意味着精神创造的艰辛，体现对读者的真诚。

苦思，包含"寻思"与"寻言"，不论是思想还是表达，均须求完美，不苟且，不将俗滥粗糙示人，是作者应有的修养与责任。言语廉耻心，不是可以有，而是必须有。可今天的语文教育有吗？多是粗制滥造、敷衍塞责之作。

（3）想象：旧材料不平常的新综合。

"寻思""寻言"都离不开想象。想象是审美创造的基本方式，是一切写作活动最重要的素养，极端地说，没有想象力就没有创造力，如此，才能理解朱先生对想象的重视。

关于想象的机理，他说："大约文艺家对于人生自然必须经过三种阶段。头一层他必须跳进里面去生活过（live），才能透懂其中甘苦；其次他必须跳到外面观照过（contemplate），才能认清它的形象；经过这样的主观的尝受和客观的玩索以后，他最后必须把自己所得到的印象加以整理（organize），整理之后，生糙的人生自然才变成艺术的融贯整一的境界。写实主义所侧重的是第一个阶段，理想主义所侧重的是第三个阶段，其实这三个阶段都是不可偏废的。"[1]这谈的是现象真实与艺术真实的关系，写实主义与理想主义各有侧重。在写作教学中，偏于写实，忽略想象，强调"观察生活"，写"记叙文"，只要求"依样画葫芦"，可见其肤浅。

关于想象的类别，他说：想象有再现的，有创造的。一般的想象大半是再现的。原来从知觉得来的意象如此，回想起来的意象仍然如此，这就是再现的想象。艺术作品不能不用再现的想象，但是只有再现的想象决不能创造艺术。艺术既是创造的，就要用创造的想象。创造的想象也并非无中生有，它仍用原有意象，不过把它们加以新配合。创造的定义就是：平常的旧材料之不平常的新综合——时兴的培养创造性思维能力，未研究再造与创造想象的功能与差异，因而未能很好运用到阅读与写作实践中。

关于创造的想象，朱先生注重类似联想。《诗经》中"比""兴"两体都是根据类似联想。因为类似联想的结果，物固然可以变成人，人也可变成物。物变成人通常叫作"拟人"。一切移情作用都起于类似联想，都是拟人的实例。例

---

[1]　朱光潜.《谈文学》，见《朱光潜美学文集》（第二卷），上海文艺出版社，1982年版，第362页。

如"感时花溅泪，恨别鸟惊心"和"水是眼波横，山是眉峰聚"一类的诗句都是以物拟人。人变成物通常叫作"托物"。"托物"者大半不愿直言心事，故婉转以隐语出之。最普通的托物是"寓言"，寓言大半拿动植物的故事来影射人类的是非善恶。托物是中国文人最喜欢的玩艺儿。"拟人"和"托物"都属于象征。所谓象征，就是以甲为乙的符号。甲可以做乙的符号，大半起于类似联想。象征最大的用处就是以具体的事物来代替抽象的概念。艺术最怕抽象和空泛，象征就是免除抽象和空泛的无二法门。象征的定义可以说是："寓理于象。"[1] 他所列举的拟人、托物、寓言、象征等，就是"平常的旧材料之不平常的新综合"的应用，机理是基于类似联想的移情作用。

"写实"与"想象"，是很有现实意义的问题。语文课标谈"写实""想象"大约便源于此。想象（尤其是"创造的想象"）是写作核心素养，语文界对此未有深入研究，不知所以然，实践便不得要领，鲜有成效。

（4）情感：产生新意象、境界。

创造的想象与情感相关，情感贯穿于审美活动，想象、创造由情感驱动："文艺作品都必具有完整性。它是旧经验的新综合，它的精采就全在这综合上面见出。在未综合之前，意象是散漫零乱的；在既综合之后，意象是谐和整一的。这种综合的原动力就是情感。"[2] 当我们讲想象的"综合"时，注意到其动力"情感"吗？想象之不寻常，源自情感之不寻常。

寓情于物能产生意象、境界。朱先生说想象的分想作用和联想作用只能解释某意象的发生如何可能，不能解释作者在许多可能的意象之中何以独抉择该意象。……联想并不是偶然的，有几条路可走时而联想只走某一条路，这就由于情感的阴驱潜率。……在艺术作品中人情和物理要融成一气，才能产生一个完整的境界。"情感是生生不息的，意象也是生生不息的。换一种情感就是换一种意象，换一种意象就是换一种境界。即景可以生情，因情也可以生景。所以诗是做不尽的。……诗是生命的表现。生命象柏格森所说的，时时在变化中即时时在创造中。说诗已经做穷了，就不啻说生命已到了末日。"[3] 联想是由情感

① 朱光潜：《谈美》，见《朱光潜美学文集》（第一卷），上海文艺出版社，1982 年版，第502–507 页。
② 同①：第 510–511 页。
③ 同①：第 509 页。

驱动的。即景生情，因情生景，只要生命存在，情感变幻莫测，意象、境界便"时时在创造中"，因而诗是作不完的。这样的情感——审美——生命教育实在太需要了。

寓情于理也可锦上添花："……说理文的两条道路：一条是所谓零度风格的路，例子容易找，用不着我来举；另一条是有立场、有对象、有情感、有形象的既准确而又鲜明生动的路，这是马克思《神圣家族》、恩格斯《反杜林论》、列宁《唯物主义与经验批判主义》以及我们比较熟悉的《评白皮书》和《尼赫鲁的哲学》这一系列说理文范例所走的路。"[①] 显然他更倾向于后者，富含情感的说理，即所谓动之以情、晓之以理，情、理兼备，能增强说服力。此观点若在教学中呈现，说理效果将大为改观。朱先生此言大约是针对议论文"三要素"：论点、论据、论证，对编教材的逻辑学家、语文学家说的——他们不知合理须合情，人是理性动物，也是情感动物，情感对理性的加持作用不容小觑。干巴巴地纸上谈兵，缺乏生命体温的说理，乏味透顶。逻辑学家与美学家间隔一个"情感"的距离，见识迥异，高下立判。议论文"三要素"毛病多多，鄙人曾作系统剖析，此不赘述。

情感与想象，是诗性表现基本要素，为读、写不可或缺。当今写作教学多是猜题、押题之类的应试训练，"优文"假话、空话、套话连篇，离涵养真诚、苦思、想象、情感……还有很长的路要走。

以上对诗学语文学管窥蠡测，亦见其涉及之广、思考之深、贡献之大。朱光潜的诗学语文学匠心独运、另辟蹊径，以"全人"教育为宗旨，以美育为抓手，以"无所为而为"的态度与品鉴趣味、浸润心灵，以想象、情感诠释创造机理，破解急功近利的"语用"困局。他不仅是美学家、诗学泰斗，也是语文学家。他不是语文学"旁观者"，而是名副其实的主人、行家。称其最卓越的语文学家并不为过。语文界认否不重要，即使不认，相信朱先生也不在乎——可我在乎。我在乎他们的不在乎：百年溃败而执迷不悟。

正因此，鄙人对朱先生推崇有加："（语文教师）为什么不去读一读朱光潜呢？哪怕就读一遍，至少不至于误人子弟啊，如果能读到三遍以上，定是不错

---

① 朱光潜：《漫谈说理文》，见《朱光潜美学文集》（第三卷），上海文艺出版社，1982 年版，第412 页。

的语文教师，我坚信。——我想告诉每位语文教师，《朱光潜美学文集》应成'案头书'，不论你翻烂多少部《语文教育学》，不如专心读一部《朱光潜美学文集》。"最应该读朱光潜的应是领军者，读了才明白传统母语教育精髓：经典教育、美育、诗教之重要，才不会自以为是走错道，将语文界带到"二语化"的沟里。

语文界"有眼不识泰山"原因复杂，表层看，因朱先生是文学家、美学家，他从未以语文学家发声，更不以语文学家自居，只做不说。

毋庸置疑，文学、美学乃朱先生本色当行。他是我国现代审美教育开创者。蔡元培虽然提倡美育在先，其"五育并举"包含"美感教育"，但不过是理想、理念、主张，只对概念作阐释、界定，未真正理论化，也未很好落地，基本是空壳，并无美育专著。对诗学、文学、美学难言专精通透，其美育观、实绩、影响力等，均无法与朱光潜比肩。称朱光潜为我国现代美育创始人并不为过。

蔡元培起个大早没赶上晚集，是心不在焉所致。他与朱光潜不同，是学官与纯学者之异。作为学官，他制定方针、政策，倡导"美育代替宗教"，惜未躬亲力行。他学贯中西，著述不少，但类同于胡适，杂而不醇，多是编著、主编；忙事务，没法专心治学；未能由博返约，厚积薄发；于美学、美育建构，不可能像朱光潜那样，不但有《西方美学史》《文艺心理学》《悲剧心理学》等理论专著，还有大量文学、美学科普著作。不可否认，蔡元培是好校长，但未必是好学者。鱼与熊掌不可得兼。人各有志，难言对错，其贡献不可比。

自然还有其他美学家，如宗白华、李泽厚等也很了不起，视野开阔，观点浑融，我也很欣赏，但他们只是美学家——美学学问家，不是美育家。美学家很多，美育家很少，二者兼具的更少。高深学问终要落地，因此，上"顶天"下"立地"最了不起，在美学界大咖中，唯朱光潜做到了。

在美育上，朱光潜贡献无与伦比，我还曾谈到："我们从他的《给青年的十二封信》《文艺心理学》《变态心理学》《谈美》《诗论》《谈修养》《谈文学》《谈美书简》等著作中，学到的美学、文学、写作、阅读教育的道理，甚至在应用和操作层面，比起从同时代所有的语文教育家、语文学者、语文教师著述里得到的总和还要多。"此言不夸张，错过谁也不应错过朱先生。读罢，才知何谓语文美育，化人为先；才知语文该教什么，技能训练并非最重要。

从广义上说，美育涵盖文学教育，二者密不可分，又各有侧重，因此，朱光潜既有《文艺心理学》《谈美》，又有《谈文学》《诗论》，文学、诗，是美育的重要内容，有其丰富内涵。就语文学而言，文学教育尤为重要，堪称中流砥柱，说是半壁江山也不为过，有其独立的价值与地位。称朱光潜为现代文学教育第一人，同样当之无愧。

美育不止是谈美感、诗意，美无处不在。孔夫子就知诗、礼、乐一体，《诗》教乃"立人"首务，"兴于《诗》"，《诗》之教化效能无所不包，因而是儒家教育之启蒙。美育涉及文学、艺术、社会、自然，道德修养、人生观、世界观等，所涉甚广，实即为精神生命奠基，重要性不言而喻。因此，朱光潜化人之功不可没。

大约也正因此，语文界被遮蔽了，看不到他对语文学涉及广、思考深、贡献大。他的美学、文学、诗学皆国文，且抓住要害：立人为本，这是最重要的。就他对国文教育贡献、作用而言，胡适难望其项背，他人更望尘莫及。胡适凭经验、感觉，意识到言说（发表思想）之重要，这已然不错，而朱光潜靠理性、哲性自觉，以"立人"为纲领，以美学、诗意滋养生命，以真善美塑造人格，从而超越了狭隘功利的境界。二者不在一个档次。

朱光潜对语文学的贡献，远不止提供诗学语文学价值观，诗学、美育、文学的科普等，他提供的思想资源极丰富，包括语文基础理论研究，读、写方法——含文学类、实用类读、写，治学方法等，涵盖语文学诸多方面。

基础理论研究，如谈思想和语文（即语言文字）的关系。他认为二者不可分先后、内外，寻思即寻言，文字含糊，即思想未透彻，情感未凝练。"文字上面有含糊，就显得思想还没有透彻，情感还没有凝练。咬文嚼字，在表面上象只是斟酌文字的分量，在实际上就是调整思想和情感，从来没有一句话换一个说法而意味仍完全不变。"[1] 他质疑"作文如说话"这句带有语病的口号："我们尽管用白话，作文并不完全如说话。说话时信口开河，思想和语文都比较粗疏；写作时有斟酌的时间，思想和语文都比较缜密。这在两方面可以见出。头一点是用字，说话用的字比较有限，作文用的字比较丰富。无论在哪一国，没有人要翻字典去谈话，可是作文和读文却有时要翻字典。作文思想谨慎些，所以用字也比较谨慎些。一篇寻常对话，如果照实记录下来，必定有很多不精确的字。

① 朱光潜：《谈文学》，见《朱光潜美学文集》（第二卷），上海文艺出版社，1982年版，第297页。

其次是语句组织。通常谈话不必句句讲文法，句句注意到声音节奏，反正临时对方可以勉强懂得就够了。至于作文，我们对于文法及声调不能不随时留意。所以'写的语文'（written language）和'说的语文'（spoken language）在各国都不能完全一致。"①这对了解语言与思想的关系、书面语和口语区别，及其实际运用等，很有帮助。他详尽探讨文、白，雅、俗，说、写，情、辞等一系列问题，所论比抽象谈语法、逻辑、修辞，枯燥乏味的语言、思维训练，更具体、到位、有效。做学问就应这么做。语言学家、语文教育家读罢，恐将无地自容。

谈治学经验、阅读法的甚多，除了前面的"绕弯路"的"博学"法，还有由博返约的"精读"法，推崇"一书作几遍看，每一遍只着重某一方面"读法，认为这是精读的一个要诀，可以养成仔细分析的习惯，举看小说为例，第一次但求故事结构，第二次但注意人物描写，第三次但求人物与故事的穿插，以至于对话、辞藻、社会背景、人生态度等都可如此逐次研求。诸如此类精到论述，有针对性、可操作性，对治学、读书有很强的指导作用。由学养深厚的大学者传授治学经验，自然再恰当不过。

进一步看，语文界不认朱光潜，将大师级学者排除在圈外，是本体论、价值观使然。是因为他与主流认知相左，彻底颠覆了语文工具观。

那一时期纯语文学者不多，吕叔湘是语言学家；张志公是学外语的，语法学家；朱自清是散文家、文学家；夏丏尊、叶圣陶是作家、编辑、出版家，都不妨碍被认可，唯独不认朱光潜，答案只能是：语文教育哲学观相异——道不同不相为谋。

了解诗学语文学以"全人"教育（培育人性、诗心）为宗旨，何谓"无所为而为"与"高尚纯正的趣味"，以及对经典的关注等，就不会将实用主义奉为圭臬，喋喋不休于"工具性"——"语用""训练""技能"之类。当选边站时，必毫不犹豫地选择朱光潜——除非你认可"蛆钻粪""俗不可耐"，或无起码辨别力。

价值观不同非视角差所致，而是根本上的对立，这是难以调和的。教法、学法，读法、写法等，或可多元互补、多元并存，而价值观只能归于一是，"大

---

① 朱光潜：《谈文学》，见《朱光潜美学文集》（第二卷），上海文艺出版社，1982 年版，第 328–329 页。

路朝天各走半边"。只能此消彼长，一方涵盖另一方。

价值观具排他性。即便"和而不同"，也有主次、高下之分。"和而不同"不是指个人拥有多种价值取向，而是指价值观不同的人可在群体中"和平共处"。现今工具、人文之争，背后是"生存本位"（动物性——物质性）、"存在本位"（人性——精神性）之争，二者可并存共生，但不是平分秋色，有本末、体用、雅俗之别。所谓"工具性与人文性的统一"，谁"统一"谁（谁主导），势必结果迥异，因而，该命题颇可商榷。

800多年前，朱熹与陆氏兄弟（陆九渊、陆九龄）的鹅湖之会，传为美谈。虽然朱熹"格物致知"论与陆氏兄弟"心即理"论，都是唯心主义，一为客观唯心主义，一为主观唯心主义，殊途同归，目的都是明理，但路径不同。朱熹认为"理在心外"，主张多读圣贤书，多观察事物，从问学进入"格物"，"致知格物只是一事"；二陆则排斥问学先行，主张听从"内心"，"发明本心"，"道统"只是"此心"。"元晦之意，欲令人泛观博览而后归之约，二陆之意欲先发明人之本心，而后使之博览。"二人各执己见，终未达成妥协。他们都是大智慧者，关系尚好，却无法走到一起——认同哲学观异见，太难了。

捆绑不成夫妻，勉强凑合亦同床异梦。

有鉴于此，迂腐如我，只能实话实说："就是一些貌似辩证的观点，导致母语教育一路萎靡。工具性与人文性不是可否妥协的问题，而是是非问题，价值取向问题。"明知语文界同仁难接受，会生气，可我没法不说实话——朱光潜温柔敦厚、从不骂人，尚且恶怼功利——利己主义者，我不过是心平气和地说。这话我已憋很久，触及我敏感神经，不论我讲什么，总有人跟你"辩证"，作平允公正状，守"正"维稳状，眼皮不抬就说"偏激"，为什么不能"共存共生"？弄得你吞苍蝇般恶心。

我知道这么说伤人自尊，的确怪不得他们。草已伸长脖子，你对草说，要长到树一般高，确是强草所难——我为不够婉约深表歉意。然而，我不说重点，他们始终蒙在鼓里，仍以为"立言论""存在论"不切实际，陈义过高，必须与"语用论""生存论"妥协、统一。如此，势必仍以"生存论"为主导，无法拨乱反正，母语教育文化将断流，语文教育永无复兴之日。

说与不说都是害，两害相权取其轻。除了直言不讳，我别无选择，即使因此遭误解。愿诸君理解我的坦诚，我一向对事不对人。

朱光潜意在驱散浮云迷雾，拯救国文，可在"语用论""工具论"时势下，不论说得多深刻、美妙，只要与现实功利冲突，师生便不屑一顾，顾自埋头应试；赤膊上阵，口号震天，干劲十足。这不怨他们，"指挥棒"使然，他们也是受害者——朱先生与我，皆螳臂挡车。

"语用论""工具论"迎合人的功利心，有利可图，自受拥戴。"立人论""无为论"符合人的精神性，却如望梅止渴、画饼充饥，势必不被看好。朱光潜斥责唯利是图"俗不可耐"，遭实用主义者冷落，一报还一报，在情理之中。

从"学者学"视角看，朱光潜亦堪称典范。

朱先生集仁者、智者、学人、哲人于一身，诗者，可总其成。试分述之。

◆ 仁者：欲立立人，欲达达人

朱光潜最有资格以诗学论语文。其人格就是诗美的象征。在诸多品质中，他首先是诗者。诗者底色是仁者："夫仁者，己欲立而立人，己欲达而达人。能近取譬，可谓仁之方也已。"朱先生最善于以"近取譬"立人、达人。"作诗者多，识诗者少"[1]，懂诗且有诗心的更少，修己度人，诗意光辉普照的，则少而又少。朱光潜是"少而又少"之一，此即我稀罕他的缘故——学界编国文教材，拟课程标准，力推工具、技能者众；以专擅的诗学、文学、美学、读写经验等，为青少年树德建言、养心开悟者寡。

我不因胡适当过校长而仰慕北大，我因仰慕诗者朱光潜而向往北大。北大可无胡适，不可无朱光潜。若缺"无所为而为"的真学者——诗者，北大便失其魂。朱先生在燕园工作、生活40年，走完纯粹学者坎坷人生。我曾到未名湖畔寻踪，冀步其踵武，仰其气息，感受博雅、睿智与平和。

未名湖与朱光潜最搭调，未名、光潜，皆藏个"无"。"无所为而为"是他的人生信条。诗者寂寞，朱先生安于寂寞。他守护、享受孤独之美，澄明、安详如未名湖水。有朱光潜的日子，未名湖不孤独。晨光熹微，他踽踽而来，湖映塔影，荷香清远；一位瘦弱老人，拄着拐杖，身披朝霞，独自在湖畔漫步，

---

[1] 朱光潜：《给一位写新诗的青年朋友》，见《朱光潜美学文集》（第二卷），上海文艺出版社，1982年版，第226页。

未名湖与诗者同框、同情："我看青山多妩媚，料青山见我应如是。"学子莫不肃然起敬，驻足迎送。

湖畔，一女生捧书晨读，老人问她："你在读什么？"——"朱光潜的书。"老人摇头："他的书没什么，都是从外国搬来的。要看就看原著，不要浪费时间。"得知他就是朱光潜，女生喜极惊呼："唯我北大朱先生也！"而今少有如此谦卑的先生，也罕见如此纯真的学生。

一小男生去北大玩耍，老人见孩子来，微笑着递过一枝盛开的花。小男生考上北大，才知送花者是朱光潜。他仍常坐青石板上小憩，凝望来往学子。大三时，大男生再从那儿过，从先生手上又接过一朵花。两次得无言点化，三生有幸。先生病故，他把夹着两朵小干花的《西方美学史》点燃，祭奠宗师。而今少有如此慈悲的先生，也罕见如此感恩的学生。

朱光潜早年出版《给青年的十二封信》，后在《谈美》封面附注"给青年的第十三封信"。不久，书摊出现署名"朱光潜"，题为"致青年"的书，副题是"给青年的十三封信"，封面酷似《谈美》，连朱先生也误以为是自己的书。阅毕，他给"李鬼"写信，并无严厉指责，措辞幽默、谦和："……不认识你而写信给你，似乎有些唐突，请你记得我是你的一个读者。如果这个资格不够，那只得怪你姓朱名光潜，而又写《给青年的十三封信》了！"他说自己写《谈美》，"稚气和愚浮但因坦坦白白流露，才得到青年的喜爱……"言外之意是："稚气和愚浮"没关系，真诚便好，存心糊弄读者不可取，做学问得老老实实——连鱼目混珠者他都不忍伤害，只委婉劝导。"仁义之人，其言蔼如也。"而今难觅如此平和、宽厚的先生，投机取巧的伪学者并不鲜见。

朱先生劝诫、点化世人："如果生命有末日，诗才会有末日。到了生命的末日，我们自无容顾虑到诗是否还存在。但是有生命而无诗的人虽未到诗的末日，实在是早已到了生命的末日了，那真是一件最可悲哀的事。"[1]其言与孔子《诗》可以兴、观、群、怨……"不学《诗》，无以言"……遥相应和，与"诗言志""思无邪""诗缘情而绮靡""诗主性情""明天地之理，辨性命之故"……诗学文

---

① 朱光潜：《谈读诗与趣味的培养》，见《朱光潜美学文集》（第二卷），上海文艺出版社，1982年版，第493页。

化一脉相承。他将诗美播撒人间，以诗意判生命存废：有诗（意）者生，无诗（意）者死。

诗学是学问，仁者是修行。明心见性，方得诗学真谛。《礼记·经解》："温柔敦厚而不愚，则深于《诗》者也。"朱先生即"深于《诗》"的仁者。同样，语文学也是修行。语文学者、教师，须是诗者——有德者、立言者（未必能做到，但要有此追求）。道德、学问、文章，说到底都是修行。难在彻悟须践履，知行合一，而朱先生做到了。

朱光潜走了，未名湖永存那沉静、优雅，其澄明、安详、悲悯止于朱光潜。湖畔熙熙攘攘，人声鼎沸，然而，喧嚣是他们的，曾经朱光潜难为人，未名湖顾影自怜、孤独无依。斯人远行，无他的时光，教育、学界、燕园……虚静不再。《论语·述而》："德之不修，学之不讲，闻义不能徙，不善不能改，是吾忧也。"此亦为今世之忧。化人先自化，自化以化人。嘈杂、浮躁、功利，不定、不静，皆关德性修行，修行不达，必失大本。大本不存，焉能化人？

实用主义者若得朱先生送的花，会幡然醒悟否？答案恐怕有点儿悲观。

柔而谦，真而美，宽而善，仁者朱光潜也。

◆ 智者：道法自然，润物无声

诗者乃智者：智者不惑。朱光潜学问通透，理明词达；虚静无为，意在言外，体现中华文化深厚涵养。他给功利教育注入诗学清流，立足改善心性，为国文学正本清源，厥功至伟。在"西风"劲吹、实用主义风靡的时代，他多年留洋，受西学浸淫，尚能保持清醒，对母语经典挚爱如初，不失"诗教"养心之传统，难能可贵。

同为国文学"旁观者"，朱光潜与胡适"戏路"迥异。胡适是横刀立马，剑拔弩张，刀刀见血，只求振聋发聩，却无学理跟进。朱光潜则旁敲侧击、迂回婉转；理据周至、条分缕析。貌似漫不经心，实则一本正经。自谦曰："印证经验。"

他旨在"立人"，关注自由天性的解放，洞彻治学精神、理念、方法，参透"虚""实"，"道""技"，"本""末"，故能提纲挈领、益智解惑。如：

（1）关于学问。

文艺像历史、哲学两种学问一样，有如金字塔，要铺下一个很宽广笨重的基础，才可以逐渐砌成一个尖顶出来。如果入手就想造成一个尖顶，结果只有倒塌。[①]

艺术家往往在他的艺术范围之外下功夫，……推广一点说，凡是艺术家都不宜只在本行小范围之内用功夫，须处处留心玩索，才有深厚的修养。[②]

揭示"博、约""内、外"关系，给提升学养指示方向。重在基础宽广、诗外功夫，语文学习不也得如此？死盯着"语言""思维"，乃至"双基"，语文好得了吗？

（2）关于写作。

阐明"四境"（疵境、稳境、醇境、化境）发展观，"四体"（言情、说理、叙事、绘态）学习观，"四视"（不视、仰视、俯视、平视）读者观，以及注重模仿佳作，强调材料选择，力倡克服心理懒怠，以"苦思"解蔽，等等。所言皆洞达、透辟之见，才智含量极高，据此修炼，便是正途。

（3）关于审美。

《谈美》所示："宇宙的人情化""美感与快感""美感与联想""考证、批评与欣赏""美与自然""写实主义和理想主义的错误""艺术与游戏""创造的想象""创造与情感""创造与格律""创造与模仿""天才与灵感""人生的艺术化"……美感、审美、想象、创造……尽在其中。以此充盈心智，得创造性读、写底蕴，乃无用之用。

智者俯身谈诗论艺，弥足钦敬。朱先生是深入浅出的高手，与青少年有天然亲和力，他的书若读不懂就没啥能懂。朱先生深于诗、文、艺，亦深于教，洞悉"道（导）而弗索，强而弗抑，开而弗达"之道。诗者仁爱，教之得法。处无为，行不言，善教者也。

文如其人，其文中庸、淡定，化雅为俗，俗中寓雅，渊深而平易，侃侃而谈、娓娓道来，学理深奥而雅俗共赏。他的《给青年的十二封信》《谈美》《孟实

---

① 朱光潜：《我与文学》，见《艺文杂谈》，安徽人民出版社，1981年版，第277–278页。
② 朱光潜：《"读书破万卷，下笔如有神"》，见《艺文杂谈》，安徽人民出版社，1981年版，第55–56页。

文钞》《诗论》《我与文学及其他》《谈修养》《谈文学》《谈美书简》等，将文学、诗学与国文知识水乳交融、道法自然、润物无声，乃大智慧。

既能眼光向上，理论不厌其深，又能俯身向下，实践不厌其浅的学者，古今有几人？这是天赋，更是境界。他学问已臻化境，故能举重若轻，左右逢源，收纵自如。既能与学者对话，也能与青少年交流。在国文学游走的前辈，唯朱光潜最耐读。正打歪着者比比皆是，歪打正着者唯朱先生——其"歪"胜于"正"，直击人心。

所言皆洞达、透辟之见，才智含量极高。相形之下，教材知识点不如远甚。遵此提点开释、启蒙去蔽，语文可不必教。

我很幸运，初入职就读到《朱光潜美学文集》，不但受到美学、诗学、文学熏陶，更见识纯学者、大学者丰采。其著作是我的诗学启蒙，也是语文学、学者学启蒙。在我心目中，哲学家、美学家、文学家、语文学家……就应像智者朱先生，学术至上，忠贞不贰；内涵通透，言辞亲和。

朱先生为国人打开美学视窗，让诗性之光普照，昏昧因而敞亮。他的诗学，是诗意、诗性昭示，诗心、才智浸淫。

智而朴，虚而实，通而透，智者朱光潜也。

◆ 学人：弃利免俗，无为而为

智者亦学人。智者当"尽性"，学人当"免俗"。治学当如朱光潜：无所为而为。

他说："'研究文学'也要绕许多弯路，也要做许多枯燥辛苦的工作。学了英文还要学法文，学了法文还要学德文、希腊文、意大利文、印度文等等；时代的背景常把你拉到历史、哲学和宗教的范围里去，文艺原理又逼你去问津于图画、音乐、美学、心理学等等学问。这一场官司简直没有方法打得清。"[①]不计功利、不厌其烦"绕"弯路——为学问而学问，而今可有此纯粹学人？

朱先生治学，集学问大成，阅历代诗人。他赞赏沉郁的屈原、阔大的杜甫，尤喜静穆的陶渊明，认为唯一前一后的屈、杜可与陶公比，但不如他："在做人

---

① 朱光潜：《我与文学》，见《艺文杂谈》，安徽人民出版社，1981年版，第277页。

方面和作诗方面，都做到简练高妙四个字……全是自然本色，天衣无缝，到艺术极境而使人忘其为艺术。"喜爱陶渊明的苏东坡，"在陶公面前终是小巫见大巫"①——古今贯通，窥其堂奥，终身修持，倘如此，学人庶几哉。

纵观其治学心得，"免俗"观可谓最深刻、直白，乃超时空天籁。语文界要从功利陷阱爬出，迟早得补上这一课。从某种意义上说，他对语文学贡献比诗学还大。他让深陷功利的国文界，以美感抵御实用，诗意抵御利诱。

他的《谈美》——"给青年的第十三封信"，写于1932年，试图以"美"抚慰陷于苦难中的青年朋友，疗治其心灵创伤，挣脱利害、净化灵魂，此是大悲悯。"在这封信里我只有一个很单纯的目的，就是研究如何'免俗'。"②他的开场话悲伤而激愤："……听说我的青年朋友之中，有些人已遭惨死，有些人已因天灾人祸而废学，有些人已经拥有高官厚禄或是正在'忙'高官厚禄。这些消息使我比听到日本出兵东三省和轰炸淞沪时更伤心。"他接着说的话，迄今依然切中肯綮：

现世只是一个密密无缝的利害网，一般人不能逃脱这个圈套，所以转来转去，仍是被利害两个大字系住。在利害关系方面，人己最不容易协调，人人都把自己放在首位，欺诈、凌虐、劫夺种种罪孽都种根于此。美感的世界纯粹是意象世界，超乎利害关系而独立。在创造或是欣赏艺术时，人都是从有利害关系的实用世界搬家到绝无利害关系的理想世界里去。艺术的活动是"无所为而为"的。……社会上多一个讲政治经济的人，便是多一个借党忙官的人；这种人愈多，社会愈趋于腐浊。现在一般借党忙官的政治学者和经济学者以及冒牌的哲学家和科学家所给人的印象只要一句话就说尽了——"俗不可耐"。③

"无所为而为"，此为人生、美学要义，为人处世根本。此言看一眼记一生。每遇不公，以此自勉。世间烦扰、郁结、争斗，"人心之坏"皆因"未能免俗"。每当私欲纠缠、愤愤不平，便自觉俗不可耐、面目可憎。摆脱名利欲（升官发财），学人尤须记取。

---

① 朱光潜：《诗论》，《朱光潜美学文集》（第二卷），上海文艺出版社，1982年版，第224页。
② 朱光潜：《谈美》，见《朱光潜美学文集》（第一卷），上海文艺出版社，1982年版，第447页。
③ 同②：第446页。

朱先生诗学语文学亦心性之学。他以美育化人，认为其功用是"解放的，给人自由的"，心灵解放、思想自由，此乃求知、治学之必须。由此分解出"三大解放和自由"属性：本能冲动和情感解放；眼界的解放；自然限制的解放。语文的人性化、天性化、美学化，是其伟大贡献。其基于人性解放的"全人"教育观，不同于压抑天性的"全面发展"。面面俱到、平均要求的知识、技能教育，让孩子不堪重负，失去内心充盈、精神自由、个性发展。

他的诗学语文学观，从改造、提升精神境界入手，让学子从"'忙'高官厚禄"中解脱，做有诗意的人。"免俗"，淡泊名利，才有心灵解放、自由可言。套着名缰利锁，奢谈心灵解放，是伪学者。

学贵"虚静"。朱熹说："品藻人物，须先看他大规模（大格局——笔者）。"① 朱光潜毕生奉献诗学、美育，不谋势利，"无所为而为"，视利禄如粪土，斥狗苟蝇营"俗不可耐"，具"虚静"之"大规模"，堪称大学者范。

心静才能"免俗"，静而后能安；无杂念干扰，才治学有成。"大凡学者须是收拾此心，令专静纯一，日用动静间都无驰走散乱，方始看得文字精审。如此，方是有本领。"② "本领"即根本：知其精要。学者心若"驰走散乱"，便失大本；不能领会经典深意，谈何治学？

诗学语文学是工具语文学之反拨——诗学本质是超越功利、实用，给人以精神自由的，工具语文学恰是急功近利，"斤斤于利害得失"，沉迷其中者该醒醒了。朱先生说得入情入理，令人心悦诚服，在不知不觉中受感染，从而改变人生观、价值观。

只有超乎利害关系，才能处理好人己（为人、为己）关系。"无论是讲学问或是做事业的人都要抱有一副'无所为而为'的精神"，如此才有"宏远的眼界和豁达的胸襟"。要治学，成就"立言者"，不也要"无所为而为"？若以学术为名利工具，"象蛆钻粪似的求温饱"，心灵不自由，便堕落为非人，谈何精神创造、人类情怀？

"无所为而为"，指不以谋取功名利禄为目的，而为高尚纯洁的企求而奋斗。无名利心，才能做一流的事业与学问。这是难以达成的境界，但可自警——"立

---

① 黎靖德编，王星贤点校：《朱子语类》（卷13），中华书局，2015年版，第243页。

② 黎靖德编，王星贤点校：《朱子语类》（卷11），中华书局，2015年版，第177页。

言者"最需此襟怀，此即诗学语文学核心要义。

今世求知、治学不是追求"无所为而为"——超功利、利他性与万世情怀，而是"有所为（为名利）而为"，注重"当前受用"的"语用"，为升官发财的利己主义者——无利不起早，无功也受禄；急功近利、追名逐利，即朱先生鄙视的"俗不可耐"。

无而有，静而安，宏而达（宏远、豁达），学人朱光潜也。

◆ 哲人：言近指远，品位至上

《孟子·尽心下》："言近而指（通'旨'）远者，善言也。"诗者当是言近旨远的哲人。有哲思，眼光、品位自与众不同，如：

> 深人所见于物者亦深，浅人所见于物者亦浅。①
>
> 凡是纯文学都应该属于诗。②
>
> 真善美三者俱备才可以算完全的人。③
>
> 许多轰轰烈烈的英雄和美人都过去了，许多轰轰烈烈的成功和失败也都过去了，只有艺术作品真正是不朽的。……悠悠的过去只是一片漆黑的天空，我们所以还能认识出来这漆黑的天空者，全赖思想家和艺术家所散布的几点星光。朋友，让我们珍重这几点星光！让我们也努力散布几点星光去照耀那和过去一般漆黑的未来！④

其言，诗与思交融，雅驯温润，深刻隽永，意味深长，颇可玩味，令人念念不忘。哲人朱光潜就是"照耀那和过去一般漆黑的未来"的"星光"。

诗者，才学多高，哲思就多重要。有哲思，方见悟性品位，成就诗者。

国文学之"立德树人"——养心，很大程度上靠文学、美学、诗学教育，离不开诗意、哲思熏陶。对此，朱光潜养心之"道"是养"趣味"："我认为文

---

① 朱光潜：《谈美》，见《朱光潜美学文集》（第一卷），上海文艺出版社，1982年版，第466页。
② 朱光潜：《文艺心理学》，见《朱光潜美学文集》（第一卷），上海文艺出版社，1982年版，第165页。
③ 同①：第452页。
④ 同①：第452–453页。

学教育第一件要事是养成高尚纯正的趣味，这没有捷径，唯一的办法是多多玩味第一流文艺杰作，在这些作品中把第一眼看去是平淡无奇的东西玩味出隐藏的妙蕴来，然后拿'通俗'的作品来比较，自然会见出优劣。"① "真正的文学教育不在读过多少书和知道一些文学上的理论和史实，而在培养出纯正的趣味。"② 语文学难道不应以"养成高尚纯正的趣味"为首务？有"高尚纯正的趣味"，有良好鉴赏力、判断力，"技能"或可"不学而能"。若多玩味杰作没感悟、没长进，练技也徒劳——无写作天赋，再努力也没辙。

即便不当作家，亦须经典涵养。"多多玩味第一流文艺杰作"，"还要读得广"，是提高人格品位和审美趣味的铁律。语文教材、课外读物，若经典不足，劣文不少，无以养成高尚纯正趣味。浅水养不了大鱼，经典涵泳需够量。

关于趣味养成，朱先生强调读诗："要养成纯正的文学趣味，我们最好从读诗入手。能欣赏诗。自然能欣赏小说、戏剧及其他种类文学。"③ "我相信文学到了最高境界都必定是诗，而且相信生命如果未到末日，诗也就不会至末日。"④ "诗是培养趣味的最好的媒介，能欣赏诗的人们不但对于其他种类的文学可有真确的了解，而且也决不会感到人生是一件干枯的东西。"⑤ 他认为一切纯文学都要有诗的特质。一部好小说或是一部好戏剧都要当作一首诗看。诗比别类文学较谨严，较纯粹，较精微。如果对诗没兴趣，对于小说、戏剧、散文等的佳妙处终不免有些隔膜。

懂得诗——美感、审美，才识文学妙蕴。得诗意浸润、涵养，才有"温柔敦厚而不愚"的诗心。

推至语文学，便要多读经典——顶尖美文，以培育超功利、超实用的诗心、诗意为要，而非读俗滥、肉麻、鸡汤时文，更不能以学应用文为主。"生活本位""学以致用""有效教学"等"真理"，往往成推销"工具""语用""技能"的金招牌，为功利性张目。

---

① 朱光潜：《谈文学》，见《朱光潜美学文集》（第二卷），上海文艺出版社，1982年版，第275页。
② 朱光潜：《谈读诗与趣味的培养》，见《朱光潜美学文集》（第二卷），上海文艺出版社，1982年版，第490页。
③ 同②：第489页。
④ 朱光潜：《给一位写新诗的青年朋友》，见《朱光潜美学文集》（第二卷），上海文艺出版社，1982年版，第226页。
⑤ 同②：第493页。

诗学源自哲学，从诗学看语文学，等于把语文学提高到哲学高度，也是言语境界提升。朱先生诗学语文学，未必要与工具语文学较劲，但诗美的哲思、灵慧、超功利、超现实、超现世，足使其他相形见绌。

哲思是德行、才智、学识的外化。哲人，须是仁者、智者、学人。诗者必是哲人，哲人未必是诗者。

形而上，近而远，精而微，哲人朱光潜也。

诗者朱光潜德行修养、学问文章，将垂范后人。其诗学语文学，将穿越时空，成为语文人的共同愿景。

将胡适、朱光潜相提并论，总觉不相宜。他们皆为"旁观者"，实大不同。胡适属圈外人，这没异议，因为他对语文压根不上心。朱光潜身在圈外，却最懂语文，他心心念念都是语文。懂得朱光潜便懂得语文。就学者论，他们境界迥异：胡适是杂学者、伪学者，治学当作敲门砖；朱光潜是纯学者、真学者，对学术忠贞不贰，治学当如朱光潜。懂得朱光潜便懂得治学。他们是两种人，作为参照，优劣益彰——让后学知所取舍，似又相宜。

三、朱自清：须惟精惟一，戒慎恐惧

好作家未必是好学者，好学者未必都能触类旁通，优秀的文学学者未必就是优秀的语文学者，朱自清先生（1898—1948）是好作家，也是优秀的文学学者，他"客串"语文学，虽难称专精通透、言非所长，但仁爱之心可嘉。跨界言说要识时势，具才智，高品位，善终始，知敬畏。

◆ 时势：跨界"客串"要谨慎

朱自清作为著名作家、文学学者，谈国文教学似顺理成章，可问题在所言不合时宜。若在 20 世纪 20 年代初，啥都可以说。在国文学领域，他一直"客串"到 40 年代，早过众声喧哗的白话文教育草创期。此时，该领域已有一定研究基础，范式初具，教学败象已露，且每况愈下，批评声络绎不绝。40 年代初，连叶圣陶都坦承国文科几乎没有成绩可言。因此，随便说说便无济于事，亟待正本清源、改弦易辙。此时的论者，若无较深厚的国文学修养，深邃的理性思考，未能以方向性变革扭转颓势，便无大意义。若专业学养不足仓促上阵，势必劳而寡功、徒费精神。

"客串"要看时机，即使时机对，也不是谁都可以说几句的。

朱自清与胡适、朱光潜类似，均属国文学圈外人。胡适介入早，系白话文写作开创者、新文化运动领袖，名声在外，在20世纪20年代初，但说无妨。朱光潜深得个中三昧，且属"自说自话"（谈其专擅的文学、美学），不越界，不张扬，虽说得晚，也但说无妨。朱自清有才气、名气，就其文学家身份而言，不是不可说，只是介入稍晚，且介入较深，若无精辟见解，未能超越圈内时贤（如黎锦熙、夏丏尊等），慎言为佳。

朱自清国文学思考尚属经验感悟层次。同为倚重经验，胡适深邃，朱自清肤浅。此学养、眼光差异所致，二者学术功底有别。——朱自清基础也不弱，或可比肩叶圣陶，且更显机敏，他毕竟是作家兼学者，做过点儿学问，写过些学术著作，较纯感性思维略优。但总体而言，他的国文教学研究，仍属作家型经验思维，偏感性直观，缺学理思辨、抽象升华——作家论国文学大抵如此：自我感觉良好，学术底蕴不足。较之博大睿智的朱光潜，条分缕析、头头是道，不可同日而语。朱光潜通俗处也不乏学理，辞浅旨深。

在国文学领域，朱自清、胡适、朱光潜皆"触类旁通"者，各有专擅，所"通"大相径庭。学者"旁通"之质量大致与学问大小成正比。"旁通"有二，一是实践经验的旁通，一是理论思想的旁通。朱自清偏前者，朱光潜偏后者（也可谓二者兼备，左右逢源）。胡适介于二者间（均有所欠）。

"旁通"者有真"通透"的，如朱光潜。有半"通"不"透"的，如胡适。还有似通非通的，如朱自清。与其"误入尘网中"，不如"守拙归园田"。若守着文学创作、研究的一亩三分地，深耕细作，挺好。

朱自清是诗人、散文家，也是学者，著有《经典常谈》《诗言志辨》《新诗杂谈》，以散文创作闻名。其国文学研究文章，见《国文教学》一书。从该书看，其国文学尚未专精，属跨界随感。他言语感悟力、认知力尚好，创作经验颇丰，有一定国学、新学基础，因而对国文教学不无中肯之语。如指出国文教学最大的困难是动机缺失："无论是读是作，学生不容易感到实际的需要。……不感到实际需要，读和作都只是为人，都只是奉行功令；自然免不了敷衍，游戏……"①认为说与写不是一回事，反对"写话"(叶圣陶赞成"写话"，至今"课标"仍称第一学段写作为"写话")："写的白话不等于说话，写的白话文更不等于说话。写和说到底是两回事。"②"说的白话和写的白话绝不是一致的；它们该各有各的标准。"③认为许多青年学生以为白话文是跟说话差不多一致，照着心里说的话写下来就是白话文，这是一种误解。他还指出："写作练习是为了应用，其实就是为了应用于这种种假想的读者。写作练习可以没有教师，可不能没有假想的读者。"④他对言说动机的关注最值得称道。对说、写差异的辨析，超越将说写混为一谈的"写话"认知，提出学生写作须有"假想的读者"，注重培养读者意识，反对无语境、无对象虚假写作，这些都说得有理。还有些观点也不错，如，以报刊文字、新闻写作为切近目标，批评重创作轻应用倾向，注重说明文、议论文思路——文脉的训练，从切近的熟悉的小题目下手，强调经典诵读、朗读的重要，"大概学写主要得靠诵读，文言白话都是如此；单靠说话学不成文言也学不好白话"⑤。认为只有通过大量诵读、朗读，才能形成"统一的文字"的意念。这些观点虽可圈可点，但终归是"随感"，在经验层滑行，道其然不道所以然，未上升到知识、理论层面，作用便很有限，属热心肠的学者建言献策。

◆ 才华：智性、哲思靠天赋

朱自清很努力地写国文教学随笔，与他人合编国文教材、教参，但只是零敲碎打，东一榔头西一棒子的"副业"，无朱光潜的高屋建瓴，也没胡适的纲举目张。胡适说得不多，有义理；他说了很多，却没有。鸡毛蒜皮、散花碎叶——输在才气、底蕴，尤其是哲思。

他在北京大学学的是哲学，可哲学思维并非强项。悟道穷理须天赋，哲学家、思想家，与读什么专业，读多少哲学书，努不努力，似关系不大。能做多

---

① 朱自清：《文心·序》，见《朱自清论语文教育》，河南教育出版社，1985 年版，第 6 页。
② 朱自清：《论诵读》，见《朱自清论语文教育》，河南教育出版社，1985 年版，第 114 页。
③ 朱自清：《中学生的国文程度》，见《国文教学》，开明书店，1947 年版，第 128 页。
④ 朱自清：《论教本与写作》，见《国文教学》，开明书店，1947 年版，第 149 页。
⑤ 同②：第 115 页。

大学问，文章写得怎样，亦属命定。"三分天注定，七分靠打拼"，怕要倒过来说。天赋于成就，是先决条件。

朱自清与俞平伯写同题散文《桨声灯影里的秦淮河》，传为文坛佳话。二人同游同题不同文，差异极大。朱自清天赋在散文，是文学学者，算不上学问家。俞平伯既是散文家，也是学问家，他在红学研究上，功力不输胡适，一不小心或使其相形见绌；词学、昆曲等研究成果不俗。俞平伯散文不但言辞灵慧，气韵生动，还有点深奥有点玄；朱自清散文便是散文，文采繁缛，一唱三叹，细腻而多情，以致矫情，唯贫于哲思。

俞平伯散文耐读，老到而雍容，有神韵贯穿，朦胧缥缈，似有若无，巧绘人生"无明的幻相"。朱自清散文好在明面，情意纤秾而寡淡，一马平川，一览无余。俞文可不厌其烦地读，朱文则不耐读——许是鄙人不才，未解佳妙。读罢《背影》《荷塘月色》《绿》《春》……再读这两篇《桨声灯影里的秦淮河》，自有分晓——不过也难说，萝卜青菜各有所爱。

二人同为散文家，写同题散文，无论如何都像"打擂"。我佩服他们一竟高下的书生意气。乍读俞平伯的《桨声灯影里的秦淮河》，以为沧桑老练之作。哪知彼时，朱自清25岁，俞平伯23岁，皆青葱好年华——少年才俊，已声名远扬。

不知谁提出写同题散文，创意甚妙。大约不会是朱自清，他先前已游过秦淮河，想写早写了。难道是俞平伯？今人只知他因研究《红楼梦》受批判而声名大噪，鲜知他亦诗文高手，白话诗开创者之一，词学、昆曲专家。散文家朱自清尽人皆知，同是散文家的俞平伯，比其毫不逊色，却默默无闻——我因朱自清的缘故读俞平伯，始觉现世的疏忽偏心：对朱自清慷慨，将美誉都赐予他，一篇《背影》，几代人前赴后继"敲骨吸髓"，甚至因不同解读而结怨结仇、撕扯不开；对俞平伯苛刻，奇文教材不选，佳作鲜为人知，连研究《红楼梦》也惹火烧身，被批得体无完肤、身心憔悴。

朱自清的国文观，若一般教师说，可谓见解不俗，作为知名作家兼学者——清华大学中国文学系主任，西南联大中国文学系主任……单这名头就够吓人，若只谈经验感悟，不在根本处发力，义理、考据、辞章，首在义理，没方向性引领、理论性创新、系统性建构，就显浅薄、寒碜。我不怀疑他初衷是好的，所言颇接地气，但一分耕耘一分收获，若语文学专业学养不足，跟着感觉走，吃经验老本，势必难臻胜境。

◈ 品位：应具立德、立言观

跨界言说，无相应底蕴，无学术、理论建树，有感即发，轻描淡写，还不如不说。这事关学术廉耻心，应戒慎戒惧。

若于国文学准备不充分，势必影响言说品位。如他说国文教学困难在动力上，此话没错，一针见血，可因对言语学习动机没研究，难免"浅人所见者亦浅"，只看到表层的"无论是读是作，学生不容易感到实际的需要"，提出的改革意见：把写作训练看作"基本的训练，是生活技术的训练——说是做人的训练也无不可"，但是像这类"广泛的目标是不能引起学生的注意的"；一般的课程标准，如"养成用语体文及语言（初中）以及文言文（高中）叙事，说理，表情，达意之技能"，这也还是太宽泛。不如科举时代作文是为了做官，或一些学生把作文训练看作为了将来的"创作"这一类的目标来得实在。[①] 他反对"广泛的目标"是对的，认为症结在"学生不容易感到实际的需要"——"以实际的需要"为出发点，追求"实在"，似是而非，正确而不免肤浅。因为还有大量"不实在""非实际"的需要——情感、精神需要，自我实现需要等，顾此失彼，有失严谨。——以"做官""创作"为国文学习目标正例，以"来得实在""感到实际的需要"与否为标准，则明显不靠谱，实用主义背景不言而喻。对此，夏丏尊、朱光潜等，恐难认可。

"做官"是科举时代的求学动机，废科举后再讲功名利禄，就不好使了，唯剩"创作"动机尚可。与其相匹配的教育，本应倡导"立人"或"立德"价值观，如朱光潜所言"无所为而为"、培养"高尚纯正趣味"之类。可他不讨论"义理"，或许他认为这太高大上，也属于"广泛的目标"，于是直接谈实用技能训练，提议应以报纸上和一般杂志上的文字作为切近的目标，特别是报纸上的文字。这报纸上的文字，"不但指报纸本身的新闻和评论，并包括报纸上登载的一切文件——连广告在内"。报纸上的文字作为写作训练的切近的目标有三种好处："第一，切用，而且有发展；第二，应用的文字差不多各体都有；第三，容

---

① 朱自清.《论教本与写作》，见《国文教学》，开明书店，1947 年版，第 147 页。

易意识到各种文字的各种读者。"①不可否认，这建议的确实用、有效，却也仅此而已。为学生计眼前、谋功利——"利诱"有实用价值，而缺乏审美、精神价值。就"言语学习动机"而言，未论及利他情怀、人类情怀，无超功利、超现世动机，是根本性缺失。此与叶圣陶讲求"当前受用"如出一辙，与夏丏尊反实用主义、朱光潜倡导"高尚纯洁的企求"背道而驰。

若了解国文学"立人以立言"传统，就不致停留于浅陋感悟上。

应树立国文学精神高标，以历代圣贤言说动机为表率，承传"树德建言"诉求，弘扬汉语母语教育文化精髓——立言，注重提升学生精神境界——培育立言者，给学生以人文关怀。

● 破执者寓言 ●

小黑鸭

小黑鸭望着天上的雁阵说："妈妈，我也要飞，你教教我吧。"鸭妈："傻孩子，飞什么飞，能当饭吃？这烂泥潭多好，张嘴就有烂树叶、苇草根吃。运气好的话，还能吃到美味的螺丝、泥鳅……"小黑鸭："那我长着翅膀干嘛？"鸭妈："吃饱了，把小脑袋插进去睡觉。"小黑鸭打个呵欠："知道了，妈妈，吃饱了，脑袋插进翅膀睡觉真舒服。"

无"立德""立言"之志，求温饱、干利禄，便跟鸡鸭一样，有翅膀也飞不起来。学生在实利主义"生存本位"应试教育下，久而久之，不知不觉地让"卖拐"的忽悠瘸了。如今，"写作（语文）只为稻粱（分数）谋"已成集体无意识。

◆ **学理：夯实专业学养底蕴**

朱自清国文观不乏精见，如其写作受众观"写作练习可以没有教师，可不能没有假想的读者"也很亮眼。他对读者超过对教师的重视，这切身体验曾让

---

① 朱自清：《论教本与写作》，见《国文教学》，开明书店，1947年版，第150页。

我印象深刻、耿耿于怀。但此言与前例同，仅在经验层浅尝辄止，没回答读者"为什么"重要，作者与读者是怎样的关系，该怎样培养读者意识……即使是接地气的感悟，用以指导实践，若缺乏理性观照，师生依然一头雾水，于教学助益不大。

若是朱光潜会说：假想的读者是具体的，也是抽象的，有时，也可以没特定的假想读者，写给一切人。写作有为当下读者，未来读者，还有为全人类。有为读者当下受用，也有为长远着想。有为今世的，更应有为后世、万世的——为"万世开太平"。

此非凭空猜测，朱光潜讨论读者意识，明显眼界高很多。他把作者对读者的态度分为"不视、仰视、俯视、平视"四种，逐一深究精审后指出："不视"即目中无读者。与其说他们"不视"，不如说他们"普视"。他们在看我们每一个人，我们却不容易看见他们。他认为这种"普视"最难，如果没有深广的心灵，光辉不能四达，普视就流于不视。他认为四种视角都有它的适合的运用之处，在文学写作中，"普视"是天才、"不朽者"所特有的本领，非一般人可及。仰视和俯视虽然可能很容易获得世俗上的成功，但不可取。唯有"平视"才是应有的态度。——朱光潜探究作者"四视"之"所以然"，细致入微，洞幽索隐，体现出智性观照下理论与实践相结合的思想风范。

朱光潜是智性的，夏丏尊是知性的，提供的不是经验，而是知识框架。同样关注教学实际，重视培养读者意识，夏丏尊作如是观：写作首先须考虑：（1）读者的性质；（2）作者与读者的关系；（3）写作这文的动机，等等。文字的好与坏，第一步虽当注意于造句用词，求其明了；第二步还须进而求全体的适当。对人适当，对时适当，对地适当，对目的适当。一不适当，就有毛病。这"明了""适当"，自然都是针对读者而言。为求得适当，在执笔为文的时候，又可进一步探求六个问题：（1）为什么要作这文？（2）在这文中所要述的是什么？（3）谁在作这文？（4）在什么地方作这文？（5）在什么时候作这文？（6）怎样作这文？① 学生须对这六项逐一加以审究，适当的文字，也就是合乎这六项答案的文字。——与朱自清要求学生要有假想的读者、参照报刊文字练习等感性化观点比较，这才是较严谨的国文教学知识，也具有很强的可操作性，

---

① 夏丏尊、刘薰宇：《文章作法》，浙江文艺出版社，1983年版，第96页。

对师生更有参考价值。

实践家、作家从一己经验出发，难免捉襟见肘，与理论家、专业学者的认知差距显而易见。凭个人读写经验认知，再聪明也就像朱自清、叶圣陶这样。在现代语文学界，多是此类感性化言说，未将感觉上升为知识、理论，停留于狭隘的感性思维——普通教师、名师大多是写"教学设计""课堂教学实录"，皆从经验出发的大同小异，或无理念的随心所欲、无价值的标新立异。即便是文学、语言学、教育学名家，要谈国文教学，专业素养也不可或缺，理性思维、理论探究应在场。

言说容易，但要想现实影响、后世观感——有思想价值不易。孔子少言、慎言，荀子珍言、惜言，老庄不言、不辩，是有道理的。不说则已，要说就得宏阔精妙，经得起时间检验、后学拷问。

◆ 心态：术业专攻，知所敬畏

作家偶尔说点儿读写心得，作为"门外文谈"或可耳目一新，要进国文圈内做正经研究，则是另一套标准。朱自清写不少国文教学文章，还参与编教材、教辅等，已进入圈内，要用与"客串"者不同的专业标准衡量。

朱自清如非要像样说国文，要么另做学问，以其资质基础，三年五载，也许能入门。要么像胡适那样，写两篇文章后玩消失；要么像朱光潜那样，就其本色当行，熟门熟路讲文学、散文、诗歌。朱自清做事勤奋、认真，兢兢业业，压力山大，可惜与胡适一样，做"杂"了——所幸还守着学者本分，没从政当官，这点比胡适强。有所不为才有所为。欲博施济众甚好，但要有实力、精力。

语文学看似小菜一碟，不小心也会被噎住。

历来以为语文学"零门槛"，凡认字就可说语文，其实水巨深，几千年源流汇集，岂能信口开河？貌似最有资格说语文的作家，文字玩得花一样，多管窥蠡测，所言为文之道往往经不起推敲。只因作家讲语文、写作也是越界，语文比文学大得多，作家未必知文学——擅长其中某体，凭一己之见，论文学难免捉襟见肘，论语文更是鞭长莫及。感性与理性、经验与学问、业余与专业有别。

即使诗人谈诗、小说家说小说，也未必能获其他诗人、小说家认同。这是个体经验局限使然。

"隔行如隔山",任何领域都有大学问,都须尊重。语文学也一样,无相关学问不可擅入。即使教一辈子语文,成所谓"名师",也未必算语文学专家。

许多事,自己觉得重要,其实未必;当下重要,时过境迁未必。世上可做之事太多,没人做得完。即便事事重要,也只能做一件,或做好一件再做另一件。不能狗熊掰玉米,掰一穗丢一穗。

要"舍得",要"知天命",做该做之事,专做一事,做好一事,才是真觉悟。人生短暂,不能事事掺和。能成一事已了不起,就对得起自己、社会、后人。

专心于一事,成果不可谓不多,未必就是学术共同体认可的"自己人"。以为天赋异禀、才华出众,拥有耀眼夺目的名头,或是媳妇熬成婆,便理所当然成专家,大错特错。是否专家,不取决于成果数量、混事年头,而取决于天赋、学养、眼光。

朱自清难称国文学专家,皆因做的事太多、心太急,难免浮躁、匆忙。或许是受声名所累,勉为其难,以致积劳成疾,英年早逝。他只活50岁,大约是累死的。50岁,出那么多诗集、散文集、学术著作,涵盖古代、现代,文学、国文学……可见其辛苦。难道就为了不被刘文典之类的国学大师耻笑,不输于那些趾高气扬、学贯中西的洋博士;为了对得起清华大学中国文学系主任、西南联大中国文学系主任,对得起著名诗人、散文家,著名文学、国文学学者等头衔,非得豁命干?

声名是虚空,不是什么好东西。哪怕是货真价实的声名,为其所累也不值。曾声名扫地、伤痕累累的俞平伯活到90岁,坚韧而达观,成就斐然。学者比的是心态,才智是慢火熬炼出的。人文学者50岁与90岁学识能一样吗?

能留下一篇文章、一部著作足矣,别的都是多余。

朱自清,字佩弦。语出《韩非子·观行》:"董安于之性缓,故佩弦以自急。"意为佩绷紧的弦在身上,以自励——可弦绷太紧会断的,一语成谶。

朱自清才气不如胡适,语文观洋洋洒洒,不乏真知灼见,不敌胡适三言两语;他俩在治学、做事"驳杂"上相似,朱自清不为沽名钓誉,守学术本分,这点比胡适强。一短一长,算是扯平了。与朱光潜比,朱自清超级勤奋,学识见地不俗,朱光潜与世无争、细水长流、集腋成裘,朱自清的多多益善、四面出击，不敌朱光潜的博大精深。朱自清谈语文不少，仅靠一己经验，鲜有哲思、学理。朱光潜凭学养、眼光，以诗学语文学冠乎群伦，独领风骚，他俩无论比才华还是学识，怎么都扯不平。

他们三位主业皆非语文学，一碗水端平，都算"旁观者"言吧，然而情况有所不同。

将他们都归入"圈外"，其实不尽公平。胡适虽语出惊人，只是"玩票"，不算入圈之人，大约没多大异议。不可否认，朱自清很努力，写不少文章，自以为入圈了，但拍脑袋之作难登大雅，写再多也是在圈外溜达。朱光潜不正经谈语文，是谦虚，以其广博深厚，触类可通，所论高屋建瓴，比圈内人更懂语文，他不入圈谁敢说入？可语文界只认朱自清，偏不认胡适、朱光潜，奈何？——各退一步，只好都算圈外学者。

现今语文圈外仍有这三种人。能辨别他们之异，也就不枉费笔墨了。

小友管建刚（右）是"言语生命动力学"的推动者、建设者。
他从草丛石缝中破土而出，野蛮生长，撑起一方青翠。

转益多师，问学圈内外前贤

（下）

◆　◆　◆

说罢公认语文学圈外的，再说圈内的。

其实，民国时期以来，掰扯开琢磨，纯语文学者（将其作主业、专业）甚少，多身兼数职，在语文圈进进出出，时间或长或短，并无俨然界限。认定标准不一，或看成果，或凭喜好，或论资历，或据声望。这里挑从业时间长、成就大且有代表性的聊聊。

一、黎锦熙：我国现代语文教育缔造者

黎锦熙先生（1890—1978）并无炫目的学历，毕业于湖南优级师范学堂史地专业，没读硕、博，更没留过洋，却是语文学者中最具创学科意识的。在白话文教育草创期，乃至整个民国时期，他是最具创造力的开创者。语文界领军者竟是学史地的，太不可思议，对圈内衮衮诸公不无嘲讽意味。这也印证了天赋于成才之重要。

我国白话文教育缔造者、领军者非黎锦熙莫属，称之为新语文之父也不为过。他最懂得白话文教育转型期该做什么，就在这点上，他超越了其他人。废科举、兴新学，催生了白话文教育，这就提出了一个大问题：何谓转型期语文学领军者、开创者的历史使命？唯了解黎锦熙作为，才能找到答案，方知谁是"语文革命"实至名归的主角。

要说谁是探索语文现代化、科学化的鼻祖，还是黎锦熙。他推广注音字

母及确定常用字标准读音，探索"国语文法"（白话文语法）、探索国语教法、从事文字改革、编制各种国语辞书等，建构新语文，都是力求现代化、科学化——至于路子对否，成功与否，则另当别论，容后再叙。

黎锦熙是新语文时代最清醒、深邃的学者——没有之一。学者有两种，一种重当下应用，一种重基础研究。领军者也有两种，一种重操作、实效，一种重方向、长远。黎锦熙属于后者。就像企业家，一种挣快钱，一种求原创。急于求成往往适得其反。黎锦熙始终在基础研究上下功夫，故能行稳致远。

黎锦熙最大的特点就是专心致志。他一生就干一件事：为白话文教育奠基。

他在治学与从政二者中选择治学——他才情不亚于同时代大学者，可他选择某些大才子不屑的语文学研究，为此矢志不渝，直至生命最后一息。

他的语文研究生涯跨大半世纪，生命之火熄灭于 1978 年 3 月 27 日。临终当日，他还插着输液针管，审定由女儿记录整理的他在北京地区语言学科规划会上的书面发言稿，文末说："我今年已满八十九岁，风烛残年，但我要活到老，学习到老，工作到老，只要我一息尚存，我就要把全部精力贡献给祖国的语文教育事业！"

诚如他所言，要把全部精力贡献给祖国的语文教育事业——他为此付出"全部"而非"部分"精力，这是其可贵处。如"盖棺论定"，称其为"语文学家"最妥帖。网络上称其为"汉语言文字学家、词典编纂家、文字改革家、教育家"，这么多"家"，偏忘了最重要的"语文学家"。他毕生皆为建构新语文学科。

他本可从政而飞黄腾达，他有此才能也有机缘，26 岁即担任教育部教科书文科主任，但他不愿为官，一心治学，为"语文学"把冷板凳坐穿。

黎锦熙不是"忍看朋辈成新鬼，怒向刀丛觅小诗"辛辣尖刻的鲁迅；不是"新文化中旧道德的楷模，旧伦理中新思想的师表"长袖善舞的胡适；不是哲思深邃、心明眼亮却晚节不保的冯友兰；不是才高八斗因"自由之精神、独立之思想"抑郁而终的陈寅恪；也不是孜孜矻矻而阴差阳错、风光无两的叶圣陶……他是学术至上主义者，以建构"新语文学"为己任，任凭风浪起，默然负重前行。

他没发誓"二十年不搞政治"，不玩噱头，不从政、不当官，不投机取巧、沽名钓誉。他与政治、权势保持适当距离，超然淡定；于学术不离不弃、善始善终；深谋远虑、勤奋进取——这是政治智慧、学术智慧，也是人生智慧。可谓大格局、大境界。

他的履历干净、清爽，一步一个脚印。

（黎锦熙——笔者）1912 年，开始编辑小学教科书，将《西游记》收入课文，包含了改革教育、废除八股文、学作语体文的思想，引起保守人士的惊骇。

1914 年，任湖南省立第一师范学校历史教员。学生中包括毛泽东等人。1915 年，赴北京应教育部邀请任教科书特约编纂员（后为编审员、文科主任——笔者）。

1916 年，和同仁发起成立中华民国国语研究会，拟定该会宗旨为"国语统一"（推行普通话——笔者）和"言文一致"（普及白话文——笔者）。

1918 年，和同仁促成教育部正式公布了注音字母及常用字的标准读音。1920 年起，和同仁促成教育部改定小学、初中"国文科"为"国语科"，取消小学读经，以白话文取代文言文。

1920 年开始担任北京高等师范学校国文系教授，兼任全国小学、中学白话文语法讲习所讲师及天津、保定、武昌、安庆、济南各讲习会语法讲师。

1922 年，兼任天津、济南、上海、长沙暑期国语讲习所讲师。

1923 年，兼任北京大学、北京女子师范大学、燕京大学等校的国文系教授，又与钱玄同、赵元任等组成国语罗马字拼音研究会。同年，创立国语辞典编纂处，任总主任。

1924 年，出版《新著国语文法》。（同年出版《新著国语教学法》——笔者）

（1934 年出版《比较文法》，对古今文法进行比较——笔者）

1935 年，他的《国语运动史纲》一书出版，该书详尽地介绍了自清末以来的切音字、注音字母、国语罗马字及大众语运动的始末、性质、范围、目的、理论、方法和纲领，是国语运动史上的一部很重要的著作。

……

从他 22 岁后从事新语文建构的轮廓，可见其深思远虑神运作。

最值一说的是，他提出了"语文革命"的宗旨：国语统一，言文一致。国语统一——普及普通话，事关全民族尢障碍沟通、交流；言文一致——推广白话文，文字改革，事关文化的传承、发展、繁荣。此八字擘画语文新时代，为白话语文教育"立法"，其意义至今不过时，黎先生堪称伟大。

这是 1916 年的事。黎锦熙与蔡元培、吴稚晖等发起成立中华民国国语研究会，由他撰写研究会"暂定章程"，为语文革命、为中华民族文化进步确定航向，堪为新语文学发轫杰作，出手不凡。翌年，胡适《文学改良刍议》、陈独秀《文学革命论》在《新青年》发表，当即产生轰动效应，他们顺理成章成为新文化旗手，功绩彪炳现代文学史，而同样振聋发聩的黎锦熙雄文却鲜为人知。这可能是因为《新青年》、北大是新文化运动策源地，陈独秀、胡适都是北大教授，陈独秀是《新青年》创办者、北大文科学长，胡适是《新青年》、北大新锐，因而广受瞩目。其实，黎锦熙与他们当是相互呼应、声援，共同倡导新文化运动。客观地说，语文革命较之于文学革命，对新文化运动贡献可谓有过之而无不及：语文革命更具根本性、普遍性——只不过这种贡献不可立见成效。且因黎文是研究会"章程"，不是讨伐性、论战性檄文，未能形成广泛社会影响，被忽视亦属正常。

可是，黎锦熙为新文化奠定方向之功始终被轻忽，就不正常了。先被新文化运动讲述者忽视，后被新中国语文界淡忘。也许前者认为"国语运动"与新文化运动民智启蒙是两码事，后者认为那是民国的事，与新中国语文教育没关系——殊不知民国、新中国语文教育源出一脉，黎先生都是最初树标定准的掌舵人。要是拿掉"国语统一，言文一致"，新文化、现代语文学还剩什么？——说是"荡然无存"并不为过。

黎锦熙是新语文高瞻远瞩的总设计师，也是勤勤恳恳的实干家，为达成该宗旨，不但亲自研究国语文法、教学法、国语运动史等，大著迭出，还与同仁推动教育部政策变革，深入基层演讲……其贡献无与伦比。在诸多集体性语文事业中，他大都是主要操盘手、领导者。称其为我国现代语文学先驱，第一专才、帅才并不为过。在同时代诸多语文名家中，唯他全情投入，统筹规划，且有"照着讲""接着讲"专著。其工作无可替代。

在新语文教育转型期，黎锦熙总揽全局，设计蓝图，革故鼎新，引领新潮，指挥若定，并亲自践履，从基础性工作做起，一步步有条不紊、扎扎实实地建构新语文。这才是领军者应具的素养与作为。具此才气、眼光、气魄与行动力的学者罕见。多是零散小工，顾自搬砖、运沙土、砌墙……各行其是，各自为阵，未察其良苦用心。这就是帅才与匠才之别。

读黎锦熙相见恨晚，钦敬不已，其著述令我耳目一新。有人如此评价他："单就国语运动说，要算是用力最专，著书最多，活动范围最大，影响人比较多，工作比较持续，成就最卓越的了。"①我以为"最卓越"论断是合适的。称黎先生白话文教育推动者、组织者，白话语法学、国语运动史研究、国语文教学论开创者，身体力行的实践家，等等，当之无愧，他最能体现"筚路蓝缕、以启山林"之精神。

我国现代语文教育若缺黎锦熙，就倒了顶梁柱，塌了半边天——可惜其价值鲜为人知。如以其马首是瞻，现代语文教育史将改写。历史就是如此吊诡，天没塌，地却陷了。他的语文观终无缘适宜的土壤。社会、政治环境都不合适，他的"人本主义"语文观生不逢时。

时势造英雄，毋庸讳言，黎锦熙的崛起，是语文转型期时势使然。然而，时势并未成全这位英雄，其远见卓识未被普遍接受。但英雄终归还是英雄，不因时势不对、他人不解而贬值。他给后人铺路、指路，不论成败，世人终将知其真价值。

这位语文学英雄原非内行，他是前清末代秀才，从湖南优级师范史地部毕业，后任报纸、教材编辑，教育部教科书编纂员、编审员、文科主任。当过高校历史、中文教师等——仅从他的学历与工作看，不算正宗国文圈内人。然而，他发起成立国语研究会，积极倡导、投身于以"国语统一""言文一致"为目标的"国语运动"，组织国语罗马字拼音研究会，创立国语辞典编纂处等，为推广普通话、汉语拼音、文字改革等，做了许多开创性工作，与同仁一道促使教育部将小学、初中"国文科"改为"国语科"，后推广到高中……委实很了不起，国人受惠至今。

他在语文科研上有许多第一。标志性业绩有 1924 年出版的我国现代第一部语体文法（即白话文语法）著作——《新著国语文法》，第一部国语教学法著作——《新著国语教学法》，1936 年出版的第一部国语运动专著《国语运动史纲》。这三部著作都是建章立制之作，《新著国语文法》，20 多次修订再版，一

① 梁容若：《黎锦熙先生与国语运动》，见张鸿苓、李桐华编：《黎锦熙论语文教育》，河南教育出版社，1990 年版，第 334 页。

直沿用到解放后。《新著国语教学法》，奠定他在现代语文学史地位，其丰厚的国文专业学养体现其中——国文圈无人比他更具开创性。《新著国语教学法》至今没过时，其认知水平，比2011、2022年版语文课程标准，比现今许多语文教学论著作，有过之而无不及——他编写、主编多部国语字典、词典，也有不少"第一"。

黎锦熙语文学业绩无可匹敌。从他的全部工作看，多属语言学范畴，但其核心无疑是语文学。他是从语言学——主要是语法学进入语文学的。语文学能涵盖语言学，语言学是语文学基础之一。语文学是集大成的人文学科——母语教育对文化创造贡献最大。语文学是最综合的基础学科，涉及面超任何学科。作为新语文学开创者殊为不易。

黎先生以一人之力，几乎将白话文教育奠基性工作承包了。他的骄人业绩不但在确立宗旨、建构框架、引领潮流、著作等身，更在学科定位认知深邃而绵密，试以《新著国语教学法》例析之。

"教学上的三原则"：（1）写作重于讲读；（2）改错先于求美；（3）日札优于作文。[①] 这一个多世纪还有谁如此看重写作，旗帜鲜明地主张"写作本位"，将"写作重于讲读"作为教学第一原则？语文界真正从课程视角思考、揭示读、写关系的人不多，将听、说、读、写打成一片，指向说、写——活用的更少，指向说、写并关注培育"心意方面"的少之又少。

在"写作本位"下，他将"作法""话法"打通："在高年级的话法教学中，有两件事和作文有关系：1.讲演　用故事或常识做材料。2.辩论　用正式集会的形式：拣定一个题目，正面反面，都有理由的，分全级为两组，各主一说，互相辩驳，由公正员评判胜负。……——这可说是话法的作文。"[②] 作法、话法融为一体，即我所谓的"表现本位"。

在表现本位下，他的"国语要旨"兼顾（形式的）"语文方面"与（实质的）"心意方面"，有别于夏丏尊、叶圣陶的"学习表现形式"定位。

---

① 黎锦熙：《各级学校作文教学改革案》，《国文月刊》，第52期。
② 黎锦熙：《国语的作文教学法》，《教育杂志》，第16卷第2期。

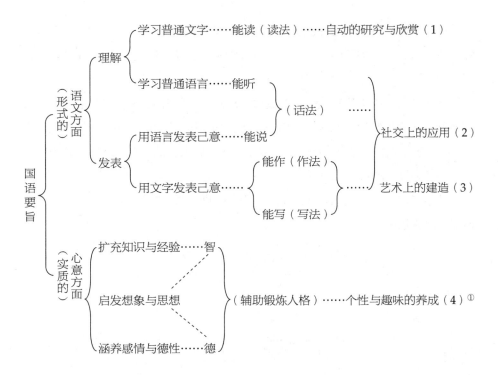

　　"国语要旨"即国语教育目的，整体构想。有此宏观认知，才能纲举目张。语文界能总揽其要的不多。从实用主义出发，往往看重技能训练，就无此全局观。

　　"国语要旨"，（形式的）"语文方面"与（实质的）"心意方面"并重，才能达成"表现本位"建构。"心意方面"尤值重视，包括：扩充知识与经验；启发想象与思想；涵养感情与德性。若无此内在蓄积，腹中空空，便无以"表现"。语文"形式"学得再好也将落空。"表现本位"必得建立在"心意"涵养上。

　　以夏丏尊、叶圣陶为代表的主流语文观，以学习"形式"定位语文教学，自然不会接受"心意方面"为学习内容，不可能语文、心意并重。这就是黎锦熙与他们的分歧所在，失却"心意"培育，就是目中无"人"，此乃语文教育溃败的主因。

---

① 黎锦熙：《新著国语教学法》，见黎泽渝、马啸风、李乐毅编：《黎锦熙语文教育论著选》，人民教育出版社，1996 年版，第 408–409 页。

这一分歧不只是要否注重言语内容，更是涉及对"人、文""文、道""道、技"等本末、主次关系的认知，即"以人为本"还是"以文为本"，重"技"还是重"道"。

下图"自动主义的形式教段"是对"形式的"部分展开，从唤起学习动机，到问疑、试问、发表、比较、应用、创作、活用等，"读法"落在言语表现能力"发展"上，可见其鲜明的"表现本位"意图；同时，此"形式教段"处处均见对"心意方面"的关注。

从教学国语读法的根本上说来，一般所用旧式的教段，须改用自动主义的教段。且先述之：

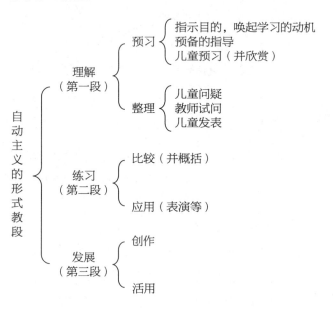

首先，"自动主义"就是"学生本位"的。他的"自动主义"的三段式教法，是针对"旧式的教段"。什么是旧式的教段，黎锦熙没说，但猜得出，学生不是"自动"而是"被动"的，即"教师中心"的"满堂灌"。什么是"自动主义"也没定义，也可从具体论述看出，是学生自主活动的教学，是"学生本位"观的体现。

其次，始于"动机"激发，也是注重学生"心意"养成。"自动主义的形式教段"的三阶段：理解（预习、整理）；练习（比较、应用）；发展（创作、活用）。显然，主语都是学生，所描述的主要是学生行为。"指示目的，唤起学习的动机"，是教师最重要的工作，是给学生"自动主义"发动机加油，唤起学习动机，让学生能"自动"——主动运用这一方法，由读到写（比较、应用、创作、活用），学有成效。他的教学观是"学"重于"教"的。

再次，学生言语表现实践活动也是心意丰富的过程。活动有："理解"阶段，"预习"部分的儿童预习（并欣赏），"整理"部分的"儿童问疑"和"儿童发表"；"练习"阶段的"比较（并概括）"和"应用（表演等）"；"发展"阶段的创作、活用等。学生活动均落在"言语表现"（问疑、发表，即说、写，还包括表演、文学创作、实际应用）上，是由学到用，即由读、听到演、写、说等的转化，创作、活用是学习的最终目的。此皆由读中有感而发，不是纯技能训练。

贯穿教学三阶段的是"言语表现"，通过不断升级的"言语表现"，实现由读到问疑、发表——说、写，表演、创作、活用等的转化。"言语表现"内涵丰富多彩，对学生颇具诱惑力。

此为这一时期最具科学性的教学范式。黎锦熙以"国语要旨"的两方面、五能、四法、四目的，以及"自动主义的形式教段"，构成"表现本位"教学框架。他对语文学的卓越贡献，体现出的认知达到时代巅峰。其"表现本位"语文学观，已然形神兼备，具可操作性。如得以推广、落实，将把语文教育带上高效学习的正轨。

黎锦熙与胡适同为"表现本位"倡导者，但黎比胡思考更全面、透彻、精密。胡适意识到"言语表现"重要，但只对局部认知作感性表述，属于随想性的，未见整体、系统构想。黎锦熙不但作宏观性的理性抽象，条分缕析地梳理，还原到具体、局部，乃至策划实施程序、细节。他比胡适零星感悟更胜一筹，胡是抛砖引玉，黎是真金白银；胡是隐性感知，黎不但有理念，还有实操性，自觉建构"表现本位"范式。此为专业与业余、理性与经验之别。

对语文教育，百姓、学者，圈内、圈外都可见仁见智，但所见有天壤之别。

黎锦熙这位语文学天才、帅才，尽管其认知未必尽善尽美，难免有时代与个人局限，如，他对传统语文教育研究不足，对"立人以立言"认知欠缺，也有"西化"之嫌，倡导、倚重国语文法——语法教学，后患无穷；他的"表现本位"范式，虽已体系化、实践化，却未理论化，因而未充分彰显其价值；如能在"照着讲"上多下功大，不只研究清末以来几十年的"国语运动"（《国语运动史纲》），还能打通汉语母语教育史，"接着讲"将大不同——但在转型创构期不应苛求，其成果已超同时代人。

他的语文现代化、科学化意图是对的，但不能脱离汉语教育传统，以"国语文法"（文法即语法）为建构语文学基础的思路，值得商榷。这是"西化"的"二语"教育思维，以致影响到 1949 年后的语文教学。"西化"的汉语语法是僵化的，貌似科学，在读写实践中窒碍难行。汉语母语教育不讲究"死法"，讲求"活法"，字、词、句都可活用，不但要规范，更要反规范。反规范才能出新，出言语个性。传统语文教育是通过"属对"——"对对子"练习，达成灵性的"语用"能力、认知，这才是体现了汉语学习特点、规律。靠语言学——语法教学提高读、写水平，此路不通，已被实践证明。

1949 年后，对语文学赤胆忠心的黎锦熙似乎淡出中小学语文教学，其实他未走远，仍在语文学耕耘，主要工作是编撰辞书。中国大辞典编纂处在他领导下编辑出版了《国语词典》《增注国音常用字汇》《新部首国音字典》《增注中华新韵》《北平音系十三辙》《学文化字典》《正音字典》《汉语词典》等，这些都是学汉语不可或缺的工具书。他晚年壮心不已，还写了"请中央组织《中国百科大辞典》的编写工作的建议"。

他淡出中小学语文教学，也许是与工具性的"阅读本位"主流教学观格格不入，或是当时的教育环境使他感到不适应，不如退守纯学术研究，或是他觉得该做的都做了，已完成语文课程建构使命，功成身退……

语文界遗忘黎锦熙，比不知胡适更悲哀。不论知否黎锦熙，他都在那儿，历史不会遗忘他的开山之功。假如语文教育由黎锦熙主导会怎样？明知这想法很幼稚，个人扳不动环境、时代，只能让道，可我坚信其伟业将永载语文学史。

二、阮真：语文学星空耀眼的流星

读阮真（1896—1972），我最感心酸，为他热烈而短暂的学术生命。

他寿命不短，但学术生命早夭。这是极特殊的学者个案。我看他，像看大宅院残存的巍峨门楼，"眼看他起高楼，眼看他楼塌了"。

民国国文界，阮真先生是风云人物，却也是悲剧人物——风云人物多以悲剧告终。其学术人生是"悲剧中的悲剧"。这么说，大家或一头雾水，或不以为然——初读阮真时我也不信。

我对他曾充满敬意，以致崇拜，而今此心情虽冷却、退潮，怀念的雨丝仍随风轻飏。我对他情感颇复杂，将其归为悲剧不无犹豫。纵观彼时国文界，他是佼佼者，称"准大师"亦不为过。经反复对比掂量，总觉欠点儿火候。其缺点与优点一样突出：自信、刻苦、求真、实证、热情……偏激、焦躁、自恋、自卑、浮浅、无恒……其学术心态与研究方法颇可检讨。

阮真，20世纪30年代国文界新锐，按常规标准，算货真价实的国文圈人、行家。——在他自己与不少人看来，专家如只一人，也非他莫属，堪称"专家中的专家"，然而，物极必反，我始料未及。

看阮真履历，我自惭形秽。他早年投身于五四运动，是少年中国学会首批骨干成员。师承陶行知，33岁任广州中山大学教授，是我国第一位语文教学法硕士研究生导师，科研锋芒毕露、硕果累累。他曾自豪地宣称："真虽为专习文科之人，而幼受两重师范教育，复专习教育科一年。故以言头脑，则半文学而半科学也。而教学十六年中，自小学起，经初高中师范国专大学各级程度。故以经历言，则如百战老卒，行伍出身也。"——这履历也够吓人的——只差没留过洋。

履历过硬，更重要的是研究实绩不俗。不到10年，他就出版了7部中学国文教研专著：《中学国文教学之问题》《中学国文教学研究》《中学作文教学研究》《中学国文各学程教学研究》《中学国文校外阅读研究》《中学作文题目研究》《中学国文教学法》，发表论文20余篇，近30万字……把国文学研究个遍，堪称一时之选。他的著述，并非胡适、夏丏尊、叶圣陶、朱自清一类的随兴之作，而是建立在资料精细搜集、梳理、分析上，言必有据。如阮真自己所言，是最符合教育科学研究方法，结论最科学的。在术业专精、事业勤谨上，几无可挑剔。初入行的我未必五体投地，也佩服得不行不行的：国文界竟有这么牛的前辈！

可渐渐也有些疑问——他33岁已是中山大学教授，还觉自己人微言轻，为此愤愤不平："今日中学国文教学，如集群医以治疑难重症，教育部犹病家主人，重视英国皇家医生、柏林医学博士，而有资格最低、行医最久、诊断最细、处方最慎之无名医师如真者，投其方而不见信于人，在门外窃叹焉。""……而真于主张，则毫无自是之成见，亦绝无意气存于其间。学者主张固有幽没于一时而光显于后世者。故真之主张从不摇旗呐喊，依附大师，亦不率而发言，贻误后学。"其愤懑满腹与孤芳自赏溢于言表，犹如学界"愤青"。我纳闷，有如此履历、实力，何必郁闷、自卑——始觉不正常。

愤激，源于自卑。自卑，便焦躁。内心焦灼，便难有恒有常、静安处事、虑而能得。

也许他觉得彼时梁启超、胡适等名头大，难与比肩；自觉意见不受教育部重视，益加耿耿于怀，便焦虑、自是，针锋相对。压力变动力，铆足劲儿，推出最科学的成果，与名人较劲。这若是一般逆反心理、应激反应，没啥不好。反应过度，心态就不正常。治学须谨重，风物长宜放眼量，不必计较褒贬、得失，无须争一日之短长，更没必要与谁置气。没有好心态，难成大学问。

他对教学不无中肯之论，对名人之见多有不平之鸣："今日中学国文之病，在课内则有教而无学，是教者行其远而学者足不履其地也；在课外则有学而无教，是教育不示以途径而令学者自由之也；以此教学，安得不败乎？"他批评课外阅读："时人倡言课外阅读，其意诚善。然按诸实际，教者示以经史子集而学者多读下等小说闲书也；教者开书数千百卷，而学者一书不读也。是何也？教者徒知广开书目，而不察学生之学力时间一也；徒执己意而不顾学生兴趣需要二也；空言阅读而不详为计划指导督责三也。""民八以后，有些名人主张作文在课外练习。如梁启超先生在《中学以上作文教学法》第五十一页上说：'每一篇要让他充分的预备，使他在堂下做。看题目难易，限他一星期或两星期交卷。'胡适先生在《中学国文之教授》篇中也说：'作文都概拿下堂去做。'因此，有好多教师也主张作文当在课外练习了。我以为作文各样练习的性质不同，课内或课外的练习，应视练习的性质而酌定。"他的意见切中时弊，符合实情，大多也言之成理。不过，梁启超、胡适若知，恐怕会报以"呵呵"。

自称国文界"百战老卒"，自认很靠谱的内行阮真，对胡先生甚不以为然，认为其观点脱离实际，陈义太高。其实，阮先生亦受内行之蔽：浅狭、偏执，无论他再怎么批评"大学教授派""自上而下"（由大学看中小学）思维，也难掩胡先生睿智之光。

阮先生著作等身，精耕细作，我过去曾赞赏其科学精神与勤奋敬业，今世学者更称道不已，称其为"我国现代语文教育研究的开拓者"，推崇备至。然而，拉开时空距离，居高临下看，其洋洋大观的国文学著作，不敌胡先生"质疑问难，大家讨论"八个字，遑论其他。

时光流逝，外在光环终将暗逝，唯文字裸呈精神之光，学者水平唯著作可见。光芒万丈的荣誉、名头，到终了，除孤芳自赏、自欺欺人，与写悼词满足家属虚荣心外，别无用处。这点，天才或庸才无异。不论是自以为是、自我吹嘘，还是美名令誉、粉丝无数，皆过眼云烟、水过无痕。

阮真颇自负、自信："作者（指称他自己）立论最重逻辑。条分缕析，颇有系统。凡所言者，最切实际。自谓所贡献于今日之中学国文教学者，不无精到之见地与实际之指示。虽尝博览各家之说，而不肯贸贸然采取之。故恒有严格之批判。"这话若由读者说没毛病，其自我评价也大致符合实情，不过，说本该别人说的话，便有点怪，有点自恋。

学者心性修炼至关重要。自恋，很容易逆转为自卑。自恋源头是自卑，逆转归位，妥妥的。他的不自信，也与学植不富、根基不牢、视野狭隘有关。

初始，我对他的研究方法、批判精神颇为服膺，对他贴近中学教学实际也很钦佩。在国文界大师、名家中，无人如此追求实证与量化分析，力求运用"教育科学研究方法"，得出科学、客观的结论，也很少像他那么了解中学国文教育状况，并试图实事求是地解决问题——他的自我表扬似不无道理。

然而，随着时间推移，研究日深，眼光蜕变，渐觉他"太对"、太实际，有些不对、不通透。难道运用"科学方法"结论就科学？百战老卒的阅历，贴近教学实际，实用性高就好？但究竟哪儿不对一时还说不清，于是便有进一步的反思与觉悟。

在"学者学"，这是有意思的个案，越嚼越有味。尤其自视甚高的阮真在事业鼎盛期销声匿迹，令我百思仍惊诧莫名、不得其解。

阮真即便确实很出色，也无须患得患失地惶急。怀才不遇，渴望爆红，汲汲于功成名就（他已很了不起，在学界，算少年得志、一举成名），这也许可以理解，但持此心态治学必难持久——他于20世纪30年代末，正值盛年，如日中天，却再无一篇文章、一本书，流星般骤然陨逝，不知与此焦躁心态有关合。

对他来去匆匆不辞而别，我久难释怀。但愿是某种偶然致使他杳无音讯，我不愿看到任何善意猜测被证实。

我为他的陨落深感惋惜，暗自揣度：干得太猛，积劳成疾病故；在战乱中遇到不幸；家庭变故心灰意冷；因时局、政治动乱，深陷生活困境……后得知他活到1972年——76岁，未必一帆风顺，但属于寿终正寝，到63岁退休前都在高校工作。他这代知识分子，生活艰辛、坎坷不算什么，学者沉默30多年怎么过，为何沉默，怎可沉默？语文学还是他的挚爱与生命寄托？那位风华正茂、斗志昂扬、意气风发、踌躇满志的新锐学者哪去了？

有人说他的退隐或与女儿走失有关，这可备一说。我以为若志在"立言"是不会因此沉沦的，学术信仰足可抵御一切——看来他并非如此。治学无信仰，不知止，便难善始善终。这究竟是何心态：爆发，沉默；愤激，沉沦——有学术挚爱与平常心不够，尚需矢志不移，方坚韧、持久。

阮真退隐原因实难揣测，但可肯定其内心挣扎过，毕竟他曾挚爱国文学，为此付出半生心血。他有权选择继续或终止，他人没理由说三道四。我只想从治学心理上一探究竟：学者若无"立言"之志、写作信念，遭遇困厄时言语人生是何状态。

学者动心忍性、心平气和才好。切不可要求太多，即便什么都没了，也还有足可容身、敬畏的学术象牙塔——人类情怀、终极关怀。哪怕是虚无缥缈、遥不可及的幻影，也温暖、美丽。唯丢失立言信念、利他情怀，没了造福众生、后世的希冀，才是学者大不幸。

功利心重，越急于求成，越患得患失，便越不堪一击。在挫折失意时，容易心灰意冷、精神崩溃，从而一蹶不振，这样的人并不鲜见。

学者忧患悲哀时当思司马迁，思之便不敢沉沦萎靡、自暴自弃。我曾无端遐思，要是在阮真悲观消沉、心灰意冷时，在那秋风飒飒、愁肠寸断的幽昧时光，收到司马迁《报阮真书》会怎样？阮先生国学功底不差，至少比我强。司马迁的《报任安书》定是读过的，可惜没读进去——若是写给他的，难道能不为所动？

古往今来，很少有人所受摧残、屈辱更甚于司马迁，他没倒下、没自杀，支撑他的就是人生观、价值观："人固有一死，或重于泰山，或轻于鸿毛。"此亦其言语信念、信仰之所由："所以隐忍苟活，幽于粪土之中而不辞者，恨私心有所不尽，鄙陋没世，而文采不表于后也。""究天人之际，通古今之变，成一家之言。""仆诚已著此书，藏之名山，传之其人，通邑大都，则仆偿前辱之责，虽万被戮，岂有悔哉！"在《报任安书》中，司马迁把生命价值、言语志向、忍辱偷生的原因，说得十分清楚：志向未竟、文采不表不能死，完成《史记》是活着的意义所在。死不足惧，未能青史留名、万古流芳才可怕——司马迁不曾想到受极刑、凌辱，终换来身后备享哀荣。两千多年后《史记》仍传世，英名家喻户晓，千秋万代被景仰。他的文采风流光耀日月，远胜帝王九五至尊。

人生不如意事常八九，挫折、悲苦是常态。老天不优待学者，与常人比，学者承受的失败、打击、不公、冤屈……一样不少，但不论受多大罪、多少苦，只要想想司马迁，一切便可释然。与司马迁蒙受奇耻大辱而能忍辱负重比，与他生不如死而死得其所——"重于泰山"《史记》垂范万世比，现世的冤屈不平、遭遇不公、天灾人祸……多不值一提，权、名、利，不过是过眼云烟，一切皆可放下。归根结底是"你想要什么，想成怎样的人？"这是人生，也是教育的首要问题。

司马迁是中华民族文化的精神象征，"立言"信仰、人类情怀典范，应成学生、学者崇拜的大神。

语文教育不考虑"为什么教"，培养什么样的人，树立怎样的言语信念：是"立言者"还是"语用者"，或是巧言令色的"伪君子"，总纠结于"教什么""怎么教"，既荒唐，也悲哀。说句不中听的，在应试教育下纠结的"教什么""怎么教"，无非是制造没灵魂的考试机器，培育口是心非、言不由衷的"伪君子"。——所谓教得"好"，就是使学生"伪"得逼真、巧妙。

固然不指望学生、学者都成司马迁，但应有言语信仰、人类情怀。如此求知、治学，才有美丽人生可言。

司马迁不也感叹"古者富贵而名摩灭，不可胜记，唯倜傥非常之人称焉"？因而向往成为像文王、仲尼、屈原、左丘、孙子、不韦、韩非那样"倜傥非常之人"，在困厄中不沉沦，以先贤"立言"事迹为榜样，从而忍辱偷生，发愤著书立说，完成"史家之绝唱，无韵之离骚"，得以声名传后。

从医者须学习、遵从《希波克拉底誓言》，郑重宣誓不违背誓言，这是全世界医学教育第一课，体现"以德为先"、"医德"高于"医术"的育人标准。学者入行时应否学习并遵从司马迁《报任安书》中誓言，以其信念、信仰为信念、信仰？誓言虽无大用，未有约束力，终身践履很难，出尔反尔不乏其人，但有必要让从业者明白，什么是值得终身景仰、奉行的信念、信仰。

张载的"四为句"："为天地立心，为生民立命，为往圣继绝学，为万世开太平"，掷地有声，大气磅礴，可谓"人类情怀"千古高标，堪称言语信念典范，而太史公的《报任安书》则掏心掏肺、哀婉动人，让人感同身受、刻骨铭心，期冀仰望追随之。

学者心猿意马、有始无终，病在没搞清为何治学，生命意义何在，缺乏精神依存的终极关怀。如果治学只作功名、事业或谋利工具，或出于一时兴趣、爱好，从一开始就错了，势必走不远，谈何"为万世开太平""虽万被戮，岂有悔哉"！

我对阮真观感转变，除了他未以治学、立言为信仰外，还有诸多可检讨处，就其治学方法论不妨再多说点儿。

20多年前，我写《中国现代写作教育史》，在图书馆查资料，无意间见到阮真上世纪20年代末、30年代写的书竟有一大摞，在《教育杂志》《中华教育界》等也有不少文章，猛吃一惊：这是闻所未闻的名字。拂去时光尘埃，仿佛发现湮没的珍宝。那时国文界，未见谁比他著作更多，更"专业"。读阮真，我甚至比读胡适、黎锦熙、夏丏尊、朱光潜、朱自清……还兴奋、解馋——现在回想起来实在太浅薄。

此人我先前闻所未闻，也许是小人物陡然崛起，半文学半科学的研究背景，犀利的批判性思维等，锋芒毕露、咄咄逼人的锐气，一下攫住了我的目光。他既懂文学又懂教育，忘情投入研究，方法科学、理性，堪称理想化的语文学者——国文界称得上学者、做真学问的罕见，多是"客串"的名人票友。他是认真、踏实做研究的，不空言理论，贴近教学实践，所言有针对性、实操性，这正是一线教师最期待的。国文界多走夏丏尊、叶圣陶、朱自清的随笔、短论路径，鲜见"科学化"的严谨、实证的论文。从这意义上说，阮先生对语文教育科研似有启蒙价值。这让尚属"菜鸟"的我着迷、惊喜，甚至崇拜。

不可否认，在国文界，他的论文、著作别具一格，十分抢眼。很长一段时间，我眩晕于他的学历、工作履历、教育学背景等耀眼光环。

然而随着视野拓展，眼界提高，反思阮真，便铅华褪尽、光芒不再：一缺哲学思维；二缺"三通"背景；三缺"汇聚"与"体系化"能力（缺"二"，也就缺"三"）。他没"述学"过，未下"治史"功夫，属于无"根"学问；缺乏良好的认知结构，视野狭隘、局促，便无强大的思想建构力；无大创制才能，顶多是能工巧匠，难称大师。他在天资、学养上，与胡适、黎锦熙、夏丏尊、朱光潜……不在一个层次。如此，怎么愤激、勤奋也白搭。

若天资、素养不足，再注重研究方法也无济于事。成也萧何，败也萧何，"科学"反被"科学"误，"科学"与"伪科学"只一步之遥——在语文界，"科学化"始终是难解之谜，较之实证、量化分析，学者更需学养、眼光。

今天语文学讨论的"科学化"，如教材——识字教学，阅读量，教学内容、主题、文体、技能训练等的"序"，语言学、文艺学、解读学等知识，各种阅读、写作、口头表达的评价标准等，即便"证据"确凿也未必"科学"——"实证"也常导致偏见。如"实证"的语法学，若于写作实践一筹莫展，反而有邯郸学步之虞，恐怕就离"伪科学"不远了。

眼光、目标错，方向便错。方向错，一切皆错。有人一辈子没醒过神来，自以为是却一错到底，就是如此。

若天赋平平，凭借、受限于有限的专业知识、经验、方法，未经"三通"沉淀，学养不足，眼界狭隘，缺乏哲学思维与跨学科整合的视野，便无深邃眼光，难成大学问。大学者则可融会贯通、触类旁通，从而突破经验、知识藩篱，以致超越"内行"。自然，要达成汇聚、整合、体系化，须下大功夫——单靠天资聪颖也不行。

我对阮真惋惜多多，他的缺陷不但在天赋、学养，还在囿于教育学"常识"，离现象太近，离本质太远。迷信"科学化"，"一叶障目，不见泰山"，沦为"科学主义"。也许恰被引以为豪的教育学背景、教学经验害了，被绑架套牢而不自知。就是胡适所批评的："'内行'的教育家，因为专做这一项事业，眼光总注射在他的'本行'，跳不出习惯法的范围。……很不容易有根本的改革。"自以为贴近教学是优点，脱离实际是胡适的缺点，却不知广博、智慧、深邃——眼光才是决定性的。他以为遵循教育科研方法，充分占有材料、定量定性分析，便能得出正确结论，其实未必。能否获得真知灼见，更取决于才华、史识、学养，取决于综合素养——内宇宙。这决定你能看到什么，看得多深，走得多远。

学者智慧水平取决于综合素养，综合素养高，即有眼光。不少人有视力，没眼光。对学者来说，视野、眼光——格局、境界高于一切。有务虚性、超前性，才有他人未见之洞见。

你可以不喜欢梵高或毕加索，但如果不喜欢、否定所有举世公认的大画家，以为唯独自己的画最好，那一定有问题——是没品位、没见识的表现，或是心态有问题。不是没眼光就是没胸怀。

研究可就事论事、实事求是，有时更要超脱出来，脱"实"就"虚"，就"虚"论"虚"。不可过分迁就现状，只顾眼前功利，要有前瞻性。否则，便会沦于实利主义、伪科学，以假为真。"生活教育""生活写作""教法主义""技能训练""双基教学""标准化测评""为读而读"……是前车之鉴。

批判与改革，若只在枝节上争论是非，纠缠不清，未触动根本，隔靴搔痒，便没意义。或对深刻浅理解，对深邃不理解，便排斥、反对，或迷信、盲从感性、经验、常识，以错为对，生搬硬套"西方"理论、"外语"教法……这些情况颇常见，皆才气、学养、眼光不济所致。

反观现今倡导批判性思维，目标大致是对的，做法则舍本逐末。结果是人格、学问没长进，倒养成偏激、矫情的品性——批判性思维能力，需相应的能耐，不是想批判就能批判。

批判性思维是工具——方法，不是谁都可以用好。缺乏广博深厚的学养、强大的思想创造力，批判就成了"搅屎棍"、恶作剧：不问青红皂白"抬杠""唱反调"。不论对错，先批判再说，"有理三扁担，无理扁担三"，是非不分、胡搅蛮缠。这类批判非但一钱不值，甚至低级、下作，败坏学术风气、人格，打着批评性的幌子，行强词夺理之实。

没学问、眼光，没学术良知，为名利，既可用批判打棍子，也可巧言令色、溜须拍马、文过饰非。言语行为、方式与人格攸关。"有德者必有言，有言者不必有德"，说的就是这个理。

任何时候，德行、学养都高于研究方法。使用工具的是"人"，无德者用好工具做坏事，不会使坏事变好事，只会使坏事更坏。这是培养批判力务必警惕的。

批判与保守，是丑陋人格的一体两面。批不倒对方，就顺势从批判滑向保守。"跳不出习惯法的范围"是"内行"专家通病。站在"习惯法"立场，不但不可能有根本性改革，而且盲目捍卫原范式，拒绝创意，尤其是范式革新。

有些学者离大师一步之遥，就是功亏一篑，跨不出去，从此画地为牢，原地踏步。这就是阮真的悲剧。在10年中，他把能做的做了、能说的说了，站在人生十字路口，不知路在何方，既超越不了别人，也超越不了自己，再做充其量是重复——选择沉默，也许不失明智，但言语生命早夭原因不止此，值得深入检讨。

阮真学术生命之钟停摆于40岁，对言语生命力强盛的人而言，匪夷所思。窃以为他病在青年得志，走得太顺，因而自信、自傲。自认为"半文学半科学"头脑，懂得"教育科学研究方法"，教育实践经验丰富，就无往而不利；自视甚高，为"不受重视"而愤愤不平，看不到他人之长，自己之短，怨天尤人，未能反求诸己，自我遮蔽。遭受人生坎坷，便萎靡不振，对世道失望，也对自己失望，究其根由，是无"立言"之志，未能知止而行，无定力、恒心，故缺心理承受力，学术生命中道夭折，后半生几无建树。

在功利、浮躁之世，阮真现象值得反思、深思，作前车之鉴。

撇开别的不论，他引以为豪的教育科研方法尤须检讨。他以为研究最"科学"，分析、理论最公允，不承想，恰在"科学主义"的阴沟翻船。

教育科研方法并非万应灵药，若"三通"底蕴不足、目光短浅，什么法都无济于事。量化分析，精密统计，并不能保证结论正确。任何方法都不能包打天下。用科学的研究方法，也会得出不科学的结论。不用科学的研究方法，也可能得出科学结论。关键看论者是谁，他的天赋、准备状态如何——眼光如何。

相同的"量"，因眼光不同，结论各异。

科学认知不完全靠"理性""量化"，事物之"理"是多种多样的，就跟"逻辑"不只是"形式逻辑"一种。"理"基于经验，高于经验，如果经验简陋、狭隘，理性便贫瘠，无所凭依，难以升华；拥有经验不同，理性认知便有差别。何况许多事物之"理"——义理、太极，西方称"绝对理念"之类，非常人感知、思维可及，即所谓"第一义不可说"。

在目光犀利的天才——思想巨人那儿，其认知超乎常人，感知、现象、抽象、具体、感觉、直觉、猜测、想象……的悟性思维逻辑，甚至比经验、资料的积累、分析、判断、推理等所谓的"科学"方法还精准。如有超人智慧、敏锐眼光、丰厚学养，加之非凡的想象力，以往"科学主义"倚重的量化、经验、资料、分析、综合等，就变得不太重要，这就是天才与庸才的差异。

要是本体论、基本观念错，再严谨、精确的量化分析的结论也是错，所做的研究便无意义，甚至还会误导读者。

例如，阮真对他自己所有著作的评价，《中学作文题目研究》是最满意的，认为其"稍稍近于科学研究者"："初拟计划，欲搜集国内各级中学之实际作文题三万，发出调查表二百七十余份（每份可录百题），惜乎填写寄来者，仅十三校，只得一千零九十五题。合各书局历年征集之全国中学作文成绩十一部，录得五千零四十五题，共计仅有六千一百四十题。"其研究目的：（1）从国内各中等学校历年实际作文题目中选取比较优良的题目，按年级程度分类排列，以供各校作文教学之取材；并可在各类选取题目的程度判别统计结果中，察见各类题目在各年级教学上所占的比例数量。（2）根据各期题目分等鉴别之结果，加以批评，可以察见各期中学作文教学思潮及方式，以供研究中学国文教学之一部分参考资料。（3）根据各期文题鉴别统计之结果，为比较的研究，可以察见各期中学作文教学之进步状况，以供中国教育史家及中学国文教学研究专家之一部分具体的教学历史研究资料。

阮真用竭力搜集的大量作文题来研究，按说有一定普遍性、客观性，但是从中"选取比较优良的题目"作统计分析，所谓"比较优良"，就是主观的。"各期题目分等鉴别"，所分的甲、乙、丙、丁四等，此分类也是主观的。至于"可以察见各期中学作文教学之进步状况"，什么是"进步"，就更主观了。就判别作文题目优劣看，他的标准是"生活本位"，且最看重"应用文"："我何以把应用文特别重视呢？一则因为社会各种职业界的人以及学生父兄，都知道应用文的需要特别大，而现在中学毕业生对此特别欠缺。二则现在的中学国文教学，还有大部分的文人教育的因袭的势力。"——从实利主义教育观出发，反对"文人教育的因袭的势力"（这在当时占"大部分"），在反对古典主义——传统文化教育的背景下，以是否"实用"——对现实社会、经济生活是否有利为出发点，对作文题目认知能是"科学"的吗？

眼光——价值观、认知背景，高于所谓的"科学头脑"。是眼光决定认知，而非定量分析决定认知。

至少在人文社科领域是如此，自然科学领域另当别论——需要思想实验（或理论推理、假说）与实践验证，思想实验往往比实践验证还重要，伽利略对亚里士多德"自由落体运动"观的质疑就是经典范例。自然科学实验有可检验性、可复制性，社会科学，尤其是教育学实验，往往难以复制，其相关时、空、人、物等条件不可一概而论。母语教育与外语教育不同，汉语母语教育与英语母语教育不同，就是同以英语为母语的美国、英国、马来西亚……母语教育要求也不同。学生情况更是千差万别、独一无二，无法归于一是。人人都需要一双合脚的鞋子，而不是同一尺码的鞋子。因此，靠量化、定性分析得出所谓的教育规律，可能既没普遍性，也没特殊性。重要的是要从学生个体特殊性出发，选择与其相匹配的教育方法。教育价值观不同，对样本选择、统计数据的定性也不同。

我不绝对否定教育测量的科学性，对统计学、概率学起码的尊重还是有的，但是，这些教育科研方法即便能锦上添花，也是辅助性的，是获得结论的手段之一，统计数据可作论据之一，而非定性的唯一依据。运用该方法不是雪中送炭，未能从根本上提高认知水平，未必能帮才力、学养——眼光不逮的忙。不明白这点很可怕，以为靠某方法可轻松胜出，只要"量化分析"定性便正确，而且还不用自己烧脑，只需轻松"拿来"，引进、复制他国研究成果，管你是"英语母语""日语母语""芬兰母语"教育，反正都是"语文"教育。这势必弄巧成拙，不但断送自身研究价值、学术前程，更断送汉语母语教育前途。其错在不知该做什么、怎么做，懒得在汉语母语教育史上用力，只想走捷径。

笃信科学主义，是今世学人，尤其是学教育之人的盲点。历史总在不断轮回，食洋不化、自以为是的人还在步其后尘，如能借此案例提个醒，也算没白为阮先生牵肠挂肚，神交几十载——唯悔觉悟太晚。

经验、方法，不太靠得住。读专业书，或博览群书，也未必靠得住。

学者须"温柔敦厚而不愚"。"温柔敦厚"——德性修养自不待言。"不愚"，看似容易，实则不易，最不可或缺。否则，一切努力尽付东流。

学者之"不愚"，一靠才气，二靠学养，三靠方法（方法不限于占有资料、统计分析等）。归根结底是才气。有才气方能悟道、明理；有了才气、学养，懂得读书、治学方法，学养始变成学问，从而得窥学术门墙，登堂入室。

曾经超自信的阮真，人到中年，觉才气、悟性不足，韶华虚掷，于是颓然收手，也未可知。若如是，不失为谢幕退场最正当理由——当初我只见其履历、气势与成果之多，是高看他了——以其孤傲、自负而言，幡然悔悟的可能性不大——不过也难说，从一个极端到另一个极端不过一步之遥。

学者之"大"，撇开学养、勤奋等不论，"大"在志向高远、天赋异禀、胸襟广阔、眼光毒辣。除了天赋无法强求，志向、心胸、眼光修炼，则操之在我。这三者，都与心性陶冶有关。对此，宋代高僧释文兆的诗，颇值玩味。

巴峡闻猿

倚棹望云际，寥寥出峡清。
心如无一事，愁不在三声。
带露诸峰迥，悬空片月明。
何人同此听，彻晓得诗成。

心境决定视境，视境决定学境。"心如无一事，愁不在三声。"人心清净空寂，了无挂碍，就不受外物的干扰，纵使猿啼声声，也不会引起愁绪。内心平静、澄明，就能看到真形美景，即如《坛经》所言："不染万境而常自在。"心灵从容、闲适，便超凡脱俗。此"自在"人少，故呼唤"何人同此听"。心明如月，世事彻晓，其"诗"乃成。心境宁静、自在，便无旁骛；治学有恒，方有大境界、大学问。

人心清净空寂不易，须有信仰支撑、托付。无信仰，便无心静。学者亦然，无"立言"之心，便患得患失、争胜使气；杂念丛生、与世沉浮。

对阮真，我承认缺乏"了解的同情"，也许是我误解、苛求于他，但愿我错了。我无能，没法对所有人皆具"了解的同情"。尽管这既不可能也没必要。我向往对先贤有"了解的同情"，然而，我未能与他们处"同一境界"，心有余而力不足。"了解的同情"貌似容易实艰辛。

阮真的科研经历，可谓语文界追求"科学化"历程的典型个案。在这条路上，语文界前赴后继地陷入"科学主义"，不好好汲取教训，还将无止境迷失。

"科学化"看起来很美，做起来，却多是"伪科学"——此非"交学费"可解释，也许，语文学研究"科学化"本身就是条死胡同。

三、叶圣陶：大师本色是"文人"

说到胡适、黎锦熙、朱光潜、朱自清、阮真，不能不说叶圣陶。谈论语文学、语文圈，最不该遗漏的就是叶圣陶先生（1894—1988）。他是大家最熟悉、尊敬的，却未必最了解——他也未必了解自己——自己往往是最大的盲区。

我的语文学转向，从某种意义上说是为了叶圣陶。叶圣陶语文教育观，是我洞察现代语文教育的窗口，也是我的第一标靶。我国现代语文教育是由叶圣陶主导的，至今无实质性改变。要告别百年败绩，拨乱反正，难道不应从检讨其本体论、指导思想入手？因而，我的入行，我写《语文：表现与存在》，部分原因是奔更好地了解叶老来的。矛头所向，是叶老等前辈建构的语文教育范式。

我转向入行，就是要弄清语文教育长期溃败之症结，以正本清源，革故鼎新，因此，势必要与最具代表性的高手过招，否则就没意义。

从结果倒推原因，找症结所在，是顺理成章的事，然而，某些"信众"则以为大逆不道——叶老是语文界头号"大神"，顶礼膜拜多年，若被端走拜谁去？写论文都没处找"理论论据"。他们病在不知学术伦理——唯真是从。

在圈内人心目中，叶老是货真价实的大师。相信这没人敢质疑——他不是谁是？地位、名声、著作在那儿，谁比得上？

越稀缺越希望有大师。人是制造偶像的动物，语文界尤甚。古时上学拜孔子，而今语文教师要拜叶老，天经地义。无形式之拜，必有实质之拜——迷信。语文教师不读什么也不能不读叶老。这我认可，而且鼓励，虽然读的目的不同：他们是盲从，我是扬弃、超越。我不敢说最了解叶老，也算是研究较深的。

语文界多不知黎锦熙、胡适、夏丏尊、朱光潜、朱自清、阮真做了什么，从入语文圈起，只听说过叶圣陶。现今主流语文认知便是拜叶老所赐。语文学入行，不能不读叶圣陶。读叶老的书，无论从哪方面说都应是语文人的底线。

叶老是名正言顺的祖师爷，语文圈皆是其徒子徒孙——吃"语文"这碗饭，想不是都不成。某些语文教师、学者以为不读叶圣陶也没啥，甚至更好，可不受其影响，另起炉灶、标新立异，这便是鲁迅说的提着自己头发想升天：自欺欺人。

语文界找不出谁比叶老更具持久影响力。当叶老同辈人纷纷退隐、消逝，唯他坚守至生命最后一息。"众芳摇落独暄妍，占尽风情向小园"，举世瞩目、众皆景仰。叶老受尊敬，当之无愧、实至名归。他于我，曾是高山仰止的存在。

叶老著作我置于案头，几十年没断过拜读，不少文章研读不下数十次，常读常新，受惠匪浅。说"读不尽的叶老"并不为过。读他，研究他，既是请益求教，也是探索语文教育落败的原因——大船抛锚、触礁，亟待向船长了解原因，这是常识。最了解现代语文教育的非叶老莫属，他是规则制定者，百孔千疮的语文大船的船长，不向叶老求教问谁去？

读懂叶圣陶，才懂现代语文教育病根：时代变局中集体迷失——背弃传统，母语教育外语、"二语化"。废除读经科，反古典主义，汉语母语之魂安在？

各学科皆有绕不过去的人，于语文学，叶老是最绕不过去的。

叶老能成语文界旗帜，自有其过人处。他的语文教育阅历与认知，几乎就是一部中国现代语文教育史。他的经验、知性思维超乎常人，文字鞭辟入里，思路清晰，条理清楚，水平远高于中位线。其实用主义教育观，所言符合20世纪前期国情与教师教育经验，贴近教学实际，这是受追捧的主因，也是其生命力所在。

若论大师就要用大师的标准。大师不好当，祖师爷更不好当。偶像，既受膜拜，也是众矢之的。大师有贡献，也有局限，其局限影响全局。叶老不仅是语文学大师，还是学科第一领军者，对其要求又有所不同，尤须审视、检讨。

对叶老语文观说长道短，并非针对他个人。既为振兴语文教育，也为研究如何"治学"，并无丝毫贬低之私心；既是出于对"语文英雄"的恭敬，也可从经典个案中总结经验教训。为后学提供治学方法借鉴，这是"学者学"的题内之义。

民国国文界，如果阮真半途而废是悲剧，现代语文界最悲剧者当属叶圣陶。他是语文界的灵魂人物，范式、规则制定者，他亲睹其溃败，却无能为力、回天乏术，还有比这更深重的悲哀？此非常人可承受之痛。既无力振兴仍不离不弃，实难能可贵。他对语文爱多深，痛亦多深。

叶老毕生奉献于语文教育，众皆以为辉煌到极致，至今仍崇拜着，迷信着，却不知其悲剧比阮真大多少倍——现代语文教育一蹶不振，此"锅"由他背确实有点儿冤：谁处他的位置，语文教育怕都好不了。在某种程度上，他是替时代"背锅"。直到他走了，可"后叶圣陶时代"理念没变，语文教育没见好，所以这"锅"他还背着。对此，大家心知肚明，能理解、体谅，冤情不必细说。

时势造英雄，也毁英雄。毁誉往往身不由己。

叶老是敢于正视之人，曾极力维护白话文教育，见不得说自家孩子不好，千方百计为其辩解，不承想孩子不争气，不招人待见，痛定思痛，几经挣扎后他坦承："他科教学的成绩虽然不见得优良，总还有些平常的成绩；国文教学却不在成绩优良还是平常，而在成绩到底有没有。如果多多和学校接触，熟悉学校里国文教学的情形，就会有一种感想，国文教学几乎没有成绩可说。这并不是说现在学生的国文程度低落到不成样子的地步了，象一些感叹家所想的那样；而是说现在学生能够看书，能够作文，都是他们自己在暗中摸索，渐渐达到的；他们没有从国文课程得到多少帮助，他们的能看能作当然不能算是国文教学的成绩。另有一部分学生虽然在学校里学习了国文课程，可是看书不能了了，作文不能通顺。国文教学的目标原在看书能够了了，作文能够通顺，现在实效和目标不符，当然是国文教学没有成绩。"[①]能正视现实、自我否定，叶老值得敬佩。

1949 年至今，语文教育没有什么实质性改变，依然没什么成绩可言，这从吕叔湘、张志公二位先生对多数中学生语文不过关，中国人学母语比学外语还难的评价，可见一斑。叶老仙逝 20 多年后，学生厌学语文有过之而无不及，依然大多数语文不过关，"吕叔湘之问"仍是高悬在语文界头上的达摩克利斯之剑。

权力与责任对等，责任与担当对等，这么说大约没毛病。可我以下不讨论

① 叶圣陶：《认识国文教学——〈国文杂志〉发刊辞》，见刘国正主编：《叶圣陶教育文集》（第 3 卷），人民教育出版社，1994 年版，第 91 页。

责任归属问题，也不探讨语文教育长期溃败的原因，只谈学科领军者应有的素养、眼光，以期亡羊补牢——这由本书"学者学"宗旨所决定。

对叶老的语文教育观，其成就与贡献，我在《语文：表现与存在》《语文：回望与沉思——走近大师》和一些论文中已说很多，总字数有十几万字，成果获评全国叶圣陶研究会一等奖。尤其是《语文：回望与沉思——走近大师》，作了较全面、系统、深入的评述，其目录（提要）如下，可一窥概貌。在客观描述中，我对其颂扬、崇敬之情溢于言表，想必大家不难体会到。

《语文魂、世纪梦：一个平民教育家的精神苦旅
——走近叶圣陶》

● 导言：全中国孩子、语文教师的良师益友，一位纯粹的知识分子，我国语文教育史无法绕过的精神存在。为现代语文教育奠定了平民化方向，为此践履毕生。

● 实用主义教育家的大悲悯，平民教育理想：生活本位论和工具论。前者为本体论，后者为功能论、教学论。"应付生活论""应需论"，是20世纪语文教育的元理念。

● 针对"重写"倾向，提出阅读是写作的"根"，是"基础"，认为阅读还是一种独立的能力与目的，确立了"阅读本位"指导思想，形成了现代语文教育的"重读""精读"传统。

● 为文学教育提供鉴赏理论和方法——意义：观；态度：玩；本体：我；预备：知识、语感；途径：词句的字面和背面；凭借：生活、经验、想象、语文素养；参考：他人的评论。

● 精心结撰了20多套教材，周到和精致，达到了时代的极致。和夏丏尊合编的《国文百八课》，精湛的教材理念，精彩的"文话"和"文选"，令现今编写者徒叹奈何。然而，解放后的教材远不如前期。

● 继承了中国和西方教育文化的精髓，倡导以学生本位、以"求诚"为核心、引导学生自悟自求，试图建立良好的认知、人文背景。由于外部干扰，这些教育诉求尽为泡影。

● 主张听、说、读、写并重，培养形式感、文体感、语感，写作应以写生为主、临摹为辅，先求它"通"、又望它"好"等。在应试教育背景下，涛涛宏论尽付东流。

● 实现了语文教育从古典向现代、贵族向平民、文言向白话、为功名向为实用的转型，建立了现代语文教育生活、阅读本位范式。时至今日，也逐渐暴露出了时代和认知局限。

● 结语：一个平民教育家为"为人生"的梦想竭尽全力："工具论"未成为现实，"立诚论"终归破灭。语文教育理想终成南柯一梦，这是一个精神苦旅。但历史会记住这位语文英雄。立足于表现与存在的"言语生命论"，将是 e 时代的梦想，我们也会成为"稻草人"吗？

由此可知我对叶老语文学观及其功绩已说得较充分，虽也谈些问题，但总体上是肯定与褒扬。在"后叶圣陶时代"，叶老语文教育观仍是主流，对其研究便不乏肯定与褒扬，多我一个不多，少我一个不少。——撇开外部因素影响，说叶老自身的误区、教训，可能同样有警策、启示意义。

叶老语文学观最大的问题是本体论偏颇，是"生活本位""实用主义""工具主义""技能主义"，经验思维是其软肋，去古典主义是其误区，实用主义是其死穴……这些在《语文：表现与存在》中已有详细讨论，因而无须重复——太费篇幅，太学术化，读着也累人。此处只是拾遗补缺，从学科领军者视角来谈，与诸君一道反思，谈点儿经验教训。也许有些话不太入耳，可都是掏心窝的话，如有不妥，敬请指教、批评。

困惑一：领军者是否要有原创性理论建树？（领军者特指某学科、专业的最高学术领导者）

一般而言，领军者对该领域应有卓越的理论贡献，其主要标志是有高水平学术专著。叶老有原创性语文教育理论吗？没原创性理论就没高水平学术专著——这话自然也可反过来说。叶老没有语文学学术专著，指的是没有独创性、理论性、系统性的著作。他不但没有语文学学术专著，也没有学术论文。著作多是随笔、杂感的结集。其中最貌似论文的《作文论》一篇，也没"论"起来，只作"常识"的平面阐释。

其实不必大惊小怪，非但叶老没有，当时国文界也很罕见。往大处说，中国教育界又有多少原创性教育理论专著？所谓原创性教育理论，指的是在哲学、本体论层面开创性的理论成果，宏观性、整合性、系统性的学科学术建构。

普通语文学者没有，情有可原，领军者没有，算否缺憾？止于经验思维、随笔写作，如何高瞻远瞩、引领方向？

以同时代、同为领军者的黎锦熙做参照，他20世纪二三十年代着急推出的《新著国语文法》《新著国语教学法》《国语运动史纲》，都是开创性、体系性、奠基性的。尽管这也不能称原创性语文教育理论著作，但大致可称学术著作。他知道白话文草创期最该做什么。

困惑二：教育领军者主要精力该用来搞研究还是编教材？

众所周知，叶老热衷编教材。叶老独编或与夏丏尊、顾颉刚、郭绍虞、周予同、覃必陶、朱自清、吕叔湘等合编许多国语、国文教材，多达二三十部。编教材很耗时间、精力，他为何乐此不疲？民国时期中小学国文教材数以百计，参编教材学者众多，是为牟利，还是为教化，抑或二者兼而有之？叶老属哪一类，抑或叶老纯粹因为喜欢编辑、出版职业？——基础理论研究滞后，编教材再多何益？

如果是职业编辑，可借助他人理论，一辈子默默编教材。作为语文教育家、领军者，似应把主要精力放研究上，形成自己的语文教育理论体系，没精深理论研究能编出好教材？不知叶老是否想过暂停编刊物、编教材，潜心治学，写本重要的原创性语文学论著？是不能还是不为？

教材是需要，影响人甚多，有必要努力为之，但要先弄清为什么学语文、该怎么学。至少要用大半精力思考这问题——汉语母语教育史研究，最不可或缺。否则，必事倍功半或误入歧途。

叶老靠一人之力撰写全套国语教材，精神可嘉，但不敢恭维。了解《昭明文选》《文章轨范》《文章正宗》《古文观止》《古文辞类纂》《经史百家杂钞》……就明白教材之道：选文须历代名家名篇，须经时间、实践检验。时文须文质兼美，量不可多。小学教材也概莫能外。

困惑三：领军者所从事的事业应否是自身优势才具？

领军者在该领域研究应才华出众，这一才华应是自身的优势才华，这大约不会有太多异议。叶老入语文圈是否入错行？叶老终其一生没写语文教育理论专著，也许他的才华是在文学上，他本质上是作家，准确地说是童话作家。他写得最好的是童话，如《稻草人》《古代英雄的石像》等，如继续写下去，能否与张天翼媲美不敢说，肯定能成出色的童话作家，其成就不比编教科书、写教育随笔、搞语文教育差，对孩子成长同样大有裨益。他放弃童话创作，转向语文教育、进入出版界……后悔过吗？

作家、学者、编辑、教育家、出版家、社会活动家，思维方式不同，教育认知有别。喜欢搞创作、写随笔、编教材、参与社会活动，却不写学术专著，这也许不是学者、领军者思维。

困惑四：领军者可否心有旁骛、见异思迁，是否事业、事务多多益善？

领军者意味着责任，也是约束。叶老一生从事过许多工作，当教师、当官是否适合？他一生当大、中、小学教师时间都不长，初当小学教师很不适应，厌教，他是否适合、喜欢当教师？他大部分时间在搞创作、编刊物、编教材、当领导。曾在商务印书馆、开明书店当编辑，编过许多刊物、教材。1949年后，任人民教育出版社社长、出版总署副署长、教育部副部长、中央文史研究馆馆长、全国政协副主席等。他当教师是否不如当编辑、出版家、领导出色，或正相反？他最大的业绩是什么？哪一职业、职务更适合他？

恕我愚钝，很难想象一个人可做这么多事。单文学创作，叶老几乎涉足各种文学体裁，单小说，短篇、中篇、长篇全有。编的报刊种类繁多，有报纸、杂志，时事类、文学类、教育类、语文类、妇女类、学生类、评论类……不一而足。编的教材，小学、初中、高中……还担任重要的领导职务——叶老是否想过最适合做什么，学科领军者可否一专多能、能者多劳？

困惑五：领军者是否要当官才能自我实现，治学与当官是否有矛盾？

越来越大的官帽，对教育领军者是助成还是损害？担任诸多领导职务，还能全情投入于思考语文教育？叶老后半生官运亨通，是心向往之，还是阴差阳错、不得已为之？他回首人生时，是否闪过这样的念头：这个笨嘴拙舌腼腆的小子，不怎么擅长社会活动的人，一不小心竟成了"大领导""社会活动家"——不当教师、作家、编辑，去当官，于他是得还是失？他想过后人会怎么评价自己吗？这得失不只是他个人的，关系到语文界、语文教育。

以才能、个性论，他不太像官。在我心目中，他性格内向、不善言辞、慈爱随和、与世无争，他爱孩子，爱写作、爱语文，作家、教师、学者、编辑、出版家……这些随便他挑，其才能也许都比当领导强。难以想象他为学生"语文不过关"痛心疾首，却将宝贵时间花在行政事务上。是爱莫能助，还是"政治智慧"——不是说他不能当官，而是他做什么最适合。鄙人笨拙看不懂。

困惑六：领军者面对全局性痼疾是否要作深刻、系统的反思？

窃以为对全局性问题的反思，领军者责无旁贷。语文教育始终低迷，每况愈下，似未见叶老的系统反思。他 1942 年坦承国文教学几乎没有成绩可言；1949 年后，他领衔的语文教育仍无起色，对此叶老不会看不出。面对"吕叔湘之问"，他心里什么滋味？作为这一时期领军者，他反思、否定、自责过吗？记得张志公曾自责：中国人学自己的语言比学外语还难，我们这些搞语文的是要负责任的。——作自我批评的确很难，尤其是领军者。但不能因为难不反省，哪怕谈谈经验教训也好。

不作系统反思，不知症结所在，就不可能真正改弦易辙，有所超越。正由于始终缺乏认真反思，陈陈相因，语文教育便继续沿着"西化"之路愈走愈远，"实利主义""工具性""标准化测评""伪科学化"……愈演愈烈，以致酿成 20世纪末"误尽苍生是语文"的全国性声讨。也由于迄今没有系统反思，不论怎么"课改"仍是换汤不换药。

不反思、不检讨，没有理论突破、观念更新，没有根本性颠覆，就不可能有真正的实践变革。

可以想见，叶老生命的最后时光最放不下的是语文溃败，因为这毕竟是他的初心所在。他犹如童话里的"稻草人"，眼睁睁看着周遭的苦难，心有余而力不足，任凭孩子在水深火热里煎熬。高中毕业生还文不从字不顺，语文教学仍"几乎没有成绩可言"，当是他此生最大憾恨——要是能换的话，相信他宁肯用一生荣耀，换孩子语文好。语文好比什么都好。

叶老的语文理想终为泡影，他的人生注定因此而黯淡无光。悲剧根源不外乎时代与个人局限。时代局限难免，个人局限可免。对其个人局限，这里只谈最重要、最浅显的：缺乏历史承传意识，即缺乏汉语母语教育文化承传意识。

他——他们，丢掉"汉语母语"金钥匙，拾了把"外语"钥匙当宝贝，一个劲往"汉语母语"锁眼里捅，捅了一百多年捅不开，也不想想为什么。

这惯性思维虽与时代有关：封建教育——传统母语教育被贴过标签，旧教育是坏教育。研究旧教育是难，可未必就不能研究，只是需要智慧。客观描述、总结规律，不纠结于是非、得失，就是一种合适的方式。张志公能研究传统语文教育，总结其规律，取其精华，他人为啥不能？对于语文教育领军者，此非可有可无、可做可不做，而是非做不可。

我之所以检视叶老，因为他是领军者，语文界众望所归、仰之弥高的泰斗。但越是受崇拜的领军者，若缺乏承传意识，迷失方向，越是会连累学者、教师也缺乏承传意识，导致全局性、继发性迷失。至今语文界尚无承传意识，罕见有人在此下功夫，便是陈陈相因的果报。丧失汉语母语教育的民族性、文化性、立言性之魂，内涵深厚的"母语"，变质成"语用化"的"外语""二语"，怎能教好中华子孙？二者教育目的、性质、任务有绝大差异。

　　如果是语文教师或普通语文学者，这也许不是大问题，尽可随心所欲，碍不着太多人。可领军者不同，若不识汉语母语教育特点、精髓，误判、误导，断送的不是个人，而是整个语文教育事业。

　　当世学者所做的工作，是人类、先贤所交付的历史链条中的一环。领军者尤要对历史、现实、未来负责。

　　现在是过去的延伸，未来是过去、现在的承续。白话文与文言文都是汉语母语，白话文教育也是汉语母语教育的一部分，其教育文化核心内涵一脉相承。母语教育传统戛然断裂，其结果必然是失魂落魄，找不着北。

　　叶老著作基本未涉继承、弘扬传统母语教育文化，无对其规律的深入探讨，连对其代表人物、教材的研究也没有，对先贤经典言论阐述、引用也极罕见。对旧教育全盘否定——不知古，焉知今？没有继承，遑论创新？不谙母语教育传统，仅凭经验臆想，或复制外语、"二语"教育，势必邯郸学步，不得要领。

　　叶老的语文学背景，不可否认他有旧学功底，少时读过四书五经，然而，读过不等于专门研究过，其著述中古代语文教育史资源几近空白：先秦诸子、儒家读写观学养基本缺失，汉代以后的司马迁、王充、刘勰、颜之推、韩愈、二程、朱熹、吴纳、徐师曾、章学诚、唐彪、姚鼐、曾国藩等母语观修养，一概阙如。连离得最近的清末民初的来裕恂、吴曾祺、姚永朴、林琴南等精见，也难觅踪迹。国外教育学、母语教育学知识有限，除了风靡一时、尽人皆知的杜威教育理论，别的很难看到。教育学外的学养，更是鲜见。可借重的只有点国学、文章学底子、个人读写经验，与外语教学论（主要是苏联）。

　　断了汉语母语教育史的"根"，缺乏"三通"学识背景，难免捉襟见肘，视野逼仄。在他的语文教育观中，大如"生活本位""工具性""儿童中心""学生主体"；中如"当前受用""阅读本位"，将"教学义体"记述文、叙述文、说明文、议论文，作为真文体——"普通文"；小如"读深读透""求甚解"，"一字未宜忽"阅读法（见《语文教学二十韵》："陶不求甚解，疏狂不可循……"），均颇可商榷。

学术资源不足就"论"不起来。其知识、经验，支撑不了原创性、高水平的理论专著。学养积淀不足，研究不成系统，经验再丰富也帮不上忙。失"根"，无史识、眼光，沙滩上建高楼，地基不牢，必屋毁人亡。

历史烟尘散净，会看到真实的叶老。他的崛起，是时势造英雄。他本质上是作家——文人，是时代成就他为平民教育家、教育实践家。他本就不是教育理论家、教育思想家——严格意义上的语文学者。

从学者学视角看，以上困惑也许可归结为：语文学科领军者应是文人还是学者（专家）？这问题弄清楚，也许以上困惑将烟消云散。

文人是个很宽泛的概念，就是所谓的"文化人"。读些书，从事与文化事业有关的职业的都是：教师、作家、理论家、记者、编辑、官员（部分）、艺术家（部分）……习惯上，文人常以作家为代表。严格说来，学者也属文化人之一，而且是最有文化的一部分。不过，习惯上，学者特指其中从事某一学科、专业的研究者，在某领域有专精的深厚学养，即所谓学问家，毕生矢志不移，从而与以作家为代表的文人区分开来。不排除学者在专业研究外兼顾其他，但其主业应在该学科做学问，从事研究工作，有学术著述、贡献。陈寅恪、钱钟书是学者，沈从文、余光中是文人（作家），想必大家不致混淆。

——我的先生孙绍振曾谑称自己是文人，不是学者。其实，他既是文人（他是诗人、散文家），更是学者。他这么说是自我调侃，也语带讥讽，因为学者往往自大，贬低文人。此观念由来已久，自不可取。

梳理下概念：文人大于学者，不等于学者；学者所从事的研究工作，其他文人未必可担当。学科建设属学术研究范畴，凡学术之事概由学者承担。学科领军者最重要的职责是引领本领域研究方向，此非学术、理论泰斗莫属——非普通学者、他科学者可胜任，遑论其他各类文人。

文人、学者之别，类似于旧时古文家、理学家之别。他们是两种人，各有所司、所求，说不到一块儿。如对"文、道"关系的理解便大相径庭。韩愈、欧阳修、苏东坡，可谓古文家代表，他们也讲修身进德，明理悟道，"志在古道""文以贯道""文与道俱""处心有道，行己有方"……但在理学家周敦颐、二程、朱熹等看来，根本不是那么回事，认为他们是先有文，再求道，是"作文以害道"。"古之所谓学文者，非弄翰墨事辞藻如后世之所谓文也。盖无非格物致知，修己治人之实事，故既学则必有以究义理之端而趋于圣贤之域矣。"（《朱子大全》）"今东坡之言曰：吾所谓文，必与道俱。则是文自文而道自道，待作文时，旋去讨个道来入放里面，此是他大病处。……说出他本根病痛所以然处，缘他都是因作文，却渐渐说上道理来；不是先理会得道理了，方作文，所以大本都差。"（《朱子语类》）"今人不去讲义理，只去学诗文，已落第二义。"（《朱子语类》）"他（苏东坡）本只是学文，其行己但不敢有愧于道尔，把这个做第二义。似此样处甚多。""缘他费工夫去作文，所以读书者，只为作文用。"（《朱子语类》）在朱熹看来，古文家是"文、道"二元论，文、道两分，先文后道，不讲义理，只学诗文，责其本末倒置；理学家是"文、道"一元论，追求"道"的内修体悟力行，以道为根本，文为枝叶，主张文由道生，有道便有文、才有文，有道必有文，追求"道之文"。显然，理学家之见解站位更高，更切近"人本主义"教育与写作规律，即"立人以立言"，理明而词达。古文家（文人）、理学家（学者）认知差异显而易见——这两种认知，与今对语文的"语用"与"立言"迥然不同的性质定位，何其相似。

今天大约没人会想到朱熹为何与大文豪苏轼过不去，为何如此计较是文先道后还是道先文后，如此计较是文以贯道、文与道俱还是道体文用、道外无文。朱熹认定这是原则性问题，如鲠在喉，不吐不快。

苏轼恐怕也不会想到他去世19年后才出生的朱熹，这个声名赫赫的理学大师，儒学集大成者，对他传世诗文虽认可文辞高妙，却又十分不屑，火力全开，毫不留情地痛批其"文与道俱"是文、道二元论：文与道是两样东西，且先文后道，读书只为作文用，"已落第二义"。不事修道明理发为文章，其"道"不正，因而"大本都差"。朱子对苏轼的批判入木三分，可谓刻薄到家。万千粉丝热捧，难敌朱子一言九鼎之力道——洒脱不羁之苏子尚能一笑置之？

朱熹夸赞苏子诗文高妙，但作为理学家、哲学家，他不能不维护儒家道统之纯正，"道"之超功利性。也许在他看来，这是"天理"与"人欲"之战，悟"道"穷理自生文，而明"道"并非为作文，读书为作文则害道："文与道俱"有损"道"之大本。因此，他不得不义正辞严一吐为快。眼中不揉沙子，死心眼，有一说一，直来直去，是朱熹可爱处，也是其迂腐处：学者就得穷根究底，明辨是非。

朱熹难免会有理学家的偏见，学者不见得比作家高明，各有所长、各有所适罢了。理学家与古文家的身份、立场不同，所见自然不一。理学家（学问家）重"道"，重修己，古文家（作家、文学家）未尝不重"道"、重修身，但是理学家重"道"的醇正与否，讲求遵从道统，心道合一、人道合一，文本于道，文源于道，道自生文，道发为文。这"道"，还须是儒家正道，而非"旁门左道"，学问家目的是明理。古文家则看重文中之"道"的奇诡与否——心道不一、人道分裂，文人无行，大行不拘细谨，跌宕不羁，似乎不是个事儿，诗文精妙就好。从好处说，是多元价值观兼容并蓄。古文家的目的是作文，以文采斐然、耳目一新取胜（钱穆先生认为苏轼爱好文章辞藻，持论往往过分。儒学境界不高，但释老色彩浓厚——笔者以为他官场得意时是儒家，失意时是释老）。他们的认知差异是身份、价值取向不同使然。

朱熹成不了苏轼，苏轼也成不了朱熹。他们作为诗文家、学问家，是当之无愧的文化巨人，可比肩而立，难分轩轾。他们在各自适合的领域，才得以将才情发挥到极致。要是他俩互换身份，能否成就伟业就不得而知了。职业、身份选择最要慎重，人生没回头路，无法重启。

中国有重学术轻艺文的传统，以致连艺文家自身也轻贱艺文，扬雄视辞赋为"童子雕虫篆刻，壮夫不为"，曹植也同样："辞赋小道，固未足以揄扬大义，彰显来世。"这种观念相沿成习，造成学者鄙视作家，最典型的莫如古代文学学者、庄子专家刘文典，瞧不起著名作家朱自清、沈从文，将他们贬得一钱不值，极尽羞辱之能事，这文化偏见自是另一问题。

人各有喜好，各有选择，各有坚持，此无可厚非。谁更受重视、社会地位更高、话语权更大，尽可无所谓，"文人相轻"之言也无须太在意，但须知文人（作家）、学者之差异，应懂得自己所长，最适合做什么，才能做到最好。若才非所用，用为所短，才不配位，以艺文家之才做学问家之事，势必吃力不讨好。反之亦然。

相关概念、逻辑清晰了，关系理顺了，答案便不言而喻。语文教育学科是教育学科下的二级学科，作为该学科领军者必是该学科的学者，而不是其他领域的文人——不是普通学者，应是大学者。应对本学科历史与现状有长期钻研、深刻领悟，有杰出的理论建树与学术威望。若无此，其他方面再强也于事无补。

叶老是文人——作家、编辑、书刊出版人……非语文学科学者、大学者，如果对此无争议，他的职业、身份选择对否，始终雾里看花般的"吕叔湘之问"的谜底，还需说出答案吗？

时势造英雄也造悲剧。近看是英雄，远看是悲剧——悲剧英雄。置于历史参照系中，铅华洗尽，方现真容。"千古江山，英雄无觅孙仲谋处。舞榭歌台，风流总被雨打风吹去。"历史迟早会拨云见日，还原真相。

叶老的教育论著基本上都是短篇随感，即兴而言，有感而发，不求学理，不成系统，缺乏严密论证、分析、阐述，尽管不乏真知灼见，有的于实践也不无可取，行文畅达、平实，但写得再好也是随感或短论，而非学术论文、理论专著——若称"博大精深"岂不陷其于尴尬？这是用学者评价标准要求文人。

将个体经验感悟奉若至宝，不从百年失败、失误中反思、汲取教训，不知是叶老的悲哀还是语文界的悲哀，抑或二者兼而有之？叶老的悲剧，也是语文界盲目追星的悲剧。集体崇拜、迷信、走失的悲剧，更甚于个人迷失造成的悲剧。我们要继承的是几千年汉语母语教育传统，而不是百年"西化"的语文教育传统，更不是其中某人的衣钵。因陋就简的继承、弘扬，意味着重蹈覆辙、振兴无望。

话说回来，悲剧英雄也是英雄，甚至是了不起的英雄。叶老毕竟是先行者，时代与个人局限在所难免。他的可贵在于将一生奉献给新语文，"至今思项羽，不肯过江东"，叶老在语文学科领域坚守一辈子，明知不可为而为之，终身为其殚精竭虑，至死无悔，着实不易。在现代语文界第一代元老中，这般执着的再无第二人。辛勤耕耘大半个世纪，持续地发挥全局性的影响力，叶老是唯一。因此，我愿把对新语文教育转型探索者的崇高敬意，真诚奉献给悲剧英雄叶圣陶先生。

当历史掀开白话文教育大幕，叶老是最早登台那批人之一，也是最后谢幕的主演者。不论他演技如何，演出成功与否，有无如雷掌声、似锦鲜花，但终归呕心沥血、历尽艰辛地演下来，坚持到最后，筚路蓝缕之功不可没，后人得以继往开来演下去——这就是他不可磨灭之历史功绩。

他把对孩子的爱编织进教材，发黄纸页中隐约可见那渐行渐远的慈悲身影。

受何夏寿邀请到绍兴讲学，方知何谓人文荟萃、人杰地灵，才不妄自尊大。

如今他的那些心血之作，寂寞地陈列在人教社的中国百年中小学教科书陈列馆。大约四五年前，我参加教育部一个教材编写会，遇见人教社中语室王本华主任，会后她热情邀我参观馆藏教材，其中不少便出自叶老之手，是他一字字写出来，一本本编出来，凝聚着一代精英的苦心孤诣，几代中小学生读过，留下抹不去的童年记忆……阅尽百年沧桑，睹物思人，不尽感慨系之。

这是语文界无学术巨人的浮躁时代，叶老的劳而寡功，是无巨人时代的悲哀。

谈叶老我写得很艰难，说是全书最难写也不为过。行文至此总算如释重负。尽管战战兢兢，如履薄冰，但不能不说，否则，便未尽后学之责。希望既能将长期困惑说清，又不至于伤害叶老及热爱他的语文界同仁——我也是其中之一。写其他几位语文界元老，我都是直言不讳、一挥而就，写此则顾虑重重，不敢畅所欲言。改无数遍，删掉疑似会误解的话，尽量措辞委婉、和缓，即便如此，也仍担心有人误读、错读。如果因此招来批评、谩骂，那真不知如何是好了。

从研究方法看，需感性的叶圣陶、朱自清，理性的阮真、张志公，更需智性的黎锦熙、胡适，尤需哲性的朱光潜、夏丏尊。

四、夏丏尊：实用实利语文学的叛逆

说过叶圣陶先生，不能不说夏丏尊先生（1886—1946）。

夏丏尊是我崇敬的先生，从人品、人格到学问、才华，都让我无限景仰。他堪称纯粹学者。我钦佩他是有信仰、信念的人，在污浊时代洁身自好，保持美玉般无瑕的纯净、温润。他最当得起"先生"的称谓，我心目中的"先生"就是他的模样。他若在世，能当面聆教，叫他声"先生"，是我的福气。

夏丏尊与朱光潜不同，他不是理论家，未曾专注于理论研究。但他们又极相似，都有哲性思维，视野开阔，眼光通透，很了不起。很少人当得起"通透"二字。我所谓"通透"，意味着有广博的学识、深邃的眼光、敏锐的悟性，可成就大学问。只可惜那纷乱、暴戾的时代没给他展示通透的机会。他本可成为大学者的。

夏丏尊与叶圣陶是儿女亲家，也是亲密无间的事业黄金搭档。

夏丏尊比叶圣陶大八岁，不论从年龄，还是从人格、德性、学问看，夏丏尊都是名副其实的大哥。夏丏尊是值得叶圣陶信赖与依靠的。他们合作共事，有点儿像大哥带小弟。大哥豁达、开朗、睿智，小弟拘谨、老实、谦恭，恰为互补。

他们的无私合作，谱写了一段语文教育史佳话。他们有些共同编写的教材、著作，时过境迁，难以说清哪些是自己写的。他们不分彼此、不计个人得失，这放在今天，简直令人不可思议。

他们有许多共同点，也有许多不同点。在他们合作的教材、著作中，宗旨、观点——共同点一目了然，不必细说。不同点也许更重要，多说几句。

在人生观、价值观上，他们很不一样。叶圣陶入世，积极进取；夏丏尊出世，信佛教，与世无争。夏丏尊不求闻达，但求老实做人做事，平平安安。他将白马湖畔自建的小屋命名为"平屋"，既符合小平房之实，也取其平凡、平安之意，应了那句话：平平淡淡才是真。

夏老不求闻达，却有忠肝义胆。抗战中，他一介文弱书生，遭日本宪兵拘捕、拷打，民族气节不改，何等英勇、高贵，不禁令人仰之弥高、肃然起敬。

在国文教育上，他们认知不同显而易见。例如，在语文学科性质上，叶圣陶较注重"工具性""应用性"，夏丏尊则较少谈"工具性"，虽也讲"应用"，但极反对实用主义、实利主义。比较而言，夏丏尊更注重审美、诗意与人格养成。他很清楚，作文法是末技，不是根本；根本是人格与学问。作文法——"规矩"的练习，是不得已而为之，只因"巧"是说不出来的，没法学，只好退而求其次。

他们最大的不同，诚如夏丏尊对叶圣陶所说："我是唯心的，你是唯物的。

我们的信仰虽各不相同，但友谊是极好的。"①他俩认识论相反，认知相异，一定常有争论，却能求同存异、和谐共事，着实难能可贵。

然而，他们思想方法的结构性矛盾是客观存在的，并不因友谊与人品而消弭。

夏丏尊写《文章作法》，叶圣陶恐怕并不买账。叶圣陶不信"读"而知，"教"而知，只信"练"而知。他们大约争论过要不要学"文章作法"，谁也说服不了谁。夏老窃想，叶老的观点似乎有代表性，走的是通过训练"自悟其理法"的老路：一条暗胡同，一任学生去摸索。于是刻意为《文章作法》写篇"绪言"，专门讨论作文法（理论知识）与写作实践的关系。我第一次读该"绪言"，就觉夏老不是无的放矢，怎么看都是针对叶老的，是他们间的思想交锋。

夏丏尊重视理论指导实践，叶圣陶重实践轻理论，反对以理论知识指导实践训练。二人知、行观分歧甚大，是有否哲思之差别。

叶圣陶认为："写作系技能，不宜视作知识，宜于实践中练习，自悟其理法，不能空讲知识。"②"看看文章作法之类只是'知'的事情，虽然不一定有什么害处，但是无益于写作的'行'是显然的。"③这分明是说作文法没用，别读夏老的《文章作法》——叶老言之凿凿，掷地有声，难以置信的直接，不知何以面对夏大哥。固然叶老也许并非针对夏老，但他们观念迥异显而易见。

诸位读此作何观感，何以面对截然对立的知行观：儒系的敏于事而讷于言，道系的不言不辩、大辩若讷，佛系的笑而不语、拈花一笑，禅系的佛头着粪或当头棒喝？

夏老显然都不是，也许更像孟子"予岂好辩哉，予不得已也"，荀子"君子必辩""小人辩言险，君子辩言仁"。他对此不以为然，定要说道一番、辨明是非。夏老不认为通过训练可"自悟其理法"。他也主张要练习，但更认可作文法的"知"，认为"知"有助于"行"，特别注重"法则"（作文法知识）对实践的指导作用："渔父的儿子虽然善于游泳，但比之有正当知识，再经过练习的专门

---

① 王利民：《平屋主人——夏丏尊传》，浙江人民出版社，2005年版，第209页。
② 叶圣陶：《语文教育书简》，见《叶圣陶语文教育论集》，教育科学出版社，1980年版，第726页。
③ 叶圣陶：《写作漫谈》，见《叶圣陶集》（卷九），江苏教育出版社，1990年版，第266页。

家，究竟相差很远。而跟着渔父的儿子去学游泳，比之于跟着专门家去练习也不同，后者总比前者来得正确快速。法则对于技术是必要而不充足的条件，真正凭着练习成功的，必是暗合于法则而不自知的。法则没用而有用，就在这一点，作文法的真价值，也就在这一点。"① 显然，他们哲学认识论、方法论不同，叶圣陶是"行而知"，夏丏尊是"知而行"，这大约即"唯物"与"唯心"之别。不知叶老对夏老所言作何感想。

他俩要合作，就不能不相互妥协。妥协的最佳证物与成果是《国文百八课》。该教材由夏丏尊领衔编写，所以最能体现夏老的国文教育观念。《国文百八课》为初中教材，六册108课，最鲜明的特点便是"以文话为中心"，每课自成单元（每单元由文话、文选、文法或修辞、习问四个部分组成），全六册108课即108个单元，单元前面由"文话"——"文章知识"统领，构成教学目标、内容系统，这恰与叶老"自求得之""自悟其理法"的教育观背道而驰。《国文百八课》采用直接提供"知识"，先"知"后"行"的编写体例，一定是夏老的主意，是小弟叶老迁就大哥夏老。——后来叶老主导编写的教材，再没采取"以文话为中心"的体例，是为旁证。

我以为夏老、叶老合作的《国文百八课》是迄今最好的教材之一。我没看过所有语文教材，不敢妄言"最好"，只能说"之一"。是叶老"委曲求全"，也是他的幸运，成就了这套教育史留名的好教材。在没有夏老的日子（夏老1946年逝世），叶老主持编写教材，取消了"文话"——文章知识（教学目标、内容），也取消了"文法或修辞"知识，只剩下"文选"加练习，这大约就是"唯物"，让学生在实践中"自求得之"。每学期给一堆文章，教师不知所以然，只能想当然，胡乱教；学生一头雾水，不知为什么学，学什么，为什么练——只是听凭瞎指挥、瞎练。语文教学的少、慢、差、费，难说与无"知"无关。

轻知重行，不知是进步还是倒退。窃以为教学与自学不同，教学由知而行，自学由行而知——很可能事倍功半或劳而无功，因为"行"未必能"知"。教材、教学，贵在有"知"，教材若无"知"，无异于文选，等于自学。教材需要什么"知"，什么是真知，另当别论。

哲学认识论、方法论不一致，妥协、合作是很难的。"捆绑不成夫妻"，他

---

① 叶圣陶：《写作漫谈》，见《叶圣陶集》（卷九），江苏教育出版社，1990年版，第266页。

们终是两路人。

国文界前辈让我仰慕者不多，夏老是其中之一。他的教育理念、学养与才华，至为难得。不随波逐流、盲目西化，尤为可贵。

初读夏老，印象最深的是他目中有"人"，与停留在"以人为本"口号上，实则功利化教育背道而驰。在他看来，通过《文章作法》的作文法指导的练习，求得文字的适当，这只是第一步的"极粗浅的功夫而已"，"进一步的，真的文字学习，须从为人着手，'文如其人'，文字毕竟是一种人格的表现，冷刻的文字，不是浮热的性质的人所能模效的，要作细密的文字，先须具备细密的性格。……我愿诸君于学得了文字的法则以后，暂且抛了文字，多去读书，多去体验，努力于自己的修养，勿仅仅拘执了文字，在文字上用浅薄的功夫"[1]。——"真的文字学习，须从为人着手"，说得真好，这便是哲思。但是，迄今为止，我国语文教育一以贯之的仍是目中无"人"的技能训练，仍停留在低层次的"在文字上用浅薄的功夫"，哪有不败之理。

目中有"人"，注重人格养成，势必反对实用、实利主义，这在当时国文界罕见。他在《中国的实用主义》中对实用、实利主义作了深刻批判："美国是以重实用出名的国度，哲学上的实用主义，美国很有几个大家，美国的教育全重实用。……中国人的实用狂，程度现在美国以上了！""中国民族的重实利由来已久，一切学问、宗教、文学、思想、艺术等等，都以实用实利为根据。中国的实利主义的潮流发源可谓很远，流域也很广泛，滔滔然几乎无孔不入。养子是为防老，娶妻是为生子，读书是为做官，行慈善是为了名声……除用'做什么是为什么'来做公式外，实在说也说不尽！中国对于事情非有利不做，而所谓利，又是眼前的、现世的、个人的利。凡事要用利来引诱才得发生兴趣，所谓'利之所在，人必趋之'。凡事要讲'用'，凡事要问'有什么用？'怪不得现在大家流行所谓'利用'的手段了。""这样传统的实利实用思想，如果不除去若干，中国是没有什么进步可说的！我们生活在地球上，要绝对地不管实用原是不可能的事，但不应只作实用实利的奴隶。……中国人的实用实利主义，实足扑杀一切文明的进化。""人类有创造的冲动，种种文明都可以说是创造冲动的产物。中国人的创造冲动都被浅薄的实利实用主义压灭了！你看，孜孜于

---

① 夏丏尊：《国语国文的学习》，见《夏丏尊论语文教育》，河南教育出版社，1987年版，第50页。

实用实利的中国人，有像瓦特、居里那样的文明的创造者发明者吗？旧有的文明有进步吗？火药是中国发明的，在中国不是只做鞭炮吗？罗盘是中国发明的，不是到现在只用来看风水吗？惟其以实用实利为标准，结果愈无利可得，无用可言。"① 在美国实用主义哲学家杜威先生刚来中国讲学不久，学界一片赞美声，实用主义教育甚嚣尘上之际，夏丏尊不做跟屁虫，对杜威门徒丝毫不给面子，实在很了不起。

我被夏老的敏锐、果敢惊到了。他一竿子打翻一船人，全是学界大腕。包括蔡元培、陈独秀、胡适、陶行知、黄炎培……都在大力宣传杜威思想，有的还变本加厉，加以发挥。叶圣陶自然也不例外，其"生活本位论""当前受用论""工具论"，皆来自杜威。

夏老后来给朱光潜的《给青年的十二封信》写"序"，意犹未尽，再次狠批实用主义，捎带批"生活本位论""工具论"："中国人在全世界是被推为最重实用的民族，凡事都怀一个极近视的目标：娶妻是为了生子，养儿是为了防老，行善是为了福报，读书是为了做官，不称入基督教的为基督教信者而称为'吃基督教'的，不称投身国事的军士为军人而称为'吃粮'的，流弊所至，在中国，什么都只是吃饭的工具，什么都实用，因之，就什么都浅薄。试就学校教育的现状看吧：坏的呢，教师目的但在地位、薪水，学生目的但在文凭资格；较好的呢，教师想把学生嵌入某种预定的铸型去，学生想怎样揣摩世尚毕业后去问世谋事。在真正的教育面前，总之都免不掉浅薄粗疏。效率原是要顾的，但只顾效率，究竟是蠢事。青年为国家社会的生力军，如果不从根本上培养能力，凡事近视，贪浮浅的近利，一味袭踏时下陋习，结果纵不至于'一蟹不如一蟹'，亦只是一蟹仍如一蟹而已。国家社会还有什么希望可说。""什么都只是吃饭的工具，什么都实用"，国文自然概莫能外。夏老的"序"，是借朱光潜的诗意美酒，浇自己心中块垒。——对实用、实利主义、工具主义深恶痛绝，火力全开的犀利批评，我没看到第二人。

夏老声音当时恐怕很微弱、孤独，从学者到平民百姓，都争先恐后投奔实用、实利主义去，对其苦心孤诣的劝阻，置若罔闻。"芳树无人花自落，春山一路鸟空啼。"（唐·李华《春行寄兴》）——何处觅知音，有谁欣赏这高雅美妙

---

① 夏丏尊：《中国的实用主义》，《民国日报·觉悟》，1923 年 1 月 8 日。

的花语鸟鸣？叶圣陶、阮真未必听得进，陶行知、胡适也未必，连蔡元培、陈独秀都在鼓吹实利主义，恐怕只有朱光潜与他心有灵犀——朱光潜要请人写"序"，不请别人，请夏先生，绝非偶然：知我者，夏先生也。朱光潜外，或许还有好友弘一法师吧。

夏老还有不少新颖的观点，最著名、影响最大的，莫过于国文学习目标是文字"形式"："我主张学习国文该着眼在文字的形式方面。就是说，诸君学习国文的时候，该在文字的形式方面去努力。"[①]"只要是白纸上写有黑字的东西，当作文字来阅读来玩味的时候，什么都是国文科的材料。国文科的学习工作，不在内容上去深究探讨，倒在从文字的形式上去获得理解和发表的能力。凡是文字，都是作者的表现。不管所表现的是一桩事情，一种道理，一件东西或一片情感，总之逃不了是表现。我们学习国文所当注重的，并不是事情、道理、东西或情感的本身，应该是各种表现方式和法则。"[②]"凡是文字语言，本身都附带有内容，文字语言本来就是为了要表现某种内容才发生的，世间决不会有毫无内容的文字语言。不过在国文科里，我们所要学习的是文字语言上的种种格式和方法，至于文字语言所含的内容，倒并不是十分重要的东西。我们自己写作的时候，原也需要内容，这内容要自己从生活上得来……我们的目的是要从古人或别人的文字里学会了记叙的方法，来随便叙述自己所要叙述的事物……"[③]他编写《国文百八课》，就是秉持"注重于形式"的教育理念："对于文章体制、文句格式、写作技术、鉴赏方法等，讨究不厌详细。"（《国文百八课》"编辑大意"）他认为国文科所读的内容都是其他学科的，唯有文字语言的表现形式是国文科的，这观点之前没听说过，让我很讶异，觉得不无道理，有茅塞顿开之感。夏老观点之所以让我错愕、发愣，是因为他着眼于国文科的特殊体性，力图使之区别于其他课程，这一致思方法在其他学者那儿很少见。

——深入琢磨后，方觉似可商榷，值得一辩。

国文科若离开对经典文本内容的学习，学生缺乏情思积淀，就没有发表欲，没有写作动机、理由、激情。因此，我不赞成国文学习所当注重的是"形

---

① 夏丏尊：《学习国文的着眼点》，载《中学生》，第68期。

② 同①。

③ 同①。

式"。文章没内容，言之无物，谈何形式？学生未能从经典中获得知、情、意启迪、迁移，缺乏勃郁于中的情思，谈何写作？语言文字形式是要学，但须在文本语境中学，在具体的表现语境中学，否则，即便文从字顺、妙笔生花，也一钱不值。

语文科学习文本的内容，与其他学科不同，其他学科只是理解讲什么，语文科则不但要理解，更要"转化"，要把他人的情意，转化为自己的情意，并进行表达、交流，其他科只要读懂内容即可，无须着力于"转化"，更无须将"转化"的情意表达、交流——指向言语表现、指向写作。

此外，文学作品教学是国文科独有的，在国文教育中占据重要位置，其他学科并无文学教育任务。文学文本不学内容，不明了主题思想，光学文字形式，学生就能学会文学鉴赏或文学写作？文学作品内容对学生的人格塑造、人文浸润、审美陶冶，是其他学科无可替代的。

可见，文本内容的教学，是语文科责无旁贷的重要任务，并不因部分内容是其他学科的，而将内容的学习排除在外。

我不赞成夏老观点，但我赞赏他探求国文科特殊体性的认知方法。

此外，他还有一些见解为大家耳熟能详。如他最早提出培养"语感"，试图揭示语文能力的特殊性，让后人受惠无穷，至今语文界仍津津乐道，仍是待解决的真问题；他对写作"读者意识"不同寻常的重视，把写作的所有问题都归结于此，由抽象到具体，将此贯彻到读、写教学中，为师生提供了一把金钥匙；他的《文章作法》(原稿是他的，后与刘薰宇合作出版)《文章讲话》(全书10篇，其中"开头和结尾"一篇是叶圣陶写的)、《文心》(第一作者，与叶圣陶合作)等，都不乏可圈可点之处。

读国文界前辈，常觉不满足，大多观点平淡，无新意，且不讲理，净说一己感悟。观点寻常——可能是我读得多，感觉麻木、迟钝。不论证、说理，不知所以然，是我难以接受的。叶老文章就如此，既没"酷炫"的观点，也不论证、说理，更无引经据典的学术思辨。

夏老、叶老都写随笔、短论，叶老多是"说明性"的，只告诉"是怎样""要怎样"；夏老是"论辩性"的，不但说"是怎样""要怎样"，还告诉"为什么"。"眼观六路，耳听八方"，善于自我防御，主动出击，属学术思辨。叶老文章多是平铺直叙、自说自话，夏老则立体雄辩，入木三分。前辈大多"说"

而不"论"（只陈述观点，不说理、论证），除了朱光潜。朱光潜不算正经国文专家，圈内会说理的大约就数夏丏尊。

夏老也常有不平之鸣，但与阮真不同。阮真多是抒己不得志之愤懑，夏老多是为时代、国家、他人、师生鼓与呼。二者格局、气度迥异。

窃以为夏老也有遗憾，主要有二。一是他的"文如其人""人格本位"的本体观，未成为语文界共识、指导思想。夏老与叶老立场、方法、观点并不相同。叶老未必认同其反"实利主义"的体性观、教育观，"知、行合一"的教学实践观，念念不忘"生活本位""工具性""技能训练"，致使语文界走上功利、实用一途——这不是叶老之过，而是时势使然。夏老卓识远见未得其时，可叹。二是他英年早逝，未留下厚重的理论著作。他是"搞研究"的料，有眼光、学养、才能，留下《文章作法》《文章讲话》《文艺讲座》《文艺论 ABC》《生活与文学》《阅读与写作》等（有些是与他人合著），皆为通俗性著作，还有不少译作，虽著述业绩不俗，却并无学术专著，对智者而言，情何以堪？

学者笔耕一世无学术著作是不幸，有哲思、论辩之才而无理论专著更不幸，有灵性、诗性、佛性，活在军阀混战、外敌入侵的乱世，壮志未酬、抑郁而终是大不幸。每思夏老盛年早逝，未遂"立言"盛事，不禁怅然。

五、张志公：草创功高，瑕不掩瑜

张志公先生（1918—1997），是"后叶圣陶时代"语文界领军者，他所著《传统语文教育初探（附蒙学书目稿）》（下简称《传统语文教育初探》），是本 12.8 万字的小书（共 190 页，其中蒙学书目稿和参考引用书目 43 页），实际字数不足 10 万字，却是一个时代的标杆性著作，其价值也远胜他后来著作总和。带给他的荣耀，超过显赫名衔。

◆ 开先河：语文学治史功不可没

张先生此书为语文学史（主要是蒙学教材史）奠基，是其毕生功业之盛事。对于学者，有无"照着讲"是不一样的；对于治学，有无"史识"锻造的眼光是不一样的。"照着讲"之作，学术史、学科史梳理，是学术人生起点，也是学科走向成熟的标志。

张志公是现当代语文界汉语母语教育史研究第一人，我对他的敬重便基于此。凭此贡献，他足可比肩乃至超越叶圣陶、吕叔湘及其他前辈的学术贡献。书不在多，有价值一部就够，其他顶多是锦上添花。

《传统语文教育初探》（上海教育出版社1962年版），修订本改为《传统语文教育教材论》（上海教育出版社1992年版）。这部小书轻飘飘而沉甸甸，因其开"照着讲"先河，承载着千载语文学史的厚重。黎锦熙1935年出版的《国语运动史纲》，称"照着讲"开山之作尚感勉强，虽也治"史"，但研究时段较短，限于"当代"，难称宏观探究之作，对形成母语教育学术眼光作用有限，因而张先生得膺"首创"殊荣。

书的价值有时不在多寡，篇幅大小，甚至水平高低（草创有所欠缺很正常），而在出版时机。张先生占得先机，成为该领域拓荒者，故弥足称道。治学也只认"第一"，哪怕粗糙、简陋些也可宽容，仍不失开创之功。我曾评价说："这30年（指1949年到1978年改革开放后），语文教育研究领域如果没有张志公先生，没有他的《传统语文教育初探》，是不可想象的。由于他的存在，避免了一个时代一个重要研究领域的学术空白；由于《传统语文教育初探》的存在，我们才可以说语文教育研究的学术命脉没有断绝。"

张志公先生从三千多年的语文教育中提取出的经验和问题，虽比较粗浅，但能从浩如烟海的史料中，梳理出个大致清楚的面貌，已属不易。其中不少经张先生宣扬，逐渐为大家所熟知，有的已在语文教育中实行。比如，集中识字，读诗，属对，文、道不可偏废，熟读、精思、博览，涵泳体味，多作多改，先放后收，等等，今天我们耳熟能详、习以为常，这应对张老心存感激。

该书介绍古代教材编排体例、特点，总结出四大步骤：集中识字—进一步的识字教育—读写基础训练—进一步的阅读训练和作文训练；主要经验：集中识字，识字、写字分别进行，重视句的训练——属对，强调多读多写。三大经验：建立了成套的、行之有效的汉字教学的体系；建立了成套的文章之学的教学体系；建立了以大量的读写实践为主的语文教学法体系。四大弊端：忽视语言实际；忽视应用实际；忽视语文知识教学；忽视文学教育。古代阅读训练特点：（1）教材——古文选注评点本，自学读物等；（2）阅读训练的原则和要求——"文""道"不可偏废；（3）阅读训练的方法——要求熟读、精思、博览。写作训练特点：（1）一般写作训练的原则——"词""意"并重；（2）作文训练的步骤——先"放"后"收"；（3）作文训练的方法——多作多改；（4）从模式到程式化——八股文。这便是他提炼出的传统语文教育系统性框架，填补语文学史研究空白，实现"照着讲"从零到一的突破。今天这些观点已众所周知、耳熟能详，甚至运用于实践，皆拜其所赐。

《传统语文教育初探》修订再版，是30年后的1992年，张先生已年逾古稀，垂垂老矣，身体欠佳，离生命尽头不远，还念念不忘述学，连出访美国还不忘查找资料。治史贯穿终生，见证他守望初心的执着，该书问世五载他便阒然长逝，其精神价值甚至高于学术价值。可以预言，若干年后，他的其他著作，名誉、地位、赞美，一切炫目的光环……终将被雨打风吹去，后学不知其何许人，但只要此书在，张老就不会被湮灭。

> 功名利禄随风逝，史论幸存绘窍机。
>
> 后学纷扰难沉潜，前贤引领勿错失。

语文界多未悟学问须从"照着讲"做起，黄泉路近徒叹平生碌碌空忙。张志公此不起眼的小书，路标般巍然矗立，为后人指引治学方向、方法，勿在急功近利中迷失根本，此乃其警世价值。

◆ **识本末："不可偏废"与"道本文末"**

从学术视角看，在敬仰前辈、虚心受教的同时，亦须反思其局限。深刻教益靠反思达成，发掘经验教训，才能有所长进。张老在"照着讲"上，用他自己的话说，"花了相当多时间，进行了两轮考察工作，这次大修订，也可以算作半轮吧。1962年本叫作《初探》，现在总算已经再探、三探了"，遗憾的是，《传统语文教育教材论》无实质性改观，认知仍未通透，可见"照着讲"之难。

从张老局限中试举一例，如他总结的"阅读训练的原则和要求——'文''道'不可偏废"[1]，该部分虽也讲古人"重道"，但一语带过，语焉不详，

---

[1] 张志公：《传统语文教育教材论》，上海教育出版社，1992年版，第120页。

讲的都是"重文"与所谓的"不可偏废"，与传统文道观有较大距离，试析之：

（1）古人"文、道"观侧重于写作。片面地将其作为阅读训练的"原则与要求"，有失严谨。这是对读、写关系认识不清所致。传统语文教育主线是儒家的"立人"，阅读是为修身养性，培育有德者——君子，亦即"立人以立言"："有德者必有言""文如其人"，从阅读内化为修养，再外化为道德、学问文章。科举时代则抛开"立人""立德"，直奔"写作"："读以致写""为写择读"——从阅读学写各种科举体式，阅读是为了学写作，"读'四书'，只为八股之题目，读'五经'，只为八股之材料"①。因此，正确处理"文道"关系，主要是为修身、立言。将其视为阅读而非写作（立人而立言）的"原则和要求"，似不符客观实际。

（2）主流"文、道"观是"道本文末"。他认为"文、道不可偏废"，并不准确、严谨。"不可偏废"意味着二者都重要，然而传统文道观不是"并重"，而是"道本文末"，甚至"道外无文"。他始终顺着"不可偏废"认知走，对重"道"轻描淡写，更强调"文"的重要："'道'是根本的，然而正确的'道'必须有高明的'文'来阐发，传播，人们也必须通过'文'来理解'道'，因此，二者是不可分的，不可偏废的。"②看似二者平分秋色，阐述天平则向"文"倾斜。"不可偏废"遮蔽了"道本文末""因文害道"等传统认知。

（3）未论及"道""一元论""二元论"之别。"不可偏废"属二元论认知，竟以朱熹所言为主例证，朱熹恰是极端的"道"一元论者，认为"文道一体""文从道出""道体文用""道外无物"，并无"文、道不可偏废"观，可谓文不对题。

他谈朱熹重"道"，点到为止，没说怎么重"道"（如"道者文之根本""文皆从道中流出"等），只以朱熹"对名物、训诂十分重视"，断言朱熹既重"道"也重"文"。殊不知重视"名物、训诂"并非"重文"，从中悟道、明理才是目的。未意识到一元论与二元论之别。从根本上误解了朱熹。朱熹主张道文一体、道本文末、道体文用，即以道（学问、明理）涵文、由道发文，他恰是反对

---

① 卢湘父：《万木草堂忆旧》，见沈云龙主编：《近代中国史料丛刊续编》第66辑651册，文海出版社有限公司，1983年版，第77页。

② 张志公：《传统语文教育教材论》，上海教育出版社，1992年版，第120–121页。

"文、道不可偏废"——反对文、道两分。

"文、道不可偏废"未道出传统语文观本质，只字未涉一元论与二元论之争、古文家与理学家之争、宋学家与考据家之别。谈传统"文道"观，关键要阐明何者为"重"、为"本"，是为"文"寻"道"，还是由"道"发"文"，且最要明了"重道"本质是"重人"。

◆ **究根本："不可偏废"与"文如其人"**

对传统文道观认识不清晰，深层原因是未"古今贯通"，未具宏观视野：全书未触及传统语文教育哲学本体论——人本主义的"文如其人"说。儒家文道观本质不是"文、道不可偏废"，而是以人——德、气、道、理论"文"——包括阅读、写作。不但理学家朱熹重"道"（道即理）——持"道"一元论观点，即便先秦以来的文、道二元论者，重"道"——重"人"、重"德"——重内在心性修养，也始终是主流。不知重"道"本质是重"人"，该研究就失其大本、灵魂，导致诸多认知偏差。

历代学者皆重人，侧重点各不相同。孔子重修德，也重道：有德者必有言，思无邪，君子不器，吾道（忠恕）一以贯之。孟子重养气：我知言，我善养吾浩然之气。荀子重修身，正道以辨奸，君子必辩，君子辩言仁。扬雄重内心：故言，心声也；书，心画也。声画形，君子小人见矣。刘勰重原道、征圣、宗经，重"道之文"，君子树德建言。韩愈重仁义、养气，"仁义之人，其言蔼如也""气盛言宜"。苏东坡是杂家，儒学外，且重释老兼纵横家（"以仪秦老佛合为一人"[1]）之道，人文一体，"其文如其为人"。朱熹重修仁德、明天理。王阳明重本心，致良知，心外无物。桐城派重"义法"（言有物、言有序），讲求义理、考据、辞章统一，姚鼐称"内容"神理气味为"文之精"，"形式"格律声色为"文之粗"；曾国藩在桐城派义理、考据、辞章外加上经济，表面上似乎重经世济用，实则继承"修德养气"血脉，以重"养气""行气"（"行气为文章第一义"）置换重"义法""义理"，"以气挟理"；章学诚重道德、学问文章，倡导"有本

---

[1] 朱熹：《答詹元善》，见朱杰人、严佐之、刘永翔主编：《朱子全书》，上海古籍出版社，安徽教育出版社，2002年版，第2136页。

之学""有得于心"，反对"专意词致文采……文辞高下，犹其次也"①。他们虽表述各异，有所侧重，但殊途同归，都重道，重思想内容，实即重人的修养，"立人以立言"，体现人本主义哲学观、教育观——这些内涵未深究，单看蒙学教材字面义，只能是雾里看花，眼花缭乱，不得要领。未能从"人本位"原点出发，对传统语文教育作提纲挈领的把握，是张老最大的局限。

"不可偏废"观失落了"立人"之魂。未解"立人"，道德、学问等，对"立言""为文"之决定性作用，导致重文字技能训练，轻精神涵养、修养，人格建构，有违传统儒家教育史实。精当的史识，来自对史料深层次钻研、洞彻，有赖于广大、深厚的学养。无"立人以立言"的高瞻远瞩，必会产生诸多认知偏颇。

与"重文"相匹配的必然是"重练"，张老全书关键词是"训练"（读写基础训练，阅读训练，写作训练等），此同样值得商榷。就"阅读训练"而言，古代"阅读"教学所重非"训练"，而是"涵养"。与"重人""重道"相匹配的只能是"涵养"（浸润、思考、体会、修养，即朱熹所言：虚心涵泳，切己体察）。"道"（修德、养气、征圣、学问、明理等）是通过"涵养"自求自悟，是"训练"不出来的——"阅读训练"的提法，让我错愕，难道"阅读"是"技术"？确实，在"工具主义"背景下，什么都是"技"，见技不见人。

再如张先生认为古代识字教学存在"严重的缺点"："集中识字的'三、百、千'起，直到蒙求和类蒙求，有一个共同的、突出的缺点，就是都不尽符合儿童的理解能力……总之，没有距离的，可以说一种都没有。"②这同样是不了解传统语文教育重在立人、立本。

他所谓突出的缺点恰是优点。哲学家吕思勉先生说："教幼童，只背书，不使了解书意，是最不讲方法的，但对学旧诗文的人来说，又是最有效的方法，是'无法'中的'好法'。"③对于孩子来说，无须理解，只要记诵。先入为主，精神奠基，长大后自会理解、消化。背诵经典，是传统语文教育的"好法"，这自然与工具主义格格不入。

---

① 章学诚：《答周筤谷论课蒙书》，见《章学诚遗书》，文物出版社，1985年版，第87页。
② 张志公：《传统语文教育教材论》，上海教育出版社，1992年版，第79页。
③ 郭招金编：《百年回望一书生——陈祥耀和郭招金师生答问录》，香港中国新闻出版社，2020年版，第98页。

貌似正确的"儿童本位"观值得商榷。且不说儿童理解力无统一标准，即便有，是否所读都要符合儿童理解力？如果是，意味着教育只能跟着儿童经验、心智发展亦步亦趋，不能有提前量、引领性；意味着绝大多数经典不能作教材，因为经典作品大多是成人、古人写的，表达的是成人、古人的知、情、意，思想深邃，内涵丰富，势必与儿童存在心理距离。这样，就只能将其排除在外。从所谓的儿童理解力出发，就可以理解民国至今的小学语文教材，何以充斥"小猫叫，小狗跳"之类的浅俗文字，或浅俗文字加名物、道德说教——叶圣陶曾独编全套小学国语教材，其苦心孤诣高山仰止，然而，儿童不读经典诗文将是终生遗憾。

教育内容与儿童理解力发展同步，是伪命题。不论是否理解，人格塑造、君子养成、精神奠基，就要从娃娃抓起。教育首务是"三观"培育，母语教育尤应注重文化承传，从小就要置身于民族文化、精神浸润中，与是否理解关系不大。

◆ 勿受蔽："不可偏废"观的学殖背景

张老"不可偏废"观之"重文"——重技、重练——实用、工具主义，与其学殖背景密切相关。虽基于史料研究，貌似言之有据，如未下足功夫，缺乏宏观视野，也会被固有理念带跑，一叶障目不见泰山，蒙蔽了真相。

首先，张老学外语出身，大学受的是"二语"训练。他学英语、法语，后又自学俄语、日语，掌握多门外语，算得上语言天才，这对其后来的语言学研究不无裨益——不过，也可能形成强大的思维定式，使之走不出西方语言学、语法学框架，未找到汉语研究、读写教育路径。他非汉语言文学教育专业毕业，是其短板。重文、重技是"二语"教育特点，母语教育必然要重人、重道、重文化承传。

其次，张老认知偏差与受叶老影响有关。在教育理念上几乎是其翻版。他曾谈与叶圣陶以三种身份相处：后辈与长者的关系；私淑弟子和老师的关系；被领导与领导的关系。[1]毫无疑问，叶老是对他影响最大的前辈："生活本位"（实

---

[1] 张志公：《叶圣陶——教育界一代宗师》，见刘国正主编：《叶圣陶教育文集》（第一卷），人民教育出版社，1994年版。

用、实利主义）、"工具论"、"儿童中心"、"阅读本位——阅读独立能力论"、"写作技能论"等，照单全收。这思维定势太强大，戴实用、实利主义有色镜看传统语文教育，便难识庐山真面目。

再次，张老作为语言学者主要受吕老影响。吕叔湘与张志公是师生关系，前者是后者大学毕业论文指导老师，张老《师事叔湘先生50年》谈及他曾在吕先生领导下工作，他1955年调入人民教育出版社任汉语编辑室主任，主持《汉语》科工作，是吕老的建议。他甫一入行语文教育，搞的就是汉语——语言教育，语言学者"重文"顺理成章。

张老一生执着于词汇、语法、修辞研究，却未能将其很好地融进语文学，使之在读写实践中发挥作用，这是语言学者的集体迷失。始于索绪尔《普通语言学教程》重语言轻言语，马建忠《马氏文通》、黎锦熙《新著国语文法》……直至当今，仍疏离于言语表现、创造，理论与实践脱钩，未能体现汉语表达的特殊性。张老曾努力弥合，在高校开设"汉语辞章学"课程，出版《汉语辞章学论集》（人民教育出版社1996年版），但只是传统文章学与现代汉语的糅合，未能消解与言语应用的隔膜，在当代文章学论著中难臻上乘。优秀文章学著作多是"文章写作学"，《文心雕龙》堪称典范。不论研究语言还是言语，均应有写作学视野，张老无此意识。

百年现代语文教育，不是文学家就是语言学家主导，江河日下不足为奇。靠语言学或文学理论支撑语文学，实乃力不从心，捉襟见肘。然而，语文界以语言学、文学学建构语文学的剧本，仍前赴后继地上演，一个劲儿在语文是语言文字或语言文学上钻牛角尖，纠缠不休、官司不断。殊不知，语文学比语言学、文学学大多了。语文学好比大树，语言学、文学学不过是小枝丫。语文学本原是人之言语、精神生命，是研究言语、精神生命成长的学问，有其自身的规律、体系——不是语言学、文学学撑得起来的。相反，语言学、文学学应从语文学躯干上滋养、生长。站在语文学——言语、精神创造的立场，语言学、文学学才有血脉充沛的生命力。若能沿着文章学、写作学路径走，也许情况会好很多。自然，最应回归到人本主义语文学"立人以立言"的立场，以培育思想者、立言者为旨归。

◆ 揽全局：教材与传统语文教育

张老对传统语文教育缺乏宏观视野，也与以教材（主要是蒙学教材）为研究对象有关："研究历史上的语文教育，求之于教材往往比求之于史传记载的章程、条例更可靠可信一些。……本书可以说是以研究教材为主要线索编写的……"①显然，"教材"与"传统语文教育"是两个内涵不对等的概念。从理论上说，教材可体现编者的教育思想、方法，然而，历代教材多散佚，传世的有限，无法观其全貌，若对有限教材还未作深研，必难形成精辟的宏观认知。再者，考察教材一隅，若不知彼时社会背景、哲学思潮、教育理念、编辑旨趣、编者状况，对哲学史、文学史、教育史，对各时期代表人物研究不足，未做微观、中观、宏观长期研究，单从部分教材文本着眼，难免"看山是山，看水是水"，难识语文教育沿革嬗变，把握其本质、规律。

张老学术资源单一、狭隘，限制了他的认知力。他的"照着讲"主要凭借蒙学教材，教材考订费了不少精力，许多极重要的文选类、知识类教材几无论及，即使点到，也说得极简陋，只讲外在形态、体例，如何注释、评点等。涉及科举写作教育，只说训练方式，简要分析利弊得失，未论及所以然——指导思想、本体论——义理。历代圣贤语文观、文论观基本阙如，资源不足必影响判断、认知。

传统语文教育涉及范围甚广，包括教育哲学、思想、观念、人物、时代、教材、教法等，还有官方、民间的，主流、非主流的，科举教育、书院教育、家庭教育，各时期社会、文化背景等。只研究部分蒙学教材，停留于表层解读、介绍；部分教材的版本考订，未作微观深究、中观审视、宏观综合，恐难形成深邃史识、眼光。对许多重要教材未提及或未深究，如《文心雕龙》《昭明文选》《颜氏家训》《四书章句集注》《文章正宗》《文章轨范》《文则》《文章精义》《作义要诀》《举业卮言》《文章辨体序说》《文体明辨》《钦定四书文》《古文辞类纂》《经史百家杂钞》《东莱博议》《古文观止》……要了解传统语文教育，这些读写教材（包括知识型、文选型、训练型）的重要性，至少不亚于蒙学教材。偏于

---

① 张志公：《传统语文教育教材论》，上海教育出版社，1992年版，第3页。

一端的教材研究难见真谛，需统揽全局，毕生全情投入。

张老大约也意识到名不副实，视野局限，所以将《传统语文教育初探》改为《传统语文教育教材论》："研究传统语文教育主要要从研究教材入手，本书的内容也是以教材为线索编排的，所以干脆把'教材'在书名上就标识出来，名实更相符些。"[①] 其实仍未相符，光凭教材不可能了解传统语文教育状况。从研究教材入手，缺陷是只能间接考察其蕴含的教育理念、方法，从教材解读编者意图，传统语文教育，属见仁见智，难免主观片面性——"一千个读者眼中有一千个哈姆雷特"，对此同样适用。斗胆妄言，内容既以教材为线索，何不改为《传统语文教材论》？能将教材涵盖周全也不易了。教材仅是教育概念下的一个局部，蒙学教材是语文教材的一个局部，部分的蒙学教材更是局部的局部，仅此恐难洞察语文教育全局。

张老对教材情有独钟，或许跟大半生编教材有关，他熟悉教材，有研究基础，也有搜集、积累资料的条件。编教材是他的精神依赖，也最有实用价值。他从 1950 年负责汉语及外语教材编写工作，直到逝世几无中断。《传统语文教育教材论》出版时，他已步入晚年，身体、精力不济，仍在主编一套《初中语文》，该教材 6 册，1995 年出齐送审，又筹划编小学、高中语文教材，终因魂归道山未果。编一套理想的语文教材，造福子孙，也许是他夙愿，是其特殊的"接着讲"的方式。可惜此教材只在小范围实验，未推广开张老就已辞世。

题目名不副实，还在《传统语文教育教材论》的"论"字。全书深入、透彻的"议论"几乎没有，罕见通透性辨析、探究，多是观点加例子，这无疑跟时间、精力付出不足有关。未能"三观融释"，作点、面、线细致思考，应付事务太多，力不从心。张老也意识到述多论少缺陷，唯徒叹奈何。

"照着讲"须义理澄明，提纲挈领，传承要义。观念、方法不对，用心不专，必事倍功半或劳而寡功。"苍苍几万里，目极令人愁。"漫漫治学路，魂断志未已，是学者普遍的悲哀。斯人仙逝，给语文界留下《传统语文教育教材论》，也算此生不枉。

《传统语文教学初探》，乃张志公先生毕生勋业。尽管其"照着讲"未尽如人意，亦功不唐捐。他在传统语文教育研究领域的一小步，是语文界治学方法

---

① 张志公：《传统语文教育教材论》，上海教育出版社，1992 年版，第 6 页。

的一大步。他做得怎样已不太重要，重要的是，后学应铭记这位先行者，步其踵武、砥砺前行。

前述学者众生相，乃鄙人孔见，未到、谬误处鉴谅。

后人审视、批判、超越前人，是亘古不变的学术伦理。时间是严苛的法官，锱铢必较，是非分明。

今天的言说，将经后人检视。我们现在检视胡适、朱光潜、朱自清、夏丏尊、叶圣陶、黎锦熙、阮真、张志公……后人将检视我们，这很公平。拉开时间距离，正误、得失，昭昭然白黑分矣。时代的局限，由时代负责。前辈学者对"古典主义""知识本位"的批判、抛弃，走向其对立面生活本位、能力本位、工具主义，便是时代局限使然。当局者迷，难以超脱"实用主义"历史语境情有可原，但今人、后人应清醒，执迷不悟就成罪过。未下过治学、治史功夫的无知、愚妄之言，当由个人负责，终将被扔进垃圾箱。

后人若不反思、解蔽、纠偏，不总结经验教训，非但妨害进步，且难免重蹈覆辙。"秦人不暇自哀，而后人哀之；后人哀之而不鉴之，亦使后人而复哀后人也。"（杜牧《阿房宫赋》）学界亦如是，若不以史为鉴，不思扬弃、变革，陈陈相因，必将陷无尽悲哀。

接着讲：言语人生纪念碑

◆　◆　◆

生之为人，何为人证、自证，何馈先贤、后学？——题记

人活一世不就为给人类留下点儿念想？毫无疑问，留下思想是不二选择。能留下思想，便对得起一生所受的恩惠与磨难。

我这辈子最重要的事："接着讲"——写《语文：表现与存在》，就是我要留给后人的念想。

我称《语文：表现与存在》为"言语人生纪念碑"，足见其意义重大。套用小说情节设置的概念，堪称本书高潮。前面说那么多，若没有这部分就白说了——若没前面的铺垫，千呼万唤始出来，这部分说也白说。一路走来，逶迤曲折，跌宕起伏，皆为"接着讲"作准备。

我就为此而生、而活、而死。事成，可安然死去。

人的一生，归根结底就为建一座"纪念碑"。才情、价值观不同，建法各异罢了。

子曰："朝闻道，夕死可矣。"——"闻道"岂能"夕死"？"闻道"为"悟道"，"悟道"为"弘道"，"弘道"须"传道"，没"弘道""传道"——"接着讲"，岂不白忙活？不论"闻"什么"道"，"小道"或"大道"，皆是他悟非己悟。"闻道"即死，死不瞑目。

到老迈之年，须靠怀日慰藉。何以释怀忘忧找乐，唯忆弘道、传道之过往。

当老得走不动，倚坐轮椅，神情木然，像佛龛颓朽的神像，看窗外阳光明媚、花木葱茏、鸟儿翻飞，独自枯寂发呆、黯然神伤，是众生常态。

在记忆卷宗中，童年天真，少年青涩，青年懵懂，中年忙乱而自是，老年沉静而睿智。回首人生，大半程犯傻，待修得极致巧智，却举步维艰，有心无

力，徒叹奈何。

莫虚掷年华，要早作准备。为老、死作准备，为来世、后世而活，才能活得像人。古诗云："生年不满百，常怀千岁忧"——人无远虑，必有近忧。

人生所为何事？除了维持肌体生存，就是攒记忆、念想。给自己、亲人，更给他人、人类；给现实、现世，更给历史、未来。记忆、念想，不值钱，也最值钱。其中最有价值、最暖心、舒心的一页，堪称"人生纪念碑"。

这是大悲苦——也是大愉悦。是悲苦人生的解脱、超脱、升华。

如果人一辈子只做一件事，毋庸置疑，便是建造"人生纪念碑"。给苦难找慰藉，给虚空找实在，给后人、人类、世界，攒记忆、念想。

"人生纪念碑"比墓碑好。墓碑再坚固、高大，总有被泥草湮灭之时。"人生纪念碑"（立德、立功、立言，皆可），则经得起风雨、岁月的剥蚀，历久弥新；将跨越生死两界，巍然矗立——"历千万祀，与天壤而同久，共三光而永光"，固然是对伟人而言，但凡人不也可以有梦想、追求？——其实在世时大都是凡人，难说谁将成伟人。须身后才能认定伟人。活着自称伟人，大多不得善终，很可能还遗臭万年。

贪天之功不可有，鸿鹄之志不可无。

徜徉记忆的绿野，眺望心血铸就的"人生纪念碑"，是疲弱之躯的精神滋养，是没白受苦、没白活的证明。有其相伴厮守，就不惧活的艰险、凄苦，可从容面对过往与未来，老、死而无憾。

"人生纪念碑"，是人活着的意义所在，是向死而生的创造动力、精神支柱。否则还活个什么劲，早死早超生。

不论是老祖宗的"三不朽""藏之名山，传之其人""为万世开太平"之论，还是前贤沈从文先生称写作是受"永生愿望"的驱使，萨特说"我通过写作而存在"……都表明人生终极欲求，是建立在未来人类的念想之上的——此为人类薪火相传、生生不息的原动力。

"人生纪念碑"既为自己，也为他人、后人、人类而建。只有为他人、后人、人类而建，才能获得"永生"——还有什么比灵魂永生更感快慰？人不但活在今生、现世，而且活在来生、后世。这与其说是生存动力，不如说是存在信念。人是为信念而活的。

每念及此，便阴霾散尽，碧空万里。"舟遥遥以轻飏，风飘飘而吹衣"，有归去来兮、"载欣载奔"、羽化登仙般的欣悦。

人活一世，给后人、人类留下点儿什么，是责无旁贷的天命。人生便是"清债"，清的是"原债"：生为"智人"欠下的"证据"，即与生俱来的"债务"。"智人"须证明其"智"，"原债"就是"人"债。"智人"在未自证其"智"前，就是"债务人"，"清债"，理所当然。用创造物证明其"智"，就是"还债"；清偿"原债"，方能心安理得做"人"。

造物主不是施主而是债主。他既慷慨，也精明，锱铢必较。给多少，得收回多少，甚至更多，毫不含糊。给你"智"，须还以"智"，天经地义。向造物主"还债"，也是向人类"还债"。因为人之"智"，半得于天，半得于（他）人。偿还"原债"，是人类进化、进步的原生、内生动力，是"智人"的人设。

如无"还债"动力，耽于索取、享乐，人将不人。

人一生中，许多事可想可不想，唯这不能不想。一个正常人，尤其是知识人，偿"债"是终极命题。从懂事起，迟早会缠上你，如影随形。像粘鞋底的口香糖，刮不去，抠不掉。如时下俗语："出来混，总要还的"——在一切债务中，"原债"最该还。不还，将断绝人类精神香火，犹如断子绝孙。

偿还"原债"，既是人类进步、进化的动力，对个体的人来说，也是人生有所作为的动力。不还，未必就面目可憎、十恶不赦，但至少是猥琐鄙陋、乏善可陈，有"老赖"之嫌。赖账之人，还另欠后人一笔良心账，难受是双份的。因此，别赖为好。

用什么还，颇费思量，历来还法迥异。老天爷给你几十年时间，就是让你长本事，慢慢想，好好还。不是让你成天动歪脑筋，在名利上胡乱算计。

依愚浅见，从大处说，逃不脱"三不朽"：立德、立功、立言。有意义的人生概莫能外。在"三不朽"之下，自行其是，各逞长才。

该怎么活，似再明白不过，可未必都明白。总在名、利、权间徘徊，或求名或求利或求权，或三者兼求，或三者兼弃。唯利是图、见利忘义、争权夺利之人不必说了。比较而言，求名比求利、求权好点，只要是名副其实。"三不朽""名垂千古""万世流芳"等，便包含求名动机。名、利、权兼弃的少，超然物外，遗世独立，清静无为，貌似卓尔不群，但未必就好。要是完全丧失生命动力、激情——人类、社会进步的正能量，人将不人。

清静无为，顺其自然，齐物我，同生死，从哪儿来回哪儿去……如果在名、利、权上不争、不要、不想，与天地万物和谐相处，安适随顺，的确值得向往。但不够，人总要留下点儿什么，总要想想留什么比较好。否则，就活成行尸走肉、酒囊饭袋了。

"雁过留声，人过留名"，"留名"欲，是人之本性，也是冠冕堂皇的答案。光宗耀祖、流芳百代什么的，是习见的托辞。世代相传，刻骨铭心。如留"名"为"三不朽"，这没啥说的，尽管难以企及，却不失为人生导航。留下美名令誉，是正当的人生需求，利己，利人，利社会。

仆窃不逊，虽无史迁之高致，昌黎之盛气，亦欲成一家之言。这也许是身无长物、长技之文人的最佳留名法、还债法。不过，这只是"仰望星空"，至于"脚踏实地"，写什么，何时写，写成怎样，仍茫然。是否真能留名"不朽"，更是渺茫。

"五十而知天命"，孔子悟到 50 岁是还债——建造"人生纪念碑"的最后期限，也是最佳时间。古人寿命短，先秦平均寿命不到 40 岁，能活 50 岁的很少。孔夫子身体好，活到 70 岁，跟今人平均寿命差不多。他的"吾十有五而志于学，三十而立……七十而从心所欲不逾矩"，说的是自己，是量身定制的。对当时一般人而言，"五十而知天命"迟了点。对平均寿命 70 多岁的今人，则是相宜的。固然我辈不能与圣人比，但不论谁，都要活得有尊严、有价值不是？——懂得使命所在，才不白活。

子曰："加我数年，五十以学《易》，可以无大过矣。"——学《易》，明乎吉凶祸福，穷理尽性，活得更透辟，大约也是为了"知天命"。孔子是时 47 岁，鬓染霜华，颠踬坎坷，累累若丧家之狗；功业未竟，来日苦短，前路未卜，想必颇焦虑、惶急，活得战战兢兢：怕活不到 50 岁，怕犯错。

圣人都伤神烧脑，急得掉头发，匹夫怎能不殚精竭虑。

夫子说"五十而知天命"，是给人生"还债"立时限。若五十而不知天命，想还债，怕就来不及了。50 岁，看似遥远，弹指一挥间。岁月漫长，遥遥无期，成败悲欢转头空。要是缺乏"还债"意识，不知何谓"知天命"，活到百岁也未必会认真想"为什么活"。

学会做"人"，懂得"何以为人"，比什么都重要。

因此，学校教育，最重要的不是德育、政治，不是语数英……而是"人生"

课、学习、研讨"何以为人"。若不知"何以为人"，知识、技能学得再多、再好也没用，只会为己谋利、为虎作伥。就因缺这门课，许多人犯浑，至死都不明白为什么活——德（才）不配位、胡作非为、唯利是图、见利忘义……社会乱象由兹产生。

· 破执者寓言 ·

比 酷

　　老鹰对蝙蝠说："老弟，我能从几千米高空看到地面上的小老鼠，并把它逮住，你行吗？"

　　蝙蝠说："我闭着眼睛也能飞，每分钟能逮住12只小虫，你行吗？你只靠眼睛，我不但靠眼睛，更靠超声波，你懂得什么叫超声波？"

　　蝉听说了很惊讶："我没尖牙利爪，也没敏锐的感官，更没超声波之类独门绝技——我也不需要呀。"

　　老鹰、蝙蝠不屑地问："那你吃啥，靠什么过活？"

　　蝉："餐风饮露、舔花吮叶，不也很好？"

　　老鹰："那多没劲？鸟活一世不就为吃香喝辣、逞凶斗狠？"

　　蝉："我没啥本事，蝉活一世，就为盛夏一鸣。"

　　人生课，是把往圣前贤、过来人的领悟，说给未成年人听——这则寓言便是我想说的人生意义，使孩子从小接触、思考"人为什么活"的本源性命题，念兹在兹，耿耿于怀，长大才不会活成"非人"——还有什么课程比这更重要？

　　低"知"高"识"者寡，高"知"低"识"者众。有"识"定然有"知"，有"知"未必有"识"。在"识"中，人、人生、自我之"识"，尤为重要。

　　若无"知天命"意识，即便高"知"，大多不过是"腐儒""庸儒"——荀子所斥责、鄙视的"世俗之沟犹瞀儒"（愚蒙之人）（《荀子·非十二子》）。到头来，害人害己也未可知。

　　试举一例。

　　西南某地有位大学校长，在同辈中算是有学问的，不失为中年教师之佼佼者，且德行高尚，有责任心，不求名利；一身正气，两袖清风；平易近人，和蔼可亲，不折不扣的正人君子一枚。恰逢"文革"后人才荒，他40多岁正当年，阴差阳错从教研室主任当起，一帆风顺当到校长。十来年间，他一心一意扑在工作上，尽职尽责，累死累活，没人说他好，也没人说他坏。年龄到线退下来，没给人留什么念想，像压根没存在过。他连绯闻都没有，唯一缺点是喜喝酒，喝高了，说些黄段子，点到为止，无伤大雅，博人一粲而已。这让人想起鲁迅的《孔乙己》："孔乙己是这样的使人快活，可是没有他，别人也便这么过。"偶尔成为人们茶余饭后的谈资，云淡风轻，水过无痕。

他从校长岗位退下，荣誉不要、兼职不干，再不抛头露面，一心一意回来当教授。他为重上讲台认真备课，然而，第一堂课就上砸了。风传：他说第一遍，二分之一的学生听不懂；第二遍，三分之二的学生听不懂；第三遍，全听不懂；第四遍，举座哗然。从此，他的课，学生集体大逃亡，所剩无几坚守岗位的，皆为"低头族"（看杂书、读英语，那时还没手机）。他从此患上课恐惧症，失眠、噩梦，食不甘味，神情萎靡。

书自然教不下去了，闭门著书立说。待收拾旧山河，竟力不从心，物是而人非。他发觉学术也不会玩了，久不写论文，脑筋生锈，武功尽废。剩下的，唯含饴弄孙、颐养天年。

他出门溜达，总觉熟人眼神不对，不尴不尬的，心里堵得慌。见面礼貌性地寒暄，背后窃窃私语。人言可畏，眼不见心不烦，于是乎，干脆足不出户。没几年，仪表堂堂、声若洪钟的他，神采尽失：眼皮耷拉，腰板塌了半截；舌头打结，话不成句，不知所云。不久，成了医院常客；后中风，驾鹤西去。

他牺牲十多年宝贵年华，却换来"丧失学校发展最佳机遇期"的民间评价——盖棺论定。可以想见，此乃一场噩梦。走错一步，自毁前程。

他若"知天命"，当教师或学者，本可出类拔萃，桃李芬芳，著作等身。可说什么都晚了。

若修过"人生课"，懂得"何以为人"，戒慎恐惧，深思熟虑，便不致中年迷失、晚年懊悔——"知天命"，方不虚此生，不枉为人。

敬业勤谨，百事平顺，失足毁前路。

不知天命，原债未了，辛劳换凄苦。

他石攻玉，莫枉此生，吾侪应慎步。

"教材团队"台北故宫博物院游，20年来，我们亲密合作编写北师大版初中、台湾南亿版高中教材。

务虚之后，说自己吧。

有"知天命""还债"意识，还什么，怎么还，仍是难题。

时光荏苒，马齿徒增，压力山大。牵肠挂肚、挠心抓肺，却不是想知便能"知天命"，想"立言"即可"接着讲"。早了，积淀不足；晚了，精力不济。最不堪、不幸的，没开写或刚开写就挂了，哭都没地儿哭。兹事体大，烦心磨人，只能半尽人力，半遂天意；有所挂虑，顺其自然。

"知天命"，是人生最大福报；"接着讲"，是人生最大善果。

王国维引辛词论学："众里寻他千百度，那人却在灯火阑珊处"——伊人可遇不可求。

2000年，我有幸"遇"上，终于"知天命"，得以"接着讲"。谓其偶然之必然，水到渠成，无心插柳柳成荫……怎么说都成。

这是好年头：我的"接着讲"与千禧年同时揭幕，且正值本命年——龙年，48岁，将近"知天命"之年"知天命"。千禧年，本命年，"知天命"年，三重巧合，不知是上苍刻意安排，还是命运之神垂悯：予我言语生命新篇，事业登顶的契机——我人生新拐点。

这事儿不是一般的重要，而是千般万般重要；完事，此生释怀。说脱胎换骨、精神重生、凤凰涅槃，皆不为过。这纯属个人感受，事后才慢慢意识到。

开始未悟及此，没想是"接着讲"，是建"人生纪念碑"。开写后才渐明，渐进入状态。

我对泛滥成灾的浅薄、误导之作，忍很久了，不说会憋死。

想写与写得怎样之间有漫长的距离。写得怎样，取决于准备状况。

写书想法一直酝酿，直到开写，还不知要写成什么样，自然没有写一部鸿篇巨制、传世之作的雄心壮志，更没意识到这就是我的"接着讲"、完成人生使命的著作，只是不吐不快、勃郁于中、率性挥洒，取于心而注于手也。

但有一点很清楚，我不会写成呆头傻脑、高头讲章式的《语文课程论》《语文教学论》，从体例、观点到取例，尽量不重复他人。这不是特殊要求，是我一向的文风。我厌恶那些没有独立见解，貌似四平八稳，实则辗转抄袭、堆砌资料的"垃圾篓子"。

世事如此，骑驴不见驴，过后方了然。

此经历虽不是太遥远，由于没标志性事件参照，记忆很模糊。可能本就没确切时间点，写前有段酝酿期，何时决定写，一片混沌。原是对 20 世纪末"语文大讨论"逞一时忧愤，贸然动手写。

刚写时并无清晰的体系构想，憋着股劲信笔挥洒，写到三四十万字，觉得差不多了，赶紧罢手，怕字数多不好出版。书稿理清楚，给某出版社发去。其实没写完，尚未尽兴，纠结，吃嘛嘛不香。最好写两本：一本理论，一本实践。又顾虑篇幅太大，定价高，不好卖，出版社不愿意。踌躇间，事有凑巧，仿佛天意，此事竟因一个电话而改变，迎来人生大变局。

大约 2001 年底某日，福建人民出版社林彬副社长（现为福建海峡出版发行集团总经理）来电话，说社里报选题，问我在写什么，我把刚交稿的与正写的说了，她对我的观点与思路感兴趣，建议干脆二合一，写部大书——正中下怀，求之不得。顿时乌云散尽，心情大好。

"天命"瞬间莅临，期待已久的靴子落地："接着讲"的机会来了。机不可失，时不我待。痴心妄想纷至沓来：务必让生命留痕、引以为傲。集颠覆与重构、万千宠爱与百般责难于一体。读者十分之一读懂，百分之一接受，千分之一喜欢就可以了。30 年后，语文界广为接受；50 年后，成为主流观念……事实证明，这猜测也许保守了些。其颠覆性、接受度、影响力，远超预期。

书成，虽无应者云集，却也圈粉无数。不敢奢望共工氏"……头触不周山崩，天柱折，地维绝"，无雷霆万钧、天塌地倾、寰宇易位之遽变——闻惊涛拍岸、观风云变色，吾愿足矣。

孙绍振先生说："这是一个根本性、历史性的转向，不论从学理来说，还是从实践来说，都无异于一场地震。""这是我国现代语文教育发轫以来的一部罕见的力著。""其思考领域之广，思想密度之高，逻辑覆盖之大，学识视界之开阔，如果不是绝后的话，至少也可谓空前。"面对谬赞，诚惶诚恐：愿不负先生奖掖、期冀。

正值盛年，事业小成，难免自我陶醉，但敬畏之心、自知之明尚存。

平心而论，经历过"文革"的这代人，先天不足，后天失调；即便一流，也难臻化境，何况庸碌之辈。直到今天，在他人眼中仿佛"功成名就"，在鲜花、掌声中，尚能保持一份清醒。每遇有人称大师、泰斗，则如芒在背，浑身不自在，一地鸡皮疙瘩。这并无丝毫矫情，打心眼里觉得不配。既非质性朴拙，亦非谦卑客套，唯羞耻心尚存。

打心自问，有时也鄙视不学无术之徒，嗤之以鼻。但我仰慕真才实学者，懂得自己的分量，知道"寸有所长，尺有所短"，不敢步"文人相轻"后尘。

写这书之前更是如此。我什么都不是，才疏学浅，普通至极，明白自己没到靠名气振聋发聩，或使出版社愿意赔钱赚吆喝的地步。

因此，我感谢林彬。作为资深编辑，她看好我的书，断然拍板，绝对是"风险投资"，称"冒险"也不为过。我钦佩她的胆识，感动于能为我一搏——后来她成为该书责编之一，连封面、书名也是她敲定的，可谓我言语人生又一贵人。可以断言，若没她的谋划、扶持，就没有《语文：表现与存在》，没有我在语文界的影响力。最遗憾的是，将错失"知天命"良机，甚至无缘"接着讲"。若如此，借用梁漱溟先生的话：生于斯世何益？！往好里想，即便能"接着讲"，恐怕也要推迟数年。这意味着再经波折，或因此折寿，功亏一篑……一切皆有可能——这于语文学不知是幸或不幸，于我，肯定是不幸。

学者生命的价值，不是以活的岁数长短，或所撰字数多少来衡量，而是以著述的分量——生命力来计算。换言之，以能否"接着讲"——承先启后判定。对于言语、学术人生来说，未"接着讲"，至少是不圆满。这种残缺，是顶梁柱——人生支点的缺失。不可弥补，无以替代，没法承受。

我未曾想到，林彬更不会想到，她信手拨打的电话，蝴蝶效应竟遽然发酵。

那个冬日午后，金色阳光穿云破雾透过窗子，暖暖地照射在办公室座机上，鬼使神差般，你拨通潘老师电话，声波振荡，余音如缕，连绵不断。涉千山万水，越重峦叠嶂；聚天地人精微，采日月星巨能；地火熔岩，板块碰撞；山河翻覆，时空再造……成就孙先生预言的语文学地震。

那10分钟的电话，核聚变火云破空升腾，将语文学托起无底深渊，也把我推上不归途。

好风凭借力，送我上青云。签了约，唯破釜沉舟、一往无前。我无须顾忌篇幅，文思奔涌，"三峡"泄洪般哗哗倾泻。成书为上、下两卷，砖头般"厚重"；字数124万，定价115元，把我惊吓到了——林彬肯定也捏把汗：卖不出去咋办？不说别的，库房都堆不下。万幸没让出版社赔钱、林彬后悔，宝贵纸张没变垃圾，否则真过意不去。该书出版后一再重印，现出第二版，173万字，定价翻翻还不止，仍畅销，此是后话。

10年合同到期，考虑该书再版时，我深信给哪家出版社都不会被拒，可选最好的，但我毫不犹豫地与福建人民出版社续约。他们并非最好，林彬也已离开该社。"投之以木桃，报之以琼瑶"，他们帮过我，别无选择。

认识林彬不觉20多年，那时她初出茅庐，我牛刀初试——我的第一本书《中国现代写作教育史》是经她审阅、出版的，因而相识，后偶有交往。她聪慧温婉，感觉细腻，文采斐然，写一手清丽、俊逸的情致散文，出过散文集《梦雨飞花》，古典、优雅；可望璀璨耀眼、占尽风情；令霜禽惊艳、粉蝶断魂。可惜了，她宁肯为人作嫁。不禁叹服，也是"天命"难违吧。

以成全他人之"天命"为"天命"，是另一种"还债"，同样值得嘉许。立德、立功、立言之人，毕竟凤毛麟角，多数人是发现并成全；牺牲自己，成全他人，亦属至高美德、无上功业。

当事业有所成时，莫忘扶助自己的人，帮自己成就天命的人。

据说人一生平均会遇上8万人，茫茫人海、芸芸众生，大多与你有缘无分，匆匆擦肩而过，再难回眸。时过境迁，阅尽人情冷暖，时在念中的亲朋好友不过十来位。在人生拐点扶持过自己的贵人，更是屈指可数。他们恩同再造，尤不可忘。即便他们已走远，不再记得你，你也不应忘了他们。

抱怨之心不可有，感恩之心不可无。因此浓墨重彩记上一笔。

《语文：表现与存在》初稿完成于2004年暑假，这确凿无疑。是在参加高考命题结束时完稿，时间点清晰无误。虽然命题过程心情跌宕起伏，有时情绪糟透了，但无论如何，那是值得回忆的经历。因为我是带着书稿完成的轻松，化蛹成蝶的喜悦，走出"高墙"的。

2004年，全国统一高考改为分省命题，福建省名列其中。3月底的一天晚饭后，我接到通知，立即收拾行装，专车送达某宾馆。到了才知道是去上海、南京等地学习、培训。事先不告知，地下工作似的，神秘而刺激。

那年奇冷，春寒料峭。上海、南京比福州更冷，雨雪霏霏。我恰患感冒，昏昏沉沉，一路咳嗽，一路吃药，不断"重感"（感冒好了又着凉感冒）。体温计汞柱上下徘徊，折腾一个多月才归位。

这是一次艰难的旅程，6月初，便赶着出来"救市"。我被任命为福建省高考语文审题组组长，赴安徽参加命题工作。其甘苦比感冒、雨雪更甚——那是身苦，这是心苦：每日舌战群儒，鸡同鸭讲，对付胡搅蛮缠，别扭、愤懑、沮丧……一言难尽。

话说回来，他们遇见我，也恨不得踢我鼻青脸肿。主要是我们使命、观念不同。参加命题的大多是中学教师，以捍卫"刷题"成果为己任，题型若有丝毫改变，学生练非所考，回校交不了差：不踢我要被校长踢。在我看来，这些"题"，大多无信度、效度，文字游戏，站在道义立场，不踢他们要被良心踢。"互撕"便不可避免。

我不怪他们，但为他们悲哀。他们被应试所异化，已然麻木，浑然不觉；我则哀其不幸，怒其不争，悲其不觉。后将此感受写进《语文：表现与存在》"自序"：

在语文教学中，师生的"劳动"行为与马克思所描述的（人的异化）何其相似。……在"外在的"教学活动中，师生同样不是肯定自己，而是否定自己；不是感到幸福，而是感到不幸。他们的言语活动，没有内在的自由、真实的自我，有的只是精神的折磨、摧残。他们参与语文教学的"外在的"活动越多，离自己自由真实的言语生命越远。等到他们习惯于这种"外在的"、"异化"的言语活动后，悲剧就发生了：动物的生存性的需要变成了"人"的"内在的"需要，而"人"的"内在的"存在性需要，成了动物的生存性需要。这种"外在化"和"异化"的教学活动，最终导致的是自身的丧失，自由的言语生命的泯灭，师生同归于尽。

命题期间，我纠结于教师"异化"悲剧，心情忧郁，愁眉不展。然而，他们很开心，欢天喜地。

我与他们狂撕两周，高强度拉锯，直至大家都精疲力竭。好不容易命题工作完成，送去印刷，仍被"封闭"。到 7 月高考开始，才解除封闭。封闭期最后十几天，公事已毕忙"私活"：《语文：表现与存在》扫尾。盛夏酷暑没空调，挥汗如雨，以一天十几小时近万字速度疯写；电脑虐得遍体鳞伤、高烧不退，以"死机"抗争，泼点儿凉水，活过来再虐。还算仗义，挺到完稿才"壮烈捐躯"。

柳暗花明，大功告成，龙（我属龙）心大悦。

回福州参加高考评卷后，我利用暑假剩余时间修改、润色，杀青。9 月，交福建人民出版社。因这段经历较特殊，所以书稿完成的时间难忘。

春种、夏耘、秋收、冬藏，20 年寻根立本，勤靡余劳，终有所获。四年"还债"之旅打上句号。

该书版权页写的是 2004 年 12 月出版，是为了符合 2005 年福建省优秀社科成果评奖截止期。实际拿到书已是 2005 年 4 月了。2004 年 9 月交稿，2005 年 4 月出书，一部 100 多万字的书，大半年面世，已是极快的了；质量上乘，颇感欣慰。

1999 年，我参加全国中语会年会，属于"圈外人"看风景。死心塌地转行，成为名正言顺的语文学者，广被接纳、认可，是通过这事儿实现的。《语文：表现与存在》，是入伙"投名状"，也是成名作——实话实说，没有自我标榜的意思。

以书为媒，以文会友。语文界通过这书认识我，我通过这书认识语文界。这十几年，我认识的语文界朋友，比我本行的写作学界还多，甚至比我前半生认识的人的总和还多。这书受欢迎程度是写书时想不到的。

《语文：表现与存在》，从初版的 124 万字到再版的 173 万字，从两本到四本，售价从 115 元到 248 元，新版 2017 年底面世，不到半年，即售罄重印，现已第五次印刷。其生命力，去取的权利，不属于我，也不属于语文界，属于语文学史之必然。我感恩前辈留下的精神遗产，感谢众多读者的阅读、接纳，期盼他们或迟或早的开悟。

每念及此，备感温暖、自豪。艰辛、困顿、委屈，顿时烟消云散。

《语文：表现与存在》出版，我如释重负：我已清债——完成了人生使命，无债一身轻，这种感觉真好。"知天命"产生的焦灼感，一扫而空。

我已证明，留下人之为人的物证。我竭尽所能做了该做的事，其他，我无能置喙，交给后人、时间、实践去审判。

20多年学术寻根、思考——"三通"的殚精竭虑，"照着讲"的积铢累寸，从写作学到语文学的开疆拓土……甚至活这辈子，从呱呱坠地、蹒跚学步起，一路坎坷蹭蹬，孜孜汲汲，就为"接着讲"。

说此事如此重要，拘魂摄魄般，有人会觉得不可思议。即便是学者，做了一辈子学问，对"照着讲""接着讲"闻所未闻，没有"知天命"意识，"清偿"的"原债"感，也不在少数。——如果我是学术局外人，没有进入学术史范畴，未思考过言语生命动力，也会这么认为。只有亲近过经典文本后那些鲜活的生命，不朽的灵魂，经历一次次反思，为伊消得人憔悴，才能悟及兹事体大。这难以理喻，无法言喻，是言语生命的独特感应与体验，对有些人，怎么说也可能是白费唇舌——跟我不理解兴高采烈地打牌、斗酒一样。

道不同不相为谋。与忘言之人语，方心领神会。

"知止"才"有得"。怀着"接着讲"的愿景，心无旁骛、矢志不渝地从"照着讲"做起，才能水滴石穿、顺理成章地"接着讲"。

开始时，不温不火；进行时，甘苦怡然；完成时，心静如水。无奢望、不气馁地风雨兼程，不经意间，惊觉豁然顿悟。这过程就像蜗牛爬墙，能否爬到顶，何时爬到，不知、不问。一点一点往前蠕动，不停歇。直至触到天花板，才发现已登顶：抬望眼，天高云淡、惠风和畅；胸有千千壑，一览众山小。

若没"立言"的信念、信仰，远方幽冥、黯淡无光，我会脆弱而绝望，无法与不公、挫折抗衡；会像有些人那样，猥琐小样，一地鸡毛，成天怨天尤人、牢骚满腹。有了她，便有了光，便襟怀坦荡，有恃无恐，义无反顾；动力满满，英勇无比，不惮艰辛，幸福感爆棚；内心暖流汹涌，融雪化冰、荡涤阴霾。为了她，可不计得失，无论付出，甘于承受困厄、烦恼、灾祸。任何获得都需要付出，这是幸福的代价，无代价便无幸福；低廉的代价，换来的是浮云般的幸福，非真幸福，彼岸、终极的幸福——"朝闻道，夕死可矣"的幸福，不是小确幸，而是大荣幸。不是"娱乐死""安乐死"，而是"幸福死"。

我期盼"最不怕死的时候"到来，但不知道天边的海市蜃楼，何时变成真实的琼楼玉宇。后来终于明白，不是想写的书或自以为重要的书写完了，而是真正悟道、明理，完成"接着讲"的时候，才是"最不怕死的时候"，也是最幸福的时候。确切地说，是拿到《语文：表现与存在》，闻着纸张、油墨馨香的时候。

捧着厚厚的上、下两册，拇指尖从书本纸页边缘轻轻划过，像抚摸婴儿粉嫩的脸庞。那欢快的"哗啦啦"声，是和风细雨，吹拂滋润着山川、荒原，蓝天白云，花草葳蕤；是溪水流淌、鸟儿蹁飞，是美妙的九霄神曲。我愿枕着书，闭上眼，听着百万字符——我所向披靡的铁军，排山倒海般的厮杀、欢呼声，含笑赴死。

拥有"接着讲"的言语、学术人生，才是完整的，言语生命才是雄健、淡定、强大的。"接着讲"赋予人生以高品质：超越性与恒久性。在生命尚未谢幕之前，有幸实现这一过程，是幸运、幸福之人——我只说自己的感觉，纯属主观偏见，说是错觉、幻觉、矫情、自矜，皆无不可。说我自吹自擂、胡言乱语，一并笑纳。

固然我什么都不在乎了，但谈心得，晒"幸福"时，还是很在乎读者的感受。

毕竟多数学者既没"照着讲"，更没"接着讲"，难以接受言语人生残缺、言语生命残废的判词。谁也不愿承认辛辛苦苦治学，著作等身，转眼成空。对此我特别能理解，悲莫大于此。

我说的纯属个人感受，与他人无关。若不认可，可绕过不读，或视而不见，或嗤之以鼻。

人总是自我感觉良好，我也不能免俗。所言未必都对，那先说声对不起！

我不妨郑重声明：确实有些是幻觉、错觉，是一厢情愿的孤芳自赏、自我陶醉。

我没必要口不择言，沾沾自喜。的确，"接着讲"没什么了不起。"讲"得怎样，是否具有超越性、恒久性，这才是问题的关键。要是"胡讲"或"讲"不到位，同样徒劳。我无从判定自己的水平：知即无知，不知是知，唯有天晓得——那就交给老天吧。

2017 年秋，坐宝岛东海岸野地荒坡，背靠无垠西太平洋，头枕青山蓝天白云，耳畔海风习习，涛声阵阵，享"闲云不成雨，故傍碧山飞"之自在。

当中学语文教师、上大学、留校任教，是我三个人生拐点。从写作学拓展到语文学研究，进入到语文教育领域，萌发"接着讲"开讲的念头，成就完整的言语、学术人生，这可谓第四个人生拐点，也是最后一个：离谢幕不远了，跌跌撞撞，潮涨潮落，这就是人生；"知天命"之年尚可一搏，步入晚境便波平浪静，高潮不再。纵然仍思如泉涌，时有灵光闪耀，也不过是静流微澜。即使激情汹涌，也掀不起拍岸惊涛。

因此，第四个人生拐点之重要，在于是临门一脚、最后一公里。否则，前功尽弃。这可谓言语人生意义之所在。活到"知天命"，完成"接着讲"，幸甚至哉，堪称圆满——上天对我够仁慈了。

"接着讲"的内容，是"知天命"之年的执迷有悟，集治学成果之大成，因而意义非同寻常。之前的三七、四六，林林总总，包括学问之外的所有磨难，既是铺垫，也是成全。"艰难困苦，玉汝于成"，诚哉斯言。——这么想，就不会纠缠于人生不公，自怨自艾，怨天尤人。若因此沉沦颓唐，便是自残、自毁，一事无成。

当初，我对这个拐点意义之大虽有所体认，却也始料未及。"接着讲"，除了了却心愿，完成人生使命，还体现为拓展治学领域：从写作学到语文学，使我拥有更广阔的视野与浩瀚的思想空间，充分释放生命能量，使潜能、才情得以最大程度发挥。总之，是学术认知质的升华，登上新高度。

我教写作，身在此山中，却早意识到其局限。我似乎并没有多少遮蔽，相反，我很清醒。写作学界同仇敌忾反对学科歧视，现在回过头看，找倒有几分认可"歧视"。

确实，就写作研究写作、教写作，被歧视活该。

现今写作课实没意义，包括正风生水起的"创意写作"，皆在"技"上瞎折腾，舍本逐末，且写作异化为文学创作。从这个角度上说，写作教学多是无用功。这也许会让同仁沮丧、愤慨——这非我所愿，理智、良知驱使，我不得不说——我为写作学奉献不比别人少，感情不比别人浅。

中小学教师不明就里，仍迷信大神说的"写作系技能"，前赴后继地埋头练技法，把师生往沟里带。学者狂抛写作训练著作、教材，推波助澜——不妨听"过来人"劝，别执迷不悟：以为写作可练出来是欺人自欺，必定害人害己——这是逆耳忠告。

上海师范大学的李重老师，勤奋真诚，见我孤陋寡闻，常给我推介学术动态、新书，不乏写作训练教程，我回复："技能、技法训练没大用，有灵性的读多了自然就会，没灵性的再练也白搭。"写作须在"本"上下功夫，AI 时代尤如此。如果你写的人工智能也能写，或写得更好，还写个什么劲？不在深层次上"立本"，光靠技能训练，要胜出绝无可能。

此非在下创见，先贤说过："君子立本，本立而道生""辞之所以能鼓天下者，乃道之文也""有德者，言可不学而能""文以气为主""气盛言宜""行气为文章第一义""大意主乎学问以明理，则自然发为好文章，诗亦然""理精，文字自典实"……——不听我的听先贤的。

先贤表明写作之本、道，不是表层、外在的行为、技能，而是深层、内在的修养、修为、境界。关键是"本""道"，而非"技""文"。专搞技、文训练，是本末倒置。这么弄，写作真成雕虫小技。

先贤彻悟何谓"本""道"，后人偏往"末""技"上走，原因很简单：急功近利。立本悟道难，练技习文易。前者看不见，后者"立竿见影"。无利不起早，见利忘本，语文教育怎不溃败？

因此，别再作茧自缚，要"入乎其内，出乎其外"，要追根溯本，高瞻远瞩。写作学，要浸淫于语文学视域，才能获得基本认知——若要深层次立本悟道，语文学水还太浅，养不了大鱼——"立言者"。就是说，写作学突破局限，在语文学范畴，在听、说、读、写中思考，只能获得最低限度认知——更进一步，须突破语文学樊篱，在"人学""哲学"范畴思考，这在以后再详说。

总之，我进入语文学领域，不是一时冲动，可谓"蓄谋已久"；是深思熟虑的战略抉择。

这便可解释为何我于语文学如鱼得水，比驾轻就熟的写作学更得心应手。尽管如此，《语文：表现与存在》引起的震撼，还是出乎我意料，更出乎语文界意料——圈外人竟写出语文学"罕见力著"，一夜蹿红，长盛不衰，影响与日俱增，匪夷所思、不可接受——其实不足为奇，概言之，原因有四。

一是对写作学与语文学作过长期的整体、交叉思考。写作学与语文学似乎是不同领域，却息息相通。从写作学看语文学是一个新视角，从语文学看写作学也是一个新视角，打通二者可"双赢"。我的"写作本位""表现—存在本位"认知，就是基于写作学、语文学交叉思考的成果。

能作写作学、语文学交叉思考的人不多，深知写作学，有写作教学丰富经验的极少。语文学界研究写作的不乏其人，其实多不懂写作，所知只是皮相，只会移植西方写作学。

写作学界懂语文学，将二者深度融合，写出语文学原创性专著，大约我是第一人，因而耳目一新——或大感不解。

二是掌握的写作学科史料较多，语文学科史资源也不缺，由"治史"形成"史识"，有助于提高认知广度、深度。我对学科史研究比多数人更全面、系统、深入：从微观入手，逐步拓展到中观、宏观，逐渐形成深刻、敏锐的"史识"，以此观照语文学理论与实践，所见自是不同。

不论是写作学界还是语文学界，具备学科史学养背景的学者罕见。能从"照着讲"打下坚实基础，再进入到"接着讲"的，更是罕见。有些人虽也"治史"，但重"现代"轻"古代"，如此未能形成良好的"史识"。就母语教育史而言，"古代"更重要。

是否经历过从"照着讲"到"接着讲"两步走，研究效果大相径庭。充分占有学科史资源，从"照着讲"做起，是治学的必由之路，相当程度上决定认知水平。若"照着讲"不到位便"接着讲"，这不算"接着讲"，讲也白讲。

三是认知结构相对广博、合理，人学、哲学、科学学、心理学、教育学、教育史、阐释学、文艺学、语言学……学识背景，尤其是人学、哲学、科学学学识背景，使我有了超语文学视野、眼光。从某种意义上说，是这些"诗外功夫"，史识加学识的大视野，决定了能看到什么，能走多远。

总体上说，语文界学养不足，视野狭隘，认知结构不合理。书读得少不好，读得多也未必好，关键要认知结构合理，博而能一，融会贯通，学能致用。许多人爱读书，读好书，却也读残、读傻了。十个好读书的，也就一两个读而有悟，经济高效，有所创新。光是好读书，多读书，没多大意义。

四是我对研究方法论的长期关注与思考，有助于提高研究效率与水平。研究方法论思考，最重要的是要懂得何谓原创性理论——集大成的整合的原创，如何颠覆、重构与思想的体系化；懂得如何做学问：不懈地追求"三通"，善于集成、取舍与提炼。若不知何谓原创性理论，便无法形成原创性理论。

我对研究方法天生感兴趣。说来诸位未必信，吃饭、散步、看电视、交谈、乘车……常心不在焉，灵魂出窍，思不由己地琢磨这些，对无关之事充耳不闻、视而不见，聊天茫然不知对方所云，乘公交车常乘过站……——这有点儿神，任凭怎么解释，我太太死活不信。

研究方法太重要了，花多少时间琢磨都不过分，磨刀不误砍柴工。若方法不对，吭哧吭哧地忙乎一辈子，自以为写的是论文、学术专著，埋头写几百上千篇，几十上百本，硕果累累，到头来竟没一篇称得上论文，没一本够得上学术专著。竹篮打水一场空，着实可怜。许多人不懂此理，语文界尤甚。

语文界有方法论自觉的少之又少。不知何谓原创性理论，如何原创，怎会写出原创性理论？鲜见原创理论也就不足为奇。所谓研究，只是肤浅的经验性随感，教学设计、课堂实录，好点儿的，也不过东抄西引，对他人理论作演绎应用。如此，研究水平低下便不足为奇。

窃以为，语文学高水平原创性理论著作，上述四要件缺一不可。

此外，我的优势还可加一条：旁观者清。我没语文圈内人的自恋、执念，不受制于主流话语影响，有说三道四的自由，智性、悟性的清醒，可大破大立，百无禁忌。

这是我有人无的综合优势。总其成，可称气度、格局、胸襟（但愿能升华为境界。正如言语人生升华为诗意人生，二者存在级差）。由此外化为灵动、开阔、深邃的眼界、眼光，与高水平的想象力、洞透力。毋庸讳言，这是语文界普遍缺乏的。

凭这些优势涉足语文学研究，我非但如鱼得水，还是激活死水的鲶鱼，也成昏鱼的群殴对象——我不在乎昏聩者的梦呓、鼓噪。

这似乎摆谱耍酷、大言不惭，但讲述言语人生不能不说到位。将我的心得、经验、教训，包括隐秘而真实的心理，原原本本地招供，让后学参考。不竭诚以告便是对读者不敬。明知也许不招人待见，还可能误伤他人自尊，两害相权取其轻，只能豁出去了。

知无不言、言无不尽；要透彻还得接着摆。

我不但喜欢作方法论思考，还喜欢作精神、心理分析。就学者境界、才华而言，除了"立言""自我实现"等价值观驱动外，在思维、智慧层面，我看重智性、悟性、神性与想象力——悟性、神性，一般人无以企及，属珍稀天赋。

有一次与孙绍振先生聊天，聊起文本解读。他说大家只知感性、理性，不知情性、智性；情性上，只知审美，不知审丑。先生是看重并擅长审智、审丑的。我开玩笑："先生审智、审丑兼备，所以能发他人之未见。我没审丑幽默感，是否有点儿智性、想象力呢？"

先生颔首，笑而不答：敢在师门讲智性、想象力，岂不是关公门前耍大刀——他心想。我与先生是庸才与奇才之别，这我有谱。不轻易夸人的先生，偶尔高兴讲漏嘴，夸我聪明、才华横溢……实为勖勉。

我有没智性、想象力，不敢自我妄断。我喜欢、追求智性、想象力，却是千真万确。我理解的智性，便一定程度上包含想象力，即富有智性、想象力的才能。理性光有抽象力、逻辑力是不够的，须有智性、想象力加持，才闪耀着智慧光辉。光有理性不够，要提升为智慧，才有高超的精神创造力。

智性、想象力，乃至悟性、神性是思之剑，具有洞透力、超验性。超验性，是高端想象力的体现，可谓智慧之极致——属于天才式文化、科学巨匠。平庸者望尘莫及、不可思议。我不但承认人的个体差异，而且认为这差异要比马克思所认为的大得多。说是天壤之别也并不为过。

我国先秦圣贤，古希腊智者，星光灿烂，交相辉映，光耀百代，他们就是具有超智慧、超创造力的人。

庄子明白这道理，将凡人与超人，比作"河伯"与"海若"，于是有"望洋兴叹"这个成语。"河伯"可谓"执迷有悟"，"曲士"则"执迷不悟"："曲士不可以语于道者，束于教也。"——不能与孤陋寡闻的乡曲之士说"道"，他们受限浅薄狭隘的教育，没法对话。

对自身而言，不可妄自尊大，自以为是。较之于广博精深的人，我也是"曲士"。绝大多数人是凡人，才智平平，但应追求智性、想象力。若没有智性、想象力，龟缩执守于"常识"城堡，注定发霉腐臭、庸碌终生。明白这道理很重要。

智性、想象力，建立在广博精深的学养上。然而，困于学养"常识"，也可怕、可悲。智性、想象力既拥抱常识，也不甩常识，别出心裁创造新"常识"。——狡猾的"狙公"用"朝三暮四""朝四暮三"忽悠猴子，竟忽悠出大智慧"齐物论"，不也靠智性、想象力？

友人告诉我，我的"议论文三要素批判""议论文三要素重构"论文，招来众多"三要素"铁粉誓死捍卫，说"三要素"是常识，我"反常识"。友人怂恿我反驳，我婉拒。他们没错，我确实"反常识"，我批判的"议论文三要素"是"常识"。对迷信"常识"的人，你反驳是对牛弹琴：他看到的是看得到的，我看到的是看不到的。他看到的是表象，我看到的是内质。他看到众所周知的，我看到与众不同的。不知"常识"来自"反常识"，怎能说到一块？

能从"常识"中发现问题，揭示常人看不到的，不是不懂"常识"，而是既懂得"常识"，还懂得"非常识"，才能"反常识""超常识"，创造"新常识"。这是智性、想象力的题内之义，可称洞透力。想象力给智性第三只眼，缺乏广博的学识素养、合理的认知结构，就没智性、想象力可言。不少学富五车、学贯中西的博士、教授，未必就有超常才智，倒像是狙公豢养的傻猴。文凭、职称，基本上体现的是"常识"水平。

对现代语文教育的溃败，我的初心就是作智性反思：在语文学"三通"背景下，尤其在母语教育"史识"背景下，入乎其内，出乎其外，看这百年语文课程是怎样，该怎样，症结何在，如何走出"常识"思维。这是语文圈内、外颇为迷瞪糊涂的。我没法挽狂澜于既倒，但我应表达20年来的思考，才不辜负自己。我与多数人想法不同，这让我兴奋，信心满满。

凭多年攒下的学养、经验，凭我的学识背景、认知方法、文字才情……我能写别人写不出的"反常识""超常识"的书，让人耳目一新。也许自信过头，但起码基本观点得是我的。我相信自己的眼光与智慧。最终能做得怎样，另当别论。

有自己观点不足为奇，我所谓的基本观点，不是微观或中观的，首先是宏观的，由微观、中观研究中积聚、提炼、升华出的高屋建瓴的认知。如不是宏观上的颠覆与重构，即范式更新，语文学转向便没意义。既于事无补，何必徒费精神。

智性反思，不就是"接着讲"，但是，"接着讲"须智性反思。"接着讲"须承前（超前）启后，超越前人认知，以自成体系的理论创新改变学科方向。一是基本观念、理论的颠覆，二是范式的重构，三是由抽象到具体、理论到实践的系统建构。三者缺一不可，皆须凭借智性与想象力。这是"接着讲"的魅力所在。

此三者内涵极丰富，很难做到。我不知能做得怎样，但必须去做，这是"天命"。对"接着讲"，也许别人不感兴趣，我感兴趣。做学问，或为名利，或为学问而学问——这已然了不起。我则为"接着讲"，为"还债"。"接着讲"是言语人生的义务，责无旁贷。这是对"为学问而学问"命题的反思、补正。

所说似自夸自矜，这非我初衷；所言不论对错，都是真实告白——读者也许有共鸣，心有灵犀；或若有所思，心有戚戚焉；或恍然大悟，豁然开朗，引为同道。若感不忿、受伤，尚望海涵。亦可评头论足，将难受、不屑或愤怒，回馈于我……一概笑纳。

我写《语文：表现与存在》年近半百，出版时已过"知天命"之年。对学者来说，50岁是言语、精神生命的成熟期，要给人类奉献最丰硕的智慧之果。国学大师黄侃说50岁之前不著书不无道理，因为与其写粗糙文字让自己后悔，不如等有丰厚积累与深刻思想后再写。这想法可以有，却窒碍难行。不从年轻时坚持不懈地写，就不会有盛年的丰厚与深刻。加之，谁也无法预料寿限几何，若活不到50岁，岂不悔之晚矣？黄侃便是太执着于要写好，誓言50岁前不著书，可是49岁不幸早逝，痛哉惜哉。

我以为"五十而知天命"意思有三。其一，"写作"是人之"天命"，人生，须是言语人生，"不写作，枉为人"；其二，年到半百，有了充沛的学养、阅历，方能"知天命"；其三，有较成熟的思想，才能写出高水平著作。这是人生最不能错过的时间窗口。

从这个意义上说，写"天命之作"《语文：表现与存在》，是神圣、隆重之事。如今，人生纪念碑已然建成，是50岁纪念，也是送给父母、家人的礼物，对恩师、社会的回馈。困倦时看她，倦怠全消；焦躁时看她，气定神闲；颓丧时看她，心旷神怡……

有了这部书，当无愧于父亲。清明节，我在他坟前献上这生命之作，将他给予我的精神滋养加倍奉还。我以著作当"纸钱"烧给他，聊表孝道。我会用我的著作，一直"烧"下去，直至我也变成一缕青烟，与父亲相伴。这是我献给父亲特殊的祭奠，想必是他最想看到的。在袅袅升腾的青烟中，父亲在天之灵见此，定备感欣慰。我替他完成未了的心愿——相信我女儿也会替我完成未了的心愿……

我万分感谢母亲。母亲天资聪颖，才华出众，厦门大学毕业后放弃赴美留学机会，选择当教师，甘为父亲、家庭、学生牺牲自己，将一生的美好都给了我们和学生。当我这部书即将写完时，母亲病重在床，遗憾的是，我未及献上此生最重要的书，她便匆匆走了。愿母亲能从烧给她的书中，读到儿子的谢意与歉意——我还要借此偿还种种恩情。

在该书"后记"，我表达了对林可夫先生的怀念。拙著出版，先生已走了。2001年5月21日，恩师病逝上海，享年67岁。我赴上海拜送别先生，师恩难忘，若没先生，我便没能留校任教、治学，谈何建造"人生纪念碑"？先生走后，我曾到上海看望师母，年节问候她，偶尔寄点儿小礼物——我怕断了念想。

孙绍振先生对我同样恩重如山。

孙先生是我一辈子的先生，治学引路人，为我《语文：表现与存在》写序，自然非他莫属。先生忙，但我拜托的事从不推辞，这次也一样。他认真写好，按时发来，我没付稿酬，似乎理当如此——我不敢给，给了生分。师生间本该如此。如今我也到了写序的年龄，学生请我写，也义不容辞，无稿酬同样天经地义。文字缘同骨肉亲，师生维系情谊是靠文字、思想，不是靠金钱、利益。

学识"承""传"一体，魂魄相连，生生不息。

我由衷感谢先生，也由衷感谢学生。我当学生的时候，对先生充满感恩之心。是先生给予我言语、精神生命，使人生得以升华，自我实现；当先生后想法变了，不觉学生要感谢我，反而对学生心怀感恩：若没他们，我有存在价值吗？是他们使我生命有意义，获得存在感；他们接纳我的思考，承传我的思想，延续我的精神生命，不应感谢？——孔子若无弟子、传人编就《论语》，朱熹若无弟子辑录《朱子语类》……后世谁知其德行、功业？

教师幸福感来自学生，当教师是前世修得的善果。

窃以为教师幸福感胜过父亲，好学生比好儿女多，好儿女未必继承你的事业，好学生必有衣钵传人。骨肉形骸的复制固然讨喜，不过外貌皮囊相似，其亲爱三、四代而绝，不复念想。思想传承绵延不灭，则灵魂永生，超越生死、世代。

感恩学生，并未削弱感恩先生。我尊师情感不变，而且与日俱增，这跟我始终伴随孙先生有关。上大学至今40余年，我一直追随先生，受其不尽的恩惠，至今仍常听他讲座与教诲，以致我的表达，有时竟分不清是先生说的，还是受先生启发接着说的。我的著作有先生思想、方法的痕迹，这就是"师承"。"师承"是精神"DNA"复制，师生思想水乳交融。

这十几年我们一道投身语文课改，一道编写中学教材（北师大版初中语文，台湾南亿版高中语文），一道外出讲学……从先生那儿得到太多，受用不尽，这种发自本心的感激，不可用金钱、物质换取，名利场中人难以想象。

遇到先生是我一生的福气、运气，我无比庆幸！这些年我认识许多中、小学教师，他们聪明、勤奋，堪称优秀——他们本可更优秀，可惜没遇上先生这样的明师。他们在应试教育中消磨生命与才华，到头来连一篇论文也写不出。我若未遇先生，充其量跟他们一样，"师承"太重要了，是德性、思想、思维方式乃至人格重塑。

有良好"师承"，较好的学养、思想积淀，写这部124万字的大书（第二版173万字），我无绞尽脑汁、殚精竭虑的艰苦卓绝，有喷涌而出、一挥而就的酣畅淋漓。

"人生纪念碑"非一己、一时之功，是集众人、一生之才智造就。是整个世界借你之手建成的，而你也是为全人类、为后世而建。

感谢呵护过我的人，感谢你们的温情与友善。我把你们镌刻在心里，我的"人生纪念碑"上。

2009年，与王正升（后一）、张路路（左一）、杨婷（右二）硕士毕业合影。

2015年，我到深圳讲学，与在深圳任教的他们相聚，情谊仍与师生时代无异。如今他们都很优秀，也培养了许多优秀的学生，这就是薪火相传吧。

思之剑：言语生命论语文学

◆ ◆ ◆

"集大成而折衷之"者无敌。——题记

一

我想将朱熹褒扬孔子"述而不作"是"集群圣之大成而折衷之"改一字："集群贤之大成而折衷之"。"作，则创始也。故作非圣人不能，而述则贤者可及。""圣"太高，"贤"已了不起。孔子不敢自称"圣"（称其"圣人"是后世），可见，能"集群贤之大成"足矣。

人的最高智慧是"集大成而折衷之"，能"集大成而折衷之"者得天下。古往今来概莫能外，治学亦难逾此规则——天才也不行。

"人生纪念碑"之矗立，不在形式，在实质：悟到什么，如何造就、成就自我，有何价值，能否不朽？此碑为自己，更为别人、后人——人类建造。此乃人类文明承传、弘扬之不可或缺。

"人生纪念碑"的建造，须"集大成而折衷之"。既为承传，更为超越。

素喜鲁迅的《铸剑》，魔幻、冷酷、深邃，想象力奇绝。人名干将、莫邪、眉间尺、宴之敖者，地名汶汶乡等，怪异、神秘；情节、细节荒诞不经，不可思议，王妃生产下一块铁……大金鼎中"三头"拼死撕咬；不知所云的歌："哈哈爱兮爱乎爱乎……"好玩得一塌糊涂。初时不解其意，数十年后幡然觉悟。

小说写于 1926 年，据干宝《搜神记》中《三王墓》改写，讲"复仇"。起因是国王命干将用王妃产下的铁铸剑。三年剑成献上，王杀干将。其妻莫邪生遗腹子"眉间尺"，成人后为父报仇。结局是国王、眉间尺、协助复仇者"黑色人"，同归于尽，三头同葬。故事可无穷阐释：雌雄双剑较量，征服与反征服，权力的腐败与残暴，正义对暴虐的反抗，冤冤相报、因果报应……但我更愿解读为："弑君"（对权威复仇）是人类宿命。主人公"眉间尺"，降生就为复仇，报杀父之仇。"黑色人"宴之敖者舍命相助，非见义勇为、舍己为人："你的就是我的；他也就是我。我的魂灵上是有这么多的，人我所加的伤，我已经憎恶了我自己！"

这是小说的点睛之笔："黑色人"是天意象征、神秘存在。是履行天命，替天行道。他与眉间尺非亲非故、素不相识，但全知全能，鼎力相助。舍身、求自脱，助人实自救。只因他承载"人我所加的伤"，"伤"由"王权"所加，因而"弑君"复仇。

黑色人"宴之敖者"，即"作者陛下"——鲁迅曾以此为笔名。

铸剑，象征王权的继承（生铁），也埋下孽缘：雄剑挑战王权。铸剑者必死（王权为自保杀挑战者），必有复仇（挑战者之子的宿命）；王死（弑君），复仇者死，牺牲成王，孕育新王权（雄剑称霸）。此乃天意。

这是人的"原仇""弑君"本性。人类，在前赴后继的"伤痛、僭越与毁灭、新生"的循环中，存续与进步。旧王毁灭，新王诞生，新循环开始。

古往今来的学者，包括我在内，将扮演王（权威）、干将（挑战者）、眉间尺（复仇者）、宴之敖者（操控者、牺牲者、拯救者）等角色，均在铸剑、亮剑、搏命、上位，难逃弑君、牺牲、成王的宿命。弑君为"王"者，将"和王同享祭礼"。

学问之蜕变、精进、升华，也受原仇、弑君本能驱动，因而有承传、否定、颠覆、超越、进步。

继承（用王妃产下的铁块铸剑）、挑战、僭越、成王，是学者的精神基因。为弑君成王，遇仙杀仙，遇魔杀魔，义无反顾。

人生纪念碑，是"弑君"之干将，"自刎""成王"之剑。

二

我的人生纪念碑 logo，即 YYSM——言语生命。我的代表作《语文：表现与存在》，175 万字的核心关键词就这四个字。我铸造"思之剑"——"弑君"

之剑，由兹发轫。

我的"剑"以"言语生命"之"铁"为原材料。

言语生命，是我的元概念，"言语生命动力学语文学"的逻辑起点、支点。我这样阐释：

> 言语生命：这是本书语文教育本体论的核心概念，也是本书最重要的原创性认知。其他的基本概念，如言语潜能、言语欲求、言语动机、言语人格、言语人生、诗意人生……都是由此滋生的。意思是指人的"生命"特性是"言语"，"言语"机能，是人区别于其他动物的"种差"，"言语生命"——"写作生命""精神生命"，是人的"类主体性"的典型表征。内在于人的生命的言语冲动、欲求——精神生命的"原欲"，在某些内部动机、外部动因的激活下，驱动着言语主体的言语表现、创造行为……

言语生命，此概念大约是我原创。我用"大约"，因我此前没见过这词，不等于没有，"说有易，说无难"。但可肯定，我以"言语生命"为元概念，赋予其内涵，才使之尽人皆知，风行成高频词，这是可查证的，搜"知网"就清楚了。还可肯定，先前没人给"言语生命"作过阐释，没人说过人的类特性——种差是"言语"，人的生命堪称"言语生命"；言语生命是一切言语活动、创造的原动力，第一推动力；以此为逻辑起点，建构庞大的理论与实践体系。

将两个习见的词拼接，看似没什么，就像哥伦布让鸡蛋立起来那么简单。殊不知，在简单的背后，难在对人的生命特性的命名，产生了新认知，有了不同于"言语"加"生命"的新内涵。她表明言语是人的唯一类特性，言语生命是言语活动的本原、文明创化的原动力。

前人也说过言语（或语言、符号等）是人的唯一特性。从亚里士多德到洪堡特、海德格尔、卡西尔、怀特海、海然热……都说过。"人是语言的动物""人是符号动物""作为言说者的人是人"……然而，他们从未用过"言语生命"一词，对人的生命特性作如此精准而简约的表达。从未对人的言语特性，从哲学、人类学、语言学、语文学、心理学、教育学、文艺学、阐释学……进行如此多维度的充分论证，大多点到为止，浅尝辄止；更无由此衍生出一系列相关概念，使其内涵得以极大地丰富，形成一个严密自洽、互相印证的概念体系，从感性具体到理性抽象，再还原、推演出理性具体——而我，做到了。

如此说来，我大概有资格将该词知识产权据为己有。敝帚自珍，我为此自豪。

以"言语生命"锻造"思之剑"，是蘸着血肉、脑浆磨砺，堪比干将以命铸剑。他用三年，我用毕生，因而更坚韧、锐利。思之剑比器之剑持久、强大。学者耗尽心血，牺牲生命，就为铸此"思之剑"。

任侠走字丛，刃影惊天穹。倚剑立学林，逸气耀稷宫。

《语文：表现与存在》，灵魂是"言语生命"。我赋予"言语生命"以生命，开创"言语生命动力学"。我之剑锋利无双：血凝寒光，挥斥八极；青天黄泉，所向披靡。我以"言语生命"之剑，颠覆与重构，创化新语文学。

"言语生命"价值指向，是成就"立言者"。"立言者"须是"思想者"。懂得这一点，就懂得何谓语文教育了。很遗憾，这一个多世纪，语文界没人懂，或假装不懂。他们视语文为"应付生活"的"工具"，以谋实利博认同，是对"人"尊严的羞辱与伤害，是"人我所加的伤"，无法忍受的"伤"。

血泪灌注的经典，生命献祭的灵魂，情何以堪？！

我要让大家懂得：人不为"应付生活"也需要语文，不为"应付生活"的语文才是真正"人"的语文，这并不过分。因为"言语"是人之天命，人之生命本性。不是因为能运用语文"应付生活"才有人类，而是有思想者、立言者，才有人类。人要"生存"，更要有尊严地"存在"。有尊严地"存在"，得益于创造性言说。

说"生活本位"，是假慈悲为怀之名，行哗众取宠之实，算极温柔敦厚的了。语文教育不让学生明白：言语创造的本质是让人活得更像人，还有比这更严重的愚弄与蒙蔽吗？其直接后果是造成精神残疾。

为了使师生懂，使之精神健全，《语文：表现与存在》再版时，我建议将法国雕塑家罗丹的"思想者"图像，置于书的函套与封面。"思想者"，与以"言语生命"为动力本体的"表现—存在论"最匹配。"思想者"是"言语生命"的典型表征，是其外化与彰显。"思想者"基于"言语生命"，"言语生命"属于"思想者"——我感谢罗丹给"言语生命"赋形，为我的书增光添彩。

"思想者"雕塑，无华丽衣饰，赤裸着强健肌体，默然静坐，凸显沉思意象，一如我推崇的"立言者"："立言"是"思想"的表达，"思者"当为"言者"。他雕镂出人之"思"本性，我喜欢。无思，非人也。

罗丹是否也应感谢我，我赋予"思想者"以灵魂。无"言语生命（精神生命）"之魂，"立言"之志，谈何"思想者"？无言之思，止于个体；于世无益，等于无思——非人也。

笛卡尔说"我思故我在"，思而不言，何"在"之有？当为"我写故我在"。写发于思，写须有思；传之久远，言存我在。"思者"与"言者"，一步之差，谬之千里。

"言语生命"这一元概念，旨在为老子、孔子、孟子、荀子、亚里士多德、柏拉图、笛卡尔、帕斯卡尔、罗丹等"思想者"立心，为历代"立言者"立命。言语生命，是《语文：表现与存在》的核心意涵。我藉"思之剑"，将"生活本位"逐下宝座，语文学从此不再庸碌蹉跎。

三

铸剑，为亮剑；亮剑，为"弑君"。艰辛无比，也其乐无穷。我享受思想淬炼、与权威博弈的愉悦。如此经历，是永难忘却的快事、幸事。

《语文：表现与存在》出版后，我接受了不少访谈。我乐于被质询，这是思想的回炉，激发我对观点、方法的再思考。访问者有《现代语文》的桑哲、杭州师大的王崧舟、商务印书馆的李节、华东师大的张心科等。

他们诱我作多视角反思，从渐次麻木、自溺中挣脱，求之不得。

书成时思之，不亦说乎？我感谢他们。与其说访谈是快乐的，不如说思考是快乐的。我尤喜方法论思考。思想的丰盈、深化，来自反复不断地纠结。纠结不休方有悟、有得。从原点推进，了然省悟，胜过珍馐、钱财。

他们访谈我，事前的功课难做些。我的书厚，且不太好读。好在他们都是有耐心的好读者。

◆ 桑哲：关注课改与高考观

《现代语文》的桑哲主编，百忙中抽身，从山东飞来，电话约定见面，觉得面熟，活脱脱当代版闻一多：风尘仆仆，络腮胡子拉碴，时尚汉装，围巾，烟不离手……我已记不清他模样，脑中浮现出的是清华园闻一多塑像。《现代语文》主编果然"现代"，访谈这活比较麻烦，一般由编辑干，可他亲力亲为，不厌其烦。他之人设，我想起"欢实"一词。

他关注课改共性化问题与理论的实用价值，尤其是高考。对当下教学实践有较大覆盖面，适合一线教师——听听我这"非主流"声音，以改变教学、考试观念。我是坚定的反应试派，对当今应试教学、高考命题非议多多，一吐为快。[①] 语文课改，很大程度上取决于高考改革。命题问题不解决，课改就劳而无功。高考题型越来越复杂、诡诈，大大小小几十道题，鸡零狗碎，眼花缭乱，反而越来越没有信度、效度，原因在于考的多是伪语文。考语文其实很简单，写几篇文章就好。语文能力不就体现为写作能力：言之有物，言之有序？内容充实，表达流畅，就是高水平。显而易见的道理，怎就不明白？语文课改从高考命题观念改起，一切便迎刃而解。

◆ **王崧舟：聚集写作本位与诗意**

接着说我的模范读者王崧舟——要是大家不嫉妒的话，斗胆加一句，他是读者中我最想说谢谢的。

左图：2006 年初会王崧舟。右图：翌年再相聚。言语生命、诗意语文，我们心心相印。

王崧舟，小语界翘楚，名师中的名师，我的精神盟友，忘年交。修养上佳，

① 桑哲：《更新教育理念　深化语文课改——访福建师范大学潘新和教授》，《现代语文》（B），2009 年 8 月中旬刊。

人品清正，温文尔雅，谦卑恭敬，性情平和，德、才、学俱优，有谦谦君子之风。像他这样的，不说在小学，高校也不多见，博得孙绍振先生颇多好评。

他曾是杭州拱宸桥教育集团校长，急流勇退，转而任教杭州师大。凡当过"官"的，众星捧月、呼风唤雨，不上瘾也难。不少教师刚入职就想走仕途，他却"归去来兮""守拙归园田"，不恋权势，守身如玉，甘于寂寞，着实难能可贵。

崧舟本色是学人，澄静如水逐诗兴。

崧舟的访谈录：《"写作本位"：读写观念的重构——著名语文教育家潘新和先生访谈录》（《小学语文教师》，2008 年第 6 期），在小语界流传甚广，归功于他的影响力。他是小语"诗意语文"领军者，其工作室弟子愈百，多是各地名师。在小语名师中，他上公开课、开讲座最多，场次数以千计，堪称小语"一哥"，偶像兼实力派。

他自己圈粉无数，也为我圈粉无数。小语界知我者，绝大多数是因了崧舟。

他的访谈，以"写作本位"为切入点，大约觉得较切近教学实践，有可操作性。该文深受欢迎，转载、引用不计其数。我的"写作本位""指向言语表现与存在"的观念深入人心，与该文传播有关。从"阅读本位"向"写作本位"（表现—存在本位）转型，是语文课程的根本性变革，是"言语生命动力学"基本理念；认识读是手段、写是目的，为人的"存在"（高标是"立言"）而写，树立正确读写观、语文价值观，至关重要。

《语文：表现与存在》出版，崧舟可是推介第一人。他两度在杭州举办"诗意语文"教学研讨会，请我莅会演讲。他竭力推广该书，到外地上公开课、讲学，每每提及此书，推崇备至。他买 500 套送各地师友，使我的书众所周知，一时间存书告罄。网上"旧书店"卖到 773 元一套。——是崧舟使我的书得以迅速普及，"表现—存在论"语文学星火燎原，崧舟功不可没。

我与崧舟素昧平生，他不计功利地赞我、帮我，别无所图，皆因心意相通、惺惺相惜。他奉行"诗意语文"，我们在追求审美、人文，超功利的"诗意"上，志同道合。他称我先生，我视他知己。我不敢妄称君子，因此不能称"君子之交"，——"伯钟之交"也许恰当些。我们的交往，同样淡如水。

君子未必是知音，幸得知音真君子。君子罕见，知音难觅。有君子为知音，幸甚。

我们认识十多年，难得有交集、交谈，唯淡然守望。偶尔见面，大都在外讲学时。相互问候，匆匆聊几句，便各奔东西。思想、情意契合，照面与否不重要。见文如晤，以文会友，心领神会，乃知音相处之道。

《王崧舟与诗意语文》(北京师范大学出版社2015年版)出版，他寄给我。打开书"折页"，见他红笔画线："2006年我们举办了'全国第一届诗意语文教学观摩研讨会'。仿佛是天意，那一年我遇上了福建师大的潘新和先生，遇见了之后被我誉为诗意语文'圣经'的《语文：表现与存在》(潘新和著)。从此，诗意语文在潘新和先生'言语生命动力学'的指引下，从骆驼态的谦卑越过文化的戈壁，成长为狮子态的唯我独尊；又从狮子态的狂妄复归于全新的婴儿，清远、宁静。……从此以后，我对语文有了庄重的承诺，有了道义的担当，有了价值的坚守，更有了充满诗意的浪漫追寻。""搁在十年前，我会认为叶老的语文教育论著是最好的。但是，现在我的看法就改变了，我力挺潘新和先生的《语文：表现与存在》，我觉得这才是我们这个时代最好的语文论著。我甚至断言，再过五十年，它也是最好的。而且，会有越来越多的人认可这部书，奉行这部书，从这部书中汲取营养、获得启示。"他博览群书，见识不俗，如此评价，自有其道理，是由衷之言。但如此谬奖，实不敢当，唯恐盛名难副，亦为由衷之言。

崧舟从事"诗意语文"教学有年，殚精竭虑。2000年，我写《语文：表现与存在》时，对小语界一无所知，不认识包括崧舟在内的任何名师，自然不知他的"诗意语文"探索。我在书中将"诗意人生"，称为"语文的化境"、语文学的终极追求，也许恰是崧舟所思，我们天各一方，教学各异，却不谋而合，仿佛心灵感应。我们自行其是、各得其乐，邂逅于"诗意"之伊甸园，乃天意。崧舟对我的书特有感觉，如获至宝，在情理之中。

语文界以"诗意"为教学冠名的名师，不乏其人，唯觉崧舟之人格、风格与其最配。如果"诗意语文"只是美丽的道具，沽名钓誉的遮羞布，那就玷污了"诗意"，不会真正理解何为"诗意"，对我的书也就无感。

懂诗意，须有与其适配的胸襟、修养、格局。

教育界精神分裂、言行不一的伪君子不比政界少。语文界不乏巧言令色之徒，尚有崧舟这样的真人在，颇可称庆。

我的书在当下有影响，未来有点儿参考价值，知足矣。这些年，确如崧舟断言，越来越多一线名师、普通教师读我的书，实践我的理念；言语生命动力学越来越深入人心。我的书，包括《语文：表现与存在》在内，被《中国教育报》评为最受教师喜爱的 100 本书。在诸多名师荐书中，《语文：表现与存在》排名第一，获颇多赞誉，我感谢读者厚爱。尽管粉丝万千，窃以为，像崧舟这样"入心入肺"的虔诚知音并不太多。崧舟说，他每年至少重读一遍，常读常新。一部 100 多万字的学术著作，不厌其烦地重读，不是一般粉丝能做到的。

对我的书，他不遗余力地宣传推广，热诚地研读、实践，确实不易。重要的是无丝毫功利心，明知我一介教书匠，给不了任何回报还能这么做，实属难能。了解这些，大约就不会对我夸赞崧舟感到不平。

读者对我的书热捧悦纳，我颇感疑虑、愧怍。不敢断定是否真那么好，值得这么读。平心而论，我从未像崧舟那样痴迷于读哪本书。书读不太多，多不求甚解，甚至能否算"读书人"都是个问题。我只能像崧舟那样合十，真诚地对读者表达谢意与敬意。

如果我是"眉间尺"，崧舟就是"宴之敖者"——超级神助攻。

◆ **李节：探究本体论、范式转型**

桑哲、王崧舟面向一线教师，意在推广、普及我的教育理念。李节老师的访谈——《站在"人是什么"的高度看"语文是什么"——潘新和教授访谈》（《语文学习》，2016 年第 1 期），该访谈高屋建瓴，重在核心观点的阐释，有点儿"阳春白雪"，也很合我胃口。

李节当过多年《语文建设》编辑，对我帮助多多，算小朋友吧。大约她觉得做图书编辑更适合，于是调到商务印书馆。我尽管有点儿惋惜，毕竟她编杂志驾轻就熟，而且杂志的作用更直接、迅捷——如属个人爱好，或想挑战新领域，就无可置喙了。其实也不无可取，从对语文学科建设看，杂志或图书编辑，没什么大不同，也许图书影响更持久。就她而言，自主性更大些。她是有主见的人。

这些年她致力于名家访谈（见《小大由之——语文教学访谈录》，华东师范大学出版社 2015 年版）与出版现代语文名家丛书。窃以为后者更有意义，可提供一些研究资料，让读者对语文教育史料有所了解。对现代语文名著我略有了解，20世纪前期的语文学者，大多学问做得杂，对语文教育未必专业，只是"客串"，心不在焉。他们处于语文教育转型期、白话文教育草创期，著作良莠不齐在情理之中。他们不乏大师级学者，即便是普通名家，总体上学养也高于当代名家，因而，触类旁通，时有不俗之见。较之当今学者，即便同属语文圈外人，因才情、学养悬殊，水平高低迥异。——在没大师的时代，见识那一时代（20世纪前半叶）大师"票友"丰采，不失为幸事、趣事。

说句煞风景的话，总体而言，20世纪前期语文学著作水平不高，精品甚少。不要以为大师说的都对。那些著作多是急就章，是演讲稿、讲义，或是从国外"烧直"过来的。

就当代名家访谈而言，李节目光犀利，善于捕捉智点，这事儿确实适合她做。凭多年编辑刊物的经验，她提的问题能切中时下热点与专家专业特点。访谈对象大多是各方面名家，他们不能说没有真知灼见，但显然，语文专业学养不足，没有长期认真地研究过语文，缺乏系统、深入的思考，不太了解语文学历史与现状，所以，只能凭一己读、写经验作答；泛泛而论、浅尝辄止，罕见学理精辟之见。

比如，有些圈内名师，竟然语言、言语不分，说些语言、思维训练之类套话，沉湎于"工具性""阅读本位"或应试思维，见解陈陈相因、淡乎寡味；一些圈外学者否定、反对国学、传统文化的学习，或说些诸如加强人文教育、工具性与人文性统一的空话，这些浅陋、偏颇或相互矛盾之见，莫衷一是，无所适从，对语文课改并无大助益。这是语文刊物"访谈录"的普遍状况。相对而言，李节的访谈质量是比较高的。

访谈意图是好的，问题也很不错，名家也积极建言献策，之所以效果欠佳，这从一个侧面表明，语文课程本体论、基本范式不变，语文认知背景大致雷同化的思维，在局部、微观、细节上的个人之见，即便是正确的，也很难不落前人之窠臼，参考价值有限，更不可能产生实质性影响。

我国百年现代语文课程积弊，均因走错路所致。试问，若方向错了，即本体论、范式错了，教学方式、方法的改革，个人经验之见有意义吗？

语文教育方向性、结构性矛盾没解决，甚至没意识到，兴师动众的所谓课改，或个人殚精竭虑的努力，均收效甚微、劳而无功。

南辕北辙、舍本逐末、见树不见林……说的都是这个理。

因此，要么不谈，要谈就要抓住根本。要么不研究，要研究就要探明病根，对症下药，才能药到病除。我未必能做到，但我知道该从何入手，必须怎么做。

李节对我的访谈，恰给我阐明语文学旨趣的机会。她对我的基本观点、理论架构的特殊性感兴趣，其问题提纲挈领，抓住宏观性问题与思维特点、思想要点，这要感谢她。

对别人的访谈，多是务实，我则务虚。我谈本体论——方向性问题。我的使命是另辟蹊径、改弦易辙。所以如此，是基于我的基本判断：语文教育走错路了。

关于走错路，不是臆测，更不是唱反调以博眼球，是有真凭实据的。从20世纪初至今，语文教育始终"不行"，有目共睹——这是叶圣陶、吕叔湘、张志公们都承认的，白纸黑字记录在案。"三老"都说过"几乎没有成绩可言""大多数不过关"之类的话。

"三老"明知"不行"，却不知原因何在，有三种可能：一是他们"自蔽"深，视而不见；二是意识到错在哪里，缺乏自我否定的勇气；三是认识偏颇，不认为是动力、价值迷失，导致教学内容缺失，误以为仅是教法出错。——以智商论，他们不可能察觉不到。以真诚论，他们不会知错不改。因此，前两种可能可以排除。剩下就是第三种可能：认知出错。他们视语文为工具，阅读是吸收（理解），写作为倾吐（表达），老在工具、技法训练上打转，在教法上纠缠不清，结果一地鸡毛。其实，"认知出错"亦属"自蔽"，当局者迷。

如今斯人已逝，是带着困惑与遗憾走的，悲莫大焉。继承其遗志，不是捍卫困局，而是打破困局——留恋、死守、自闭，绝非"三老"所乐见。

任何时代的消逝，都有"遗老遗少"。他们以对旧时代的愚忠，对新事物的敌视，以继武正道的名义诅咒变革（他们未必知道什么是正道），填充"无可奈何花落去"的空虚、无聊。语文界也不乏此类人。宁愿因循而溃败，不愿改革而振兴。他们并非都是"卫道士"，"卫道士"尚知"道"为何物，他们比"卫道士"还低层次，是惯性思维使然，或迷信权威所致。总之，都是糊涂虫。

作为局外人，我了无挂碍。窃认为，白话文教育一蹶不振，原因很简单：因为剪断历史、文化脐带，抛弃古典主义教育之精髓，背弃"涵养人格、心灵"的"修道之谓教"的传统，不能承先启后、与时俱进，走的是20世纪初"西化"——"生活本位"之路，实用主义、工具主义教育哲学一成不变。

　　我所做的，是接续汉语母语教育文化的优良传统，从"西化"的实利主义覆辙，拉回到"人本主义""人文主义"之正道，在AI时代新认知下，继续向前走。

　　我国传统母语教育灵魂是"教化""化人"的精神涵养，是悟道、修道、弘道。这对我有强大的潜在影响。因此，在"原点思维"上，我便与叶圣陶们所接受的实利主义、技术主义的"西化"教育哲学分道扬镳。

　　准确地说，我接续的是中西合璧的"人本主义""人文主义"教育传统，又不局限于此，以中西人学、哲学、科学学、心理学、美学、语言学……综合视野，力求本体论认知超越。

　　这主义那主义，这学那学，也许让人惶惑、疑虑。没法子，并非故弄玄虚，确实不能不了解相关领域理论、方法，否则会被淘汰。这是学术研究、创新需要集大成，不是前店后厂自产自销，也不是小本经营摆地摊。

　　教育、出版界资深专家林茶居评论说："在当前语文教育理论严重落伍，似乎与世界人文科学发展无关的情势下，潘新和教授却显示出对生命哲学、语言哲学、存在主义哲学、人类学、现象学、阐释学等西方文化精髓的旺盛的消化力，《语文：表现与存在》因此而具备了中国文化语境下的语文哲学、语文美学、语文言语学、语文文化学的种种旨趣。"（《语文教育：基于人，为了人……——读潘新和教授〈语文：表现与存在〉》，《语文教学通讯》，2006年第5期）我赞成他说的语文教育理论与人文科学发展疏离的现状，需要对其作融会贯通的消化、吸收。因为这与我的命题的提出与论证，语文学的重构，息息攸关。

　　他所嘉许的"显示出对……西方文化精髓的旺盛的消化力""具备了中国文化语境下的语文哲学、语文美学……的种种旨趣"，尽管我未必能做得这么好，但确是我所追求的。我本能地反对"食古不化"，或生搬硬套的"全盘西化"。在当今社科研究中，这情况屡见不鲜。我不认为某种理论、方法可以包治百病、包打天下，要兼采众长，消化地吸收。这大约就是茶居说的"旺盛的消化力"。

"食古不化"与"全盘西化"，是消化不良的表现。

所谓"旺盛的消化力"，我以为就是融会贯通的能力。"兼容并包"不难，"融会贯通"不易。从某种意义上说，"融会贯通"不是技能，而是天赋，基本上是在无意识中进行，不是经过努力就能做到。我也未必具备这天赋，茶居高看我了。

"工具主义"者往往将一切都视为技能，以为通过重复性训练，熟能生巧。其认知背景是行为主义心理学。其实不然，训练只能掌握死板的技术性操作法，形成技能，而非技巧。只要是"巧"，便带有天赋成分。若缺乏天赋，再怎么"熟"，也难"生巧"。熟能生巧，是对少数有天赋的人而言。

茶居说的"旺盛的消化力"，就属于"巧"的范畴。非刻意为之，是自然而然，吃下去就慢慢消化、吸收了。有些人吃了很多，就是不消化，或消化不良。这与"为不为"没太大关系。我不敢自诩有此天赋，而是要弄清"工具主义"技能教育的弊端。

天赋即悟性、慧根。有此，一看就懂，一点就通，甚至不看也懂，无师自通。

孔夫子懂此，故谓："不愤不启，不悱不发。举一隅不以三隅反，则不复也。"（《论语·述而》）——对那些"笨孩子"，不与他啰唆，说也白说——也许有人质疑夫子师德不咋样，对学生不一视同仁，那些不想不说不会举一反三的学生，不应耐心启发、诱导？——他们不懂夫子的用意，他要的就是"因材施教"。这"材"，就是天赋。缺天赋的，再耐心开导也没用——不在于他们思不思考，能举一反三——有学习天赋最重要。

对悟性高的学生，孔夫子则赞美有加，不讳言学生比自己强。他夸子贡"告诸往而知来者"（不但知道已告诉他的，还知道我没说的），夸子夏"起予者商也"[启发我的是卜商（姓卜名商，字子夏）啊]，这就是悟性高的学生，只有这样的学生，"始可与言《诗》已矣"（可以开始与其谈论《诗》）。悟性差的，恕不奉陪。

高悟性学生不多："德行：颜渊，闵子骞，冉伯牛，仲弓。言语：宰我、子贡。政事：冉有，季路。文学：子游，子夏。"（《论语·先进》）不过区区十人，即"孔门四科十哲"。他们天赋各异，且有高下之别。孔子最欣赏颜回："子谓子贡曰：'女与回也孰愈？'对曰：'赐也何敢望回！回也闻一以知十，赐也闻一以知二。'子曰：'弗如也，吾与女弗如也。'"（孔子问子贡："你和颜回相比，谁更强呢？"答："我怎能与他比呢，他闻一知十，我呢，闻一知二。"孔子说："你不如他，我也不如他啊。"）（《论语·公冶长》）孔门弟子三千，贤人七十二，高材生寥寥无几，这符合实情。人的个体差异是客观存在的，应区别对待。揠苗助长，是作死。

颜回、子贡、子夏凭直觉悟到的，也许他人百思不得其解。

"天赋"是对"巧"——智慧而言。显然，破解语文学科之蔽，在本体论上走上正道，这需要高智慧。"本体论"拨乱反正，更是智慧。反之，头痛医头，脚痛医脚，一叶障目不见泰山，是低智慧。

任何事业要做好都需要天赋。老天爷很公平，给你关上一扇窗，会打开另一扇窗。如果你不去找窗，偏要撞墙，那谁也帮不了你。

如果天才论太扎眼，会触动教育公平的神经，天赋论应可接受吧。马克思也承认人的个体差异。

我没觉本体论反思须多大学问，可有人偏不往这想，净掰扯些鸡零狗碎的，弄得一地鸡毛，反认为本体论思考多此一举，张志公就是典型代表。他对讨论语文教学性质、目的、任务，极为不屑，深恶痛绝。批评说是没有"科学的态度"，不"实事求是""不尊重客观规律"，"搞形式主义，走过场"，"是劳而少功，劳而无功或华而不实的事情……我倾向于在这些实实在在的事情上多多下工夫，试试看，怎么教法效果最好，效率最高，多找出些办法来，多蹚出些路子来"。[①]如此俨然高论，像三九天被泼冰水，寒心。如是普通教师说说就算了，掌门人说的，岂不丧气？

这是严肃地探讨科研方法，给语文界指方向的文章，批判、倡导什么，旗帜鲜明，咄咄逼人，这问题就严重了。反对探讨语文学科本体论，跟前某顶尖高校校长批判"质疑"一样，太匪夷所思——拾芝麻，丢西瓜，恐怕很难完全归咎于缺天赋所致。

问题不在"枝叶"（教法）上，是"主根"（本体）长歪了，致使"枝叶"畸形萎蔫。——"振叶以寻根，观澜以索源"，问题应在根源上找，这不是最基

---

① 张志公：《科学态度和科学研究》，见《张志公自选集》（上册），北京大学出版社，1998年版，第223–224页。

本的研究方法吗？

根源是什么？很简单，就是"生活本位"（实用主义、实利主义），含"应试本位"（"应试"是"生活"的题内之义）。现代语文教育本体论无出其右。出发点就是"应付生活"，为"生存"，为谋生应世、功名利禄。

进一步的问题：什么是语文学科真正的本体特性？"破"难，"立"也不易。有人以为只讲"工具性"不够，于是搞了个"工具性"与"人文性"统一，写进语文课程标准，作为"课程性质"定位。

想起那句话：哀其不幸，怒其不争。

不知真不懂假不懂，"工具性"非本体论，而是功能论。"工具"是为"生活"服务的，其实质是"生活本位"，源头是美国教育家杜威的"生活教育"。对此，别人也许不懂，叶老是太懂得了。可惜，他不但忽略精神、审美、文化需求，且误把共性当个性，把语文本体给丢了。语文界陷进"生活本位"泥潭，全军覆没没商量。

"生活本位""生活教育"是教育共性（片面的共性）。工具性、人文性也一样，都不是语文学科独有的。

应寻求语文学科特性！窃以为那就是——言语性。其他学科也需要"言语"，但不以此为特性。显而易见，唯有语文学科是以培养"言语"——"说、写"能力为目的。"语言"，不完全是"工具"，说、写能力更不是工具。

说"言语性"，还只是肤浅、通俗的表达。

"言语"是外在现象，并不是语文学科本体。"言语"的实质才是本体。这实质就是"言语"主体——"人"，人的内在表现性。"言语"，是人这一物种的类特性。"言语"来自"言语生命"欲求。就是说，语文学科的"言语性"，是人的"言语生命"特性的外化。语文学科终极本体，即人的"言语生命"本性。"言语生命性"是"言语性"的本原。

没人的"言语生命"本性，就没语文的"言语"特性。

这意味着"语文"——"言语"，与"生活"（生存）不存在本质上的因果关系。只要是"人"，具有"言语生命"本性，就要"言语"。不为"生活"（生存）之需，也要"言语"。"言语"是人的物种生命本能。唯"言语"——言说、言语创造，才成其为人。

找到"言语"的本原"言语生命"，二者逻辑关系就理顺了。

正如老子，找到"道"，懂得"道法自然"，就好办了。核心概念是"道"，"道"是天地万物的本原，"道法自然"是其核心命题。顺应自然，无为而无不为。《老子》八十一章，五千言，讲的就是"道"——道法自然。

身为周朝"守藏室之史"（管理藏书的史官）的老子，饱读典籍，捻断无数根胡须，巴巴地琢磨出"玄之又玄、众妙之门"的"道"——终极义理，建起人生纪念碑："道法自然"——"无"和"有"、无为而无不为的哲学本体论。

"言语生命"，是我的语文之道，法自然之道。这是我的思想质量所在——最高原创点。

我从"人是什么"的视角出发，以"言语生命"为原概念——思维原点，开辟"人本位"—"言语生命本位"—"表现—存在本位"之动力学语文学新路。

发现语文学终极"义理"，我无比快乐、自豪。

回归到"人"的言语本性，在人类学哲学层面，思考言语活动的本质，将语文教育与人的类主体性——言语本性关联对接，从生命动力本原出发，观照语文教育本体，开辟基于"言语生命动力学"的"内部语文学"新路，这在语文界前所未有，是我的原创性所在。

人的一切行为得以发生、持续，基于动机、动力。动力来自动机。人的言语动机很多，但是，其第一动力，无疑是与生俱来的言语本能。这是来自生命的言语表现冲动，是无可替代的本原性动力。这是唯一的根本性的言语动力源。

语文教育历来无视本原性动力。在教学实践中，基本动力是"应试"。其他动力不是隔靴搔痒，就是助纣为虐。

并非没人反"应试"，反对者比比皆是。但没人知道该怎样取而代之，什么才是"人"的本原性言语动机。多数人没往这想，不费这心思。普通教师、学者不用想，想也白想，没人信；领军大腕无须想或不敢想，杜威、叶老想过了，再想岂不多余？这就是现状。

肯定也有些人在想，但能想出什么颇可疑。

我是这少数人之一，注定要成众矢之的：言语生命，言语生命动力学，表现与存在，这些，语文界闻所未闻。凡有悖主流观点的均不受欢迎，对此我有思想准备。

我乐见语文界批评，乐听反对声音。如悄无声息就不好玩了。连他们会说些什么都想到了。我担心读而无感或不读乱说。

我从思考"语文是什么"入手，意识到"人之所以为人者，言也"（《春秋谷梁传·僖公二十二年》），"……而在一切动物中，独有人类具备言语的机能"[①]，这言语行为的第一推动力，才是语文之大道。明白人是语言、写作的动物，成就立言者，人为万世活……人生便有光、有信仰，从而走上言语生命自觉、自由之路——言语、诗意人生之路——是我的语文学旨趣所在。

以人的"类特性"涵盖"动物性"，"存在性"涵盖"生存性"，"精神性"涵盖"功利性"，如此，历来"生活本位""应付生活"的"外部语文学"认知，便走到尽头。这就是我所谓的改变语文学方向。从人的类特性看语文学科本质，将从根本上刷新主流语文观，师生的人生观、价值观。

在我国现代语文教育史上，从人的独特性——人的类特性——"言语生命"的视角，从动力层面看语文教育，前所未有。从中西人文学科综合视角看语文教育，亦前所未有。李节意识到这另类思考的价值，值得钦佩。

◆ **张心科：征询原创性理论机理**

李节想弄清我的核心命题是什么，张心科则探求我命题的"里子"，即基本观点背后的东西——原创性思想是如何产生、生产的，以及什么是原创性理论[见《颠覆·超越·互通——潘新和教授访谈录》，《语文教学通讯》（A），2016年第2期]，这对语文学者、研究者较有参考价值。

语文界大多对我观点感兴趣，心科则对观点如何产生感兴趣，实即对研究方法感兴趣，可谓正中下怀。

崧舟是实践思维，心科是理论思维，二者合一，相得益彰。他俩都是我的知音。

我与心科"同好"，即有共同的志趣、爱好，我俩都明白学问要从"根"（"源头""史"）上做起，喜欢思考研究方法，同为学界"孤独者"。"同好"少，所以可贵。

语文学者懂得做学问的凤毛麟角。撇开天赋不论，倚重寻根，思法，就可

---

① 亚里士多德：《政治学》，吴寿彭译，商务印书馆，1963年版，第8页。

出类拔萃。可这两条恰是学者软肋，说是致命伤也不过分。因此，对心科这样的学术种子要珍惜、护持。

心科对学问的痴迷执着，语文界罕见，用废寝忘食形容并不为过。他在北师大读博时，成天泡图书馆，写成十几部书稿、几百万字，把自己弄得精疲力竭、形销骨立。每次回家探亲，要睡几天几夜才缓过劲儿来。我常以他为榜样唠叨我的博士生。他来福建师大应聘时，两个拉杆箱装的全是他的书稿——仿佛他的全部家当、身家性命。应了那句话：孔夫子搬家尽是书（输）——窃以为，"书""输"相通，"书"意味着"输"。心在治学、读书，自然要输（吃亏、牺牲）。别的可以"输"，"书"不能丢。专注于学问，必"输"掉"势利"。

如今，爱学问，虔诚于学术，胜过爱钱财、权力的，又有几人？爱"书"者不"输"也难。有几人读博为学问；工作后仍一心一意做学问；无诱于势利，把一辈子交给学问？这样的纯学者少之又少。

我与心科没能成为师生，这是我们共同的遗憾。当年他曾报考我的博士生，我赏识他，很想录取他。当得知北师大也要他后，我劝他去北师大，毕竟条件比我校好。于是，他去了。大约他觉得有点儿亏负我，始终视我为恩师——至今如此。我们只考博面试一面之缘，却情同师生。他读博期间，看到好书会推荐给我，买了送我；买不到的，复印送我。博士毕业，不忘初衷，宁愿舍掉条件优越的华中师大，到我供职的福建师大任教，以了却再续前缘的愿望（他的说法是来当我的学生）。我高兴且感动，总算后继有人，他至少可帮我们撑上20年——世事难料，不想数年后，因不得已原因，他犹豫再三，决定去华东师大。我真心舍不得，人才难得，却无可奈何。我很自责，我亏负了他。

心科行前，约我到新校区走走。那是一个春日的午后，我们徜徉在星雨湖畔，山色空蒙，杨柳依依，和风习习，但我们的心都很沉重。心科这些年很艰辛，为了事业，与妻女分居两地。他一直住学校过渡房，吃食堂，过单身汉日子。他不以追求物质财富与享受为目的，唯一执着于学问。只要能做他喜欢的，别的无所谓。可他过不了的恰是这个坎。这是我们在福建师大最后的长谈。

心科有情有义，不顾一切为我而来，为学问而来，而我无能帮他，应验了那句老话：白九一用是书生——深以为愧。

心科终于走了，留不住他，是我们的损失。我们几位退休，福建师大语文学科塌了，再难重塑荣耀。他个人却是因祸得福，去华东师大自然好。尽管心科不看重也无须借重学校平台，他凭实力就够了。否则，他当初不会舍高就低，从华中师大来福建师大。

他到华东师大后，事业顺风顺水，副教授、教授、博士生导师，一路高歌猛进，声名鹊起，捷报频传，这使我愧疚稍释，颇感欣慰。即便天各一方，逢年过节，心科也从不忘问候。遇到高兴事、烦心事，正在做什么，发表什么文章，出版什么书，他都会告诉我。他2019年的来信：

老师：

不知近来可好！

我今年过得非常艰难，非常感谢老师的帮助。

……今年最大的收获是静心写了一本专著《阅读教学：精要的内容与适宜的形式》，这可能是继2015年写的《语文课程分合论》后第二本试图"接着说"的著作。2019年将在华师大出版社把我这些年写的5本接受史（《接受美学与中学文学教育》《近代文学与语文教育互动》《经典课文多重阐释》《经典翻译文学与中小学语文教育》《〈红楼梦〉与百年中国语文教育》）以"接受美学与中小学文学教育"丛书的形式出版，估计5月前出齐，然后自己不再研究接受史。我准备后年也用这样的形式出版"语文课程与教学论"丛书，把已完成的《语文课程论》《语文教材论》《语文教学论》《语文课程分合论》和《阅读教学：精要的内容与适宜的形式》5本一道出出来。后面再把七八本语文教育史著也按丛书的形式出版。一点一点地和自己的研究对象告别。

附件里是今年发表的几篇小文章，请老师指正！

祝老师、师母新年快乐！

心科敬上　2019年1月26日

2018年心科很艰辛，诸多烦恼纠缠，仍业绩惊人，其勤奋刻苦可见一斑。他才40多岁，正当盛年，前程无量。他有学术天赋，学识素养好，现代语文教育史素养尤好，成就碾压同侪。未来登峰造极，可拭目以待。

心科对我的访谈，是志同道合者的对话，聚焦点是治学方法。

他从学者精神生产——创造性思维运行的角度，关注我的核心观点的形成过程，谈及何谓原创性理论，理论与实践如何互通等。

这些问题，非我"同好"提不出。他的第一个问题最难。

（1）张心科：请您说说"言语生命动力学表现—存在论语文学"的形成过程以及《语文：表现与存在》的写作过程（说得越详细越好，尤其是如果有一些关键的细节呈现则更好）。

心科设问虽好，然而棘手，有挑战性。我喜欢这类问题：说不清道不明但有意思。若问我的书说了什么，好答；问我观点怎么来的，不好答。对于精神生产过程，即便作者也只能猜测、内省（其局限不可避免），而无法准确、客观地还原。请注意，是"无法"不是"难以"——这与记忆力无关。若问李白《蜀道难》怎么写出来的，他也一定没法答。若答出来，多是胡诌，未必可信。然而，即便如此，仍有意义，是真问题，因为他提供的，毕竟是深层信息；不论真实与否，皆是心内表白。

表明思维结果容易，了解运思过程难。结果看得见，过程看不见，对于作者自身来说也一样。因此，即便可信度不高，也值一读。其实，作者不可靠的猜测、内省，也是某种心理真实，有其认知价值，使隐秘的敞露，便弥足珍贵。

因此，我明知答不好，不太可信，仍不得不勉为其难——因为我喜欢：还原、猜测、内省，需要反思力、想象力。我喜欢反思和想象：精神逍遥游。"学而时习之"，之所以"不亦说乎"，便因为"温故而知新"。就像故地重游，斗转星移，景物依旧，物是人非，别有一番感喟。思想的深化，来自反思后的自我否定与超越。

尽管许多问题先前答过了，感兴趣的可找来看看。但是，写我的言语人生，还是绕不过这些：我为什么说，说了什么，怎么说，观点怎么产生的，等等。这包含着对研究方法的思考——尽量挑没说过的，聊补以往之不足，供参照互证。交叉重复恰是执念所在。

我到底在宏观上颠覆、建构什么，如何颠覆、建构，我是怎么想到圈内人做梦也想不到的，为什么我能别人不能，等等，想必是读者最想了解，也是我常反思的。要言不烦，利人利己，何乐不为？

作为语文圈外人，我心态较超脱，较少被成见拘束，便无所谓出格与否，可我行我素，天马行空。心科让我说说原创性观点形成的心路历程，正合我意。但作为访谈录，受限于刊物需求，有些话不好说，也没法多说，在此则可畅所欲言，一吐为快。

百年语文教育颓败，有目共睹，但我与同仁不同。大家看到屋漏墙破，百孔千疮，念其祖产，情深义重，舍不得拆，修修补补凑合住着。明知大厦将倾，也宁可当鸵鸟，不当出头鸟。而我，反正是"外人"，当出头鸟又何妨？

这不怪他们，也怪不到他们。他们是圈内人，却不是操盘手，不过是听吆喝惯了，养成心理惰性，但仍可归入"当局者迷"之列。他们或自欺欺人，或麻木不仁，或文过饰非……沉沦其中，不可自拔。对于某些名家、名师来说，否定现状等于否定自我，批判现状等于批判自我。毕竟自我否定的勇气并非人皆有之。批判现实，等于承认自己有错、愚蠢，因此，要改变现状，比登天还难。同样，维护、称颂现状，表明自己正确、聪慧，等于维护、称颂自己，因此，当守旧派岂不是最安稳、舒坦？不知这么分析妥否。

这些都可以理解，毕竟否定自我不容易。我反感的是，明明"守旧"，偏以"守正"自居。

"守正出新"是惯用热词之一，汉语最适于文字游戏，国人从小受此训练，玩起来轻车熟路。说自己"守正"，似乎便占据真理高地。所谓"正"，就是主流话语，是"守旧"的代词。例如，"工具性""以读带写""读写结合""三主说"（以学生为主体，以教师为主导，以训练为主线）之类就是"正"。若反对、批评现状，即批评"守正"，批评者便不"正"，理应受批判。至于"出新"，更莫名其妙。

不知"正"，焉知"新"？不懂什么是"正"，将"守旧"文饰为"守正"，以拿来的新瓶装旧酒，"新"又何用？

以为打出"守正"的幌子，便禁言封口，可笑、可悲。

捍卫现状，反对批判，抗拒变革，绑上旧战车，与其共存亡，是其极端心态。个别名师与平庸学者尤甚。他们深受主流话语习染，是应试教育的既得利益者，名利双收；一旦世道改变，好日子就到头了。这自是他们不愿看到的。

某教育学大神说"课改的阻力来自名师"，曾起轩然大波，然而，此言不谬。任何变革，都是对旧思维的冲击，必定会受到既得利益者的反对。不过，他所谓的"课改"，对于语文教育而言，仍是隔靴搔痒，不得要领，此不详论。

与"守正"派观念的冲撞，不仅在认知上，一旦关乎名利，反抗的烈度倍增。反抗形式多种多样，有对我的论著的批判，有反对我的评课、演讲。如果是学术争鸣我欢迎，偏偏不是。始终没见高水平的反批判，甚至连我的书也没认真读过，更不必说具备对话的基本学养。竟有个别"名师"因我对他的公开课提出商榷意见，怒不可遏，声言与我赛课。我觉得悲哀、可笑，也颇感遗憾、失落：为没遇到真正的对手。

我听到最多的是："我觉得你说得不对，好像不是那么回事。"（有的会提出些疑问，都是我早料到，在书中回答过的问题）

我："你写文章吧，欢迎批评。拜托写前认真读我的书。"

答："……我也说不好。"支支吾吾缩回去了。转为私下里、网络上，冷嘲热讽放暗箭。

这就不是用昏庸或惰性可原宥的。他们脖上挂着名师、教授的牌子，我为他们的虚弱无能感到可怜、可悲。

没对手是孤寂的，我渴望势均力敌之战。然而，劲敌无觅。没劲敌，便失却斗志、豪情。不过，回转念，"两间余一卒"的悲壮，并非人皆可享。"前不见古人，后不见来者"的孤独感、悲凉感，悠然自娱、自赏，也会热血沸腾，壮怀激烈。鼓舞自己遗世独立、勇往直前。

秋风萧瑟，落木无边；四顾无人，万籁俱寂，便进入逆亢奋状态。

我渴望与高手过招。与叶老相遇，与主流话语厮杀，不无快感。哪怕寡不敌众，死无葬身之地，也死得其所。可是，斯人仙逝，没有真对手，唯余几声蛙鸣，三五螳臂。没有又何妨，"潮平两岸阔，风正一帆悬"，孤舟畅游，不亦快哉。

争权夺利的政治算计，不可取。基于学理辨析的学术批判，多多益善。真理辩而愈明，将推动认知进步。诚如孟子所言："予岂好辩哉？予不得已也。"（《孟子·滕文公下》）黄锺毁弃，瓦釜雷鸣；应试猖獗，生灵荼毒。我没法熟视无睹，装聋作哑。

没听过"黄锺"，我敲给他们听。对牛弹琴、无用功也好，被撕咬体无完肤也罢，自虐一回又何妨——其实没那么严重，我承受得了，早有思想准备，一笑置之是我的法宝。

与获利者、惰性者不同，我无所挂碍。我越界，别无所图，就为拆屋，否则干吗来？在学术领域，同样无欲则刚。我不与人斗，不为名利争。我斗的是智慧、思想力——为学生、学问、教育。我鄙视瞎起哄。无知者聒噪，像窗外知了声，秋风起，终会销声敛迹。对学界宵小，我不屑搭理。

我于写作学，不说鞠躬尽瘁、死而后已，也算对得起这门学问。搞语文学是机缘巧合，也受责任感、道义感驱使——"天命"使然。语文学科基于"生活本位"，"工具性"技能教育、功利性应试教育，错已百年，愈演愈烈，实在忍无可忍。这种忧愤、痛感，也许与我研究学科史有关，比一般人更懂得语文溃败之危害。

语文实用性、功利性教育，对人才、人心的摧毁，对社会的腐蚀、毒化，是其他学科无法比拟的。当一辈子高校写作教师，天天与学生劣文打交道，对其弊害感同身受。

有些事就这么奇怪，跨越若干年，你与某人猝然相遇，心意相通，细思之，恍然大悟：他的话，仿佛特为你而说。

三百多年前，思想家顾炎武对科举之害抨击道："愚以为八股之害等于焚书，而败坏人才，有甚于咸阳之郊，所坑者但四百六十余人也。"其痛心疾首、忧心如焚溢于言表。此言于我心有戚戚焉。如今语文应试教育，所坑者不知是科举 N 倍，今人连此顾老夫子的觉悟都没有？

同样，跨越若干年，你与某人猝然相遇，心意相悖，细思之，恍然大悟：他的错，仿佛特为你犯下，就等你辩驳匡正。

我从没想到会与语文学较劲，更不想与大神博弈，阴差阳错撞上大神。他也绝不会想到一"圈外人"不依不饶与他死磕，若地下有知定莫名惊诧。

一个越界者，竟成"拆屋"第一人，这的确诡异；有人费解、不平亦情有可原：要拆，咱自个儿来啊，轮得着你"踢馆"？——不是我小看人，你们还真做不了。了不起的，不过是批"工具性"，吆喝几声"人文性"，或敲西方教育学边鼓，蓦来"建构主义""对话""自主、合作、探究""批判性"之类，便功德圆满、鸣金收兵。殊不知，胡思乱想拍脑袋，生搬硬套搞"课改"，经验主义、形式主义一套，根本玩不转。

不是我找事、多事，是事找我、等我，这自然是机缘巧合。

不论心意"相通"或"相悖"，都是缘。要不，为何茫茫人海，他人扭头、擦肩而过，唯你有感，勃郁、纠结，就是过不去？亿万分之一的偶然，被你撞上，那不是命定？

久在河边站，哪能不湿鞋？在语文学河边待 20 年，哪能一身干爽？

其实我早掉进河里，趟进语文学长河，相望千年，心有万结——为没人反思、重构，大感不解，忧心如焚——至今未见有人，猴年马月料也未必有。温水煮青蛙，沦陷、麻木，得过且过；或海淘别人玩剩的，奉若至宝，炒作一番，省心省事，自我感觉良好。

许多事皆如此：圈内懵逼无觉，圈外洞若观火。我涉足语文学，除了我"治史"，比圈内人清醒，且心灵自由、多愁善感外，还与我所接受的学术文化有关，这点也很重要。

我颠覆、重构语文学，纯属率性而为，天命使然。

我与圈内人不同，是两种学术文化熏陶出来的。他们是"酱缸文化"，我是批判文化，亦可称"踢馆文化"。批判性已植入我的骨髓，成了生命本能。

他们司空见惯，入鲍鱼之肆，久而不闻其臭，反以为香。

台湾作家柏杨谈"酱缸文化"："中国人因为长期生活在酱缸之中，日子久了，自然产生一种苟且心理，一面是自大炫耀，另一面又是自卑自私。……我们检讨自己病历的时候，是不是敢面对现实？用健康的心理，来处理我们自己的毛病？""酱缸文化"要害是"苟且"：安于现状，得过且过；自大炫耀，自卑自私；不愿正视现实，这不就是某些语文人的心理写照？

我也在语文酱缸中"酱"过，好在没染上浓重腐臭味。没到嗜痂成癖地步，就爬了出来，属于浅"酱"辄止的幸运儿——深"酱"有多可怕，接触过中小学教师（也包括大学教师），尤其是高中教师，便能体会到。看到他们，常想起祥林嫂："脸上瘦削不堪，黄中带黑，而且消尽了先前悲哀的神色，仿佛是木刻似的；只有那眼珠间或一轮，还可以表示她是一个活物。"二者相似，肉身枯槁、麻木，精神委蔫、颓唐，丧失思考的机能。

困而颓废悲甚，达而张扬跋扈、臭气熏天。酱缸出来，总带酱味：挥之不去，洗之不净，晒之不干。

我有幸从上大学到涉足科研，就与"酱缸文化"诀别，与"批判文化"结缘。落草于思维活跃的群体，领略思想解放的八面来风，浸淫吐纳世界文化名著，铸就我言语生命的品质。我对此感恩不尽。

我的学术师承是批判文化，得益于恩师孙绍振教授。恩师靠批判起家，耳染目濡，我得到批判性启蒙。20世纪80年代初，他成名作《新的美学原则在崛起》，批判传统的艺术习惯，否定政治学、社会学美学，重塑诗歌"表现自我"审美观，吹响改革开放时代新诗潮号角。他所有著作均见批判之锋刃，没有对西方文学、解读学理论的质疑与批判，就没有《文学创作论》《美的结构》《挑剔文坛》《演说经典之美》《文学文本解读学》等思想成果。

学术研究，"媚骨"不可有，"反骨"不可无。这大约就是"弑父情结"。学术伦理不讲尊卑长幼，而是长江后浪推前浪，前浪拍在沙滩上——拍在沙滩，也是一份荣耀。

恩师言传身教，为我植入学术"反骨"，桀骜不驯的叛逆心。

光是"反骨""叛逆心"不够，许多人比我还叛逆，这不但不足与"酱缸文化"抗衡，还成事不足败事有余。未谙批判之道，不学无术，黑白莫辨，张口就骂，一身戾气，这些"喷子"一钱不值，十足负能量。对此要警惕并戒绝。

批判不纯是方法、技能，更是德性、道行，比拼的是胸襟、学识与才华。

师父领进门，修行靠个人。感性、直观地感受批判文化，尚须科学发展史宏观认知与科研方法论的浸润，对科学革命、批判精神与思维方法的深刻理解。库恩的《科学革命的结构》，波普尔的《猜想与反驳》，拉卡托斯的《科学研究纲领方法论》《证明与反驳》，弗洛姆的《在幻想锁链的彼岸》等，使我大开眼界，有了动机、学理支撑，对批判性思维认知，得以从感性到理性、智性的升华。

这一步很关键，是本质性飞跃，彻底与"喷子"分道扬镳。同是批判，天壤之别。

我明白了科学革命的结构，批判的动力、机理，对其有宏观性把握——既看到圈内批判精神、实践的缺失，还看到其浅薄与谬误之处。

批判性没错，错在不知何谓批判性，如何批判——有否批判的功力。

我曾以为没人会否定批判性，却不尽然，还真有些糊涂虫——恕我修养不足、用词不当，但我实不知该如何措辞。斟酌再三，仍感词贫语拙。

文过饰非，亦属"酱缸文化"典型症状。

《礼记·中庸》：博学之，审问之，慎思之，明辨之，笃行之。这求知警句尽人皆知。核心精神就是"质疑"——审问，慎思，明辨，质疑思维一以贯之。

历代提倡"质疑"者不乏其人。宋代张载："读书先要会疑。于不疑处有疑方是进矣。""可疑不疑者，不曾学，学则须疑。"①朱熹：读书无疑者，须教有疑，有疑者，却要无疑，到此方是长进。(《朱子读书法》)明代陈献章：前辈学贵有疑，小疑则小进，大疑则大进。疑者，觉悟之机也，一番觉悟，一番长进。(《论学书》)质疑之重要，尽人皆知，毋庸置疑。

胡适说得好：做学问要在不疑处有疑，做人要在有疑处不疑。

尽管所"质疑"未必都对，但反对"质疑"、不"质疑"，肯定不对。科学研究，"质疑"不可或缺。苦心孤诣地教导学生焦虑、质疑不会创造价值，难道迷信、盲从能创造价值？岂不是将他们带进沟里去？

培育批判精神无疑是对的。但是，一些名师批判性思维训练，貌似理念前卫，其实不然。得其皮毛，谬之千里。将批判性思维看作技能，以为可通过训练达成之。将其误解为反向思维，即唱反调。所做皆无用之功，无益而有害，弊端不可小觑。

批判，关键在"学"而非"术"。学养欠缺，无"养根加膏"立本之功，批判便无质量可言。相反，处处抬杠，助其戾气；强词夺理，无理取闹，败坏人格。这是从荀子、墨家到梁启超、胡适，均痛切针砭过的。

如今嚣张狂妄之辈，信口雌黄，与批判性教育偏颇不无关系。

这类人缺乏学术、道德准星，墙头草随风倒，往往从一个极端到另一个极端：从胡批到拒批，或从拒批到胡批，更有甚者，从胡批到胡捧——遵从私利最大化原则，失却言说的人格底线。

质疑必须有，批判需谨慎。学识是根本，公理为精神。疑义相与析，切勿失其真。

还有一种人，认知偏执则因长泡"酱缸文化"。入鲍鱼之肆久而不闻其臭，反以为香。他们"保缸""颂缸"不"砸缸"，以致反对、批判"砸缸"——顶多对"酱"添油加醋，作细微改良。如倡导"阅读本位""教法主义""双基""语感中心""生活写作""积极语用"……也有扑腾出大动静，写进课标的，如在"工具性""人文性"上互撕，先斗凶拼狠，继而妥协，握手言欢，终了弄出"工具性与人文性统一"的怪胎，皆大欢喜，额手称庆……缺乏学术道义，连

<hr>

① 胡适：《读书》，见《胡适教育论著选》，人民教育出版社，1994年版，第211页。

该批什么，基本概念如何界定，都不清楚，就妄加批判，或抹稀泥，岂不滑稽可笑？

一叶障目，不见泰山。皆因学养不足、视野促狭。与前者受利益驱动有所不同，主要是眼光、水平、格局问题。

以上种种，皆不得要领、未悟宏旨。批判非技能、非小事，关乎天赋、学问、道德、人格，不可等闲视之。

米兰·昆德拉引述古希伯来格言："人类一思考，上帝就发笑。"意思是说人类的思考有局限：人类知再多，与全知的上帝比，也是无知。看到无知者思考，上帝忍不住发笑。这同样适用于"批判"：人类一批判，上帝就大笑。比起一般的思考，批判更要学识支撑，也更能暴露无知、无德。

缺乏道德修养、学识底蕴，思也无益：我"思"我不在。语文界反"古典主义"，对"工具性""知识本位"批判，批判性思维训练，盲目引进这理念那理念、这教法那教法等，或是瞎批判，或是瞎折腾。

缺乏学养的批判是无效、卑劣的。瞎批判的破坏性超过不批判，因为，它往往对正确的观点，进行错误的批判，压抑正确观点，阻碍学术进步，且产生误导。或是对错误进行错误的批判，于事无补费精神。

因此，在倡导批判性思维时，莫忘德性、学养跟进。不应乱批判，应倡导学理批判、辩证理性地批判。修养、学养不足，可以质疑、存疑，别急于批判，切莫妄下结论。否则适得其反，搬起石头砸自己的脚，沦为无道无知的愚妄小人。

批判不只是思维方法问题，更不是纯技能问题，无法靠训练速成。事关道德人格、学识修养。有了一定的思想境界、德性修养、学识积淀，才能发现真问题，抓住要害，批判力自然水涨船高。

批判是方法，不是万应灵丹。目的、效果取决于批判主体的德性、学识。批判如枪，可御敌、杀敌，也会滥杀无辜，伤及自身。

武器的批判，是为用好批判的武器。

本着学术德性、良知，具有哲学、科学学、认识论、方法论与语文教育史素养，就不难看出语文教育百年衰败的根本是"范式"失误，主要是本体论认知失误所致，是走错路了。若缺乏相关底蕴，在现有范式下，不知为什么学语文，逐来"工具性"，折腾出"语用论""语感中心论""任务驱动写作""交际语境写作"……或玩弄某些教法：以学定教、先学后教、学习共同体，或形式主义的自主、合作、探究之类，必是舍本逐末、缘木求鱼。

对"危房"，不论是小修小补，还是大修大补，都无济于事。这早被实践证明。唯有在宏观认知上改弦易辙、脱胎换骨，才有活路。是修缮、粉饰，还是拆毁、重建，是由视野、见识——眼光所决定。

面对范式危机，要对课程本体论作颠覆式批判，而不是教学、教法层面的改良式批判。缺乏哲学本体论、价值理性、科学革命结构理论与思维、思想方法的学识修养、胸襟，便看不到这一点，所谓批判便失去意义。批判与否，没有本质上的不同，谈不上改革、超越、进步。

价值观、学识背景，决定认知与决策，也决定批判的效果。

我与他们在批判的价值观、学识背景的差异，体现为是否知道为什么批判，批判什么，该从何入手；何谓真正的批判，有效批判，以及批判的具体对象、方法等一系列问题上。

科学学背景告诉我，语文教育全局性的持续溃败，必定是课程范式危机所致——本体论认知错误所致，因此，首先是寻求、确定批判目标：我国语文课程本体论定位。

缺乏语文教育史学识的人，批判目标从哪里找，是大难题。我的学识告诉我，可以从四个方面考虑：一是时代教育哲学、理论思潮；二是语文教育法规、课程标准；三是代表性教材、教学实践；四是代表性人物的代表性论著。研究经验、学识还告诉我，这四方面中最重要的是"代表性人物的代表性论著"，更精准地说，是"领军人物的语文教育思想"，实即叶圣陶语文教育思想。

写到这里我犹豫了，为可否用"思想"一词犯难。以往我也曾困扰过。因为"思想"一词有很重的学术分量，不可乱用。我一向认为，只有随机的感想，即便是新颖的观点，没深入阐述、分析、论证，形成厚重的理论专著，缺乏学术性，便难副"思想"之实——然而，跟以往一样，我决定妥协，承认惯用的准星有毛病的秤也是秤。我不愿因"换秤"成为众矢之的，或形成阅读障碍，影响阅读。不较真、纠缠，才能接着往下说——叶老没思想谁有？没理论专著就没思想？大师没思想就你有思想，你能跟叶老比？质疑者早已迫不及待、虎视眈眈地等着我。

我不能说我有思想而大师却没有，我的德行、才华、成就……没法与叶老等前辈比。因此，我不得不心悦诚服地称其为"思想"。

其实，对叶老语文教育思想的批判，我情感上也难接受。毕竟在现代语文教育历程中，叶老是贯穿性灵魂人物，是主流教育观的代表，他为语文教育奉献毕生，作出杰出贡献。然而，理智上，寻找批判目标——我国现代语文教育本体论、教育范式，不能不直面叶老。毫无疑问，其他人，或非主流，或深受其影响。了解叶老的观点，便可一窥全豹。

在语文界，叶老著作中的观点，历来就是语文教育准星。他是规则制定者，这规则已用近一个世纪（一直到其身后），尽管在这一规则下"几乎没有成绩可言"（叶老自己的论断），而且每况愈下，规则仍备受追捧；不论你想不想用都不得不用，而且还将忠贞不贰、死心塌地用下去。

这不堪的现实像失控的列车，一往无前直奔悬崖，乘车人却浑然不觉，高枕无忧。

对批判目标的确定，不论感情上接受与否，都得服从理智判断——这一点我没法和稀泥。

时代教育思潮、教育法规、课程标准、教材、教学内容、教法等，都是由人——代表人物倡导、编制与推动施行的，人是主体，人的教育思想，尤其是其本体论定位，是一切的根本——"牛鼻子"。拽住"牛鼻子"，便抓住要害。这须是在语文教育史了解、研究、洞察基础上，形成的总体把握与判断。

从叶老教育思想入手，就知道主流观念是什么，语文教育萎靡不振的主因是什么，同时，也知道相关方面为什么是这样，而不是那样。叶老的教育本体观，是无所不在、挥之不去的幽灵，徘徊在语文星空与语文人脑际。然而，它究竟是什么，在哪里，语文界集体茫然。

其实这缥缈的幽灵不难找，就是神隐于"工具性"背后的"生活本位"论——生活教育。额头上赫然写着：实用主义、实利主义。

——拿证据来！

叶老在《新教育》中说："教育不以生活为本位而以知识为本位，是一大毛病。由于不以生活为本位，所以不讲当前受用，……这种精神是承袭传统的教育精神而来的。"他在《认识国文教学》中，将新语文教育目的表述为"……养成善于运用国文这一种工具来应付生活的普通公民"。他认为传统教育精神是守着"古典主义和利禄主义"，与新教育格格不入，应以"生活本位""当前受用"取而代之。我可以感受到，当叶老写下这些时，觉得掀开了语文学史新篇章，他的心在欢畅地跳动：告别旧教育，以文化救济民众生活；学以致用，使教育从培养皇民、贵族，转向公民、平民，是多么伟大的变革。

这一观点，叶老从未反思过。"实利主义"的普及教育，文化脱贫，可解一时之困，却不是长久之计。他始终没意识到，弃之如敝屣的"古典主义"恰是民族文化精髓，母语教育的灵魂与命脉。丢失"古典主义"，等于剪断精神脐带，是对文明承传、文化建构的自残。不善自我反思，是学者的悲哀。

殊不知，教育改革与政治革命不同，政治革命是彻底的制度更替，教育革命则须承接精神血脉，加以增益、完善。事实证明，整个现代语文教育，就是被急功近利、追求"当前受用"祸害。白话文"工具"教育，丢失了厚重的人文、经典，其结果是温柔、敦厚没了，高雅没了，文化没了，人没了，"普通公民"也没了。

中国教育史告诉我，"生活本位""应付生活"的观念，清末民初就有。1904年清政府颁行的《奏定学堂章程》(即"癸卯学制")，在《奏定初等小学堂章程》的"中国文字"科目下规定："其要义在使识日用常见之字，解日用浅近之文理……供谋生应世之要需。"在《奏定高等小学堂章程》的"中国文学"科目下规定："其要义在使通四民常用之文理，解四民常用之词句，以备应世达意之用。"《奏定学务纲要》："其中国文学一科，并宜随时试课论说文字，及教以浅显书信、记事、文法，以资官私实用。"其关键词：谋生应世之要需。源头是杜威实用主义、实利主义哲学、教育学，后成为中国知识界、教育界精英的共识。对此，我在《语文：表现与存在》中有详述。

我很清楚，"生活本位""应付生活"——满足物质、生存、社交需求的片面性，是导致语文教育崩盘的罪魁祸首，也是我的重点批判对象。我同样清楚，该本体论认知存在致命缺陷，这已被教学实践证明——我必须也有能力证伪它。即使其缺陷尚未被证明，我也力求证伪它，其溃败只是时间问题——何况事实早已证明此路不通。

从总体上说，一切现有结论——包括我的，时过境迁，终将被证伪——否定、超越。在这一进程中，也会沉淀下无可超越的伟大思想，成为人类思想基因，代代相传，融合进更加伟人的新思想中。这就是我的认识论。

在证伪敌论前，先对"生活"作一界定，它就是指"生存"。通俗点，就是"活着"，传宗接代，奔"食色"去的动物性需求。孔子"饮食男女，人之大欲存焉"（《礼记·礼运》），《孟子·告子下》中的"食色，性也"，马克思"吃、喝、生殖等等，固然也是真正的人的机能。但是，如果加以抽象，使这些机能脱离人的其他活动领域并成为最后的和惟一的终极目的，那它们就是动物的机能"[1]……这些说的就是"生活本位"的基本内涵，即指人的物质生活与肉体生命延续。

"生活本位"片面性显而易见，要证伪，不说轻而易举，也胜券在握。不论理论还是实践，反例比比皆是。

思想史、教育史表明，我国古代除了"生活本位"论，还有"三不朽"——"存在本位"论与"四维八德""树德建言"等"精神本位"论，历代圣贤，文化、写作名家的成就，未必基于"生活本位"论。我有大把反例——相信叶老也有，不过被选择性遗忘。尽管这不全怪叶老，其认知受所处时代制约，有其合理性，但片面性也显而易见。

单单一条：动物也会"应付生活"，就足将"生活本位"论灭了。"生活本位"论，是阐扬人的"动物性"，而非"人性"。你会说人也是动物，先要满足动物性需求。这没错，但满足动物性需求后，是否还要满足人性——精神性需求？难道一定要满足动物性需求后才能追求精神性需求？

找着目标，瞄准死穴；集纳反例，子弹上膛；扣动扳机，可一击致命。这就是我的方法论。

张网就捕着大鱼，我很开心。开局顺利出乎意外，毕竟是桩百年悬案。

破易立难，真做起来，证伪、批判、颠覆、重构……并非易事。像《老人与海》里一样，捕到大鱼，征服强悍对手，劈波斩浪、漂洋过海拖回，是场拉锯式搏命硬仗。我自信有实力与韧劲。无论它怎么挣扎扑腾，风浪多大、多险恶，我都定要制服它，哪怕九死一生或同归于尽。事实证明，我没桑提亚哥（《老人与海》主人公）神勇，这纯属"英雄主义"臆想。征战过程风平浪静，啥事没有，顺畅得让我扫兴。

我懊悔语文学转向太迟，如早点，可为自己、为课改赢得时间，我明白，

---

[1] 马克思：《1844年经济学哲学手稿》，中央编译局译，人民出版社，2000年版，第55页。

这时间点不由我定。上天安排自有道理。

确定批判目标，实现写作目的，没预想的难，费解的是：一目了然的错，竟旷日持久，蒙蔽无数人。是杜威、叶老们太强大，还是习惯低眉顺眼——莫非特地留这馅饼砸我？得了便宜别卖乖，好好谢天谢地吧。

往好处说，应了那句老话：机遇垂青于有准备的大脑。这话表明"准备"很重要——也不尽然，机遇比准备更重要。机遇则取决时势，时势不对，便没机遇可言。

应有自知之明，论天赋、学识、才华，我不比学界翘楚强。较之蔡元培、黎锦熙、陶行知、胡适……不如远甚。教育走错道，奔实利主义去，不是他们的错，而是时势使然。语文界后学没大师、没思想，亦时势使然。

时势、机遇、才华，被冥冥中"上帝之手"拨弄，谁也难挣脱。

如果我处黎锦熙、叶圣陶们的时代，怕也是教育实利主义者。谁也难超越时势，独善其身，只能在杜威屋檐下讨生活。没赶上改革开放、全球化时势，馅饼不会砸我头上的，无论我准备多充分。准备也有赖时势，如我大学都上不了，趴在农村"修地球"，自学条件也没有，谈何准备、机遇、研究，谈何颠覆与重构？

这不是说准备——努力不重要，而是说什么更重要。

幸亏我的学术发育期，20世纪八九十年代，是破除神坛、迷信的时代。我得以上大学，在大学任教，侥幸走出单色调光环——称为阴影较恰当，获得科学思维方法：对现有结论、观点，首先是找反例，尝试去证伪……从而与蒙昧诀别，开启言语人生，得以孕育雄健的精神生命。

我发现自己与某些同行不同：我不信、自信，他们迷信、他信；我找反例、证伪，他们找正例、证明；我善于批判、找缺点，他们习惯赞美、谈优点；我说自己思考过的话，他们人云亦云。我说的是思维倾向性、表达意念差异，不表示"非此即彼"，有所侧重而已。

正因此，我有心灵自由、精神创造。在获接纳的同时，也常格格不入讨人嫌。然而，我乐此不疲，受用无穷——墨守成规者则忍无可忍。我讲座，大刀阔斧，大破大立；我听课、评课，主要谈问题。因此，招人忌恨在情理之中。

特立独行的精神创造，不但有成本，而且有代价，甚或要牺牲点儿什么，哪一位先贤不如是？这么想就释然、坦然，快乐地面对。

久之，习惯成自然，积淀进潜意识，成为本能反应。

对那些甘蔗渣样的废话，我听不进、看不到，本能地抵触、排斥。不是我不听、不看，而是我的感官自作主张，充耳不闻，视而不见。从感官进而到感知、思维，皆有过滤、淘汰功能：选择性地剔除陈词滥调、冗余信息等噪音、杂音。从书本、文章、报告，到聊天、家长里短的唠叨，只摄取有参考、研究价值的部分，这让我受益匪浅，得以低成本大制作。这不知算特异功能否？

30多年言语人生，我还养成了这样的习惯：不轻信现成观点，包括自己的观点；下意识地想推翻别人、自己的观点。不论读书、听演讲，还是听课、看电视，抑或自己讲课、作讲座、写论文，均如此，时刻在找反例证伪——没办法，不证伪放行，过不去心坎。不较真认死理，证伪而后言，已成秉性、积习。

证伪的习惯，对研究工作是好事，日常生活却未必。比如我看电视剧，总觉得"假"，老下意识地琢磨剧情、细节，辨伪、证伪，觉得这也不是，那也不对，人物、情节、细节，一无是处、破绽百出。我太太说，看电视是找乐子，要认真就别看，看你的书去。倒也是，生活较不得真，何况虚构的故事。

在研究上也不能一概而论。不能为证伪而证伪，为批判而批判，但要过证伪这关。证伪不了再信从也不迟。证伪不是技能，得靠眼光、学养。见识、学识不够，便没能证伪，只能接受或存疑，不能霸王硬上弓。不服，也得且收兵。待攒足资本，卷土重来。

证伪，关键是找反例，这事儿不难也不易。说不难，从推理逻辑上说，只要找一个反例，就可证伪观点。说不易，"孤证不立"，个例也许是特例、偶然，不一定有普遍性。因此，反例多多益善。反例要多，就要见多识广，以充沛、深厚的学养为后盾，追求"三通"，便成为必要。

证伪不简单，与归纳、演绎、类比……学养、眼光、想象力……难解难分。

染上"证伪癖"，是因读《猜想与反驳》，中了波普尔的"毒"。他科学进步靠证伪的观点，使我眼睛一亮，深以为然。通俗地说就是：证伪比证明离真理更近——要亲吻真理，证伪吧。这使我深受诱惑、不可自拔——历来"酱缸文化"正相反，只证明不证伪——你以为认得真理，可真理不搭理你。

不觉说了一大通理，我不累，读者累，赶紧收回来。

应苏州大学陈国安之邀讲学。游苏州园林，僻静处小憩。

在语文学领域，凭"三通"学养，证伪"生活本位"论。《语文：表现与存在》（第二版）上卷第五章"言语生命动力学：我写故我在"，大家可以读到"'不朽'论、'四为'论的存在性价值""'我写故我在'的当代动机论"等，其中我用大量反例反驳"生活本位"——"生存本位"论，阐明"精神本位"——"表现—存在本位"论。罗列大量非"生活本位"个案，"生活本位"论不攻自破，其偏瘫乏力、摇摇欲坠的逻辑架构，顷刻间轰然倒塌。

难在重构。这涉及心科与我访谈中提及的"原创性理论"问题。

（2）张心科：这个理论（指我的"言语生命动力学"——笔者）无疑是原创性的理论，那么原创性的理论的标准是什么？（在我眼里1949年之后语文界原创性理论顶多有三五家）

他在论坛中说："潘老师的代表作（《语文：表现与存在》），在我看来，是1949年之后唯一一本原创性的理论著作。其他人的要么非原创，要么原创性论文集，不是专著。书不等于专著。论文原创性的有一些，专著除了潘老师的，就我有限的阅读量还没有发现其他人的算。"这说得我直冒汗，半为他，半为自己。

我理解心科的直言不讳，与干松舟等一样，城门洞里打竹竿，直来直去——明知会惹恼许多人，仍实话实说。也许因此我好果子没吃着，反被刺猬戳。心科不怕，我也没啥好怕。我不图虚名，也不怯阵。

是否唯一，见仁见智，难有共识；这于我不重要，无须争辩。重要的是要弄清何谓原创性理论，这也难有共识，却值得一辩。因为这事关研究方法，对后学很重要。语文界之"酱缸文化"，经验思维，会毁了他们。

我对"原创性"的认知，并非原创。我认同朱熹说的"集群圣之大成而折衷之"，简洁明了，一语中的。所谓"原创"，一是"集大成"，二是"折衷之"。就是对先贤的思考，作融会贯通的概括、抽象与整合，进行超越性的再创造。这是朱熹评说孔子"述而不作"的价值："其事虽述，而功则倍于作矣。"——源于他人论述："删诗书、定礼乐、赞周易、修春秋……"经综合重构后，创立自己的以"仁"为核心的"儒学"。窃以为这可谓"集成的原创""整合的原创"。

如果孔子思想都属于"集成的原创"，那纯粹"一级原创"就极少了，几乎可略而不计。因为思想不可能凭空产生，原创性思想也如此，须建立在前人思想的基础上。那些源头性的伟大著作，才称得上"一级原创"。后世的"一级原创"，不能说绝对没有，但属于最伟大的天才，是凤毛麟角。

对此，美国人本主义心理学家马斯洛说得更清楚："我将把那种出自原初过程、并且应用原初过程多于应用二级过程的创造力，称之为'原初创造力'。而把那种多半以二级思维过程为基础的创造力，称之为'二级创造力'。……那种能以良好融合或良好交替的方式、自如而完美地运用两种过程的创造力，我将称之为'整合的创造力'。伟大的艺术、哲学、科学产品的出现，正是来自这种整合的创造力。"[1] 他压根没提纯粹的"一级原创"。他将"创造力"分为：原初创造力、二级创造力、整合的创造力。所谓"原初创造力"，也包含小部分"二级创造力"，这表明，"原初创造力"非纯"原创"。他所谓"整合的创造力"，类似于朱熹"集群圣之大成而折衷之"的"集成的原创"。他以"伟大"，称颂"整合的创造力"的产品，可见，该创造力并不亚于"原初创造力"。——自然科学所谓的多学科交叉、集成创新，也属"整合的原创"。

鸿篇巨制《历史研究》的作者阿诺德·汤因比为"集成的原创——整合的

---

① 马斯洛，等：《人的潜能和价值》，华夏出版社，1987年版，第252页。

创造力"提供了典型样本:"我是从寻找一种历史研究的单位入手,开始自己的研究工作的。这个单位应当相对完整独立,或多或少有别于其他历史成分,对我们来说是可以对其感知并能够加以理解的。……在明确了我划定的单位以及考察了前文明各个社会之后,我试图从希腊史、中国史、犹太史过程中抽出我的线索,以便为文明史构建起一种'模式'。我通过归纳这些文明的主要特征,提出一个似乎适合我们所知的大多数文明史的综合模式。"[1] 这便是"创造性研究"通则:作基于深厚学养的抽象、归纳、分类、重组,形成前所未有的高度综合性的独特的认知"模式"——文本结构系统。须有宏观性、历史感、想象力,在前人研究上融会贯通、创造性整合。

多数著述属于"二级创造力",即应用"二级过程"多于"原初过程"。等而下之,有三级、四级……创造力,创造性递减。"二级创造力",也算不错了,它对于"原初创造力""整合的创造力",同样不可或缺。

没人可凭空创造,除了"神"。因此,顶级原创,中国称"天书""神品",西方称"神谕""神思存在"。将这类有超常想象力、洞透力的人,称为"神"的代言人,是合适的。这是天才中的天才——超天才。

天才,可分若干等级。先秦诸子,毫无疑问,老子、庄子、墨子,属于第一梯队,可归入超天才。抽象力、想象力、洞透力杠杠的。

"道可道,非常道",我的"原创性理论"的理论,难免荒腔走板不靠谱,不入超天才法眼,只供凡俗参考。

"集成的原创""整合的创造力",是将前人思想去粗取精,熔于一炉,炼就自己的思想。所谓"集成""整合",不是拼凑或嫁接,须是"折衷""良好融合",即"调和于鼎鼐","成一家之言",这颇不易。若才力不足,便成拼凑或嫁接,即"大杂烩"或"拼盘"。时下不少著作即如此,纯粹是资料堆积。

"化"得开,融会贯通得好,是关键。

"折衷""良好融合",目的是"成一家之言"。若缺乏"折衷""良好融合",没能"成一家之言",那就不是"原创",只是"二级创造力",或之下的"创造力",甚至无"创造力"。缺乏一以贯之的原创性核心概念,只在某些局部上有

---

① 阿诺德·汤因比:《历史研究》(修订插图本),刘北辰、郭小凌译,上海人民出版社,2000年版,第1页。

自己的观点，或基本观点是"拼凑与嫁接"，哪怕资料宏富，可谓"集大成"，也是枉然，恐怕连"二级创造力"也够不上。

"成一家之言"，首先体现在原创性的核心概念与基本观点上。

我的"言语生命动力学"，简单地说，是集纳他人言语、生命、动力学的相关资源（包括原创与非原创），请注意，不是"三家观点"，而是经过融会贯通，整合成"言语生命动力学"理论体系。言语生命，是我的核心概念，进一步合成词组：言语生命动力学表现—存在论，是我的原创性命名，也是我的基本观点。

核心概念与基本观点，要具有独特性、深刻性。据此建构"体系化"的严密自洽的逻辑概念系统。其核心意涵具有统摄性、辐射性、累积性，须构成互渗、互补的认知、论述、说理网络，方可谓"整合的原创"，"成一家之言"。

原创性观点，与"原创性理论"是两码事。将原创性观点加以体系化，构成缜密、雄辩的说理系统，才是"原创性理论"。

不少著述思维、思路凌乱、参差，不成系统，即便局部精彩、耀眼，俗称缺"钱串子"的"散钱"，也够不上"原创性理论"之实。随笔集、论文集（包括一些"资料汇编"性的"概论"）大多如此，拼盘、大杂烩，不能称"理论"或"原创性理论"。

理论，是很厉害的词；理论家，令人肃然起敬。学者不稀罕别的，独敬畏"理论"。对"理论"水平很计较，对"原创性理论"更较真。不惜得罪人，也要论个头破血流、水落石出。

有学者这么评述钱钟书的学问。

余英时：钱钟书的学问是一地散钱——都有价值，但面值都不大。

李泽厚：他读了那么多书，却只得了些零碎成果，所以我说他买椟还珠，没有擦出一些灿烂的明珠来永照千古，太可惜了。

也有为钱钟书辩解的：

刘再复：有人贬抑，说《管锥编》是散钱失串，这也不是真知明鉴。不错，从微观上看，会觉得《管锥编》的每一章节，都没有时文必具的思想主题，那种进入问题讨论问题的逻辑链条（串），但是，《管锥编》却有一个贯穿整部巨著的大链条，这就是中国文化的内在大动脉。

且不论这些评述对否——我只说"散钱"与"钱串子"的关系。"散钱"需有"钱串子",就是刘再复说的"大链条""大动脉",不应"散钱失串",是他们的共识,也是学界共识。"散钱"再多,没"钱串子",即缺乏核心概念或基本论点贯穿,未组织成逻辑谨严的说理系统,未必称得上"理论"。理论,意味着以说理见长,观点具体化、体系化、互证化,有强大的说服力。

钱钟书记忆力、思辨力超强,很有天赋、才华,是无可争辩的。他的论著,汪洋恣肆、旁征博引,确实够牛,读罢吓你心慌气短半天缓不过来。他为人处世低调不显摆,"君子敏于事而讷于言",是他有足够自信,天才何必显摆? 酒仙不斗酒,架势一摆,也让人畏惧三分。

钱钟书论著不能说没"钱串子",大家关注他的学问有无"钱串子",尤其对学术范式创新的贡献多大。谁也不否认其著作价值。至于能否称理论、高端理论,有高理论价值,也许可商榷。窃以为,这是两个不同维度的认知。他继承乾嘉学派朴学传统,志不在理论阐发、范式重构,而在搜罗证据,考订源流,辨正观点,自成一说,发挥其记忆超群,学识闳富所长,二者不宜混为一谈。显然,《管锥篇》并非理论著作,未必适用以"大链条""大动脉"来评判。

专就原创性理论探讨,不才如我,还想说几句:没"钱串子"不成文,的确如此。即便有"钱串子"将"散钱"串起来,也未必就是原创性理论,可能是一般或较差的理论。好的理论,核心命题"原创"固然重要,但要论其最高价值,应能改变游戏规则——范式,从整体上推动学科方法论变革、认知进步。虽未必是"永照千古"的"灿烂的明珠"(这要求太高),也得是照亮新航程(过去与未来的)或开辟新航向的"灯塔"。

具有宏观性深远影响,是学者追求的原创性理论。非理论著作,有的也有高学术价值,也能对某学科、领域产生重大影响,这点下文另论。

原创性理论所建构的,是学术共同体认可并遵循的新规则、范式。这种新规则、范式,是对某专业、领域而言,应对其具有全局性、根本性影响,至少能独领风骚若干年。随着时代进步,如今被超越的周期越来越短,数十年算很长的,三五年也不算短。即便被后学超越,仍是学科史绕不过的精神存在。如能超越本专业、领域,有较广泛的普适性更好。

这不靠自我炒作、他人吹捧。不必一鸣惊人,举世惊绝,但须经岁月剥蚀,刻进学科史之树的年轮。树不死，她就在。树死，她还在。树朽，她与树俱化，其精魂永存。为后世建章立制，传之久远，生生不息，是基因性的存在。

不知这标尺是否太高，窃以为——宁高勿低。

不论他人怎样评价钱钟书，我赞赏他两点：政治上保持距离；学问上不慕虚名。

政治上，在恶劣环境下，有极高的生存智慧与自我保护意识。学问上，谨小慎微，低调、自贬，是出了名的。他说："钱某名不副实，万万不要迷信。这就是帮了我的大忙。不实之名，就像不义之财，会招来恶报的。"他知道，虚名一钱不值，反受其累。与其现世褒贬，不如留后人评说。他看透权势、学术，参透人生、生死，堪称高人。

他为学问而学问，"藏之名山，传之其人"，体现人类情怀，这就足够了。

治学是天命，各有其宿命。不论钱钟书先生学问做得怎样，学术贡献大小，他只能做成这样。这是他想要的，或所能做到的。——老子不会是庄子，也不会是孔子、墨子，反之亦然。一切天注定，否则，怎称"天"才。钱钟书是天才，有大学问，这没毛病。至于能否进第一梯队，或"超一流"，见仁见智，可各抒己见。若说颠覆科研范式或改变学科方向、格局，深刻影响学科史进程，恕我愚昧，看不出，不敢妄论——即便未有方法论、范式创新，也无伤大雅，或许他志不在此。就他所继承的朴学传统，所研究的学术领域而言，他做得相当好——理论建构、范式创新未必是他的目的。

能充分发挥天赋、才华，就弥足欣慰，此生不枉。

理论、范式建树，是另一种才华。此才华大小，不以记忆力强弱，占有学术资源多少，解决多少实际或现实问题，是否有自己观点为尺度判定。虽然要以资料、学识为前提，微观研究为基础，但要看眼界、见识的宽度、高度、深度，是否有博大胸襟与深邃洞见，能否创造新规则、范式，对提升学科认知水平，能否产生深远影响。

多数人受限于才分、眼界、见识，格局小，智性弱，思辨力、想象力不足……只要有一短板，便难臻化境。即使一应俱备，也未必稳操胜券。

"为不为"与"能不能"是两码事，"能不能"与"成不成"也是两码事。以钱先生之才智，"为""能"，不是问题，但谋事在人，成事在天，能做成什么，却不由自主。时势造英雄，时势也毁英雄，这是天才学者的悲哀。

改变研究格局、范式，深刻影响学科史进程，主要凭借理论著作。不过也有例外，有些著作称不上理论著作，没有很高的学术价值，但对学科建设依然有推动意义。就语文学而论，张志公《传统语文教育初探》并非理论专著，在语文学论著中如沧海一粟，却填补了空白，开创了语文教育研究新领域。这是"照着讲"的书，改变此前研究对象与方法，眼光从现状转向历史，方法由"经验"转向"资源"，以致考据、辨正。遗憾的是，该书既缺乏高屋建瓴的贯穿性命题，未见"原创性"（以述为主顶多属二级创造力），也没"理论"——充分论述、论证、说理可言，主要是观点加材料，分析、论证、说理，均感薄弱，基本上是单一资料（主要是蒙学教材）的罗列、归纳。因此，算不上"原创性理论"著作。张志公的短板是才气、悟性，学识未通透；"树"是见了些，却未见"林"。

此书虽薄，视野局促，不起眼，仍堪称"学术专著"。她是语文界第一部"照着讲"的"述学"之作，其筚路蓝缕之功不可没，因此，当可入史。张先生弥足告慰。在 20 世纪中叶，就其价值看，语文学著作无出其右。这是时代的悲哀，张志公的荣耀。

一般而言，"原创性理论"著作，应是"接着讲"。而且，须是专著。单篇论文容量不足，论文集也不行，未体系化，未充分、严谨说理，难副"理论"之实。

"接着讲"须有"照着讲"为基础。这是"原创性理论"的最大难处。不论是"集大成而折衷之"还是"整合的原创"，都隐含"照着讲"的要求。缺乏"照着讲"获取的资源、累积的见识、眼光，谈何"集大成""整合"？未下足"照着讲"功夫，谈何"接着讲"质量？

话说回来，已有"照着讲"，未必便能"接着讲"。照着讲是入门；接着讲是登堂入室，有所超越，所需才能不同。"照着讲"无须"原创性"，"理论性"要求也略低。"接着讲"，必须有"原创性""高理论性"。"照着讲"而不曾"接着讲"，多"才"不从心，非不为，不能也。

"照着讲"是铸剑，"接着讲"是亮剑。铸剑与亮剑，是两种能力。集两种能力于一身，殊为不易。相对而言，前者凭借毅力、耐性，后者有赖才气、悟性，后者更难。因此，由"照着讲"到"接着讲"，一气呵成者罕见，多力不从心，不得已半途而废。尚需指出的是，自以为"接着讲"的，未必便是"接着讲"。若"照着讲"没讲好，便无以"接着讲"；"照着讲"讲好了，"接着讲"也未必佳——"原创性理论"难成。讲出什么，有否超越性、洞透性，是否真正实现范式重构，尚须实践、时间检验。

由"铸剑"到"亮剑"，将耗毕生之功。今"剑"成：《中国语文学史论》与《语文：表现与存在》。前者是"照着讲"的代表作，后者是"接着讲"的代表作。没前者就没后者。此"剑"锋利否，能传世否，不由我判定。作者最没发言权：主观自是，敝帚自珍，乃人之常情。因此，当由读者自行判断——臧否皆可，我不介意。我只在意治学是否心存敬畏。若无旁骛、全力以赴，便无憾无悔。

"接着讲"的代表作《语文：表现与存在》。左：第一版；右：第二版。

《中国语文学史论》（台北万卷楼图书股份有限公司 2015 年精装版）是我写作、语文教育史研究的集大成之作，是我最看重的研究成果之一，原始积累的藏宝窟。继《中国现代写作教育史》《中国写作教育思想论纲》出版之后，我拓展到了语文教育史研究，对一些重要人物的教育思想作深度开掘，相继出版了《语文：回望与沉思——走近大师》（福建人民出版社 2008 年版）、《语文：审视与前瞻——走近名家》（福建人民出版社 2009 年版），并发表一些相关论文，最终择要整合为《中国语文学史论》。

闲翻《中国语文学史论》，仿佛进入时光隧道，回到向先贤请益问道的快乐时光。那时转益多师，有"览众山而小我"的卑微，渺小如尘芥。完成《语文：

表现与存在》，不无舒慰，举目平视，有"料众山见我应如是"的心旷神怡——
岂敢谬赞，自我调侃，穷开心罢了。

超越与被超越，是历史的必然。能否超越，取决于学术才华：继承、批判、
重构的水平。

第二轮"照着讲"成果。学术人生是"照着讲""接着讲"的循环递进。

毋庸置疑，我此生最重要的书是《语文：表现与存在》。这是第四次"弯
道超车"的标志，是集继承、批判、重构于一体的试图超越的书。借此，我从
写作学者蜕变为语文学者，并进入这一领域前沿方阵——不是我狂，而是门槛
不高。

如果说《语文：表现与存在》小有建树，是靠对语文教育史积铢累寸的梳
理、思考，中外哲学、科学学、语言学、文学学、教育学、心理学等的滋润，
我几十年写作、语文教学经验的积累、反思。尤其是作为专业的写作教师，我
对人为什么写作，写作与阅读的关系，写作素养与语文课程的关系等，比一般
语文教师、学者有更深的了解。这些优势，使我得以登高望远，以宏观、战略
眼光，把握语文教育的现实与未来。

该书体现了我的方法论：范式的颠覆、重构，整合的原创。

现代语文教育史研究，让我看到全局性持续性溃败的原因；科学学使我明
此为"范式"危机，颠覆与更新是唯一出路。传统语文教育研究，赐我以慧眼，
把准脉息，知晓病因、病灶，以对症下药。哲学、人类学、语言学、心理学、
阐释学等的涉猎，如虎添翼，拨云见日，以"动力定型"为突破口，立"言语
生命"之假说，重构理论系统。对科研方法情有独钟，助我归纳、演绎，建构
核心命题，由具体上升到抽象，再从抽象还原到具体，深化、丰富之，"吾道一

以贯之"。

自由之心性，想象力、洞透力，使我得享挥洒自如的快乐……"垂緌饮清露，流响出疏桐。居高声自远，非是藉秋风。"（唐·虞世南《蝉》）我不借权势名利"秋风"，纯凭学术"清露"滋养，亦"流响出疏桐""居高声自远"，岂不快哉？

我之"剑"遨游于天地；私心已了，术业已遂，了无牵挂，魂兮倜傥归去来。"聊乘化以归尽，乐夫天命复奚疑。"

左图：我的写作学硕士生开门弟子谢慧英，2001年毕业，后随童庆炳、程正民先生读博，现为集美大学教授。右图：我的写作学硕士生周伟薇，集美大学副教授。她俩同门、同事，情同姐妹。

2001年春与童庆炳先生游贺兰山。今先生魂归道山，痛哉惜哉。

传道，垂诸言任评说

◆ ◆ ◆

"治于神者，众人不知其功；争于明者，众人知之。"(《墨子·公输》)——
题记

一

唤醒"言语生命"，以萤光照亮前路，乃吾天职。

《语文：表现与存在》洋洋百余万言，浓缩就四字："言语生命"。唤醒"言语生命"意识，乃吾使命，也是宿命。语文教育无他，就是使知："人之所以为人者，言也。""作为言说者的人是人。"师生悟此，吾愿足矣。

《语文：表现与存在》出版后，我的足迹几乎遍布全国。我2016年初退休，有了自由，可无拘无束地写作、讲学，迎来了学术生涯的高光时刻。对于我这代学者来说，退休是学术人生第二春，也许比第一春更珍贵。积累渐丰，欲为之事益多，而来日苦少，时不我与，得赶紧做该了未了之事。

"用则施诸人，舍则传诸其徒，垂诸文而为后世法"，能如是，不亦幸乎？虽难步古圣贤后尘，然而，心向往之。"立言""传道"的紧迫感，像债主擂门追讨，刻不容缓。

写作与讲学，平心而论，我更愿将时间用来写作。要赶在辞世前多写点儿。人走了，"道"留下。若思想随生命凋零，憾莫大焉。

留下思想与付诸实践是两码事，唯讲座、评课，可汇通。因此，与一线教师面对面交流，不可或缺。

语义界对《语文：表现与存在》的喜爱与褒扬，使之在教学实践中逐渐生根发芽，蓬勃生长，使我感到原创话语的力量，并收获存在感、成就感，因而自信满满。这是蜷缩象牙塔做"大学问"孤芳自赏的学者体会不到的。不论学问多大，终究须落地，要经世济用，受实践检验，转化成"生产力"，才能推动社会进步。虽然有些基础研究"转化"很难，有时是在若干年后由他人完成，但终归要转化。

教育研究极少"基础研究"，多属"应用研究"，若不与实践对接，便会腐败变质。不少教育研究即如此，金玉其外，败絮其中。没学科、实验基础，靠"拿来主义"，东拼西凑、头头是道地瞎说，"理论"诞生之日即死亡之时。我为中国当代缺真思想家、教育家感到悲哀。——更多人是有实践没思想，同样悲哀。

我崇尚思想而不移植思想，更不照搬西方理论、外语教学，力求最大限度"三通"，广征博采，作第一手归纳、整合，形成自己的语文学理论与实践，从范式、理念、话语系统，到实际操作。从实践到理论，再回到实践，再上升到理论……如此良性循环，理论才有生命力。

在语文界，由于我与现存理论、实践格格不入，且深度介入当下课改，理所当然既招人爱，更招人恨。这没什么，我不在乎，不自矜也不计较——多数人即便不认可，也不与我计较，这就扯平了。

我只要认定要做，别人说什么不重要，"虽千万人吾往矣"。

这十几年我去过上百所学校，讲学、评课数百场，讲"言语生命动力学"理念与实践。到过不少双一流高校，著名的大中小学，如浙江大学、厦门大学、北京师范大学、南方科技大学、东北师范大学、河海大学、西南大学、江南大学、福州大学，复旦大学附中、南开中学、扬州中学、苏州中学、深圳红岭中学、清华附小、首师大附小等，也到过地处穷乡僻壤的学院，乡镇中、小学；到过北上广深、诸多省会学校，也去过崇山峻岭中少数民族风情浓郁的黔东南民族师院，皇陵古迹遍布、地处陕西咸阳的西藏民族大学，边远的内蒙古鄂尔多斯一中、黑龙江北安一中、中俄边境的黑河爱辉区教师进修学校。给普通市民、公务员、领导干部讲，更多的是给大中小学师生讲——在广州解放军体育学院给军事院校教师讲，给南方科技大学理工科大学生讲，感觉很特殊。

境外学术交流不多，仅去过中国台湾、香港，以及马来西亚等地。到过香港大学、香港理工大学、台北教育大学、高雄师范大学等，以及一些中、小学……去台湾次数较多，因有合编高中国文教材的研讨。到马来西亚讲学，分别在吉隆坡、雪兰莪州、森美兰州等地，与来自全马的华校教师交流，感受海外汉语母语教育，反思"母语"价值，开阔眼界、见识，颇多感喟。我喜欢这种带有陌生感的思维撞击。

2003年10月在香港大学主持学术研讨会，发言者为香港理工大学中文及双语学系主任陈瑞端教授。

在台北切磋两岸合作编写高中教材。

南亿版教材教学观摩会。
右一：台北教育大学孙剑秋教授。

以书为媒、以文会友、以友辅仁的快乐，是上苍给学者的回报：投之以苦思冥想，得之以知音诤友。这些年结识的朋友比前半辈子的总和还多，认识我的比我认识的更是多得多。桃李满天下，文友遍天下，弥足自豪、欣悦。有这么多人认可你，辛劳点也值。无"莫道前路无知己，天下无人不识君"的傲娇，添不负厚望、不懈探求动力。

去各地讲学是难得的福气。近世学者蜗居治学是常态，外出讲学不多，从高校，讲到高中、初中、小学的更少，从学校讲到社会的少之又少。我侥幸忝列其中，甚而讲到境外、国外，是莫大幸运。我感恩、惜福。

台北街旁小憩，
机车轰鸣声震耳欲聋。

高雄佛光寺大南瓜
——好吃不贵——谬悟禅机。

在宝岛南边缘，
与太平洋近在咫尺。

二

学者要有思想，还要传播思想，以悟道、传道为使命。

我的父亲、岳父，可代表老一代知识分子。他们天赋、学养比我强，然而，命途多舛，志气难抒，未享明道、传道的欢愉……父亲"文革"罹难，言语生命早夭，悲怆自不待言。岳父虽得享天年，但以未赴香港、台湾讲学为憾。中年运交华盖，被打成"右派"，剥夺教席，改革开放后虽有机会，终因老迈未能成行，连外出学术交流都少，对此耿耿于怀，闲时常与我念叨。学者命运各不相同，与世俯仰沉浮，悲欢身不由己，憾恨自不待言。

写作与讲学的交互，是我后半生生存状态，这是我梦寐以求的，因而备感欣慰。

讲学地方多，经历可写部大书，择要叙之。

◆ **黑河行：与随笔化写作结缘**

先说国内讲学最远的——从东海之滨到东北边陲，穿越几千公里的黑河行。

一幕幕景物、人事历历在目：五大连池鳞次栉比、惊涛骇浪般的火山岩，诉说着亿万年前沧海桑田的沸腾澎湃、惊心动魄。兴安岭广袤苍翠、连绵起伏的山峦，三三两两点缀其间的采蘑菇村姑，编织成"人与自然"的温馨画卷。站在湛蓝深邃的黑龙江畔，眼前波光粼粼，对岸俄罗斯街市清晰可见，《喀秋莎》《莫斯科郊外的晚上》……迷人的旋律隐约可闻。顺道俄罗斯游，随处可见的玫瑰花、巧克力、伏特加、纪念碑……野性的雄健风情，缤纷的浪漫色彩。

2014年8月底，承蒙黑河市教研员吴守垣、爱辉区教师进修学校邀请，我前往讲学。飞机到哈尔滨，再驱车数百公里往黑河。途经北安县过夜，临时安排翌晨于一中讲座，傍晚抵达黑河。次日在爱辉区中学听三节课，与任课教师切磋交流，边陲小城的课改热情让我印象深刻。

晚饭时有教师聊起读过我的《语文：表现与存在》，我说这要感谢王崧舟，他不但帮我广为宣传，力荐小语界都来读，还买500套送师友……不想黑河第二小学校长刘北虹接茬："潘老师，我也买了150套，您知道吗？"——这着实把我惊到了："买这么多，贵校有这么多语文教师？"她笑答："人手一套，各科教师都读。"——这般"雷人"的校长，真了不起。她做了件破天荒的事，想让数学、英语、体育、音乐、美术等教师明白何谓"言语生命"，言语、诗意人生，何谓"表现与存在"、成就"立言者"——他们会否因而对"语文"——言语，心存敬畏，萌发过把语文教师瘾的冲动，助成"言语生命"成长呢？

刘北虹做了我不敢说的："言语生命"并非专属某些人，而属于全人类。各科教师都负有唤醒"言语生命"意识、培育"立言者"的责任。"横看成岭侧成峰"，《语文：表现与存在》，与其说是语文教育学，不如说是"人"学、教育哲学。对这位年轻、大气的校长，我刮目相看、肃然起敬。

中小学校长，不论是否语文教师，都要懂"语文"，有"言语生命"意识。如此，才有真正"人"的教育。

守垣兄也很"雷人"，他是我见过的反差最大的人之一。身材瘦小，寡言少语，然而精力充沛，多才多艺。为人做派，半传统半时尚，集南方文人谦和文雅与北方汉子威猛豪气于一身。看得见的是儒雅内敛，看不见的是浪漫奔放——像五大连池的火山岩。

2010年暑假，我与守垣兄相识于上海随笔化写作研讨会。会议由成浩先生主办。成浩原是山东邹平市教研员，搞随笔化写作课改有年，成效卓著，在全国产生了很大的影响，借调《中国教育报》搞教师培训。他读了我的书后联系我，说是将"言语生命动力学"作其指导思想，多次邀我讲学。守垣兄是其同好、主将，我们一道与会作讲座。会上匆匆一面，然后各奔南北：我回福建，他回黑龙江。短暂交集，除了他的瘦外，几乎没印象。

会上他说请我讲学，我以为是客套，敷衍应承。不承想，数年后我早已忘却此事，他竟突然发来邀请函：黑河市爱辉区教师进修学校请我讲学。那时我正开始修订《语文：表现与存在》，且手头"文债"甚多，讲学之事能推尽量推掉。去黑河乘飞机须中转还不能当天到达，往返太费时间，不太想去。终碍于他重然诺、讲信义，盛情邀请，且我已允诺在前，犹豫再三，只好硬着头皮成行。这是我走得最北、费时最多的讲学，也是第一次与他深度接触。

守垣兄比我年长，年逾古稀，仍不安分，天南地北地摄影、采风，对随笔化写作满腔赤诚。上海别后，不时发大作让我"指教"，后来竟要研究我的"指教"，写成文章。过段时间，又说要出书，请我作序。我最烦写序，想推辞，念他一片痴心，不得已委屈从命。又过段时间，他干脆跑到安徽某校，驻校指导课改，折腾出"学习化写作"，常发信问这问那的……

守垣兄在黑龙江人气颇旺，响当当尽人皆知，尊称他吴老，德高望重，众皆对他恭敬有加。可在学问上，他极谦卑，能放低身段不耻下问。他给我的信件、大作，落款"弟子守垣"。我回他："吴先生千万别称'弟子'，我会折寿的！"不改，来信仍"执弟子礼而求教"。其虚怀若谷、真诚问学的态度，让我汗颜——还没法拒绝他"求教"，偶尔事多未及时回复，他便来信催。我怕催，更怕误以为"摆谱"，故一接信，便不揣谫陋，赶紧斗胆"指教"一番。

他手书大札，毛边纸红线八行笺，古香古色。草书华翰，笔走龙蛇，赏心悦目——收藏起来，若千年后便是书艺珍品。我还收到过他的书法、摄影作品集，摄影作品挂历，为我写的条幅等。他的才艺与活力，我自愧不如。

初识吴老，看他沉默寡言，身形弱不禁风，一点不像北方汉子，到黑河才风闻他的彪悍。有老师告诉我，别看他一副弱不禁风学究状，却喜欢驾大排量摩托，"轰隆隆"风驰电掣、狂飙突进——虽未亲睹，但我信。想想他瘦骨伶仃、东倒西歪地驾大摩托要酷，便忍俊不禁。

潇洒、狂放、激情四溢的人是不老的。

自然，吴老的激情主要倾注在语文课改上，念兹在兹的是"随笔化写作"。我纳闷："随笔化写作"怎有此魅力，让他走火入魔？

成浩先生倡导的"随笔化写作"的"随笔"，说是"随手下笔而成的文字"，可视为自由、率性写作的代称，并非作为文体之一的"随笔"。"随笔化写作"不是自由、率性写作，而是一种语文教学平台、载体、形态——吴老请我去，就为这伟大事业。承蒙成浩抬爱，以"言语生命动力学"为"随笔化写作"课改理论支撑，将我的书作为实验校成员必读书，吴老便成我的理论实践者，因而得以结缘。

不觉相识十余载，情谊牢不可破。吴老暇时便练书法、国画，我每天收到他微信，不是字就是画，或字画合璧。我照例随手点赞，一来一去，雷打不动，像打卡签到。偷说一句，他草书了得，国画幼稚——千万别告诉他，让他自娱自乐去，延年益寿。

吴老最近发微信给我："去年提的随笔化阅读，率性化表现，命题不确。我想，就叫率性化写作，即遵循立言的天性写作。如可以，再构建写得出、写得好的课改之路。"真是老骥伏枥，壮心不已。守垣兄每天早起，边画画边琢磨这事，然后就给我发微信，等我点赞……

就这样，我由成浩认识了吴老、刘北虹……认识了黑河参与随笔化写作课改的教师，成浩还邀我去一趟赣南。我像只蜘蛛，结一张网，再结一张网，又结一张网……无数小飞虫扑扇着自投罗网。准确地说，是小飞虫催我、帮我结网，此乃大确幸。

脚踏黑河，背靠黑龙江，头枕俄罗斯。

独坐五大连池火山岩，遐想天崩地裂、澎湃沸腾的壮观。

如此四处张网，招引众多扑网者。浙江大学、重庆师范大学、四川师范大学、深圳南山教育集团、福州教育学院二附小、长沙诺贝尔摇篮教育集团……都去了多次，攒不少粉丝。最近在深圳福田区、南山区……又结新网。听众人数最多的是"千课万人"与"名思教研"，两个最大的教育培训平台，堪称"巨网"。我去过数十次，在体育馆讲座、评课，听众成千上万。第一次面对如此开阔的空间，人头攒动的汪洋大海，像率领千军万马抢关夺隘的将帅，有一种与教室上课迥异的激情体验。

感谢他们帮我织网，为我搭台，传我语文学之道。

◆ **长沙行：感受谢庆教育报国情怀**

去长沙诺贝尔摇篮教育集团，是一次奇特的际遇，遇到些平时怎么也遇不到的奇特的人。与他们一起，像进入了时光隧道。

2015年春夏之交某天，我接到个陌生电话，说是《中国教育报》的杨桂青（环球科教部主任），请我参加该报主办的庆祝抗战胜利70周年征文评奖活动，作为终审评委。我想，这活动确实很有意义，但未必非我不可，手头事多，婉拒，极力推荐别人去。杨桂青说，承办方是长沙诺贝尔摇篮教育集团，董事长谢庆指定请我，非我不可……好说歹说，任她磨破嘴我也不松口。评委不差我一个，为什么非得我去？

过一阵子，又接杨桂青电话，说是来福州开会，希望能拜访我。她毕竟是客，出于礼貌，我说还是我去怡山宾馆见她吧。见面后，她代表谢董再次诚邀，软磨硬泡，我仍婉拒。她很失望，回去后，又托福州一中校长李迅劝说，李校长找到我熟悉的学长陈日亮做我工作……杨桂青博士有着山东人的耿直与执着，认死理，看来不去还真不行了——在人事上我笨，事后想，她说到福州开会大约就为请我。

后来我们熟识了，还认识了她爱人赖配根（《人民教育》副总编辑），我的福建老乡，他俩一样朴实，我们已成朋友。这些年杨博没少帮我，想当初让她好一番折腾，甚觉不安——在长沙见到谢庆董事长，一位胸有大志、有情怀的教育人，得知他请我的原委，我为不近人情愈感自责。

这次征文评审、颁奖是场盛会，谢董请来诸多民族英雄、抗战英烈后人，文教界名人，作为评委：中国近代革命家黄兴长孙黄伟民，抗日英雄杨靖宇之孙马继民，冯仲云之子冯松光，佟麟阁之孙佟晓冬，齐学启外甥女李之琚，中华人民共和国国歌《义勇军进行曲》词作者田汉之孙田钢，《延安颂》《中国人民解放军军歌》作者郑律成之女郑小提、东京审判法官梅汝璈之子梅小璈、著名音乐家贺绿汀之女贺元元，人民艺术家、《松花江上》《军民大生产》作者张寒晖曾孙张跃宗等，还有戏剧家吴祖光之子画家吴欢、教育改革家魏书生……鄙人何德何能，忝列其中？我作为终审组中学组长与他们共处三天，欣喜、荣幸之余，也为这场"奇遇"愕然，恍如穿越时空，回到抗日烽火连天的年代。

杨桂青博士亲自接机。
从赖配根、杨桂青伉俪受益良多。

结识才华横溢的张新洲兄，
有了《潘新和与表现—存在论语文学》的出版。

与谢董聊起方知请我原委。他说遍读语文学重要著作，断定《语文：表现与存在》最好，因此，语文界他就认我。他不厌其烦地向众人介绍，说我超过以往许多大师，称我为"泰斗"，毫不掩饰他的崇敬——这不容分说的偏见、谬爱，让我特尴尬，心虚惭愧至极。我从不认为自己有何才学，岂敢当"泰斗"美誉？自觉才疏学浅，远未登堂入室，这是真心话。

但我感觉到谢董的真诚。他绝非刻意恭维，我与他素昧平生，他没必要费尽周章把我找来说几句奉承话，更不是一知半解、信口雌黄，而是深思熟虑后的判断。

他的学识，当得起"渊博"二字。任何人与他相处后都不能不刮目相看：确是饱学、多闻之士。他书读得细，记得牢，说出来头头是道。我毫不夸张地说，他读的书比我多，比我认识的诸多校长、教育局长多，比大多数高校学者多。我们读得专，而他是博。

我敬佩他博学多识，也是真心话。我也没必要恭维他，我们没任何利益纠葛。他不否认自己爱读书，读了很多书，只是谦虚地说："杂而不精，喜欢而已。"这也许是对的。他不是专家，更非通才、天才。不过，他相信自己的眼光："我不是语文专家，但水平高低是分得出来的。"这我同意。他的确读了凡能买到的语文重要著作——读了这么多我的与他人的书，比一般语文教师都多，够得上半个语文专家了。他说与我神交已久，说着搬出一大摞我的书请我签名，这出乎我意料，也让在旁的新洲兄（中国教育报刊社副社长）惊诧——他正主编"教育家成长丛书"，因此"以权谋私"一回，约我为他写一本。后来责编倪花告诉我，这套丛书作者门槛高，定位为中小学名师，我是唯一的高校教师。连写带编，翌年年底书就出来了，《潘新和与表现—存在论语文学》（北京师范大学出版社 2016 年版），从我编写到出版，前后只一年时间。这书是此次长沙行副产品，算是与谢董、张副社长、杨博、魏书生、陶继新以及诸多抗战英烈后人友情的纪念。

在长沙诺贝尔摇篮教育集团见识"一切为了孩子"的"谢氏教育思想"。

与博学的谢庆（右）交谈，如饮甘醪。

谢董拿出一堆他收藏的我的书让我签名，说他认真读过，让我惶恐莫名。右为张新洲。

幸会教育报道大神陶继新（《中国教育报》专刊作者，原《山东教育》总编），情谊常在我心。

与诺贝尔摇篮的孩子在一起。右后一，梅汝璈（东京审判日本战犯的中国大法官）之子梅小璈；右前二，郑律成（《延安颂》《中国人民解放军军歌》曲作者）之女郑小提。

在朱子讲学过的岳麓书院接受凤凰网访谈，与谢庆、张新洲、陶继新、魏书生聊国学教育，别有意趣。

　　谢董对我的敬重，是对学问的敬重，发自读书人本性，没功利心，不求回报，难能可贵。这些年我见过不少校董、校长、局长、主任，受到种种礼遇，他们也敬重知识、名人，但罕见发之本性、惺惺相惜的敬重。其细微差别我辨识得出。我去谢董那儿六七次，每次都为我定商务舱机票，隆重地接机，让我住最好的套房，让他的副总、摄影师陪我游览，送我土特产……我告诉他别浪费，我怎么都行，不在乎这些，千叮咛万嘱咐，他置若罔闻、一意孤行——因为他在乎，就怕慢待我。《潘新和与表现—存在论语文学》出版，他花巨资买5000本送人，为我的教育理念做宣传，他给我寄几百本来……我没法拒绝发自本性的真诚。

我第一次遇到如此"以书取人"的人。在实用主义世风下，如此厚待"百无一用"的我，受宠若惊，今天这种人太少了。

有些人终身保有纯真，淤泥不染、清涟不妖，百毒不侵、岁月不蚀。由这种人做孩子心灵守护神再适合不过。

谢董是民营教育企业家，与他的接触、对他的了解，刷新了我对企业家的肤浅认知。他不喜欢被称企业家，更希望称他教育家——称他谢老师，他很开心。他称得上教育家，既因为他心心念念在教育，更由于有从实践总结出的谢氏教育理念。

窃以为，教育理念的产生，不应从理论到理论的照搬或演绎，像中国诸多"教育学家"那样；也不应从实践到实践的描述或模仿，像苏霍姆林斯基与诸多中国"名师"那样；须是在高水平禀赋、学识背景下的了悟与洞彻。谢董未必已臻此境，但他有悟性、慧根。

他特别看重启蒙教育，因这决定人的一生。因此，他专注于办好幼儿园。他对孩子长期跟踪调查研究，形成一套原创性认知，如"源头说""染丝说""不可回炉说""接力说""良心说""行者说"等，这别出心裁的命名，是殚精竭虑的成果。据此办学理念，他的幼儿园，繁花似锦，成为孩子健全成长的发祥地。

他的教育宗旨是"与经典同行，与圣贤为友"。课程丰富多彩：书法、国画、武术、舞蹈、音乐；美德故事、成语游戏、古典音乐等。他把古代诗歌编成歌曲，经典编成快板，成语编成体操、武术，还有成语接龙、一日生活成语、主题成语、成语故事等，让孩子在玩中学，学中玩。他教孩子诵读《三字经》《笠翁对韵》《老子》《大学》《弟子规》《唐诗三百首》……编写辅助教材，将唐诗、《论语》等编成歌教孩子唱。他坚称"爱国是最大的德"，亲自创作抗日剧《一所神奇的学校》（延安"抗大"），让孩子演出、观看，受爱国主义熏陶。他带孩子亲近土地、自然，种菜、种树、摘果，带他们去常德、永州、浏阳研学旅行，感受刘禹锡、周敦颐、谭嗣同……每年"六一"庆典，学校都会苦心孤诣策划精神盛宴，孩子、家长、教师共同创作、演出、欣赏，田汉大剧院，昂扬澎湃的文化陶冶、积极正向的情思启迪，是培育激情、理想、信念的温床。

他为给孩子树立精神航标，不计成本"高大上"的投入，我不禁杞人忧天：会破产否？他定不以为然，只要有利于孩子成长，他绝不吝惜。从他这儿，我看到了陈嘉庚式的捐资兴学、毁家兴校的美德。

谢董纯情投入于办超一流教育，从校名"诺贝尔摇篮"可见一斑。为"立德树人"，他常有惊人之举。

2017年3月29—31日，谢董举办"诗情到碧霄——研学旅游之刘禹锡系列活动"。他亲率300余名幼儿、小学生、老师和家长，到唐代诗人刘禹锡流放地湖南常德。师生和家长身着汉服，在常德诗墙前进行古诗文背诵大赛，在武陵阁表演诗词吟诵、师生比赛……满满的正能量，我佩服谢董敢为天下先，佩服其胆识、才能。带这么多孩子外地研学，得冒多大风险？

我有幸参与了这次研学之旅。30日上午在常德一中听《陋室铭》《酬乐天扬州初会席上见赠》公开课，在诗豪刘禹锡谪居地，读诗如晤，别有一种感喟。原安排我评课，不承想，却变成即兴演讲。

评课我驾轻就熟、老神在在，因故挪到下午，到会场，我发现听众不对，不只是教师，来了一批新听众，前几排坐的是穿迷彩服的学生，常德一中高中空军青少年航空班学员。现场千人，有中学生、小学生、幼儿园小娃娃，有教师、家长，教师只占一小部分，这意味着我不能按原计划评课，临时决定改成大众化演讲。

事先无准备，一步步走近讲台，还在想讲什么好，我脑子急速运转：听众主体是学生、家长，不能太理论、太专业，要以叙事为主，叙议结合，点到为止；须老少咸宜、通俗易懂。我灵机一动，给他们讲寓言、故事，适当联系上午教学内容，随机点评、升华、阐发，主题是人生价值观的抉择。演讲过程中听到阵阵掌声，悬着的心才平静下来。许多听众对我说，这样的人生教育太重要了。

这不期然而然的演讲，竟成我最有挑战性、最成功的讲座之一。事后反思，学校应有人生课。可现在，有政治、思想品德、马哲、革命史……却没有给"人之为人"立本张目的课。人生很长也很短，转眼就到尽头——最要是弄清"为什么活"，别活成行尸走肉，精神引领最重要。

谢董办学注重给孩子精神、品性立本，得益于其德性、才学与襟怀。他文质彬彬，沉静儒雅，书卷气十足。其学识之渊博、眼光之独到、情意之深厚，令我自愧不如。他炽热的教育情怀与报国之心，对儿童教育的痴迷、赤诚，深深打动了我。为了孩子——国家、民族的未来，他竭尽所能、不计功利、倾其所有，中国缺少这样有君子之风、胸怀天下的教育家。

诺贝尔摇篮教育集团有一所小学，12 所幼儿园，一所亲子园，拥有 1500 多亩的中国首家大型户外生态亲子活动基地，谢董在这里谱写、追寻他的教育梦、中国梦。

人肉体生命的故乡是父母之家园，精神生命的故乡是幼儿园、小学。"诺贝尔摇篮"的孩子回首往事时，定不忘他们的精神故乡，不忘为他们精神成长默默耕耘的守望者。

世间最大的功德，莫过于给孩子以精神生命，以"立言"信念、信仰。因而，让幼苗茁壮成长，望其长成参天大树的谢董，艰辛而幸福，平凡而伟大。他不是大企业家，也不是大学问家，大教育家，做一个童年守护神、诗意人生奠基人，值。

愿天下幼儿园、小学，都能像诺贝尔摇篮教育集团那样，成为孩子一生的精神故乡。

去诺贝尔摇篮教育集团，是我讲学历程中的阴差阳错，始于抗拒，终于迷恋，留下的是永久的美好。

◆ **厦门大学行：对父母精神乡土的反哺**

我最期待的讲座之一，是厦门大学图书馆的那场。为我父母的母校讲一场是我的夙愿。拜老朋友林丹娅教授成全，2016 年 3 月 4 日，我如愿以偿。

在父亲曾学习、工作过的地方讲学，恍若穿越时空，与父亲同气相求、遥相应和。

我为感恩、报恩而来，为我父母，也为我自己。我父母的文化基因来自厦门大学，因此，厦门大学也是我的文化基因之一，我也是为自己报恩。这是一种学术反哺。文明、文化反哺意识，是一种重要的生命动力源。现今功利主义教育有这吗？若只消费不回馈，文明、文化的颓废、消亡便不可避免。

对于人类来说，精神文化反哺与物质金钱反哺同样必要，甚至有过之而无不及。

感谢老朋友林丹娅教授举荐，我应厦门大学中文系与图书馆邀请，在"厦大文化讲堂"作讲座《表现与存在：写作再出发》。尽管我到过无数学校，讲座数百场，但这场讲座对我有特殊意义。我父母在这里度过一生最美好的时光。父亲在厦大教育系、中文系读过书，毕业后仍在中文系进修两年，得到厦大校长萨本栋厚爱，得其亲荐留在厦大图书馆工作。后长汀县中（抗战时期厦大迁校长汀）创办，萨校长又亲荐父亲到该校任教务主任（主持校务，第二年任校长）。他的第一部最重要的书《中国语原及其文化》，是在厦大中文系恩师余謇启发下写的，这里是他言语人生发祥地。我母亲在这里主修教育，辅修生物，也是最优秀学生之一。他俩在这里相知相爱，终成美满姻缘。因此，当我站在厦大图书馆"文化讲堂"上，面对厦大师生，心情颇不宁静，既亲近又激动。

80年前，我父母在这留下轻盈、欢快、温馨的年轻身影。那时，他们灿烂如朝阳晨曦，热情如木棉吐艳，图书馆是求知乐土，南普陀山是小憩枕席，白城海滩波光粼粼，校园树影绰约婆娑……他们琴瑟之恋，美若《关雎》《蒹葭》，坚如《上邪》。

天空没有痕迹，鸟已飞过。我看得到、听得见他们的音容笑貌，在七彩祥云、霞光蒸腾的天际。灵魂悠然出窍，心灵默然应和。

……厦大图书馆，父亲的繁忙步履，来去匆匆，给师生借阅图书。偷空查资料、做卡片，伏案写《中国语原及其文化》，晚上赶到中文系听课，课后顺道请教余謇夫子，回家写作到深夜。母亲在一旁备课、改作业，或给将降生的孩子织毛衣，陪伴着父亲……我对迎候的图书馆主任说，我父母是厦大校友，父亲是贵馆前辈、前前辈……他们——来了，听，他们的脚步声、笑声……他一头雾水。

我要用言说，让祖辈、父母、后人觉闻，将往生往世、今生今世，化成来生来世、生生世世。生命的言说永在，言说的生命不死。

2000年前后，我走山写作学，转向语文学，像在自家庭院溜达，信步走进后院。打开"人学、动力学语文学"门窗，拨云见日、金丹换骨。颠覆语文学认知，改变写作学认知。语文学、写作学，在新视野下弘扬、重构。既要为生存，更要为存在，让古老的"立言"观，在新时代焕发第二春。

泱泱诗文大国，写作教育理论、实践，源远流长，却视而不见。数典忘祖，照搬国外技术主义写作训练，舍道求技、舍本逐末而不自知。首要是道不是技，是本不是末，是精神高标，不是实用低标。以立言为道；以德性、学识为本。我将集先贤读写观之大成，成一家之言。

我从父亲负笈厦大说起，其文化语言学创始，著书立说，安身立命；追根溯源，讲历代立言者之思，何以为人为文；从回望到前瞻，从颠覆到重构……"表现与存在"一以贯之。

图书馆大楼陡然高大，耸入云天。一个声音穿越时空："文之为德也大矣，与天地并生者，何哉？……夫以无识之物，郁然有彩，有心之器，其无文欤？"周天响彻。

父亲、母亲看着我，倾听着，慈祥、温婉、欣慰。我在他们求知为学之地，给后学播撒精神创造种子。像当年余夫子教诲父亲、父亲教诲我一样，现在，轮到我给后学启智，重塑言语人生。我从先辈、父亲手中，将文化接力棒交给后学，让他们成为人类文明链之一环，我将与有荣焉。

再次感谢丹娅兄、中文系、厦大图书馆给我回馈报恩的机会。

◆ 传道之余的意外收获

还有些与"结网"传道有关的难忘之事。

随着影响扩大，《海峡导报》（厦门第一大报）魏文约我开专栏。我想，能向市民普及语文观也不错，就应承了。为减轻定期交稿压力，我们约定隔周一篇。这是我首开专栏，命名"潘老师语文轩"。写惯论文，改写随笔，能写好否心里没底，尝试着写。还好，几年过去，读者还认可。教师喜欢，中学生也喜欢，我欲罢不能。

有一次我去厦门一中讲座，结束时有学生问我：潘老师，您就是"潘老师语文轩"的作者？我点头，他们说常看我的专栏文章，写得很好，这使我很意外，特别高兴。魏文告诉我，有些读者期待我的文章，一期不落地等着看。

原以为我"出格"的语文观，读者不易接受，没想到有时中小学教师能接受，不接受的倒是教授、博导。关系到写作基本理念，不妨说说。

写作的源泉是什么？

潘新和

要问"写作的源泉是什么？"想必不少老师会不假思索地脱口而出：生活呗！

学究点的会说，叶圣陶说写作的源头是"充实的生活"，车尔尼雪夫斯基说"美是生活"，毛泽东说："人民生活……是一切文学艺术的取之不尽、用之不竭的唯一的源泉。"

想必不少学生乐翻了：您老动动脑子吧，连小学生都懂啊——朱熹《观书有感》：半亩方塘一鉴开，天光云影共徘徊。问渠那得清如许？为有源头活水来。这不是明明白白地说书本是思想——写作的源泉，没有思想能写作吗？

心明如镜、豁然开朗，唯有读书，书本才是写作的源泉。

较真的学生还会上网"百度"一下：老师，朱熹还说过："道者文之根本，文者道之枝叶""文皆是从道中流出""大意主乎学问以明理，则自然发为好文章，诗亦然"。——文不是从"生活"中流出，而是从"道"中流出。要写出好诗文，便要从书中求知悟道。

还有，潘老师要我们读的韩愈《答李翊书》："养其根而俟其实，加其膏而希其光……"这养"根"、加"膏"，指的也是读书，读经典——养气。"气盛则言之短长与声之高下者皆宜。"韩愈之言，可谓朱熹《观书有感》之注脚。

要是碰到这样的学生确实够挠头的。不过你不能不承认他说的不无道理：说生活是写作的源头，确实没说在点子上。这个答案至少是肤浅、片面的。

对于写作、文章，最重要的不是有没有生活，是否观察生活、留心生活，而是读了多少书，是否由读书而修德悟道养气明理：仁义之人，其言蔼如也。

由此想到语文、写作教育中种种：大语文，生活语文，语文学习的外延与生活的外延相等，情境教学，贴近生活，做生活的有心人……从"生活源泉论"出发，老师将写作中的一切问题，都归咎于"没有生活""不会观察生活"；写作中的一切优点，都归功于"有生活""善于观察生活"。将写作的优劣，直接与是否、会否观察、体验生活画等号。

生活，像空气一样，无所不在。什么样的生活都是生活，你想"没有生活"都不成，除非你是死人。生活，对所有人都是公平地存在着。如果说它是源泉，这个源泉，谁也不多，谁也不少——谁也不缺。因此，生活是写作的源泉，根本就是个伪命题。

生活，不是文章。教学中的人造生活，更不是文章。生活，充其量只是米，而文章是人酿出来的酒。米能酿出什么酒，取决于人，而不是取决于米。

没有哪一位作家学习过怎样"观察生活"，也没有哪一位学者认为其著述是"贴近生活"才写出来，所有的作家、学者都认为写作最离不开的是读书、思考。

生活，只要人活着，它就在那里。书本，你不读、不悟，它就不在那里。

读了，未必会写；会写，一定要读。是读与思，造就了人，人同化了生活、消化了书本，创造了第二自然——诗文。

老师们啊，千万别再拿"没有生活"说事了，快收起"观察生活"的法宝，否则，会让学生笑掉牙的。

批评我的是厦门大学某教授，文学理论专业。看来我挑战"生活源泉论"，动摇其理论基础，是天塌地陷的事。他作为圈内人，守土有责，可以理解。其大作《矫枉过正的导向》中说："对生活等同艺术的机械反映论的否定，对写作主体介入创作流程的强调，这一'矫枉'是对的，但由此而否定了'生活'，则是'过正'了。其间关键的分歧是如何看待写作主体。创作主体的本质内涵相当丰富，包括创造者的思维模式、价值观念、才力学识、审美意图、生活体验、心理要素（如感知、理解、情感、想象、潜意识、生命原动力等）诸方面。而潘老师所主张的'读书'、'读与思'，仅仅是创作主体中'才力学识'方面中的一点而已，另外十之八九的要质均放弃了。这种以点代面、以偏概全的'唯书论'，就是'过正'之所在。"他论及主体建构方方面面，感知生活之不可或缺。

不过老调重弹，陈词滥调，貌似公正、严密，实则谬之千里。

他说的我都懂，多是我读大学时教科书里的；我说的他不懂，那是我几十年读书、"切问近思"到的，也是一辈子写作教学实践的总结，教科书里没有，也没人这么认真思考、正式说过。是非自有公论，不过，这公论恐怕别指望从文学理论家那儿找，也不会很快就有。公论——公正，往往姗姗来迟。

也情有可原，他研究的文学理论，是我研究的写作理论中的一小部分。视野逼仄，容易犯片面性。谁"以点带面、以偏概全"不言自明。

魏文问反驳否，我说不必——榆木脑袋，说也白说；若不是，何须说？

我没讲不要"生活"，更没讲"创作主体"内涵不丰富——我讨论何谓写作（包括文学写作，但不限于文学写作，更多是非文学写作）"源泉"，什么是最重要的写作"源泉"，什么是"源泉"的主要矛盾、矛盾的主要方面。不是讨论文学写作主体建构包括哪些内容。连论题都没弄清楚，岂非无的放矢？

我与他是否鸡对鸭讲？我讲的是写作的源泉，他讲的是文学的源泉。即便是文学，书本也是不可或缺的源泉。这问题随便抓一位作家问问就会有答案，无须论证。

读书、明理，心灵丰富，而有诗文。"……心生而言立，言立而文明，自然之道也。"（《文心雕龙·原道》）生活再丰富多彩，"心"无所感、所悟，也未必有诗文；胸罗万卷，熟读精思，必有诗文，即所谓厚积薄发。写作源泉是什么，其中什么更重要，还用说吗？

源泉只能是一个？一条大江往往有多个源头，多源头有个主源头，不很正常？

书，是超越一己狭隘生活的更广大的生活，是古今中外无数人（作者）生活的呈现、再创造。可见，书相当程度上涵盖了生活的方方面面。书是"流"也是"源"。在作者是"流"，在读者（读者也将是作者）是"源"。书中资源难道不可以作为写作素材，想象的基础？这才是辩证的源泉观。

作者，不必刻意去"生活"，但要刻意去读书、思考。"读万卷书"是必需的，刻意"行万里路"则未必——"行"或不"行"，都在路上。只要还有一口气，想不"行"都不行。除非你想要特殊的经历、体验。

专家的悲剧，往往是跌进他挖、自挖的坑给埋了，自己还不知道。四平八稳不"过正"，保险、风光，也窝囊、可怜。

一部学术史，是"矫枉过正"史，也是批"矫枉过正"史。学者亦相似，可分两类，一类"矫枉过正"，一类批"矫枉过正"，概莫能外。

"过正"不等于胡说。"致广大而尽精微，极高明而道中庸"，"致广大""极高明"必有发现、创新；所谓"过正"——是突破、改变常识、陋见。"矫枉"，即拨乱反正，不"过正"无以"矫枉"。"矫枉"要强调"创新点"，须达成"片面的深刻"，这种对"片面"的强调、凸显，学者都懂。只要言之成理，守住"中庸"底线即可。

生活、书本、思想、心灵，都是写作之源，且后者比前者重要。抓住最重要的，兼及其余，便是"守中"之论。说来说去，说到研究方法的常识上了。

不由心生感慨：学者未必好当。自己是魔是道，魔高还是道高，恐怕也难说。

有些人年轻（中年）时出类拔萃，到老再看，不过尔尔。这大约就是所谓"小时了了，大未必佳"吧。不少我过去崇拜、仰视的人，再见时竟感失望：这么多年原地踏步无长进，以致疑惑当年看走眼。也有些人，一路声名显赫，风光无限，其实早已"金玉其外，败絮其中"，内里掏空了，徒剩虚名罢了。学者之困顿、悲哀，不一而足。

后劲不足，皆因基础不牢，主要原因是没下足"治史"功夫，"三通"学养不足，才气便很快耗尽、衰竭。

字斟句酌、掐着字数写，体验"吟安一个字，拈断数茎须"的滋味。

不打不相识，也算与厦大贵教授有缘。其大作使我知己知彼，更添底气、勇气，对自己更有信心，谨表谢忱。有这么个插曲，死水微澜或惊涛骇浪，也比波澜不惊强。看到他的文章，我很开心。

不觉专栏已百期，别让读者烦，麻利点散伙，撤吧。将几年辛苦拾掇捆扎，编成《不写作，枉为人——潘新和语文学术随笔》，由福建教育出版社出版。这是我最好读的书之一，雅俗共赏，货真价实。

其实我的书都好读，不像传说的可怕。小学教师啃得有滋有味，能难到哪儿去？

感谢魏文默默守望、扶持，任我信马由缰、肆虐放旷。她不说要写什么，也不删改添加。我不能辜负她的信赖，必反复推敲、字斟句酌，未敢丝毫马虎、怠惰。一篇改三五遍是常态，改十几遍不在少数，唯求完美无瑕。如子贡所言："如切如磋，如琢如磨，此斯之谓也。"

魏文收到"修订稿""定稿""最后定稿""又改了"时，一脸茫然状定很好玩。要不是不好意思一直麻烦她，我还会改。

写专栏对文字功力是个磨炼——高考作文要求800字以上很没道理。空洞的应试文，写长没事，写短扣分，岂不是鼓励灌水？《爱莲说》《湖心亭看雪》《陋室铭》……这些几十字、一两百字短文，不也是千古奇文？贵在言之有物，而非字数越多越好。

专栏限千字内，写惯长篇大论，一不小心就写长了，得压缩、改动。一字字抠，一遍遍算。往往压下去后又想改，一改又长了，再压、再算字数……惜墨如金、言简意赅不易。打磨百篇，自觉功力稍长。

花甲"炼字"，是"传道"的额外收获。

三

我的"言语生命动力学"语文观，是由林彬、张新洲、谢庆、杨桂青、赖配根、王旭明、张蕾、李世江、张程、张少杰、易英华、裴海安、王建锋、李节、张永群、张伯阳、陈卓雄、温暖闽、曹明海、刘正伟、顾之川、董小玉、王正、刘凯、王军君、刘正伟、任翔、吴岩、徐林祥、张心科、王立根、段增勇、何立新、陈国安、熊成钢、张华、李重、徐鹏、黄玉峰、熊芳芳、王崧舟、窦桂梅、何捷、赵志祥、肖绍国、钟传祎、金树培、成浩、吴守垣、何夏寿、张占营、林丹娅、苏宁峰、石修银、魏文、徐丽雪、管建刚、胡亨康、邓玉琳、杨婷、陈朝蔚、林莘、陈曦、高玉、梁琳、杨淑芬、潘朝阳、刘锦华、王亮、刘中黎、汲安庆、黄云姬、刘火苟……得以推广、支撑、传播，或提供平台，或推波助澜，或身体力行，或兼而有之。此为冰山一角，名单当数十倍于此。不少人是我的挚友，还有诸多素不相识者，成为精神盟友，我感谢他们。

说来惭愧，我不善结"网"，然而，"桃李不言，下自成蹊"，我的"传道"

之"网"，全是读者、听众帮我结的。扑网"飞蛾"帮我结网，引来众多"飞蛾"扑网，帮我再结"网"……这样，我拥有许多"网"，招引更多"飞蛾"。他们牺牲精神可贵，由衷感谢无私的成全。"德不孤，必有邻"，有他们，我不孤单。

我很清楚，他们不是为我，是为拯救语文教育，为孩子精神生命健康成长，这是我们共同的事业。母语兴衰，攸关民族、文化、文明的兴衰。

我这些年日子很单纯，以致孤寂、单调、枯燥。除了上课、写作，就是评课（为诸多中小学名师评课）、讲座，竭尽所能地研究、传播"表现—存在论"语文学。我很满意这种无趣而自足，这恰是我想要的。

我讲学的地方、次数不少，听众数以万计。可中国那么大，听众毕竟很有限，真正听进去并付诸实践的更少，因此我得继续，到干不动为止。

不是我境界高，而是别的我也干不了或不愿干。

我的"传道"之路并非一帆风顺。说"蜀道之难，难于上青天，使人听此凋朱颜"似有故作惊人语之嫌，说"万里赴戎机，关山度若飞"，似较贴切。一路走来，艰难险阻自不待言——与我受到无端批判比，某教授的"争鸣"算"温柔敦厚"的了，简直不是个事儿。

应刘正伟兄之邀，在浙江大学国际学术研讨会讲学。

有人怂恿我反批判，我拒绝了，没兴趣也没必要。没文化可悲，谩骂者可鄙。我不计较，也没精力计较。计较又能怎样，岂不是对牛弹琴？

我不敢说"尔曹身与名俱灭，不废江河万古流"，但可以说："万山不许一溪奔，拦得溪声日夜喧。到得前头山脚尽，堂堂溪水出前村。"（宋·杨万里《桂源铺》）我不是浩瀚的"江河"，不过是"堂堂溪水"，即便"万山不许"，也终能"出前村"。

语文课程"表现—存在论"转型的拦路虎：一是根深蒂固的语用认知，一是语文高考"二语化"。这些还是表层现象，其本质是观念错误。

简而言之，是"人、技""道、器""道、文"之争；再简之，本体论之争，本、末之争。这一博弈，此消彼长，自古以来未消停过。具体地说，是语用与立言、生存与存在之争——懂点儿语文教育史就会明白。

从教育本体论上说，是价值观取向的问题。在教育政策上说，是向上拉平还是向下拉平，即取法乎上还是取法乎下的问题。对语文界而言，是有否学问注水的问题。

观念问题，首推拦路虎一——课标。

2001 年之后，新课标、课改出台，国人惊喜，充满期待，以为语文教育将焕然一新。不料端出来一锅新、旧杂拌夹生饭，难以下咽。旧的是"语用论""工具论""工具性与人文性的统一"，是"阅读本位"思维。新的是一大堆引进的教育学概念，诸如"三维目标"，对话、合作、探究之类。实利主义老病未愈，又添形式主义新疾，症结是对语文教育——汉语母语教育缺乏系统、深入研究，只好新瓶装旧酒，贴上洋商标唬人。靠乔装打扮上演老戏码，这就是课改十几年不但没起色还每况愈下的原因所在。

本体论认知不变，教学实践不可能有根本改观。

再说拦路虎二——高考。

高考命题是课改的瓶颈。高考题型倒是一直在变，可就是变得越来越不像语文，成了彻头彻尾的伪语文。王蒙先生说："语文教学与文学解读把孩子教傻了"，"我要是参加考试，都能交白卷"。不但把孩子教傻，把教师也教傻了。语文试题，不但中文专业的专家、教授答不上来，整天教学生如何刷题的教师也答不出所以然。即便答对了，也是瞎蒙的。

以最近的高考作文题为例，2019 年全国一卷作文题"热爱劳动，从我做起"（写演讲稿），命题者连"劳动"这一基本概念也没搞清楚，"勤""劳"混淆（"民生在勤，勤则不匮"，劳动是财富的源泉，也是幸福的源泉），一会儿说"生产劳动"（"财富的源泉"），一会儿说"家务劳动"（"洒扫庭内"），命题者不知道还有马克思说的内在与外在的劳动，外在的劳动导致人的"异化"，并非所有的劳动都须"热爱"。——观点、资料、内容都是命题者设定的，能考出什么写作能力？更严重的是导向错误，这题小学生能写到及格分，文盲也能讲得符合命题要求——导向莫非是"不必读经典、做学问"？高能者考不出高分，平庸者得高分，必定是低信度试题，这道理怎不明白？

语文考的是想象力、创造性，不言而喻；语文没标准答案，主观题比客观题信度高，这用脚后跟也能想明白。考作文就够了，作文好就是语文好；"阅读""语基"是无效、低效题，不考也罢。老祖宗在汉代考策问、对策时就想明白了，现在倒糊涂了。

作文题要有高思想、文化、学识含量，不熟读经典写不出来，科举制考八股、策论，以"四书"命题，"代圣贤立言"，初衷就是逼人读经典。

高考命题不以写作能力——想象力、创造力立意，课改等于打水漂。

泱泱中国，研究院所多如牛毛，叠床架屋不计其数，偏没有像样的高考命题研究机构，百思不得其解。每年几千万考生，竟没人关心怎样命题科学，有真正的信度、区分度。每年出版著作成千上万，鲜见专门研究高考的。只瞎琢磨分省还是统一命题，考哪几科？合了分，分了合……

无心插柳柳成荫，参与高考命题、研究，出版我国第一部语文高考改革专著。

2004年初，高考分省命题改革，我是福建语文高考命题成员（审题组组长）。当时高兴过头，以为可将自己的理念付诸实施，入闱后才知不是那么回事。试卷结构，如何赋分，题型样式……全都规定死了，铁板一块，想撬开条缝都没门。若改动什么，参加命题的中学教师就跟你玩命。因为他们是按那块"铁板"教的，一改动，学生答不上来，回校怎么跟领导交代？

对高考"伪语文化"有了深入了解，深感课改突破口在高考命题改革。课标是虚，高考是实，即所谓"指挥棒"，于是产生研究语文高考的念头，要从观念上将这块铁板一点一点撬开。为此，我写了《语文高考：反思与重构》（福建人民出版社2009年版），主要观点是清理、批判"伪语文"考试，回归"立言"传统，考多道作文题，检测真实写作能力，引领培育思想者。这与《语文：表现与存在》宗旨一致，是言语生命动力学语文学"高考版"。

几十年在历史长河中是弹指一挥间。这期间高考命题迷失，是"科学化"的走火入魔，已到返璞归真、回归本然的时候。高考的那些乱七八糟的语基、阅读题，考"伪语文""伪能力"，应扫地出门。会言说——写（说），就说明阅读、语基学得好，何必画蛇添足、多此一举？人的一切语文素养、能力，考作文就能检测出来。作文好，不但表明阅读、语基好，甚至表明了全人的素质、素养好，咱老祖宗就这么认为，就这么考的。考了两千多年，专门创造考试文体"八股文"，难度、信度、区分度俱备，是个了不起的发明。20世纪初废科举、禁"八股"是出于政治考量。直到"文革"前，语文高考还是考作文——难道前人统统犯傻？如今即便高考中那道作文题也是考"伪写作"，考不出真学识、真水平，这里不作详论。总之，高考走偏也是不懂语文教育史所致。

也许还有第三个瓶颈，就是广大教师抵触。这是隐性的，在潜意识中的。几十年应试教育形成的心理定式根深蒂固，成为因循守旧的惰性。他们从受害者，不知不觉变成受虐狂——斯德哥尔摩综合征患者。应试教育驾轻就熟，其敌人是革故鼎新。因此，他们反对一切变革，尤其是脱胎换骨的变革。他们已放弃思考，也反对别人思考。这比看得见的"课标""试题"更难改变，也更可怕。

这不只是一般中学教师，也包括相当部分教研员、高校语文学者。这不赖教师、教研员，他们是执行者、受害者。问题出在顶层设计者却由师生埋单。

课标、高考改革，是一介学者无能为力的。中国教改必得是自上而下。明知如此，也要尽力推动。我就是撼树蚍蜉，明知不可为而为。没办法，生命意志使然。

理论价值在实践，《语文：表现与存在》的生命，在获得一线教师了解、理解与接受。现在不接受不等于将来也不接受。我坚信，如果我能一点一点地渗透、蚕食，得到愈来愈多的民间认可，观念与实践的变革迟早要发生。我知道这个过程很漫长，也许将超过我的生命长度。

狠批高考作文题后，给广州中学生讲高考作文，过把中学上课瘾。

域外行，母语在处即安居

◆ ◆ ◆

仰望海外华教先驱，重塑母语国族意识。——题记

第一次走进国外"华校"，领略华人故土、母语情结，一睹师生精神风采。

一

中外贯通，除了须读相关著作，如能实地考察更好。"纸上得来终觉浅，绝知此事要躬行""读万卷书，行万里路""百闻不如一见"……这些都表明读书与体验均不可或缺，二者相得益彰——马来西亚行，国外华文教育实感，对我汉语母语性认知大有裨益，此可谓中外贯通法实证。

在中国，自从 20 世纪初白话文教育发端，1912 年"废止读经科"，之后的痛批"桐城谬种，选学妖孽"，将旧教育冠以"古典主义、利禄主义"扫地出门……汉语母语教育传统基本消亡，今人以为现在的"语文"教学就是汉语母

语教育——我也曾如此误解，殊不知，其内涵早就变质异化。在汉语母语教育走失 100 多年后，我的马来西亚行，竟与真实的汉语母语教育重逢，此惊喜我始料未及。

没到过马来西亚，不了解林连玉、沈慕羽业绩，不知其"华教"发展史与现状，就不知汉语母语教育之真谛。马来西亚之行，让自以为很懂汉语母语教育的我触目惊心、脱胎换骨，这意外收获的意义甚至超过讲学本身。

马来西亚之旅是我第一次国外讲学，意义自不寻常。更重要的收获是此行强烈冲撞我原有的汉语母语教育观，给我新视角，引发再思考。

2017 年 4 月，春暖花开的杭州，张伯阳兄请我赴"千课万人"（全国最大教研培训机构之一）评课，与来自马来西亚的黄先炳博士不期而遇。我们聚首不超过两小时，寒暄寥寥数语，听了各自的听课观感，不承想，短暂的一面之缘，竟给两年后马来西亚的相聚埋下伏笔。

杭州会议离别时，黄博士送我大著《走近古人》和一个锚状钥匙链（一直在我书桌上放着，上有马来西亚地标双塔楼与"KUANTAN"字样小标牌，后来才知道这写的是他居住地"关丹"港），即各奔东西。会后，我给他捎去几本书，便无联系——许多人不都这样萍水相逢、擦肩而过？

左图：与黄博士邂逅于"千课万人"观摩会。右图：两年后——2019 年重聚马来西亚华文公开课。

可有人没走远，始终在视线中徘徊，或在某人生驿站候着。

人生如野鹤飘萍，聚散离合皆命定。偶遇是缘，再聚是情，相知是智，守望是福。四者概率递减。若能相聚、相知，守望相助，必是现世神契、前生果报。

2019 年 3 月 9 日，黄博士联系我，说 7 月 20 日在吉隆坡举办阅读教学大型公开课，请我当主评人。有些突然，路途遥远，且在盛夏，我犹豫了下，答应了：不知海外华文教育怎样，去看看也好。

年逾花甲常有紧迫感、不确定感，做事得分轻重缓急，常在写作与讲学中掂量取舍。往往写作权重更大些。

出国手续断断续续地办。随着会期迫近，与黄博士联系渐多，了解加深，去意加重。直至商量行程，买好机票，此行方尘埃落定。

我 7 月 18 日晚到吉隆坡。黄博士原说得去学校上班，由他太太余碧音、二公子黄学慧来接机；后说请了假，"老师远来，不敢怠慢"，从两百公里外的关丹，亲自驾车偕同妻儿到机场接我。我到出口处，便见笑盈盈地候着一家人，有如迎接亲人。暖心暖肺的人情味，为我以往讲学所未遇。

黄博士在途中告诉我的第一句话是：除了中国，只有马来西亚将华文作为"母语"。听到这我有点儿愕然。我们常说"语文"，少用"母语"。语文就是母语，没必要特别强调。——黄博士为什么这么说，很重要吗？当时只一闪念，没来得及细想。

入住福朋（Four points）宾馆后，黄博士请我到"相聚欢"素菜馆晚宴。选定"相聚欢"，想必是为"欢聚"讨个喜庆。黄博士伉俪热情款待备感温馨自不待言，17 岁的二公子黄学慧的良好教养，给我留下了深刻印象——说把我给惊到也不过分。

他话不多，略带羞涩拘谨，但彬彬有礼、体贴入微。给客人、父母让菜，自己最后下筷；菜剩不多时，他先问别人吃不，不吃他才吃——后来有一天晚餐，弟弟因故迟到，每上一碗菜，他都先给弟弟夹一点留着；待弟弟来了，看弟弟吃了自己再吃。弟弟也一样，留什么吃什么，将大家吃剩的一扫而空，一点儿不浪费。学慧陪我参观林连玉纪念馆，提东西，开车门，琐事全包，其恭敬友爱，国内同龄人罕见。

为办好这次盛会，余碧音老师全情投入。从开车接中国授课教师，到安排住宿，布置会场，连我们生活细节也关怀备至：给我 100 马币，兑换成各种币值的小票，既长见识又好用。送来水果，种类繁多、品质优良，有的从未吃过，让我们尝新。各种零食，在马来文包装袋上，一一贴上华文标识。会上给我们送"参汤"提神，杯上贴着姓名……堪称最干练、细致、体贴的"后勤总管"。

饭后，黄博士与家人捧着我的几本书，请素菜馆老板娘帮我们合影留念。老板娘祖籍福建，算是老乡。见我赞美她的菜，特开心。她为我们拍好后，用自己手机也拍了张——大约"捧书合影"难得一见吧。

黄博士家人良好的家风家教，得体的言谈举止，待人接物亲切随和、礼数周全，让我颇有好感。

随后一周的耳闻目睹，这种感受不断加深。从许多人身上，都觉察到温柔敦厚的品性。——他们都说一口流畅的华文，与他们交往，与在国内无异。我隐约觉得，莫非这就是黄博士引以为豪的"母语"文化效应？

黄博士家人抱书留影，菜馆老板娘笑存奇葩照。

在大马的日程，黄博士替我作了精心安排。住哪家酒店，何时离开，参加什么活动，具体时间、地点、讲座、交流时长，谁陪同前往，当地谁接待，等等，巨细不遗，一清二楚。他必定耗费许多心思，其细致妥帖，远胜专业接待员。

在讲学空档，他为我安排了两次重要的参访活动。我终于感受到黄博士"母语"情结之渊源，给我的震撼是颠覆性的。

◈ 林连玉纪念馆："保根护脉"刻骨铭心

19日上午，陈玉甄老师与黄学慧小朋友陪我去林连玉纪念馆。讲解员小姑娘尽责、投入，与连玉公身心一体的深情讲述，使我颇受感染。临别时她送一大包资料，非让我带走不可。她的眼睛告诉我，她巴不得全世界都了解、景仰这位"母语"英雄。

被誉为马来西亚"华教族魂"的林连玉先生（1901—1985），生于福建永春，毕业于厦门集美学校师范部文史地系，1927年因时局混乱到南洋，后担任马来西亚华校教师会总会（下简称"教总"）主席，终生为争取华文教育权利，继承中华文化，保根护脉而奋斗。因此被褫夺公民权、吊销教师注册，他也不为所动："我个人的利益早置之度外，为华文教育牺牲永不后悔！"

1985年12月18日，连玉公溘然长逝，灵柩在万人陪送下，环绕吉隆坡市区游行5公里。从1987年起，每年连玉公忌日定为"华教节"，并设立"林连玉精神奖"，纪念这位母语教育先觉。

了解这些，你不觉惊心动魄？他的事迹超乎我的想象。初闻"母语"事关"保根护脉"，我如受电击。从此，"保根护脉"四字刻骨铭心。

连玉公对母语的卫护、对中华文化之爱，为争取"母语"教育权利，忍辱负重、矢志不渝，让我重新思考"母语"价值、"母语"精神意涵。

身处母语中人，对其几乎失感。就像水中的鱼，对水失感一样。

我何曾想过为争取"母语"教育权利，竟要抛家舍业、受尽磨难、孤独终老，乃至以生命付之？何曾想过"母语"存续，事关"保根护脉"，不失人权、族权？

与连玉公同声相应、同气相求（左一黄学慧，左二陈玉甄）。

离开母语环境，对母语才有感。国外华裔就是如此。海外华文教育，意义岂止是识字，能读、说、写汉语？更在身份认同、文化传承。丢失了"母语"，就丧失了族魂。

华文"母语"，为中华文化根脉所系，这当是海外华文教育原动力。这一认知，我要在"言语生命动力学"语文学词典中永久收藏。

他们有"华教节""林连玉精神奖"，中国有"中文教育节"、有"xxx精神奖"吗？如果认识到与文化根脉、民族兴衰攸关，就必须有。这可谓我"母语"新体验。

◆ 沈慕羽书法文物馆："维护国粹"感人肺腑

22日上午，叶侨艳、张泰忠两位小友带我到马六甲参观沈慕羽书法文物馆，我再受"母语"冲击波强震撼。

与连玉公一样，慕羽公也是位了不起的"母语"英雄。

耄耋之年的沈墨义馆长与刘荣禧督学、出德成理事，及慕羽公女儿沈闺菊，亲自接待、讲解。

沈慕羽（1913—2009），祖籍福建晋江，华文教育先驱，书法大家。他出生于马六甲，生于斯长于斯，却与连玉公同样对汉语母语、对中华文化无比挚爱，为华文教育鞠躬尽瘁、死而后已。他担任教总主席28年，曾因争取华文列为官方语文，被马华公会开除党籍。为维护华文教育，年逾古稀身陷囹圄在所不辞。他的书法作品，凝聚着中华民族的精魂。他说："颜鲁公是我的师祖，关公的正气，文天祥的浩气，我都把它们融注入我的翰墨中，雄浑持重、朴实忠厚，这是我沈体忝有的风格。切盼同道在这歪风邪气乖离传统的潮流里，维护固有神圣不可亵渎的国粹。"这掷地有声的肺腑之言，发自"土生土长"的华裔之口，着实匪夷所思。中国书法家未必说得出如此正气凛然的话。

慕羽公去世后，教总设立"沈慕羽教师奖"缅怀之。

感受"九五叟沈慕羽"巨"龙"翰墨情怀（左一叶侨艳、左二"马六甲通"出德成，左三潘新和，右一张泰忠，右二沈老的女儿沈闺菊，右三刘荣禧督学）。

◆ **华文教育：故土情结，血缘记忆**

走近林、沈二公，得知他们伟绩，我体会到黄博士的良苦用心：了解他们，方知马来西亚华教之艰辛，方知华侨何以倾情于这一事业。始觉黄博士"母语"

二字沉甸甸分量，与根植于基因的深厚情愫。

是华教先贤与一代代华裔前赴后继、薪火相传，才使马来西亚成为国外华教最完备的国家。

华文教育来之不易，不是"本该如此"，而是长期抗争挣来的，靠省吃俭用、捐资助学撑持下来的。所谓"有钱出钱，有力出力"，众人拾柴火焰高。他们不畏压迫，辛苦办学、惨淡经营，就为后代子孙"不忘本"。

"母语"意味着寻根续脉，华文字词、经典、文化，都在告知华夏子孙：我是谁，我从哪里来，往何处去。这是我不曾有过的"母语"观念。

"母语"教育实用功能是次要的，甚至是附带的，主要是培育根脉意识、文化认同，让学生懂得何谓母语经典，给他们言语理想、精神生命奠基。明白若无此，用将无用，活将白活，人将不人。

保卫母语，须以生命、自由、财富为代价，这在中国语文人是不可思议的。

在马六甲，出德成先生（沈慕羽书法文物馆理事，我称他"马六甲通"）从车上指给我看，旁边那条小巷是祖先最早登岸处。先辈从离乡背井、漂洋过海到马六甲起，母语，便意味着故国、故乡之恋。斗转星移，落地生根，马六甲涛声依旧，华人乡愁、乡思不绝。以"母语"寄托血缘、亲缘之情意，怀念乡土故园，抚慰心灵，凝聚族群，承传文化，丰盈生命，天经地义。

车窗匆匆一瞥，那条窄小古巷便烙进记忆。古巷深处传出的遥远乡音，600年络绎不绝，永不消逝。

无论再过多少年，穿越那不起眼的小巷，仍隐约可见郑和船队浩浩荡荡，乘风破浪，帆、旗猎猎。依稀可闻福建、广东乡亲南来谋生前途未卜的沉重步履。三宝山长眠着的万座坟茔，清明节细雨蒙蒙，草色青青；家祭香火，寄托着哀思、祝福，袅袅飘升。中秋月华下，月饼思亲，故园情思氤氲，缠绵悱恻，挥之不去……浸透在骨髓中的族魂乡思，时光带不走，烟尘遮不住，在母语乡音中，绵延传递。

历史、文化局促的国民，大约不会有这样的母语情意体验。

在赴大马班机上，坐我旁边的是一对50多岁的华侨夫妇，攀谈起来，他们说祖籍福建永春，回乡祭祖。同行20多位族人，隔一两年回去一次。他们在大马已几代人，相互说闽南语，华语也说得很好。

我在班达马兰华小Ａ校讲学时，遇到来自巴生吉胆岛上的小学校长郭美莲，她祖籍福州，未到过福州，但会说福州话，见我就用福州话聊起来：她先生也是福州人，她有个舅舅在福州，也想到福州看看……

时空，阻隔不了血缘、亲缘。母语是血缘、亲缘间神奇的纽带。

"人言落日是天涯，望极天涯不见家。已恨碧山相阻隔，碧山还被暮云遮。"（宋·李觏《乡思》）母语，是跨越"天涯"的"桥"，漂泊心灵的"家"。有"桥"有"家"，才有人生慰藉与归宿。无论在异国他乡落地生根多少代，母语就是身份证、同胞证，是血浓于水的亲情。

如此，不难理解母语情结的生命诉求：精神归属、文化认同、心灵栖居。母语的族群凝聚力无可替代。

母语即文化，是民族的精神根脉。这一点，华族尤其。中华文化是世界唯一完整保存、永续发展的文化，其悠远、厚重，无可匹敌。捍卫、继承这一伟大文化，意义非凡。连玉公、慕羽公心心念念于母语教育，舍命"保根护脉"，就是基于此。

华校高楼广厦，一砖一瓦，是华侨节衣缩食，用血汗、筋骨垒起来的；在每座每层赫然镌刻着的捐助者姓名，将镌刻在子孙记忆里。私立华校教师拿着低于公立校的菲薄工资，用《三字经》《弟子规》，子曰诗云……浇灌中华文化明日之花，使之永不枯萎凋零——华裔为卫护"母语"，心甘情愿付出金钱与汗水，皆为根深蒂固的恋乡保脉情结使然。

600年前郑和五次到马六甲，留下无数传说。

在"华文阅读大型公开课"开幕式上，当我从马来西亚教育部副部长张念群手中接过以金龙腾飞为背景，写着"任重道远"的纪念牌时，使命感油然而生。纪念牌很轻，分量很重，承载着沉甸甸的文化传承责任。

不论是中国语文教育，还是海外华文教育，都不应仅止于语言技能学习、应用，满足交流沟通之需。更是一种民族、文化、文明认同，是感受、接续、弘扬"龙"文化——华夏文明的根脉，使之生生不息、光耀世界。此道义、本分，我将铭记。

马来西亚教育部副部长张念群女士（中，白衣黄裙者）颁授纪念牌，
上书"任重道远"，字字千钧。

了解华语"母语"教育抗争史，就不难理解今天黄博士们不计功利的付出。
他们精心呵护1299所华文小学、60所私立华文中学，真不容易。

◆ 华教楷模黄博：以捍卫汉语母语性为己任

黄博士祖籍广东潮州，喜着中式对襟服装，与其儒雅、谦和气质很搭。他
一心向学，孜孜不倦，对中国传统文化，对佛教素有钻研，对母语教育情有独
钟。这从其硕士论文《三国演义与儒家思想》、博士论文《高僧传研究》，著作
《走近古人》《当老师真好》等，可见一斑。

黄博士获2018年"沈慕羽教师奖"，实至名归。他长期任教于中学、高校，
培育无数优秀学子。我到过几所华校，校长们均津津乐道哪几位教师出自他门
下，并引以为荣。他不辞辛劳，举办70多场阅读教学研习营、课外阅读营，在
《星洲日报》开设教育随笔专栏，思考成果丰硕。他对华文"母语"教育认知，
深得吾心，振聋发聩。

他是有反思力、行动力的学者。他批评将"母语"变成"二语"教育，大
力呼吁回归"母语"教育本质。抓住华文教育"二语化"症结，力求变革。

他说："人类文明进步的主要标志是语文，若非语文，我们恐怕还要经历漫

长的蛮荒时代，遵循弱肉强食的生存规律过活。不重视语文的内化与外显功能，只从校本语文的视角思考，对得起语文的存在价值吗？潘新和教授提出'表现与存在'的语文观，让其内涵与外延提高到仿如笛卡尔'我思故我在'的哲学命题，是很有意义的思考点。"

"'教什么'与'怎么教'长期是师资培训的重点，差别是若不先解决'语文是什么'的命题，这两者开拓的空间是极有限的。……如何通过语文获取知识，如何表达内心的想法，这才是语文教什么和怎么教的重点。此外，我们还得思考'母语和二语'的差异，二者的作用不一，其教学目的和方法，也跟着有差异。如果把母语当二语教，只偏重语文作为沟通的工具性，那么亵渎语文的嫌疑就越重。"

对华文教育作本体论思考，探究其本质属性与问题，可见其对"母语"的敬畏与挚爱。

我赞赏他，不单因为他认同语文表现性、存在性，是我的知音同道，更因为他意识到"是什么"决定"教什么""怎么教"，认识到树立正确的"母语"教育价值观的重要性。"把母语当二语教，只偏重语文作为沟通的工具性"，是"亵渎语文"——这种超"工具性"认知，是不少中国语文学者与名师所缺乏的，同样适用于中国语文课改。

我国语文课程标准，将语文"课程性质"作工具性、语用性定位："语文是一门学习语言文字运用的综合性、实践性课程"，视其为技能，也是因不知"母语""是什么"所致。以美国实用主义英语教育为圭臬，把母语当二语教，丢失了母语教育特殊性，汉语厚重的文化性、根脉性，必将把学生带沟里去。

把"PISA"阅读测试题型、评价方式，引入高考，考大量判断题、选择题，能考出中华根脉意识、母语文化积淀、精神创造力吗？还不如科举时代考诗赋、四书文、五经义、时务策……能催读历代经典，考出文化素养、言语能力。这么说，未必是要回到科举时代，而是要反思母语教育应怎样凸显根脉性、文化性，并使之经世济用。

黄博士痛批马来西亚母语教育"二语化"，火力全开；对中国母语教育"语用化"如火如荼，不知黄博士作何观感？

"二语化""语用化"如出一辙，都是"工具化"，都是母语教育的异化。好在目前已有所觉悟，增加不少古诗文——若"语用"定位不改，教学、考试不改，也枉然。

黄博士说："审视我们的母语教育，过去是做得不好的，受到英殖民的影响，偏向二语教学，就是那套从字到词，从词到句，再由句到段的教学。结果是，过去一个世纪来，小学生在课堂上都没有真正进入阅读。有课文，但是内容不尽如人意，明显是二语的教材，只是为了识字而编写的教材体。老师教阅读，也只是识字构词，听写词语，理解课文而已，无法做到深层意义的阅读。"

他又说："后来我们主张教改，于 2011 年开始采用新课程，才逐渐出现转机。但是，要谈改变，肯定不容易。很多教师都习惯了过去的教学模式，很难改变。我们始终没有放弃，进度缓慢还是坚持下来。"

这"坚持"极可贵。唯有"坚持"，"母语"教育的"文化性""根脉性"，才不辜负先贤的牺牲、后学的期待，不辜负源远流长的中华文明。

他反对局限于字、词、句教学，追求走进文本，了解其深层意义，就是探寻母语精神、文化意涵，回归母语教育的根本。在他《当老师真好》书中，"母语"是高频词、主题词。多篇文章以此命名：《捍卫母语教育》《回归母语教育》《强化母语教育》……"工具性"是他迎头痛击的靶子：《语文不应该是工具》《不要把母语当工具教》，还有不少批评将"母语"误作"二语"的文章。

他的"母语"教育观，也体现在对公开课的反思上："2017 年……一些请过来的中国老师，对阅读教学的理解也不一样。其中，有些教学看似热闹，学生学得很快乐，但是，却连文本都没有走进去，谈不上是阅读教学。这样的课我是不赞同的。但是与会的老师们却很喜欢，说中国老师很棒，带动力很强，课堂调控能力好。"

对此我深有同感，一些中国名师不在学问上下功夫，文本浅尝辄止，只图课堂热闹，博人一粲，或玩弄教法，吸引眼球。此风不可长。

语文教学需要知趣、情趣、智趣（不一定要"三趣"齐备，但须有"智趣"——思辨性、深刻性，以"智趣"为上），谐趣是锦上添花。若无前三者，后者一钱不值。若有前三者，或"三趣"之一的"智趣"，有无"谐趣"并不重要。

玩教法也一样，教学失焦，内容浅陋，不得要领，什么教法也救不了。且不说有些教法就是炒作出来的。

这次华文阅读教学大型公开课，这种"重谐趣轻智趣"的情况并无改观。

有的中国名师心思就用在耍嘴皮、摆花架子上，而不是带学生进入文本深层意涵，并"转化"到言语表现素养上。说到底，也是不知语文"是什么"所致。

不知何时起，公开课有了变质为综艺节目的苗头。教师仿佛综艺节目主持人，插科打诨的小丑，以调侃、打趣为能事，以"开心"为课堂追求；或只是搬弄时尚教法。以搞笑媚俗、形式主义为能事，岂不是舍本逐末、喧宾夺主？

这与所谓"儿童本位""快乐学习"误导有关，只讲"顺应"，不知"引领"。不知在"顺应"与"引领"的矛盾中，"引领"是矛盾的主要方面，也与教师急功近利，未能静心读书做学问有关。不做学问、不善探究，何来"三趣"，只能整"谐趣"、玩教法，忽悠浅薄观众。

母语教育要好，根本在教师的德性、学问涵养。

窃以为越是名师，名气越大，越要指出不足，否则，会把风气带歪，罪莫大焉。为此，我宁愿得罪名师，也不能得罪良知、真诚，得罪听课教师，得罪母语。

黄博士对中国教师"有些教学看似热闹，学生学得很快乐，但是，却连文本都没有走进去，谈不上是阅读教学"的观感，一针见血，名师须警醒、反思。

名师应能虚心听取不同意见，善于自我反思、改进。

此次公开课，蒋军晶老师表现不错，在评他的《墨子救宋》教学时，我问他三部分内容（找四字成语；墨子救宋的艰巨；成功的原因）是什么关系，他坦承："我没法做到扣住一点，层层深化，步步推进。"——显然，这三部分缺乏"聚焦点"，我称之为"主转化点"。一堂课只能有一个"主转化点"，意多乱文，"点"多乱课。名师若能这样检讨不足、力求改进就好了。

◆ 公开课的黑马：循循善诱的黄柔茵

公开课给我留下最深、最好印象的是一位刚入职半年的新教师：黄柔茵，一位既谦卑又自信的马来西亚小姑娘，让我颇感讶异。

说她谦卑，她战战兢兢、如履薄冰，精心备课，生怕上砸了。说她自信，她敢于挑课文毛病，穷追猛打、毫不手软。将主要心思放在引导学生求知上，创设发现、探究问题的情境。

她的了不起，还在于只引导学生探究，不给答案，让其见仁见智——她已了然"非指示性教学"秘蕴。我还没看到中国名师这么上课的。讲深讲透，给出标准答案，展示新潮教法，是中国名师的看家本领。

她上《不可思议的金字塔》，思维方式是反思性、思辨性的，与中国教师普遍照本宣科形成鲜明对照。她的"教学设计"言简意赅，目标集中，层层深入，思维之缜密、老到，令我惊叹：

教材的解读：

《不可思议的金字塔》是一篇典型的教材体，表现形式上属于记叙文，内容更偏向说明文，是科普性质的文章，主要在介绍金字塔。然而，课文的内容实在太单薄了，既体现不出金字塔的宏伟壮观，字里行间对金字塔的介绍也没能让人产生"不可思议"的震撼。……——课文通过作者的"四问"——在哪里、为什么要建造、如何建造、有没有其他神奇的地方，很平淡地介绍了金字塔，实属可惜。此外，课文最后一段，有硬上价值之嫌，显得突兀。

——界定文体，质疑课文未达成"不可思议"的目的，实即提出问题，确定该课目标：探讨如何写出让人震撼的"不可思议"。其知趣、智趣，能激发学生求知欲、探究欲，有动力学价值。

教学重点：通过阅读其他说明文领略金字塔不可思议的魅力。
——提供"辅助资料"，让学生比较、思考、筛选出具"不可思议性"的资讯，"重点"设置精准。

教学难点：学生能发现并指出课文作为介绍金字塔说明文的不足。
——启发学生发现问题，培养质疑精神。授之以渔，至关重要。

对策：教师准备辅助材料给学生，加深他们对金字塔的认识，方便对比。
——以"互文比较法"帮助学生发现课文不足。该对策有效，可复制。

预期学习成果：
1.学生能利用思维图，简单概括课文内容。——初步了解课文。
2.学生能从不同身份的角度，理解金字塔"不可思议"的地方。——研究课文的主旨。

3.学生能对比辅助材料，评价课文。——互文比较，发现问题，解决问题，获得探究方法。

教学步骤：

一、导入

教师以话题切入：听说过金字塔吗？对它的印象是什么？——读前提问，引发好奇心，求知欲。

二、内容

1.教师分派学习单，学生默读后在组别内讨论完成。——完成预期学习成果"一、二"。

2.教师分派辅助材料，学生先分成专家组，然后进入各小组进行分享，最后集体交流。

3.学生评价课文：你认为课文对金字塔的介绍到位吗？为什么？——2、3两部分内容，完成预期学习成果"三"。

三、结课

教师以问题激发学生对金字塔的疑问，鼓励他们课后继续探究：刚才我们看了那么多有关金字塔的资料，有没有哪些部分让你还感到好奇，还想知道更多吗？

——"授之以渔"后的拓展性自主探究，进一步达成有效"转化"的目的。

我很有耐性地将黄柔茵的"教学设计"几乎全文抄录，并加评点。这是我此行宝贵收获之一。我从中看到马来西亚华教的未来，也将给中国语文教育以启示。

在评课现场，我说了八个字："潜力无限、前程无量。"这没丝毫勉励、夸张成分。如果她不骄傲，我还想补一句：她是语文教学奇才。

她的教育、教学认知，文本、文体的把握，教法运用，思维的清晰、绵密，堪称一流，中国名师罕见匹敌者。

她的教学设计围绕求"知"建构：读课文前之"知"；读课文后之"知"；读了课文"附文"（《埃及金字塔见闻》）后之"知"；读了教师分发的"辅助资料"后之"知"；读了课外自己搜集的资料后之"知"——随着"知"的深化，学生获得对认知方法的开悟：互文比较法。

她呈现了阅读教学"'思想者'范式"：无知（激发求知欲，形成学习动机）—浅知（文本表层了解，梳理文本内容、思路）—深知（文本深层思考，通过"附文""辅助资料"的互文比较，发现课文存在的问题，领悟、内化探究方法）—探知（由课内向课外延伸的自主探究：根据自己感兴趣的选题，搜集资料，运用已知的互文比较法，在实践中"转化"迁移，形成能力）。

这是基于"研究性学习"（发现并尝试性解决问题）的课。我以为所有的课都应导向学生的自主研究。教学，就是教师围绕着特定"转化点"（以往称为"教学目标"），带领学生开展研究，建构新认知，形成新能力的过程。

有研究，才有领悟，有领悟才有正确有效的实践，才从阅读到写作（言语表现）的高效"转化"：言语表现素养、能力的生成。

教学从本质上说，是一种认知建构活动。她的课，不断导向、深化学生领悟，在大量师生、生生与文本的交流互动中，最终实现"转化"目标，形成对文本探索的新认知。同时也获得成就感、存在感。

她的教学实践，暗合我的"言语生命动力学表现—存在论"语文学要义：

（1）指向培育思想者、立言者（质疑、探究、比较、分析——思辨力培养贯穿全过程；激发好奇心、探究心，发现、解决问题，产生思考兴趣、存在感，为言语生命蓄积动能）。

（2）给言语表现立本打底，修炼内功，充盈思想（补充大量辅助资料，拓展阅读，围绕金字塔的"不可思议"作比较分析，从中领悟阅读、思维方法）。

（3）文体认知敏锐，扣紧文体特点设置"转化点"（以"科普性质的文章"定位文体属性，即该文是阐释性、求知性的，有助于确立"转化点"）。

（4）"转化点"设置合理，单一、集中；教学步骤、层次，整体自洽、有序（转化点为：通过探究金字塔的"不可思议"性，领悟基于丰富资料的比较分析法的运用。教学过程，多层次推进，但紧扣"转化点"）。

（5）学生本位，授之以渔，循循善诱，逐步深化认知；不给结论，不设标准答案（从无知、浅知、深知，到自行探知，为学生求知、领悟创设条件，提供实践机会，使之独立思考，自主探究，创获新知）。

她的课，可作阅读教学范例。

她若读我的书，知其所以然，从自为到自觉，将更上层楼。

课后，我告诉黄博士："黄柔茵是好苗子，您慧眼识才，明师高徒啊。"她的课，不就是黄博士孜孜以求的基于"本体论思考"下的"深层意义的阅读"？——黄博士觉得此次公开课没预期的好，马来西亚与中国教师还有距离，也许是他期待值过高，要求过严。我以为单是黄柔茵的出色表现，黄博士便可释怀。

课后互动时，中国黄雅芸老师由衷赞美黄柔茵（两人同课异构），说自己虚长 20 多岁，不失为客观评价。黄雅芸的虚心、坦诚也值得赞佩。

培育思想者，承传中华文化，成就"立言者"，是汉语母语教育之魂，教学成功的不二法门。不失此根本即为优课。

郭史光宏老师也毫不逊色于中国教师。他上《墨子救宋》，教学理念正，基本功好，整体感强，把握"主转化点"（墨子成功地阻止这场战争靠什么？——分析条件，开掘其背后的"兼爱"精神），与学生进行充分交流，不也是注重文本深层意义开掘的好课？他对课文删去原文（《墨子·公输》）最后精彩部分提出批评，值得迷信课文的中国教师学习。

马来西亚华教必定还有许多好苗子，只是我不认识罢了。

◆ 讲学：播燃"言语生命"星火

吉隆坡公开课活动结束后，黄博士安排我到雪兰莪州、森美兰州作两场讲座。后半程活动，我特别感谢从马六甲参访到讲学活动，直至踏上归途，送我到机场，领登机牌……始终与我形影不离的张泰忠——直呼其名更亲切，不是吗？

泰忠年轻，小帅哥，黄博士麾下爱将，儿童文学协会秘书。他性情温和，诚恳热情，细心周到，善解人意，很快我们就成了朋友。

就他的体贴尽责，说个具体事例吧。

我 25 日上午返回福州，24 日晚原定入住酒店离机场有段路，第二天要早起去机场，我跟泰忠商量能否改住机场酒店，去机场就方便了。泰忠觉得有理，马上帮我询问机场是否有酒店，确定后，得知酒店有摆渡车到机场，很方便，我对泰忠说："明天你就不用一大早来送我了，我自己到机场。"他说："不行，还是要来，善始善终。"怎么劝都没用，他"善始善终"的原则没商量。

他确实"善始善终"，在几天活动中，这样的事还很多，不一一细说。

侨艳跟我说，泰忠的女朋友可享福了。我信。

我先后接触过的陈玉甄、黄学慧、叶侨艳、郭史光宏、梁丹亮……个个热情细心、温和体贴，恐怕绝非偶然。是个性使然，家风熏陶，抑或教育成功，"母语"效应，在我是个谜。

泰忠正在马来亚大学读硕士，9月将回校上课，这段时间正好有时间陪我。他聪明、率真，不但是我的司机、生活助理，还是称职的讲学助理。

23日上午的讲座，在雪兰莪州班达马兰华小A校。主办方是"雪州中小学华文工作坊"，与会的有来自雪州各地华文教师300人左右。

"表现—存在本位"语文学播种大马华教，助力母语根脉承传。

这场讲座，通俗地说，主题是"阅读要以写作为依归"。我想表达我的"表现—存在论"语文学理念，以吉隆坡公开课课例，主要以《墨子·救宋》课例来讲，他们可能便于接受。由《墨子·公输》改写的故事，想必耳熟能详，随机介绍下就可以了。讲座结束，自我感觉还行。

不料会后一见到泰忠，他便直言不讳地告诉我："下面老师听不大懂。"估计泰忠觉察出听众注意力不太集中，将情况告诉我，小伙子神了！

泰忠分析原因有二：一是与老师们现有教学观相左，不少教师还停留在字词句段篇的"二语"教学方式，期望听到可以直接套用到教学的方法；二是听众对课文内容不熟悉，影响到听讲效果。

我没法按他们期待的讲"二语"教学，即便听不大懂关系也不大，慢慢消化，黄博士所作的也正是要改变现状。只能从第二条入手去改进，尽可能顺应他们的思维逻辑。

是我大意了，与会的中小学教师教各年级的都有，不可能都读过这篇课文。《墨子·公输》在中国很有名，在马来西亚未必。如果他们对课文内容不了解，分析、阐述就"隔"，理解有障碍，注意力就涣散了。发现问题症结就好办了。

24日下午，在森美兰州芙蓉中华小学的讲座，听众也有300人左右。讲座我做了些调整：讲前，先将《墨子救宋》课文放屏幕上，待他们看清楚再开讲：以"这篇课文老师们打算怎么教"诱引他们进入教学情境，进而介绍吉隆坡公开课两位老师是怎么教的，让他们作出评判。他们有了初步思考、判断，自然想听我的看法与自己相似与否，便顺势而为，阐明"写作本位"转向的必要性，从由"读"到"写"转化的视角，指出存在的问题；从"志、蕴、体、行、能"五方面阐明该怎么教，其中"志""蕴"是道、本，关系到母语文化、根脉的奠基，最应凸显……以解剖麻雀的方式，使之见微知著，了解指向"表现与存在"的阅读教学要求。

我说的尽管他们闻所未闻，而且是大信息量、高密度狂轰滥炸，但顺应他们的思维逻辑，以课文、课例为基础进行分析，具体、感性、深入浅出，所以，尽管观念更新了，听众自始至终状态良好。

会后泰忠兴奋地告诉我："老师调整得很快，第二场讲座已调整至适合马来西亚老师们的接受方式了，非常厉害。下回有机会再邀请您到马来西亚来。"问我："你有没有看到他们眼睛在放光？"我光顾着讲，还真没注意到。听他这么说，我彻底放心了。

讲座成功，泰忠比我还高兴。我的神助攻，太强了。这是泰忠"善始善终"的至"善"。

中华小学讲座结束后，森美兰州董联会执行长梁丹亮小姐带我参观附近的中华中学。

中华小学，中华中学，校名"中华"就很国粹、很"根脉"。在国外看到以"中华"命名的学校尤感亲切。

中华中学是所私立华文中学，前一天，我还参观了巴生吉胆岛华联学校。两所学校设施极完备，近乎奢华，都是靠董事会募款建造的。华联学校虽然学生只200人左右，3D影院、体育馆、校史室、教师宿舍……一应俱全，可见华裔对华教之重视。

森美兰州教育局华校督学余珊珊女士知道我第二天回国，特地买了当地著名小吃"芙蓉烧包"送我，让我带给家人品尝，她真是有心人。

晚上，我再次感受到东道主的热情。马来西业华校董事联合会总会（简称

"董总"。"董总"与"教总"——马来西亚华校教师会总会，合称"董教总"，是华社民办教育中央领导机构）财务总监、森美兰华校董事联合会主席吴小铭先生为我饯行，围桌畅叙，情谊难忘。

应雪州华文小学校长理事会陈疋孙主席（前排右一）邀请，乘快艇到巴生吉胆岛，参观华联学校，在校长室畅聊。

梁丹亮女士陪我参观中华中学，校名让我感动、亲近。左：梁丹亮执行长；右：张泰忠。

至此，我的大马讲学之旅圆满落幕。

尚需一提的是，我讲学的地方都卖我的书：《语文：表现与存在》《潘新和谈语文教育》《语文：回望与沉思——走近大师》，让我感到惊讶。除了大部头《语文：表现与存在》剩几套外，其他两本被老师们一抢而空。侨艳帮我问了下，《潘新和谈语文教育》卖掉300本。这是"社区关怀工作室"张绪庄先生的义举。张总热情、谦和，陪我到芙蓉中华小学讲学，又与泰忠一道到机场送行……在这里向他道声谢！

有大约2000位华文教师听过我的评课、讲座，几百位教师买我的书，从而接触到"言语生命动力学"语文学，如能使华教有些许改变，便不虚此行。

◆ 尾声：重塑汉语母语教育之魂

飞机到福州机场第一时间（7月25日下午15:24）我给黄博士发微信："承蒙您的邀请与精心安排，此行快乐、舒适、温馨。马来西亚气候、环境好，人更好！余老师的亲切、优雅、聪慧、干练，你们的孩子有教养，懂得关心他人，勤劳有为，给我留下极好的印象。几次交流活动，校长、老师们对华文教育的赤诚之心，使我深受感染、感动。此间得到亲人般热情接待，血浓于水的深情刻骨铭心。收获满满，感谢多多，难以言表！"

回来后，我做了件重要的事情，将此行母语教育思考理论化，为实践提供依据，写成论文《语文教育的母语性》（与潘苇杭合作，载《中国教育报》2020年3月5日），为大马行打上了圆满句号。

语文界历来对什么是汉语母语教育，汉语母语与外语、"二语"教育的特点及其差异，从未认真研究过，认知极模糊。自以为懂，其实是假懂。这也是造成语文教育效率低下的主因之一。在拥有几千年汉语教育史的国度，母语教育沦为"工具化"的"二语"教育，实在是很悲哀的，是语文人的耻辱。

拙作中我的汉语母语观："人本论"的"立人以立言"观，是汉语母语教育文化特质。汉语母语教育核心精神是"立人以立言"，以"立人"为本。"立人"是"立言"的前提条件，"立言"是"立人"的题内之义。中华汉语母语教育文化，所"立"之"人"，指"立言者"。"立言者"须具君子人格："……是以君子处世，树德建言。"（刘勰《文心雕龙·序志》）"树德建言"是"君子"的社会责任，立言者，亦君子之人设。

明此宗旨，立足培育"立言者"——中华文化传人，才成其为"汉语母语教育"。绝非训练"语用"能力、培养所谓四大"核心素养"（语言、思维、审美、文化）。若根本没了，课上得再热闹也白搭。

在成就"立言者"汉语母语教育总目标下具体内涵为：（1）"立人"性：德性、人格养成；（2）"立言"性：母语价值确立；（3）续脉性：精神、文化承传；（4）积学性：经典诗文浸润；（5）涵泳性：优秀教法继承。回归"人"的教育，以"树德建言"为根本，培育"立人以立言"价值观，纲举目张，贯彻于实践，激发汉语学习兴趣与挚爱，提升中华民族文化认同感与自信心，使学生成为汉语文化传人，这教的才是承载五千年文明史的"郁郁乎文哉"的"汉语"，不辜负先贤造字构词创意为文的伟大才智，不枉为华夏子孙。此与抗战时，先父为激发民族自信力，创构"文化语言学"之良苦用心，遥相应和。

我意在凸显"根脉"认知。这既来自我原有史识，也来自大马行耳濡目染。

要是没到马来西亚，置身海外华教事业，未闻连玉公、慕羽公事迹，不知大马华人为母语教育权而抗争、牺牲，也许终身难解"母语"真义，不会有华教事关"保根护脉"的领悟——与未身临其境的同仁论母语教育，谈母语教育的民族性、文化性、传承性，谈华教先贤母语教育情结，黄先炳博士对"母语"的坚守，他对将"母语"作"二语"的"语用"教育的痛心疾首，势必很隔膜。他们讲母语，多是贴标签或隔靴搔痒。——从"母语"变成"工具"开始，她的魂就走失了，只剩躯壳——行尸走肉。

语文界迄今不知何谓"汉语母语教育"，不知实用主义、工具性、语用性、技能主义等，是"外语""二语"教育认知，理直气壮地照抄西方读写教育理念、方法，抛弃汉语母语教育重"立言者"人格塑造、文化传承的传统，岂不是数典忘祖、舍本逐末？

感受华教母语情结，重新思考母语教育价值，为其作理论奠基，是我此行最大收获，也是责无旁贷的义务。

刷新了"汉语母语性"认知，我给广东陈一榆老师《藏在汉字里的故事》一书写的推荐语便与众不同："汉语母语教育培育民族性、文化性、传承性是根本。陈一榆老师《藏在汉字里的故事》及其文言词汇教学，做的便是养'根'立'本'的事业，为文言文教学、母语教育指示正确方向。'语言是文化的地质层'，她系统梳理、传授汉字中蕴含的博大精深、情趣盎然的丰富涵义，让学生得窥其美妙神奇，了解先贤造字遣词的伟大才智，激发学生对汉语学习的兴趣与挚爱，从而产生中华民族文化认同与自信，使之薪火相传、生生不息。这对救当下语文教育急功近利的工具化、应试化之失，培养中华文化传人，成就'立言者'，可谓功德无量。"着眼于"汉语母语"的"根脉"性，便有别于其他推荐语局限于文言文教学内容、方法的改革。同样谈"文化性"，从便于掌握"文言文知识"、培养学习古文兴趣的教学方法视角，与我的培育中华文化传人的"立人以立言"的视角看，其意义迥异。

母语，魂兮归来。承传文化、保根护脉、弘扬国光，任重而道远。

触类可通，鱼之乐

◆ ◆ ◆

鱼乐否，水知道。——题记

一

庄子与惠子游于濠梁之上。庄子："鲦鱼出游从容，是鱼之乐也。"惠子质疑："子非鱼，安知鱼之乐？"——窃以为，知"鱼之乐"未必是"鱼"，乃拥有"鱼之乐"者。"鱼之乐"，心灵自在从容也。惠子不解庄子非"非鱼"：庄子即鱼，鱼即庄子。"鱼之乐"，即精神"逍遥游"。

——内心逍遥否，唯天知、己知。

"鱼"在本心，心有即有，心无即无。"吾性自足，不假外求"，"鱼乐"即心闲无挂碍，优游自适，为所欲为。

猫没必要上树而上树，狗没必要捉耗子而捉耗子，无利可图，无为而为，即知即行，自得其乐，可谓"鱼之乐"："江南可采莲，莲叶何田田。鱼戏莲叶间。鱼戏莲叶东，鱼戏莲叶西，鱼戏莲叶南，鱼戏莲叶北。"(《江南》)"潭中鱼可百许头，皆若空游无所依，日光下澈，影布石上。佁然不动，俶尔远逝，往来翕忽，似与游者相乐。"(《小石潭记》)鱼"戏"莲叶间，东西南北游；空游于小石潭，往来翕忽，便是能力、精力过剩，"与游者相乐"——自寻乐子。

动物不只会觅食，也懂得"玩"，也会扬己露才寻开心，何况人类？

学问亦如是，诗外功夫、旁逸斜出、歪打正着，皆赏心乐事。这快乐，不是发意外之财的一夜暴富可比。这靠大智慧，机缘巧合，心领神会，功到自然成，非力强可至。积水成渊，聚沙成塔，非一日之功。此自在自由之乐，系天机造化，水到渠成；福至心灵，妙手偶得。虽大学者亦不可强为之。

学者"红杏出墙"，由圈内而惊动圈外，属小概率之事。"墙外开花墙内香"，由圈外而惊动圈内，属极小概率之事。圈内人浑然不觉或反唇相讥，是常态。或因羡慕嫉妒恨，或因超其理解力所致——心有灵犀者须襟怀坦荡，且处同一智慧量级。惠子非等闲之辈，仍惑于庄子所言。

融会贯通、触类旁通的大智慧，半天赋，半人为。是才情、时光、学识、阅历……熬炼出的豁然通透，可归入"悟性、神性思维"。

《礼记·学记》将触类旁通称作"大成"："九年知类通达，强立而不反，谓之大成。"此说当视为较理想化的远大目标，绝大多数人学九年是达不到的。孟子认为"大成"唯孔子才称得上："孔子之谓集大成。"朱熹也作如是观。也许《学记》偏易，孟子、朱熹偏难。折衷而言，资质较好的少数人，经毕生努力，应有可能融会贯通、触类旁通。

青年、中年悟到需"三通"，未必能真"通"，顶多是玩拼图游戏，按图索骥、照本宣科。真要"通"，并非书读得多，读成"糖葫芦串"，便是通。"通"是缓慢的化学反应，不是物理改变。是量变到质变，渐悟到顿悟。年岁渐长，风云际会，"糖葫芦串"幻化成瑰丽的"万花筒"，方为"通"。

了然"通"即"融会贯通"，还只是抽象概念。词义的"懂"，未必真"明白"，似懂非懂而已。年逾花甲，隐约知其真：知识成智慧，智慧成眼光，眼光成格局、境界。此非人皆可熬到，凡人有小智慧——略知一二，即不错了。

"触类旁通"比"融会贯通"更难，格局、境界更大，臻跨界之险境。属海市蜃楼，可望而不可即。融会贯通，尚囿于本领域通彻；触类旁通，已外溢他领域了悟。

就学者而言，能融会贯通、触类旁通，即可获"鱼之乐"。

知晓融会贯通、触类旁通不易，便生敬畏心，不敢滥用二词。非用不可，须慎重斟酌掂量。对所谓达人、神人不轻信、迷信。

网络、自媒体时代，言论自由膨胀，绝圣弃智；达人、神人贬值，随兴谬称，高人如蝗。"奇才"有，"通才"则存疑，且不说其格局、境界。通才即便有也罕见，小"通"可及，广"通"难致。然而，可以"通"为追求。

融会贯通，之前已谈过，不再赘言，在此就说触类旁通。

所谓触类旁通，是在本专业外有所创获。"术业有专攻"，于今尤甚。"旁通"，意味着越界，越界是冒险。越多远，冒多大险，是否真"通"，备受考验。当今有些语文圈外"达人"，貌似"触类旁通"，常对语文教育大发宏论，似是而非、不得要领，其实还是少说为佳，以免玷污清誉。位高权重者尤要慎言，否则贻害无穷。

明知不可为而为，勇气可嘉。若无知无畏，则可鄙可悲。

学问上的越界，其实未必。人文学者个体学问积累，比企业群体技术积累耗时长、难度高。学者毕生能做好一种学问就不错了。游移不定，这山望着那山高，往往一事无成、聪明反被聪明误。一个手指摁不住十只跳蚤。

在某领域求博、求深，先摁住一只跳蚤，别总想触类旁通，想也白想。不过，机缘到时，这险值得一冒——自然要慎重。言语人生得"鱼之乐"，是难事，也是幸事。对此，我的经历可证，不揣浅陋分享之。

"通义后对"（见《墨子》，基本概念达成一致再对话），先作界定吧。所谓触类旁通的"发言权"，不是"自以为是"，而是"他以为是"（获他人认可）；不是随便发点议论，而是作学术报告；不是"官大嗓门大"，而是凭学术影响力。

以此而论，年逾花甲，我大致可在三领域发声：写作教育、语文课程与教学论、大学语文教育。此可谓低水平"触类旁通"。因为这三领域相近，具关联性，易于"旁通"。

在这三领域的全国性会议，我曾作主报告，或作为"主讲嘉宾"。我的"越界"，是由写作教育，外溢到语文教育，再到大学语文教育。这些领域虽有差异，但"本是同根生"，"界标"不分明。三只跳蚤一母所生，同属"大语文"范畴。"越界"难度不高，稍抬腿就跨过去了。

2019年12月在"大学语文论坛"客串一回，作"立人以立言"主报告。

二

盘点半年来学术活动，可大致了解我的"鱼之乐"。

2019 年下半年至 2020 年元月，我应邀在三类学术会议主讲，规格较高的有写作教育的"中国写作学会 2019 年学术年会暨会员代表大会"（2019 年 9 月 21 日，广西南宁，中国写作学会主办，广西民族大学承办），"2019 年现代写作学专委会、福建省写作学会学术研讨会"（2019 年 10 月 18 日，福建武夷山，现代写作学专委会、福建省写作学会主办，福建武夷学院承办）。语文课程与教学论的"新中国 70 年语文教育学术研讨会"（2019 年 12 月 8 日，北京，北京师范大学主办），"马来西亚阅读教学大型公开课"（2019 年 7 月 20 日，马来西亚吉隆坡，马来西亚教育部主催，马来西亚儿童文学协会主办，吉隆坡黎明华小承办），"马来西亚雪兰莪州中小学华文工作坊教师培训会"（2019 年 7 月 23 日，雪兰莪州，班达马兰华小 A 校承办），"马来西亚森美兰州华校董联会教师培训会"（2019 年 7 月 24 日，森美兰州，芙蓉中华小学承办），"第五届全国批判性思维教学现场会"（2019 年 7 月 14 日，四川成都，上海教育出版社《语文学习》编辑部主办，成都棠湖外国语学校承办），"全国语文教育研究中心 2020 年工作会议"（2020 年 1 月 11 日，福建泉州，全国语文教育研究中心主办）。大学语文教育的"第三届全国大学语文联盟论坛"（2019 年 11 月 30 日，福建厦门，全国大学语文联盟主办，厦门理工学院承办）等。

2019 年岁末，在北京师范大学"京师学堂"演讲，为 70 年语文学科建设把脉。

除上述较高规格讲座外，还有若干学术交流活动，主办方：台湾中华文化教育学会、台北教育大学语文与创作学系（第四次赴台交流），福建师范大学文学院，西藏民族大学文学院，福建工程学院人文学院，"千课万人"组委会、福建连江黄岐兴海学校，四川教科院何立新名师工作室（宜宾江安川师大实验外国语学校承办），江苏江阴市教育局初中语文骨干班（名师徐杰领衔），南京第13中学南京市王夫成名师工作室，福州教育学院二附小福州市高玉名师工作室（仓山区霞镜小学承办），深圳福田区园岭实验小学深圳市肖绍国名师工作室等。

2019 年 10 月台北学术交流。中，孙绍振教授。右，台湾教育大学孙剑秋教授。

多次在高雄师大交流。左，台北中华文化教育学会谢淑熙秘书长。

台南难得一见的鹅卵石海滩。

这些讲学活动，涉及写作教育、语文教育、大学语文教育三大领域，主题是"言语生命动力学表现—存在论"语文学，传统写作、语文教育的精神（立人以立言，修德、养气、明理、悟道等），为什么写作：人是写作的动物，语文课程"一体两翼"重构，语文理念、素养及其实操……为语文教育正本清源，拨乱反正，出谋献策。听众对象有境内外、国内外的，有小学、初中、高中、高校教师，有大学生、研究生（我曾给中小学生开讲座、上课）。中小学教师、教研员是我的基本听众。

在这些会上，面对不同专业、层次听众，侃侃如，誾誾如，淡定从容，游刃有余，岂非"鱼之乐"？我多次说过不认可大师、泰斗之类谬赞，我没大学问，更没"超能力"，对此美誉如芒在背、如坐针毡，这绝非谦虚客套，是真确感受——不过是尽为师之责、享言说之乐。穿梭于不同学科，与不同听众交流，岂非赏心乐事？

上述三领域差别不太大，能否算触类旁通不敢断言。稍有点儿"三通"学养，左右逢源理所当然，没啥了不起——与庄子"鱼之乐"不可同日而语。

大智大乐与小智小乐，形同天壤。

以前没做过类似"学术交流清单"，许多去过的地方都忘了。这次边回想边写，好似故地重游，蛮有意思的。半年间去那么多地方，开那么多讲座，老朋友相聚，新朋友相识，为所欲为，为所当为，不亦快哉？感谢他们盛情邀请，听我传道，让我的"言语生命"论落地生根，蓬勃生长。

因为忙，各种不凑巧，有时几个月才约上。有时讲后还预约了下次、多次，这种被需要的东奔西跑，谈文论艺；讲座之余与友人闲游山水，怡然自在，惬意温馨，算另一种"鱼之乐"吧。

陕西咸阳夕阳余晖下荒草萋萋的乾陵、阳陵，发思古之幽情；浩瀚无际、云遮雾罩的宜宾"蜀南竹海"，感受别样的"海景"，晨曦中，巧遇军旅歌手阎维文；长江边"江阴要塞"，听"百万雄师过大江"枪炮声，与闲坐江岸、静默沉思的"渡江第一船"合影；在连江黄岐岛，遥望对岸马祖岛星星点点的灯火，平添世事沧桑的感慨……读万卷书，行万里路，感万般情，思万物理，浪迹天涯海角，不亦乐乎？

还有一种"鱼之乐"，是坚执中华伟大文化、他乡逢知己之乐。

2019年暑期，应黄先炳博士之邀去马来西亚讲学，让思想跨越国界，与同仁分享，感受异国汉语母语教育，其乐趣又是不同。

在马六甲，600年前华人漂洋过海登陆处最让我震撼。为了生存，抛妻别子，将生命交付未知，在陌生的莽荒地，艰难地繁衍生息。这种"越界"谋生要多大勇气？数百年后，他们为捍卫母语教育权，历尽艰辛坎坷，不惜受牢狱之灾，其精神殊可敬佩。

参观沈慕羽书法文物馆，深为其"华教存，我人存，华教亡，我人亡"的精神感动。沈慕羽公及其同仁，为中华文化"保根护脉"，作出巨大牺牲、奉献。当他们历尽艰辛争得"汉语母语"教育权，在华校看子孙吟诵"关关雎鸠，在河之洲""大学之道在明明德……"何尝不是一种"鱼之乐"？此"乐"是个人、侨社，超越国界的，是为子孙后代的。捍卫中华文化昌明鼎盛，堪称"至乐"。

离开祖居地，与故土宗亲失联，要是连母语也丢了，便彻底忘本，成无根浮萍，无魂野鬼。丢失汉语母语，就是丢失中华文化、文明，华族精神记忆。母语在，心灵有所皈依，他乡即故乡。拥有母语权、话语权之乐，与学术权之乐一样，是高于"生存权"的精神寄托。汉语是华人的灵魂栖居地，人之无魂，何以家为？——这一点，对"语文工具论""语用论"者，怕是无解之惑。

人的肉身可走出国界，四海为家，思想可漫游精神世界，广纳百家，但不能断根失魂。忘乎所以者，不知始终者，再"乐"也是"空"。

继往开来，做有根的学问，根深叶茂，本固枝繁，是学者的"鱼之乐"。

不论是贤哲如庄子的"鱼之乐"，还是普通如我的"鱼之乐"，本质是一样的，都是企盼精神遨游、思想逍遥，言语生命超绝。"求知"是人本性，至于走多远、飞多高，达何境界，则看个人修为造化。从这个意义上说，融会贯通、触类旁通，皆水到渠成，可遇不可求。

唐代无尽藏诗道其禅意。

嗅 春

尽日寻春不见春，
芒鞋踏遍陇头云。
归来笑拈梅花嗅，
春在枝头已十分。

道不远人，自在人心。人心若有，枝头十分——"鱼之乐"在内养、内求。

三

回首我的言语人生，除却上述三领域触类可通，大约还有三事与"越界"有关：想象与想象力研究；《文心雕龙》研究；中国传统诗学、诗教研究。小鱼之乐分享之，供诸君一哂。

◆ 想象与想象力研究：有想象力的人是人

先说想象与想象力研究。此前，我未视其为自己的一个研究领域。严格说来，想象属心理学范畴，文艺心理学、文学理论也涉及，属于心理学应用学科。不知怎的误打误撞，竟与此结缘一生。

此事可回溯到40年前。1981年，我写大学本科毕业论文，选题是"写作过程中的想象"。为什么选这题，时间久远，已毫无印象，不过可确定题目是自选的。此事早已淡忘，不但论文不见踪迹，连标题也想不起来，只隐约记得是写"想象"。当时并不看重此文，大约觉得是习作，卑之无甚高论，没收藏价值，故未存底——我一向没保存文稿的习惯，早年发表的文字基本丢失殆尽。及至为行文需要，想找来看看，才发现这坏习惯的严重后果。所幸记得毕业留校后，学校为"七七级"编《学生论文集》，收了部分优秀论文，拙作忝列其中。该论文集我有，不过没保存下来。问了一些老同学，最后是谢继祥学长找到，将拙作拍照发我，大喜过望，感激莫名。论文失而复得，像找到走失多年的孩子，百般珍惜、疼爱。

许多丢失皆由无知，许多惊喜皆由重获。找到的旧作是无价之宝。

这是我首篇正式论文，那时确实不会写论文。开头"大气魄"提纲挈领："本文拟就想象与幻想、联想、形象思维等的关系，想象的思路、类型，想象的美学评价以及想象的基本训练等方面一抒浅见。"——是写书的格局、气势。正文分六部分展开：想象诸因素辨；想象与形象思维；想象在写作过程中的作用；想象（联想）的思路；想象的美学评价；想象基础训练设想。似有一定的广度、深度，有理论性、实践性，作为本科毕业论文差强人意，也难免"吴下阿蒙"的拙陋、呆傻，以为想象可以训练。

如今我更看重养护想象天赋、才情，赞赏想象的先验、超验性；更看重让想象天赋、才情自由挥洒，而非呆板的模式、技能训练；认为想象在写作过程的作用，不是局部、细节上的，而是无所不在、无所不能，一切创意归功于想象力——我不信想象力训练有多大作用，不信靠"创意写作"套路可培养作家、作者——模式化批量生产怎能出"创意"？

40 年转瞬间，蓦然回首，无心之柳竟成荫。做学问也有因果福报，只是难知原委，因其匪夷所思而莫名惊诧——哪一无心之柳将成荫，唯有天知道。广种薄收，颗粒无收也不要紧，只管"插柳"。"插柳"是给未来种机会，不"插柳"就没机会。

2018 年 3 月某日，我接一陌生电话，对方说是南方科技大学人文科学中心（现为人文社科学院）吴岩，好不容易找到我的手机号，邀请我参加"追寻想象力本源"研讨会。后得知他是北京师范大学教授，现受聘为南方科技大学科学与人类想象力研究中心主任，在科幻创作、儿童文学、学术方法论与文化创意等领域，颇有建树。吴教授思维敏捷、活跃、开阔，是位新潮创意学者。

此前我的研究基本处于自给自足状态，是不知天高地厚的"井蛙"。我不了解国内想象力研究状况，只觉在我的语文学版图中想象力是个重要部分，是最重要的语文能力（没有之一），而这恰为语文界所忽略（实则为中国教育所忽略）。一方面是言语创造倚重想象力，另一方面教师却在滥杀想象力——本能地挺身而出保卫想象力，是我的研究动机。

我的该研究成果不算多，除那篇稚嫩的毕业论文外，还有《基础写作概论》（林可夫主编，福建人民出版社 1985 年版）"写作基本能力训练"中的"想象能力"部分，我的《语文：表现与存在》上卷"第十三章　言语想象力：诗意生命的馈赠"，下卷第七章中的"五　遗失了什么也不要遗失了想象力"。杂志发表的论文：《想象力：人和世界的对话与融通》（《福建教育》A 版，2005 年第 12 期），《教育，失去了想象力还有价值吗？》（上）（下）[《福建论坛》（社科教育版），2007 年第 2、3 期连载]，还有些小文章，如此而已。

我从没想过有朝一日竟成想象力研究专家。

我对吴教授实话实说："我的研究很一般。"——毕竟不是心理学家、文艺学家之类的专业人士。吴教授说："我看过您的文章，您研究得很深。"看来他做过功课，对比过，纯凭文章取人。我对该领域不托底，因此对他的议题颇感兴趣，哪怕洗耳恭听也好。加之对声名远播的南科大好奇，便欣然应承参会。

我没想到该校竟有人类科学与想象力研究中心，将想象力与人类科学并列，将想象力的重要性提升到如此高度。对想象力研究的重视，体现了南科大的战略眼光。举办该研讨会十分必要且恰逢其时。

2009年，教育进展国际评估组织对21个国家进行调查，中国孩子的计算能力排名世界第一，想象力排名倒数第一，调查结果令人震惊。想象力研究、养护想象力，确应严重关切，这事关孩子智慧发展与科技创新，关系到应对人工智能挑战。

会议于2018年4月7日召开，全称为"追寻想象力的本源——2018人类想象力研究年会"。会议规格高，参会的有两位中科院院士：韩启德（中国科协名誉主席、北京大学前沿交叉学科研究院院长），陈十一（南方科技大学校长）；三位南科大讲席教授。还有来自全国各高校、科研单位、创新企业的学者、创意者，包含哲学家、教育家、科学家、企业家等，新华社等多家媒体记者出席会议。

吴岩教授从全国精心筛选的"想象力"研究阵容。
右图右三为韩启德院士、右四为南科大人文社科学院院长陈跃红讲席教授，右五为吴岩教授。

我被邀参会感到意外，来自全国的十多名嘉宾发言，我作为第一主讲嘉宾，更感意外。我的演讲《有想象力的人是人——想象：人类智慧与智育之本》——如果"作为言说者的人是人"的哲学命题成立，"有想象力的人是人"的命题是否也同样成立？

我 40 分钟的发言，毫无特殊准备，也可说始终在准备。为这 40 分钟，我准备了近 40 年。"想象"与我始终形影相随：寂然凝虑，见识孕萌；贪多务得，细大不捐。算"厚积薄发"否，不敢妄言。

我发言的"绪论"意在"清障"。想象机理、价值远未被揭示，尚存诸多认知误区：

其一，想象属于文学艺术（人类认知与创造的边界，就是想象的边界）。

其二，想象力是技能、能力、才能（狄德罗："想象，这是一种素质，没有它，人既不能成为诗人，也不能成为哲学家、有思想的人、有理性的生物，甚至不能算是一个人。"）。

其三，想象力可以培养，或不可以培养（低端想象技能——基本想象力可以培养，高端想象智慧——特异、超常想象力难以培养）。

其四，想象力养护与知识、科学教育矛盾（确实有矛盾，但并非不可调和共生）。

我的主要观点：

（1）想象与想象力界定：人的元机能、元素养，创造、重构第二自然的生命冲动与智慧。

（2）想象本原：诗意生命（超功利）和游戏精神（超现实）。

（3）想象生理机制：主客体不分、自我中心，思维建构的动荡、失衡等。

（4）想象心理机制：已知到未知，经验到先验、超验。

（5）想象逻辑：新奇与合理（包含后理性）的统一，物外之物、无理之理。

（6）想象方法：合成、猜测是其最重要的方法（联想、类比、比喻、拟人、夸张、象征……都是常用的想象法）。

想象力之平庸与奇崛，天壤之别。有大想象力的"神思存在"者，可谓"神人"。

会后，主办方"通稿"展示了我发言的相关内容："潘新和认为，想象力具有主观性。是知性加智性的主观真实，是人的元机能和元素养。想象力可以分解为基本想象力和特异想象力。低端想象力可以培养，高端想象力则是天成的。想象创造第二自然。她体现为超逻辑、异逻辑思维，其基本方法是对已知事物、经验的奇妙重组与猜测。他从刘勰、海德格尔等古今中外相关理论中撷取了神思存在来表达对想象力的描述。"——简单不失精要。

我的发言因时间短，言不尽意，但大体覆盖了议题。发言后的互动环节，应付裕如。嘉宾发言多是外围、应用的或局部、个案的探讨，感觉较平，有的尚停留于现象罗列，宏观概括与微观深入较少。在本源认知上，无振聋发聩之深刻性、颠覆性。虽来自不同领域，视角不同，我与其对话并无障碍——其整体水平，不如所预期的超乎我想象力，多属基本认知。

这是对想象力研究领域的一次"探底"，窃以为总体尚处"业余水平"。即便"专业人士"（研究医学、心理学、文学理论的）也是"业余水平"，多属教科书表述，鲜见独到发现、见解——我此前的担心有些多余。

会后，南科大人文科学中心陈发祥老师给我发信："吴老师（吴岩教授）认为您在想象力（研究）中的储备是最丰厚的，希望过段时间再请您详细讲讲，这次时间短暂，不过瘾。"吴岩教授也发信说："下学期我会开设一个'想象力研究方法'课程，到时候想请您来讲一次。期待潘老师更详细地谈谈。"

南方科技大学人文科学中心"人文名家精品系列讲座第六十五讲"海报。初次与优秀理科生讲"想象力"有点儿忐忑。

果然，8月31日，吴教授请发祥老师邀我作讲座："潘老师好！上次会议之后，对您讲的内容特别感兴趣。想请您过来作一次课程讲座。"商定时间为10月17日，题目为"有想象力的人是人——破解想象与想象力之谜"。

这于我是新体验、新考验。我首次面对理工科大学生，而且是一流学生。还有部分南科大教师，及慕名而来旁听的学校校长、教师。讲的不是我专擅的领域，不过参加过上次研讨会后，对该领域现状胸中有数，所以担心而有信心，且充满期待。

准备的内容有点儿多，一个半小时太短，不得不加快语速。讲座开始，我说希望对话，同学们随时提问。果然，南科大学生就是不一样。当我论证"有想象力的人是人"，谈到：反之，没想象力就不是人。有位学生立即质疑："正命题成立，反命题未必成立。"这是有意思的话题。抽象地说，的确如此。他说得没错，我同意。但是，"反命题未必成立"，表明存在两种可能。能否成立，要作具体分析。如果支撑正命题的是充分必要条件，反命题便成立。若不是，便不成立。人的属性很多，有的是主要的，有的是次要的。想象力属于人的类特性范畴，与"语言"一样，可视为充分必要条件，因此，其反命题是成立的。严谨起见，可附加：这是从"人"的类特性而言。诸多相关命题皆如此，说的都是类特性，如，人是语言动物，人是分类动物，人是理性动物，人是写作动物，人是思想者……作为类特性的反命题是成立的，反之便不成立。如人是符号动物，人是社会动物，其反命题便不成立。自然这是在"类"的层面上说的——遗憾的是碍于时限，未能展开讨论。

讲座全程能抓住听众，效果好，我很欣慰。讲座后，陈发祥老师问我何时开始研究想象，我仔细回想，才想起大约已是将近 40 年前，本科毕业论文就是写想象，这大约可以算"开始"。他很惊讶——我也吃了一惊，突然意识到几十年后的讲座，与那篇早已淡忘的论文有因果关系。至于内在原委，因果的因果，本源性因果——我为什么对想象情有独钟，则不得而知。我没想过，也未必想得明白。最想不到的是，而今想象研究竟成跨学科前沿领域，我原先并不在意的边缘性成果，竟获学界肯定、赞誉，仿佛被馅饼砸中。

吴岩教授说："很希望您继续当我们的专家，并且在未来参加我们给教师做的培训。"我感谢他的信赖与邀请，却不知如何作答，只是不置可否地笑笑——谁知道呢，也许还有更想做的事。年龄大了，来日无多，得留时间做最必要的事。我尽量减负，不敢承诺，实在对不起。

感谢吴教授给我难得的"越界"机会，让我认识"想象学界"，一续前缘，重拾想象力研究，并有了新成果。

从南科大回来后，我将对想象的再思考写了三篇文章。其中《养护想象力：通能教育之首务》（5000 多字，与潘苇杭合作），发在《中国教育报》上（2019 年 1 月 10 日）。该文提出了"通能"与"通能教育"概念，与"通识""通识教育"相提并论，将养护想象力视为通能教育首要，以应对未来人工智能挑战。该文获"光明网""中国社会科学网""中国智库网""人民政协网"等诸多平台转载，产生了较大的社会效益。《养护想象力：教育的核心竞争力》，发表在《语文教学通讯（C）》2019年第4期。另一篇16000多字的主论文，待发。这三篇文章给此次"越界"画上了句号。

这三篇文章，谈的都是想象力"教育"，或"教育"中的想象力，而不限于"语文教育"。就是说，我踩着"想象力"的跳板，越界进入了"普通教育学"。之前发表的《明日教育如何面对人工智能的挑战》（《中国教育报》2017年9月28日），谈的也是"大教育"。

我突然意识到，无意间我一脚跨进心理学，另一只脚跨进教育学。我身体始终是"表现—存在论"语文学，大脑是"人学"思维。无论什么，我首先想到的总是"人"，人的言语类特性、存在性。"人学"思维对我帮助太大了。对"人"的类特性思考，是我触类旁通的"桥"，撬动"地球"的支点。

◆《文心雕龙》研究：还其写作学专著真面目

再说我与《文心雕龙》的一面之缘。似没前因，如有，便是前世因缘。一个"龙学"圈外人，敢涉足其间，纯凭我"写作学"直觉。我比文艺学家、古代文论家更知道刘勰想什么。我只需一眼就看透了他，可谓一见如故的知音：我们是写作学同道，谁不知道谁？许多"龙学"圈内人咬文嚼字，写无数文章，著作等身，却浑然无感，走不出"经解"藩篱——"雕虫"者焉知"雕龙"匠心？

我与彦和祖师爷相隔千载，然彼此心灵感应、超时空"量子纠缠"。

我非"龙学"中人，连"文论"中人都不是，遑论"古代文论"。我擅入"龙学"，向写作学鼻祖请安讨教，写篇拙文，在"文论"圈冒泡请益。拙作《还〈文心雕龙〉"写作学"专著之真面目》（《福建师范大学学报》1997年第2期，1.9万字），人大报刊复印资料《中国古代、近代文学研究》1997年第7期全文转载。这是我唯一的古代文论论文，能入选该刊三生有幸。

此事有点滑稽有点冤：我将《文心雕龙》从"文学"研究中"讨"回来，使之回归"写作学"，却被"文学"研究刊物收进。结果是，拙作古代文论界尽人皆知，鄙人一不小心成"吃里扒外"者。写作学界则鲜有"收复失地"壮举的知情者，真是郁闷。"把吴钩看了，栏杆拍遍，无人会，登临意"——墙内开花墙外香，"无名英雄"当定，冤哉枉也。

该文写作动机是清楚的，是为了"写作学史"（语文学史）研究。在该领域坐标系上，刘勰是绕不过去的存在。无视《文心雕龙》这一写作学巨著，"写作学史"便失却半壁江山。因此，我要"照着讲"便得跨进"龙学"——这不知是鄙人之幸，还是"龙学"之幸。

为免遭"龙学界"群殴，还是看作鄙人之幸安全些。

"幸"在找到遗失千年的钥匙："夫文心者，言为文之用心也。"（《文心雕龙·序志篇》）——"谈论文章写作的运思"是该书钥匙。这清楚表明此为探讨文章写作，也是教人写作的著作。历来论者掉"文学创作"坑里，一叶障目，不见泰山，导致研究沦陷。使其从"文学理论"回归"文章写作学"是我职责所在，也是我的写作意图。

"龙学"圈内人不是没看到这把钥匙，而是误将"文章写作学"钥匙，插到"文学"锁眼里，捅了又捅，捅了100年，横竖打不开，反而怪罪锁匠，咬定是锁造得不地道。——彦和有知岂不气煞？其实锁是好锁、钥是好钥，只是所用非人。

我发现"龙学"之症结，得益于写作学立场与"写作学史"背景，加之"鸡蛋里挑骨头"的特长。我的眼睛长钩，总能浑水钓大鱼。发现"龙学"误区似轻而易举。

在"龙学"论坛，张少康先生大名如雷贯耳。网上搜索一下：北京大学中文系教授、博士生导师，曾任中国文心雕龙学会会长。主要研究中国文学理论批评史和《文心雕龙》，同时兼及中国古典美学。其标志性成果《文心雕龙新探》，是我"龙学"首选参考书——最佳"钓鱼池"。

拙作开头，我开宗明义地指出：

在龙学论坛，将《文心雕龙》定性为"文学"理论专著由来已久，且在相当程度上已成"共识"。在《辞海》、古典文学教科书，以及绝大部分的龙学专著和论文中，均将该书称为古代文学理论或文学批评专著，这一认识严重制约着龙学研究的视野和思路，成为龙学研究的一大误区！

尽管许多论者业已意识到《文心雕龙》研究对象包括一切的文章形式，并不限于"文学"，然而他们仍从观念出发，将《文心雕龙》强行纳入当今文学理论概念系统进行研究。如张少康先生在《文心雕龙新探》一书中作如是说："《文心雕龙》所论之'文'，是广义的文，它几乎包括了一切用语言文字写作的文章，而其重点则是论述以诗赋为中心的狭义的文学。根据这个特点，参考刘勰本人对体例的说明，从现代科学的文学理论观点来看，刘勰《文心雕龙》中的文学理论体系，主要有以下 14 个问题……"[①] 既然刘勰所论之"文"是"文章"，而非"文学"，刘勰的"文学理论体系"究竟从何而来呢？只占全书所论内容一小部分的"以诗赋为中心的狭义的文学"，何以竟是全书的"重点"，这也同样令人费解。"刘勰本人对体例的说明"也没有丝毫迹象表明其重点是放在"狭义的文学"上，或其中有一个"文学理论体系"。造成这种研究目标和思维逻辑偏离实际的原因，一种可能的解释就是，在论者的认知背景中，"文学"理论的背景太丰厚、太强大了，以致形成思维定势。像这类过为观念化，从而漠视"文本"规定的研究，其价值如何是不言而喻的。

擒贼先擒王，打蛇打七寸。我的论文开篇便猛击要害。在对研究对象定性的关键问题上，抓住"龙学大咖"要害开刀，攻其逻辑混乱、自相矛盾，可收"一剑封喉"之效。定性错误，必致解读、认知错误，一错百错。攻其一点，不及其余，扳倒顶梁柱，其理论架构便稀里哗啦地土崩瓦解。

将"文章写作学"纳入"文学理论体系"，这种削足适履式研究，绝对是方向性、方法性错误。

如果只是个人的误区，不值得大动干戈。须是普遍性问题才有驳论价值。因此，我的正文部分继续扩大战果，穷追猛打、斩草除根——敌论破彻底，己论才立得起来。

从龙学草创（1914 年）迄今，对《文心雕龙》的目的和性质的认识，始终众说纷纭、莫衷一是。归纳起来大约有以下几种：文学理论著作，文学批评专著，综合论述文学的书，指导文章写作的书，[②] "它既是一部文学理论著作、文章学著作，又是一部文学史、各类文章的发展史，而且也是一部重要

---

① 张少康：《文心雕龙新探》，齐鲁书社，1987 年版，第 21–22 页。
② 王运熙：《〈文心雕龙〉的宗旨、结构和基本思想》，《复旦大学学报》，1981 年第 5 期。

的古典美学著作"①。多数学者倾向于认为这是一部"文学理论巨著"，由此导致对刘勰的研究的诸多误解和不正确的评价。例如有的人一概把《文心雕龙》中所涉及的文体称为"文学作品"；有的人断言该书的最大的缺点"就是他把纯文学和杂文学的界限完全的打破混淆不分罢了"②，"他批评《文赋》'实体未该'，而自己却走到了网罗无遗的另一个极端上去"③；有的人把"写作论"当作"创作论"，把"鉴赏论"当作"批评论"，等等。其实，刘勰的目的，根本就不在于区分何谓文学或非文学，无意于对"文学理论"或"文学批评理论"作纯粹理论意义上的探索，他只是为了揭示写作的规律，以指导人们正确地从事写作或学习写作。如果一定要作性质上的定位的话，《文心雕龙》当归属于"文章写作学"，或径称"写作学"。

"龙学"圈内，患"文学理论"臆想症的并非个别，是群体思维定式使然，因而大家对此皆视而不见、充耳不闻，反而合伙指责刘勰欠严谨，所论超出"文学"范畴，一方面说他"网罗无遗"，混淆纯文学与杂文学界限；另一方面却把"重点则是论述以诗赋为中心的狭义的文学"强加于刘勰，画地为牢、无中生有，如此主观自是的研究岂不可笑？

这发现使我振奋，这就是我的"龙学"研究突破口。

从文本出发，确证该书是"文章写作学"著作：刘勰的研究对象是囊括一切写作体式，是"文章"（Writings）而不是"文学"（Literature），《文心雕龙》理论系统就捋顺了。《文心雕龙》回归写作学，从写作学视角研究，于我是轻车熟路；立足文本，揭示其写作学理论架构之奥秘——提纲挈领地条分缕析是我的强项：《文心雕龙》当为写作学论著；"体大而虑周"的写作学理论体系；文、笔兼顾的写作普遍性规律，三部分依次展开，摧枯拉朽、势如破竹，顺理成章得出结论：

走出"文学理论"的误区，一切以《文心雕龙》的"文本"为客观依

---

① 张少康：《文心雕龙新探》，齐鲁书社，1987年版，第1页。
② 杨鸿烈：《文心雕龙的研究》，见饶芃子主编：《文心雕龙研究荟萃》，上海书店，1992年版，第21页。
③ 陈志明：《〈文心雕龙〉理论的构成与篇第间的关系》，见《文心雕龙学刊》第3辑，齐鲁书社，1986年版，第87页。

据，作实事求是的分析，《文心雕龙》从撰写目的、意图的自述，到逻辑严整的三大部分的理论架构（枢纽、纲领、毛目），再到多层次写作规律的揭示，均表明该书"写作学"理论研究的性质——"夫'文心'者，言为文之用心也"。刘勰的写作学理论研究的重点，显然是放在写作运思上，放在对写作技能和心智的探究上，放在对普遍性的写作行为规律的认识上，而不是放在诗赋和富有文采的各体骈散文上。他的"宗经"的写作教育思想，秉承儒家思想的传统，视五经为"恒久之至道，不刊之鸿教也"，这给后世的写作和语文教育带来一定的消极作用，但如果注意到刘勰的特定的理论目的，他的"宗经"观的提出，是为了矫正汉魏晋以来逐步形成的重文轻质、理不胜辞的绮靡文风，使其回归"述志为本"的正途，这无疑有其积极的意义。当然，刘勰的主要贡献还在于创构了"体大而虑周"的写作学理论体系，在对一切文体和历代的写作活动、写作现象作全面的分析归纳的基础上，较为准确、深刻地揭示了写作的普遍性规律，为写作学研究提供对象、范畴和方法上的借鉴。给习作者以理论的滋养和浸润，给写作和写作学习以切实有效的指导。在中国古代写作理论史与写作教育史上，刘勰的《文心雕龙》矗立起一座令人叹为观止的难以逾越的高峰。

拨乱反正的关键在发现问题。发现"界外"问题，说难也难，说容易也容易。难在心存疑虑，战战兢兢，如履薄冰，受圈内权威论断与已有成果遮蔽，被人卖了还帮人数钱。易在无先入之见，如入无人之境，旁观者清，当局者迷，圈外人反而洞若观火、明察秋毫。然而，这不是想做就能做到——须有破执解蔽之智慧，方获"出游从容"的"鱼之乐"。

要么循规蹈矩，人云亦云；要么赶尽杀绝，另立范式。前者不是我的风格。我推崇王充式别开蹊径的"造论著说"。这绝不意味着主观自是、胡说八道，也不是堂吉诃德战风车——虚构"敌论"瞎捣鼓。凭证据说话，以理服人，乃论文写作不易之法。

这是一场从"文学学"收复失地的"写作学"保卫战。《文心雕龙》本属写作学，被文学学鲸吞。进入被侵领土并光复之，不知算否"越界"？不论"越界"与否，这一仗扬眉吐气，打出"写作学"威风，"龙学大咖"无一反驳。《文心雕龙》为"文章写作学"巨著，一锤定音。

彦和祖师爷知否，时过千载，后学为其"平反"，一扫无端责难，还《文心雕龙》真面目。料其在天之灵当感欣慰。

参天古树，树冠巍峨入云，一只偶然落脚的小鸟，听懂了云端的静默。

◆ 中国传统诗学、诗教研究：为人格养成、精神建构立本

有时"越界"是逼出来的，贸然言说非我所愿。

诗歌，这文学皇冠上的宝石，我历来敬而远之。中国是诗国，诗歌创作，诗学、诗教，源远流长。钻进去，弄懂她，不是一般的学问，是大学问。光一个"境"字，物境、情境、意境、境界、禅境、有我之境、无我之境、常人之境界、诗人之境界……就搞你七荤八素、晕头转向。我不是古代文学、诗学专家，涉诗未深，一向不敢问津。

不料"首届中国诗词教学大会"邀我作讲座，我心中没底，坚辞。

《中国教育报》杨桂青主任告诉我：2019 年 1 月 10 日至 13 日，中国教育国际交流协会未来教育研究专委会，中国教育报刊社人民教育家研究院，将在湖南长沙举办"首届中国诗词教学大会"，请我作讲座。我素知自己诗词道行浅，未能专精，故百般推辞：我不懂诗词，对诗词教学也没深入研究，应请"诗词"专家……杨主任毫不理会，断定我是故作谦词。

此事是主办方张新洲会长、杨主任，承办方诺贝尔摇篮教育集团谢庆董事长"合谋"的，以为"语文学"范畴没我玩不转的。殊不知我非天才，哪能十八般武艺样样精通？然而百口莫辩，着实让我犯愁。与他们理论白费唇舌，碍于情面，终不得已就范。

这是冒险"越界"，既应承，就得抓紧准备。好在关于"诗"，写作、修订《语文：表现与存在》时下过些功夫。因为要写好"互文性"解读，我研究古诗词意象的形成。为了研究"诗意"概念内涵，我钻研古今中外诗论，对中西诗学作初步梳理。这体现在该书第二版上卷"第七章 诗意栖居：言语生命的终极追索"。总算有几根救命稻草，否则就惨了。

在诚惶诚恐之际，天助我也，两篇推文增强了我的信心。

一篇是关于某诗词专家的：某大学教授，古代文学专家，诗词教学网红。当拜观其教学视频后，我长舒口气，悬着的心放下了——我对诗词的理解似不

比他差。

该推文"经典"片段："陶渊明是个特别有幽默感的诗人，他第一句写得特别隆重，种豆南山下，你以为他种得蛮好的，他突然来一句，草盛豆苗稀，种的个鬼田！你以为他肯定懒对吗？他不，他马上来一句：晨兴理荒秽，带月荷锄归。他说天还不亮他就起来了，还是种那个鬼，草盛豆苗稀。要是我种的这个水平，我绝不会写诗。"——地种不好就别写诗？莫非生产能手、劳动模范才能当诗人？陶诗美在幽默感，这是夸是贬？以实用解读审美，无语。

种不好偏种，很努力地种田，"衣沾不足惜，但使愿无违"——千金难买我乐意，这才是诗意、诗人。种得好的认认真真种，盼好年景，丰衣足食，那是好农夫，一般不写诗。诗词专家至少审美、实用价值要掰扯得清。

看了"有幽默感"的诗，再看"好得不得了"的诗。

李白的诗他挑中《赠汪伦》，说："桃花潭水深千尺，不及汪伦送我情。没有哪一个字是诗眼，好得不得了，有这首诗足以永垂不朽。我一辈子要是搞出他这首诗来我就感到很荣幸。"这是李诗中很一般的，答谢汪伦款待与厚赠的"感谢信"，应景酬酢罢了。说其通俗易懂尚可，顶多是高级打油诗。称"好得不得了"——"永垂不朽"不够，还"足以"永垂不朽，实在无语——这是修炼一辈子的专家水平？居然一夜蹿红，交口称誉，不知是大家分不出优劣，还是我欣赏水平太低？

另一篇是关于当下诗人、诗歌创作的。某诗人说99.9%的新诗都是垃圾，引发一系列激烈的口水战。这些年，我读过些新"诗"，他的话我信。不说和唐诗宋词比，与前辈也难比。他们以为滥情分泌物分行码字就是诗。

专家、诗人不过尔尔；诗歌堕落至此，悲哉痛哉。

也常想澄清某些困惑，表达自己的长期思考。如"诗言志"的"志"，"不学《诗》，无以言"的含义，《诗》三百，一言以蔽之，曰：思无邪"的"邪、正"之辨，"一切景语皆情语"与"诗主性情"的"情""性"之辨……诗词教学，难道不得先懂这些？

某语文专家、诗人曾问我："潘老师，真的'不学《诗》，无以言'吗？现在绝大多数人不写诗，难道就没法说话吗？"我说："在孔夫子时代还真那么回事，不学《诗》的确没资格说话。《诗》关教化，是全方位人格建构，也有很强的实用性：'诵诗三百，授之以政，不达；使于四方，不能专对。虽多，亦奚以为？'。但主要目的是修德，孔夫子常与弟子切磋读诗的体会——但不教学生写诗。今天，读诗也未必是学写诗，学生会不会写诗，当不当诗人不重要，诗教是为了提高人格、文化修养。"他一脸茫然状——此困惑有普遍性，语文教师天天教诗，却不懂传统诗教精髓，谈何继承、弘扬传统文化？

孔夫子若知诗教精神无存，"温柔敦厚而不愚"难觅，诗教沦为写诗技能训练，或诗歌解读、赏析，岂不痛心疾首：朽木不可雕也，粪土之墙不可圬也？

上述种种不如意，激起我挑战不可能的勇气，从心虚畏缩到自我鼓励：把该懂的弄懂，系统地思考诗、诗学、诗教，将短板补上也是好事，何乐不为？

越界当扬长补短，在"诗"领域，"诗教"与我最近，我较熟悉——而许多人则不甚了了，甚至一无所知。不妨从"传统诗教"切入，揭示其本质特征，亦涵盖诗学，旁涉诗歌创作，澄清对诗教、诗论、诗歌的误解，以期出奇制胜、雅俗共赏。

我的讲题为《为人格养成、精神建构立本——我国传统诗教文化之精义》，分六部分展开：

一　精神（目的、动机）：以诗化民，培育君子；

二　功能：全方位人格、精神、学识培育；

三　本质：抒发志向、性情，得情思之正；

四　流变（上）：从重志到重情，再到重性轻情；

五　流变（下）：得其形，得其情，得其真，诗境即人境；

六　智慧：诗以奇趣为宗，反常合道为趣。

结论：

诗教：本（诗经）—体（风雅颂）—法（赋比兴、出人意表）—义（喜怒哀乐，褒贬讽刺）—道（理、故、凡、正，温柔敦厚而不愚）。

诗学：志（诗言志）—思（思无邪）—情（缘情）—性情（万世性情）—理—禅—道（诗为道）。

诗教基于诗学，同归于"道"。

诗教既基于实用，且超越功利计较，重在对人的精神引领与重塑。诗教，是对良善人性、崇高人格的淘洗与培植，是人生观、价值观的引领，是为"诗意地栖居"精神奠基。

许多人误以为教诗、读诗就是学诗歌鉴赏或写诗，却不知是为人生奠基，获取做人的基本素养，是养育诗意、诗性、诗心，这是"诗教"之本原、本质。以为诗只是"抒情"，"一切景语皆情语"，却不知诗有许多种。除了抒情，还有言志、表性、明理、悟禅、为道等。好诗，未必是抒情，而是"得其真"，有深邃的哲思、意境。诗的格式规范、形式感、技巧重要，想象力更重要：诗以奇趣为宗，反常合道为趣，言有尽而意无穷……总之，功夫在诗外，诗美在象外，诗教在诗外。

讲座后，诺贝尔摇篮教育集团孙彩虹校长告诉我："先生今日的讲座鞭辟入里，湖南省诗歌学会梁（梁尔源）会长也连连表示受益匪浅。"并说梁会长要加我微信，以便进一步交流。——获教师、诗人、行家的认可，颇感庆幸。后来此讲座也给大学生讲，也很受欢迎。能经受住圈内外受众检验，不虚此行。

此"越界"要感谢张新洲会长、杨博士、谢董，没他们"逼迫"，断不敢迈出这一步。但无论如何还是谨慎为好。冒险越界只能偶一为之，见好就收，适可而止。切不可脑袋发热，以为无所不能，恣意妄言。因出语不慎，贻笑大方，身败名裂，这样的人还少吗？因此，越界要守住底线，不被名利冲昏头脑。

2019年8月的"迦陵杯·诗教中国"诗词讲解大赛，由教育部语用司领衔举办，是场高规格赛事，组委会邀我当评委。先是深圳教科院教研室赵志祥兄联系我，我婉拒了。后是南开大学大赛组委会的某老师亲自邀请，我再次婉拒。

一般人看来这是露脸的好机会，可我不是"诗词"专家，有多大能耐心中有数，别不懂装懂——我也不是毫不犹豫：人家既请我总是评估过的，可是否够格自己最清楚：作一两场诗词讲座可以，选有把握的讲，万一失败，受伤的是自己，贻害有限。高级别全国大赛就别掺和了，赛会情况不可控，身不由己，遇到不熟悉的诗词怎么办？总不能不咸不淡、信口胡诌。不小心说错话，闹笑话，或评价不公，对谁都不好。对诗词，怎么说我都是业余的。

各种各样露脸机会还很多，最近有个"全国语文规范化知识学习活动"（也是教育部语用司为领导单位）邀我当评审顾问，这还算语文"界"内事，我也婉拒："说来见笑，我对此没研究，什么是语文规范化我真不太懂，我不是什么都灵验的'万金油'大师。"这是大实话，我的确是语文、写作专业学者，也的确不知何谓"语文规范化知识"，怎能以其昏昏，使人昭昭？——凡我不知的，或知之不通透的，都属"界"外。

守住人格底线，把握越界分寸不易。

在现今语文界，"越界"多是教育学者（教育学专业的学者），其次是中文专业学者或作家、诗人。既然语文教育谁都能分一杯羹，近水楼台先得月，何乐不为？于是乎大大咧咧越界，趾高气扬、颐指气使。俨然阿Q"和尚动得，我动不得？"的语文版。

学者出名易膨胀，便忘乎所以，以为上天入地、无所不能——跟官大权大嘴大吼声大同理。殊不知，滥用话语权得不偿失。利令智昏的胡说八道是自我作践。越界言说须谨慎，即便天才、高才，也难包打天下。触类旁通者有，极少，旁通领域也有限。然而，偏有人认定"撑死胆大的，饿死胆小的"，仍前赴后继，圈内外不乏其人。圈外的，就语文学视野所及，以教育学者为最。

众所周知，教育学专业学者，不等于学科专家、语文学专家。教育学者无法各学科"通吃"。了解教育普遍性，未必了解各学科特殊性。特殊大于普遍，普遍管不了特殊。教育学者不具备语文学素养，缺乏相关学识背景，便没发言权。可是，他们常参与各学科的课标制定、课改、评课、讲座等，以教育王者自居，大言不惭。如此，谬误便不可避免。

如某权威说：中小学应分别侧重语文的人文性、工具性：小学侧重工具性，中学侧重人文性——这误解出自教育大腕，在下为其汗颜。

语文教学能作工具、人文分割？即便小学低年级识字教学也不能。"语言是文化的地质层"，汉语母语有极丰厚内涵。字是形、音、义的统一，教汉字怎能不说本义、引申义、假借义、隐喻义……一说就有人文；字的"形、音"，造字法、多音字，也有文化意蕴，哪能重工具轻人文？更不用说诗文教学了，怎能离开知、情、意？李白《静夜思》再俗浅不过，能不讲"月"字象征义，能忽略思乡、思亲情愫，只重认字、写字、读字、朗读之类所谓工具性？不理解字词意思，不了解诗歌意象——作者寄托的情思，怎能朗读好，谈何掌握工具？轻率发声，势必造成误导。

老祖宗"三、百、千"启蒙，字句诗词，名物典故，人文荟萃，遑论四书五经。

往深处说，是不知语文学科敬畏。其一，缺乏语言哲学素养，不知语言的民族性、历史性、文化性。其二，不知工具、人文非语文学科特性，而是各学科共性。其三，不知母语、汉语母语与"外语""二语"教育差异，把汉语母语当外语、"二语"教。这种想当然的陋识很普遍。

教育学者读本、硕、博，均与汉语言文学、语文教育专业无关，没花20年时间补课、研究，怎敢贸然发声？要在教育学外的学科发声，要先补课、研究，不夯实该学科基础，一说便露馅。遭人耻笑事小，贻害受众事大。

也许有人说，我说教育学原理、规律，与学科教学无关——这怎么可能，一旦参与到学科课程标准制定，审查教材，指导教学，指导教师做课题，给教师评课……就与学科内容息息相关。你跟语文教师说儿童本位，要知道读绘本、童书是否儿童本位；说因材施教，得识言语之材分类、特征，如何鉴别，还要知道语文如何因材施教；说合作学习、探究性学习，得说语文（阅读、写作、口头交流、综合实践等）的合作学习、探究性学习；说有效教学，要弄清何谓语文教学的有效，阅读"读懂理解"是否算"有效"。否则，雾里看花终隔一层。遗憾的是，这些，教育学者都回答不了。

从理论上说，似乎教育学是学科教育学的上位概念，教育学"管"学科教育学，其实未必，因为：（1）所谓的教育学原理、规律，并非从所有教育现象中来，这是否科学？（2）所谓的教育学原理、规律，经各学科教育实践检验了吗？（3）教育学原理、规律不是真理，势必包含谬误，需不断完善、提升，如果是谬误，用以指导实践岂不是误导？（4）即便是科学的，也"管"不了所有学科，特殊性大于普遍性。（5）教育学原理须转换为学科教育学原理，不懂学科教育的教育学者能否担此重任？谁来监督转换质量？

这些问题解决不了，教育学便是一门尴尬的学科。对学科教学，说"管"又不管，说"不管"又管，想管又管不了。难怪学科专家对教育学者多报以不屑。如果鄙人不幸沦为教育学者会痛苦万分，因为廉耻心尚存，没抵抗质疑的自信。不精通学科教育，怎敢面对学科专家？——社会科学"管"历史学、管理学、经济学、社会学、文学学……但从学科分类看，并无上位的"社会科学学科"，也就没尴尬的社科学者——谁敢谈其原理，必遭学科专家群殴。

中文学科，即汉语言文学学科各专业学者，也不等于语文学科教育专家，未必是语文学"内行"，这也是务必要厘清的。语言学家（文字学家、音韵学家、语法学家、修辞学家、逻辑学家、方言学家等），文学家（古代文学家、现当代文学家、比较文学家、文学理论家、文学史家、作家），不等于语文学家。中文专业各领域学者，并不了解汉语母语教育规律，缺乏关于语文学科课程、教材、教学的基本学养，未必能胜任制定语文课程标准、编写语文教材、指导教学工作。就因身居高位，四处放言高论，发表文章、出书表达语文见解，被粉丝、信众奉若神明，如此儿戏岂不荒唐？

若谁都可信口雌黄，鸡毛当令箭，语文课改就真没戏了。

一场数千名语文教师参与的新教材培训，由某"大咖"演讲（隐去演讲题目）。演讲者名头如雷贯耳，众正襟危坐引项聆教。

他讲新教材先认字后学拼音：拼音、普通话不必要求太高，普通话能听懂就可以了。论据是自己在北京一辈子说某腔普通话，并不妨碍与学生沟通交流。——不知这是否经验思维又一典型案例。拼音、普通话不要学太好？这竟是语文科领军者所言，太匪夷所思、惊世骇俗，听众大跌眼镜，顷刻晕倒一片。可预期不久的将来，中国大街小巷净是"方言普通话"，"推普"成果毁于一旦。当年鼓吹"言文一致、国语统一"的黎锦熙们，情何以堪？

他继而为《爱迪生救妈妈》内容失实辩解，更不可思议：课文是虚构的故事，是文学作品，爱迪生是否救过妈妈，不必较真——此说岂不是弄错体裁，这怎是文学作品？地球人都知道的大发明家爱迪生，说他七岁时"救妈妈"这么重要的事也能虚构？谁读过都认为名人事迹一定是真的。传记怎就成虚构故事？即便是传记文学，不排除细节想象，重要事件也不能编造。杜撰的名人事迹对孩子有何教育意义，怎作为教材？名人事迹造假岂不是教孩子撒谎？

学者在其本专业是大咖，在他领域则未必，触类旁通不容易。听其演讲、读其跨界著作，便不难判断其学养水平。领军者不易，须三思而后言，为每句话负责。说错话将把受众带往悬崖。学者不珍惜羽毛，难道不怕戳脊梁骨，令誉尽毁？谅必也怕，唯"名利"势不可挡。旁观者以内行身份说话很危险，处处是雷区，稍有不慎，轻则贻笑大方，重则身败名裂，后学不齿。

——鱼怎样，水知道。

我们今天不齿他人、前人，自己千万别让他人、后人不齿。"越界"胡言是学者之大忌。"一派青山景色幽，前人田地后人收。后人收得休欢喜，还有后人在后头。"（宋·范仲淹《书扇示门人》）——你说的话，要经得起后人反复"收割"——拷问。

历来以为"圈内人"是职业、地位决定，其实不然，是由专业学养、学问决定。不是被任命为语文学科领军人，或作为语文学者（高校语文教学论教师、语文教研员）、语文教师，就是语文"圈内人""专家"。这个身份认证，是由专业水平决定。一辈子教语文、研究语文未必是专家——专业学养深厚的"自己人"。

有朋友将央视《中国诗词大会》全视频发我，我顺手转发给恩师孙绍振先生。没想到先生颇感兴趣，不但仔细看，还写了两篇评论：《评中国诗词大会》《跨界文化明星现象忧思》，指陈在《中国诗词大会》上跨界文化明星的缺失。先生对错处，有理有据，娓娓道来；针针见血，刀刀入骨，将其批驳得体无完肤——王蒙先生读后，赞不绝口。这些星怎就敢信口开河、胡说八道，不怕贻笑大方？说到底是名利作祟。有多大名利，就有人甘冒多大风险。

名人要自重，须有自知之明，懂得敬畏。隔行如隔山，越界哪那么容易？

跨界有风险，露脸需谨慎。要懂得学术廉耻，不能利令智昏，为所欲为。无唾手可得"鱼之乐"，很努力也未必有，也不是人人可有。"鱼之乐"的率性自在，靠一世心血、万千修炼换来。能触类旁通"越界"是好事，不可不为，也不可妄为。

欺世盗名，侥幸骗得一时，骗得了一世、后世？

此外，拙著旨在"学者学"研究，不知可谓触类旁通否？窃以为"学者"研究是很值得做的大学问，也很有意趣，可是查"百度"并无此学科分类。对某名家研究有，多是对其成果的研究，而非成才过程、因素、方法（正面、负面）等研究，在普遍性、理论性上，未见宏观、深入的探讨。该研究领域若要归类，当属"人才学"与"教育学"交叉学科，此非我专擅。按科研"常识"，拙著非真正的"研究"，半内省，半揣测——以己度人，散点透视，雅俗共赏，无繁密的理论阐述，也谈不上思想深度，只为试水罢了，意在书写范式拓展，给后学踏条新路——"溯着讲"——算旁"通"否，由诸君说了算。

记得年少时偶过足球场，恰一球滚到，兴起，飞脚劲射，竟远距离踢进球门。球打着转，角度很刁，擦着守门员手尖掠过。场上教练惊呆了，神定，跑来邀我加入。我摇头，转身走了，此后再未走进足球场。

有些事像买彩票，侥幸中奖，还指望天天中？

似非而是，尽精微而道中庸

$\blacklozenge$ $\blacklozenge$ $\blacklozenge$

是者，不似之似、似非而是也。——题记

年少所见多似是而非，年长所见多似非而是。王阳明"格竹子""格"病了，从理学转到心学，从"格物致知"转到"知行合一"。从某种意义上说，旧知多似是而非，新知多似非而是，如此是非轮替，循环往复，永无止境。

人对万物（包括自身）的认知，往往似是而非，似非而是。明白常不明白，不明白反而明白。"反者道之动，弱者道之用"（反向循环变化是道的运动，微妙、柔弱是道的作用）。世事、认知复杂多变，殚精竭虑亦难穷幽昧之精微，故假"难得糊涂"自嘲自遣藏拙。

"致广大而尽精微，极高明而道中庸"是无可企及的境界。人终其一生，亦难至"广大""精微"，更不用说"高明""中庸"。因此，鄙人"破执求悟"，所"悟"亦有限，不过是尽人事、知天命的管窥蠡测，难逃他人似非而是的超越——诸君明此，拙著没白写。

至此拙著将成，感谢上苍成全。此书成，文债大致还得差不多了。其实文债是还不完的。不过与金钱债不同，这是责任债、良心债、报恩债，总称"做人债"。难得做回人，无以为报；唯留点儿文字，回报先贤，寄意后人。如此，便唯恐留少了，或留得不够好。

小时候日子过得特别慢，恨不得快长大。年龄越大时光过得越快，四五十岁后，转眼就一年，恨不得时针倒转。倒不是怕死，是怕债没还完，该留的没留下。思想没掏光，书没写完，欠人类的"债"未了。司马迁便是唯恐"鄙陋没世，文采不表于后也"，故"隐忍苟活"，终成不朽功业，为后学仰望。

回馈，是美德，也是良知——人的类特性。来世上一遭，获文明滋养，若不思反哺，良心有愧。生不带来，死要留下。留下德性、思想、精神财富，给前人报恩，给后人念想。否则，于心何安？

人虽赤条条来去，然一生受惠先贤侪辈无尽，岂能无牵挂？该还的还清，该留的留下，方心安理得，了无牵挂。

青少年求知，中年明理，老年悟道。老而悟道，为时已晚，恐无暇传道。年寿有时而尽，故有传道未竟之憾。曾国藩："君子但尽人事，不尽天命，而天命尽在人事之中。"①天命在不可知之天，人事在可知之人。故尽可知之人事，即尽不可知之天命，天命可知而不可竟。人的一生，以为知天命而后尽人事——其实尽人事而后知天命，也许更合常情。尽人事方知天命，知天命益尽人事。

我若无尽人事的"照着讲"，无从穷理悟道，便无知天命的"接着讲"。先要尽人事，摸着石头过河，积铢累寸，写出《中国现代写作教育史》《中国写作教育思想论纲》(后又有《语文：回望与沉思——走近大师》《语文：审视与前瞻——走近名家》《中国语文学史论》等)，略悟"汉语母语教育"之道，明白天命在弘扬"立人以立言"精神，才得以"接着讲"：写《语文：表现与存在》。写《语文：表现与存在》后，方知如何更好地尽人事，使"接着讲"精益求精，以期"标心于万古之上，送怀于千载之下"。这是渐次明理悟道的"知行合一""知行递进"过程。

一

《语文：表现与存在》出版后这十几年，我像播火者，将"言语生命动力学"之星火播向全国，如今渐成燎原之势。诸多学校、名师工作室集体阅读，并付诸实践。刊物、网络评论铺天盖地，民间"表现—存在论"课改热，使我深受鼓舞。与各地中小学教师交流、互动，给我许多思考与灵感，认知因而深化，我的不少论文就是各地讲学听到读者反映与需求后写的，先后结集：《"表现—存在论"语文学视界》(人民出版社 2014 年版)，《语文：人的确证》(上海三联书店 2014 年版)，《语文：我写故我在》(海峡文艺出版社 2014 年版)，《语

---

① 钟叔河：《曾国藩教子书》，岳麓书社，2002 年版，第 14 页。

文教师素养随想》(福建人民出版社 2014 年版),《不写作,枉为人——潘新和语文学术随笔》(海峡文艺出版社 2014 年版),《潘新和与表现—存在论语文学》(北京师范大学出版社 2016 年版),《潘新和谈语文教育》(江苏凤凰科学技术出版社 2018 年版),皆"表现—存在论"开花散叶之作。

几部"接着讲"的相关著作。

在《语文:表现与存在》出版 10 年后,我花一年多时间修订,第二版增加了近 50 万字,成上下卷四分册,总字数 170 多万。重要修订有三。

其一,明确语文课程目的是为培育"立言者"奠基,以期纲举目张。

具体体现在上卷第一章"八　语文课程之宗旨:为培育'立言者'奠基"。以"立言者"替代我以往生造的"言语上的自我实现者";以培育"立言者"、为"立言"奠基为课程高标;"立言者"高标与"语用者"低标对应,并涵盖之。

很久以来，在语文课程目标上，我一直在寻觅本土有文化意味的命名，现在终于找到了，此非"立言者"莫属。如此，便超越以往培养"普通公民"的粗糙定位，超越"应付生活论""工具论"下培养"语用者"的急功近利的生存性需求，树立"立言者"这一理想化的精神高标（就跟孔子将培养对象称为"君子"一样），彰显"表现—存在论"价值取向，与培育"言语、精神生命"相呼应。这是对课程定位的提升与加固，使之更具民族性、母语性与文化亲和力。

在我国传统文化中，"立言""立言者"目标世代承传，但其概念内涵并不清晰，较抽象空泛，也缺乏当代阐释。我所做的就是使之明晰化、具体化，将其置于"表现—存在论"语境，揭示其当代含义、价值。确立"立言"之精神高标意义重大，给汉语母语教育范式重构指明方向。

语文教育不是让学生读几本书，学点儿语用技能，凭读、写能力混饭吃，而是为他们树立"立言"信念、信仰。重燃熄灭百年的"立言"薪火，让他们奔成就"立言者"去，使学习有动力，人生有存在感、幸福感。

语文课程当以"立言"为旨归，为价值取向，以此价值观培育为"核心素养"，统摄"基本素养"：知、情、意素养；体式素养；行为素养；创制力素养。实现"知行合一"的素养"转化"与主体建构。

其二，在上卷增加"第六章　诗意栖居：言语生命的终极追索"，以丰富、深化"立言"认知，给"立言者"注入"诗意"内涵。

培育"立言者"，为"立言"奠基的宗旨，是建立在超功利、超现世认知上，势必基于诗意情怀、人类情怀。因此，对"诗意""诗教""诗意语文""诗意人生"等追源溯流的探讨十分必要。对诗意的界定是极具原创性的工作，是全书最有价值的部分之一。我之所以下大力气于此，既是对其重要性的强调，也是对理论缺失与需求的回应。

这属于语文课程目标的基础理论建构。

在初版中，我把"诗意人生"（即"诗意的言语人生"）视为语文的化境，在语文界获得广泛共鸣。"诗意语文"或"语文的诗意"，在语文界精英那儿颇受青睐，然而其内涵尚不甚了了。因此，第二版须对"诗意"概念的进一步澄清、建构。在哲学层面，"诗意"与我的关键词表现与存在的"存在"，息息相关，有诗意情怀、人类情怀，超越功利、现世，才有深层次的存在意识。对诗意的认知，属本体论、价值观范畴。言语精神境界的培育、引领，至关重要，是语文课程人文关怀的集中体现，是语文教育之魂。

成就立言者，首先要成为真诗人——超越现功利计较，有人类情怀、终极关怀的人。拥有诗心、诗性，有"立言"之志，不写诗也是诗人。

其三，在下卷增加"第六章 言语、精神生命的激活与重塑""第十章 阅读：为言语生命的化育与创造奠基（下）"，凸显语文课程"立言"素养"转化"的实操性。

实践论关键词是"转化"，即"核心素养"与"基本素养"的转化。

在"表现—存在本位"视角下，阐明语文——写作素养的具体内容及其教学实践。这是对教学观念、行为全方位的革故鼎新。语文素养是什么，怎么教，是教师最为关心的，对此进一步明确、细化，阐明了语文五大素养（核心素养：动机、价值观素养；基本素养：知、情、意素养，体式素养，行为素养，创制力素养）及其具体教学方法。表明阅读应如何指向写作，向写作（言语表现）转化，以言语素养的转化作为教学基本任务，区别于阅读本位下的"读懂理解"定位。这是回应语文界对教学实践的关切，给他们以实操上的启发、借鉴，使理论更加接地气。

语文教学核心概念不是"文本解读"（读懂理解），而是言语素养的"转化"。通过经典阅读，将其精华"转化"为学生言语表现素养，教学活动围绕着"转化"运作，"转化"目标须通过学生说、写行为来达成，"转化"效能由学生说、写实践、成果来呈现、检验。

这样，全书宗旨更明晰，培育"立言者"定位，当收提纲挈领、纲举目张之效。其现实与历史意义，必将日益彰显——当下难免受质疑、抨击，对此，我已司空见惯，变革必须付出代价。若众口一词褒奖，反不正常。

我满怀虔敬、感恩之心，感谢上苍给我修订机会：不但让我完成"接着说"使命，还得以将这10年思考一并呈现。

二

本书是我的收官之作，总得留点儿经验教训。

进入到某学科、专业领域研究，第一要务是"照着讲"——治史。"照着讲"是为了获得深邃史识、眼光——学术感、历史感，以达成"接着讲"。这有赖于"三观融释"，即微观辨析、中观审视、宏观把握的浃洽融汇。"照着讲"——系统地"述学"是治学基础，"接着讲"的前提。"接着讲"虽尚需其他条件，但以史识为要。

史识建构，取决于两个条件：坚持不懈地"述学"——三观融释——靠毅力、功力；敏锐的洞察力、通透力、想象力——拼才智、学问。缺一便难臻胜境。这没捷径可走，须靠才气、努力造就。欲获高超史识，须入乎其内、出乎其外，专心致志，呕心沥血。想绕过"照着讲"的三观融释，或两步并一步，述、作合一，要"接着讲"是异想天开。"三观融释"是无终点跋涉，是孤独者荒漠之旅。此路九死一生，然而别无他途。

◆ 三观融释：点、面、线通透

三观融释，指对学科史、学术史微观——点、中观——面、宏观——线的系统性、交互性、通透性认知。三观融释"照着讲"，是向历代先贤借双慧眼，看过去、现在、未来。这是艰巨、烦难的工作。学者史识、眼光不济，多是未下足"三观融释"功夫，将"史"打通——融会贯通。"大学者"也概莫能外。所谓功力、学问，即不厌其烦地慎思、明辨。浅尝辄止，势必见解偏颇，论辩失据。

天才如胡适，其名篇《多研究些问题，少谈些"主义"》（《每周评论》第三十一号，1919年7月20日），拉开时间距离，弊病愈加清晰。胡先生才气有余，功力、学问不足，缺"三观融释"打底，故眼光不济，舛误多多。此文属哲学认识论、方法论范畴，他治过中国哲学史（先秦部分），但半途而废，用心不专，未"古今贯通"，对"问题"与"主义"（现象与本质、人与言、心与物、道与器、学与思）所涉微观、中观、宏观认知欠缺，思维错乱便不可避免。

首先，题目"问题"与"主义"割裂、对立，就很荒谬："主义"来自"问题"，也决定"问题"。"问题"的提出、分析、解决，均离不开"主义"。排斥"主义"，谈何"问题"？按说他研究过先秦诸子，不该不知二者不可分："言近而指远者，善言也；……君子之言也，不下带而道存焉"（《孟子·尽心下》），"人法地，地法天，天法道，道法自然"（《道德经·第二十五章》），"君子不器"（《论语·为政》），"形而上者谓之道，形而下者谓之器"（《周易·系辞上》）……这些先秦思想家言，都表明"道"（主义）无处不在，"道"体"器"用。"问题"是"象""相"，"主义"是"道""本"，怎能重象轻道、抑本扬末？

其次，抑"主义"扬"问题"本末倒置、自相矛盾。文章开头说："现在舆论界的大危险，就是偏向纸上的学说，不去实地考察中国今日的社会需要的究竟是什么东西……要知道舆论家第一天职，就是要细心考察社会的实在情形。一切学理，一切'主义'，都只是这种考察的工具。有了学理作参考材料，便可使我们容易懂得所考察的情形，容易明白某种情形有什么意义，应该用什么救济的方法。"贬低"学理""主义"作用，"一切学理，一切'主义'，都只是这种考察的工具"，阐明解决实际问题的重要，看似没毛病，然而，"问题"离开"主义"——"考察的工具"行吗？殊不知，"学理""主义"并非无足轻重，而是给解决问题以方向，是解决问题的关键。其主张少谈"主义"的理据，恰是仰仗"主义"，即他所服膺的"实验主义"或"工具主义"（即杜威的实用主义）。显而易见，这是自打嘴巴，批别人，不小心把自己给绕进去了，搬石头砸了自己的脚。非但没能放逐多谈"主义"，反将奉若神明的杜威的"主义"一并杀死。

再次，反对多谈"主义"，鼓吹"实验主义"，意在排斥异端。他历数"空谈的""外来进口的""偏向纸上的"各种"主义"弊端、危险，其以偏概全、自相矛盾更甚：若不谈这些，谈"务实的""本土产生的""偏向实践的""主义"是否可以呢？多谈"主义"就一定是消极、负面的？他信奉的"实验主义"不也是"外来进口的"？让别人少谈"主义"，却自欺欺人贩私货。

其核心命题："请你们多多研究这个问题如何解决，那个问题如何解决，不要高谈这种主义如何新奇，那种主义如何奥妙"——明显是大毛病：不知"主义"是看问题的视角、背景、眼光，管认知、思维方法，以为解决具体"问题"与谈"主义"是两码事，可各行其是，可谓低级错误。由"问题""主义"二元论出发，极尽辩才也难掩捉襟见肘。

胡先生虽知"学理""主义"重要，却不知有多重要。以为"学理""主义"有助于解决问题，可只是"工具"，却不知是决定性的，须臾不可或缺：主义不明，解决问题无望。他绕开"学理""主义"积极作用，挞伐谈"主义"之偏颇，渲染其危害，刻意将谈"主义"与研究"具体问题"解决法对立起来："主义大危险，就是能使人心满意足，自以为寻着了包医百病的'根本解决'，从此用不着费心力去研究这个那个具体问题的解决法了。"——寻求"根本解决"与研究具体问题的解决法并不矛盾，二者存在因果关系。胡适之所以逻辑错乱地自说自话，皆因不知有怎样的"主义"便有怎样的"解决法"，有正确的"主义"，才有正确的"问题"解决法。

胡先生厚此薄彼，巧设迷局，用心良苦。他说，观念必须在实验中锻炼，只有经过实验证明，在实践上能解决实际问题的观念，才是"有价值的观念"，在"少谈些'主义'"论题中暗藏玄机，为"实验主义"网开一面。一边主张以"实验主义"哲学观，考察、解决实际问题；一边反对谈其他的"主义"，司马昭之心路人皆知——意在反对谈"实验主义"外的无政府主义、共产主义等。反对用其他"主义"考察、解决实际问题。

其命题"少谈些'主义'"，既违背"实验主义"实践观，也与他倡导的"大胆地假设，小心地求证"相左——谈"主义"也是"假设"与"求证"行为，因而该命题同样经不起推敲：许多假设无须求证，也没法求证；即便很小心有证据，可能也是片面的求证，难以完全归纳，也无法形成证据链，故假设未必成立。难怪顾颉刚、俞平伯说他《红楼梦考证》出来没多久，各项证据就已"七穿八洞"。这涉及中观、微观、宏观认知，"三观融释"治史功夫不到，谈论啥也不灵。此亦哲学认识论、方法论未通透所致。

未经"三观融释"的苦心孤诣、死缠烂打，如何参悟个中三昧，未通透事物因果、本末、表里，何来治学、议论之深邃眼光、严谨立论？论从史出，虽博览群书，若治史、治学无恒、无方，所论必浮浅、谫陋，此为后学戒。

◆ 微观辨析："点"上个案探究

微观辨析，指局部、个案——"点"上的研究。如对某学术领域代表人物、代表作的了解、钻研。这是集腋成裘的原始积累。任何学术领域都有绕不过去的人物、著作，若对其视而不见，就成了睁眼瞎，不啻自欺欺人、自毁学术前途。

代表性人物、著作多有定评，不难确定。在一些老学科，属圣贤、经典级。

有些新学科、新领域未经爬梳，需自己筛选、揣摩、鉴别，要确定研究对象不太容易，只要没重要遗漏就好——可待第一轮"述学"后再加甄别，拾遗补缺。

研究对象确定后，须挨个造访、请益。这是个繁难而漫长的历程，少说也要憔悴十年八载，还只能算初阶。欲得真味，达成"了解的同情"，得慢火熬一辈子。不过，对原始积累来说，能了解轮廓、留点儿印记，就拥有了最低限度的言说权。这自然也因人而异，才情、悟性决定探究水平、效率。

古代经典中乍看愈难理喻的，往往愈有微观辨析价值。

如前所述，初读孔子："有德者必有言，有言者不必有德。"（《论语·宪问》）这是夫子诸多观点中的一个小观点，似乎微观得不能再微观，然而读进去，便发现此乃汉语母语教育精髓，是语文学元认知，决定语文学方向。不妨在"三观融释"框架中，再作探究。

对此言，有人懂得大意就放过，认真点的会想：可能吗？道德高尚定会写出好文章？显然反例比比皆是。朱熹解说："有德者，和顺积中，英华发外。"（《论语章句集注》）即美好德行累积，内在光彩会自然外露。——"发外"有很多方式，为什么是"言"呢？还是不懂。理学家程颐诠释说："古之学者，修德而已，有德者言可不学而能，此必然之理也。"（《朱子校昌黎先生集传一卷·新书本传》）越说越离谱，让人莫名惊诧——只要修德，不必学写，自然就会，这今天有人信吗？

可以肯定先哲断不会胡说，且见识高于我辈，不过要搞清其原委。既是"德"决定"言"，那"德"究竟是什么？"知（'知'通'智'）、仁、勇三者，天下之达德也。"（《礼记·中庸》）朱熹："谓之达德者，天下古今所同得之理也。"（《中庸章句集注》）所谓"达德者"，就是懂得普遍道理的"有德者"。"知、仁、勇""三达德"，后世广为人知，源头是孔子所言："知者不惑，仁者不忧，勇者不惧。"（《论语·子罕》）说的是君子三种基本品德。

可见"有德者"之"德"，非今人说的"道德"，也不限于古人说的"仁义道德"。其内涵丰富，包括"知、仁、勇"，甚至还超出此三者，包括"天下古今所同得之理"，是君子修养的广义概念。下面所说的"六言"（六德）：好仁、好知、好信、好直、好勇、好刚，亦属"德"之范畴，几乎涵盖所有美德。

人格修养将反映在言说上："将叛者其辞惭（闪烁），中心疑者其辞枝（混乱），吉人（厚道的人）之辞寡（谨约），躁人（浮躁的人）之辞多（放肆），诬善（污蔑好人）之人其辞游（游移），失其守者其辞屈（含混）。"（《周易·系辞传下》）此表明"德"的水平，决定"言"的优劣，即"人"——决定"言"。

"德"之"言"是"君子"标配，孔子此类表述甚多："夫子之说君子也，驷不及舌。"（《论语·颜渊》）"可与言而不与之言，失人；不可与言而与之言，失言。知者不失人，亦不失言。"（《论语·卫灵公》）其弟子子贡加以发挥："君子一言以为知，一言以为不知，言不可不慎也。"（《论语·子张》）这表明君子对言有很高要求。

君子即"有德者"，"有德者必有言"是"好学"所致。

子曰："由也！女闻六言（六言，即六德）六蔽矣乎？"对曰："未也。""居！吾语女。好仁不好学，其蔽也愚；好知不好学，其蔽也荡；好信不好学，其蔽也贼；好直不好学，其蔽也绞；好勇不好学，其蔽也乱；好刚不好学，其蔽也狂。"（《论语·阳货》）

"好学近乎知，力行近乎仁，知耻近乎勇。"（《礼记·中庸》）

"君子尊德性而道问学，致广大而尽精微，极高明而道中庸。"（《礼记·中庸》）

"好学"，是"有德有言"充分必要条件。"有德者"亦"好学者"，"好学"便无"蔽"有"知"（智）。能好学、力行、知耻……修炼到"至善"——"中庸"境界，怎无美好言论？此即微观辨析。自然还可追问，何谓德之言，学、思、言、行关系……

以愚钝之心度圣明之腹，唯望洋兴叹——且行且思且领悟吧。要完全理解，不说绝无可能，也殊为不易；只能竭尽所能、力求不辍。读原典是个渐悟过程，从孤立的了解，到联系的了解，再到体系化的了解，如此，对修德于言说的作用认识就不一样了，将是脱胎换骨的蜕变。

◆ **中观审视："面"上横向比较**

中观审视，指立体、横向——"面"上的思考，即在微观辨析的基础上，对各时期、阶段作综合考察，研究其代表性人物、著作的异同，归纳其"面"上特点。面的思考，须在线——历史坐标上进行。是点、面、线的结合，是立体考察。侧重在点对点（或多点间）比较，异中求同，同中求异，形成对"面"的认知。对微观研究作横向综合比较、归纳十分必要，如此才能深入、精确认识"面"的特点、局限。

微观辨析积累多了，自然会进入中观审视："点"对"点"比较、鉴别。对诸多"点"的揣摩，形成"面"的认知，进而深化之。中观审视较微观辨析稍复杂，难度稍高，须不断自我否定，还得有学养跟进。不是简单归纳，而是水涨船高的反思。学者应孜孜以求、时在念中。

前面对"有德者必有言"的微观辨析，进一步思考，会发现儒家学者共同点，都是站在"人"（心）——"君子"（德、道）的立场谈论"言"，即德、言一体，实即"人、言一体"。如孟子："予岂好辩哉？予不得已也。……我亦欲正人心，息邪说，距诐行，放淫辞，以承三圣者，岂好辩哉？予不得已也。能言距杨墨者，圣人之徒也。"（《孟子·滕文公下》）荀子也一样："君子必辩。凡人莫不好言其所善，而君子为甚焉。是以小人辩言险（谈论险恶），而君子辩言仁也。言而非仁之中也，则其言不若其默也，其辩不若其呐也。言而仁之中也，则好言者上（高尚）矣，不好言者下（卑下）也。故仁言（谈说仁道）大（伟大）矣。"（《荀子·非相》）"辨、说也者，心之象也。心也者，道之工宰也。"（《荀子·正名》）"心合於道，说合于心，辞合於说。"（《荀子·正名》）他们也是将言、辩与圣人之徒、心、道等相联系。关于君子之"言"，他们不同在于，孔子主张少言、慎言，孟、荀主张好言、好辩——道家的老庄则主张不言、不辩。不论具体主张如何，但言、辩皆取决人的精神境界。

在"立言"上，孔、荀讲得最多是：修德、怀德、有德、立德、修道、有道、闻道、修身——其核心是"修德"，而孟子则是"养气"："我知言，我善养吾浩然之气。"（《孟子·公孙丑上》）"养气知言"对后世影响更大。"养气知言"比"有德有言"更玄乎，何谓"气"，如何"养气"，孟子作了解释："难言也。其为气也，至大至刚，以直养而无害，则塞于天地之间。其为气也，配义与道；无是，馁也。是集义所生者，非义袭而取之也。行有不慊于心，则馁矣。"虽然说得很明白，依然费解：何以养气便可知言？可历代学者、诗人并不觉不妥，反而十分认同，这很值得深思。孔、孟、荀共同点：均重内心修养，不刻意学言。

这类由"点"及"面"比较、辨析，是史识形成的常态，应随机揣摩，不断深化。

"治史"必遇分期问题，若不能去粗取精、去伪存真，了解"面"的状况，便无法设定标准，以此为依据进行划分，从而最终获得对"线"的准确把握。可分解为若干课题，逐个时期考察。

这是个复杂、漫长的过程，最初只看到表层：先秦是"以读代写（练）"，从隋唐科举制兴起至明清，是"为写择读"，现代以来是"以读带（促）写"，再到"以写为本"的推进。后逐渐认识到"以读代写（练）"背后是"修德（学）本位""文原于道"（儒家道统），唐宋以后，除了功利性的"利禄主义"外，还有"文如其人"（文学家言）、"文道合一"（理学家、学问家言），现代是"生活本位""名利本位"（"西化"的实用、实利主义愈演愈烈），终要回归人本主义、存在本位，文化内涵极丰富。其内部还各有源流沿革，如先秦的儒家、墨家、道家、法家、纵横家……儒家内部孔子、孟子、荀子、王充、刘勰、朱熹……先秦儒家与宋代新儒家——理学家不一样，理学家与文学家不一样……不同中有一脉相承处。反复琢磨，使思脉细化，认知精密。

对点、面思考，是递进式反刍、消化，思维逐渐周密、严谨。获得的史识、眼光，将外溢、迁移、拓展到其他认知，思虑、讲辩就较周至、到位。微观辨析、中观审视是为宏观把握打基础。"基础不牢，地动山摇"，做学问不能不下此笨功夫。

◆ 宏观把握："线"上纵向洞察

宏观把握，指历时性——"线"上纵向的整体综合、概括。此为"三观融释"临门一脚。无此，便无史识、眼光可言。宏观把握上功亏一篑的"半截子"学问，是学术人生莫大悲哀。"照着讲"不是目的，而是为"接着讲"作准备。若缺"宏观把握"，便没法"接着讲"，等于前功尽弃。

"点""面"的思考，都还是"散钱"，只要努力大抵能做到。对"线"的宏观把握才有贯穿"散钱"的"钱串子"，宏观把握的精骛八极、心游万仞的高瞻远瞩，需具卓越才智。

李泽厚说"对于创造性思维来说，见林比见树更重要"，诚哉斯言。不过先要"见树"才能"见林"，"见树"是"见林"的前提，"见林"是"见树"的目的，见"树"再多不见"林"，是白辛苦，必无大建树，对此务必清醒。宏观把握即由"见树"而"见林"。诸多学者不是不为，是不能。

在一切"树"中，源头性的"树"最重要。如前"我知言，我善养吾浩然之气"就是。源头性认知往往影响后世几千年。"我知言，我善养吾浩然之气"成为传统文论的主脉，不绝如缕，生生不息，须作宏观梳理：

文以气为主，气之清浊有体，不可力强而致。（曹丕《典论·论文》）

率志委和，则理融而情畅；钻砺过分，则神疲而气衰：此性情之数也。……是以吐纳文艺，务在节宣，清和其心，调畅其气。……玄神宜宝，素气资养。（刘勰《文心雕龙·养气》）

气，水也；言，浮物也。水大而物之浮者大小毕浮。气之与言犹是也，气盛则言之短长与声之高下者皆宜。（韩愈《答李翊书》）

孟子曰："我善养吾浩然之气。"是气也，寓于寻常之中，而塞乎天地之间。卒然遇之，则王公失其贵，晋、楚失其富，良、平失其智，贲、育失其勇，仪、秦失其辩。（苏轼《潮州韩文公庙碑》）

辙生好为文，思之至深。以为文者气之所形，然文不可以学而能，气可以养而至。（苏辙《上枢密太尉书》）

古人之不可及，全在行气，如列子之御风，不在义理字句间也。（《曾国藩全集·日记二》）

他们虽对"气"的理解不同，如气势、风格、素质、修养、个性、精神……但毫无疑问，皆肇始于孟子，均属言语心理素养、内心修持，对"言"的影响是决定性的。"养气"说，贯穿中国文论史，成为汉语文化基因。

宋元理学家在修德、养气外，也注重悟道、明理，丰富了"人"本位言语思想，可谓集大成。代表性人物当推朱熹，其承先启后，影响深远。他主张"文道合一"，认为韩愈"以文贯道"、苏轼"文与道俱"，把"文""道"看作两样东西，二者实为一体：道本文用、道外无文："道者文之根本，文者道之枝叶。惟其根本乎道，所以发之于文，皆道也。三代圣贤文章，皆从此心写出，文便是道。"（《朱子语类·论文上》）而"道"即"理"，"明理"为要："不必著意学如此文章，但须明理。理精后，文字自典实。"（《朱子语类·论文上》）大意主乎学问以明理，则自然发为好文章，诗亦然。（《朱子语类·论文上》）后来的曾国藩则倡导"行气为文章第一义"，以"气"挟理，气、理合一："大抵凡事皆宜以气为主，气能挟理而行，而后虽言理而不厌，否则气既衰荼，说理虽精，未有不可厌者。犹之作字者，气不贯注，虽笔笔有法，不足观也。"（《曾国藩全集·日记二》）修德、养气、悟道、明理相通互渗，而有言、知言、善言，其内在逻辑是学（读经典）—思—悟三位一体，此即人本主义语文本体论，给汉语母语教育奠定方向。此认知非一蹴而就，历数十载殚精竭虑始悟。

可见，只关注现当代不够，"古今贯通"眼光就不一样。我国现当代与古代语文教育思想迥异。从表层看，现当代是白话文教育，古代是文言文教育。深层看，现当代主流是"西化"的实用、实利主义教育，重"知识传授、技能训练"；古代主流是儒家的"人本主义""古典主义"教育，重"道、本"——"人格、精神涵养"，二者泾渭分明。若无此宏观把握，看不到差异，难辨优劣，便无法揭示汉语母语教育特点，只能抄袭他人，全盘西化、"二语化"，误入歧途而不自知。

遗憾的是，语文界多只看眼前，甚至只看自己"一亩三分地"，了解当代的不多，研究现代的极少，研究三千年母语教育罕见。张志公开传统语文教育研究先河，厥功甚伟，值得崇敬，但他只关注蒙学教材，忽略母语教育思想史梳理，且未贯穿现当代，故失之于粗疏，舛误颇多；未曾三观融释"照着讲"，故无承前启后"接着讲"。

◆ 余论："三观融释"未有穷期

从 20 世纪 80 年代至今这几十年，我对语文教育史"三观融释"的努力就没停过。现在大约可算第三轮述学。第一轮成果是《中国现代写作教育史》《中国写作教育思想论纲》，打下最初的底子，拥有基本的史料积累与学养，对写作、语文教育史，有宏观轮廓性认知。第二轮成果是《语文：回望与沉思——走近大师》《语文：审视与前瞻——走近名家》，后与之前研究整合为《中国语文学史论》，得以深入、升华，更具宏观性、体系化。第三轮是我的"学者学"著作《破执——治学知行录》，其中对语文名家思想深度挖掘，是水到渠成。这期间，还有不少论文涉及"照着讲"。可以认为，我所有著述皆源自"三观融释"，其精髓烛照无处不在。

第一轮述学只是囫囵吞枣——没能由表及里、洞幽索隐，充其量是史料初步占有。第二轮才驻足细观，补苴罅漏，隐约得窥门墙。第三轮仍难言登堂入室，稍能推陈出新而已，离佳境美景甚远……如老子所言："万物并作，吾以观复。"（《道德经·第十六章》）"三观融释"的"照着讲"永远在路上。

"照着讲"与"接着讲"可同步推进。我的"接着讲"，除代表作《语文：表现与存在》，还有《语文：人的确证》《语文：我写故我在》《不写作，枉为人——潘新和语文学术随笔》《潘新和谈语文教育》等，这些都是对"照着讲"的消化、深化、转化，最终呈现在《语文：表现与存在》第二版中。

四川教科院段增勇对我的"照着讲"感触良多：

> 潘老师的"史学"视角，独有学人风采和学问境界。以写作史的研究和著述，成就学者风范。转而迈步语文教育殿堂，百万字巨著《语文：表现与存在》，恢宏，挥洒，精到，劲道，乾嘉朴学精神，书斋学问胜境。再说，对现当代语文教育家、大家、名家的述评，眼光独到，中肯持论，于语文后学，善莫大焉。任何时代，或阶段，一个人，一个个人，一群人，各尽心力，各献才情，不同的职业天地里，相互辉映了时代或阶段的学术思想景致。犹记曾读潘教授赠书《语文：回望与沉思——走近大师》《语文：审视与前瞻——走近名家》，如此大范围大手笔聚焦语文人及其学术贡献和语文教育思想，当今唯其一人矣！而今，潘老师再次回望，沉思，审视，前瞻，是再一次的建构和整合，别有深致，更多精采。

此中提到的《语文：回望与沉思——走近大师》《语文：审视与前瞻——走近名家》二书，其中经典个案，如叶圣陶、黎锦熙、朱光潜、张志公、孙绍振等，代表作我都翻烂了，认知从浅到深，不知修正多少次。段先生从我著作中感受到"照着讲"的不懈推进，诸多读者有同感，类似反馈甚多。同仁褒扬，不意味着我多成功，成就多大，我只是遵循治学良知，按部就班、持之以恒地去做罢了，不值谬奖。我更愿意视其为对"三观融释法"的肯定。

研读一手资料，须"只问耕耘，不问收获"，并非付出时间、汗水定有相应回报，就会走向事业巅峰。千辛万苦搜集、研读、著述，也有可能是徒劳。若资料不足，不敷应用，左支右绌，无法形成正确、深刻判断。若资料太多，才力不足，驾驭不了，也会被遮蔽、溺毙、歧路亡羊、不知所措。"照着讲"绝对是风险投资。或一本万利，或血本无归。倾家荡产、劳而无功是常态。只有少数幸运儿可脱颖而出——这思想准备必须有。从史料到史识，隔着"洞察力、通透力、想象力"这座山。此属禀赋、才情，非人力可至。

完成"接着讲"，不意味着"照着讲"的终止。史识不能一步到位、一成不变，须不断提升、深化、更新，因此，对史料的思考是无底洞，"照着讲"与"接着讲"是无止境的，是终生事业。"照着讲"与"接着讲"同舟共济、相得益彰。

"三观融释"在互渗互动中循环渐进，"照着讲""接着讲"并驾齐驱，直至脑死亡——是学者的宿命。总之，这是场消耗战，持久战，是不论胜负——"只问耕耘、不问收获"的死磕。除了拼体力、精力，更拼意志、悟性。胜是幸运，败是命乖。付出毕生，无论成败都得领受。能否从先贤、历史借到眼光，由不得自己。这是学者命定的豪赌。如有来世，我还会从零开始，重蹈学术不归路。

三

反思言语、学术人生，"接着讲"从三事获益良多，可称"三超越"。超越，与其说是否定，不如说是涵盖、互补。

◆ 一是超越感性直观，倚重理性（乃至智性、悟性）直觉

科研要拿证据说话，尤其是事实证据。自从波普尔宣告培根以来的逻辑实证主义退场，我们只能在有限程度上认可胡适的"大胆假设，小心求证"信条。凡事不可一概而论，有价值的"假设"，不论多"小心"，未必都能"求证"——胡适《红楼梦考证》，其"求证"就经不起推敲，此即反例。

"假设"与"求证"，何为矛盾主要方面须作具体分析。

法庭断案，务必讲证据，找不到证据，无法形成证据链（犯罪动机、因果联系），疑罪从无，才能避免冤假错案。因此，其"假设"与"求证"二者，"求证"是矛盾主要方面。求证易，形成证据链难，反证，是难上加难。连最讲证据的法庭，也不是有证据就行。可见，胡先生信条尚待严密：非"求"证据，而是求可相互印证的"证据链"，更要求反证、反例——自我证伪。

科研还要复杂些。自然科学研究固然重实证，但也未必。有时候"猜想""假说"依然比"实证"重要，即所谓"提出问题比解决问题更重要""想象比知识更重要"，同样的证据（现象、数据），也许得出相反的结论，这种情况比比皆是——胡先生信条顶多是勉强适用吧。

人文社会科学更不必都要"求证"，有的靠假说、演绎就可以搞定，不必非要有证据。如庄子、惠施的"濠梁之辩"就是如此。孟子说"我知言，我善养吾浩然之气"，何谓"气"？"气"看不见摸不着，如何论证？《道德经》八十一章，都是抽象阐述，睿智辩证的观点，铺天盖地而来，基本没实证什么事，却不失为世上最伟大、雄辩的思想。《庄子》中的"论据"，充斥着大量"寓言"，庖丁解牛、井底之蛙、望洋兴叹、朝三暮四……离奇荒诞之虚构，也算"小心求证"？却不失为不折不扣之"神品"。

认知、研究，比较而言，我更相信抽象思维、逻辑推演的力量，相信富于想象力的假说与猜测：没有什么比证据（归纳主义）更靠不住。许多观点，都不难找到相符的证据，也不难找到相反的证据。证据（归纳）不能不要，但没那么重要。关键是对事实材料作富有想象力的推演：抽象、猜测、合成……作出智性判断，这靠理性直觉，尤需悟性想象力。

学者不像作家那么依赖感性印象，更需理性、智性、悟性想象力。

不论自然科学还是人文社会科学，都离不开猜想、假说——理性直觉的产物。没猜想假说，就没独特、新颖的发现。因此，我看重猜想、假说，更甚于证据——事实论证。猜想、假说未必是真理，但孕育真理。我不相信"眼见为实"，眼见，也是主观的，是各取所需，甚或添枝加叶；自以为真，未必即"实"。同一事物，各人所见不一，用法不一。看到的，未必是真相。真相，要比看到的复杂得多。

思想天才是超越感性直观的预言家，"神"的代言人。我喜欢老子式的主观自是，将宇宙万物玩握于股掌，直截了当一语道破"天机"；也喜欢庄子式的天马行空、逍遥巧智，奇幻的寓言说理，妙不可言，深不可测。

雄辩，是智者的天梯。事实，是愚者的陷阱。事实常是幻相，心性直抵本质。事实难敌雄辩，雄辩胜于事实。理性直觉往往超乎感性直观。

我崇敬能透过感性直观揭示与众不同道理的智者，崇敬从老庄、墨子到朱熹、王阳明等对理、道，心、性的追求，对真相的思考。"心外无物，心外无事，心外无理"，"心即是理"。一切我不曾明白的奇思异想，都让我崇敬。即便没有"实证"。

我不反对感性直观、理据充分，只是不满以物证、表象画地为牢，向往冲破感官牢笼的智性、悟性灵动。

当理性（智性、悟性）融入感悟，化为感官体验，成为生命自觉，理性直觉便类似于高级的感性直观，或称"理性化的感性直观"。如此，堪称化境。儒、释、道之高人，古今中外顶级哲人皆如是。

◆ 二是超越经验认知，仰望先验、超验

经验可贵，不可或缺，这是对常人而言。若尊重经验变成经验主义，就要警惕了。

天才往往超越经验认知，先验、超验，"我思故我在"，是其标配。经验主义者则将超越经验认知视为主观唯心主义。如此，经验主义当为主观唯物主义。二者同是"主观"，认知差距不可道里计。若囿于经验，犹如井蛙窥天，河伯观海，悔未见天高海阔。超越经验，洞察、创造新知，往往是难以想象的奇思妙想。

愚者靠经验，知者靠理性，智者靠智慧，天才靠眼光。属于智慧、眼光的，常人未必能理解、接受，但千万别排斥。对自己智力达不到的，请给予尊重，以致仰望。

语文界历来习惯经验认知。经验很重要，但也很狭隘、片面，以偏概全是其通病。经验认知是理性、科学认知的绊脚石。检视语文界大咖、名师的著作，基本是凭借教学经验或局部现象。头痛医头、脚痛医脚，一叶障目，不见泰山，是其常态。这是工具论、语用论、生存论大行其道的原因。因为这些观点更贴近个体经验。也是表现论、存在论、立言论不招人待见的原因。因为他们凭经验即可自给自足，所以不必读教材、教参之外的著作，尤其是"无用"又难啃的理论。

中国教育界有个怪象，美国实用主义教育观备受欢迎，比国粹的儒家、道家教育观更受欢迎，他们宁可决绝于母语教育传统，一头扎进杜威的怀抱。然而，杜威受追捧仅限于学者，对教师的影响是间接的，他们是通过学者这一

"宿主"，以课标、教材、教法等为介质，不知不觉被传染。未见教师在文中引用其论述，他们对理论没兴趣，对杜威是谁，什么是实用主义教育观一无所知，也不想知道。

对中国教师直接影响最大的是苏霍姆林斯基，家喻户晓，奉若神明。苏霍姆林斯基是教育实践家，教师读的《给教师的一百条建议》《帕夫雷什中学》《教育的艺术》等，可与他们的实践经验对接，产生共鸣，学了就能用，所以广被接纳、尊奉。殊不知，再怎么趋之若鹜，也成不了苏霍姆林斯基。

近年风靡中国的日本佐藤学的"学习共同体"教法，其受欢迎程度不亚于苏霍姆林斯基。

苏霍姆林斯基、佐藤学值得仰慕——然而，更值得仰慕的古今中外教育思想家不受待见，这就成问题了。

经验须上升为知识、理论，经实践检验有普适性，才有认知、应用价值。否则，经验越丰富，自蔽越深。等而下之则是非莫辩、以讹传讹，走进形式主义死胡同。

另一经验认知的典型症状是写教育叙事、反思。某著名教育学者名言："一个教师写一辈子教案不一定成为名师，如果一个教师写三年教学反思可能成为名师。"——没有正确理论的导引，缺乏良好的认知结构，写教育叙事、反思有价值吗？能反思出什么颇可怀疑。写一辈子教学反思也白搭，只是自我原地踏步，成为无知无畏、自以为是的井蛙。"君子博学而日参省乎己，则知明而行无过矣。"(《荀子·劝学》)"参省乎己"的前提是"博学"，失去"博学"这个必要条件，无法做到"知明"，便不可能"行无过"，不会有任何长进。——"博学"与"参省"孰为轻重，岂不昭然若揭？教学反思须有丰厚的理论背景，若无，怎么反思也是竹篮打水一场空。

恩格斯说："一个民族想要登上科学的高峰，究竟是不能离开理论思维的。"好好琢磨其深意吧。缺乏理论思维，个体经验无从判别，极易产生泡沫、垃圾。我尊重经验，更尊重知识、理论。

写作界、语文界普遍迷信训练，断定练技有神效，列举无数个案为证。有语文教育史背景，读过教育学、语文教育学经典，明了孔子"有德者必有言"，孟子"我知言，我善养吾浩然之气"，韩愈"养根加膏""提要钩玄""气盛言宜"说，程颐"有德者言可不学而能"，朱熹的"大意主乎学问以明理，则自然发为好文章，诗亦然"之类，就知为写而写的瞎练，丧失为文根本，必劳而寡功，吃力不讨好。其道理，与缺乏写作学、语文学修养的人说，非但理解不了，而且怎么也说不明白，因为这超越了他们的经验。

知识与理论来源于经验，须超越、高于经验。越远离个体经验的观点、思想，越"超现实"，往往越深刻、独到、精彩。这是经验主义者不可接受的。越难以被经验认同的观点，往往越有思考价值，不可轻率否定、轻易放过。

从哲学认识论上说，先验、超验思维属主观唯心主义，庄子是中国主观唯心主义鼻祖。读《庄子》，就知道何谓先验、超验思维——我称之"神性思维"。主观唯心主义者是活在自我心灵世界里，这与其说是认知方法，不如说是人生境界——冯友兰说的"天地境界"。

在费解中求解，方能甚解；在经验中求先验，方能超验，这在经验主义者是不可思议的。

◆ 三是超越常识（旧识）思维，创造新常识

经验要上升为知识才有运用性。然而，知识一旦成为常识，其作用可能会变质。常识导致思维僵化、固化，制约认知的活跃、更新；常识排斥新知，是创新的阻力。没常识会乱套，若唯常识是从，会阻滞进步。这就是常识的矛盾性。

常识即旧识，时过境迁，往往似是而非。庸众常以违背常识排斥、扼杀似非而是的新知。

常识的积极作用自不待言，其负面作用同样不可忽视。如果丧失警惕，常识比经验更可怕。经验是个体的，常识是集体的。惰性，使人们惯用常识评判是非，错误便在所难免。

人们在下意识中习用常识思维，使之作为拒斥新思想、抵抗质疑者的挡箭牌。例如，语文工具性、语用性，就是语文界常识思维依据。与其相似的便认同，与其相左的便排斥。根据二者相似度做出反应。若有人提出语文"言语性"，因其与"语用性"常识有共同点，语用性含言语成分，所以可勉强接受。若提出"言语表现性"，强调"表现"，就难以接受了。要是说"立言性"，比"表现性"要求更高，势必更难接受；若倡导"表现—存在性"，增加"存在性"

内涵，就是大逆不道。不但绝不接受，而且大加挞伐——因为离常识太远，匪夷所思。

再如，语文课程工具性、生存性定位，此"常识"出发点是"向下拉平"，以为如此才能普及，才是"面向每一位孩子"；若主张"表现—存在性"就是"向上拉平"，是精英教育，要求太高，对"差生"不公平。殊不知，"向下拉平"，不但对精英不公平，而且对所有人都不公平。"向上拉平"，不但对精英公平，而且对所有人也公平——大家都有平等机会成为精英。这道理并不深奥，可囿于常识，许多人百思不得其解。

智者常遭庸众常识思维辱虐，原因盖出于此。在他们看来，捍卫常识即捍卫真理，观点出格，冒尖离谱，即违背常识——真理，批之詈之，天诛地灭。殊不知，"常识"未必是真知。要探求真理，必先破"旧识"，不破不立。

庸人常拿"违背常识"说事，一剑封喉，理直气壮地以真理化身自居。"武大郎开店"，短浅嫉妒深刻，昏聩指摘机敏，保守压制变革——是拿常识说事者的常识。

智者没被"常识"同化、控制，却常受庸众嘲弄、羞辱，这是常态。少数智者面对多数庸众的语言暴力，有理说不清。"常识"这一神器若为文痞所用，后果很可怕。

循规蹈矩的常识思维，无疑将限制人的想象力、创造性。反之，不被常识左右，才能有所发现、创新。创造性思维，就是非常识思维。创新，就是对常识的否定，创造新常识。否定常识，推陈才能出新。常识一旦固化，便成创新之敌。

与其说常识用来遵循，不如说是用来超越。庸众捍卫旧常识——固执。智者创造新常识——创执。创执，不是为守执，而是为破执。

常识是拿来"破"的，不是拿来"守"的。

以上认知"三超越"乃一己浅见，水月镜花，有缘人拈花一笑。

感性直观、经验、常识，是人类普遍的执念。言语人生是守执、破执、创执的循环。然而，非亲历难悟其要。守执—破执—创执……后我重历前我，后代重历前代，周而复始。从守执中解脱不易，破执、创执之人更少。人生悟此，知该何为，已垂垂老矣。多数人守执终生，没世未悟。

感性直观、经验、常识本都是好东西，可好东西过量或乱用会变坏。同样，

"三超越"——理性直觉、超验、创执，用得好是好东西，用得不好也会变坏。智者，在感知、思维夹缝中左右逢源、腾挪拿捏，可望灵光闪现，作惊天一鸣。"三超越"的达成，是综合素养的合力，最要是天赋、学养、想象力。无此，"三超越"落空。若论境界，还是那句话："君子尊德性而道问学，致广大而尽精微，极高明而道中庸"——尽精微、道中庸，"三超越"所凭借的素养，尽在其中。此即立言化境，唯天才可及。

对我辈庸常而言，"三超越"难致，可退而求其次，作"三并重"。知道比遵循感性直观、经验、常识更高的是理性直觉、超验、创执。二者相得益彰，眼光自不寻常。天花板高点没坏处，能蹦多高尽管蹦。"三超越"可"接着讲"。"三并重"亦有望"接着讲"。

"极高明而道中庸"，中庸非平庸。中庸类似中和、中道，乃至高、至善境界，平庸则属昏昧、低智畛域。非"极高明"无以"道中庸"，可见"中庸"之难。这是治学的理想境界，虽遥不可及，但须心向往之。

说实话，吾亦无能焉。看得多了，有所思，便想入非非，一吐为快。——所悟太晚，且无此才华，今生无指望，为来世备着吧。

四

认知"三超越"是阳春白雪，而思维"五层次"，也许更大众化，可各得其所：感性、知性、智性、悟性、神性。这与"三超越"有交叉，也是互补、丰富，相得益彰。在高层次上常人也未必能及，但领会各层次特点及其关系，于眼界可不无小补。

不知此，不说后果严重、代价高昂，也许至少要浪费点儿宝贵时光。知此，在治学思维上略微清醒，可免被庸碌前辈带坑里还帮着填土——历代不乏此类自埋者。

在"五层次"中，高层次可涵盖低层次，低层次难以企及高层次。各层次无俨然之界限，却各不相同。运用之妙，存乎一心。

这与马斯洛自下而上的梯级"需要"论不同，"五层次"思维不是非得自下而上发展，有些人可自下而上循序渐进，但有发展上限，达不到悟性、神性层次，无论多努力，多渊博，也会止步于感性、知性层次，能达智性层次已了不起。只有天才可一步到位，较快达到悟性甚至神性层次。这种个体差异是客观存在的，不取决于勤奋与否或修炼方法。

类似于朱光潜的写作"四境"：疵境、稳境、醇境、化境。受限于主客观因素，多数人止步于稳境，少数人可突破稳境至醇境，此已殊为不易，臻化境者罕见。有些人注定无法登顶，终身在稳境徘徊，另一些人则可跨越式发展，一鸣冲天。

我相信天命，你选哪条道，能有多大劲，能蹦多高，皆已天注定。天理在物外，天命在人外。

这不是心理学或思维学研究，纯从治学经历谈体会，不必太较真。

◆ 感性思维：囿于自身感官体验

我前面否定感性直观、经验主义，这里对感性的阐释，可作为补充说明。

感性思维，指凭借个体直接的感官体验、经验的思维活动。因此，也可称为体验思维、经验思维。个体感官所接触的事物毕竟较少，因而，感性思维有较大局限性，产生的观点相对狭隘、偏颇。一般而言，纯感性、经验思维很少，这不过是指其主要凭依感性、经验，知识含量较少，或有知识，却没得到有效运用。要将感性思维与感性因素区分开来。任何层级的思维都须包含一定的感性因素。正如感性思维也可包含一定的知识因素一样。

感性思维是表，经验主义是里。感性思维属于思维结构的低层次，却不是最无用的。它是基础性的，关键在怎么用。它不应作治学主要思维方法。

不要以为读过书、上过大学，或挂着学者名头，便属非感性思维。完全无知识背景的人不多，即便是文盲，也未必没知识。教师、学者都具备专业知识素养，但有专业背景的思维，不等于就是"知性思维"，有些"认知"依然可划归感性、经验思维，仍属经验主义——这是由其主导倾向而定。

语文界流传甚广的"神理念"："写作系技能""以训练为主线"，便可谓感性思维产物。乍看不错，"技能"训练能"立竿见影"是"常识"，经验也表明每练都有"长进"，但此"长进"经不起推敲，问题显而易见：只看到文字表达"技能"是可训练的（文字运用之"巧"，非"技能"，也训练不出来），却不知

"功夫在诗外"——可练会的表达"技能"并不重要，多是无用之功，甚至帮倒忙。最重要的语文素养"言语人格""价值观""知、情、意"等，才是写作之"道""本"，须靠长期修养、涵养、浸润。写作最重要的能力——想象力，却难以训练，须靠养护、开发。

因陋就简的片面、浅薄，是感性思维特点。人极易被"眼见为实"忽悠而笃信不移。值得一提的以形象思维为特征的文学创作，也未必是以感性思维——经验思维为主。

◆ 知性思维：知其然不知所以然

知性比感性更普遍。它指对感性信息的综合，由感觉上升到知觉，经验上升为知识，有一定抽象性。这比感性思维有大进步，算是了不得了，但仍感肤浅。多数人止于此思维层次。

其蔽在于不作具体、辩证分析，知其然，不知其所以然与所以不然。

以为凡书本知识都是对的，不加分析地盲目运用，或演绎运用，如此便沦为教条主义。这就是有人博学而愚昧的原因。"死读书，读死书，读书死"是也。

拥有一定专业知识，却不作具体分析、辩证分析，机械套袭的情况比比皆是。如"实利主义教育""工具性""语用性""双基教学""阅读本位""先学后教""学习共同体""以学定教""生活是写作的唯一源泉""生活语文"……不胜枚举。这些认知，对感觉、经验的覆盖面比个体广一些，似有一定道理，接受度高，但仍属知性思维，同样经不起推敲、证伪。

任何知识都有其适用性。"实利主义教育""工具性""双基教学"，也许适用于"外语""二语"教学，于"母语教育"并不适合，遑论"汉语"母语教育。若以智性思维观照，这些观念明显不靠谱。几千年汉语主流教育观强调的都不是这些。固然老祖宗说的未必都对，但毫无疑问应是最重要的参照对象。

◆ 智性思维：具体问题具体分析

智性是在感性、知性上的提高，其基本特征是思辨性。"具体问题具体分析"——历史、辩证分析，是其灵魂。全面性、深刻性、严谨性、灵活性为基本要求。这需要经验、知识，更需要学养、学问。

高品质的思辨性，建立在深厚的学养、学问基础上。这便进入到高层次思维，是多数人经过努力可摸到的天花板，能修炼到这地步很不错了。

如果说感性、知性属于表层思维，智性则抵达事物的深层认知，知其所以然与所以不然。知性思维所见大抵是事物的外在联系、关系，智性则看到事物的内在联系、关系，能发他人之未见。

知性往往没道理可讲，智性的"具体问题具体分析"，就是讲道理。

中学议论文教学的"三要素"：论点、论据、论证的"观点加材料"模式，就是"不讲理"的感性、知性思维。"事实论据"是感性，"理论论据"是知性，就是不对观点与材料作深层次分析、思辨，更不用说自我否定、证伪。

语文教学"阅读本位"或"读写并重"，就是知性思维的产物。对阅读、写作内在关系进行分析，就知道二者非并列关系，不在一个层次上。阅读是手段，写作是目的。不但阅读是为了写作，语文教学方方面面都要围绕着写作。因此，应以"写作本位"取代"阅读本位"。这还不够，进一步看，写作也是手段，存在才是目的。人通过创造性写作，表达情意，彰示存在，使人之为人——这才是深层次目的。这种认知便在感性、知性之上。

◆ 悟性思维：超常领悟力、思辨性

悟性不是靠分析、思辨，靠一般的学养不够，须靠才智、眼光、洞察力。能达到悟性层次的人不多，指有深刻洞见者，属"贤哲"级别。

孔子说："有德者必有言。"——从字面看，怎么分析怎么不对：有德之人未必有言。"德"与"言"没直接因果关系。然而，孔子所谓的"德"却实实在在地决定了"言"，在"德"与"言"之间是"学问""修养""修为"等。有德者——君子，必得"尊德性而道问学"，博学、慎思、明辨、笃行之人，如此怎会无美好之"言"？他的领悟力超越常人的思辨力、理解力——批评者则是鄙陋无知。

欧阳修的"文道观"与其一脉相承："圣人之文虽不可及，然大抵道胜者文不难而自至也。故孟子皇皇不暇著书，荀卿盖亦晚而有作；若子云仲淹方勉焉以模言语，此道未足而强言者也。后之惑者，徒见前世之文传，以为得文而已，

故用力愈勤而愈不至。"（欧阳修《答吴充秀才书》）与孔子以"德"论"言"一样，他的"文道"观是以"道"论"文"。

"有德者必有言"与"道胜者文不难而自至也"，有异曲同工之妙，都是极深刻的见解。然而，曲高和寡，至今语文界仍看不懂，反其道而行之，这是很可悲的。

悟性无法大众化，多数人无法理解、难以接受。因学养、眼光跟不上。如果说智性尚力强可致，悟性则要大才气。

◆ 神性思维：建章立制的原创性

这是最高层级思维，非奇才莫属。"神性"的"神"，非宗教的"神祇"，是指"超人"——为造物主代言，堪称"天籁"。通俗言之，可理解为"神奇"，无与伦比的伟大发现、创造。神性，即感性、知性、智性、悟性的登峰造极。倚重感性、理性直觉，先验、超验思维，有超强想象力。其终极性、本原性、深邃性、超前性等，常人望尘莫及。

其精神创造物，为人类、世界、宇宙，为某领域、专业建章立制，垂范后人。这些人堪称思想界"王者""立法者"，天地之钟灵毓秀，人中之龙凤。所谓"前不见古人，后不见来者"之圣人。他们的思想，是世代承传的文化基因。

例如，论"性"，源头在孔子，后世学者各种说法，都难逃"性相近，习相远"之窠臼。就这极简单的一句话，奠定几千年论争的基石。不论是孟子、荀子、王充、扬雄……所见各不相同："性善""性恶""有善有恶""善恶混"……还是程颐的"性即理也"，朱熹接续程子之意，将"性"分为"天地之性、气质之性"："人之性皆善。然而有生下来善底，有生下来便恶底，此是气禀不同。""天地间只是一个道理。性便是理。人之所以有善有不善，只缘气质之禀各有清浊。人所禀之气，虽皆是天地之正气，但羼来羼去，便有昏明厚薄之异。"（《朱子语类·卷四》）他们无论怎么不一样，都离不开"性"的善与恶、不变与变。

作为儒学集大成者朱熹，他的"天地之性、气质之性"，也是从"性相近，习相远"中脱胎而来。所谓人皆禀"天地之正气"，故"性相近"；"但羼来羼去，便有昏明厚薄之异"，即"习相远"。只不过他将其说得更明晰、透彻、圆融些。

直到今天，"性相近，习相远"仍是心理学之玉尺。"性相近"为人之先天性，"习相远"为人之后天性。人之本性，自然是共同性大于差异性，这就是"性相近"。人之个性形成，无不受环境的影响而改变。因所受教育（包括各种外部因素）不同，加大了人的差异性，这就是"习相远"。

老子《道德经》（又称《老子》）属典型的神性思维。很难想象在鸿蒙未启之世能产生如此巨著，像金字塔般非人力可及。其思想力深不可测、不可思议。某刊"卷首语"要我荐书，我毫不犹豫首推此书，就视野所及，我没读过超越《道德经》的哲思："《老子》思想质量、密度之高，诗化语言之精美，历代经典罕见，可谓字字珠玑。只要其中一章，就足令作者永垂不朽。洋洋八十一章，浩浩五千言，构建的思想殿堂，远胜琼楼玉宇；后学高山仰止、望洋兴叹，惟顶礼膜拜。有些精神创造物是无可逾越的。……读罢寂然凝虑，世界还会是原样？道、名、无、有……正、反、合，寥寥数语，几乎把万物、思维之'义理'揭示、涵盖殆尽，达到形而上辩证思维之极至。读《老子》，不禁叹服其辩证法出神入化、精妙绝伦。欲学辩证法，读《老子》便好：分析内部、外部矛盾，主要、次要矛盾，矛盾的主要、次要方面，矛盾对立统一，矛盾相互转化……俯拾皆是。其极具想象力、洞透力的辩证思维未必学得来，得窥其门墙亦为幸事。"（潘新和《巨著中的巨著——〈老子〉》）老子可谓超一流思想家，后人难望其项背。如此卓越的精神创造力，只属极个别超人。

老聃，站在神性思维巅峰上，目光如炬，言若神谕，思想之光照耀千秋万代。

老子、孔子已享祭神坛，而与他们可并驾齐驱的庄子，却未获此殊荣，这让我费解。毫无疑问，《庄子》与《论语》《老子》一样，是当之无愧的神品。后世文章、散文、哲理散文、寓言，几无可超越。与其说庄子是散文家、寓言家，不如说是哲学家、思想家。其文哲思睿智，想象诡异，百读不厌，回味无穷，其思想必将超时空，永恒不灭。如果一万年后人类还存在，绝不会忘记道出"齐物我，同生死"之真谛，妻死鼓盆而歌的伟大哲人。

思想巨人是人类的骄傲与光荣，后世向往的精神偶像。

窃以为神性是另一界域的感性——超验思维。神思者可超越直接经验，感应"天理""太极""第一义""终极本体""万物本原""绝对理念"……而不受杂乱、粗糙、肤浅表象所惑，摆脱初级感知，全知全能，见识深邃，超出常人认知极限。

以上"五层次"说，是在治学上说的。其实，感性与理性及不同层次思维，往往是一体的，只是倚重点不同而已。对此，从文学或其他视角看更清楚。

五层次各有佼佼者，分别适用不同表现形态。感性思维，对应于叙事抒情性作品；知性思维，对应于教学活动与阐释类表现；智性思维，对应于论述性表现；悟性思维，对应于高创新性表现；神性思维，对应于"超人""通人"的特异超常表现。各层次思维，均不排除多种思维互渗、融通、浸润。

各思维方式内还可划分成若干层级、品位、境界。

"五层次"思维结构也许未必"科学"，欠实证、严谨，我只想谈点个人心得，不知能否引起共鸣、对号入座。啰唆这些不是说每个人都能为圣成贤、立言传后，而是让大家认识或伟大或平庸的自己，知才气或短板所在，人尽其才、恰如其分。

"三超越""五层次"可作"接着讲"思维建构参考，供志在"立言"者一试。"照着讲""接着讲"是与生命相始终的事业，是对毅力的极限挑战，要有充分思想准备，否则别奢谈治学。

以上虽陋识，毕竟是平生心得，冒昧一说，聊供指谬。

五

如果天假以年，我将把《论辨写作学》写完。语文课程终极目的是培育"立言"素养，成就"立言者"。论辨写作是写作"共能"，论辨体式是主要"立言"载体。然而，迄今尚无论辨写作理论专著，庶几天命于我乎？若苟延余生，再作《"表现—存在论"阅读学》，阐明何谓"立言"式阅读，如何培育"立言"素养——是为待竟愿景。

我不负天，愿天亦不负我。

回首往事，我感恩福建师范大学文学院，我们祖孙三代共同耕耘的故土家园，我于此任教 30 多年，愧受恩惠，鞠躬拜谢。我从 1982 年留校至今，纵然高校存在诸多体制弊端，但文学院风调雨顺，人际和谐，给刚性体制以些许柔润，情谊难忘。

感念正"官"汪文顶（左）。 　　　　　　　　　　　　　　"莲之爱，同予者何人？"

感恩之余，亦惶恐、愧疚，治学终身，未臻倜傥非常之境。"向来枉费推移力，此日中流自在行！"（朱熹《观书有感·其二》）治学须终身读书、思考，积累思想，方获言语、精神自由。鄙人"枉费推移力"不足，故未逮"中流自在行"之境。这不是故作谦虚：先天愚钝，后天失调（因"文革"荒废十多年），且修业不勤，"硬伤"无可弥补。

窃以为"学者"非才高八斗、学富五车不敢当。须王国维、陈寅恪般天性聪颖、博大渊深，方理直气壮称学者。鄙人不才，跂望学术门墙而已。

纯粹学者少，当世尤甚。求官、求财，学问便不专一。不是存心偷懒，而是没工夫做学问。要了"熊掌"，把"鱼"扔了——先前养的难免缩水成"鱼干"。我不否认有人当官是奉献，对他们满怀敬意。当官不乏学术有成的，可身在名利场，久之，终将弃学问，毁名节，到头来学问、事功两败俱伤。"误尽平生是一官，弃家容易变名难"（吴伟业《自叹》），待看淡浮华已搭上一生，此悲剧你方演罢我登场。中国文人难逃"官"字诱惑。

学者除才高、学富外，须"致虚极、守静笃"。须气定神闲、静心澄虑、宠辱不惊，才有真悟。如今不当官，欲求心静也难。"一心以为有鸿鹄将至"，三心二意，只能算所谓的学者。能在治学上死心塌地、心无旁骛，一条道走到黑的濒危，几近绝种。在体制内，受诸如评职称、评奖、申请课题、科研工作量、奖金、考核的诱惑，不得不为之。若为之，定心浮气躁。

今世学者可归两类：忙官的与求官而不得的——"官本位"文化基因使然。即使不求官，评职称、申报项目、应付考核……本质上与求官无异。若考核不合格将被除名。一心治学别无所求的人甚少，只能是体制外学者，而其生存是个问题。

以"无诱于势利"衡量，我的确没当官，不想当官，也能不要某些名利，却未能决绝于职称、课题、评奖……纯粹以立言为信仰，以学问为目的，我无能焉。在两难选择中败北，我深感愧怍。

人生是无，治学是有；以有涯之人生求无涯之学问，无便是有，此为学之可贵。然而，有仍是无。即便诚心治学，板凳坐穿，亦难臻胜境。"渺渺兮予怀，望美人兮天一方"，学无止境，治学尚在路上，立言更是虚无缥缈。"老冉冉其将至兮，恐修名之不立"，此乃学者晚境之凄惶。不论"立言"或"立名"，皆为信念、憧憬，山外青山楼外楼，学问琼楼玉宇，治学无穷妙境，终生不可及，唯作望洋之叹——绝学不可期，修名今生外。尽人事，知天命，可矣足矣。

就我个人而言，难臻纯学者"立言"胜境，做普通学者亦无妨。因为选择即适合。文科学者基本上是两条路，治学（含教学）与从政——也可经商什么的，但学非所用，成功者寥寥。我既无从政、经商之才，除治学别无选择。我治学未必有长才，只是比从政、经商略强，主要是喜欢而已。

治学与从政，价值取向迥异。总体而言，学者为己，官员为人；学者为学，官员为利（利己、利他）；学者为万世，官员为现世。学者重万世，不能不戒急用忍；为己，不能不修德养气；为学，不能不明理悟道。官员重现世，不能不急功近利；为人，不能不献媚、迎合；为利，不能不计较经济回报。关键在重现世还是重万世。官员不重现世，就没法适任。因此，眼前政绩——经济、民生是第一考量，为求上司、民众满意，他须媚俗、媚雅——媚世。学者重万世，此非无须经世济用，而是可求无用之用。可"垂诸文而为后世法""藏之名山，传之其人"。学者更关注思想、精神传世。官员有权势、名利，但心灵自由度小。学者无权势，少名利，心灵自由度大。各有利弊得失，各逞其才，各取所需，各得其所，并无高低贵贱优劣，唯适合耳。就贡献论，二者互补，好官员与好学者均不可或缺。

二者差异还表现为晚境不同。官员乍退休，失落、空虚是常态。人走茶凉，经一段时间调适心态即可。学者晚年恰学问极境，必到写不动方休。学者无世态炎凉感喟，但有诀别学术之哀痛，此常被忽视，我在岳父临终时始体验到。

学者最大困境与悲情不是退休后无所事事，内心空虚，而是须面对二次死亡。

我父亲属非正常死亡，其壮志未酬之哀痛自不待言。我岳父活到104岁，是正常死亡。他健康长寿，硕果累累，在一般人看是福气，但学者不论著述多少、活得多长，都难免有"遗珠"之憾。学者比常人多一份牵挂，就多一份悲情。

常人人生是下行的，尽到家庭、社会义务，便完成人生使命，自然解脱，功德圆满。尽管难以了无牵挂撒手人寰，但劳碌一生终有福报弥足告慰；学者人生是上扬的，学问不断累积，年龄越大，积累深厚，思考成熟，想表达的越多，背负学术传承责任越大，当衰老、死亡不可避免地来临，正处思想力巅峰，欲罢不能，欲写无能，胎死腹中之郁苦不难想见。

学者在肉体生命死亡之前，先要经历精神生命死亡。这就是我所谓的二次死亡。与精神生命诀别的痛苦更甚于与肉体生命的诀别。因为学者往往更珍视精神生命，视其为第一生命。对此，我父亲、岳父的学术人生际遇，于我颇多启示。他们是福州师范、厦门大学同学，一样才华横溢、年轻有为，一样从事教育、治学，一样卓有建树，堪称传统文人、纯粹学者。我少年受父亲潜移默化，他的书，给我埋下"立言"的种子。父亲英年早逝，那时我还小，不了解他治学之艰辛，含冤弃世时的内心挣扎，对其所知并不充分，许多是成年后的猜测，所以不宜作为学者学研究样本。

我对岳父（高时良先生）的治学经历了解更多。我小时候，两家是邻居，几乎天天照面。婚后，我与岳父来往频密，有几年住一起，朝夕相处。直至他辞世，常相伴随、探望。因此，我对他的了解不亚于对我父亲。

岳父是我国教育史学界泰斗，其《学记研究》为同类著作翘楚。对《学记》颇有研究的陶继新先生（山东教育出版社原总编辑）曾说该书是研究《学记》著作中最好的，读十多遍还觉不够。岳父著作《中国教育史纲（古代之部）》《中国近代教会学校》《中国教会学校史》《洋务运动时期教育》《明代教育论著选》等，都是教育史学力著。

岳父与我父亲一样聪慧，一样努力，27岁就有专著问世，著述极丰富，30多岁即为福建省教育厅研究室主任兼编辑委员会主任，福建省新教育研究所研究员。然而，1957年被打成"右派"，中断研究近20年，不能上讲台，"文革"结束才迎来第二春，大量成果面世。他的著作多是60岁后写的，期颐之年仍笔耕不辍，至手不能握笔才作罢。

我亲睹他整个晚年，得见他生命之光将熄的萎颓、愁苦时光。

他晚年身体尚好，始终能自理，作息、饮食正常，没久卧病榻的痛苦，偶尔患病住院，不很凶险，很快康复出院。他虽历经磨难，由于性格乐观、坚强，因而不曾伤筋动骨、灰心丧气，晚年得以安宁、康乐地治学。然而，他终究难逃学者命运之劫——手不能写，意味着研究终止，言语生命死亡，这是他最绝望之时，比蒙冤"右派"还痛苦——那时他没绝望，因为还有盼头，还可偷做学问。这支笔他握了大半辈子，大半世纪，到握不了笔，他知道大限临近，锥心之痛可想而知。他终日用左手搓揉僵硬的右手，逢人便念叨"我还想再写一本书"，每见到我总是说这事。他带着没能写完之悲苦走到人生终点——无论他活多长，能不能写，想写的都不可能写完，因此，遗憾无可幸免。愈有思想之人，想写的愈多，临终遗憾愈大。

没能写完是学者的宿命。承受没能写完的痛苦，是学者"第八十一难"。

先师陈祥耀教授高寿期颐，临终作《病榻留言诗》："无穷言语腹中烂，有限机缘纸上陈。后世人徵前世事，十分力得五分真。"——先生哀叹"腹中烂"比"纸上陈"多得多，亦是表达无能尽诉衷愠的悲情，其痛可知。

陈泽平兄遽然仙逝，心梗，说走就走了。他是我同事，著名方言学家，学问好，人品好，真诚、友善、厚道，不争不要不贪，堪称纯学者。兔死狐悲，物伤其类，我很心痛。有人说他"傲"，我没觉得——就是"傲"也该，如今真做学问的稀罕，他不傲让谁傲。

他比我小一岁，却先走，之前毫无征兆，身强体壮、神采奕奕——大约是时候了，已轮到吾辈与死神过招。忽然觉得他这样挺好，倏然了结，不拖泥带水。闭上眼，他在前方笑得憨憨爽爽——真不必活到写不动，像我岳父那样，可身不由己。

学者不能写作，失去创造力，苟活有意义吗？"安乐死"应网开一面，让学者免受身心双重煎熬。亲睹诸多学者临终劫难，其惨痛如亲历。看着岳父枯坐书桌前——即使啥也没法做，仍保持学者姿态，沉思默想着——坐以待毙，不禁潸然：想写没法写，最成熟的思想却不能留下，眼睁睁等死，这太残忍。若预知此结局还敢治学吗？这莫非是"永生"的代价，凤凰涅槃、浴火重生必有之难？

我至此始悟：学者哪怕已写出最好的著作，到"最不怕死的时候"，只要一息尚存，总有写不完的思考，不可抑制的写作欲。创造激情不因年迈体衰而消弭。因为写作是活着的全部目的，是生存、存在方式，念兹在兹的精神寄托，至死无法释怀。名利皆可放下，唯学问难以割舍。这是学者的临终关切与绝世悲情。

余秋雨先生散文《藏书忧》，说学者离世后其毕生珍藏的图书将漂泊无依："书房的完满构建总在学者的晚年，因此，书房的生命十分短暂。""社会上多的是随手翻翻的借书者。而少数好不容易走向相对完整的灵魂，随着须发皓然的躯体，快速地在书房中殒灭。历史文化的大浪费，莫过于此了。嗜书如命的中国文人啊，你们的光荣和悲哀，该怎样裁割呢？"这种藏书散佚、藏书者无法"裁割"的悲哀尽管痛切，只是学者身后的悲哀，是外在物态的剥弃、流离；学者毕生"积学以储宝，酌理以富才"，耗尽心血构建的丰沛学殖随风飘逝，是学者生前对其无价瑰宝的剜舍、诀别，更是锥心之痛——比《藏书忧》更值得写的是《积学忧》。

岳父临终时日惨痛遭际，是学者共同遭际。我自问写不了时会怎样，答案不寒而栗。哀莫大于心不死。激情仍澎湃，思维仍活跃，思想仍奔涌，然而手不能写，口不能言，岂不生不如死？别的能放下，写作——活着的理由与勇气，能放下吗？今天多写点，是为不期而至的那天减压。如已留下思想，生命便可放下。现在留下越多，将来遗憾越少——明知是自欺欺人，也得给点慰藉——情况或正相反，留下越多，思想力、创造欲越旺盛，想写的越多，临终遗憾越大，岂不更悲痛？

史铁生说选择写作是为了不自杀，这意味着不写作便可放弃生命，写作决定生死，写作比生命重要——生命可放下，想写的放不下——唯写作饶你不死。

学者面对死亡将承受双重痛苦，唯一可告慰的是心存立言不朽之憧憬：肉体生命消亡，灵魂将得永生——如跨越生死的精卫鸟，衔思想之石，翱翔于智慧瀚海。学者以临终之至悲，化育永恒之至乐。法国哲学家萨特说："将来人类灭亡了，而我的作品仍将在残败的图书馆里继续存在下去。"著作不朽，灵魂永存，是学者赖以抗衡死神威吓的执念。尽管这执念多为一厢情愿的幻影，也美妙无比，坚不可摧。

我岳父期颐之年仍伏案写作，后左眼看不见，右眼视力也不好，我女儿送他一只高倍放大镜，他成天坐书桌前，拿着放大镜看书报、写文章，仍在做学问。我见他很吃力、辛苦，怕他累着，劝他别看、别写，他苦笑："那我干什么呢？"

倒也是，学者命定与读、写有场生死恋——至死难休。

岳父去世前几天，我去看他，他将放大镜细心包好递我，让我带给我太太（她身体羸弱、行动不便）——他知道大去之日已至，把陪伴多年的手中物，连同念想留给女儿。我太太接过时眼眶红了。现在，这放大镜在我案头，睹物思人，常忆他用此读写的身姿。这放大镜想必有一天我也用得上；将来我也会交到女儿手上，她也用得上。

岳父至死不离书桌，始终保持着读书人的状态。看不了，写不了，也端坐书桌前，像忠诚的战士坚守着阵地，寸步不离。书桌，是思想之舟的港湾。学者的苦难与辉煌，都是书桌前坐出来的。眼坐瞎，手坐残，背坐驼，坐成不朽的雕塑。

我从他的身影，看到学者人生姿态、生存方式。他的曾经，是我的未来。

岳父的经历是学者人生缩影。治学也有四季更迭、悲欣百味：少年书生意气如三春花木葳蕤，生气勃勃、蒸蒸日上，不知天高地厚；青年"立言"志凌云，鸿鹄初展翅，热情似如火骄阳，才华横溢，犹怨才疏学浅、力不从心；盛年望中秋皓月，心澄明如镜，笔力透纸背，却逢风刀霜剑，功业未竟华发生；晚年落木萧瑟，夕阳残照，初衷犹不改，寒梅傲雪第二春。即使生年过百，著作等身，事业登峰造极，岂无悔无憾无悲苦？

求知难，治学难，死而"无苦"亦难，乐天知命、超越生死、视死如归者寡。

明末清初思想家黄宗羲（1610—1695）临终写道：总之，年纪到此可死（对得起天地养育之恩）；自反平生虽无善状，亦无恶状，可死（对得起社会、他人）；于先人未了，亦稍稍无歉，可死（对得起祖宗）；一生著述未必尽传，自料亦不下古之名家，可死（对得起自己、后人、人类）。如此四可死，死真无苦矣！——能有"四可死"，可谓完美之死。"四可死"，最要是"一生著述未必尽传，自料亦不下古之名家，可死"。缺此，料死不瞑目。有此，其他则非必要。

梨洲先生著述得传、声名远播，凭此，便无大悔大憾大悲苦。圣贤虽难逃壮志未酬、生命消亡的悲哀，然而，这是悲壮的陨落，荣耀的归隐，无须凄凄惨惨、悲悲戚戚。做本分事，持平常心；无愧自己，无负人类；尽人事，知天命，便可额手称庆。

人总要面对死亡，再完美、幸福的人生，也有遗憾、牵挂之事，生离死别不了情，临终病患之苦痛，平生厚积不得尽兴而发……从这个意义上说，人终归是以悲剧收场。但只要尽人事、知天命，便堪称喜乐、快意人生。王安石："惟公生有闻于当时，死有传于后世，苟能如此足矣，而亦又何悲！"（《祭欧阳文忠公文》）有闻于时，有传于后，死得其所，何悲之有？钱钟书说："目光放远，万事皆悲；目光放近，则自应乐观，以求振作。""虽然明知是悲剧的结局，却要笑着活下去。"悲乐相通，因果辩证，可给弘一法师"悲欣交集"作注。悲为自然定数，乐为主观自是——孤帆渡苦海，求仁得仁，功德圆满，岂非载悲载欣？

与言语、精神创造结缘，即便一路坎坷，百般不如意，也堪称清欢。两袖清风，身无长物，功半身殒，亦心安理得："玉阶空伫立，宿鸟归飞急。何处是归程？长亭更短亭。"（李白《菩萨蛮》）生命，总要回归本初。学问之"玉阶"，不论"空伫立"否，也不论"归程"何处，遥远、艰辛否，能做至善之事，便苦中有乐，悲极欣至——来生如可预定，还做学者。

此破执者寓言为本书作结：

◆ 破执者寓言 ◆

绝 唱

伴着天边第一缕曙光，鸟儿便站老树上唱歌。它天天唱不同的歌，好听极了。林子里的草木虫兽都喜欢鸟儿的歌声。要是鸟儿病了，大家听不到歌声，成天都没精打采。

因此，鸟儿总是不倦地唱，累、饿、病，也不停止。

年复一年，鸟儿老了。终于全身乏力，声音喑哑，唱不动了。

小树清早醒来听不到歌声："鸟儿怎么不唱了？昨天还唱呢。"

老树："鸟儿走了……昨天咳得厉害，边唱边咯血、流泪，还瑟瑟发抖，没唱完就从树梢一头栽下。"

小树："昨天的歌最动听——它病重为什么还唱？"

老树："它用命唱，它生来就为唱这一曲。"

无鸟的林子一片空寂，只有风吹树叶的呜呜声。不久，鸟儿绝唱处长一株红杜鹃，旺旺地烧，铺半天彩霞。

鸟儿沥血绝唱，是林间永恒的传说。

学者，把学术思想书写在专业、学科史，乃至人类史上，让后人仰止、行随。

跋

◆

　　我写书无不认真，而写此书最认真。其一，我已退休，没压力，有时间慢慢写。其二，本书为收官之作，是我最成熟的著作，重要性不亚于《语文：表现与存在》。其三，写本书是"书体实验"，我为其命名"溯着写"，归为"学者学"，纳入治学体系，使之有别于"自传"，探索新书体。鉴此，我反复修改、推敲，不厌其烦。现在，总算接近完成，谢天谢地，我又赢一场命运博弈。

　　拙著写作非预先筹划，纯属偶然起意，缘起于与张新洲先生的邂逅。

　　2015年暑期，《中国教育报》举办征文活动，纪念抗战胜利70周年，我应邀赴长沙担任终审评委，与中国教育报刊社张新洲副社长相识。一见如故，言谈甚洽。后又几度聚首，成为朋友。忘了是2015年底还是2016年初，我们又相聚长沙，他约我为"教育家成长丛书"撰稿。该丛书由中国教育报刊社、人民教育家研究院组编，张先生任主编。后来北师大出版社策划编辑倪花女士告诉我，入选的丛书作者原定是中小学名师，我是唯一的高校教师，算"破例"。

　　2016年12月，《潘新和与表现—存在论语文学》出版。丛书体例规定第一部分写"成长经历"，我遵照执行，标题为《渺渺兮予怀，望美人兮天一方——我的言语人生路》（4万字左右，此即本书雏形）。拙著出版后，不少读者对此部分尤感兴趣，希望能看到更详细些的——恰好我也意犹未尽，自忖：框架已有，既然读者喜欢，何不将其扩展成书？于是从2017年上半年开始，断断续续地写到今。

　　因此，本书写作动机是由新洲兄催发的。若不是应他邀约，被"体例"逼着写"成长经历"，就没本书写作，不会有"三讲"的"功德圆满"。若再见定要谢新洲兄。他约我一本，竟收获两本。

　　《语文：表现与存在》，我写得酣畅淋漓，飞流直下三千尺般倾泻，本书则写得愉悦从容，慢条斯理，优哉游哉，一步三回头。前后三年多，剔除外出讲学、应付约稿等，满打满算写两年——写好后润色一年多，又时有改动。我不急写完，我享受这快乐时光。做别的事总盼快点完成，好继续写这书。只要想今天可接着写，还没打开电脑，心里就春光明媚、雀跃不已。以往还没哪本书写得如此不慌不忙，这是我写得最开心、用心的书。我边写边改，一步三回头，尽量延长这一美好。要不是合同超期太久有点不好意思，我还想改下去。

感谢家人的支持，使我能专注地写作与讲学。女儿潘苇杭的才学于我颇多助益，不少灵感便来自于她，有些还是我们合作完成的。

感谢华东师范大学出版社投入人力、物力保障，给我以莫大鼓励。难忘朱永通先生付出的辛劳，他高度的责任心，不厌其烦的工作态度（我反复修改给他带来许多麻烦），助成本书高质量出版。

初稿于 2020 年 2 月 19 日

◆ ◆ ◆

断断续续、写写改改，不觉又是一年多，总想写好点儿，尽量不留遗憾，于是拖延着，哪怕打开电脑随便看看，东改一句，西删几字，就是不舍得交稿。每天欣然牵挂，成为情感依赖——一旦交稿还能做什么？自然想写的写不完，恐无此激情、痴迷。

这也许未必是我最好的书，确是最喜欢的。以往每有新著我也常这么认为——敝帚自珍罢了。不过这回是真喜欢。

过去每走一程，都觉比别人走得远些，沾沾自喜——这自嗨当然不作数。走多少路没意义，与他人比也没意义，可我享受这孤独之旅。只因沿途有些风景，令人流连忘返，所以还想往前，只为多看看。就这样踽踽独行，愈行愈远。

开始走得匆忙、慌张，带点儿莽撞、敷衍，不遑他顾，待驻足回望，才觉错过许多——如没"文革"失去十多年，也许会从容些。如今了无挂碍，可走慢些，悠然张望、拈花惹草，算找补吧。治学无止境，是无终点、无极限跋涉……直至生命终结。不知有否下一程，如有，我会走得更慢——如有来生，会更自在——做纯学者，是我永远的梦。

挥之不去的学者梦，致使写"学者学"著作的念头倏然而至。"学者学"名称此前闻所未闻，这定是潜意识使然。数十载昼思夜想、殚精竭虑，"为伊消得人憔悴"，终化作精神生命奇异果。

在"学者学"下，学者当将审视自身纳入治学使命。

窃以为学术人生有三个时间窗口：三十立志治学，精力充沛，苦读不辍，尝试"照着讲"；五十知天命，学养初具，才思健旺，乃"立言"良机，可"接着讲"；七十积累丰厚，思想成熟，且精力尚好，得以"溯着讲"。若不失机遇，庶几堪称圆满。期颐之年，思益精，理益明，学问登峰造极，著述恐力不从心矣。

"照着讲"是继绝承先，"接着讲"是革新启后，"溯着讲"是反思升华。治学是不断自我否定的过程，三十、五十岁见识，较七十岁毕竟浅薄，若无"溯着讲"总其成，则功亏一篑。学者应把握时间窗口，成就学术人生三部曲。

世人多悟此已晚，错过机缘，不无遗憾。吾辈遭"文革"劫难，学养不足，尤感窘迫。

一晃人生将尽。而立之年志于学；四十有五，囫囵吞枣贯古今，浮皮潦草"照着讲"，自不尽如人意；五十不违天命，草创"接着讲"，欲成一家言；六十修订再版，始差强人意；年近古稀"溯着讲"，破执、创获，皆难臻化境。尽管缺憾多多，既竭尽所能，了却"三部曲"，亦此生不枉。

拙著恐将是谢幕之作，借此机会，感谢给我无限关爱的学生：苏宁峰、石修银、宋存义、谢慧英、周伟薇、金秋蓉、陈玉琴、汤伏祥、王美金、金泉庆、陈福川、刘春雨、杨涌生、林金来、卢鑫城、陈冬梅、伍美璇、陈岩立、范国鼎、吴纪梁、宋亮、郑昀、高凤妹、官雅娟、侯麟耀、张琴、林丽桃、游容华、缪丹、郑瑜辉、林思思、李小叶、蔡安妮、徐丽雪、张永葳、卓希惠、王淑群、蔡惠君、陈香瑶、杨婷、张路路、王正升、平颖、刘中黎、林琳、黄云姬、汲安庆、林芸、陈梅钦、李耀平、赖滢涛、刘福江、林春虹、马清清、张晓莺、刘锦华、李丽娟、郑霞娟、林银、林清海、庄月芳、柯晓芳、徐薇、刘火苟、唐东辉、李富成、陈小强、陈桐、陈欣、林汇波、赵宗梅、陈琳、胡连英、温欣、陈梦玲、洪丽红……说起来没完，还有许许多多。

数十年教学生涯，上课我没点过名，此时此刻，仿佛在课堂，面对你们朝阳般面庞，补点一次名。我们生命偶然交汇，成为师生，结忘年情谊。我亲睹你们早慧，你们陪伴我晚成。冷寂的学术之旅，因你们而温煦。我们亦师友亦亲人。

你们称"亲爱的老师"，我爱听，这词很暖心。"敬爱""尊敬"之类，崇高而没热度。精神、价值观传承，不但是心意相通，更是灵魂交融，乃至高亲情。"学莫便乎近其人"（学习没有比亲近良师更便捷的了），"青，取之于蓝，而青于蓝"（《荀子·劝学》）；"蛾子时术之"（小蚂蚁总是跟随大蚂蚁走，喻师引生随），"教学相长"（《礼记·学记》），均表明师生是精神生命共同体、文化繁衍链。将来我不在了，我的书在，我就在；"爱"在，"道"在，我们——师生就在——永远在。

《破执——治学知行录》，将与你们——代代师生同在，与"在"同在。

感恩相遇，我不负你们，你们不负我。你们以我为傲，我以你们为荣。正是师生情感传递，精神接力，成就人类文明——愿缘定三生，来世……再相逢。

二稿于 2021 年 4 月 20 日

定稿于 2022 年春节

图书在版编目（CIP）数据

破执：治学知行录／潘新和著.
—上海：华东师范大学出版社，2023
ISBN 978-7-5760-3967-2

I. ①破 ... II. ①潘 ... III. ①语文课—教学研究—中小学 IV. ① G633.302

中国国家版本馆 CIP 数据核字（2023）第 118283 号

大夏书系 | 名家谈教育

破执——治学知行录

著　　者	潘新和
策划编辑	朱永通
责任编辑	万丽丽
责任校对	杨　坤
装帧设计	奇文云海·设计顾问

出版发行	华东师范大学出版社
社　　址	上海市中山北路 3663 号　邮编 200062
网　　址	www.ecnupress.com.cn
电　　话	021-60821666　行政传真 021-62572105
客服电话	021-62865537
邮购电话	021-62869887
地　　址	上海市中山北路 3663 号华东师范大学校内先锋路口
网　　店	http：//hdsdcbs.tmall.com/

印 刷 者	北京博海升彩色印刷有限公司
开　　本	700×1000　16 开
印　　张	34
字　　数	555 千字
版　　次	2023 年 9 月第一版
印　　次	2023 年 9 月第一次
印　　数	3 100
书　　号	ISBN 978-7-5760-3967-2
定　　价	108.00 元

出 版 人　　王　焰

（如发现本版图书有印订质量问题，请寄回本社市场部调换或电话 021-62865537 联系）